32/QP 824 B821+4

Rechnungslegung und Wirtschaftsprüfung

Herausgegeben von Prof. (em.) Dr. Dr. h. c. Jörg Baetge, Münster, Prof. Dr. Hans-Jürgen Kirsch, Münster, und Prof. Dr. Stefan Thiele, Wuppertal

Band 20
Thomas Lenz
Die Bilanzierung von Immobilien nach IFRS – Eine ökonomische Analyse vor dem Hintergrund des REIT-Gesetzes
Lohmar – Köln 2009 ♦ 460 S. ♦ € 69,- (D) ♦ ISBN 978-3-89936-856-7

Band 21
Sören Peters
Entscheidungsnützlichkeit der Leasingbilanzierung nach IFRS und US-GAAP – Eine Analyse der aktuellen Reformbestrebungen
Lohmar – Köln 2009 ♦ 360 S. ♦ € 64,- (D) ♦ ISBN 978-3-89936-866-6

Band 22
Lüder Kurz
Bilanzierung von Klimaschutzprojekten nach IFRS – Clean Development Mechanism und Joint Implementation unter dem Protokoll von Kyoto
Lohmar – Köln 2010 ♦ 304 S. ♦ € 59,- (D) ♦ ISBN 978-3-89936-901-4

Band 23
Christoph Berentzen
Die Bilanzierung von finanziellen Vermögenswerten im IFRS-Abschluss nach IAS 39 und nach IFRS 9 – Eine vergleichende Untersuchung der Entscheidungsnützlichkeit unter besonderer Berücksichtigung des Komplexitätsgrads
Lohmar – Köln 2010 ♦ 284 S. ♦ € 58,- (D) ♦ ISBN 978-3-89936-950-2

Band 24
Eva Brandt
Bilanzierung pharmazeutischer FuE-Projekte nach IFRS
Lohmar – Köln 2010 ♦ 432 S. ♦ € 68,- (D) ♦ ISBN 978-3-89936-951-9

JOSEF EUL VERLAG

Bilanzierung pharmazeutischer Forschungs- und Entwicklungsprojekte nach IFRS

Eine ökonomische Analyse

INAUGURALDISSERTATION

zur

Erlangung der Würde

eines Doktors der

Wirtschaftswissenschaft

der

Fakultät für Wirtschaftswissenschaft

der

Ruhr-Universität Bochum

vorgelegt von

Diplom-Ökonomin Eva Brandt

aus Duisburg

2010

Dekan:	Prof. Dr. Stephan Paul
Referent:	Prof. Dr. Bernhard Pellens
Korreferent:	Prof. Dr. Hannes Streim
Tag der mündlichen Prüfung:	05. Mai 2010

Reihe: Rechnungslegung und Wirtschaftsprüfung · Band 24

Herausgegeben von Prof. (em.) Dr. Dr. h. c. Jörg Baetge, Münster, Prof. Dr. Hans-Jürgen Kirsch, Münster, und Prof. Dr. Stefan Thiele, Wuppertal

Dr. Eva Brandt

Bilanzierung pharmazeutischer FuE-Projekte nach IFRS

Mit einem Geleitwort von Prof. Dr. Bernhard Pellens, Ruhr-Universität Bochum

Bibliografische Information der Deutschen Nationalbibliothek

Die Deutsche Nationalbibliothek verzeichnet diese Publikation in der Deutschen Nationalbibliografie; detaillierte bibliografische Daten sind im Internet über <http://dnb.d-nb.de> abrufbar.

Dissertation, Ruhr-Universität Bochum, 2010, unter dem Titel: Bilanzierung pharmazeutischer Forschungs- und Entwicklungsprojekte nach IFRS – Eine ökonomische Analyse

ISBN 978-3-89936-951-9
1. Auflage August 2010

© JOSEF EUL VERLAG GmbH, Lohmar – Köln, 2010
Alle Rechte vorbehalten

JOSEF EUL VERLAG GmbH
Brandsberg 6
53797 Lohmar
Tel.: 0 22 05 / 90 10 6-6
Fax: 0 22 05 / 90 10 6-88
E-Mail: info@eul-verlag.de
http://www.eul-verlag.de

Bei der Herstellung unserer Bücher möchten wir die Umwelt schonen. Dieses Buch ist daher auf säurefreiem, 100% chlorfrei gebleichtem, alterungsbeständigem Papier nach DIN 6738 gedruckt.

Geleitwort

Einer der wesentlichen Erfolgsfaktoren von Pharmaunternehmen sind die vorhandenen FuE-Projekte. Zudem unterliegt der pharmazeutische FuE-Prozess einigen Besonderheiten. Zum einen führt die starke gesetzliche Regulierung durch nationale und internationale Zulassungsbehörden dazu, dass selbst in späten Entwicklungsphasen noch eine hohe Unsicherheit darüber besteht, ob ein Arzneimittel tatsächlich auf dem Markt eingeführt werden darf. Zum anderen ist seit einigen Jahren ein Wandel in der Organisation von pharmazeutischen FuE-Projekten zu erkennen. Neben vollständig unternehmensintern durchgeführten FuE-Projekten haben Lizenzierungsgeschäfte, vertraglich organisierte Kooperationen und Unternehmenszusammenschlüsse stark an Bedeutung gewonnen.

Diese Rahmenbedingungen führen dazu, dass die Erfassung von FuE-Projekten im Jahresabschluss eine herausfordernde Aufgabe darstellt. Da Jahresabschlüsse insbesondere von institutionellen Investoren und deren Informationsintermediären als zentrales Informationsinstrument für die wirtschaftliche Beurteilung eines Pharmaunternehmens genutzt werden, ist die Berichterstattung im Jahresabschluss von großer Bedeutung.

Vor diesem Hintergrund unterzieht Frau Eva Brandt die bilanzielle Abbildung pharmazeutischer FuE-Projekte gemäß den International Financial Reporting Standards (IFRS) in ihrer Dissertation einer ausführlichen Analyse. Sie untersucht zunächst, wie der pharmazeutische FuE-Prozess ausgestaltet ist und auf welchen unterschiedlichen Wegen FuE-Projekte im Pharmabereich durchgeführt werden. Darauf aufbauend stellt sie die geltenden Bilanzierungsvorschriften der IFRS dar und würdigt diese vor dem Hintergrund des im Rahmenkonzept der IFRS verankerten primären Ziels der IFRS-Rechnungslegung. Zudem zeigt sie die tatsächliche Umsetzung der IFRS durch europäische Pharma- und Biotechnologieunternehmen anhand einer Analyse der Geschäftsberichte aus den Jahren 2005-2008 auf. Daran anknüpfend entwickelt Frau Brandt auf Basis der Ergebnisse empirischer Studien Vorschläge für eine Fortentwicklung der geltenden Bilanzierungsvorschriften und zeigt im Rahmen einer Simulation auf, wie sich deren Umsetzung auf die Darstellung der Vermögens- und Ertragslage von Pharmaunternehmen auswirken würde.

Frau Brandt hat sich mit ihrer Untersuchung zur Bilanzierung pharmazeutischer FuE-Projekte eine wichtige und aktuelle Thematik ausgewählt. Die seit vielen Jahren und kontrovers geführte Diskussion einer Aktivierung insbesondere selbst erstellter FuE-Projekte verdeutlicht die hohe praktische Relevanz der untersuchten Fragestellung. Die empirische Auswertung der Geschäftsberichte gibt dem Leser einen umfassenden Überblick über die tatsächliche Bilanzierungspraxis innerhalb der Pharmabranche, während die Simulation die Konsequenzen einer möglichen Änderung der geltenden Bilanzierungsvorschriften umfassend illustriert. Insgesamt liegt eine facettenreiche Untersuchung vor, die einen wertvollen Beitrag zur Diskussion über die bilanzielle Abbildung pharmazeutischer FuE-Projekte leistet und von deren hoher praktischer Relevanz insbesondere vor dem Hintergrund der Diskussion über eine Einführung der IFRS in den USA auszugehen ist.

Bochum, im Juni 2010   Bernhard Pellens

Vorwort

Die vorliegende Arbeit wurde im Mai 2010 von der Fakultät für Wirtschaftswissenschaft der Ruhr-Universität Bochum als Dissertation angenommen. Sie entstand während meiner Tätigkeit als wissenschaftliche Mitarbeiterin am Lehrstuhl für Internationale Unternehmensrechnung an der Ruhr-Universität Bochum in Kooperation mit der Bayer AG, Leverkusen. An dieser Stelle möchte ich all den Menschen danken, die zum Gelingen der Arbeit beigetragen und dafür gesorgt haben, dass die Promotionszeit sowohl in beruflicher als auch in privater Hinsicht eine sehr schöne Zeit war.

Ein besonderer Dank gilt zunächst meinem akademischen Lehrer und Doktorvater, Herrn Prof. Dr. Bernhard Pellens. Ich danke ihm nicht nur für die konstruktive Betreuung meiner Arbeit, sondern auch dafür, dass ich im Rahmen meiner Lehrstuhltätigkeit an vielfältigen Projekten innerhalb und außerhalb der Universität teilnehmen durfte. Bedanken möchte ich mich zudem bei Herrn Prof. Dr. Hannes Streim für die Übernahme des Zweitgutachtens im Rahmen des Promotionsverfahrens.

Auch meinen Kollegen und Vorgesetzten bei der Bayer AG möchte ich für Ihre Unterstützung während meiner Promotionszeit danken. Hervorheben möchte ich an dieser Stelle Herrn Rolf Funk und Herrn Dr. Martin Schloemer, die mir durch die „Reise" durch verschiedene Abteilungen des Group Accounting & Controlling einen umfassenden Einblick in die Praxis ermöglicht haben.

Ein herzliches Dankeschön geht auch an meine ehemaligen Lehrstuhlkollegen Holger Amshoff, Ole Berger, Dr. Andreas Bonse, Prof. Dr. Nils Crasselt, Dr. Karsten Detert, Prof. Dr. Rolf-Uwe Fülbier, Prof. Dr. Joachim Gassen, Stefan Jannett, Tom Jungius, Thomas Kemper, Kai Lehmann, Dr. Stefan Neuhaus, Dr. Uwe Nölte, Philipp Obermüller, Beate Preuß, Dr. Marc Richard, Sebastian Riemenschneider, Torben Rüthers, André Schmidt, Prof. Dr. Thorsten Sellhorn, Adam Strzyz und Dr. Markus Weinreis. Sie alle haben dazu beigetragen, dass die Arbeit am Lehrstuhl stets viel Spaß gemacht hat.

Hervorheben möchte ich zunächst Andreas, der meine Arbeit mehrfach und mit größter Sorgfalt Korrektur gelesen, mich stets mit konstruktiven Hinweisen unterstützt und sich in meinen „Bayer-Phasen" ebenso sorgfältig um die abendliche Ablenkung bei Pizza und Kaltgetränken gekümmert hat. Auch bei meinem besten Freund Stefan Neuhaus möchte ich mich bedanken. Unsere regelmäßigen

Diskussionen im Intershop und im Freibad haben nicht nur meine Dissertation, sondern auch andere wichtige Projekte stets voran getrieben. Darüber hinaus danke ich meinem langjährigen Bürokollegen André für die schöne gemeinsame Zeit im „GC 2/134", Holger für die regelmäßige Ablenkung vom Lehrstuhlalltag durch Ausflüge in die Bochumer Kneipen-Szene, Dirk für die gemeinsame Verfolgung des „die Seite pro Tag muss stehen"-Ziels, Stefan Jannett für die hervorragende Nachbarschaft auf der „anderen" Seite vom Flur und Beate für die Verstärkung der „Frauen-Power" am Lehrstuhl. Ein großer Dank geht schließlich an die studentischen Hilfskräfte, die bei der Literaturbeschaffung einen großartigen Job gemacht haben.

Neben meinem universitären Umfeld bedanke ich mich bei meinem Freundeskreis: Bei meinem „Stammtisch" für die jährlichen gemeinsamen Entspannungsurlaube, bei Kerstin Münstermann für die vielen Diskussionsrunden in Leverkusener „Szene-Kneipen" und bei Verena Müller, Andreas Schmidt und der übrigen „Rumeln & Rheinhausen-Crew" für die gemeinsamen Ausflüge ins Rheinhausener Nachtleben.

In besonderer Weise möchte ich meinem Vater Hans-Dieter Brandt, meinem Bruder Daniel Brandt sowie meinen Großeltern Inge und Walter Brandt danken. Meinem Vater danke ich für die finanzielle Unterstützung, die mein Studium und damit meine Promotion erst ermöglicht hat. Viel entscheidender ist für mich jedoch sein uneingeschränkter Rückhalt, ohne den nicht nur das Ziel „Promotion" undenkbar gewesen wäre. Für die akribische Suche nach Tippfehlern in meiner Arbeit bin ich meinem „kleinen" Bruder zu Dank verpflichtet, auf dessen Unterstützung ich bislang in allen wichtigen Situationen zählen konnte. Dies gilt auch für meine Großeltern, die nicht nur meine Promotionszeit intensiv und mit großem Verständnis begleitet haben. Wer euch als Großeltern hat, kann sich sehr glücklich schätzen!

Von ganzem Herzen danke ich schließlich meinem Freund Dr. Jens Hackenberger für die Geduld, mit der er meine Promotionszeit nicht nur ertragen, sondern auch zu jeder Zeit unterstützt hat. Er hat meine Arbeit von der Themensuche bis zur Veröffentlichung intensiv begleitet und mir dabei trotzdem immer wieder gezeigt, dass eine Dissertation nicht das wichtigste im Leben ist. Ich bin unendlich glücklich, ihn an meiner Seite zu haben!

Ich widme diese Arbeit deshalb meiner Familie und Jens.

Düsseldorf, im Juli 2010   Eva Brandt

Inhaltsverzeichnis

Geleitwort V

Vorwort VII

Abbildungsverzeichnis XV

Tabellenverzeichnis XIX

Abkürzungs- und Symbolverzeichnis XXV

1 Einleitung 1
   1.1 Problemstellung und Ziel der Untersuchung 1
   1.2 Gang der Untersuchung 5

2 Erforschung und Entwicklung von Arzneimitteln 9
   2.1 Kapitelüberblick 9
   2.2 Pharmazeutische Industrie und Arzneimittelmarkt 10
      2.2.1 Arzneimittelbegriff 10
      2.2.2 Entwicklung der Pharmabranche und Bedeutung des FuE-Bereichs 12
      2.2.3 Herausforderungen im FuE-Bereich 16
      2.2.4 Konsequenzen für die Organisation von FuE-Aktivitäten 23
   2.3 FuE-Projekte: Definition und Begriffsabgrenzung 28
      2.3.1 Allgemeine Definition von Forschung und Entwicklung 28
      2.3.2 Pharmaspezifische Definition von Forschung und Entwicklung 31
         2.3.2.1 Pharmazeutischer FuE-Prozess im Überblick 31
         2.3.2.2 Forschung 33
         2.3.2.3 Entwicklung 36
         2.3.2.4 Entwicklungsähnliche Aktivitäten im Anschluss an die Arzneimittelzulassung 42
      2.3.3 Produkt- und Projektdefinition 44

2.4 Erfolgswahrscheinlichkeiten pharmazeutischer FuE-Projekte 47

    2.4.1 Empirische Ergebnisse im Überblick..47

    2.4.2 Wesentliche Determinanten der Erfolgswahrscheinlichkeit..................50

        2.4.2.1 Innovationsgrad von Arzneimitteln 50

        2.4.2.2 Therapiegebiet und Wirkstoffkategorie 52

        2.4.2.3 Sonstige Einflussfaktoren 54

2.5 Kapitelfazit 55

3 Bilanzielle Abbildung pharmazeutischer FuE-Projekte nach IFRS 57

3.1 Kapitelüberblick 57

3.2 Bilanzierungsgegenstand und relevante Standards 57

3.3 Allgemeine Definitions- und Bilanzansatzvorschriften 62

3.4 Spezielle Bilanzansatz- und Erstbewertungsvorschriften 68

    3.4.1 Vollständig unternehmensintern durchgeführte FuE-Projekte..............68

        3.4.1.1 Beschreibung des Durchführungsweges 68

        3.4.1.2 Bilanzielle Abbildung 69

            3.4.1.2.1 Definition und Abgrenzung von Forschung und Entwicklung 69

            3.4.1.2.2 Aktivierungsvoraussetzungen und Erstbewertungsvorschriften ...72

    3.4.2 Erworbene FuE-Projekte..79

        3.4.2.1 Separater Erwerb und Einlizenzierung 79

            3.4.2.1.1 Beschreibung der Durchführungswege 79

            3.4.2.1.2 Bilanzielle Abbildung 84

        3.4.2.2 Erwerb durch Unternehmenszusammenschluss 90

            3.4.2.2.1 Beschreibung des Durchführungsweges 90

            3.4.2.2.2 Bilanzielle Abbildung 92

3.4.3 In Zusammenarbeit mit unternehmensexternen Dritten durchgeführte FuE-Projekte 102

    3.4.3.1 Auftragsforschung und -entwicklung 102

        3.4.3.1.1 Beschreibung des Durchführungsweges 102

        3.4.3.1.2 Bilanzielle Abbildung 105

    3.4.3.2 FuE-Kooperationen 106

        3.4.3.2.1 Beschreibung des Durchführungsweges 106

        3.4.3.2.2 Bilanzielle Abbildung 111

3.5 Vorschriften zur Folgebewertung 113

    3.5.1 Auswahl des Folgebewertungsmodells 113

    3.5.2 Planmäßige Folgebewertung im Anschaffungskostenmodell 114

        3.5.2.1 Bestimmung der Nutzungsdauer 114

        3.5.2.2 Abschreibungsverfahren 115

    3.5.3 Außerplanmäßige Folgebewertung 116

        3.5.3.1 Systematik des Werthaltigkeitstests 116

        3.5.3.2 Erzielbarer Betrag als Korrekturwert 119

        3.5.3.3 Wertaufholung 122

3.6 Ausweisvorschriften 123

3.7 Kapitelfazit 123

4 Kritische Würdigung der bestehenden Vorschriften und ihrer Umsetzung durch nach IFRS bilanzierende Pharmaunternehmen 125

4.1 Kapitelüberblick 125

4.2 Beurteilungsmaßstab 125

    4.2.1 Ziele der IFRS-Rechnungslegung als Ausgangspunkt 125

    4.2.2 Ableitung des Beurteilungsmaßstabs 132

4.3 Würdigung und Wirkungsanalyse 138

    4.3.1 Würdigung der geltenden Bilanzierungsvorschriften 138

4.3.1.1 Interpretation der speziellen Bilanzansatzvorschriften für interne Entwicklungsprojekte 138

4.3.1.2 Identifizierung von Inkonsistenzen 142

4.3.2 Analyse möglicher Auswirkungen inkonsistenter Bilanzierungsvorschriften 149

4.3.2.1 Ausgangsdaten und Annahmen zum Projekt 149

4.3.2.2 Annahmen zu den Durchführungswegen 154

4.3.2.3 Auswirkungen auf die Darstellung der Vermögens- und Ertragslage 157

4.3.3 Zwischenfazit 166

4.4 Umsetzung der aktuellen Vorschriften durch nach IFRS bilanzierende Pharmaunternehmen 167

4.4.1 Grundgesamtheit und Vorgehensweise 167

4.4.2 FuE-Aktivitäten der betrachteten Unternehmen 171

4.4.3 Bilanzansatz- und Erstbewertungsvorschriften 180

4.4.3.1 Erwartungen hinsichtlich der Umsetzung 180

4.4.3.2 Unternehmensinterne FuE-Projekte 182

4.4.3.3 Einlizenzierte und kooperativ durchgeführte FuE-Projekte 185

4.4.3.4 Durch Unternehmenszusammenschlüsse zugegangene FuE-Projekte 187

4.4.4 Ausweisvorschriften 188

4.4.4.1 Ziel der Untersuchung und Formulierung von Erwartungen über die Umsetzung der Vorschriften 188

4.4.4.2 Ergebnisse 188

4.4.5 Zusammenfassung und Würdigung der wesentlichen Ergebnisse 192

4.5 Kapitelfazit 195

5 Weiterentwicklung der IFRS-Vorschriften zur bilanziellen Abbildung pharmazeutischer FuE-Projekte 197

5.1 Kapitelüberblick 197

5.2 Alternativen für eine konsistente bilanzielle Abbildung 198

5.2.1 Ableitung der Alternativen 198
5.2.2 Alternative 1: Vollständige Aufwandsverrechnung 203
5.2.3 Alternative 2: Aktivierung zu historischen Kosten 203
5.2.4 Alternative 3: Aktivierung zum beizulegenden Zeitwert 205
5.2.4.1 Bilanzansatz- und Erstbewertungsvorschriften 205
5.2.4.2 Folgebewertungsvorschriften 206
5.2.5 Zwischenfazit 209

5.3 Diskussion der Bilanzierungsalternativen vor dem Hintergrund der Informationsbedürfnisse von Jahresabschlussadressaten 210

5.3.1 Vorgehensweise 210
5.3.2 Ergebnisse kapitalmarktorientierter Untersuchungen 212
5.3.2.1 Theoretische Grundlagen 212
5.3.2.2 Ergebnisse zum Informationsgehalt der Rechnungslegung über interne FuE-Kosten 215
5.3.2.3 Ergebnisse zum Informationsgehalt einer Fair Value-Bewertung ..218
5.3.3 Ergebnisse von Simulationsstudien 222
5.3.4 Ergebnisse von Befragungsstudien und Positionspapieren 225
5.3.4.1 Theoretische Grundlagen 225
5.3.4.2 Ergebnisse zur Beurteilung unterschiedlicher Wertmaßstäbe durch Investoren und Finanzanalysten 226
5.3.4.3 Ergebnisse zu gewünschten Anhanginformationen zu Fair Values 231
5.3.5 Zusammenfassung der wesentlichen Ergebnisse 231

5.4 Ableitung konkreter Empfehlungen für eine Weiterentwicklung des IAS 38 233

5.4.1 Definitions- und Bilanzansatzvorschriften 233
5.4.2 Erst- und Folgebewertungsvorschriften 235

5.4.3 Ausweisvorschriften 240

5.5 Simulation der Auswirkungen einer Weiterentwicklung des IAS 38 auf die Jahresabschlussdaten von Pharmaunternehmen 246

5.5.1 Ausgangsüberlegungen 246

5.5.2 Ausgangsdaten und Annahmen zu Projekten und Bilanzierungsalternativen 250

5.5.3 Auswirkungen auf den Erfolgs- und Vermögensausweis 257

5.5.4 Auswirkungen auf bilanzanalytische Kennzahlen 263

5.6 Berücksichtigung der Informationsbedürfnisse der Jahresabschlussadressaten in der geplanten Weiterentwicklung der IFRS 268

5.7 Kapitelfazit 273

6 Zusammenfassung und Ausblick 277

6.1 Thesenförmige Zusammenfassung 277

6.2 Ausblick 284

Anhang A: Erforschung und Entwicklung von Arzneimitteln (Kapitel 2) 287

Anhang B: Bilanzielle Abbildung pharmazeutischer FuE-Projekte nach IFRS (Kapitel 3) 289

Anhang C: Kritische Würdigung der bestehenden Vorschriften und ihrer Umsetzung durch nach IFRS bilanzierende Pharmaunternehmen (Kapitel 4) 291

Anhang D: Alternativen für eine konsistentere Abbildung von FuE-Projekten – Bilanzierungsbeispiel (Kapitel 5) 321

Anhang E: Kapitalmarktstudien (Kapitel 5) 334

Anhang F: Auswirkungen einer Umsetzung der Weiterentwicklungsempfehlungen auf den Vermögens- und Erfolgsausweis eines Pharmaunternehmens (Kapitel 5) 341

Literaturverzeichnis 345

Abbildungsverzeichnis

Abb. 1: Illustration der effektiven Patentlaufzeit von innovativen Arzneimitteln ohne zusätzliches Schutzzertifikat 19

Abb. 2: Idealtypischer Ablauf des FuE-Prozesses 31

Abb. 3: Pharmazeutischer FuE-Prozess 32

Abb. 4: Pharmazeutischer FuE-Prozess – Phasen der angewandten Forschung . 34

Abb. 5: Pharmazeutischer FuE-Prozess – Entwicklungsphase 37

Abb. 6: Pharmazeutischer FuE-Prozess – Phase IV 42

Abb. 7: Zusammenhang zwischen Technologie, Patent und Intellectual Assets ... 46

Abb. 8: Wertbestimmung von Technologie und Patent 60

Abb. 9: Abstrakte und konkrete Bilanzierungsfähigkeit 67

Abb. 10: Vollständig unternehmensintern durchgeführtes FuE-Projekt 68

Abb. 11: Spezielle Bilanzansatzvorschriften für unternehmensintern durchgeführte FuE-Projekte 77

Abb. 12: Möglichkeiten zur grundsätzlichen Ausgestaltung eines Einlizenzierungsgeschäfts 84

Abb. 13: Bewertungsmethoden und -verfahren im Überblick 98

Abb. 14: Auslizenzierungsvertrag mit „License-Back-Option" 104

Abb. 15: Beispiel für einen Kooperationsvertrag 110

Abb. 16: FuE-Kooperation Medigene und Schering 111

Abb. 17: Allgemeine Rechnungslegungsgrundsätze des IASB 128

Abb. 18: Zusammenfassung der identifizierten Inkonsistenzen 147

Abb. 19: FuE-Phasen des Projekts 152

Abb. 20: Produktlebenszyklus eines Arzneimittels 154

Abb. 21: Entwicklung des immateriellen Anlagevermögens ohne Impairment 158

Abb. 22: Entwicklung des EBIT ohne Impairment 160

Abb. 23: Entwicklung des immateriellen Anlagevermögens mit Impairment 164

Abb. 24: Entwicklung des EBIT mit Impairment 165

Abb. 25: Durchschnittliche FuE-Quoten der Geschäftsjahre 2005-2008
für die drei Unternehmensgruppen 172

Abb. 26: Prozentuale Verteilung der Entwicklungsprojekte auf die klinischen
Phase I-III für die Unternehmensgruppen 174

Abb. 27: Bilanzierung von Upfront-Payments und Meilensteinzahlungen 185

Abb. 28: Umfang aktivierter immaterieller Vermögenswerte in den
Geschäftsjahren 2005-2008 für die Gruppen 1 bis 3 189

Abb. 29: Mögliche Bilanzierungsalternativen 199

Abb. 30: Entwicklung des immateriellen Anlagevermögens bei Aktivierung
von Entwicklungsprojekten zu historischen Kosten 247

Abb. 31: Entwicklung des immateriellen Anlagevermögens bei Aktivierung
von Entwicklungsprojekten zum Fair Value 248

Abb. 32: Entwicklung des EBIT bei Aktivierung aller Entwicklungsprojekte zu
historischen Kosten bzw. zum Fair Value 249

Abb. 33: Entwicklung des comprehensive income bei Aktivierung aller
Entwicklungsprojekte mit ihrem Fair Value 250

Abb. 34: Entwicklung des immateriellen Anlagevermögens in Abhängigkeit
von der angewendeten Bilanzierungsmethode 258

Abb. 35: Entwicklung des EBIT in Abhängigkeit von der angewendeten
Bilanzierungsmethode 259

Abb. 36: Entwicklung des EBITDA in Abhängigkeit von der angewendeten
Bilanzierungsmethode 261

Abb. 37: Entwicklung des comprehensive income vor Steuern in Abhängigkeit
von der angewendeten Bilanzierungsmethode 262

Abb. 38: Entwicklung der EKR in Abhängigkeit von der angewendeten
Bilanzierungsmethode 266

Abb. C1: Zulassungs- und Abbruchswahrscheinlichkeiten in den einzelnen
Phasen der klinischen Entwicklung 291

Abb. C2:	Wahrscheinlichkeit für das Erreichen der nächsten klinischen Phase im Entwicklungsprozess	292
Abb. C3:	Entwicklung des EBITDA ohne Impairment	304
Abb. C4:	Entwicklung des EBITDA mit Impairment	304
Abb. C5:	Entwicklung der EKR ohne Impairment	304
Abb. C6:	Entwicklung des Jahresüberschusses vor Steuern ohne Impairment	305
Abb. F1:	Entwicklung des Jahresüberschusses nach Steuern bei Vollausschüttung des nach IAS 38 bestimmten Jahresüberschusses	343
Abb. F2:	Entwicklung der GKR bei Vollausschüttung des nach IAS 38 bestimmten Jahresüberschusses	344
Abb. F3:	Entwicklung des operativen Cashflow bei Vollausschüttung des nach IAS 38 bestimmten Jahresüberschusses	344
Abb. F4:	Entwicklung des CVA bei Vollausschüttung des nach IAS 38 bestimmten Jahresüberschusses	344

Tabellenverzeichnis

Tab. 1:	Die 10 größten Pharmaunternehmen gemessen am Umsatz des Geschäftsjahres 2008	14
Tab. 2:	FuE-Ausgaben der 10 größten Pharmaunternehmen in den Jahren 2004-2008	15
Tab. 3:	Erfolgswahrscheinlichkeiten in den Entwicklungsphasen	48
Tab. 4:	Erfolgswahrscheinlichkeiten nach Therapiegebieten	54
Tab. 5:	Beispielhafte Aufzählung identifizierbarer immaterieller Vermögenswerte nach IFRS 3	65
Tab. 6:	Bilanzansatzkriterien des IAS 38.57	139
Tab. 7:	Bilanz vor Durchführung des Projekts (Ende $Jahr_0$)	150
Tab. 8:	Gewinn- und Verlustrechnung vor Durchführung des Projekts ($Jahr_1$)	151
Tab. 9:	Erfolgswahrscheinlichkeiten in der Entwicklungsphase	152
Tab. 10:	Umsatzentwicklung und Herstellungskosten	153
Tab. 11:	Verteilung der FuE-Kosten bei interner Durchführung	155
Tab. 12:	Verteilung der internen FuE-Kosten bei separatem Erwerb	156
Tab. 13:	Vertraglich vereinbarte Zahlungen bei Einlizenzierung (I)	156
Tab. 14:	Angepasste Planung von Umsatz und Herstellungskosten	162
Tab. 15:	Grundgesamtheit – Teil I	168
Tab. 16:	Grundgesamtheit – Teil II	169
Tab. 17:	Zusammensetzung der Gruppe 1	170
Tab. 18:	Zusammensetzung der Gruppe 2	170
Tab. 19:	Zusammensetzung der Gruppe 3	171
Tab. 20:	Entwicklungsprojekte und Erfolgswahrscheinlichkeiten im Durchschnitt der Jahre 2005-2008	176
Tab. 21:	Identifikation einlizenzierender Unternehmen	178
Tab. 22:	Erwartete Zahlungsverpflichtungen aus Kooperationen und Lizenzierungsvereinbarungen	179

Tab. 23:	Darstellung der Investitionen in Forschung und Entwicklung bei Roche	191
Tab. 24:	Ergebnisse zur Wertrelevanz interner FuE-Aufwendungen	216
Tab. 25:	Ergebnisse der Befragungsstudien und Positionspapiere zum präferierten Bewertungsmaßstab für operative Vermögenswerte	228
Tab. 26:	Ergebnisse zur Erläuterung der Fair Value-Ermittlung	231
Tab. 27:	Zusammenfassung der Ergebnisse zu den beobachteten Informationsbedürfnissen der Jahresabschlussadressaten	232
Tab. 28:	Anhangberichterstattung zur Entwicklungspipeline	243
Tab. 29:	Erweiterter Anlagespiegel für FuE-Projekte	245
Tab. 30:	Bilanz vor Durchführung der Projekte (Ende Jahr$_0$)	251
Tab. 31:	Gewinn- und Verlustrechnung vor Durchführung der Projekte (Jahr$_1$)	252
Tab. 32:	Planung von Umsatz und Herstellungskosten pro Therapiegebiet	254
Tab. 33:	Angepasste Planung von Umsatz und Herstellungskosten pro Therapiegebiet	255
Tab. 34:	Vertraglich vereinbarte Zahlungen bei Einlizenzierung (II)	256
Tab. 35:	Ausgewählte Analysekennzahlen	264
Tab. A1:	Blockbuster-Arzneimittel im Jahr 2007	287
Tab. A2:	Therapiegebiete ausgewählter Pharmaunternehmen im Jahr 2003	288
Tab. A3:	Top 6 Therapiegebiete im Jahr 2008	288
Tab. B1:	Bedeutende Übernahmen und Fusionen in der Pharmabranche in den Jahren 1995-2000	289
Tab. B2:	Bedeutende Übernahmen und Fusionen in der Pharmabranche in den Jahren 2001 bis 2009	290
Tab. C1:	Abbruchwahrscheinlichkeiten in den einzelnen Entwicklungsphasen	292
Tab. C2:	Ertragswertermittlung (Present Value-Ermittlung) beim separaten Erwerb	293
Tab. C3:	Ertragswertermittlung (Present Value-Ermittlung) bei Einlizenzierung	294

Tab. C4:	Erfolgs- und Vermögensentwicklung des Unternehmens ohne zusätzliches Projekt	295
Tab. C5:	Erfolgs- und Vermögensentwicklung bei interner Projektdurchführung	296
Tab. C6:	Erfolgs- und Vermögensentwicklung bei separatem Erwerb des Projekts	297
Tab. C7:	Erfolgs- und Vermögensentwicklung bei Einlizenzierung des Projekts	298
Tab. C8:	Impairment-Szenario im Fall des separaten Erwerbs	299
Tab. C9:	Impairment-Szenario im Fall der Einlizenzierung	300
Tab. C10:	Erfolgs- und Vermögensentwicklung bei unternehmensinterner Projektdurchführung mit Impairment	301
Tab. C11:	Erfolgs- und Vermögensentwicklung bei separatem Erwerb des Projekts mit Impairment	302
Tab. C12:	Erfolgs- und Vermögensentwicklung bei Einlizenzierung des Projekts mit Impairment	303
Tab. C13:	Mitgliedsunternehmen (full members) der EFPIA nach Sitzland und angewendeten Rechnungslegungsvorschriften – Teil I	306
Tab. C14:	Mitgliedsunternehmen (full members) der EFPIA nach Sitzland und angewendeten Rechnungslegungsvorschriften – Teil II	307
Tab. C15:	Im CAC Health Care notierte Unternehmen	308
Tab. C16:	Im FTSE all share Pharmaceuticals & Biotechnology notierte Unternehmen	309
Tab. C17:	Im DAXsector All notierte Unternehmen der Subsektoren Pharmaceuticals & Biotechnology	310
Tab. C18:	FuE-Quoten der Unternehmen der Gruppe 1	311
Tab. C19:	FuE-Quoten der Unternehmen der Gruppe 2	311
Tab. C20:	FuE-Quoten der Unternehmen der Gruppe 3	312
Tab. C21:	Bedeutung immaterieller Vermögenswerte in den Jahren 2005-2008	313
Tab. C22:	Ausweis von FuE-Projekten in den Jahren 2005-2008 (I)	314
Tab. C23:	Ausweis von FuE-Projekten in den Jahren 2005-2008 (II)	315

Tab. C24: Ausweis von FuE-Projekten in den Jahren 2005-2008 (III) ... 317

Tab. C25: Aktivierte FuE-Projekte im Durchschnitt der Jahre 2005-2008 für Unternehmen mit Angaben zu aktivierten FuE-Projekten ... 318

Tab. C26: Zusammensetzung der FuE-Investitionen für alle Unternehmen mit Angaben zu aktivierten FuE-Projekten ... 319

Tab. C27: Bilanzierung von FuE-Aufwendungen in ausgewählten Ländern ... 320

Tab. D1: Annahmen pro Durchführungsweg ... 321

Tab. D2: Entwicklung des Fair Value ... 321

Tab. D3: Buchungssätze $Jahr_1$ (Anschaffungskostenmodell) ... 322

Tab. D4: Buchungssätze $Jahr_2$ (Anschaffungskostenmodell) ... 323

Tab. D5: Buchungssätze $Jahr_3$ (Anschaffungskostenmodell) ... 324

Tab. D6: Buchungssätze $Jahr_4$ (Anschaffungskostenmodell) ... 324

Tab. D7: Buchungssätze $Jahr_5$ (Anschaffungskostenmodell) ... 325

Tab. D8: Buchungssätze $Jahr_6$ (Anschaffungskostenmodell) ... 325

Tab. D9: Buchungssätze $Jahr_7$ (Anschaffungskostenmodell) ... 326

Tab. D10: Buchungssätze $Jahr_8$ (Anschaffungskostenmodell) ... 326

Tab. D11: Buchungssätze $Jahr_9$ (Anschaffungskostenmodell) ... 326

Tab. D12: Buchungssätze $Jahr_1$ (Fair Value-Modell) ... 327

Tab. D13: Buchungssätze $Jahr_2$ (Fair Value-Modell) ... 328

Tab. D14: Buchungssätze $Jahr_3$ (Fair Value-Modell) ... 329

Tab. D15: Buchungssätze $Jahr_4$ (Fair Value-Modell) ... 330

Tab. D16: Buchungssätze $Jahr_5$ (Fair Value-Modell) ... 330

Tab. D17: Buchungssätze $Jahr_6$ (Fair Value-Modell) ... 331

Tab. D18: Buchungssätze $Jahr_7$ (Fair Value-Modell) ... 331

Tab. D19: Buchungssätze $Jahr_8$ (Fair Value-Modell) ... 332

Tab. D20: Buchungssätze $Jahr_9$ (Fair Value-Modell) ... 332

Tab. E1: Ergebnisse kapitalmarktorientierter Studien zum Informationsgehalt interner FuE-Kosten ... 338

Tab. E2:	Ergebnisse kapitalmarktorientierter Studien zur Entscheidungsnützlichkeit von Fair Values	340
Tab. F1:	Zulassungswahrscheinlichkeiten in den einzelnen FuE-Phasen	341
Tab. F2:	Erzielbarer Betrag zu Beginn von $Jahr_9$	341
Tab. F3:	Buchwert zu Beginn von $Jahr_9$	341
Tab. F4:	Außerplanmäßige Abschreibung zu Beginn von $Jahr_9$	342
Tab. F5:	Ratingkennzahlen von Standard & Poor's	342
Tab. F6:	Ratingkennzahlen von Moody's zur Bonitätsbeurteilung von Pharmaunternehmen	343

Abkürzungs- und Symbolverzeichnis

Abkürzungen

AASB	Australian Accounting Standards Board
Abacus	A Journal of Accounting, Finance and Business Studies (Zeitschrift)
Abb.	Abbildung
Abs.	Absatz
abzgl.	abzüglich
a.F.	alte Fassung
Afa	Abschreibung
AG	Aktiengesellschaft
AHK	Anschaffungs- oder Herstellungskosten
AICPA	American Institute of Certified Public Accountants
AMG	Arzneimittelgesetz
Art.	Artikel
ASB	Accounting Standards Board
AV	Anlagevermögen
BC	Basis for Conclusions
BCF	Brutto-Cashflow
BFuP	Betriebswirtschaftliche Forschung und Praxis (Zeitschrift)
BIB	Bruttoinvestitionsbasis
BilMoG	Bilanzrechtsmodernisierungsgesetz
BPI	Bundesverband der Pharmazeutischen Industrie e.V.
bspw.	beispielsweise
bzgl.	bezüglich
bzw.	beziehungsweise
b&b	bilanz&buchhaltung (Zeitschrift)
ca.	circa
CAC	Cotation Assistée en Continue
CAPM	Capital Asset Pricing Model
CAR	Contemporary Accounting Research (Zeitschrift)
CBO	Congressional Budget Office (Congress of the United States)
CEO	Chief Executive Officer
CFA	Chartered Financial Analyst
CMR	Centre of Medical Research
CNS	Central Nervous System
CRO	Contract Research Organization

CVA	Cash Value Added
DAX	Deutscher Aktienindex
DB	Der Betrieb (Zeitschrift)
DBW	Die Betriebswirtschaft (Zeitschrift)
DCF	Discounted Cash Flow
d.h.	das heißt
DIN	Deutsches Institut für Normung
DRS	Deutscher Rechnungslegungs Standard
DRSC	Deutsches Rechnungslegungs Standards Committee
DStR	Deutsches Steuerrecht (Zeitschrift)
DVFA	Deutsche Vereinigung für Finanzanalyse und Asset Management
D&A	Depreciation & Amortization
EAR	European Accounting Review (Zeitschrift)
EBIT	Earnings Before Interest and Taxes
EBITDA	Earnings Before Interest, Taxes, Depreciation and Amortization
EBT	Earnings Before Taxes
ED	Exposure Draft
EFPIA	European Federation of Pharmaceutical Industries and Associations
EG	Europäische Gemeinschaft
EK	Eigenkapital
EKR	Eigenkapitalrendite
EMEA	European Medicines Agency
EPS	Earnings per Share
EPÜ	Europäisches Patentübereinkommen
et al.	et alii
etc.	et cetera
EU	Europäische Union
EUR	Euro
e.V.	eingetragener Verein
EVA	Economic Value Added
EW	Erfolgswahrscheinlichkeit
EW (t)	Erwartungswert zum Zeitpunkt t
EWG	Europäische Wirtschaftsgemeinschaft
FASB	Financial Accounting Standards Board
FB	Finanz-Betrieb (Zeitschrift)
FDA	Food and Drug Administration
FK	Fremdkapital
Fn.	Fußnote

FTSE	Financial Times Stock Exchange Index
FuE, F&E	Forschung und Entwicklung
GAAP	Generally Accepted Accounting Principles
GBP	Great Britain Pound (Sterling)
GDP	Gross Domestic Product
ggf.	gegebenenfalls
GKR	Gesamtkapitalrendite
GmbH	Gesellschaft mit beschränkter Haftung
GoF, GW	Goodwill
GuV	Gewinn- und Verlustrechnung
HGB	Handelsgesetzbuch
HK	Herstellungskosten
Hrsg.	Herausgeber
http	hypertext transfer protocol
IAS	International Accounting Standard(s)
IASB	International Accounting Standards Board
IASC	International Accounting Standards Committee
IAV	Immaterielles Anlagevermögen
i.d.R.	in der Regel
IDW	Institut der Wirtschaftsprüfer
IE	Illustrative Examples
IFRIC	International Financial Reporting Interpretations Committee
IFRS	International Financial Reporting Standard(s)
IND	Investigational New Drug Application
inkl.	inklusive
insb.	insbesondere
IP R&D	in process research and development
IRZ	Zeitschrift für Internationale Rechnungslegung
i.S.d.	im Sinne des
i.V.m.	in Verbindung mit
IVSC	International Valuation Standards Committee
IVW	immaterielle Vermögenswerte
JAE	Journal of Accounting and Economics (Zeitschrift)
Jg.	Jahrgang
JoAR	Journal of Accounting Research (Zeitschrift)
JoF	Journal of Finance (Zeitschrift)
JoFE	Journal of Financial Economics (Zeitschrift)
k.A.	keine Angabe

KGV	Kurs-Gewinn-Verhältnis
KMU	Kleine und Mittelgroße Unternehmen
KoR	Zeitschrift für internationale und kapitalmarktorientierte Rechnungslegung
KPMG	Klynveld, Peat, Marwick und Goerdeler
LCM	Life-Cycle-Management
LLC	Limited Liability Company
MAA	Marketing Authorization Application
MEEM	Multi-period Excess Earnings Method
Mio.	Millionen
MPG	Medizinproduktgesetz
Mrd.	Milliarden
m.w.N.	mit weiteren Nachweisen
m.W.v.	mit Wirkung vom
M&A	Mergers and Acquisitions
N/A	not applicable
NBE	New Biological Entity
NCE	New Chemical Entity
NDA	New Drug Application
NME	New Molecular Entity
No.	Number
NPV	Net Present Value
Nr.	Nummer
OCI	Other Comprehensive Income
OECD	Organisation for Economic Cooperation and Development
ökon.	ökonomisch(e)
o.V.	ohne Verfasser
P	Produkt
p.a.	per annum
PAAinE	Pro-active Accounting Activities in Europe
PAT	Patent
PatG	Deutsches Patentgesetz
Phrma	The Pharmaceutical Research and Manufacturers of America
PiR	Praxis der internationalen Rechnungslegung (Zeitschrift)
PK	Präklinik/Präklinische Phase
PPA	Purchase Price Allocation
PV	Present Value
PwC	PriceWaterhouseCoopers

PI-III	klinische Phase I bis III
rev.	revised
RIW	Recht der Internationalen Wirtschaft (Zeitschrift)
RK	Rahmenkonzept
RL	Richtlinie
ROCE	Return on Capital Employed
R&D	Research and Development
S.	Seite
sbr	Schmalenbach Business Review (Zeitschrift)
SEC	Securities and Exchange Commission
Sep.	Separater
SFAC	Statement(s) of Financial Accounting Concepts (CON)
SFAS	Statement(s) of Financial Accounting Standards
SIC	Securities Interpretations Committee
Sp.	Spalte
SSRN	Social Science Research Network
StB	Der Steuerberater (Zeitschrift)
StuB	Steuern und Bilanzen (Zeitschrift)
S&P	Standard & Poor's
T	Technologie
Tab.	Tabelle
TAB	Tax Amortisation Benefit
TEUR	Tausend Euro
TG	Therapiegebiet
TGBP	Tausend britische Pfund (Sterling)
TUG	Transparenzrichtlinienumsetzungsgesetz
Tz.	Textziffer
u.	und
u.a.	unter anderem
UK	United Kingdom
U.S./USA	United States of America
USD	US-Dollars
UV	Umlaufvermögen
UZ	Unternehmenszusammenschluss
VFA	Verband Forschender Arzneimittelhersteller
Vgl.	Vergleiche
Vol.	Volume
WACC	Weighted Average Costs of Capital

wAx(Px)	Abbruchwahrscheinlichkeit in einer bestimmten klinischen Phase
WBW	Wiederbeschaffungswert
WE	Währungseinheiten
WF	Wirkstofffindung/Phase der Wirkstofffindung
WiSt	Wirtschaftswissenschaftliches Studium (Zeitschrift)
WPg	Die Wirtschaftsprüfung (Zeitschrift)
WPK	Wirtschaftsprüferkammer
w (Px)	Wahrscheinlichkeit eine bestimmte Phase im Entwicklungsprozess zu erreichen
www	world wide web
w (ZL)	Zulassungswahrscheinlichkeit
z.B.	zum Beispiel
ZCG	Zeitschrift für Corporate Governance
ZfB	Zeitschrift für Betriebswirtschaft
ZfbF	Zeitschrift für betriebswirtschaftliche Forschung
ZfCM	Zeitschrift für Controlling & Management
ZfIR	Zeitschrift für Immaterialgüter-, Informations- und Wettbewerbsrecht
ZGE	Zahlungsmittelgenerierende Einheit
ZL	Zulassung
ZLP	Zulassungsphase
ZNS	Zentrales Nervensystem
zzgl.	zuzüglich

Symbole

§	Paragraph
%	Prozent
&	und
®	Trademark
+	Plus
Ø	Durchschnitt
∞	unendlich
<	kleiner als
>	größer als

1 Einleitung

1.1 Problemstellung und Ziel der Untersuchung

„The drug development process is like looking for gold or oil".[1]

Die in diesem prägnanten Zitat beschriebene Suche nach Gold oder Öl verdeutlicht die charakteristischen Eigenschaften pharmazeutischer Forschung und Entwicklung (FuE), welche die Pharmabranche zudem wesentlich von anderen FuE-intensiven Branchen unterscheiden. Denn obwohl Unternehmen der pharmazeutischen Industrie jährlich immense Beträge in die als „lifeblood of the pharmaceutical industry"[2] bezeichnete Erforschung und Entwicklung von Arzneimitteln investieren[3], besteht selbst in späten Entwicklungsphasen noch eine sehr hohe Unsicherheit darüber, ob aus den FuE-Investitionen künftig tatsächlich Zahlungsmittelzuflüsse generiert werden können. Schließlich unterliegt der Bereich pharmazeutischer Forschung und Entwicklung aufgrund der Anwendung von Arzneimitteln am Menschen einer umfangreichen gesetzlichen Regulierung durch Arzneimittelzulassungsbehörden. So darf ein Arzneimittel auch im Anschluss an einen bis zu 12 Jahre dauernden FuE-Prozess nur auf dem Markt eingeführt werden, wenn eine Zulassungsbehörde zuvor eine Genehmigung ausgesprochen hat. Diese Zulassung erreicht jedoch nur ein Bruchteil aller FuE-Vorhaben, weshalb die Entwicklung neuer Arzneimittel mit der Suche nach der Stecknadel im Heuhaufen[4] oder nach Gold oder Öl verglichen wird.

„Pillendreher brauchen eine Frischzellenkur"[5]. Unter diesem Titel gab Börse-Online am 31.07.2008 einen Überblick über weitere Herausforderungen, vor denen Pharmaunternehmen seit einigen Jahren stehen. Auf der einen Seite sinkt die Anzahl der neu zugelassenen Arzneimittel trotz immer weiter steigender FuE-Ausgaben und längerer FuE-Phasen.[6] Allein seit dem Jahr 2000 hat sich die Anzahl jährlich zugelassener innovativer Arzneimittel fast halbiert.[7] Auf der anderen Seite verlieren Arz-

---

[1] *Howe* (1995), S. 6.

[2] *Bradfield/El-Sayed* (2009), S. 201.

[3] Die Pharmabranche belegte im Jahr 2008 mit einer durchschnittlichen FuE-Intensität von 16% erneut den weltweit ersten Platz unter den FuE-intensiven Branchen. Vgl. *European Commission* (2008), S. 8. Die FuE-Intensität wird als Quotient aus internen FuE-Kosten und dem Umsatz eines Geschäftsjahres bestimmt.

[4] Vgl. *Bengs* (2008), S. 68.

[5] *o.V.* (2008i), S. 28.

[6] Vgl. *Wess* (2004), S. 97-98.

[7] Vgl. *o.V.* (2008f).

neimittel mit Milliardenumsätzen ihren Patentschutz, was mit erheblichen Umsatzeinbußen für die betroffenen Unternehmen verbunden ist. So hatte bspw. das Antidepressivum Prozac® des US-amerikanischen Konzerns Eli Lilly nach Ablauf seines Patentschutzes einen Umsatzrückgang von 2.750 Mio. USD auf 500 Mio. USD und damit um rund 82% innerhalb von 6 Jahren zu verzeichnen.[8] Dieser Effekt wird weiterhin durch kurze Marktexklusivitätszeiten infolge früher Patentanmeldungen sowie einen immensen Druck durch Generikakonkurrenz verstärkt.

Als Reaktion auf die beschriebenen Herausforderungen und zur Gewährleistung eines nachhaltigen Unternehmenserfolgs durch konkurrenzfähige FuE-Pipelines hat sich die strategische Ausrichtung von Pharmaunternehmen über die Jahre grundlegend verändert. Während FuE-Aktivitäten bis zum Ende der 1980er Jahre vornehmlich unternehmensintern durchgeführt wurden, haben Lizenzierungsgeschäfte, FuE-Kooperationen und Unternehmenszusammenschlüsse inzwischen stark an Bedeutung gewonnen.[9] Aventis war bereits im Jahr 2004 in ca. 300 Kooperationen und Technologielizenzierungen involviert[10], Astra Zeneca hat allein im Jahr 2008 21 Einlizenzierungs- und Kooperationsvereinbarungen abgeschlossen.[11] Insbesondere Kooperationen mit Biotechnologieunternehmen werden dabei als „Hoffnungsträger für die [...] leeren Wirkstoff-Pipelines der großen Pharmaunternehmen"[12] angesehen. Die in den letzten Jahren stattgefundenen Zusammenschlüsse von Bayer und Schering, Novartis und Alkon sowie Pfizer und Wyeth stellen darüber hinaus nur Beispiele für die am 09.02.2009 im Handelsblatt mit „Big Pharma im Fusionsfieber"[13] betitelte Konsolidierung der Pharmabranche dar, in der Astra Zeneca und Bristol Myers Squibb bereits als nächste Übernahmekandidaten gehandelt werden.[14]

Die immense Bedeutung von Forschung und Entwicklung für den wirtschaftlichen Erfolg von Pharmaunternehmen und die Komplexität pharmazeutischer FuE-Projekte infolge der beschriebenen Besonderheiten pharmazeutischer Forschung und Entwicklung sowie der vielfältigen Wege zur Durchführung von FuE-Projekten führen

---

[8] Vgl. o.V. (2008f).
[9] Vgl. *Bengs* (2008), S. 69.
[10] Vgl. *Wess* (2004), S. 102-103.
[11] Vgl. Astra Zeneca, Geschäftsbericht 2008, S. 13.
[12] *Kreifels/Baum* (2008), S. 132.
[13] *Telgheder* (2009).
[14] Vgl. *Telgheder* (2009) sowie zur Konsolidierung der Pharma- und Biotechnologiebranche *KPMG* (2009), S. 15.

dazu, dass auch ihre Erfassung im Jahresabschluss eine herausfordernde Aufgabe darstellt, die detaillierte Branchenkenntnisse voraussetzt. Die Berichterstattung im Jahresabschluss ist zudem von großer Bedeutung, da Jahresabschlüsse insbesondere von institutionellen Investoren und deren Informationsintermediären als zentrales Informationsinstrument[15] genutzt und sowohl für Kontrollzwecke als auch als Ausgangsbasis für Prognosen herangezogen werden. Insofern hängt die Beurteilung der Innovationskraft von Pharmaunternehmen und damit die Einschätzung ihres künftigen Unternehmenserfolgs entscheidend von den häufig als unzulänglich bezeichneten Rechnungslegungsvorschriften für FuE-Projekte[16] ab.[17] Die bilanzielle Abbildung pharmazeutischer FuE-Projekte gemäß den vom International Accounting Standards Board (IASB) erarbeiteten International Accounting Standards (IAS) bzw. International Financial Reporting Standards (IFRS) steht deshalb im Mittelpunkt der vorliegenden Arbeit.

Die Fokussierung auf die IFRS trotz der Tatsache, dass ca. 50% der großen Pharmakonzerne die United States Generally Accepted Accounting Standards (US-GAAP) anwenden, ist zum einen dadurch zu begründen, dass kapitalmarktorientierte Mutterunternehmen in der Europäischen Union (EU) durch die EU-Verordnung Nr. 1606/2002 seit 2005 bzw. 2007 verpflichtet sind, ihre Konzernabschlüsse nach den IFRS zu erstellen. Zum anderen sind sie inzwischen in weltweit 117 Rechtskreisen gestattet oder vorgeschrieben[18] und die Securities Exchange Commission (SEC) plant auch für US-Emittenten ab dem Jahr 2014 eine verpflichtende Anwendung.[19] Folglich ist anzunehmen, dass die IFRS künftig auch für die bislang nach den US-GAAP bilanzierenden Pharmakonzerne wie Pfizer, Merck & Co., Abbott etc. relevant werden.

Das primäre Ziel der IFRS-Rechnungslegung besteht in der Vermittlung von für die Jahresabschlussadressaten entscheidungsnützlichen Informationen über die Vermögens-, Finanz- und Ertragslage von Unternehmen. In der vorliegenden Arbeit wird deshalb der Frage nachgegangen, inwieweit dieses Ziel für pharmazeutische FuE-

---

[15] Vgl. dazu *Gassen/Schwedler* (2008), S. 12; *Ernst/Gassen/Pellens* (2009), S. 13; *PAAinE* (2009), S. 6.
[16] Vgl. u.a. *Fülbier/Honold/Klar* (2000), S. 833; *Arbeitskreis Immaterielle Werte im Rechnungswesen* (2001), S. 989; *Powell* (2003), S. 806.
[17] Vgl. auch *Fülbier/Honold/Klar* (2000), S. 834.
[18] Vgl. *Deloitte* (2009b).
[19] Vgl. *SEC* (2008), S. 1. Dies wird von 75% der in einer Studie befragten US-amerikanischen Manager befürwortet. Vgl. *Deloitte* (2009a), S. 1.

Projekte erreicht wird. Sollte die Analyse der geltenden Vorschriften zeigen, dass diese das primäre Ziel der IFRS nicht oder nicht vollständig erfüllen, wird untersucht, welche Maßnahmen zu einer Erhöhung der Entscheidungsnützlichkeit der Rechnungslegungsdaten für die Jahresabschlussadressaten beitragen und somit für eine Weiterentwicklung der geltenden Vorschriften durch das IASB herangezogen werden können. Dabei sollen die folgenden Forschungsfragen beantwortet werden:

- Die Umsetzung der für FuE-Projekte geltenden Bilanzierungsvorschriften setzt detaillierte Branchenkenntnisse voraus. Aus diesem Grund wird zunächst untersucht, auf welchen Wegen pharmazeutische FuE-Projekte durchgeführt werden, wie der FuE-Prozess im Detail abläuft und durch welche Faktoren der auch für die bilanzielle Abbildung entscheidende Erfolg pharmazeutischer FuE-Projekte im Wesentlichen determiniert wird.

- Darauf aufbauend wird der Frage nachgegangen, wie auf unterschiedlichen Wegen durchgeführte pharmazeutische FuE-Projekte vor dem Hintergrund der speziellen Charakteristika von Arzneimitteln bzw. ihrer Erforschung und Entwicklung in der IFRS-Rechnungslegung zu erfassen sind.

- Wie die dargestellten Bilanzierungsvorschriften vor dem Hintergrund des primären Ziels der IFRS-Rechnungslegung zu beurteilen sind, wird im nächsten Schritt untersucht. Dabei wird jedoch zunächst keine Analyse vor dem Hintergrund der Relevanz und der Verlässlichkeit als wesentliche Anforderungen an entscheidungsnützliche Informationen vorgenommen, da das IASB bislang keine Gewichtung dieser Grundsätze vorgibt und auch in der Literatur diesbezüglich kein Konsens herrscht. Als Beurteilungsmaßstab wird stattdessen die Eignung der geltenden Bilanzierungsregeln zur konsistenten Abbildung ökonomisch identischer Sachverhalte herangezogen. Dieser Beurteilungsmaßstab wird zuvor als Mindestanforderung an informative Rechnungslegungsregeln aus Plausibilitätsüberlegungen, den Zielen der IFRS-Rechnungslegung sowie der Entwicklung der speziellen Bilanzierungsvorschriften für immaterielle Vermögenswerte hergeleitet. Zudem wird analysiert, wie sich identifizierte Inkonsistenzen auf den Erfolgs- und Vermögensausweis von Pharmaunternehmen auswirken und in welchem Ausmaß sie sich in der Bilanzierungspraxis von Pharmaunternehmen niederschlagen.

- Die nächste Forschungsfrage betrifft die Weiterentwicklung der geltenden Bilanzierungsvorschriften. Im ersten Schritt werden solche Bilanzierungskonzepte identifiziert, die eine konsistente, von Durchführungsweg und Zugangsform unabhängige bilanzielle Abbildung pharmazeutischer FuE-Projekte ermöglichen und damit die hergeleitete Mindestanforderung an informative Rechnungslegungsvorschriften erfüllen. Da sich diese Bilanzierungskonzepte hinsichtlich der Gewichtung von Relevanz und Verlässlichkeit unterscheiden, wird im zweiten Schritt durch eine Auswertung empirischer Studien zum Nutzen der Rechnungslegungsinformationen zu Forschung und Entwicklung für die Investoren und ihre Informationsintermediäre sowie zu deren Informationsbedürfnissen analysiert, welches der aufgezeigten Konzepte und damit welche Gewichtung von Relevanz und Verlässlichkeit für das primäre Ziel der Vermittlung entscheidungsnützlicher Informationen geeignet erscheint.

- Anschließend werden auf Basis der im Rahmen der Analyse der empirischen Studien gewonnenen Ergebnisse und unter Berücksichtigung der Besonderheiten pharmazeutischer Forschung und Entwicklung konkrete Empfehlungen für eine Weiterentwicklung der geltenden Bilanzierungsvorschriften erarbeitet, die im Standard-Setting des IASB Berücksichtigung finden können.

- Wie sich eine Umsetzung dieser Empfehlungen für eine Weiterentwicklung des IAS 38 verglichen mit den aktuellen Vorschriften auf den Vermögens- und Erfolgsausweis von Pharmaunternehmen sowie auf aus den Jahresabschlussdaten abgeleitete bilanzanalytische Kennzahlen auswirken würde, wird darauf aufbauend durch eine Simulation untersucht. Abschließend wird der Frage nachgegangen, inwieweit die vorgeschlagenen Ansätze und damit die ermittelten Informationsbedürfnisse der Jahresabschlussadressaten in der aktuellen Arbeit des IASB bereits Berücksichtigung finden.

1.2 Gang der Untersuchung

Die Untersuchung gliedert sich in sechs Kapitel. Im Anschluss an das einführende erste Kapitel steht die Erforschung und Entwicklung von Arzneimitteln im Mittelpunkt des zweiten Kapitels. Nach einer Definition des Arzneimittelbegriffs wird ein Überblick über aktuelle Entwicklungen und Herausforderungen in der Pharmabranche sowie über deren Konsequenzen für die Durchführung von FuE-Projekten gegeben. Anschließend werden die Begriffe der (pharmazeutischen) Forschung und Entwicklung abgegrenzt. Darauf aufbauend werden eine Projekt- und Produktdefinition abgeleitet und die wesentlichen FuE-Projekte initiierenden sowie aus diesen hervorgehenden Einzelwerte abgegrenzt, bevor die Erfolgswahrscheinlichkeiten pharmazeutischer FuE-Projekte und ihre Determinanten aufgezeigt werden.

Im Fokus des dritten Kapitels steht die bilanzielle Abbildung von auf unterschiedlichen Wegen durchgeführten pharmazeutischen FuE-Projekten. Nach einer Abgrenzung des Bilanzierungsgegenstandes und der Bestimmung der anzuwendenden Standards werden die allgemeinen Bilanzansatzvorschriften dargestellt. Darauf aufbauend werden die speziellen Bilanzansatz- und Erstbewertungsvorschriften ausführlich beleuchtet. Da die IFRS an dieser Stelle in Abhängigkeit von der Zugangsform des Vermögenswertes unterschiedlich formuliert sind, wird eine Differenzierung nach dem Durchführungsweg eines FuE-Projekts vorgenommen. Neben der unternehmensinternen Durchführung werden separate Erwerbe, Einlizenzierungen, Unternehmenszusammenschlüsse und FuE-Kooperationen betrachtet. Im Anschluss werden die Vorschriften zur Folgebewertung und zu sonstigen Ausweispflichten aufgezeigt.

Im vierten Kapitel werden die dargestellten Vorschriften einer kritischen Würdigung unterzogen. Zunächst wird die Eignung der geltenden Vorschriften für eine konsistente Abbildung von ökonomisch identischen FuE-Projekten als Mindestanforderung an informative Rechnungslegungsvorschriften aus Plausibilitätsüberlegungen, den Zielen der IFRS-Rechnungslegung und der Entwicklung der speziellen Vorschriften für immaterielle Vermögenswerte abgeleitet und als Beurteilungsmaßstab festgelegt. Darauf aufbauend werden Inkonsistenzen identifiziert und ihre Auswirkungen auf den Erfolgs- und Vermögensausweis von Unternehmen anhand eines Beispiels aufgezeigt. Inwieweit sich diese Inkonsistenzen in der praktischen Umsetzung der IFRS niederschlagen, wird anschließend durch eine Auswertung der Geschäftsberichte von 28 in den Jahren 2005-2008 nach den IFRS bilanzierenden Pharma- und Biotechnologieunternehmen untersucht.

Daran anknüpfend werden im fünften Kapitel Empfehlungen für eine Weiterentwicklung der Bilanzierungsvorschriften für FuE-Projekte erarbeitet. Zunächst werden solche Bilanzierungskonzepte für die weitere Untersuchung ausgewählt, welche die hergeleitete Mindestanforderung an informative Rechnungslegungsvorschriften erfüllen. Da diese sich in der Gewichtung der Primärgrundsätze der Relevanz und der Verlässlichkeit unterscheiden, wird darauf aufbauend untersucht, durch welches Bilanzierungskonzept und damit letztlich durch welche Gewichtung von Relevanz und Verlässlichkeit das primäre Ziel der Vermittlung entscheidungsnützlicher Informationen aus Sicht der Jahresabschlussadressaten erreicht werden kann. Zur Beantwortung dieser Frage werden die Ergebnisse empirischer Studien zum Nutzen der

Rechnungslegungsinformationen zu Forschung und Entwicklung für die Investoren und ihre Informationsintermediäre als wesentliche Jahresabschlussadressaten sowie zu deren Informationsbedürfnissen analysiert. Auf Basis der Ergebnisse dieser Analyse werden konkrete Empfehlungen für eine Weiterentwicklung der geltenden Bilanzierungsvorschriften zur Steigerung des Informationsgehaltes der Rechnungslegungsinformationen für die Jahresabschlussadressaten erarbeitet, bevor durch eine Simulation gezeigt wird, wie sich deren Umsetzung verglichen mit den geltenden Vorschriften auf den Vermögens- und Erfolgsausweis von Pharmaunternehmen sowie auf bilanzanalytische Kennzahlen auswirken wird. Abschließend wird untersucht, inwieweit die aus den empirisch beobachteten Informationsbedürfnissen der Adressaten abgeleiteten Empfehlungen für eine Weiterentwicklung des IAS 38 in den aktuellen Überlegungen des IASB bereits Berücksichtigung finden.

Eine thesenförmige Zusammenfassung der wesentlichen Ergebnisse der Arbeit und ein Ausblick auf zukünftige Entwicklungen schließen die Untersuchung in Kapitel 6 ab.

2 Erforschung und Entwicklung von Arzneimitteln

2.1 Kapitelüberblick

Im Mittelpunkt der vorliegenden Arbeit stehen die IFRS-Vorschriften zur bilanziellen Abbildung von FuE-Projekten bzw. von aus Investitionen in Forschung und Entwicklung hervorgehenden immateriellen Werten.[1] Da die Darstellung und Analyse dieser Vorschriften am Beispiel der Pharmabranche vorgenommen wird und der Fokus deshalb auf der Erforschung und Entwicklung von Arzneimitteln liegt, wird im zweiten Kapitel ein Überblick über die Pharmabranche und den Arzneimittelmarkt sowie den pharmaspezifischen FuE-Prozess gegeben.

In Abschnitt 2.2 wird der Begriff des Arzneimittels zunächst definiert.[2] Darauf aufbauend stehen die Entwicklung der Pharmabranche und des Arzneimittelmarktes sowie die wesentlichen Herausforderungen, mit denen Unternehmen der Pharmabranche konfrontiert werden, im Fokus. Anschließend wird aufgezeigt, inwieweit diese Herausforderungen zu einer Veränderung der Organisation von FuE-Aktivitäten beitragen bzw. beigetragen haben.

Darauf aufbauend steht der pharmaspezifische FuE-Prozess als zentrales Element der Erforschung und Entwicklung von Arzneimitteln im Mittelpunkt des Abschnitts 2.3. Nach einem Überblick über wesentliche Phasen dieses Prozesses werden die Begriffe Forschung und Entwicklung zunächst allgemein und anschließend unter Berücksichtigung der Phasen des pharmaspezifischen FuE-Prozesses definiert. Diese pharmaspezifische Definition bildet letztlich die Grundlage für die Herleitung einer Produktdefinition sowie die Abgrenzung eines FuE-Projekts und daraus entstehender immaterieller Werte.

In Abschnitt 2.4 wird schließlich herausgearbeitet, welche Erfolgswahrscheinlichkeiten[3] für in unterschiedlichen Phasen des FuE-Prozesses befindliche FuE-Projekte empirisch beobachtet werden können und durch welche Faktoren diese im Wesentli-

---

[1] Zum Zusammenhang zwischen FuE-Ausgaben und immateriellen Werten vgl. *Arbeitskreis Immaterielle Werte im Rechnungswesen* (2005), S. 228.

[2] Die Begriffe Arzneimittel und Medikament werden synonym verwendet.

[3] Unter der Erfolgs- bzw. Genehmigungswahrscheinlichkeit wird in dieser Arbeit die Wahrscheinlichkeit dafür verstanden, dass ein Arzneimittel durch eine autorisierte Behörde zugelassen wird und auf dem Markt eingeführt werden darf.

chen determiniert werden, da Erfolgswahrscheinlichkeiten im Rahmen der IFRS-Bilanzierung von großer Bedeutung sind.[4]

2.2 Pharmazeutische Industrie und Arzneimittelmarkt

2.2.1 Arzneimittelbegriff

Das wesentliche Ziel forschender Pharmaunternehmen ist die Neu- oder Weiterentwicklung von als Arzneimittel bezeichneten Substanzen, welche eine verbesserte Behandlung bestimmter Krankheitsbilder durch eine erhöhte Wirksamkeit, eine bessere Verträglichkeit oder eine einfachere Anwendung ermöglichen.[5] Arzneimittel stellen folglich das charakteristische Produkt eines Pharmaunternehmens dar, welches die Pharmabranche aufgrund der direkten Anwendung am Menschen zudem wesentlich von anderen forschungs- und entwicklungsintensiven Branchen unterscheidet, da neben dem Erfolg des Unternehmens insbesondere die Gesundheit der Menschen im Fokus steht.[6]

Der Arzneimittelbegriff ist nicht für alle Länder der Welt einheitlich definiert. Der vorliegenden Arbeit soll aufgrund der späteren Betrachtung von in Europa ansässigen Pharmaunternehmen die in der EU geltende Definition eines Humanarzneimittels zugrunde gelegt werden.[7] Gemäß Art. 1 Abs. 2 der EU-Richtlinie 2001/83/EG zur Schaffung eines Gemeinschaftskodexes für Humanarzneimittel vom 06.11.2001 sind unter einem Arzneimittel zum einen alle Stoffe oder Stoffzusammensetzungen zu verstehen, die als Mittel zur Heilung oder Verhütung menschlicher Krankheiten verwendet werden (Therapeutika). Zum anderen gelten solche Stoffe und Stoffzusammensetzungen als Arzneimittel, die zur Anwendung im oder am menschlichen Körper zur Erstellung einer ärztlichen Diagnose oder zur Wiederherstellung, Besserung oder Beeinflussung der menschlichen physiologischen Funktionen bestimmt sind (Diagnostika).[8]

---

[4] Vgl. dazu insbesondere Abschnitt 3.4.1.2.2.

[5] Vgl. *Pritsch* (2000), S. 99-100; *Löhr* (2005), S. 9 und S. 11.

[6] Vgl. *Eberhardt* (2006), S. 52-53; *Iwasaki* (2009), S. 283.

[7] Auf Humanarzneimittel entfällt der überwiegende Teil der FuE-Ausgaben internationaler Pharmaunternehmen. Vgl. *Phrma* (2007b), S. 44. Veterinärpharmazeutika werden in dieser Arbeit nicht betrachtet.

[8] In Deutschland wurde diese Definition bspw. in § 2 Abs. 1 des Arzneimittelgesetzes (AMG) umgesetzt. Nicht in den Bereich der Arzneimittel fallen gemäß § 2 Abs. 3 AMG Lebensmittel, Tabakerzeugnisse, Kosmetika, Medizinprodukte und deren Zubehör sowie Transplantate. Zur Definition von Medizinprodukten und deren Abgrenzung gegenüber Arzneimitteln vgl. § 3 des Medizinproduktgesetzes (MPG). Zur Definition von Therapeutika und Diagnostika vgl. u.a. *Pfeiffer* (2000),

Neben der Differenzierung zwischen Therapeutika und Diagnostika ist jedoch insbesondere die Differenzierung nach der geistigen Urheberschaft eines Arzneimittels und damit die Unterscheidung zwischen Originalpräparaten und Generika entscheidend, da durch diese Differenzierung implizit auch eine für den weiteren Verlauf der Arbeit wichtige Abgrenzung hinsichtlich des Innovationsgrades vorgenommen wird.[9] Unter Originalpräparaten sind erstmalig im Unternehmen entwickelte, patentgeschützte Arzneimittel zu verstehen.[10] Bei einem Generikum handelt es sich hingegen um ein Medikament, das auf einem Wirkstoff basiert, dessen Patent bereits abgelaufen ist und das unter einem anderen Namen als das Originalpräparat vermarktet wird.[11] Generika stellen nur eine „Kopie" eines bereits existierenden Arzneimittels dar, die sich vom Original in erster Linie durch den geringeren Preis unterscheidet.[12] Für ihre Zulassung sind deshalb lediglich Studien zum Nachweis der Bioäquivalenz und Bioverfügbarkeit[13] und damit der therapeutischen Gleichwertigkeit zum Originalpräparat notwendig.[14] Grundsätzlich kann jedoch auf die Wirksamkeits- und Sicherheitsstudien und damit auf die Ergebnisse der klinischen Studien des Originalherstellers zurückgegriffen werden.[15]

Aufbauend auf der vorgenommenen Abgrenzung des Arzneimittelbegriffs stehen die Entwicklung der Pharmabranche und des Arzneimittelmarktes im Mittelpunkt des folgenden Abschnitts.

S. 66-67; *Rygl* (2003), S. 3; *Schmidt* (2006), S. 32. Ähnlich auch *BPI* (2006), S. 18. Zu anderen Möglichkeiten der Abgrenzung unterschiedlicher Arzneimittel vgl. bspw. *Gassmann/Reepmeyer/Zedtwitz* (2008), S. 21-22.

[9] Vgl. dazu Abschnitt 2.4.2.1.

[10] Vgl. *Pfeiffer* (2000), S. 67. Ähnlich auch *Rygl* (2003), S. 3.

[11] Vgl. *EFPIA* (2006), S. 18. Ihre Erforschung und Entwicklung erfordert nur einen Bruchteil der Ressourcen, die für Originalpräparate benötigt werden. Vgl. *Schmidt* (2006), S. 34. Die Kosten zur Entwicklung eines Generikums werden auf 8-30 Mio. USD geschätzt. Vgl. *EFPIA* (2008b), S. 15.

[12] Wegen der geringeren FuE-Kosten weisen Generika gegenüber Originalpräparaten Preisabschläge von ca. 30-60% auf. Vgl. *Pfeiffer* (2000), S. 67 und S. 76.

[13] Zur Definition der Begriffe vgl. *BPI* (2004), S. 57-58.

[14] Zu den genauen Vorschriften vgl. Art. 8 a der RL 2001/83/EG.

[15] Folglich gilt der in Abschnitt 2.3.2 beschriebene FuE-Prozess nur in seltenen Fällen für die Generikaherstellung. Einen Ausnahmefall stellen biotechnologische Generika dar, für die kosten- und zeitintensive klinische Tests zu absolvieren sind. Vgl. *DVFA* (2005), S. 13; *Hartmann* (2006), S. 15 und S. 28; *Raasch* (2006), S. 238-239.

2.2.2 Entwicklung der Pharmabranche und Bedeutung des FuE-Bereichs

Die Pharmabranche gehört zu den von der Organisation for Economic Cooperation and Development (OECD) definierten und nach der FuE-Intensität abgegrenzten Hochtechnologiebranchen[16] und stellt einen der FuE-intensivsten Industriezweige dar.[17] So betrug die FuE-Quote der internationalen Pharmabranche, d.h. das Verhältnis von FuE-Ausgaben zum Umsatz, im Jahr 2008 bspw. 16% und war damit höher als in allen anderen Branchen.[18]

Eine einheitliche Definition des Pharmabegriffs hat sich in der Literatur allerdings nicht herausgebildet.[19] Historisch gesehen handelt es sich aufgrund der Ursprünge der Pharmaforschung in der analytischen und synthetischen Chemie sowie den Parallelen in der Produktion von Substanzen um einen Zweig der chemischen Industrie.[20] Im 19. Jahrhundert wurden viele damals dem Industriesegment der Chemie zugeordnete Pharmaunternehmen wie z.b. Wyeth (1860), Eli Lilly & Company (1876) und Johnson & Johnson (1885) gegründet.[21] Die Zugehörigkeit zum Segment der Chemie verdeutlicht auch die Tatsache, dass der Pharmabereich in der Unternehmenspraxis bis in die 1990er Jahre regelmäßig lediglich ein Geschäftsfeld neben den chemischen Aktivitäten von Unternehmen darstellte. Durch die zunehmende Bedeutung der Gen- und Biotechnologie und die daraus folgende fehlende gemeinsame innovative Basis von chemischer und pharmazeutischer Forschung und Entwicklung hat die Bedeutung der Chemie für die Pharmaforschung in den letzten Jahren jedoch immer weiter abgenommen.[22] Dies wird auch durch Entwicklungen wie bspw. den Abspaltungsprozess der Chemiesparte Lanxess vom Bayer Konzern im Januar 2005 sowie den Verkauf der Pharmasparten der Unternehmen BASF, Degussa und Altana verdeutlicht.[23]

---

[16] Vgl. *Hatzichronoglou* (1997), S. 6.
[17] Vgl. *Pfeiffer* (2000), S. 20; *Brandt* (2002), S. 121; *Bublik* (2004), S. 185; *Mahlich* (2005), S. 396.
[18] Vgl. *European Commission* (2008), S. 8.
[19] Vgl. *Schmidt* (2006), S. 32.
[20] Vgl. dazu und zum Folgenden *Pfeiffer* (2000), S. 65. Zur Geschichte der Pharmaindustrie und zur Veränderung der FuE-Methoden vgl. *Drews* (1998), S. 37-131; *Löhr* (2005), S. 8.
[21] Vgl. m.w.N. *Löhr* (2005), S. 8.
[22] Zu den Gründen vgl. ausführlich *Hartmann* (2006), S. 7.
[23] Zum Verkauf der Pharmasparte des Altana Konzerns an das dänische Pharmunternehmen Nycomed aufgrund einer schwachen FuE-Pipeline und auslaufenden Patenten im Jahr 2006 vgl. *o.V.* (2006a).

Aktuell stellt die Pharmabranche einen Teil der Gesundheits- bzw. der Healthcare-Industrie dar[24], die sich neben den Pharmaunternehmen aus weiteren Akteuren wie z.B. Apotheken, der Ärzteschaft, Krankenkassen und Unternehmen der Biotechnologiebranche zusammensetzt.[25] In einer allgemeinen Abgrenzung kann die Pharmabranche als Gesamtheit derjenigen Unternehmen verstanden werden, die sich der Herstellung von Therapeutika und/oder Diagnostika und damit der Herstellung von Arzneimitteln widmen.[26]

Eine Betrachtung der Struktur des weltweiten Pharmamarktes zeigt, dass die USA, Europa und Japan mit einem Marktanteil von insgesamt 80% bislang die Hauptmärkte darstellen.[27] Dieses Ergebnis wird auch durch jährlich veröffentlichte Studien der European Federation of Pharmaceutical Industries and Associations (EFPIA) sowie durch die Wachstumsraten der genannten Pharmamärkte unterstützt.[28] Im Zeitraum zwischen 1996 und 2006 lag die inflationsangepasste Wachstumsrate des Pharmamarktes in den USA bei 8,2%, in Europa bei 4,1% und in Japan bei 4,4%.[29] Zudem entfallen 66% der Umsätze, die durch zwischen 2004 und 2008 auf den Markt gebrachte Arzneimittel erzielt werden, auf die USA, 26% auf Europa und knapp 3% auf Japan[30], was darauf zurückzuführen ist, dass in Ländern mit einem hohen Pro-Kopf-Einkommen mehr Geld für Arzneimittel ausgegeben wird.[31] Auch die Herkunft der am Umsatz[32] gemessenen 20 weltweit größten Pharmaunternehmen untermauert dieses Bild, da neun Unternehmen aus den USA, acht aus Europa und zwei aus Japan stammen; lediglich ein Unternehmen ist in einer anderen Region ansässig.[33] Künftig werden jedoch Schwellenländer wie insbesondere Brasilien, China, Indien, Mexiko, Südkorea und die Türkei stark an Bedeutung gewinnen. Es wird erwartet, dass die

---

[24] Vgl. *Petersen/Zwirner* (2009), S. 362.
[25] Vgl. *Pfeiffer* (2000), S. 66; *Schmidt* (2006), S. 32.
[26] Vgl. *Pfeiffer* (2000), S. 66-67; *Rygl* (2003), S. 3; *Schmidt* (2006), S. 32. Ähnlich auch *BPI* (2006), S. 18. Für weitergehende Möglichkeiten zur Klassifikation des Pharmamarktes vgl. *Pfeiffer* (2000), S. 67; *Meissner* (2003), S. 13 und S. 16; *Schmidt* (2006), S. 33-34.
[27] Vgl. *Pfeiffer* (2000), S. 71; *Fricke/Schöffski* (2008), S. 29; *Heilig* (2008), S. 161. Ähnlich auch *Schmidt* (2006), S. 33; *BPI* (2009), S. 36. Zur beginnenden Suche nach neuen Märkten in Schwellenländern vgl. *o.V.* (2009f).
[28] Vgl. *EFPIA* (2006); *EFPIA* (2007); *EFPIA* (2008a); *EFPIA* (2009).
[29] Vgl. *EFPIA* (2008a), S. 5.
[30] Der Rest kann nicht zugeordnet werden. Vgl. *EFPIA* (2009), S. 3.
[31] Vgl. *Heilig* (2008), S. 161; *IMS* (2009a).
[32] Der weltweite Umsatz mit Arzneimitteln betrug im Jahr 2008 615 Mrd. USD. Vgl. *Datamonitor* (2009). In 2005 waren es 600 Mrd. USD. Vgl. *BPI* (2006), S. 24.
[33] Vgl. *EFPIA* (2008a), S. 13.

Schwellenländer bis zum Jahr 2013 zusammen eine Wachstumsrate des Pharmamarktes von 13% bis 16% erreichen[34] und dass der jährlich in den Schwellenländern generierte Pharmaumsatz im Jahr 2020 mit 400 Mrd. USD der Summe aus dem aktuell auf dem US-Markt und dem in den 5 umsatzstärksten Ländern Europas erzielten Umsatz entspricht.[35]

Bezogen auf die Struktur der Pharmabranche insgesamt ist festzustellen, dass diese sich seit jeher aus einer Vielzahl kleiner und mittelgroßer Unternehmen und einer geringen Anzahl an großen, international tätigen Pharmakonzernen zusammensetzt, die eine dominierende Marktposition einnehmen.[36] Die gemessen am Umsatz des Jahres 2008 10 größten Pharmaunternehmen sind in der folgenden Tabelle dargestellt.

	Unternehmen	Umsatz 2008 (in Mio. USD)
1	Pfizer	43.363
2	GlaxoSmithKline	36.506
3	Novartis	36.172
4	Sanofi-Aventis	35.642
5	Astra Zeneca	32.516
6	Roche	30.336
7	Johnson & Johnson	29.425
8	Merck & Co.	26.191
9	Abbott	19.466
10	Eli Lilly	19.140

Tab. 1: **Die 10 größten Pharmaunternehmen gemessen am Umsatz des Geschäftsjahres 2008**[37]

Zudem stellt die Pharmabranche seit Jahren eine der stabilsten Branchen dar, die durchweg hohe Renditen und hohe Gewinne erwirtschaftet[38] und auch von der aktuellen Finanzmarktkrise weniger betroffen ist andere Branchen.[39]

---

[34] Vgl. *IMS* (2009). Die zunehmende Bedeutung insbesondere des asiatischen Marktes zeigt auch die verglichen mit den USA große Anzahl von in den Jahren 2001-2006 neu eröffneten Forschungseinrichtungen. Vgl. *EFPIA* (2009), S. 3.

[35] Vgl. *Taylor* (2008).

[36] Vgl. *Bublik* (2004), S. 181; *Piachaud* (2004), S. 10. Auf die 10 größten Unternehmen entfallen fast 50% des Marktanteils. Vgl. *Bradfield/El-Sayed* (2009), S. 195.

[37] Vgl. *IMS* (2008). Zu Zahlen für 2007 vgl. *Interpharma* (2007); *Contractpharma* (2008) bzw. zu den 50 größten Unternehmen *Fricke/Schöffski* (2008), S. 27-28. Pfizer hatte 2008 mit 7,20% den größten Marktanteil, gefolgt von GlaxoSmithKline mit 5,20% und Merck & Co. mit 2,90%. Vgl. *Datamonitor* (2008), S. 12.

[38] Vgl. *Heilig* (2008), S. 159.

[39] Vgl. *IMS* (2009a); *Seidlitz* (2009).

Als erfolgskritischster Bereich gilt in der forschenden Pharmaindustrie der FuE-Bereich, da dort neue Substanzen entwickelt werden, die wiederum die Basis für den Erfolg von Unternehmen darstellen.[40] Pharmaunternehmen werden deshalb auch als „Jäger verborgener Schätze"[41] und ihre FuE-Pipelines als „engine that drives pharmaceutical companies"[42] bezeichnet. Ein erstes Indiz für die große Bedeutung von Forschung und Entwicklung im Arzneimittelbereich liefern die immensen Ausgaben, die Pharmaunternehmen aber auch Unternehmen der Biotechnologiebranche in diesen Bereichen tätigen. Allein in den USA und Europa wurden im Jahr 2007 ca. 35.394 Mio. USD bzw. 26.000 Mio. EUR für Forschung und Entwicklung im Pharmabereich ausgegeben und die Tendenz ist weiter steigend.[43] Die in der folgenden Tabelle dargestellten Ausgaben für intern durchgeführte FuE-Aktivitäten der gemessen am Umsatz des Geschäftsjahres 2008 10 größten Pharmaunternehmen heben die enorme Bedeutung noch einmal hervor.[44]

Unternehmen	FuE-Ausgaben (in Mio. USD)				
	2004	2005	2006	2007	2008
Abbott	1.697	1.821	2.255	2.506	2.689
Astra Zeneca	3.467	3.379	3.902	5.162	5.179
GlaxoSmithKline	5.322	5.710	6.371	6.660	6.829
Johnson & Johnson	5.344	6.462	7.125	7.680	7.577
Eli Lilly	2.691	3.026	3.129	3.487	3.841
Merck & Co.	4.010	3.848	4.783	4.883	4.805
Novartis	4.207	4.825	5.321	6.460	7.217
Pfizer	7.513	7.256	7.599	8.089	7.945
Roche	4.598	4.562	5.881	6.995	8.194
Sanofi-Aventis	2.972	5.036	5.565	6.219	6.731

Tab. 2: **FuE-Ausgaben der 10 größten Pharmaunternehmen in den Jahren 2004-2008**

Die in der Tabelle 2 gezeigten hohen FuE-Ausgaben sind leicht nachvollziehbar, wenn die Kosten betrachtet werden, die für die Erforschung und Entwicklung eines

---

[40] Vgl. *Toppe* (2004), S. 1303; *Knyphausen-Aufseß/Schweizer* (2005), S. 1235.

[41] *Telgheder/Hofmann* (2008), S. 1.

[42] *Gassmann/Reepmeyer/Zedtwitz* (2004), S. 27.

[43] Vgl. *EFPIA* (2008a), S. 4; *EFPIA* (2009), S. 2. Zu empirischen Ergebnissen zu im Branchenvergleich überdurchschnittlich hohen Investitionen in FuE im Pharmabereich vgl. auch *Haller/ Froschhammer/Groß* (2010), S. 686.

[44] Die internen FuE-Ausgaben sind den Geschäftsberichten der Unternehmen entnommen und stellen nur eine Untergrenze für die jährlichen FuE-Investitionen dar. Aus Datenverfügbarkeitsgründen wird der gesamte FuE-Aufwand und nicht nur der Anteil, der auf Arzneimittel-FuE entfällt, betrachtet. Die Umrechnung in USD erfolgt mit unter http://www.oanda.com/convert/fxhistory abrufbaren Durchschnittskursen.

einzigen Arzneimittels durchschnittlich anfallen. Laut einer Schätzung der Bostoner Tuffs University betrugen die Kosten, die notwendig waren, um ein neues Arzneimittel an den Markt zu bringen, inklusive der Kosten für die gescheiterten Entwicklungsvorhaben, im Jahr 2007 ca. 1.318 Mio. USD.[45]

Ein weiteres Indiz für die große Bedeutung des FuE-Bereichs sind die oftmals starken Aktienkursreaktionen, die sowohl negative als auch positive Meldungen im Bereich der Arzneimittelentwicklung auslösen.[46] Der Abbruch klinischer Studien führte in der Vergangenheit teilweise zu Verlusten von bis zu 50% der Marktkapitalisierung.[47] Ein Beispiel für einen immerhin 15%igen Rückgang des Aktienkurses bzw. einen Verlust von 20 Mrd. USD Börsenwert innerhalb eines Tages ist der Entwicklungsstopp des Cholesterin-Mittels Torcetrapib® des Pharmakonzerns Pfizer im Jahr 2006.[48] Auch der Aktienkurs von Bayer ging infolge des Lipobay-Skandals im Jahr 2001 in einer Woche um mehr als 17% zurück.[49] Umgekehrt führte die Zulassung des Darm-Medikamentes Cimzia® des Pharmakonzerns UCB im April 2008 dazu, dass der Kurs zeitweise um mehr als ein Viertel zulegte.[50]

Die Ausführungen haben die Eigenschaften des Pharmamarktes und die Bedeutung von Forschung und Entwicklung für Pharmaunternehmen gezeigt. Mit welchen wesentlichen Herausforderungen Pharmaunternehmen im FuE-Bereich konfrontiert werden, wird im folgenden Abschnitt dargestellt.[51]

2.2.3 Herausforderungen im FuE-Bereich

Nachdem für den Pharmamarkt über viele Jahre Wachstumsraten von 6-8% prognostiziert wurden, werden für den Zeitraum zwischen 2009 und 2013 geringere Werte von 3-6% erwartet.[52] Diese Entwicklung ist auf verschiedene Herausforderungen zurückzuführen, mit denen Pharmaunternehmen seit einigen Jahren konfrontiert

---

[45] Vgl. m.w.N. *EFPIA* (2008a), S. 21. Im Jahr 2000 waren es lediglich 800 Mio. USD. Vgl. *Di Masi/ Hansen/Grabowski* (2003), S. 166. Dazu siehe auch *Kermani/Bonacossa* (2003); *PwC* (2005a), S. 7; *Karberg* (2006), S. 118; *Fischer/Breitenbach* (2007a), S. 17; *Gerick* (2007), S. 26. Die Kosten für Modifikationen bestehender Arzneimittel können geringer sein. Vgl. *CBO* (2006), S. 2.

[46] Vgl. mit Beispielen *Zloch* (2007), S. 2.

[47] Vgl. *Manns* (2003), S. 14.

[48] Vgl. *o.V.* (2006b).

[49] Vgl. *Patientenbund* (2001).

[50] Vgl. *o.V.* (2008b). Zu einem ähnlichen Beispiel vgl. *o.V.* (2009d) und *o.V.* (2009e).

[51] Zu einem Überblick vgl. *Bradfield/El-Sayed* (2009), S. 201-205. Ähnlich auch *Bierbaum/Schöffski* (2008), S. 459.

[52] Vgl. *IMS* (2009a). Ähnlich auch *Arnst* (2009).

werden. Die erste wesentliche Herausforderung für Pharmaunternehmen ist die durch die Besonderheiten des pharmazeutischen Produktes Arzneimittel bedingte umfassende gesetzliche Regulierung des FuE-Prozesses. Da Arzneimittel im Gegensatz zu anderen Konsumgütern eine direkte Wirkung auf die Gesundheit des Konsumenten haben, existieren restriktive rechtliche Rahmenbedingungen insbesondere hinsichtlich des Marktzugangs[53], die dazu führen, dass hohe Ausfallraten pharmazeutischer FuE-Projekte auch in späten Entwicklungsphasen den wesentlichen Engpass in der pharmazeutischen Wertschöpfung darstellen.[54] In allen noch zu beschreibenden Phasen der Forschung und Entwicklung[55] besteht deshalb eine große Unsicherheit darüber, ob, und wann ein Arzneimittel tatsächlich vermarktet werden darf bzw. in welchem Umfang weitere FuE-Aktivitäten vorzunehmen sind, um das Ziel einer Markteinführung zu erreichen (regulatorisches Risiko[56]).

Die zweite wesentliche Herausforderung stellen die bereits beschriebenen hohen FuE-Kosten dar. Die immensen Investitionen pro zugelassenem Arzneimittel verdeutlichen, dass der Abbruch eines FuE-Projekts in einer späten Entwicklungsphase mit erheblichen Verlusten für ein Unternehmen verbunden ist. Folglich tragen die Unternehmen ein hohes Kostenrisiko.[57] Verstärkt wird dieses Risiko durch die langen FuE-Zeiten (Zeitrisiko[58]).[59] Entwicklungszeiten von ca. 10-15 Jahren sind im Rahmen der Erforschung und Entwicklung eines innovativen Arzneimittels keine Seltenheit.[60] Die immensen Investitionen in Forschung und Entwicklung können durch die nachher tatsächlich zugelassenen und auf den Markt gebrachten Arzneimittel nur erwirtschaf-

---

[53] Vgl. *Stonebraker* (2002), S. 77; *Meissner* (2003), S. 10; *Feldmann* (2007), S. 269.

[54] Vgl. *Kaufmann/Schmidt* (2004), S. 294; *Zloch* (2007), S. 50-51. Ähnlich auch *Brandt* (2002), S. 175. Für einen Literaturüberblick zur Unsicherheit in pharmazeutischer Forschung und Entwicklung siehe *Pritsch* (2000), S. 206-207.

[55] Zu den Phasen des pharmazeutischen FuE-Prozesses vgl. Abschnitt 2.3.2.

[56] Zu regulatorischen Risiken als Teil der Verwertungsrisiken von FuE vgl. *Böning* (1969), S. 34; *Pritsch* (2000), S. 207-212. Zu Gewinnungs- und Verwertungsrisiken als allgemeinen FuE-Risiken vgl. u.a. *Geschka* (1970); *Schanz* (1976).

[57] Zum Kostenrisiko als Teil der Gewinnungsrisiken von FuE vgl. grundlegend *Böning* (1969), S. 32; *Geschka* (1970), S. 76; *Schanz* (1976), S. 272-273; *Brandt* (2002), S. 166-167; *Specht/Beckmann/Amelingmeyer* (2002), S. 26. Zu den Erfolgswahrscheinlichkeiten pharmazeutischer FuE-Projekte vgl. Abschnitt 2.4.

[58] Zum Zeitrisiko vgl. *Böning* (1969), S. 32; *Geschka* (1970), S. 76; *Brandt* (2002), S. 166-167; *Specht/Beckmann/Amelingmeyer* (2002), S. 26.

[59] Vgl. dazu *Thierolf* (2008), S. 120.

[60] Vgl. Abschnitt 2.3.2.3 sowie *Guminski/Rauland* (2002), S. 229; *Danzon/Nicholson/Pereira* (2005), S. 318; *BPI* (2006), S. 15; *Fischer/Breitenbach* (2007b), S. 210; *Gerick* (2007), S. 26; *Phrma* (2007a), S. 2; *Sturm* (2007), S. 133; *o.V.* (2008f). Ähnlich auch *Zloch* (2007), S. 50. Anzumerken ist, dass die FuE-Zeiten natürlich insbesondere vom Innovationsgrad des Arzneimittels abhängen.

tet werden, wenn in regelmäßigen Abständen so genannte Blockbuster, d.h. Arzneimittel mit einem jährlichen Mindestumsatz von 1 Mrd. USD[61], auf den Markt gebracht werden, die auch als „Rückgrat der Arzneimittelindustrie"[62] bezeichnet werden. Derzeit können global agierende Pharmakonzerne noch durchschnittlich eine Innovation mit Blockbuster-Charakter pro Jahr hervorbringen; die Tendenz ist allerdings sinkend.[63] Im Jahr 2007 waren die drei umsatzstärksten Blockbuster das Produkt Lipitor® von Pfizer (Umsatz: 13,7 Mrd. USD), Plavix® von Sanofi-Aventis (Umsatz: 8,1 Mrd. USD) und Advair®/Sertide® von GlaxoSmithKline (Umsatz: 7,0 Mrd. USD).[64]

Die hohen Investitionen in Forschung und Entwicklung führen zudem dazu, dass Unternehmen generell bestrebt sind, potenzielle Wirkstoffe lange bevor die Entwicklung eines neuen Arzneimittels abgeschlossen ist, zum Patent[65] anzumelden, um sich vor potenzieller Konkurrenz zu schützen und künftiges Marktpotenzial für die Erwirtschaftung der Investitionen in Forschung und Entwicklung zu sichern. Eine Patentanmeldung erfolgt i.d.R. schon dann, wenn ein Wirkstoff zur Beeinflussung des Wirkungsmechanismus einer Krankheit gefunden wurde, spätestens jedoch, wenn erste Hinweise auf eine therapeutische Wirksamkeit der Substanz vorliegen.[66] Durch diese frühe Patentanmeldung erhält der Halter des Patents zu einem frühen Zeitpunkt und für einen befristeten Zeitraum das alleinige Vermarktungs-, Herstellungs- und Vertriebsrecht für den geschützten Wirkstoff (z.B. ein Gen oder Protein) sowie die darauf bezogenen Prozesse und sichert sich damit die alleinige Nutzung.[67] Die frühe Patentanmeldung führt jedoch auch dazu, dass aufgrund der langen Entwicklungszeit-

---

[61] Vgl. *Pfeiffer* (2000), S. 65; *Deneux et al.* (2004), S. 19-20. Mit Beispielen vgl. *Gassmann/Reepmeyer/Zedtwitz* (2004), S. 33-35; *PwC* (2005a), S. 5; *Reepmeyer/Kickuth* (2006), S. 21.

[62] *Telgheder/Hofmann* (2008), S. 1.

[63] Vgl. *Gerick* (2007), S. 26. Ähnlich auch *Salz* (2009), S. 1.

[64] Die Angaben sind abrufbar unter http://www.midwestbusiness.com/news/viewnews.asp?newsletterID=19369. Zu den größten 24 Blockbustern gemessen am Umsatz im Jahr 2007 vgl. *o.V.* (2008f) sowie zu einer Übersicht über Blockbustermärkte *Gassmann/Reepmeyer/Zedtwitz* (2008), S. 7-9. Zu den 10 größten Blockbustern im Jahr 2007 vgl. Anhang A, Tab. A1. Zur Hoffnung von Merck auf Erbitux als neuen Blockbuster vgl. *o.V.* (2008c).

[65] Unter einem Patent ist ein hoheitlich erteiltes gewerbliches Schutzrecht auf eine Erfindung zu verstehen, das ein zeitlich begrenztes Ausschlussrecht gewährt. Vgl. u.a. *Lehman* (2003), S. 4. Zu verschiedenen Patenten, die in Europa für Arzneimittel erhoben werden können (Erzeugnispatent, Zweckgebundenes Erzeugnispatent, Verfahrenspatent und Verwendungspatent) vgl. Art. 52 EPÜ. Zur Funktion von Patenten vgl. *Spranger* (2006), S. 13-15. Unterschieden werden im Pharmabereich u.a. Patente für einen bestimmten Wirkstoff (Wirkstoffpatent), ein Herstellungsverfahren (Verfahrenspatent) sowie für eine bestimmte Darreichungsform oder Indikation (Anwendungspatent). Vgl. *Feldmann* (2007), S. 217-218. Diese unterscheiden sich in ihrer Qualität jedoch erheblich. Vgl. dazu ausführlich *Voet* (2008), S. 82-80.

[66] Vgl. Abschnitt 2.3.2.3; *Guminski/Rauland* (2002), S. 231; *Vagelos* (2006), S. 2.

[67] Vgl. *Raasch* (2006), S. 34.

räume trotz eines rechtlichen Patentschutzzeitraumes von immerhin 20 Jahren in den USA und Europa[68] nur ein relativ kurzer effektiver Schutzzeitraum bleibt, in dem das Medikament tatsächlich Marktexklusivität besitzt und damit einen Wettbewerbsvorteil innehat.[69] Je früher eine Patentanmeldung erfolgt, desto kürzer wird die geschützte Umsatzphase, in der die zuvor vorgenommenen Investitionsauszahlungen in Forschung und Entwicklung über Umsatzeinzahlungen erwirtschaftet werden können. Der exklusive Vermarktungszeitraum, in dem die FuE-Kosten amortisiert werden müssen, wurde im Zeitablauf immer kürzer und liegt heute i.d.R. nur noch bei ca. 8-10 Jahren.[70] Die Unternehmen stehen folglich vor der Herausforderung, den Zielkonflikt zwischen den Vor- und Nachteilen einer frühen Patentanmeldung zu lösen.[71] Der beschriebene Zusammenhang zwischen tatsächlicher und effektiver Patentlaufzeit bzw. Marktexklusivität wird durch die folgende Abbildung noch einmal verdeutlicht.

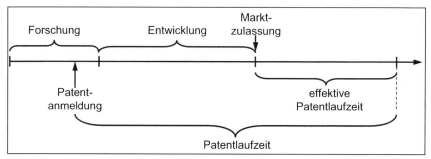

Abb. 1: Illustration der effektiven Patentlaufzeit von innovativen Arzneimitteln ohne zusätzliches Schutzzertifikat

Eine Möglichkeit zur Verlängerung der effektiven Patentlaufzeit für Erfindungen, die erst nach einem aufwendigen Zulassungsverfahren wirtschaftlich genutzt werden

---

[68] Das Patentrecht ist in Europa nicht vollständig harmonisiert, kann aber als einheitlich angenommen werden. Vgl. *EFPIA* (2008b), S. 16. Die Patentlaufzeit beträgt gemäß § 16 Tz. 4 PatG 20 Jahre ab dem Zeitpunkt der Einreichung der Patentanmeldung für Patente, die nach dem 1.1.78 angemeldet worden sind. Vgl. *Kühnen* (2005). Das gleiche gilt für die USA. Vgl. *Gräsel* (2007), S. 44; *Voet* (2008), S. 65.

[69] Vgl. *Grabowski/Vernon* (2000), S. 98; *Pfeiffer* (2000), S. 99; *Bauer/Fischer/Pfahlert* (2001), S. 632; *Guminski/Rauland* (2002), S. 231; *Keyani/Diener-West/Powe* (2006), S. 462; *Reepmeyer/Kickuth* (2006), S. 23. Zur Definition der Marktexklusivität vgl. *Voet* (2008), S. 107. Zur Systematisierung der Instrumente des rechtlichen und faktischen Schutzes von Technologien vgl. *Hentschel* (2007), S. 9-12.

[70] Vgl. *Hartmann* (2006), S. 15; *Fischer/Breitenbach* (2007b), S. 211; *EFPIA* (2008a), S. 21; *Voet* (2008), S. 25. Die Verkürzung der Zeit bis zur Markteinführung ist deshalb ein wesentliches Ziel von Pharmaunternehmen. Vgl. *PwC* (2005b), S. 8.

[71] Zu diesem Zielkonflikt vgl. auch *Gräsel* (2007), S. 44.

können, ist ein so genanntes zusätzliches Schutzzertifikat.[72] In Europa, ebenso wie in den USA, kann ein solches Zertifikat gemäß Art. 16 des Europäischen Patentübereinkommens (EPÜ) in Verbindung mit Art. 3 und Art. 4 EPÜ für maximal 5 Jahre erteilt werden, sofern für das betrachtete Arzneimittel ein Patent vorliegt und es sich bei der Zulassung um die erste Zulassung für das Inverkehrbringen des Arzneimittels handelt; zwischen der Zulassung um dem Ablauf des zusätzlichen Schutzzertifikats dürfen allerdings nicht mehr als 15 Jahre liegen.[73] Pharmazeutische Innovationen werden zudem indirekt durch die so genannte Verwertungssperre geschützt.[74] Diese Verwertungssperre, durch die zur Zulassung eingereichte Informationen über ein innovatives Arzneimittel vor dem Zugriff anderer Unternehmen geschützt werden, beträgt in Europa länderabhängig sechs bis 10 Jahre. Da Generikahersteller erst nach Ablauf dieser Sperre auf die Daten des Originalherstellers zurückgreifen können, wirkt die Verwertungssperre dann wie eine Patentverlängerung, wenn die effektive Patentlaufzeit inklusive des Schutzzeitraums durch ein zusätzliches Schutzzertifikat kürzer ist als die Verwertungssperre.

Anzumerken ist, dass die kurzen Marktexklusivitätszeiten nicht ausschließlich auf die kürzer werdende effektive Patentlaufzeit, sondern zudem auf die Konzentration der Pharmaunternehmen auf wenige Therapiegebiete und damit auf einen starken Konkurrenzdruck zurückzuführen sind.[75] Da bis zu 20 Unternehmen parallel im gleichen Therapiegebiet forschen, stehen kurz nach der Einführung eines neuen Arzneimittels oft alternative Präparate zur Verfügung, die nicht gegen den Patentschutz des ersten Präparates verstoßen, aber durch einen anderen Mechanismus auf die gleiche Krankheit wirken.[76]

---

[72] Vgl. dazu *Whitehead/Stuart/Kempner* (2008), S. 226-227.

[73] Vgl. *EFPIA* (2008a), S. 21. Zur internationalen Patentanmeldung durch das europäische Patent vgl. *Bittelmeyer* (2007), S. 44-47; *EFPIA* (2008b), S. 17-22. Dieser Schutz ist auf den genehmigten Wirkstoff bzw. die Wirkstoffzusammensetzung und dabei auf die Verwendung des Wirkstoffes als Arzneimittel, die vor Ablauf des Zertifikats genehmigt wurde, beschränkt. Neben dem ergänzenden Schutzzertifikat kann ein Unternehmen sowohl in Europa als auch in den USA für ein Arzneimittel gegen seltene Krankheitsbilder den Orphan Drug Status erhalten, der eine Marktexklusivität von 7 Jahren in den USA bzw. 10 Jahren in Europa garantiert. Innerhalb dieser Zeit wird ein Arzneimittel nur zugelassen, wenn es über eine bessere Wirksamkeit oder geringere Nebenwirkungen verfügt. Vgl. *DVFA* (2005), S. 79; *Raasch* (2006), S. 82-83; *Gräsel* (2007), S. 47; *Voet* (2008), S. 120.

[74] Vgl. zum Folgenden *Raasch* (2006), S. 38.

[75] Vgl. *Sturm* (2007), S. 118; *Wiley* (2007), S. 52. Ähnlich auch *Parexel* (2005), S. 52.

[76] Vgl. *Pfeiffer* (2000), S. 81. Ähnlich auch *Eberhardt* (2006), S. 53.

Eine in engem Zusammenhang zu den kurzen Marktexklusivitätszeiten stehende Herausforderung ist der zunehmende Substitutionswettbewerb durch Generika, der zu einem rapiden Preisverfall nach Ablauf der Patentlaufzeit eines Wirkstoffs führt.[77] Nachdem beispielsweise der Patentschutz für das Medikament Lipitor® des Pharmakonzerns Pfizer ausgelaufen war, fiel der Umsatz mit diesem Produkt infolge der Markteinführung von Generika um 25%.[78] Dieser Substitutionswettbewerb führt im Zusammenhang mit den steigenden FuE-Kosten und den sinkenden Marktexklusivitätszeiten dazu, dass nur 30% aller neuen Medikamente Nettoerträge erwirtschaften, die ihre durchschnittlichen FuE-Kosten inklusive der Zulassungskosten decken.[79] Eine Faustregel besagt, dass nur die ersten drei Präparate einer neuen Substanzklasse ihre FuE-Kosten verdienen.[80]

Als letzte wesentliche Herausforderung ist schließlich das in der gesamten Branche trotz immer weiter steigender FuE-Ausgaben zunehmend zu erkennende Innovationsdefizit zu nennen.[81] Trotz des in der Vergangenheit beobachteten und für die Zukunft weiterhin prognostizierten Anstiegs der Investitionen in Forschung und Entwicklung[82] nimmt die Anzahl der entwickelten und zugelassenen innovativen pharmazeutischen und biopharmazeutischen Arzneistoffe – der so genannten New Chemical

---

[77] Vgl. *Hofmann* (2007); *Raasch/Schöffski* (2008), S. 216-218. Vgl. zudem *Pfeiffer* (2000), S. 76-77. Schon 2000 betrug der weltweite Marktanteil von Generika ca. 47% und es wurden Wachstumsraten von jährlich 13% erwartet. Vgl. *Reepmeyer/Kickuth* (2006), S. 23. Zur Konkurrenz durch Generika nach Ablauf der Patentlaufzeit vgl. *Grabowski* (2006), S. 539; *Fischer/Breitenbach* (2007b), S. 211-214; *Bradfield/El-Sayed* (2009), S. 202 und mit Beispielen *Deneux et al.* (2004), S. 20-21. Zur Anfechtung von Patenten durch Generikahersteller vor Ablauf des Patentschutzes als zusätzliche Herausforderung vgl. z.B. *o.V.* (2007b); *o.V.* (2009c), zu Gegenmaßnahmen der Pharmaunternehmen vgl. *o.V.* (2008e).

[78] Vgl. *Hochwimmer* (2007), S. 24. Zu weiteren Beispielen vgl. *Salz* (2009), S. 2.

[79] Vgl. *Pfeiffer* (2000), S. 81. Ähnlich auch *Gassmann/Reepmeyer/Zedtwitz* (2004), S. 27; *Mahlich* (2005), S. 396.

[80] Vgl. *Guminski/Rauland* (2002), S. 229. Andere Studien zeigen, dass nur 7 von 10 zugelassenen Medikamenten in der Lage sind, ihre Kosten zu decken. Vgl. *PwC* (2005a), S. 8. Viele Pharmaunternehmen sind deshalb dazu übergegangen, durch die Übernahme von Generikaherstellern am Erfolg dieser Arzneimittel zu partizipieren. Als Beispiele sind die Übernahmen von Sandoz durch Novartis sowie von Dura und Teva durch Merck zu nennen. Vgl. *Löhr* (2005), S. 11.

[81] In den USA haben sich die Ausgaben für FuE zwischen 1990 und 2006 mehr als vervierfacht. Auch in Europa hat ein Anstieg von 7.766 Mio. EUR im Jahr 1990 auf 24.759 Mio. EUR im Jahr 2006 stattgefunden. Vgl. dazu *EFPIA* (2008a), S. 3-4. Zum Innovationsdefizit in der Pharmabranche vgl. *Deneux et al.* (2004), S. 19-20; *Comanor* (2007), S. 67; *Bradfield/El-Sayed* (2009), S. 201-202.

[82] Untersuchungen der Investmentbank Goldman Sachs prognostizierten einen Anstieg der FuE-Ausgaben der Pharmakonzerne von 2004 bis 2009 um 7% p.a. Vgl. *Accenture* (2007), S. 4. Für eine Übersicht zu bisherigen Arbeiten zur Ermittlung der Entwicklungskosten im Pharmabereich, die sogar einen Ausgabenanstieg von 10% p.a. prognostizierten, vgl. *Sturm* (2007), S. 146-152.

oder New Biological Entities (NCE/NBE)[83] – sowohl in den USA als auch in Europa und Japan im Zeitablauf immer weiter ab.[84] Während die Anzahl im Zeitraum zwischen 1998 und 2002 in den USA bei 77, in Europa bei 68 und in Japan bei 29 lag, sind im Zeitraum zwischen 2003 und 2007 nur noch Zahlen von 66 in den USA, 48 in Europa und 15 in Japan zu beobachten.[85] Diese Entwicklung hin zu schwachen FuE-Pipelines[86] trotz hoher Investitionen in Forschung und Entwicklung kann dadurch erklärt werden, dass der Anstieg der FuE-Kosten im Wesentlichen durch die zunehmende Erforschung komplexerer Krankheiten[87], hohe Ausfallraten, lange Entwicklungszeiten, steigende Kosten für klinische Studien[88] und umfangreiche regulatorische Anforderungen bedingt ist.[89] Zudem existiert nur eine begrenzte Anzahl an bekannten Angriffspunkten in Form von Molekülen in Blut oder Zellen ((Drug) Targets[90]) im menschlichen Körper, die eine krankheitsverursachende Wirkung haben, und die Identifizierung neuer Ziele schreitet nur langsam voran.[91] Das Innovationsdefizit erlangt des Weiteren eine besondere Bedeutung, da immer mehr Patente für umsatzstarke Arzneimittel kurz- bis mittelfristig auslaufen werden.[92] In den Jahren 2003 bis 2008 verloren 57 Blockbuster-Produkte, die im Jahr 2002 einen Umsatz von ca. 60

---

[83] Vgl. *BPI* (2006), S. 15. Die Summe der NCE und NBE wird als New Molecular Entites (NME) bezeichnet.

[84] Vgl. *Parexel* (2005), S. 6; *Sturm* (2007), S. 124; *BPI* (2009), S. 20. Zu den Zulassungen durch die FDA zwischen 1995 und 2008 vgl. *KPMG* (2009), S. 4. Während die Zahl der NCE im Zeitablauf sinkt, nimmt die Zahl der NME zu. Vgl. *Parexel* (2005), S. 1 und S. 14.

[85] Vgl. *EFPIA* (2008a), S. 24. Zur zunehmenden Produktivitätslücke in der Pharmabranche vgl. auch *Gassmann/Reepmeyer/Zedtwitz* (2008), S. 1-3.

[86] Unter der FuE-Pipeline ist die Gesamtheit aller FuE-Projekte eines Unternehmens zu verstehen, die sich in der so genannten präklinischen oder klinischen Entwicklungsphase bzw. der Zulassungsphase befinden. Vgl. *DVFA* (2005), S. 131.

[87] Vgl. *Zumbroich/Gadicke/Steiner* (1995), S. 330; *Hartmann* (2006), S. 14. Dies führt zu sinkenden Erfolgsquoten trotz steigender FuE-Ausgaben. Da bspw. bei der Krebsforschung neben der Wirksamkeit des Medikaments auch die Verlängerung der Lebensdauer nachgewiesen werden muss, sind Langzeitstudien notwendig, die mit hohen Kosten verbunden sind. Vgl. *Karberg* (2006), S. 119.

[88] Unter einer klinischen Studie wird die Anwendung eines Arzneimittels am Menschen mit dem Ziel, Erkenntnisse über seine Sicherheit und Wirksamkeit zu gewinnen, verstanden. Vgl. *Hartmann* (2006), S. 26; *Haye/Gebauer* (2008), S. 108.

[89] Vgl. *EFPIA* (2006), S. 21; *Hartmann* (2006), S. 14; *Feldmann* (2007), S. 269 und S. 315; *Zloch* (2007), S. 3 und S. 82. Ähnlich auch *CBO* (2006), S. 2, S. 22-25 und S. 37. Zum steigenden Umfang regulatorischer Anforderungen vgl. mit empirischen Ergebnissen *Deneux et al.* (2004), S. 20.

[90] Zur Definition vgl. *o.V.* (2008f).

[91] Vgl. *Pfeiffer* (2000), S. 81. In den USA sind seit 1997 abnehmende Zulassungszahlen bei linear steigenden FuE-Kosten zu beobachten, d.h. die Kosten pro Zulassung steigen. Vgl. *Reepmeyer/Kickuth* (2006), S. 18.

[92] Vgl. *o.V.* (2007a). Vgl. zudem *Deneux et al.* (2004), S. 19; *Schmidt* (2006), S. 2.

Mrd. USD erzielten, ihren Patentschutz.[93] Bis zum Jahr 2012 werden es laut Recherchen des Marktforschungsinstituts IMS Arzneimittel mit einem Gesamtumsatz von derzeit 140 Mrd. USD sein.[94]

Als Fazit ist festzuhalten, dass die beschriebenen Herausforderungen nur bewältigt werden können, wenn es den Unternehmen dauerhaft gelingt, Risiken zu begrenzen und ihre FuE-Pipelines zu stärken, sodass kontinuierlich neue Arzneimittel zur Erwirtschaftung der hohen Investitionen in Forschung und Entwicklung auf den Markt gebracht werden können. Nur so kann auch künftig eine stabile Vermögens-, Finanz- und Ertragslage der Unternehmen sichergestellt werden. Die Suche nach einem Zugang zu neuen Erfindungen ist folglich ein wesentlicher und strategisch entscheidender Erfolgsfaktor.[95]

2.2.4 Konsequenzen für die Organisation von FuE-Aktivitäten

Die beschriebenen Herausforderungen sind nicht ohne Konsequenz für die Organisation von FuE-Aktivitäten in der Pharmabranche geblieben.[96] Bis ungefähr in die 1980er Jahre bestand das Organisationsmodell der meisten Pharmaunternehmen in einer vollständigen vertikalen Integration entlang der Wertschöpfungskette, d.h. alle Phasen der Forschung und Entwicklung sowie die Herstellung und der Vertrieb von Arzneimitteln fanden im Unternehmen selbst statt.[97] Für diese Art der Organisation spricht, dass Unternehmen die im Rahmen des FuE-Prozesses gewonnenen Erkenntnisse exklusiv auswerten und nutzen können und viel genauere Informationen über das jeweilige Projekt besitzen als bei erworbenen oder kooperativ durchgeführten FuE-Projekten.[98] Auch der Vorteil der Geheimhaltung des generierten Know Hows ist nicht zu unterschätzen.[99] Ein weiterer Vorteil kann zudem in der Option be-

---

[93] Vgl. *Parexel* (2005), S. 1; *Hartmann* (2006), S. 15. Vgl. zu einer Übersicht über in den nächsten Jahren patentfrei werdende Medikamente *Raasch* (2006), S. 12; *KPMG* (2009), S. 3 sowie zu empirischen Ergebnissen über die Patentausläufe bei einigen großen Pharmakonzernen *Danner/Ruzicic/Biecheler* (2008), S. 29.

[94] Vgl. *Salz* (2009), S. 1.

[95] Vgl. *Gassmann/Reepmeyer* (2006), S. 53. Zu einer Analyse der FuE-Aktivitäten von Pfizer, GlaxoSmithKline, Novartis, Sanofi-Aventis, Johnson & Johnsons, Astra Zeneca, Roche, und Merck & Co. vgl. *Held et al.* (2009), S. 73-108.

[96] Zu den wesentlichen Konsequenzen wie Unternehmenszusammenschlüssen und FuE-Kooperationen vgl. *Bradfield/El-Sayed* (2009), S. 204-205.

[97] Vgl. *Whittaker/Bower* (1994), S. 250; *Cockburn* (2004), S. 13; *Löhr* (2005), S. 8; *Hartmann* (2006), S. 17-18; *Reepmeyer* (2006), S. 49.

[98] Vgl. hierzu und zum Folgenden *Kuhn* (1992), S. 92-94. Vgl. auch *Böning* (1969), S. 18-21.

[99] Vgl. zu den Vorteilen unternehmensinterner FuE u.a. *Conen* (1986), S. 27-28.

stehen, Projekte bei Misserfolg schneller aufgeben zu können.[100] Nicht zuletzt aufgrund der beschriebenen Vorteile halten ungefähr 20% der im Jahr 2008 befragten Top-Manager globaler Pharmakonzerne unternehmensinterne FuE-Aktivitäten für die effizienteste Innovationsstrategie.[101]

Viele Pharmaunternehmen sind allerdings inzwischen nicht mehr in der Lage, durch unternehmensinterne FuE-Aktivitäten eine ausreichende Anzahl an Wirkstoffen für neue Medikamente zu generieren, um ihren bisherigen wirtschaftlichen Erfolg beizubehalten.[102] Deshalb versuchen sie zunehmend, diese Innovationslücken über den Erwerb von FuE-Projekten sowie durch kooperative FuE-Aktivitäten zu schließen.[103] Umfragen nach entfiel bereits im Jahr 2002 immerhin rund ein Drittel der Kosten, die notwendig waren, um ein neues Medikament auf den Markt zu bringen, auf externe Dienstleistungen, wobei für die kommenden Jahre ein weiterer Anstieg auf zwei Drittel erwartet wurde.[104] Für ca. 20% der Top-Manager großer Pharmakonzerne stellt der Erwerb von Innovationen die effizienteste Innovationsstrategie dar.[105]

Neben Erwerbsvorgängen sowie der Auftragsforschung und -entwicklung[106] spielt insbesondere die so genannte Einlizenzierung[107] – d.h. der Erwerb von Rechten zur Nutzung der FuE-Ergebnisse anderer Unternehmen – eine bedeutende Rolle.[108] Lizenzierungsgeschäfte sind immer dann sinnvoll, wenn das einlizenzierende Unternehmen nur an einem bestimmten Projekt bzw. Produkt des Vertragspartners interessiert ist.[109] Sie werden von 19% der Top-Manager globaler Pharmakonzerne als

---

[100] Vgl. *Mahlich* (2005), S. 403.

[101] Vgl. *Danner/Ruzicic/Biecheler* (2008), S. 31. Die insgesamt befragten Manager repräsentieren ca. 50% der globalen Pharmabranche.

[102] Vgl. *Wong* (2008), S. 14.

[103] Vgl. dazu *PwC* (2005a), S. 12; *Schmidt* (2006), S. 1-2; *Hochwimmer* (2007), S. 25; *Chiaroni/ Chiesa/Frattini* (2008), S. 7. Zur Kooperation zwischen Regeneron und Sanofi-Aventis vgl. bspw. *Muller/Levy* (2007), zur Allianz zwischen Novartis und Morpohosys *o.V.* (2008a) und zur Kooperation zwischen GlaxoSmithKline und Valeant vgl. *o.V.* (2008h).

[104] Vgl. *Thierolf* (2002), S. 355.

[105] Vgl. *Danner/Ruzicic/Biecheler* (2008), S. 31.

[106] Zur Auftragsforschung und -entwicklung vgl. Abschnitt 3.4.3.1.

[107] Zur Einlizenzierung vgl. Abschnitt 3.4.2.1. Unter einer Lizenz ist das Recht zu verstehen, eine bestimmte Art von Know How in einem vereinbarten Umfang zu nutzen. Vgl. *Schreyer-Bestmann* (2006), S. 14. Zu Einlizenzierungen bzw. Lizenzpatenten vgl. auch *Spranger* (2006), S. 54-55.

[108] Vgl. *Chiaroni/Chiesa/Frattini* (2008), S. 14; *Gassmann/Reepmeyer/Zedtwitz* (2008), S. 81-83.

[109] Vgl. *Wong* (2008), S. 58. Durch Einlizenzierungen sollen insbesondere Wettbewerbsvorteile erzielt werden. Vgl. *Atuahene-Gima/Patterson* (1993), S. 327. Zu den Vorteilen einer Lizenzvergabe vgl. bereits *Arbeitskreis Hax* (1968), S. 563.

effizienteste Innovationsstrategie eingeschätzt.[110] Bereits im Jahr 2001 hatten Einlizenzierungstransaktionen einen Anteil von 60% an den nicht unternehmensinternen FuE-Aktivitäten. Eine empirische Untersuchung von 900 Unternehmen für den Zeitraum von 1988 bis 2000 hat ergeben, dass 49% der Arzneimittel in der ersten, 55% der Arzneimittel in der zweiten und 62% der Arzneimittel in der dritten Phase der klinischen Entwicklung aufbauend auf einer Einlizenzierung von Wirkstoffen entwickelt wurden.[111] Bei einigen Unternehmen machen durch Einlizenzierungen initiierte Projekte ein Drittel (Sanofi-Aventis, GlaxoSmithKline) oder sogar die Hälfte (Roche) aller Entwicklungsprojekte aus.[112] Laut aktueller Schätzungen des Pharma Lizenzclubs Deutschland wird zudem erwartet, dass bis 2010 50% aller Umsätze großer Pharmaunternehmen mit einlizenzierten und erworbenen Arzneimitteln erzielt werden.[113] Bei einigen Unternehmen wie z.B. Takeda und Roche bestand die FuE-Pipeline schon 2008 zu 52% bzw. 46% aus einlizenzierten Projekten.

Eine weitere Konsequenz der beschriebenen Herausforderungen ist die seit Ende der 1980er Jahre zu beobachtende Konzentration in der Pharmabranche infolge zahlreicher Übernahmen und Fusionen[114], die insbesondere dann eine sinnvolle Strategie darstellen, wenn ein Unternehmen Interesse an verschiedenen Produkten und Projekten eines anderen Unternehmens hat.[115] Insbesondere dünne FuE-Pipelines, Patentausläufe sowie Generikakonkurrenz führen dazu, dass viele Unternehmen auf Zukäufe setzen.[116] Seit Mitte der 1990er Jahre hat sich etwa die Hälfte der 25 weltweit führenden Pharmaunternehmen zusammengeschlossen[117] und ein Ende der Konsolidierungswelle ist zurzeit nicht absehbar. Aktuelle Beispiele sind die Übernahme von Millenium Pharmaceuticals durch Takeda im Jahr 2008 sowie der

---

[110] Vgl. *Danner/Ruzicic/Biecheler* (2008), S. 31.

[111] Vgl. *Danzon/Nicholson/Pereira* (2005), S. 334. Von den 25 Top-Arzneimitteln wurden 12 nicht von dem diese vermarktenden Unternehmen entdeckt. Vgl. *Mallik/Brett/Zemmel* (2004). Zu einem Überblick über zwischen 2002 und 2007 abgeschlossene Einlizenzierungstransaktionen mit Informationen zu Therapiegebieten, Zahlungsvereinbarungen und Partnern vgl. *Wong* (2008), S. 64-66.

[112] Vgl. mit einer Untersuchung aus dem Jahr 2005 *Parexel* (2005), S. 43.

[113] Vgl. dazu und zum Folgenden *Pharma-Marketing* (2009).

[114] Vgl. dazu *Pfeiffer* (2000), S. 85 und S. 86-88; *Berens/McCoy* (2005), S. 3; *CBO* (2006), S. 39-41; *Mennenöh* (2006), S. 116; *Reepmeyer/Kickuth* (2006), S. 23; *Kirchhoff* (2009), S. 1-8. Fraglich ist allerdings, ob diese Strategie die Unternehmensperformance tatsächlich erhöht. Vgl. dazu *Ornaghi* (2009).

[115] Vgl. auch *Wong* (2008), S. 58.

[116] Vgl. *Salz* (2009), S. 1.

[117] Vgl. *Bublik* (2004), S. 182. Zum Zusammenschluss zwischen UCB und Celltech vgl. beispielhaft *Kirchhoff* (2009), S. 120-155.

Erwerb von Wyeth durch Pfizer im Jahr 2009.[118] M&A-Aktivitäten werden von immerhin 19% der Top-Manager in der Pharmabranche als bevorzugte Innovationsstrategie genannt.[119]

Auch kooperativ durchgeführte FuE-Aktivitäten spielen inzwischen insbesondere aufgrund der Zusammenarbeit mit wenig finanzstarken Biotechnologieunternehmen eine bedeutende Rolle in der Wertschöpfungskette von Unternehmen der Pharmabranche.[120] Bereits im Jahr 2001 hatten FuE-Kooperationen einen Anteil von 23% an den nicht unternehmensinternen FuE-Aktivitäten und immerhin 22% der Top-Manager sahen Kooperationen als die effizienteste Innovationsstrategie an.[121] Große und mittlere internationale Pharmaunternehmen halten FuE-Kooperationen für ebenso wichtig wie Lizenzierungsverträge und sogar für bedeutender als Akquisitionen und Auftrags-FuE.[122]

Kooperationen werden zum einen zwischen großen Pharmaunternehmen, zumeist aber zwischen einem Pharma- und einem Biotechnologieunternehmen oder zwischen zwei Biotechnologieunternehmen eingegangen.[123] Viele entscheidende Akzente im Bereich pharmazeutischer Forschung und Entwicklung werden von kleinen, im Bereich der Humanmedizin (rote Biotechnologie[124]) tätigen Biotechnologieunternehmen gesetzt.[125] Eine der größten Kooperationen zwischen einem Pharma- und einem Biotechnologieunternehmen stellt der Deal zwischen GlaxoSmithKline und Ac-

---

[118] Vgl. o.V. (2008d); o.V. (2009a). Zu Gründen für die Übernahme vgl. o.V. (2009b).

[119] Vgl. *Danner/Ruzicic/Biecheler* (2008), S. 31. Zu den größten Deals im Pharmabereich in den Jahren 2006 und 2007 vgl. *PwC* (2007a), S. 5.

[120] Vgl. *Rasmussen* (2002), S. 1; *Arvidsson* (2003), S. 2; *Gonzales/Gimeno* (2008), S. 5. Vgl. mit empirischen Ergebnissen zur im Zeitablauf gestiegenen Bedeutung von FuE-Kooperationen *Hagedoorn* (2002), S. 483. Vgl. auch *Lauer/Bremer* (2005), S. 449; *Villeneuve et al.* (2006), S. 1/1; *Gassmann/Reepmeyer/Zedtwitz* (2008), S. 75-76.

[121] Zu den empirischen Ergebnissen, bei denen Einlizenzierungen dem Bereich der Kooperationen zugeordnet werden, vgl. *Danner/Ruzicic/Biecheler* (2008), S. 31.

[122] Vgl. *Feldmann* (2007), S. 604.

[123] Vgl. *Whittaker/Bower* (1994), S. 250. Zur Entwicklung der Allianzen im Pharma- und Biotechnologiebereich zwischen 1995 und 2004 vgl. *Gräsel* (2007), S. 53. Die klassische Form einer Kooperation besteht in einer Zusammenarbeit zwischen einem kleinen Biotechnologie- und einem großen Pharmaunternehmen, wobei das Biotechnologieunternehmen ein neues Produkt entwickelt. Dafür leistet das Pharmaunternehmen, das Vermarktungsrechte an dem fertigen Produkt erhält, bestimmte Zahlungen. Vgl. *Villeneuve et al.* (2006), S. 1/4.

[124] Vgl. dazu und zu weiteren Feldern der Biotechnologie *Gräsel* (2007), S. 22-25.

[125] Vgl. *Zumbroich/Gadicke/Steiner* (1995), S. 332-334; *Gerick* (2007), S. 26. Im Jahr 2002 hat die amerikanische Zulassungsbehörde Food and Drug Administration (FDA) erstmals mehr Arzneimittel mit biotechnologischer Herkunft als pharmazeutische Medikamente zugelassen. Vgl. *Löhr* (2005), S. 28.

telion zur Entwicklung des Schlafmittels Almorexant dar, dessen Volumen auf 3,3 Mrd. USD geschätzt wird.[126]

Sowohl der Erwerb als auch eine kooperative Durchführung von FuE-Projekten ermöglichen eine Aneignung von unternehmensfremdem Know-How sowie einen Zugang zu neuen Märkten.[127] Zudem kann eine Senkung der FuE-Zeiten erreicht werden, da nicht erst auf Erkenntnisse der eigenen FuE-Abteilungen gewartet werden muss.[128] Weiterhin kann eine schnelle Expansion potenzieller Arzneimittelkandidaten erwirkt werden, ohne dass die vollen Risiken unternehmensinterner Forschung und Entwicklung getragen werden müssen, da die prozessinterne Unsicherheit entfällt und das Risiko erst durch fortfolgende unternehmensinterne FuE-Aktivitäten zustande kommt.[129] Eine Risikoreduzierung erfolgt insbesondere dann, wenn Projekte eher zum Ende des Entwicklungsprozesses zugehen.[130] Eine kooperative Durchführung kann des Weiteren durch das Ziel einer größeren Risikodiversifikation motiviert sein.[131] Auch wenn das Risiko des Schadenseintritts nicht reduziert wird, sind die finanziellen Verluste des einzelnen Unternehmens geringer, da sie mindestens auf eine weitere Partei entfallen.[132] Eine Befragung von Vertretern in- und ausländischer Pharma- und Biotechnologieunternehmen zu Kooperationen aus dem Jahr 2006 hat gezeigt, dass die Einlizenzierung viel versprechender Produkte und damit die Verbesserung der eigenen Pipeline, die Aneignung komplementären Wissens sowie die Risikominimierung als wesentliche Vorteile von kooperativ durchgeführten FuE-Projekten angesehen werden.[133]

---

[126] Vgl. dazu sowie zu weiteren bedeutenden Deals *o.V.* (2008j).

[127] Vgl. *McCutchen/Swamidass* (2004), S. 207; *Gassmann/Reepmeyer* (2006), S. 53; *Hartmann* (2006), S. 17; *Hofelich* (2006), S. 11; *Reepmeyer* (2006), S. 60-62; *Schmidt* (2006), S. 4 und S. 20-21.

[128] Vgl. hierzu und zum Folgenden *Böning* (1969), S. 25; *Munser* (1998), S. 18; *Hullmann* (2000), S. 76; *Specht/Beckmann/Amelingmeier* (2002), S. 396; *Berens/McCoy* (2005), S. 20.

[129] Vgl. *Herzog* (1995), S. 313; *Hullmann* (2000), S. 76; *Reepmeyer* (2006), S. 70.

[130] Vgl. *Williams* (2007), S. 17.

[131] Vgl. *Drews* (1995), S. 313; *Herzog* (1995), S. 313; *Tapon/Thong* (1999), S. 223-224; *Specht/Beckmann/Amelingmeier* (2002), S. 396; *DVFA* (2005), S. 59; *Schmidt* (2006), S. 4.

[132] Beide Vertragsparteien partizipieren im Erfolgsfall natürlich auch an den späteren Umsätzen. Vgl. *DVFA* (2005), S. 19.

[133] Vgl. *Schmidt* (2006), S. 153-158. Zu ähnlichen Argumenten vgl. *Pritsch* (2000), S. 115; *PwC* (2004), S. 4; *Rowlands/Morgan* (2006), S. 84.

Nachdem gezeigt wurde, wie die Herausforderungen für Pharmaunternehmen die Durchführung von FuE-Projekten beeinflusst haben, steht die Analyse des pharmazeutischen FuE-Prozesses im Mittelpunkt des folgenden Abschnitts.

2.3 FuE-Projekte: Definition und Begriffsabgrenzung

2.3.1 Allgemeine Definition von Forschung und Entwicklung

Während die Begriffe Forschung und Entwicklung bislang ohne eine konkrete Definition verwendet wurden, wird an dieser Stelle eine für den weiteren Verlauf der Arbeit geltende Definition bzw. Abgrenzung vorgenommen.

Unternehmen verfolgen mit Forschung und Entwicklung das Ziel, neue oder verbesserte Produkte bzw. damit verbundene Prozesse wie z.B. Herstellungsverfahren zu schaffen.[134] Folglich stellen Forschung und Entwicklung Instrumente des betrieblichen und technischen Wandels dar und führen zu Innovationen, die eine große Bedeutung für das Überleben und den nachhaltigen Erfolg eines Unternehmens haben.[135] Der FuE-Prozess kann als industrieller Prozess zur Generierung von Wissen aufgefasst werden, welches für ein Unternehmen längerfristig verwertbar ist.[136] Aus diesem Grund sind FuE-Aktivitäten dem Investitionsbereich eines Unternehmens zuzuordnen.[137]

Die wohl am weitesten verbreitete Definition des Begriffspaares Forschung und Entwicklung stammt aus den von der OECD für die Messung wissenschaftlicher und technischer Tätigkeiten entwickelten und im so genannten „Frascati-Handbuch" zusammengefassten Empfehlungen.[138] An dieser Stelle werden Forschung und Entwicklung wie folgt definiert:

> „Research and experimental development (R&D) comprise creative work undertaken on a systematic basis in order to increase the stock of knowledge, including knowledge of man, culture and society, and the use of this stock to knowledge to devise new applications".[139]

---

[134] Vgl. *Nonnenmacher* (2006), S. 1869.
[135] Vgl. *Brandt* (2002), S. 117.
[136] Vgl. *Brose* (1982), S. 90. Ähnlich *Conen* (1986), S. 19; *Brockhoff* (1999), S. 48.
[137] Es werden Inputfaktoren eingesetzt, um in der Zukunft einen Nutzen aus dem FuE-Ergebnis zu erzielen. Vgl. *Nonnenmacher* (2006), S. 1870.
[138] Vgl. auch *Kuhn* (1992), S. 85. Sie ist zwar nicht rechtsverbindlich für die Berichterstattung von Unternehmen, hat aber aufgrund ihrer Verwendung bei der Erstellung nationaler Forschungs- und Entwicklungsstatistiken eine hohe normative Kraft erlangt. Vgl. *Brockhoff* (2001), S. 51; *Dubbers* (2007), S. 21-23. Zur Abgrenzung der OECD vgl. auch *Jackstein* (2009), S. 211-218.
[139] *OECD* (2002), S. 30.

Die Definition zeigt, dass eine systematische Vorgehensweise und der Versuch einer Erweiterung des vorhandenen Wissens die wesentlichen Merkmale von Forschung und Entwicklung darstellen.

Die einzelnen Tätigkeiten im Bereich der Forschung und Entwicklung werden im Folgenden gemäß der weit verbreiteten so genannten „klassischen Gliederung"[140] abgegrenzt, die zwischen Grundlagenforschung, angewandter Forschung sowie Entwicklung differenziert.[141] Der Zusammenhang zwischen Grundlagenforschung, angewandter Forschung und Entwicklung beruht dabei auf dem Ablauf des Forschungs- und Entwicklungsprozesses von der wissenschaftlichen Erkenntnisermittlung bis hin zur Schaffung eines marktreifen Produktes, wobei die Erkenntnisse der vorgelagerten Stufe den nachgelagerten Stufen jeweils als Input dienen.[142] Entwicklungsarbeiten können demnach als logische und zeitliche Fortsetzung der Forschung angesehen werden.[143]

Die Grundlagenforschung bezeichnet das experimentelle oder theoretische Erarbeiten von Zusammenhängen mit dem Ziel, grundlegende neue Erkenntnisse und allgemeingültige Gesetzmäßigkeiten zu finden und damit zu einem besseren Verständnis der behandelten Materie zu gelangen.[144] Im Frascati-Handbuch wird sie definiert als „experimental or theoretical work undertaken primarily to acquire new knowledge of the underlying foundation of phenomena and observable facts without any particular application or use in view"[145]. Die Definition zeigt, dass es an dieser Stelle weder um die praktische Anwendbarkeit noch um die Zuordnung zu einem bestimmten Produkt oder Verfahren geht. Es handelt sich eher um langfristige Aktivitäten zur Generierung und Überprüfung von Hypothesen oder Zusammenhängen, bei denen eine unmittelbare wirtschaftliche Anwendbarkeit i.d.R. nicht gegeben ist.[146]

---

[140] *Hegenloh* (1985), S. 36. Vgl. dazu *Siegwart* (1974), S. 11-18; *Brockhoff* (1999), S. 51-59; *Eberhardt* (2006), S. 50-52.

[141] Des Weiteren ist bspw. auch eine Abgrenzung nach dem Gegenstand der Forschung und Entwicklung möglich. Vgl. dazu u.a. *Kuhn* (1992), S. 95-96.

[142] Vgl. *Siegwart* (1974), S. 18. Anzumerken ist, dass FuE-Aktivitäten selbstverständlich auch auf Dienstleistungen und Prozesses ausgerichtet sein können.

[143] Vgl. *Lüdenbach/Prusacyk* (2004), S. 415.

[144] Vgl. hierzu und zu den folgenden Ausführungen *Kuhn* (1992), S. 88-91. Vgl. auch *Siegwart* (1974), S. 13; *Conen* (1986), S. 22-24.

[145] *OECD* (2002), S. 30.

[146] Vgl. *Siegwart* (1974), S. 13; *Grimpe* (2005), S. 23. Ähnlich auch *Pfeiffer* (2000), S. 30.

Angewandte Forschung ist im Gegensatz zur Grundlagenforschung auf ein konkret vorgegebenes Ziel mit der Möglichkeit zur praktischen Anwendbarkeit gerichtet.[147] Gemäß der OECD-Definition handelt es sich um „the original investigation undertaken in order to acquire new knowledge but directed primarily towards a specific practical aim or objective"[148]. Dementsprechend kann es sich bei Ergebnissen der angewandten Forschung um mögliche technische Lösungen aber auch um patentfähige Erfindungen handeln. Der Unterschied zwischen Grundlagenforschung und angewandter Forschung liegt insbesondere darin, dass der Grad der Spezifizierung des Forschungsziels und der Bezug zur praktischen Anwendung bei der angewandten Forschung höher ist.[149]

Im Rahmen der Entwicklungstätigkeit sollen die Ergebnisse der Forschung letztendlich an wirtschaftliche Anforderungen angepasst werden.[150] Die OECD definiert Entwicklung als „systematic work, drawing on existing knowledge gained from research or practical experience which is directed to producing new materials, products or devices to installing new processes, systems and services or to improving substantially those already produced or installed"[151]. Entwicklungsarbeiten zielen folglich immer auf die Schaffung von etwas Neuem oder die wesentliche Verbesserung von etwas schon Bestehendem ab. Im Rahmen der Entwicklungstätigkeit kann somit zwischen der Neuentwicklung von Produkten, die bisher im jeweiligen Unternehmen noch nicht gefertigt wurden und sich von existierenden Produkten wesentlich unterscheiden, sowie der Weiterentwicklung bestehender Produkte differenziert werden.

Zu beachten ist, dass eine zweifelsfreie Abgrenzung der einzelnen Phasen des FuE-Prozesses folglich häufig nicht möglich ist.[152] Auch die durch die beschriebene Abfolge implizit vorhandene zeitliche Komponente muss nicht immer gegeben sein, da bspw. auch Erkenntnisse der angewandten Forschung die Basis für neue Grundlagenforschung darstellen können. Zudem kann der Anstoß von Entwicklungsaktivitäten auch aus praktischen Erfahrungen im Rahmen der betrieblichen Produktion

---

[147] Vgl. auch *Böning* (1969), S. 12; *Grimpe* (2005), S. 23.
[148] *OECD* (2002), S. 30.
[149] Vgl. *Conen* (1986), S. 24-25; *Bürger/Haller/Binder* (1996), S. 10; *Pfeiffer* (2000), S. 30.
[150] Folglich steht eine zweckgerichtete Anwendung von Forschungsergebnissen unter intensiver Heranziehung technischer und ökonomischer Erfahrungen im Fokus. Vgl. *Böning* (1969), S. 14. Ähnlich auch *Siegwart* (1974), S. 16-18.
[151] *OECD* (2002), S. 30.
[152] Vgl. *Siegwart* (1974), S. 14; *Brockhoff* (1999), S. 51; *Völker* (2000), S. 15; *OECD* (2002), S. 79; *Grimpe* (2005), S. 23; *Rosenberger* (2006), S. 4.

kommen, d.h. Entwicklung – insbesondere Weiterentwicklung – ist auch ohne vorherige Forschung denkbar. Festgehalten werden kann allerdings, dass die Wahrscheinlichkeit, einen wirtschaftlichen Erfolg zu erzielen, im Bereich der Entwicklung höher ist als im Bereich der Grundlagenforschung. Gleiches gilt für die Planbarkeit der notwendigen Mittel und Zeit sowie des Erfolges.[153] Während die Bedeutung des wissenschaftlichen Erkenntniswertes von der Grundlagenforschung bis zur Entwicklung abnimmt, nehmen Praxisbezogenheit sowie personeller und finanzieller Mitteleinsatz, wie in der folgenden Abbildung dargestellt, zu.[154]

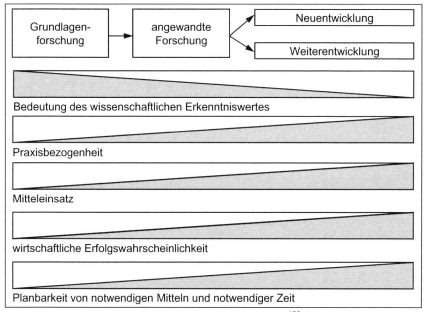

Abb. 2: Idealtypischer Ablauf des FuE-Prozesses[155]

2.3.2 Pharmaspezifische Definition von Forschung und Entwicklung

2.3.2.1 Pharmazeutischer FuE-Prozess im Überblick

Nachdem die Begriffe Forschung und Entwicklung im vorangegangenen Abschnitt allgemein definiert wurden, gilt es die Phasen zur Erforschung und Entwicklung der

---

[153] Vgl. *Böning* (1969), S. 15 und S. 17.

[154] Zum zunehmenden Mitteleinsatz in den späten Phasen des pharmazeutischen FuE-Prozesses vgl. insbesondere Abschnitt 2.3.2.3.

[155] Abbildung in Anlehnung an *Siegwart* (1974), S. 19. Vgl. auch *Jackstein* (2009), S. 222.

als Untersuchungsgegenstand definierten Arzneimittel in diese Begriffswelt einzuordnen.

Im Rahmen der allgemeinen Definition von Forschung und Entwicklung wurde zwar auf die Probleme der zweifelsfreien Abgrenzung der einzelnen Phasen des FuE-Prozesses hingewiesen. In der Pharmabranche ist eine Trennung von Forschung und Entwicklung sowie eine Einhaltung der zeitlichen Reihenfolge allerdings grundsätzlich möglich.[156] Als idealtypischer pharmazeutischer FuE-Prozess wird im Bereich der Erforschung und Entwicklung von Arzneimitteln der Prozess bezeichnet, in dem ein Wirkstoff identifiziert, getestet und schließlich als Arzneimittel für die Vermarktung zugelassen wird.[157] Dieser folgt – nicht zuletzt aufgrund der starken gesetzlichen Regulierung durch nationale und internationale Zulassungsbehörden – einer in allen Pharmaunternehmen nahezu identischen Struktur, die in der folgenden Abbildung dargestellt ist.[158]

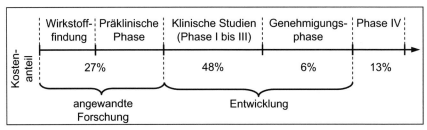

Abb. 3: **Pharmazeutischer FuE-Prozess**

Den in der Abbildung dargestellten Phasen zeitlich vorgelagert ist eine Phase der Grundlagenforschung, die jedoch kaum näher spezifiziert werden kann und für die sich im Gegensatz zu den einzelnen Phasen der angewandten Forschung sowie der Entwicklung innerhalb der Pharmabranche keine spezielle Bezeichnung der durchge-

---

[156] Vgl. *Reepmeyer* (2006), S. 33; *Arbeitskreis Immaterielle Werte im Rechnungswesen* (2009), S. 31. Allerdings ist zu beachten, dass es selbstverständlich auch im Bereich pharmazeutischer FuE Grenzfälle geben kann, die nicht eindeutig der Forschung bzw. der Entwicklung zugeordnet werden können.

[157] Vgl. *Hartmann* (2006), S. 21. Ähnlich auch *Brandt* (2002), S. 123. In Abhängigkeit vom Ziel der FuE-Aktivitäten bzw. vom Ausgangspunkt werden jedoch nicht alle Phasen zwingend durchlaufen. Vgl. dazu Abschnitt 2.4.2.1.

[158] Zu den Vorschriften der amerikanischen und der europäischen Zulassungsbehörde vgl. Abschnitt 2.3.2.3. Vgl. zur Kostenverteilung *EFPIA* (2008a), S. 22. 6% der Gesamtkosten können den einzelnen Phasen nicht zugeteilt werden.

führten Aktivitäten durchgesetzt hat. Die dargestellten Phasen dienen als Leitfaden für die folgenden Ausführungen.[159]

2.3.2.2 Forschung

Häufig stellt ein ungenügender Therapiestandard den Ausgangspunkt für pharmazeutische Forschungsaktivitäten dar.[160] Die pharmazeutische Forschung beginnt mit einem mehrere Jahre andauernden Prozess, in dem zunächst ein Verständnis für die Krankheit gewonnen werden muss, für die ein Medikament entwickelt werden soll.[161] Ist dieses Verständnis vorhanden, gilt es, ein Zielmolekül – zum Beispiel ein Gen oder ein Protein – zu finden, welches möglicherweise eine krankheitsverursachende oder krankheitsbeeinflussende Wirkung hat und eventuell mit dem noch zu entwickelnden Wirkstoff interagieren kann. Diese Tätigkeiten, die nicht unmittelbar auf die Entwicklung eines neuen Arzneimittels, sondern auf die Erlangung bestimmter grundlegender Erkenntnisse abzielen, fallen in den Bereich der Grundlagenforschung[162], die in der Praxis oft in Zusammenarbeit mit Universitäten oder durch Erteilung von Aufträgen an Dienstleistungsunternehmen, so genannte Contract Research Organizations (CRO), vorgenommen wird.[163] Es gibt kaum Pharmaunternehmen, die eine eigene Grundlagenforschung betreiben.[164] Die Ergebnisse der Grundlagenforschung stellen die Wissensbasis für die in der folgenden Abbildung hervorgehobenen Phasen der angewandten Forschung dar.

---

[159] Zur Abgrenzung von Forschung und Entwicklung im Arzneimittelbereich vgl. auch *Piachaud* (2004), S. 86-88 und S. 92-94. Zum Ablauf des FuE-Prozesses am Beispiel von Bayer vgl. *Stonebraker* (2002). Zum FuE-Prozess bei Roche vgl. *Gassmann/Reepmeyer/Zedtwitz* (2008), S. 62-65.

[160] Vgl. *Hartmann* (2006), S. 24.

[161] Vgl. dazu und zu den folgenden Ausführungen *Pfeiffer* (2000), S. 96; *Pritsch* (2000), S. 100; *Schmidt* (2006), S. 97; *Bogdan/Villiger* (2007), S. 9-10; *Gräsel* (2007), S. 30; *Phrma* (2007a), S. 2-10.

[162] Vgl. *Dreger* (2000), S. 45; *Thierolf* (2002), S. 351.

[163] Zu CROs vgl. *Herzog* (1995), S. 312-313; *Festel/Hofmeier* (2005), S. 174; *Bamfield* (2006), S. 91-92; *Fischer/Breitenbach* (2007a), S. 26. Zur Rolle von CROs im Rahmen der Entwicklung neuer Arzneimittel vgl. *Nichol* (2006).

[164] Vgl. *Rygl* (2003), S. 8; *Zloch* (2007), S. 34. Nur 5% des FuE-Budgets werden in Grundlagenforschung investiert. Vgl. *Brandt* (2002), S. 118.

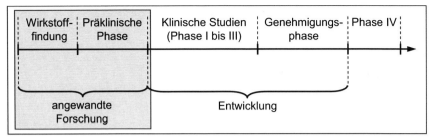

Abb. 4: Pharmazeutischer FuE-Prozess – Phasen der angewandten Forschung

Im Anschluss an die Phase der Grundlagenforschung wird das Ziel verfolgt, einen viel versprechenden Wirkstoff (lead compound; New Molecular Entity (NME)) zu finden, der in der Lage ist, das identifizierte Zielmolekül und damit den Wirkungsmechanismus einer Krankheit in der gewünschten Weise zu beeinflussen.[165] Ist ein solcher Wirkstoff gefunden, gilt es, seine arzneilichen Eigenschaften zu klären.[166] Die Phase der Wirkstofffindung bringt ca. 5.000 bis 10.000 Substanzen hervor[167], von denen jedoch ca. 90% am Ausbleiben der erwarteten Wirkung scheitern und die präklinische Phase nicht erreichen.[168]

In der Phase der präklinischen Entwicklung wird das Ziel verfolgt, Aussagen über Wirkungsweisen, Darreichungsformen, Syntheseverfahren und Therapieverfahren mit den neuen Wirkstoffen zu treffen.[169] Sie umfasst Versuche an Pflanzen und Tieren sowie pharmakokinetische, pharmakologische und toxikologische Studien.[170] Ziel dieser Phase ist es letztendlich, ausreichende Fakten zu sammeln, um eine An-

---

[165] Vgl. *Forker* (1995), S. 32; *Drews* (1998), S. 144-151; *Pfeiffer* (2000), S. 96; *Pritsch* (2000), S. 100-101; *DVFA* (2005), S. 22; *Phrma* (2007a), S. 3-4; *Zloch* (2007), S. 35. Zu den Methoden zur Wirkstofffindung vgl. u.a. *Brandt* (2002), S. 172-173.

[166] Vgl. *Forker* (1995), S. 32.

[167] Vgl. *Phrma* (2007a), S. 2; *Haye/Gebauer* (2008), S. 106; *BPI* (2009), S. 18.

[168] Vgl. *Pfeiffer* (2000), S. 96; *Reepmeyer* (2006), S. 33.

[169] Vgl. *Sturm* (2007), S. 132; *Zloch* (2007), S. 36. Zur präklinischen Phase vgl. *Pfeiffer* (2000), S. 96-97; *Gorbauch/Haye* (2002), S. 165-166; *Puran* (2005), S. 77; *Reepmeyer* (2006), S. 33; *Schmidt* (2006), S. 97; *Fischer/Breitenbach* (2007a), S. 33-35; *Chiaroni/Chiesa/Frattini* (2008), S. 13. Es werden zumeist bis zur Zulassung mehrere Substanzen parallel getestet. Vgl. *Drews* (1998), S. 183.

[170] Vgl. *Brandt* (2002), S. 173. Für eine Darstellung notwendiger Untersuchungen der präklinischen Phase vgl. *Aigner et al.* (2007), S. 70-84. Pharmakokinetik bezeichnet die Lehre von Aufnahme, Verteilung, Verstoffwechselung und Ausscheidung von Arzneistoffen und vom zeitlichen Ablauf dieser Vorgänge, Pharmakologie die Lehre von Arzneimittelwirkungen in gesunden und kranken Organismen, Organen, Geweben und Zellen von Mensch und Tier und Toxikologie die Lehre von für Menschen und Tiere schädlichen Eigenschaften der Substanzen und der Behandlung der Vergiftungserscheinungen. *BPI* (2004), S. 60-61.

wendung am Menschen rechtfertigen zu können. Die Tests der präklinischen Phase werden mit ca. 250 Wirkstoffen durchgeführt[171], wobei die Überprüfung der Wirksamkeit und der Verträglichkeit im Vordergrund steht.[172] Es wird insbesondere untersucht, inwieweit der Wirkstoff nicht nur auf das Zielmolekül, sondern darüber hinaus auf andere Moleküle im Körper wirkt und welche unerwarteten Nebenwirkungen auftreten.[173] Zudem wird eine geeignete Darreichungsform entwickelt.[174] Die Wahrscheinlichkeit dafür, dass ein in der präklinischen Phase befindlicher Wirkstoff einmal als Arzneimittel zugelassen wird, liegt bei lediglich 5-10%.[175]

Sowohl die Phase der Wirkstofffindung als auch die Phase der präklinischen Entwicklung fallen in den Bereich der angewandten Forschung, da die Forschung bereits auf ein konkretes Ziel, und zwar die Findung eines Wirkstoffes und die Überprüfung seiner Eigenschaften ausgerichtet ist, jedoch noch keine klare Fokussierung auf ein bestimmtes Produkt besteht.[176] Beide Phasen umfassen in Summe regelmäßig einen Zeitraum von ca. 4 Jahren.[177] Durchschnittlich rund 27% der gesamten Ressourcen für Forschung und Entwicklung entfallen auf die Phase der angewandten Forschung.[178] Am Ende dieser Phase muss die Frage beantwortet werden, ob die Aufnahme von klinischen Studien, die für die Erlangung einer Zulassung für ein Arzneimittel notwendig sind, überhaupt Erfolg versprechend ist. Ist dies der Fall, wird der identifizierte Wirkstoff – spätestens zu diesem Zeitpunkt – zum Patent angemeldet und an die Entwicklung übergeben.[179] Alle auf die angewandte Forschung folgenden Phasen der klinischen Entwicklung sind letztlich unter den im vorherigen Abschnitt definierten Begriff der Entwicklung zu subsumieren, da sich die durchgeführten Akti-

---

[171] Vgl. o.V. (2008f).
[172] Vgl. *Rygl* (2003), S. 8.
[173] Vgl. *Gräsel* (2007), S. 32.
[174] Vgl. o.V. (2008f).
[175] Vgl. *Puran* (2005), S. 95; *Reepmeyer/Kickuth* (2006), S. 20.
[176] Vgl. *Braun* (1987), S. 31.
[177] Vgl. *Sturm* (2007), S. 126; *Zloch* (2007), S. 50.
[178] Vgl. *EFPIA* (2008a), S. 22. Zu einem Überblick über die Verteilung der FuE-Kosten auf die Phasen des FuE-Prozesses vgl. *Phrma* (2009), S. 53.
[179] Vgl. *Zloch* (2007), S. 35. Ähnlich bei *Pritsch* (2000), S. 101; *Vagelos* (2006), S. 2. Eine Patentanmeldung erfolgt zum Teil schon am Ende der Phase der Wirkstofffindung oder in der präklinischen Phase, sobald erste Hinweise auf eine therapeutische Wirksamkeit der Substanz vorliegen. Vgl. *Guminski/Rauland* (2002), S. 231.

vitäten auf ein konkretes Krankheitsbild konzentrieren und nur noch mit ca. 5 Substanzen[180] durchgeführt werden.[181]

2.3.2.3 Entwicklung

Der gesamte Prozess, der notwendig ist, um aus einem identifizierten Wirkstoff, dessen Struktur und Eigenschaften bekannt sind und über dessen klinische Verwendung eine begründete Vorstellung existiert, ein frei zugängliches Arzneimittel zu erstellen, wird als Entwicklung bezeichnet.[182] Ungefähr 16% der Top-Manager großer Pharmakonzerne sehen die klinische Entwicklung als Kernkompetenz ihres Unternehmens und als wesentlich bedeutender als die angewandte Forschung an.[183]

In der Entwicklungsphase wird das Ziel verfolgt, den Wirkstoff durch Tests am Menschen zu einer stabilen Substanz zu entwickeln, die ohne oder mit vertretbaren Nebenwirkungen zur erfolgreichen Behandlung von Krankheiten angewendet werden kann.[184] Im Mittelpunkt aller klinischen Untersuchungen steht demnach der Nachweis von Wirksamkeit und Sicherheit eines Wirkstoffes.[185] Die einzelnen, in der folgenden Abbildung hervorgehobenen Phasen der klinischen Entwicklung unterliegen einer starken gesetzliche Regulierung durch nationale und internationale Zulassungsbehörden, die den pharmazeutischen FuE-Prozess durch die von ihnen geforderten Ergebnisse insbesondere zu Wirksamkeit und Sicherheit von Arzneimitteln stark determinieren.[186]

---

[180] Vgl. o.V. (2008f).

[181] Vgl. auch *Brandt* (2002), S. 181; *Drews* (1998), S. 183. Zu den Phasen der klinischen Entwicklung vgl. *Halliday et al.* (1997), S. 77; *Adams/Brantner* (2003), S. 5-6; *Di Masi/Hansen/Grabowski* (2003), S. 155-156; *Abrantes-Metz/Adams/Metz* (2004), S. 5-6; *BPI* (2004), S. 33-35; *Piachaud* (2004), S. 88-92; *Berens/McCoy* (2005), S. 8-11; *Hartmann* (2006), S. 24-28; *Accenture* (2007), S. 8; *Aigner et al.* (2007), S. 92-95; *Bogdan/Villiger* (2007), S. 10-12; *Fischer/Breitenbach* (2007a), S. 35-36; *Feldmann* (2007), S. 311-315; *Meinert* (2007); *EFPIA* (2008b), S. 5-10.

[182] Vgl. *Drews* (1998), S. 155. Ähnlich auch *Völker* (2006), S. 268.

[183] 24% bzw. 22% sehen Marketing und Sales als bedeutendste Kernkompetenz an. Vgl. *Danner/Ruzicic/Biecheler* (2008), S. 39.

[184] Vgl. *Pritsch* (2000), S. 101.

[185] Vgl. *Drews* (1998), S. 161. Zu den Dokumentationspflichten vor jeder klinischen Studie vgl. *Haye/Gebauer* (2008), S. 108.

[186] Zu den in der EU geltenden Vorschriften zu den Prüfungen, die vor der Einreichung des Zulassungsantrags vorzunehmen sind, vgl. exemplarisch Art. 8 Abs. 3 der RL 2001/83/EG bzw. *Kwizda* (1998), S. 19-21.

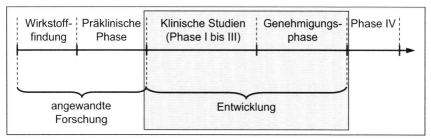

Abb. 5:   Pharmazeutischer FuE-Prozess – Entwicklungsphase

Im Folgenden soll der Entwicklungsprozess am Beispiel der Vorschriften der durch die Verordnung 2309/93/EWG im Jahr 1995 geschaffenen europäischen Zulassungsbehörde European Medicines Agency (EMEA) sowie der bereits 1862 gegründeten US-amerikanischen Zulassungsbehörde Food and Drug Association (FDA) dargestellt werden, da es sich bei den USA und Europa um die größten Pharmamärkte[187] und wichtigsten Ersteinführungsstandorte[188] für Arzneimittel handelt und die Vorschriften zudem nahezu identisch sind.[189] Dieser Entwicklungsprozess bildet den durchschnittlichen, idealtypischen Prozess zur Entwicklung von Humanpharmazeutika ab.[190] Er kann auch mit einem Staffellauf verglichen werden[191], da alle zu durchlaufenden Phasen, in denen ökonomisch werthaltiges Know How über einen Wirkstoffkandidaten (drug candidate) generiert werden soll[192], zeitlich aufeinander folgen.

Ein Arzneimittel darf in Europa nur dann auf dem Markt eingeführt werden, wenn es gemäß der Richtlinie 2001/83/EG oder der Verordnung 2309/93 zugelassen wurde.[193] In den USA sind die Grundregeln des Verfahrens der Arzneimittelzulassung dem Federal Drug and Cosmetic Act zu entnehmen.[194] Dort darf im Unterschied

---

[187] Vgl. Abschnitt 2.2.2.

[188] In den USA finden 40%, in Europa 30% der Ersteinführungen statt. Vgl. *Fischer/Breitenbach* (2007b), S. 211. Zu rechtlichen Grundlagen der Zulassung durch FDA und EMEA vgl. *Spalcke* (2004). Zu den Vorschriften der FDA vgl. auch *Hutt* (2006).

[189] Vgl. *Drews* (1998), S. 170; *Gonzalez/Gimeo* (2008), S. 5. Zu Aufbau und Aufgaben der EMEA vgl. *Spalcke* (2004), S. 10-14. Zur Entwicklung der europäischen Regulierungsvorschriften für die Pharmabranche vgl. *Wolf* (1997), S. 3-4.

[190] Vgl. *Schmidt* (2006), S. 96.

[191] Vgl. *Brandt* (2002), S. 171 und S. 176.

[192] Vgl. *Puran* (2005), S. 9.

[193] Vgl. Art. 6 Abs. 1 der RL 2001/83/EG vom 06.11.2001.

[194] Vgl. dazu *Spalcke* (2004), S. 63 sowie zu den Hintergründen S. 63-113.

zu Europa[195] zudem erst dann mit der klinischen Entwicklung begonnen werden, wenn bei der FDA ein Antrag – die so genannte Investigational New Drug Application (IND) – eingereicht wurde.[196] Dieser muss die Ergebnisse der präklinischen Phase, die chemische Struktur des Wirkstoffkandidaten, mögliche Nebenwirkungen und Informationen zur Herstellung sowie einen Plan, wo und von wem die künftigen klinischen Studien durchgeführt werden sollen, umfassen.[197] Wird dieser Antrag nicht abgelehnt, kann mit der durchschnittlich ca. 6-7 Jahre dauernden klinischen Entwicklung begonnen werden.[198] Die Tatsache, dass selbst die Durchführung der klinischen Studien zumindest in den USA einer vorherigen Genehmigung bedarf, unterstreicht nochmals die starke Regulierung der Pharmabranche.[199]

In der im Durchschnitt knapp 2 Jahre dauernden ersten Phase der klinischen Entwicklung kommt das potenzielle Arzneimittel zum ersten Mal am Menschen – in diesem Fall an gesunden Probanden – zur Anwendung.[200] Ziel ist es, Erkenntnisse über die Verträglichkeit an sich, die verträgliche Dosierung und die Wirkungsweise des Wirkstoffes zu gewinnen.[201] Insbesondere soll getestet werden, ob der Wirkstoff für den Menschen ungefährlich ist, d.h. die Sicherheit steht im Vordergrund.[202] Die therapeutische Wirksamkeit spielt hingegen noch eine untergeordnete Rolle. Es werden klinische Tests an ca. 20-100 gesunden Probanden durchgeführt, für die durchschnittlich rund 7% der FuE-Ressourcen benötigt werden.[203]

In der zumeist gut 2 Jahre dauernden zweiten klinischen Phase, auf die durchschnittlich etwa 13% der FuE-Ressourcen entfallen, wird der Wirkstoff zum ersten Mal an Personen getestet, die das entsprechende Krankheitsbild aufweisen, gegen welches

---

[195] Vgl. *Spalcke* (2004), S. 68-71.
[196] Vgl. *Löhr* (2005), S. 56; *Spalcke* (2005), S 68-69; *Voet* (2008), S. 96.
[197] Vgl. *Pfeiffer* (2000), S. 97; *Keyhani/Diener-West/Powe* (2006), S. 462; *Phrma* (2007a), S. 6. Erhält ein Unternehmen nach 30 Tagen keinen negativen Bescheid, kann es mit den klinischen Studien beginnen. Vgl. *Sturm* (2007), S. 132.
[198] Zu den Jahresangaben vgl. *Phrma* (2007a), S. 2.
[199] Vgl. *Pfeiffer* (2000), S. 99; *Mossialos/Walley/Monique* (2004), S. 1.
[200] Vgl. *Gorbauch/Haye* (2002), S. 169. Zu den Jahresangaben vgl. *Brandt* (2002), S. 173; *Abrantes-Metz/Adams/Metz* (2004), S. 9.
[201] Vgl. *Brandt* (2002), S. 173; *Gorbauch/Haye* (2002), S. 169-171; *Phrma* (2007a), S. 7; *Sturm* (2007), S. 132; *Zloch* (2007), S. 37.
[202] Vgl. *Drews* (1998), S. 162; *Stonebraker* (2002), S. 77; *Schmidt* (2006), S. 97; *Phrma* (2007a), S. 7.
[203] Vgl. *EFPIA* (2008a), S. 22. In Ausnahmefällen findet auch eine Verabreichung an ausgewählte Patienten mit einer bestimmten Indikation, wie z.B. Krebs, statt. Vgl. *Brandt* (2002), S. 173.

das jeweilige Medikament eingesetzt werden soll.[204] Es wird das Ziel verfolgt, Aussagen über die therapeutische Wirksamkeit und die Dosierung – insbesondere die minimal wirksame bzw. die maximal verträgliche Dosis – zu generieren sowie kurzfristige Nebenwirkungen zu erkennen.[205] Zu Messzwecken wird der primäre Endpunkt und damit diejenige klinisch relevante Reaktion des Körpers bestimmt, anhand derer die Wirksamkeit des Arzneimittels gemessen werden soll.[206] Während in der vorherigen Phase die Sicherheit im Vordergrund stand, wird nun zum ersten Mal primär nach der klinischen Wirksamkeit gefragt.[207] Es werden Tests an ca. 100-500 Patienten durchgeführt.[208] Am Ende der Phase II ist letztlich zu entscheiden, ob eine Weiterentwicklung stattfinden soll, da es sich bei der folgenden Phase III um den Teil der Entwicklung handelt, der die höchsten Kosten verursacht.[209]

Die dritte klinische Phase ist die aufwendigste aller Phasen, da die Tests am Patienten zu statistischen Großversuchen ausgeweitet werden. Gegenstand dieser Phase sind umfangreiche Studien mit 3.000 bis 5.000 Patienten, die bis zu 4 Jahre in Anspruch nehmen können.[210] Die FDA verlangt bspw. mindestens zwei separate Studien, die belegen, dass das jeweilige Arzneimittel medizinisch notwendig, sicher und statistisch wirksamer ist als ein Placebo[211], damit eine Zulassung möglich ist.[212]

---

[204] Vgl. *Gorbauch/Haye* (2002), S. 171; *Sturm* (2007), S. 133. Zu den Angaben zur Ressourcenverteilung vgl. *EFPIA* (2008a), S. 22. Zu den Jahresangaben vgl. *Brandt* (2002), S. 173; *Abrantes-Metz/Adams/Metz* (2004), S. 9.

[205] Vgl. *Brandt* (2002), S. 173-174; *Gorbauch/Haye* (2002), S. 171; *Stonebraker* (2002), S. 77; *Manns* (2003), S. 14; *Schmidt* (2006), S. 97; *Phrma* (2007a), S. 7.

[206] Vgl. *Gräsel* (2007), S. 35. Ein Beispiel für einen solchen Endpunkt stellt bei Asthma der Ausatemwiderstand dar. Vgl. *Manns* (2003), S. 15. Bei Krebs kann die lokal-räumliche Eingrenzung bspw. als primärer, und das Gesamtüberleben oder das krankheitsfreie Überleben als sekundärer Endpunkt definiert werden. Vgl. zu einer Studie der Unternehmen Genmab und Dahanca zur Untersuchung eines Wirkstoffes zur Behandlung von Hals- und Kopfkrebs *o.V.* (2007d).

[207] Vgl. *Drews* (1998), S. 163.

[208] Vgl. *Drews* (1998), S. 163 und S. 183. Zur Anzahl der Probanden in den einzelnen Phasen der klinischen Entwicklung vgl. u.a. *Brandt* (2002), S. 173-174; *Schmidt* (2006), S. 97; *Phrma* (2007a); *Sturm* (2007), S. 132-133.

[209] Vgl. *Karberg* (2006), S. 119.

[210] Vgl. *Drews* (1998), S. 183. Zu den Jahresangaben vgl. *Brandt* (2002), S. 173; *Abrantes-Metz/Adams/Metz* (2004), S. 9.

[211] Ein Placebo ist medizinisch unwirksam und wird im Rahmen klinischer Studien verabreicht, um zu testen, ob das tatsächliche Arzneimittel wirksam ist.

[212] Vgl. *Voet* (2008), S. 96. Die Zulassungsbehörde stützt ihre Entscheidung auf die Qualität, die Wirksamkeit und die Sicherheit des Arzneimittels und prüft folglich, ob der erwartete Nutzen die Risiken übersteigt. Führt bspw. ein Antitumormittel zu Haarausfall, wird trotzdem von einem die Risiken übersteigenden Nutzen ausgegangen. Dies ist jedoch nicht der Fall, wenn ein Schmerzmittel zu Haarausfall führt. Vgl. *Schlemminger* (2007), S. 121. Zudem führt sie einen Vergleich mit der bisherigen Standardtherapie durch. Vgl. *Gorbauch/Haye* (2002), S. 173.

Grundvoraussetzung für diese Studien ist, dass zuvor sowohl Wirksamkeit und Sicherheit, als auch ein günstiger Dosisbereich erarbeitet wurden.[213] Es findet eine Verabreichung des Arzneimittels an Patienten der Zielindikation[214] unter Klinikbedingungen statt, um zunächst Wirksamkeit und Verträglichkeit an Patienten unterschiedlichen Alters und Geschlechts sowie unterschiedlicher ethnischer Herkunft mit unterschiedlichen Lebens- und Ernährungsgewohnheiten zu testen.[215] Zudem sollen Art und Häufigkeit von Nebenwirkungen sowie Wechselwirkungen mit anderen Medikamenten untersucht werden. Im Mittelpunkt dieser Phase steht folglich die statistische Erhärtung der Sicherheit, der Effizienz und des Kosten-Nutzen-Verhältnisses eines Wirkstoffes durch Langzeitstudien mit großer Datenbasis.[216] Durchschnittlich 28% der Ressourcen entfallen auf diese Phase, die endet, wenn die Evidenz für die Antragstellung auf Zulassung oder für den Abbruch des FuE-Vorhabens erbracht wurde.[217]

Glaubt ein Unternehmen schließlich, die notwendigen Belege für die Wirksamkeit gefunden zu haben, kann es die Ergebnisse der klinischen Studien an die FDA[218] bzw. die EMEA[219] weitergeben.[220] Die endgültige Zulassung erfolgt durch die zuständigen staatlichen Behörden des jeweiligen Landes.[221] Grundsätzlich gilt eine erlangte Zulassung immer nur für das entsprechende Land, in dem sie gewährt wurde. Eine Ausnahme stellt Europa dar, da im europäischen Pharmarecht seit Inkrafttreten der Verordnung 2309/93/EWG je nach Herstellungstechnologie für ein Arzneimittel zwi-

---

[213] Vgl. *Gorbauch/Haye* (2002), S. 172.

[214] Bei einer Indikation handelt es sich um ein Krankheitsbild, wie z.B. Bluthochdruck, bei dem ein bestimmtes Arzneimittel jeweils eingesetzt werden kann. Vgl. *DVFA* (2005), S. 129; *Stada AG* (2009).

[215] Vgl. dazu und zum Folgenden *Brandt* (2002), S. 174.

[216] Vgl. *Rygl* (2003), S. 8-9; *Schmidt* (2006), S. 97; *Phrma* (2007a), S. 7.

[217] Vgl. *Pritsch* (2000), S. 102; *Manns* (2003), S. 14; *Gassmann/Reepmeyer/Zedtwitz* (2004), S. 31; *Reepmeyer/Kickuth* (2006), S. 20; *Sturm* (2007), S. 128. Zur Ressourcenverteilung vgl. *EFPIA* (2008a), S. 22.

[218] Für die Zulassung durch die FDA haben Unternehmen das Verfahren der New Drug Application (NDA) zu durchlaufen. Zum Zulassungsverfahren durch die FDA vgl. *Drews* (1998), S. 167-171; *FDA* (2002); *Jordan* (2002), S. 177-193.

[219] In Europa wird die NDA als Marketing Authorization Application (MAA) bezeichnet. Vgl. *Voet* (2008), S. 99. Zum Verfahren der EMEA vgl. *Koenig/Müller* (2000); *Jordan* (2002), S. 177-193; *Aigner et al.* (2007), S. 87-89; *Schlemminger* (2007), S. 121-125.

[220] Vgl. *Drews* (1998), S. 168; *Phrma* (2007a), S. 8; *Sturm* (2007), S. 133. Für eine Zulassung werden i.d.R. Daten aus allen drei klinischen Phasen benötigt, wobei 80% der Daten aus der Phase III stammen. Vgl. *Drews* (1998), S. 165.

[221] Vgl. *Brandt* (2002), S. 174. Vorbereitungen für eine Markteinführung werden jedoch häufig schon in Phase III getroffen, damit möglichst schnell nach Zulassung Umsätze generiert werden können. Vgl. *Puran* (2005), S. 78.

schen einem dezentralen und einem zentralen Zulassungsverfahren differenziert wird.[222]

Für die meisten Arzneimittel gilt das auch als Verfahren der gegenseitigen Anerkennung bezeichnete dezentrale Zulassungsverfahren.[223] Hiernach können Arzneimittel, die bereits in einem einzelnen Staat der EU eine Zulassung erlangt haben, auch in den übrigen Mitgliedstaaten zugelassen werden.[224] Für bestimmte, technologisch hochwertige Arzneimittel gilt hingegen das zentrale Zulassungsverfahren.[225] Hat die EMEA als zuständige Zulassungsbehörde ein Arzneimittel genehmigt, ist es in allen Mitgliedsstaaten der EU zugelassen.[226] Die Gemeinschaftszulassung gilt für fünf Jahre und kann durch Einreichung von Unterlagen über die neusten wissenschaftlichen Beurteilungen des Medikamentes um weitere fünf Jahre verlängert werden.[227]

Die Zulassungs- bzw. Genehmigungsphase dauert ungefähr 1-2 Jahre und fällt verglichen mit den langen Entwicklungszeiten kaum ins Gewicht.[228] Ungefähr 6% der FuE-Ressourcen entfallen auf diese Phase.[229] Die Zulassungsbehörde kann entweder eine Zulassung, eine Ablehnung oder eine bedingte Zulassung erteilen[230], wobei im Fall der bedingten Zulassung weitere klinische Studien notwendig sind.[231] Wesentliche Kriterien, deren Erfüllung auf Grundlage der eingereichten Ergebnisse der präklinischen und klinischen Studien beurteilt wird, sind Qualität, Sicherheit und

---

[222] Vgl. *Kwizda* (1998), S. 31-32; *Jordan* (2002), S. 179-186; *Spalcke* (2004), S. 7-55.

[223] Vgl. dazu *Spalcke* (2004), S. 39-60. Zu den wenigen Ausnahmen, für die das dezentrale Verfahren nicht anwendbar ist, vgl. *Spalcke* (2004), S. 41.

[224] Des Weiteren gilt es für die Arzneimittel, die bisher in keinem Mitgliedstaat der EU zugelassen sind und die Voraussetzungen für das zentrale Zulassungsverfahren nicht erfüllen. Diese müssen zunächst im Rahmen eines nationalen Zulassungsprozesses zugelassen werden, bevor im Rahmen des dezentralen Genehmigungsverfahrens eine Zulassung für alle weiteren EU-Mitgliedsstaaten erlangt werden kann. Seit 1998 ist es nicht mehr möglich, in mehreren Mitgliedstaaten parallel nationale Zulassungsverfahren zu betreiben. Vgl. *Spalcke* (2004), S. 3-4.

[225] Vgl. Anhang A und B der Verordnung 2309/93/EWG und zu einer Beschreibung der den Anhängen zu entnehmenden innovativen Arzneimittel *Spalcke* (2004), S. 16-18. Vgl. auch *Hartmann* (2006), S. 27-28; *Aigner et al.* (2007), S. 87; *Schlemminger* (2007), S. 127.

[226] Vgl. *Drews* (1998), S. 171; *Spalcke* (2004), S. 14.

[227] Vgl. *Kwizda* (1998), S. 52.

[228] Vgl. *Drews* (1998), S. 183; *Phrma* (2007a), S. 2. Anzumerken ist, dass es sowohl in Europa als auch in den USA beschleunigte Zulassungsverfahren für Medikamente gegen seltene Erkrankungen gibt. Als seltene Erkrankung gilt eine Krankheit, die in Europa nur 5 von 10.000 Einwohnern bzw. in den USA nur bei weniger als 200.000 Patienten im Jahr auftritt. Vgl. *Karberg* (2006), S. 123. Ähnlich auch *Drews* (1998), S. 170; *Schmidt* (2006), S. 97.

[229] Vgl. *EFPIA* (2008a), S. 22.

[230] Zu den in der EU geltenden Regeln vgl. *Kwizda* (1998), S. 94-100; *Shah/Griffin* (2006). Zu den Gründen für eine Ablehnung vgl. Art. 26 der RL 2001/83/EG.

[231] Vgl. *Sturm* (2007), S. 133 und S. 141.

Wirksamkeit des Arzneimittels.[232] Nach der erfolgten Zulassung ist der Vertrieb des jeweiligen Arzneimittels unter den im Zulassungsbescheid festgelegten Auflagen zulässig.[233] Bei Gefährdung der Sicherheit des Patienten wird es jedoch von der Zulassungsbehörde vom Markt genommen.[234]

2.3.2.4 Entwicklungsähnliche Aktivitäten im Anschluss an die Arzneimittelzulassung

Gegenstand dieses Abschnitts ist die in der folgenden Abbildung hervorgehobene letzte Phase (Phase IV) des beschriebenen pharmazeutischen FuE-Prozesses. Wie im Folgenden gezeigt wird, ist bei den in dieser Phase durchgeführten Aktivitäten jedoch fraglich, inwieweit sie tatsächlich in den Bereich der Entwicklung fallen. Aus diesem Grund wird sie in der Abbildung auch nicht der Entwicklungsphase zugeordnet.

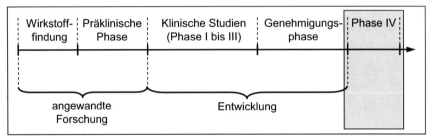

Abb. 6: **Pharmazeutischer FuE-Prozess – Phase IV**

Die Phase IV umfasst solche Aktivitäten, die den beschriebenen Entwicklungsschritten ähnlich sind, jedoch erst im Anschluss an die Zulassung anfallen (können). Diese Aktivitäten werden zum Teil freiwillig, häufig aber auf Verlangen der jeweiligen Zulassungsbehörden zur Überprüfung der langfristigen Sicherheit von Arzneimitteln durch-

---

[232] Vgl. Tz. 13 und 14 der Verordnung (EG) Nr. 726/2004 sowie Tz. 12 der Verordnung 2001/83/EG. Vgl. zu den Genehmigungsvoraussetzungen *Lorenz* (2006), S. 166-169; *Schamp/Regenold/ Jordan* (2008), S. 134-137.

[233] Vgl. *Aigner et al.* (2007), S. 95.

[234] Vgl. *Kwizda* (1998), S. 100-101; *Schmidt* (2006), S. 97; *Fischer/Breitenbach* (2007b), S. 211; *Danner/Ruzicic/Biecheler* (2008), S. 14. Als Vioxx®, ein Arthritismedikament von Merck, das einen jährlichen Umsatzbeitrag von 2,5 Mrd. USD lieferte, vom Markt genommen wurde, führte dies nicht nur zu einem Rückgang des Börsenkurses um 20% am ersten Tag, sondern auch zu vielen Klagen. Vgl. *o.V.* (2004). Vgl. mit weiteren Beispielen für Blockbuster, die nachträglich vom Markt genommen wurden *PwC* (2005a), S. 9-10. In Deutschland existiert durch die 5-jährige Verschreibungspflicht eine Kontrolle darüber, dass Ärzte auftretende Nebenwirkungen an die zuständige Behörde melden. Vgl. *BPI* (2004), S. 44.

geführt.[235] Immerhin durchschnittlich knapp 13% der FuE-Ressourcen entfallen auf diese Phase.[236]

In den USA etwa haben die Unternehmen periodische Berichte über die Entwicklung von Medikamenten im Rahmen der Anwendung am Patienten zu erstellen, um einen möglicherweise veränderten wissenschaftlichen Erkenntnisstand zu dokumentieren und an die FDA zu übermitteln.[237] In der EU ist der Zulassungsantrag fünf Jahre nach der Erstzulassung einmalig zu verlängern. Ohne diesen erneuten Nachweis von Wirksamkeit und Sicherheit darf das Produkt nicht weiter vertrieben werden.[238] Folglich sind zumeist Langzeitstudien und Anwendungsbeobachtungen unter therapeutischen Bedingungen, die als Phase IV-Studien bezeichnet werden, notwendig, um zusätzliche Erkenntnisse über Nebenwirkungen oder andere Langzeiteffekte zu erlangen oder noch ungeklärte Fragen zu beantworten.[239] Sofern diese Studien durch eine Zulassungsbehörde vorgeschrieben sind, sind die dafür anfallenden Kosten ökonomisch als Erhaltungs- und nicht als (Weiter-)Entwicklungskosten zu interpretieren, da sie der Erhaltung der Zulassung dienen und zumeist nicht zu einer Verbesserung des Arzneimittels führen. Neben diesen von der Regulierungsbehörde vorgeschriebenen Studien werden häufig weitergehende Untersuchungen durchgeführt, die vom Hersteller selbst initiiert sind.[240] Beispiele für in dieser Phase durchgeführte Studien sind Vergleichsstudien zur Wirksamkeit, Mortalitätsstudien oder Studien zur Überprüfung der Dosierungsempfehlung.[241] Diese dienen häufig Marketingzwecken, sodass die anfallenden Kosten auch dem Marketing- bzw. Vertriebsbereich zuzuordnen sind.[242]

Darüber hinaus können Phase IV-Studien jedoch bspw. der Prüfung bestimmter, bisher ausgeschlossener Patientenpopulationen wie z.B. Kinder oder Schwangere die-

---

[235] Vgl. *Phrma* (2007a), S. 9; *Voet* (2008), S. 96. Zur Arzneimittelüberwachung (Pharmakovigilanz) vgl. *Lorenz* (2006), S. 349-355.

[236] Vgl. *EFPIA* (2008a), S. 22.

[237] Vgl. *Spalcke* (2004), S. 105; *Phrma* (2007a), S. 9.

[238] Vgl. *Schamp/Regenold/Jordan* (2008), S. 132.

[239] Vgl. *Aigner et al.* (2007), S. 95; *Feldmann* (2007), S. 315; *Zloch* (2007), S. 41; *Arbeitskreis Immaterielle Werte im Rechnungswesen* (2009), S. 31.

[240] Vgl. *Feldmann* (2007), S. 315.

[241] Vgl. *Gorbauch/Haye* (2002), S. 174-176.

[242] Vgl. auch *PwC* (2005c), S. 8.

nen und damit dem Bereich des Life-Cycle-Management[243] (LCM) bzw. der (Weiter-) Entwicklung zuzuordnen sein.[244]

Aufbauend auf den Kenntnissen über die Organisation von FuE-Aktivitäten im Pharmabereich sowie den pharmazeutischen FuE-Prozess wird im folgenden Abschnitt dargestellt, wie das pharmazeutische Produkt Arzneimittel sowie auf dessen Erstellung ausgerichtete FuE-Projekte und diese initiierende bzw. aus diesen hervorgehende immaterielle Werte für den weiteren Verlauf der Arbeit definiert und abgegrenzt werden. Eine solche Definition stellt eine wichtige Voraussetzung für die im Rahmen der bilanziellen Abbildung entscheidende Bestimmung des aus Forschungs- sowie insbesondere Entwicklungsprojekten erwarteten künftigen Nutzenzuflusses dar.[245]

2.3.3 Produkt- und Projektdefinition

Die Erforschung und Entwicklung von Arzneimitteln verfolgt das Ziel, neue Produkte zu entwickeln, die in Projekten durchgeführt werden.[246] Insofern ist eine klare Projektdefinition entscheidend. Im Pharmabereich kann ein Projekt als ein Vorhaben zur Erforschung und Entwicklung des pharmazeutischen Produktes Arzneimittel definiert werden.

Eine Anwendung der angeführten Definition setzt zunächst eine klare Produktdefinition voraus. Das typische pharmazeutische Produkt besteht aus einer patentierten NME sowie patentierbaren Darreichungsformen zur Verabreichung des Wirkstoffes.[247] Zu diskutieren ist jedoch, ob eine weite Produktdefinition, bei der der verwendete Wirkstoff unabhängig von der jeweiligen Indikation als Produkt bezeichnet wird, oder eine enge Produktdefinition, bei der ein Wirkstoff in einer Indikation und damit zur Therapierung eines Krankheitsbildes jeweils als Produkt zu sehen ist, gewählt werden soll. Da sich einzelne Indikationen erheblich voneinander unterscheiden können, soll in der vorliegenden Arbeit die enge Produktdefinition gewählt werden. Wird beispielsweise in der ersten Indikation ein Arzneimittel zur Bekämpfung einer akuten

---

[243] Zum Life-Cycle-Management vgl. Abschnitt 2.4.2.1.

[244] Vgl. dazu Abschnitt 2.4.2.1. Gleiches gilt, wenn sie für die Erlangung einer Zulassung bspw. für ein Generikum notwendig sind.

[245] Vgl. auch *Institute of Chartered Accountants in England and Wales* (1989), Tz. 10.

[246] Vgl. *Schmeisser* (2008), S. 73. Grundsätzlich ist unter einem Projekt ein begrenztes, einmaliges Vorhaben zum Lösen bestimmter Probleme zu verstehen. Vgl. *Geschka* (1970), S. 207. Diese Definition entspricht auch der DIN-Norm DIN 69901, die Begriffe im Projektmanagement regelt.

[247] Vgl. *Voet* (2008), S. 30.

Erkrankung, in der zweiten Indikation jedoch ein Medikament zur Heilung einer chronischen Erkrankung entwickelt, sind sowohl die erforderlichen klinischen Studien als auch die Anforderungen an die Sicherheit der beiden Indikationen eines Wirkstoffes sehr unterschiedlich.[248] Ebenfalls für die Verwendung der engen Produktdefinition spricht die Tatsache, dass im Rahmen von Kooperationsverträgen vereinbarte Zahlungen i.d.R. an das Erreichen von Entwicklungszielen einer bestimmten Indikation geknüpft werden.[249]

Alle Aktivitäten, die im Rahmen der Erforschung und Entwicklung eines Wirkstoffes in einer Indikation ab dem Zeitpunkt anfallen, zu dem ein Projekt abgegrenzt werden kann, werden im Folgenden – analog zur Vorgehensweise bei der Herleitung der Produktdefinition – unter den Projektbegriff subsumiert.[250] Dies bedeutet zum einen, dass auch alle im Rahmen des Projekts getätigten Investitionen sowie der daraus erzielbare Nutzen dem einzelnen Projekt zuzuordnen sind. Zum anderen werden durch jedes einzelne Projekt unterschiedliche, im Zusammenhang mit dem jeweiligen zu entwickelnden Arzneimittel stehende Werte generiert. Diese Werte sind dem jeweiligen Projekt zunächst zuzuordnen, sofern sie nicht einen vom jeweiligen Projekt unabhängigen Nutzen generieren.[251] Immaterielle Werte, konkretisiert als ungeschützte oder durch Patente geschützte, dokumentierte Erfindungen in Form von Wissen über verschiedene Wirkstoffe und Verfahren zur Herstellung von NMEs bzw. zur Veränderung bestehender Wirkstoffe sowie sonstige dokumentierte Formeln oder Rezepturen, stellen die wesentlichen durch FuE-Projekte generierten Werte und zudem die wesentlichen Werttreiber eines Arzneimittels dar.[252] Sie werden im Folgenden unter

---

[248] Bei chronischen Erkrankungen werden umfangreichere und längere klinische Studien verlangt. Vgl. *Austin* (2006), S. 2.

[249] Zur Ausgestaltung von Kooperationsverträgen vgl. Abschnitt 3.4.3.2.1.

[250] Ähnlich auch *Schmeisser* (2008), S. 74. Die Abgrenzung eines Projekts wird allerdings häufig erst zu Beginn der Entwicklungsphase möglich sein, da erst zu diesem Zeitpunkt klar ist, welches Arzneimittel entwickelt werden soll. Vgl. Abschnitt 2.3.2.3. Erst ab der klinischen Phase I liegt ein organisierter Prozess vor. Vgl. *Chiaroni/Chiesa/Frattini* (2008), S. 13-14. Folglich wäre streng genommen zwischen Forschungsaktivitäten, aus denen Werte wie bspw. patentgeschützte Wirkstoffe hervorgehen, und Entwicklungsprojekten zu differenzieren. Eine Differenzierung zwischen Forschungsaktivitäten und Entwicklungsprojekten wird aber nur dann vorgenommen, wenn dies inhaltlich notwendig ist. Ansonsten wird der Begriff FuE-Projekt aus Vereinfachungsgründen weiterhin verwendet.

[251] Zu beachten ist, dass Technologien nicht immer nur einem Projekt zuzuordnen sind. Sie kommen teilweise in mehreren Projekten zur Anwendung. Vgl. *Voet* (2008), S. 102-103.

[252] Vgl. auch *PwC* (2008c); *Schmeisser* (2008), S. 81. Zur Abgrenzung der für die vorliegende Arbeit relevanten immateriellen Werte vgl. auch Abschnitt 3.2. Zu Eigenschaften und Besonderheiten immaterieller Werte vgl. ausführlich *Lev* (2001). Marken werden an dieser Stelle nicht betrachtet, da sie nicht im Rahmen des FuE-Prozesses generiert werden. Zur Markenbilanzierung und -bewertung vgl. *Gathen* (2001); *Gerpott/Thomas* (2004); *Bialas* (2005). Auch Humankapital wird

dem Begriff der geschützten bzw. ungeschützten Technologie zusammengefasst.[253] Während es sich bei patentgeschützten Technologien im Wesentlichen um geschützte Wirkstoffe oder Substanzen sowie Herstellungsverfahren handelt, stellen geheime Formeln oder Rezepturen Beispiele für ungeschützte Technologien dar. Darüber hinaus sind erworbene Rechte zur Nutzung bereits bestehender Technologien anderer Unternehmen (Nutzungsrechte/Lizenzen), die ein intern weitergeführtes FuE-Projekt initiieren, dem jeweiligen Projekt zuzuordnen.

Die beschriebenen, interne FuE-Projekte initiierenden oder aus diesen hervorgehenden immateriellen Werte in Form von Technologien sind in der folgenden Abbildung zusammengefasst.[254]

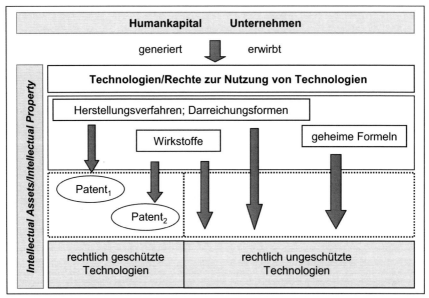

Abb. 7: Zusammenhang zwischen Technologie, Patent und Intellectual Assets

---

vernachlässigt, da es kaum einem einzelnen Projekt zugeordnet werden kann. Zur Bilanzierung und Bewertung von Humankapital vgl. *Streim* (1977); *Flamholtz* (1999).

[253] Ähnlich auch *Villeneuve et al.* (2006), S. 12-9; *Arbeitskreis Immaterielle Werte im Rechnungswesen* (2009), S. 28. Der Technologiebegriff wird nicht einheitlich definiert. *Hentschel* definiert eine Technologie als dokumentiertes Wissen zur produkt- oder prozessorientierten Nutzung von wissenschaftlichen Erkenntnissen. Vgl. m.w.N. *Hentschel* (2007), S. 5-7. *Feldmann* grenzt eine Technologie als Kenntnis von Wirkungszusammenhängen, die zur Problemlösung Anwendung finden, ab. Vgl. *Feldmann* (2007), S. 15.

[254] Vgl. zu diesem Zusammenhang auch *Bittelmeyer* (2007), S. 19-20.

Die Abbildung zeigt, dass ein FuE-Projekt im Folgenden als Bündel von in den einzelnen FuE-Phasen generierten oder erworbenen patentgeschützten und ungeschützten Technologien verstanden wird, die unter dem Begriff „Intellectual Property" bzw. „Intellectual Assets" zusammengefasst werden können.[255] Neben den in der Abbildung dargestellten Werten spielen Vermarktungsrechte an in Forschung oder Entwicklung befindlichen Arzneimitteln aufgrund ihrer ökonomischen Ähnlichkeit zu eigenen FuE-Projekten eine wichtige Rolle.[256]

Nachdem ein FuE-Projekt sowie die einem Projekt zuzuordnenden Einzelwerte abgegrenzt wurden, steht die Wahrscheinlichkeit dafür, dass ein in einer bestimmten Phase des FuE-Prozesses befindliches FuE-Projekt auch tatsächlich zugelassen wird, im Mittelpunkt des folgenden Abschnitts, da diese im Rahmen der bilanziellen Abbildung eine entscheidende Rolle spielt.

2.4 Erfolgswahrscheinlichkeiten pharmazeutischer FuE-Projekte

2.4.1 Empirische Ergebnisse im Überblick

Ein entscheidendes Merkmal von FuE-Projekten ist, dass in der Gegenwart sicher anfallenden Auszahlungen unsichere Einzahlungen in einer unbestimmten Zukunft gegenüberstehen.[257] In den FuE-Aktivitäten werden demnach über lange Zeiträume finanzielle Mittel gebunden, obwohl aufgrund verschiedenster Einflussfaktoren keine Gewissheit darüber besteht, ob diese Mittel jemals zu Einzahlungen führen.[258] Zur Zulassung gelangen nach Expertenmeinung im Ergebnis lediglich 6-8% aller identifizierten Arzneimittelkandidaten.[259]

Zu unterscheiden ist grundsätzlich zwischen einer kommerziellen und einer technischen Unsicherheit.[260] Unter der kommerziellen Unsicherheit ist die Unsicherheit über den künftigen Markterfolg und damit die Höhe der künftig durch ein zugelassenes Arzneimittel erwirtschaften Einzahlungen zu verstehen. Diese soll jedoch zu-

---

[255] Vgl. *Smith/Parr* (2000), S. 27-54.

[256] Für solche Vermarktungsrechte sind i.d.R. die gleichen erfolgsabhängigen Zahlungen zu leisten wie bspw. im Fall einer Einlizenzierung, sodass sie sich auch bzgl. der Chancen und Risiken nicht von denen eines tatsächlich durchgeführten FuE-Projekts unterscheiden. Das für den Projektfortschritt wesentliche Know How verbleibt jedoch beim Vertragspartner. Vgl. dazu Abschnitt 3.2.

[257] Vgl. *Cornwall* (1978), S. 294. Ähnlich auch *Böning* (1969), S. 27. Zu den folgenden Ausführungen vgl. *Kuhn* (1992), S. 100-105.

[258] Vgl. *Siegwart* (1974), S. 65.

[259] Vgl. *Zloch* (2007), S. 50. Ähnlich auch *PwC* (2005a), S. 7.

[260] Vgl. zu dieser Unterscheidung und zum Folgenden *Braun* (1987), S. 39-42.

nächst vernachlässigt werden. Im Fokus steht im Folgenden stattdessen die technische Unsicherheit und damit die Unsicherheit darüber, ob ein in Forschung oder Entwicklung befindliches Arzneimittel auch tatsächlich zugelassen wird. In diesem Zusammenhang besteht das wohl wesentlichste Risiko in der Gefahr, dass ein Projekt z.B. aufgrund von nicht tolerablen Nebenwirkungen, Unwirksamkeit oder Toxizität des Wirkstoffes abgebrochen werden muss (technisches Realisationsrisiko[261]).[262]

Die folgende Tabelle gibt einen Überblick über die Ergebnisse empirischer Untersuchungen zu den (technischen) Erfolgswahrscheinlichkeiten (EW) in den einzelnen Phasen des pharmazeutischen Entwicklungsprozesses.[263] Sie zeigt, mit welcher Wahrscheinlichkeit ein in einer bestimmten Entwicklungsphase befindliches Arzneimittel auch tatsächlich zugelassen wird.

	Klinische Phase I	Klinische Phase II	Klinische Phase III	Zulassungsphase
EW	5-20%[264]	15-40%[265]	40-80%[266]	75-90%[267]

Tab. 3: Erfolgswahrscheinlichkeiten in den Entwicklungsphasen

Die Darstellung indiziert, dass die Wahrscheinlichkeit für eine tatsächliche Zulassung eines Arzneimittels und somit für eine Markteinführung[268] selbst in der Entwicklungsphase noch sehr gering sein kann.[269] Insbesondere für die Erfolgswahrscheinlichkeit

---

[261] Zum technischen Realisationsrisiko als Teil der Gewinnungsrisiken von FuE vgl. grundlegend *Böning* (1969), S. 32; *Geschka* (1970), S. 76; *Pritsch* (2000), S. 207-212; *Brandt* (2002), S. 166-167; *Specht/Beckmann/Amelingmeyer* (2002), S. 26; *Hartmann* (2006), S. 51-52; *Dubbers* (2007), S. 90-93; *EFPIA* (2008b), S. 13.

[262] Vgl. auch *Reepmeyer* (2006), S. 41. Ähnlich auch *Braun* (1987), S. 39-40. Zu toxikologischen, klinischen, galenischen und chemischen Risiken während der Medikamentenentwicklung vgl. *Brandt* (2002), S. 169-170.

[263] Vgl. *Adams/Brantner* (2003), S. 11; *Manns* (2003), S. 14; *Gassmann/Reepmeyer/Zedtwitz* (2004), S. 31; *Puran* (2005), S. 95; *Reepmeyer/Kickuth* (2006), S. 20; *Sturm* (2007), S. 128. Die Forschungsphase wird aufgrund der geringen, kaum bestimmbaren Erfolgswahrscheinlichkeit vernachlässigt.

[264] Vgl. *Puran* (2005), S. 95; *Sturm* (2007), S. 134; *Thierolf* (2008), S. 120.

[265] Vgl. *Manns* (2003), S. 14; *Abrantes-Metz/Adams/Metz* (2004), S. 9; *Thierolf* (2008), S. 120.

[266] Vgl. *Di Masi* (2001), S. 303; *Thierolf* (2002), S. 353; *Adams/Brantner* (2003), S. 11; *Manns* (2003), S. 14; *Gassmann/Reepmeyer/Zedtwitz* (2004), S. 31; *Puran* (2005), S. 95-96; *Reepmeyer/Kickuth* (2006), S. 20; *Sturm* (2007), S. 128.

[267] Vgl. *Puran* (2005), S. 95; *Reepmeyer/Kickuth* (2006), S. 20; *Thierolf* (2008), S.120.

[268] Anzumerken ist, dass neben der Erlangung einer Zulassung auch die Ergebnisse der Kosten-Nutzen-Analyse für ein Arzneimittel durch das National Institute for Health and Clinical Excellence sowie die Preisverhandlungen insbesondere in Europa wesentliche Markteintrittsbarrieren darstellen. Vgl. mit empirischen Ergebnissen *Danner/Ruzicic/Biecheler* (2008), S. 15.

[269] Der wichtigste Grund für den Abbruch eines Entwicklungsprojekts ist die fehlende Wirksamkeit (37,8% der Fälle). Vgl. *Bogdan/Villiger* (2007), S. 15.

in der klinischen Phase III liefern die betrachteten empirischen Studien zudem ein relativ großes Intervall von Wahrscheinlichkeiten zwischen 40% und knapp 80%.

Für die klinische Phase III sind in der Literatur teilweise relativ geringe Erfolgswahrscheinlichkeiten von durchschnittlich 47% für große Pharmakonzerne bzw. 38% für alle Pharmaunternehmen zu finden.[270] Andere Autoren zeigen hingegen eine 50%-ige Erfolgswahrscheinlichkeit für innovative Arzneimittel und eine Wahrscheinlichkeit für die Zulassung von Nachahmerprodukten von immerhin 65%[271] bzw. eine durchschnittliche Erfolgswahrscheinlichkeit von knapp 66%.[272] Eine Studie der Investmentbank *Goldman Sachs* ermittelte hingegen Erfolgswahrscheinlichkeiten für pharmazeutische Wirkstoffe in der klinischen Phase III von 65% bis 75% bzw. für biopharmazeutische Wirkstoffe von 50% bis 60%[273]; eine Studie des *Centre for Medical Research* (CMR), die ebenfalls aus dem Jahr 2004 stammt, ermittelt Genehmigungswahrscheinlichkeiten von 52% bis 71% für pharmazeutische und biopharmazeutische Wirkstoffe.[274] Eine von *Di Masi* durchgeführte Studie kommt im Jahr 2003 zu Wahrscheinlichkeiten für eine Zulassung durch die FDA in der klinischen Phase III von ungefähr 68%[275], während eine von *Di Masi et al.* für NCEs durchgeführte Studie, die die klinische Phase I zwischen 1970 und 1982 erreicht haben, in Abhängigkeit vom Therapiegebiet Erfolgswahrscheinlichkeiten zwischen 51% und 77% für die klinische Phase III ermittelt.[276] Zwei Studien von *UBS Warburg* und *Ernst & Young* aus 2001 bzw. 2000 ermitteln für die Phase III sogar Erfolgswahrscheinlichkeiten von bis zu 80%.[277]

Die stark voneinander abweichenden Ergebnisse deuten darauf hin, dass die Erfolgswahrscheinlichkeiten nicht nur durch die jeweilige Phase im FuE-Prozess, sondern durch weitere Faktoren beeinflusst werden. Diese weiteren Determinanten der Erfolgswahrscheinlichkeit werden in Abschnitt 2.4.2 herausgearbeitet, um die Er-

---

[270] Vgl. *Adams/Brantner* (2003), S. 11.
[271] Vgl. *Manns* (2003), S. 14.
[272] Vgl. *Gassmann/Reepmeyer/Zedtwitz* (2008), S. 11.
[273] Die 60% werden auch durch eine Studie von *Lehmann Brothers* aus dem Jahr 1997 bestätigt. Vgl. dazu *Brandt* (2002), S. 179-180.
[274] Vgl. m.w.N. *Sturm* (2007), S. 129-130.
[275] Vgl. zu den Ergebnissen dieser Studie *Parexel* (2005), S. 195.
[276] Vgl. *Di Masi et al.* (1995), S. 160.
[277] Vgl. *Thierolf* (2002), S. 353.

folgswahrscheinlichkeit einzelner Projekte zumindest grob der oberen oder unteren Grenze eines Intervalls zuordnen zu können.

2.4.2 Wesentliche Determinanten der Erfolgswahrscheinlichkeit

2.4.2.1 Innovationsgrad von Arzneimitteln

Die Zulassungs- bzw. Genehmigungswahrscheinlichkeit in den einzelnen Phasen des pharmazeutischen FuE-Prozesses hängt von verschiedenen Parametern ab.[278] Ein wesentlicher Einflussfaktor der Zulassungswahrscheinlichkeit ist der Innovationsgrad des zu entwickelnden Arzneimittels.

Für den Bereich der Arzneimittel existiert bislang kein gemeinsames Verständnis darüber, was eine Innovation in diesem Bereich bedeutet.[279] Orientiert man sich an der Definition des Verbandes der forschenden Arzneimittelhersteller (VFA), handelt es sich bei Arzneimitteln aller im Folgenden beschriebenen Kategorien um Innovationen, jedoch nur bei Arzneimitteln der ersten Kategorie auch um eine Durchbruchsinnovation. Diese Tatsache begründet auch die Differenzierung zwischen den folgenden drei Kategorien:[280]

I. Entwicklung eines auf einem neuen Wirkstoff basierenden Arzneimittels.

II. Entwicklung eines bereits zugelassenen Arzneimittels in einer anderen Indikation, d.h. für neue therapeutische Anwendungsgebiete (z.B. Einsatz von Aspirin® nicht nur gegen Kopfschmerzen, sondern auch gegen grippale Infekte)[281] oder neue Kombinationen von Wirkstoffen, die einzeln schon zugelassen sind, bisher allerdings noch nie zusammen in einem Arzneimittel vermarktet wurden.[282]

III. LCM, d.h. Veränderung und Verbesserung eines schon bestehenden Arzneimittels mit dem Ziel, den Lebenszyklus eines Medikamentes durch Weiterentwick-

---

[278] Vgl. *DVFA* (2005), S. 72. Zu klinischer Phase, Therapiegebiet und Innovationsgrad als Einflussfaktoren vgl. *Hartmann* (2006), S. 50-51.

[279] Vgl. hierzu und zum Folgenden *Nusser/Gaisser* (2005), S. 7-8.

[280] Eine ähnliche Einteilung nimmt auch die FDA vor, um im Rahmen des Genehmigungsverfahrens zwischen so genannten Standard Drugs und Priority Drugs, die einen nennenswerten therapeutischen Fortschritt versprechen, zu differenzieren. Vgl. dazu *Spalcke* (2004), S. 74-75; *Schlemminger* (2007), S. 121; *Sturm* (2007), S. 138. Auch in der RL 2001/83/EG wird zwischen diesen Kategorien differenziert. Auch *Feldmann* wählt für seine Untersuchung ähnliche Kategorien. Vgl. *Feldmann* (2007), S. 328-332.

[281] Zur Indikationserweiterung vgl. auch *Raasch* (2006), S. 93-94. Dieser Sachverhalt wird zum Teil auch dem LCM zugeordnet. Vgl. u.a. *Braun* (1987), S. 32.

[282] Vgl. *Braun* (1987), S. 32. Ein Beispiel dafür ist die Kombination der Arzneimittel Zocor® (Merck) und Zetia® (Schering-Plough) zu Vitorin®. Vgl. *Voet* (2008), S. 151.

lung nach Ablauf der Patentlaufzeit zu verlängern, um sich durch eine Erweiterung der bestehenden Zulassung vor Generikakonkurrenz zu schützen und Umsätze zu sichern.[283] LCM kann folglich auch als Veränderung der Produktlinie (Line Extension) interpretiert werden.[284] Im Folgenden soll zwischen zwei Formen unterschieden werden:[285]

1. Veränderung eines bestehenden Wirkstoffes zur Erreichung einer Dosisreduktion oder Verringerung von Nebenwirkungen oder Veränderung des Herstellungsverfahrens zur Erhöhung des Reinheitsgrades[286] und anteilsmäßig neue Dosierung von Wirkstoffen, die bereits in Kombination zugelassen sind.

2. Erforschung und Entwicklung eines bereits zugelassenen Arzneimittels für eine andere Patientengruppe (z.B. Kinder) oder Veränderung der Darreichungsform.[287]

Eine Betrachtung der beschriebenen Kategorien I bis III zeigt, dass der Innovationsgrad von der ersten bis zur dritten Kategorie abnimmt. Während es sich bei den ersten beiden Kategorien noch um die Entwicklung eines neuen Produktes (Neuentwicklung) handelt, fällt das LCM in den Bereich der Weiterentwicklung.[288] Nur bei Erforschung und Entwicklung von Arzneimitteln der Kategorie I werden auch tatsächlich alle Phasen des pharmazeutischen FuE-Prozesses durchlaufen, da in diesem Fall ein völlig neues, noch nie zugelassenen Arzneimittel entwickelt wird, bei dem der Anstoß zur Entwicklung tatsächlich aus dem Forschungsbereich kommt. Anders sieht dies bereits bei Arzneimitteln der Kategorie II aus, da davon auszugehen ist, dass bei einer Indikationserweiterung keine Forschungs- und teilweise auch keine frühen

---

[283] Vgl. *Voet* (2008), S. 147. Diese Formen des LCM unterliegen in den USA 3 Jahre lang der Marktexklusivität. LCM durch bspw. Patentverlängerungsstrategien gewinnt immer mehr an Bedeutung. Vgl. *Capgemini* (2004), S. 24.

[284] LCM wird daher zum Teil auch als Line Extension bezeichnet. Vgl. dazu *Raasch* (2006), S. 91-93.

[285] Vgl. *Pudipeddi/Serajuddin/Mufson* (2006), S. 45-46. Anzumerken ist, dass die Abgrenzung von LCM von der Produktdefinition abhängt. Würde von einer weiten Produktdefinition ausgegangen, wäre auch die hier als separate Kategorie II angeführte Entwicklung eines bereits zugelassenen Arzneimittels für eine andere Indikation dem LCM zuzuordnen. Da jedoch von einer engen Produktdefinition ausgegangen wird und damit jedes Projekt zur Entwicklung eines Arzneimittels in einer neuen Indikation als neues Entwicklungsprojekt bzw. jedes daraus resultierende Arzneimittel für eine neue Indikation als neues Produkt angesehen wird, fallen lediglich die oben genannten Sachverhalte in den Bereich des LCM. Zur Produktdefinition vgl. Abschnitt 2.3.3.

[286] Vgl. *Raasch* (2006), S. 91-92.

[287] Vgl. dazu auch *Raasch* (2006), S. 91-92. Für eine veränderte Darreichungsform kann wiederum ein neues Patent beantragt werden. Vgl. *Gräsel* (2007), S. 48.

[288] Zur Neu- und Weiterentwicklung im Pharmabereich vgl. *Calfee* (2008), S. 2-6.

Entwicklungsaktivitäten mehr anfallen. Im Fall des LCM sind lediglich die späte Entwicklungs- und die Zulassungsphase zu durchlaufen.

Der beschriebene von Kategorie I bis III abnehmende Innovationsgrad lässt vermuten, dass auch die FuE-Risiken von der ersten bis zur letzten Ergebniskategorie abnehmen bzw. die Erfolgswahrscheinlichkeiten zunehmen.[289] Folglich ist anzunehmen, dass die Erfolgswahrscheinlichkeit für ein innovatives Arzneimittel der Kategorie I geringer ist als für ein weniger innovatives Arzneimittel der Kategorien II oder III, da in diesen Fällen keine neuen Wirkstoffe entwickelt, sondern auf schon bestehende zurückgegriffen wird.[290] Allerdings ist es durchaus möglich, dass ein für eine erste Indikation (z.B. Nierenkrebs) entwickeltes Arzneimittel für eine zweite Indikation (z.B. Lungenkrebs) nicht die gewünschte Wirkung zeigt, sodass bei einer weiteren Indikation nicht pauschal von einer höheren Erfolgswahrscheinlichkeit ausgegangen werden kann. Insbesondere im Fall des LCM ist das Ausfallrisiko tendenziell wesentlich geringer als in den anderen Kategorien, da die Wirkstoffe bereits umfangreiche klinische Tests absolviert haben.[291] Einen Sonderfall stellt die Generikaentwicklung dar. Da hierbei zumeist lediglich Phase IV-Studien notwendig sind, ist tendenziell von relativ hohen Erfolgswahrscheinlichkeiten auszugehen.[292]

Abschließend ist anzumerken, dass die Erfolgswahrscheinlichkeit auch davon abhängt, ob ein Nachahmermolekül, d.h. ein Molekül, das auf ein Krankheitsbild (Target) wirken soll, für das bereits Arzneimittel existieren, oder ein innovatives Molekül für ein noch nicht bearbeitetes Krankheitsbild entwickelt wird.[293]

2.4.2.2 Therapiegebiet und Wirkstoffkategorie

Eine weitere Determinante der Erfolgswahrscheinlichkeit ist das jeweilige Therapiegebiet, auf das sich die Aktivitäten der Forschung und Entwicklung konzentrieren.[294] Wirkstoffe gegen gut erforschte Krankheitsbilder haben eine höhere Zulassungswahrscheinlichkeit als Wirkstoffe gegen kaum erforschte Krankheiten. Zudem ist die Zulassungswahrscheinlichkeit umso geringer, je innovativer der Wirkstoff und je

---

[289] Vgl. auch *Herzog* (1995), S. 145.
[290] Ähnlich auch *PwC* (2008a).
[291] Vgl. *Hartmann* (2006), S. 16-17.
[292] Dies gilt allerdings nicht für biotechnologische Generika. Vgl. Abschnitt 2.2.1.
[293] Vgl. *Manns* (2003), S. 14; *DVFA* (2005), S. 129.
[294] Vgl. auch *Di Masi* (2001), S. 301. Auch die Entwicklungszeiten sowie die anfallenden Kosten sind abhängig vom jeweiligen Therapiegebiet. Vgl. *Parexel* (2005), S. 102 und S. 166.

komplizierter das Krankheitsbild ist. Um einen Eindruck davon zu erlangen, auf welche Therapiegebiete sich die großen Pharmakonzerne konzentrieren, wird auf die Ergebnisse einer Untersuchung der Top 20 Pharmaunternehmen aus dem Jahr 2003 zurückgegriffen.[295] Die Untersuchung zeigt, dass bei Betrachtung aller Projekte ab der klinischen Phase II jedes Unternehmen im Durchschnitt in acht Therapiegebieten tätig war. Des Weiteren ist zu erkennen, dass alle Unternehmen über Projekte im Bereich der Erkrankungen des zentralen Nervensystems verfügten. Auch im Bereich der Herz-Kreislauf-Erkrankungen und der Stoffwechselkrankheiten waren immerhin 19 bzw. 18 Unternehmen tätig.[296] Zudem war das Gebiet der Krebserkrankungen mit immerhin 16 Unternehmen ebenso wie das Gebiet der Infektionskrankheiten mit 15 Unternehmen relativ stark vertreten.[297]

Eine in den USA durchgeführte empirische Studie aus dem Jahr 2003 zeigt, dass die Zulassungswahrscheinlichkeit in der klinischen Phase III zwischen verschiedenen Therapiegebieten um bis zu 20% auseinander fällt.[298] Die Tabelle 4 zeigt beispielhaft Ergebnisse zu Erfolgswahrscheinlichkeiten für einzelne Therapiegebiete, wobei unter der Erfolgswahrscheinlichkeit die Wahrscheinlichkeit dafür zu verstehen ist, dass ein Projekt die nächste klinische Phase erreicht.[299] Zudem wird die Wahrscheinlichkeit gezeigt, mit der ein in der klinischen Phase III befindliches Arzneimittel eine Marktzulassung erhält (w(ZL)).[300] Zu erkennen ist, dass die Wahrscheinlichkeit, dass ein in der klinischen Phase III befindliches Arzneimittel zugelassen wird und somit auf dem Markt eingeführt werden darf in den grau hervorgehobenen Therapiegebieten mit bis zu 80% bereits sehr hoch ist, während sie in den übrigen Therapiegebieten mit teilweise nur knapp 30% noch sehr gering ausfällt.

---

[295] Vgl. hierzu und zum Folgenden *Wiley* (2007), S. 51-55.

[296] In diesen Bereichen werden auch die höchsten Ausgaben für Lizenzierungsgeschäfte getätigt. Vgl. *Pritsch* (2000), S. 116.

[297] Eine Übersicht über die Therapiegebiete, in denen mehr als 50% der Unternehmen tätig waren ist der Tab. A2 im Anhang A zu entnehmen. Tab. A3 in Anhang A zeigt die Top 6 Therapiegebiete im Jahr 2008, die 71% der weltweiten Arzneimittelumsätze erklären.

[298] Vgl. *Parexel* (2005), S. 195.

[299] Vgl. m.w.N. *Bogdan/Villiger* (2007), S. 14.

[300] Die graue Hinterlegung hebt die Therapiegebiete hervor, für die in der klinischen Phase III Zulassungswahrscheinlichkeiten von über 50% ermittelt wurden.

Therapiegebiet/Phase	Phase I	Phase II	Phase III	Zulassung	w(ZL) in Phase III
Arthritis/Schmerzmittel	76,9%	38,1%	78,1%	89,1%	69,6%
Augenheilkunde	66,0%	39,0%	64,0%	92,0%	58,9%
Atemwege	63,4%	41,1%	59,9%	76,9%	46,1%
Herz-Kreislauf	62,7%	43,3%	76,3%	84,4%	64,4%
Immunologie	64,8%	44,6%	65,2%	81,6%	53,2%
Infektionen	70,8%	51,2%	79,9%	96,9%	77,4%
Magen-Darm	66,8%	49,1%	71,0%	85,9%	61,0%
Onkologie	64,4%	41,8%	65,4%	89,7%	58,7%
Stoffwechsel	47,8%	52,0%	78,9%	92,8%	73,2%
Urologie	50,0%	38,0%	67,0%	79,0%	52,9%
Women's Health	39,0%	42,0%	48,0%	59,0%	28,3%
ZNS	66,2%	45,6%	61,8%	77,9%	48,1%

Tab. 4: Erfolgswahrscheinlichkeiten nach Therapiegebieten[301]

Darüber hinaus ist für jedes Therapiegebiet zwischen der Entwicklung eines pharmazeutischen (NCE) und der Entwicklung eines biopharmazeutischen Wirkstoffes (NBE) zu unterscheiden, da für diese Wirkstoffkategorien unterschiedlich hohe Erfolgswahrscheinlichkeiten beobachtet wurden.[302] Die Mehrzahl der empirischen Untersuchungen zeigt im Bereich der NBE höhere Erfolgswahrscheinlichkeiten als im Bereich der NCE.[303]

2.4.2.3 Sonstige Einflussfaktoren

Die Erfolgswahrscheinlichkeit kann schließlich durch einige weitere Faktoren determiniert werden, die im Folgenden in einer nicht abschließenden Aufzählung kurz dargestellt werden.

Entscheidend für den Erfolg eines FuE-Projekts ist, ob schon eine Zulassung in einem anderen Land vorliegt, da die Erstzulassung die Erfolgswahrscheinlichkeit er-

---

[301] In Anlehnung an *Bogdan/Villiger* (2007), S. 14. Zu älteren empirischen Ergebnissen vgl. *Di Masi et al.* (1995), S. 160; *Di Masi/Grabowski/Vernon* (2004), S. 216.

[302] Die Pipelines der meisten Pharmaunternehmen bestehen heute überwiegend aus biopharmazeutischen Wirkstoffen. Vgl. *Hochwimmer* (2007), S. 26.

[303] Vgl. *DVFA* (2005), S. 75; *Handen* (2005), S. 5; *Parexel* (2005), S. 201; *Becker* (2007), S. 98; *Bogdan/Villiger* (2007), S. 14; *Sturm* (2007), S. 130. Während in der klinischen Phase III für NCE im Durchschnitt von Erfolgswahrscheinlichkeiten von ca. 52% ausgegangen wird, ergeben empirische Studien für NBE Wahrscheinlichkeiten von 71%. Vgl. *Parexel* (2005), S. 201. Zu höheren Erfolgswahrscheinlichkeiten für biologische Wirkstoffe vgl. auch *Phlippen/Vermeersch* (2008), S. 6.

heblich erhöht.[304] Unternehmen haben zudem die Möglichkeit, das Zulassungsverfahren lange vor Einreichung des Antrags sowohl in wissenschaftlicher als auch in verfahrenstechnischer Hinsicht in enger Zusammenarbeit mit der Behörde vorzubereiten.[305] Eine intensive Zusammenarbeit kann die Wahrscheinlichkeit für eine spätere Genehmigung durch die jeweilige Behörde sicherlich erhöhen. Darüber hinaus haben einige Autoren empirisch nachgewiesen, dass die Erfolgswahrscheinlichkeit bei großen Pharmakonzernen tendenziell höher ist als bei kleinen Pharmaunternehmen.[306]

Eine weitere Determinante, die in engem Zusammenhang mit dem Therapiegebiet steht, ist das Design der klinischen Studien. Insbesondere die Anzahl der Probanden, der Aufbau der Studie sowie die Wahl des Endpunktes, der aufgrund von regulatorischen Anforderungen hinsichtlich der Marktzulassung durch die Therapie erreicht werden muss, sind wichtige Einflussfaktoren.[307] Je einfacher es ist, den definierten Endpunkt zu erreichen, desto höher ist die Erfolgswahrscheinlichkeit des Projekts.

2.5 Kapitelfazit

Gegenstand des zweiten Kapitels war die Erforschung und Entwicklung von Arzneimitteln. Die folgenden wesentlichen Ergebnisse sind festzuhalten:

1. Die Besonderheiten der Pharmabranche und die Entwicklungen auf dem Arzneimittelmarkt stellen die Unternehmen insbesondere durch hohe regulatorische Anforderungen, eine hohe Unsicherheit auch in späten Entwicklungsphasen, hohe und steigende FuE-Kosten, ein zunehmendes Innovationsdefizit, auslaufende Patente und einen zunehmenden Wettbewerb durch Generikahersteller vor große Herausforderungen und haben zu einer Veränderung in der Organisation von FuE-Aktivitäten geführt. Neben unternehmensinternen FuE-Projekten spielen separate Erwerbe und Einlizenzierungen, FuE-Kooperationen sowie Unternehmenszusammenschlüsse eine wichtige Rolle im Rahmen der Durchführung von FuE-Projekten.

---

[304] Vgl. *Sturm* (2007), S.136-137. Allerdings ist zu beachten, dass eine Zulassung in den USA nicht immer zu einer Zulassung in Europa führt und umgekehrt. Vgl. *Jordan* (2002), S. 189.

[305] Vgl. mit einer Beschreibung der Möglichkeiten im Rahmen einer Zulassung durch die EMEA *Spalcke* (2004), S. 20-22. Vgl. dazu auch *Jordan* (2002), S. 189.

[306] Vgl. *Adams/Brantner* (2003); *Abrantes-Metz/Adams/Metz* (2004), S. 9.

[307] Vgl. *DVFA* (2005), S. 76-77.

2. Aufgrund des mit einem Staffellauf vergleichbaren pharmazeutischen FuE-Prozesses können die Phasen der Forschung und Entwicklung relativ klar abgegrenzt werden. Werden die einschlägigen Definitionen der OECD zugrunde gelegt, sind die Phasen der Grundlagenforschung, der Wirkstofffindung und der Präklinik der Forschung, die klinischen Phasen sowie die Zulassungsphase dem Entwicklungsbereich zuzuordnen.

3. Ein Produkt wurde als Arzneimittel in einer Indikation definiert, während alle auf die Erforschung und Entwicklung eines Produktes ausgerichteten Aktivitäten und Investitionen unter den Projektbegriff fallen. Gleiches gilt für die ein Projekt initiierenden sowie die aus einem Projekt hervorgehenden immateriellen Werte. Als wesentliche einem Projekt zuzuordnende immaterielle Werte wurden rechtlich geschützte und ungeschützte Technologien bzw. Rechte zur Nutzung von Technologien identifiziert. Darüber hinaus wurden Vermarktungsrechte an in Forschung oder Entwicklung befindlichen Arzneimitteln als für die vorliegende Arbeit relevant eingeordnet.

4. Die Erfolgswahrscheinlichkeit pharmazeutischer FuE-Projekte überschreitet zumeist erst in der klinischen Phase III die 50%-Grenze und wird nicht nur von der klinischen Phase, sondern zudem von Innovationsgrad, Therapiegebiet, Wirkstoffkategorie, Unternehmensgröße und bestehenden Erstzulassungen beeinflusst. Die Risikostruktur ist von Projekt zu Projekt verschieden, sodass eine Einschätzung der Erfolgswahrscheinlichkeit eine Analyse jedes einzelnen Projekts sowie umfangreiche Branchenkenntnisse[308] erfordert.

Aufbauend auf diesen Ergebnissen steht die bilanzielle Abbildung pharmazeutischer FuE-Projekte im Mittelpunkt des folgenden Kapitels.

---

[308] Vgl. *Pritsch* (2000), S. 209. Insbesondere für die Einschätzung der Verlässlichkeit des künftigen Nutzenzuflusses ist die Art des Produktes und damit die Branche entscheidend. Vgl. *Yang* (1927), S. 223. Ähnlich auch *Eiselt/Bindick* (2009), S. 75.

3 Bilanzielle Abbildung pharmazeutischer FuE-Projekte nach IFRS

3.1 Kapitelüberblick

Gegenstand des dritten Kapitels ist die bilanzielle Abbildung pharmazeutischer FuE-Projekte in der IFRS-Rechnungslegung. In Abschnitt 3.2 werden zunächst der relevante Bilanzierungsgegenstand abgegrenzt und die anzuwendenden Standards bestimmt. Darauf aufbauend stehen die allgemeinen Bilanzansatzvorschriften im Mittelpunkt von Abschnitt 3.3, bevor die speziellen Bilanzansatz- und Erstbewertungsvorschriften im darauf folgenden Abschnitt 3.4 ausführlich betrachtet werden. Dabei wird eine Differenzierung nach den im pharmazeutischen Bereich im Wesentlichen genutzten Wegen zur Durchführung von FuE-Projekten vorgenommen.[1] Neben einer vollständig unternehmensinternen Durchführung werden die Einlizenzierung, der separate Erwerb, der Erwerb durch Unternehmenszusammenschlüsse sowie Auftrags-FuE und FuE-Kooperationen betrachtet. Abschnitt 3.5 beinhaltet schließlich die Erläuterung der Vorschriften zur Folgebewertung, Abschnitt 3.6 einen Überblick über die relevanten Ausweisregeln. Das Kapitel endet mit einem Fazit in Abschnitt 3.7.

3.2 Bilanzierungsgegenstand und relevante Standards

Ausgangspunkt jeder Untersuchung zur Bilanzierungsfähigkeit eines konkreten Sachverhaltes in der IFRS-Rechnungslegung sind die allgemeinen Anforderungen des Rahmenkonzeptes[2] (Framework) der IFRS und hinsichtlich der hier untersuchten FuE-Projekte insbesondere die grundlegenden Anforderungen an die Aktivierungsfähigkeit als Vermögenswert.[3] Ein Vermögenswert wird in RK.49(a) zunächst losgelöst von finanziellen, immateriellen oder materiellen Eigenschaften allgemein definiert als:

„a resource controlled by the entity as a result of past events and from which future economic benefits are expected to flow to the entity."

---

[1] Vgl. dazu auch Abschnitt 2.2.4.

[2] Zum Rahmenkonzept vgl. *Pellens et al.* (2008a), S. 107-137. Bzgl. des Verpflichtungsgrades des Rahmenkonzeptes legt RK.2 fest, dass es keinen IFRS darstellt und damit keine speziellen Grundsätze für bestimmte Fragen des Bilanzansatzes und der Bewertung oder für sonstige Anhangangaben festlegt. Insbesondere in einzelnen IFRS gewährte Bilanzierungswahlrechte werden durch das Rahmenkonzept nicht eingeschränkt. Die Inhalte des Rahmenkonzeptes sind nach RK.2 nicht als overriding principle zu verstehen. Bestehen Konflikte zwischen der Inhalten des Rahmenkonzeptes und den IFRS, haben nach RK.3 die Regelungen der IFRS Vorrang.

[3] Diese Anforderungen sind auch in den einzelnen IFRS wieder zu finden, wo sie durch die speziellen Vorschriften für materielle (IAS 16), immaterielle (IAS 38) und finanzielle Vermögenswerte (IAS 39) konkretisiert werden.

Das Rahmenkonzept legt demnach fest, dass nur solche Ressourcen in einer IFRS-Bilanz ansatzfähig sind, welche die Vermögenswertdefinition des Rahmenkonzeptes erfüllen. Die besondere Tatsache, dass dabei stets „a resource" und im Weiteren bei den Bilanzansatz- und Bewertungsvorschriften „items" (exemplarisch RK.82-85) betont werden, zeigt, dass eine Bilanzierung prinzipiell separat – d.h. atomisiert – zu erfolgen hat. Dieses auch als Einzelbewertungsgrundsatz (genauer: Einzelbilanzierungsgrundsatz) bezeichnete Prinzip impliziert, dass vom Grundsatz her keine Portfoliobilanzierung, sondern eine Abbildung einzelner Vermögenswerte angestrebt wird.[4] Insofern gilt die Leitlinie, ein FuE-Projekt für Bilanzierungszwecke soweit wie möglich in seine einzelnen Bestandteile zu zerlegen und diese vor dem Hintergrund der allgemeinen Definition eines Vermögenswertes auf ihre Ansatzfähigkeit hin zu untersuchen. Die Betrachtung eines Projekts als Ganzes kommt nur dann in Frage, wenn eine solche Atomisierung nicht möglich ist bzw. die Bilanzansatzbedingungen nur für das Projekt, nicht jedoch für die unter das Projekt subsumierten Einzelwerte erfüllt sind. Im weiteren Verlauf dieser Arbeit gilt es somit zu überprüfen, inwieweit die ein FuE-Projekt initiierenden oder im Rahmen eines FuE-Projekts entstehenden Werte jeweils separat in der IFRS-Bilanz ansatzfähig sind oder eine Subsumierung von Einzelwerten unter dem Oberbegriff „FuE-Projekt" bzw. „in Forschung oder Entwicklung befindliches Arzneimittel" zu erfolgen hat.[5] Bei diesen Werten handelt es sich um patentgeschützte bzw. ungeschützte Technologien, Rechte zur Nutzung der Technologien Dritter sowie Rechte zur späteren Vermarktung von in Forschung oder Entwicklung befindlichen Arzneimitteln.[6]

Für die Überprüfung der Bilanzansatzvorschriften der IFRS werden die genannten Werte in zwei Kategorien eingeteilt. Die erste Kategorie umfasst Rechte und rechtlich geschützte Werte, d.h. patentgeschützte Technologien, Nutzungsrechte und Vermarktungsrechte. In der zweiten Kategorie werden hingegen die rechtlich nicht geschützten Werte und damit ungeschützte Technologien erfasst. Aufgrund der Ähnlichkeit der den jeweiligen Kategorien zugeordneten Werte wird bei der folgenden Prüfung der Bilanzansatzkriterien aus Vereinfachungsgründen lediglich zwischen

---

[4] Vgl. m.w.N. *Küting/Dawo/Wirth* (2003), S. 178; *Hitz* (2005), S. 17; *Streim et al.* (2005), Tz. 100.

[5] Vermögenswerte, die kein Projekt initiieren und nicht im Zuge des Projekts entstehen, sondern im Rahmen der FuE-Aktivitäten eingesetzt werden, wie z.B. ein in verschiedenen Projekten eingesetztes patentiertes Herstellungsverfahren, werden nicht weiter betrachtet, da deren Bilanzierung unabhängig von der des Projekts zu erfolgen hat und im Rahmen der bilanziellen Abbildung des Projekts lediglich Kosten für die Nutzung der Vermögenswerte zu berücksichtigen sind.

[6] Vgl. dazu ausführlich Abschnitt 2.3.3.

rechtlich geschützten und ungeschützten Werten differenziert. Betrachtet werden deshalb einerseits patentgeschützte und andererseits ungeschützte Technologien.[7]

Hinsichtlich des bereits angeführten Einzelbilanzierungs- bzw. -bewertungsgrundsatzes ist zu beachten, dass patentgeschützte Technologien eine Besonderheit gegenüber den übrigen immateriellen Werten aufweisen, da sie sich streng genommen aus zwei Werten, und zwar dem Patent als Schutzinstrument sowie der zugrunde liegenden Technologie als Schutzgegenstand, zusammensetzen.[8] Diese Differenzierung lässt sich implizit auch aus § 9 PatG ableiten, der Erzeugnisse, wie z.B. den Aufbau von chemischen Stoffen oder Arzneimitteln, und Verfahren (z.B. Herstellungsverfahren) als schutzfähige Erfindungen nennt. Der Nutzen solcher Technologien resultiert aus Wettbewerbsvorteilen, die jedoch nur dann gegeben sind, wenn Wettbewerber die entsprechenden Technologien nicht nutzen dürfen.[9] Dementsprechend setzt sich der Wert des „Konstruktes" patentgeschützte Technologie aus dem Zusammenwirken der Technologie sowie dem Umfang und der Beständigkeit des Rechtsschutzes zusammen, sodass ein Patent nur ein Element dieser Kombination von Werten darstellt.[10] Eine separate Bewertung des Schutzrechtes Patent und der dadurch geschützten Technologie ist deshalb ökonomisch nicht sinnvoll und regelmäßig kaum willkürfrei möglich.[11] Dies soll anhand des in Abbildung 8 dargestellten Beispiels noch einmal verdeutlicht werden.

Der Wert der in das Arzneimittel (Produkt P) eingehenden patentgeschützten Technologien schlägt sich in den prognostizierten Einzahlungsüberschüssen nieder, die künftig voraussichtlich mit dem Arzneimittel erwirtschaftet werden.[12] Folglich sind diese zunächst zu ermitteln und anschließend auf die beiden Technologien T_1 und T_2 zu schlüsseln, um den Wert der patentgeschützten Technologien bestimmen zu können.

---

[7] Die Ergebnisse dieser Untersuchung können auf die übrigen Bestandteile eines FuE-Projekts übertragen werden.
[8] Vgl. dazu und zum Folgenden *Spranger* (2006), S. 35-36.
[9] Vgl. *Moser/Goddar* (2008), S. 133-137.
[10] Der rechtliche Schutz und die Technologie in Form des dokumentierten Wissens stellen zusammen den wesentlichen Werttreiber von patentgeschützten Technologien dar. Vgl. *Moser/Goddar* (2008), S. 133-137. Zu den Determinanten des Patentwertes vgl. auch *Kloyer* (2004), S. 423-425.
[11] Vgl. *Koller/Hentschel* (2006), S. 302. Möglich ist sie nur dann, wenn die patentgeschützte Technologie intern generiert wurde und dem Patent nur die Registrierungskosten zugeordnet werden.
[12] Vgl. auch *Moser/Goddar* (2007), S. 599.

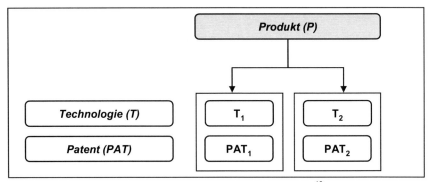

Abb. 8: Wertbestimmung von Technologie und Patent[13]

Theoretisch müsste nun im nächsten Schritt berechnet werden, welcher Wert den Technologien zuzuordnen wäre, wenn sie nicht durch ein Patent geschützt wären, um aus der Differenz zwischen dem Wert der patentgeschützten und der ungeschützten Technologie den Patentwert ableiten zu können.[14] Der Patentwert stellt folglich ein theoretisches Konstrukt dar, zu dessen Bewertung eine Isolierung seines Beitrags zum Gesamteinkommen erforderlich ist.[15] Im Folgenden wird eine patentgeschützte Technologie deshalb trotz des Einzelbewertungsgrundsatzes als ein Wert betrachtet.

Alle angeführten Werte haben gemein, dass sie weder eine physische Substanz aufweisen, noch monetärer Natur sind[16] und somit den charakteristischen Eigenschaften immaterieller Werte genügen. Demnach ist im Folgenden IAS 38 „Intangible Assets" als zentraler Standard zur Berücksichtigung von immateriellen Vermögenswerten in der IFRS-Rechnungslegung zu beachten. Selbst für Verbundgüter, die im Gegensatz zu substanzlosen Gütern aus einer materiellen und einer immateriellen Komponente bestehen[17], gelten nachfolgend die Regelungen des IAS 38. Denn für solche Güter legen IAS 38.4 und IAS 38.5 fest, dass die wesentlichere Komponente

---

[13] Zur Vorgehensweise bei der Wertermittlung vgl. auch *Spranger* (2006), S. 72-74.
[14] Vgl. ausführlich *Moser/Goddar* (2007), S. 602. Werden Technologien zudem durch mehrere Patente geschützt, ist eine weitere Schlüsselung notwendig. Vgl. *Moser/Goddar* (2007), S. 602. Häufig wird ein Arzneimittel durch ein Patent für den Wirkstoff sowie durch zusätzliche Patente für Herstellungsprozess, Darreichungsform etc. und damit durch ein Patentportfolio geschützt. Vgl. *EFPIA* (2008b), S. 4.
[15] Vgl. *Spranger* (2006), S. 58; *Moser/Goddar* (2007), S. 598.
[16] IAS 38.8 definiert einen monetären Vermögenswert als vorhandene Geldbestände sowie Vermögenswerte, für die das Unternehmen einen festen oder bestimmbaren Geldbetrag erhält. Vgl. dazu auch *Heyd/Lutz-Ingold* (2005b), S. 35.
[17] Technologien werden z.B. schriftlich oder auf elektronischen Datenträgern fixiert.

entscheidend für die Kategorisierung und demnach für die Bilanzierung ist.[18] Bei den in dieser Arbeit betrachteten Werten handelt es sich bei der immateriellen Komponente stets um die entscheidende Determinante des Gesamtwertes und einer materiellen Komponente kommt lediglich eine Dokumentationsfunktion zu.[19] Darüber hinaus weist IAS 38.5 explizit darauf hin, dass FuE-Aktivitäten der Generierung von Wissen dienen und die immaterielle Komponente deshalb stets die Wesentlichere darstellt; dies gilt auch dann, wenn es sich bei dem Ergebnis einer Forschungs- oder Entwicklungsaktivität letzten Endes um einen materiellen (Vermögens-)Wert (z.B. ein Prototyp) handelt.[20]

IAS 38 ist in seiner im Jahr 2004 überarbeiteten Fassung für alle Geschäftsjahre, die am oder nach dem 31.03.2004 begonnen haben, verbindlich anzuwenden.[21] In den Anwendungsbereich des IAS 38 fallen jedoch nur solche immateriellen Werte, die dem Bereich des Anlagevermögens zuzuordnen sind und folglich dauerhaft dem Unternehmen dienen sollen. Zur Veräußerung bestimmte immaterielle Vermögenswerte, wie z.B. im Kundenauftrag entwickelte Software, werden als nach IAS 2 „Inventories" zu bilanzierende Vorräte angesehen.[22] Die in der vorliegenden Arbeit betrachteten immateriellen Vermögenswerte sind jedoch grundsätzlich dem Bereich des Anlagevermögens zuzuordnen und dementsprechend nicht von dieser Ausnahme betroffen. Zudem regelt IAS 38 explizit nur die Abbildung selbst erstellter und durch separate Erwerbe zugegangener immaterieller Vermögenswerte. Der Zugang von FuE-Projekten durch einen Unternehmenszusammenschluss fällt hingegen in den Anwendungsbereich von IFRS 3 „Business Combinations"[23], während Kooperationen zunächst in den Bereich von IAS 31 „Interests in Joint Ventures"[24] fallen. Sowohl IFRS 3 als auch IAS 31 nehmen jedoch wiederum Bezug auf die Vorschriften des IAS 38. Schließlich wird die Werthaltigkeitsprüfung im Gegensatz zu den

---

[18] Zur bilanziellen Abbildung von Vermögenswerten, die aus einer materiellen und einer immateriellen Komponente bestehen, vgl. mit Beispielen *Hepers* (2005), S. 29-32; *Heyd/Lutz-Ingold* (2005b), S. 35; *Pellens et al.* (2008a), S. 282. Zur Abgrenzung vgl. ferner *Kählert/Lange* (1993).

[19] Vgl. auch *Esser/Hackenberger* (2004), S. 404; *Baetge/Keitz* (2006), Tz. 20.

[20] Vgl. ebenso *Esser/Hackenberger* (2004), S. 404.

[21] Zum Anwendungsbereich des IAS 38 vgl. IAS 38.3. Vgl. auch *Hepers* (2005), S. 133-135; *Heyd/Lutz-Ingold* (2005b), S. 29-32; *Lutz-Ingold* (2005), S. 160-163; *Pellens et al.* (2008a), S. 281; *Schruff/Haaker* (2009), S. 447-448.

[22] Vgl. *Pellens et al.* (2008a), S. 282.

[23] Zur Entwicklung des IFRS 3 bis 2004 vgl. *Zelger* (2005), S. 93. Der IFRS 3 ist in seiner jetzigen Fassung für Geschäftsjahre, die nach dem 01.07.09 begonnen haben, anzuwenden.

[24] IAS 31 ist für Geschäftsjahre, die am oder nach dem 01.01.2005 begonnen haben, anzuwenden.

Definitions-, Bilanzansatz- und Erstbewertungsvorschriften sowie den Regeln zur planmäßigen Folgebewertung immaterieller Vermögenswerte durch IAS 36 „Impairment of Assets"[25] geregelt.

3.3 Allgemeine Definitions- und Bilanzansatzvorschriften

IAS 38.18 schreibt für die Prüfung der Bilanzansatzpflicht einen zweistufigen Entscheidungsprozess vor, nach dem zunächst die Voraussetzungen der abstrakten Bilanzierungsfähigkeit (Definitionskriterien) und darauf aufbauend die Voraussetzungen der konkreten Bilanzierungsfähigkeit (Bilanzansatzkriterien) zu prüfen sind.[26] Werden die Voraussetzungen nicht kumulativ erfüllt, sind sämtliche Aufwendungen zum Zeitpunkt ihres Anfalls ergebniswirksam in der Gewinn- und Verlustrechnung (GuV) zu erfassen (RK.88; IAS 38.10 und 68). Zu beachten ist an dieser Stelle, dass die GuV durch den geänderten IAS 1 durch eine Gesamtergebnisrechnung ersetzt wurde[27], die sowohl das Periodenergebnis der GuV als auch das im Eigenkapital erfasste sonstige Periodenergebnis umfasst. Aus diesem Grund werden im Folgenden statt der Begriffe ergebniswirksam und ergebnisneutral die Begriffe GuV-wirksam und GuV-neutral verwendet.

Im ersten Schritt ist für die einzelnen Werte zu prüfen, ob sie die Definitionskriterien für einen immateriellen Vermögenswert erfüllen (IAS 38.18(a)).[28] Gemäß IAS 38.8 handelt es sich bei einem immateriellen Vermögenswert um einen identifizierbaren, nicht monetären Vermögenswert ohne physische Substanz. Diese Definition dient zunächst der eindeutigen Abgrenzung von materiellen und finanziellen Werten[29] und ist bzgl. der fehlenden monetären Eigenschaften und der fehlenden physischen Substanz für die hier betrachteten Werte, wie bereits beschrieben, stets erfüllt.[30]

---

[25] Zu Aufbau und Anwendungsbereich von IAS 36 vgl. *Pellens et al.* (2008a), S. 257.

[26] Zu diesem zweistufigen Ansatzkonzept vgl. auch *Kümpel* (2003), S. 217-218; *Esser/Hackenberger* (2004), S. 403-406; *Heuser/Theile* (2005), Tz. 513.

[27] Das IASB gab am 6. September 2007 eine überarbeitete Fassung des IAS 1 heraus. Im Folgenden wird die Bezeichnung GuV jedoch immer dann beibehalten, wenn diese inhaltlich gemeint ist. Dies gilt insbesondere im Rahmen der in Abschnitt 4.4 vorgenommenen Geschäftsberichtsauswertung.

[28] Vgl. dazu *Hepers* (2005), S. 138-150; *Heyd/Lutz-Ingold* (2005b), S. 33-38; *Pellens et al.* (2008a), S. 281-282; *Wulf* (2008), S. 29-34.

[29] Vgl. *Heyd/Lutz-Ingold* (2005b), S. 1-7.

[30] Vgl. Abschnitt 3.2.

Entscheidend ist jedoch der Verweis auf den allgemeinen Vermögenswertbegriff in RK.49(a)[31] sowie dessen Erweiterung um das Kriterium der Identifizierbarkeit. Folglich müssen für einen Bilanzansatz der Zufluss eines über das Ende der laufenden Periode hinausgehenden künftigen wirtschaftlichen Nutzens erwartet werden sowie Kontrolle und Identifizierbarkeit gegeben sein.

Ein Unternehmen besitzt immer dann die Kontrolle über eine bestimmte Ressource, wenn es die Macht hat, sich den erwarteten Nutzenzufluss aus dem jeweiligen Wert zu verschaffen und darüber hinaus Dritte von der Nutzung ausschließen kann (IAS 38.13). Dabei ist von einer wirtschaftlichen Betrachtungsweise auszugehen, die nicht zwangsläufig mit den rechtlichen Gegebenheiten übereinstimmen muss (RK.35). Auch wenn Kontrolle i.d.R. auf Basis juristisch durchsetzbarer Ansprüche erfolgt, handelt es sich nur um eine hinreichende, nicht aber um eine notwendige Bedingung für Kontrolle, da eine faktische Beherrschung ausreichend ist.

Fraglich ist, ob die als Bilanzierungsgegenstände festgelegten immateriellen Werte dieses Definitionskriterium erfüllen. Eindeutig ist die Beurteilung im Fall patentgeschützter Technologien, da ein Patent als rechtlicher Anspruch immer kontrolliert wird.[32] Dementsprechend gewährleistet der Rechtsschutz des Patents auch die Kontrolle über das dokumentierte Wissen und damit über die Technologie. Im Fall von ungeschützten Technologien gestaltet sich der Nachweis der Kontrolle schwieriger. Solange jedoch eine Geheimhaltungsverpflichtung oder eine von den Arbeitnehmern unterzeichnete Vertraulichkeitsverpflichtung vorliegt, ist davon auszugehen, dass sich das jeweilige Unternehmen den künftigen Nutzenzufluss aus dem Vermögenswert sichern kann (IAS 38.14).[33] Dies wird für die in dieser Arbeit betrachteten immateriellen Werte regelmäßig der Fall sein.

Darüber hinaus müssen die aus in der Vergangenheit durchgeführten FuE-Aktivitäten entstandenen immateriellen Werte für das bilanzierende Pharmaunternehmen den Zufluss eines künftigen wirtschaftlichen Nutzens in Form eines direkten oder indirekten Zuflusses liquider Mittel erwarten lassen (IAS 38.17).[34] Als substanzieller Hinweis

---

[31] Zur Vermögenswertdefinition vgl. *Keitz* (1997), S. 182-187; *Hepers* (2005), S. 130-132; *Heyd/ Lutz-Ingold* (2005b), S. 25-27; *Pellens et al.* (2008a), S. 120-121.

[32] Gleiches gilt natürlich für Nutzungs- und Vermarktungsrechte.

[33] Vgl. *Dawo* (2003), S. 196.

[34] Geplante oder künftig erwartete Ereignisse begründen keinen Vermögenswert. Die hier betrachteten Werte sind jedoch das Ergebnis bereits durchgeführter FuE-Aktivitäten bzw. bereits abgeschlossener Verträge.

für einen künftigen wirtschaftlichen Nutzenzufluss gilt das zur Realisierung oder zum Erwerb eines Forschungs- oder Entwicklungsprojekts notwendige Tätigen von Ausgaben (RK.59). Da gemäß IFRS-Rahmenkonzept nur auf die Möglichkeit bzw. die Absicht des Erzielens eines künftigen wirtschaftlichen Nutzens und nicht auf dessen Wahrscheinlichkeit abgestellt wird[35] und FuE-Aktivitäten bei pharmazeutischen Unternehmen mit wirtschaftlicher Zielsetzung regelmäßig mit der Absicht initiiert bzw. erworben werden, einen künftigen wirtschaftlichen Nutzen etwa aus der späteren Vermarktung von zugelassenen und auf dem Markt eingeführten Arzneimitteln, der Veräußerung von Exklusivrechten oder aus der internen Nutzung der entsprechenden Technologie(n) zumindest anzustreben, kann dieses Definitionskriterium prinzipiell als erfüllt angesehen werden. Allerdings gilt diese Feststellung nicht uneingeschränkt für den Fall eines Unternehmenszusammenschlusses. Dieser kann dann einen Ausnahmetatbestand darstellen, wenn im Rahmen des Unternehmenserwerbs einzelne Forschungs- oder Entwicklungsprojekte zwangsläufig mit erworben werden, die bspw. nicht zur Unternehmensstrategie oder ins Portfolio passen und demnach für das erwerbende Unternehmen keinen Nutzen erwarten lassen. Können zwangsläufig erworbene Werte darüber hinaus nicht einzeln veräußert oder lizenziert werden, da für sie kein Markt nachgewiesen werden kann, gehen sie letztlich im Goodwill[36] aus der Transaktion auf (IAS 38.68(b)).[37]

Schließlich ist zu prüfen, ob das letzte durch IAS 38.8 geforderte Kriterium der Identifizierbarkeit ebenfalls erfüllt ist. Zunächst ist festzuhalten, dass dieses Kriterium der Abgrenzung vom Goodwill dient (IAS 38.11). Ein immaterieller Vermögenswert muss folglich bilanziell greifbar sein, was immer dann der Fall ist, wenn sich der ihm inhärente Vorteil nicht nur in einer Wertsteigerung des Goodwill niederschlägt.[38] Identifizierbarkeit liegt gemäß IAS 38.12 in zwei Fällen vor. Ist ein Vermögenswert separierbar und kann damit einzeln oder in Verbindung mit einem Vertrag[39], einem Vermögenswert oder einer Verbindlichkeit, jedoch getrennt vom Unternehmen verkauft,

---

[35] Vgl. etwa *Hackenberger* (2008), S. 97. Der Frage nach der Wahrscheinlichkeit des erzielbaren künftigen wirtschaftlichen Nutzens ist indes erst auf der Ebene der speziellen Bilanzansatzkriterien nachzugehen.

[36] Goodwill ist in Appendix A zu IFRS 3 (2004) definiert als "future economic benefits arising from assets that are not capable of being individually identified and separately recognized". Zum Goodwill vgl. *Pellens et al.* (2008a), S. 693-729.

[37] Vgl. ausführlich Abschnitt 3.4.2.2.2.

[38] Vgl. *Heyd/Lutz-Ingold* (2005b), S. 34.

[39] Zum Vertragsbegriff vgl. *Bannier* (2005), S. 3.

übertragen, lizenziert, gemietet oder getauscht werden, ist die Anforderung der Identifizierbarkeit erfüllt (Separability-Kriterium). Darüber hinaus ist Identifizierbarkeit immer dann gegeben, wenn der Vermögenswert aus einem vertraglichen oder einem anderen gesetzlichen Recht entsteht, unabhängig davon, ob dieses Recht konkret übertragbar oder separierbar ist (Contractual/Legal-Kriterium).[40] Als Orientierungshilfe bei der Bestimmung der identifizierbaren immateriellen Werte kann die beispielhafte Aufzählung in den Illustrative Examples (IE) zu IFRS 3 (2008) angesehen werden, die in der folgenden Tabelle verkürzt dargestellt ist.[41]

A.	Marketing-related intangible assets (IFRS 3.IE 18-22)
B.	Customer-related intangible assets (IFRS 3.IE 23-31)
C.	Artistic-related intangible assets (IFRS 3.IE 32-33)
D.	Contract-based intangible assets (IFRS 3.IE 34-38)
	Licensing agreements (Contractual/Legal-Kriterium)
E.	Technology-based intangible assets (IFRS 3.IE 39-44)
	Patented technology (Contractual/Legal-Kriterium)
	Unpatented technology (Separability-Kriterium)
	Trade secrets: secret formulas, processes or recipes (Separability-Kriterium)

Tab. 5: **Beispielhafte Aufzählung identifizierbarer immaterieller Vermögenswerte nach IFRS 3**

Grau hinterlegt sind die Kategorien immaterieller Werte, die für die vorliegende Arbeit relevant sind. Im Fall von patentgeschützten Technologien und sonstigen Rechten liegt per Definition ein vertragliches oder anderes gesetzliches Recht vor, sodass das Contractual/Legal-Kriterium erfüllt und Identifizierbarkeit gegeben ist. Ungeschützte Technologien können regelmäßig veräußert oder auslizenziert[42] werden und sind somit separierbar und identifizierbar. Sie können als wirtschaftliche Werte Gegenstand eines Rechtsgeschäftes sein. Die beispielhafte Aufzählung des IFRS 3 hält zudem fest, dass auch Geschäftsgeheimnisse sowie geheime Formeln, Rezepte und Prozesse, die aus einem FuE-Projekt resultieren können und in der hier verwendeten

---

[40] Vgl. dazu *Wehrheim* (2000), S. 87; *Dawo* (2003), S. 194-196; *Esser/Hackenberger* (2004), S. 404; *Schruff* (2004), Tz. 14-16; *Hepers* (2005), S. 140-142; *Heyd/Lutz-Ingold* (2005b), S. 34; *Zelger* (2005), S. 108-113.

[41] Vgl. dazu ausführlich *Zelger* (2005), S. 110-112. Zur Liste identifizierbarer Werte des AICPA vgl. *Kunath* (2005), S. 113. Der Technologiebegriff wird allerdings nicht definiert.

[42] Zur Auslizenzierung vgl. Abschnitt 3.4.3.1.1 sowie *Gassmann/Reepmeyer/Zedtwitz* (2008), S. 86-94.

Abgrenzung einen Teil der ungeschützten Technologien darstellen[43], das Kriterium der Identifizierbarkeit erfüllen.[44] Somit sind die Kriterien der abstrakten Bilanzierungsfähigkeit für die im Fokus der Arbeit stehenden immateriellen Werte i.d.R. erfüllt.

Im Anschluss an die vorgenommene Prüfung der Kriterien der abstrakten Bilanzierungsfähigkeit ist zu beurteilen, ob auch die Voraussetzungen für eine konkrete Bilanzierungsfähigkeit erfüllt sind.[45] Zum einen muss begründet werden, dass der künftige wirtschaftliche Nutzen aus dem immateriellen Vermögenswert dem Unternehmen wahrscheinlich zufließen wird (IAS 38.21a). Der Nachweis der Wahrscheinlichkeit des Nutzenzuflusses soll dabei auf der bestmöglichen Schätzung des Managements bezüglich der künftigen wirtschaftlichen Rahmenbedingungen beruhen, wobei externe substanzielle Informationen aufgrund der erhöhten intersubjektiven Nachprüfbarkeit stärker zu gewichten sind als interne Informationen (IAS 38.22 und 23).[46] Externen FuE-Ergebnissen zu bspw. Nebenwirkungen eines Wirkstoffes oder Wechselwirkungen mit anderen Arzneimitteln ist somit eine größere Bedeutung beizumessen als internen Informationen etwa über positive Erwartungen bzgl. der Ergebnisse noch laufender klinischer Studien. Zum anderen müssen die für den einzelnen immateriellen Vermögenswert angefallenen Anschaffungs- oder Herstellungskosten zuverlässig ermittelbar und dem Vermögenswert zuzuordnen sein (IAS 38.21b). Das Kriterium der zuverlässigen Kostenbestimmbarkeit lässt auch Schätzwerte als erstmaligen Wertansatz zu, sofern diese hinreichend verlässlich bestimmt werden können. Diese sind jedoch durch entsprechende Erfahrungswerte zu stützen.[47]

Die folgende Abbildung fasst die dargestellten Definitions- und allgemeinen Bilanzansatzvorschriften noch einmal zusammen.

---

[43] Vgl. dazu die Abschnitte 2.3.3 und 3.2. Dies geht auch implizit aus der Definition von trade secrets in SFAS 141 „Business Combinations", Appendix A, Tz. 56 hervor. In den IFRS ist keine entsprechende Definition zu finden.

[44] Zur Kategorisierung immaterieller Werte nach ihrer Identifizierbarkeit vgl. u.a. *Heyd/Lutz-Ingold* (2005b), S. 4-7. Für eine von der Bilanzierung losgelöste Kategorisierung vgl. u.a. *Arbeitskreis Immaterielle Werte im Rechnungswesen* (2001), S. 990-991; *Cheng/Hsiau/Lin* (2008), S. 198-200.

[45] Zu den Kriterien der konkreten Bilanzierungsfähigkeit vgl. *Dawo* (2003), S. 199-202; *Esser/Hackenberger* (2004), S. 405-406; *Lutz-Ingold* (2005), S. 158-159.

[46] Vgl. auch *Hepers* (2005), S. 148-149; *Heyd/Lutz-Ingold* (2005b), S. 36-37; *Kunath* (2005), S. 109; *Pellens et al.* (2008a), S. 284. Vgl. auch m.w.N. *Schütte* (2006), S. 136-140.

[47] Vgl. *Wollmert/Achleitner* (1997), S. 218.

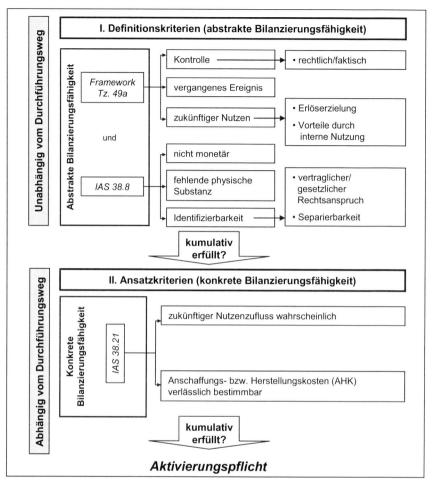

Abb. 9: Abstrakte und konkrete Bilanzierungsfähigkeit

Festzuhalten ist, dass die Kriterien der abstrakten Bilanzierungsfähigkeit für die ein pharmazeutisches FuE-Projekt initiierenden sowie im Rahmen des FuE-Projekts generierten Einzelwerte, die für diese Arbeit relevant sind, regelmäßig erfüllt sind. Die Abbildung 9 weist zudem darauf hin, dass die Kriterien der abstrakten Bilanzierungsfähigkeit von der Zugangsform und damit vom Durchführungsweg unabhängig sind, während auf der Ebene der konkreten Bilanzierungsfähigkeit eine Konkretisierung der Kriterien des IAS 38.21 in Abhängigkeit von der Zugangsform vorgenommen wird.[48] Gleiches gilt für die Erstbewertung. Deshalb wird im folgenden Abschnitt bei der Darstellung der konkretisierenden Bilanzansatz- sowie der Erstbewertungsvorschriften eine Differenzierung nach den im pharmazeutischen Bereich gängigen Durchführungswegen vorgenommen.[49] Dabei wird jeweils zunächst der Durchführungsweg beschrieben, bevor die darauf anzuwendenden IFRS-Vorschriften dargestellt werden.

3.4 Spezielle Bilanzansatz- und Erstbewertungsvorschriften

3.4.1 Vollständig unternehmensintern durchgeführte FuE-Projekte

3.4.1.1 Beschreibung des Durchführungsweges

Unter vollständig unternehmensintern durchgeführten FuE-Projekten werden im Folgenden solche Projekte verstanden, die durch das betrachtete Unternehmen nicht nur organisiert, sondern auch tatsächlich vollumfänglich durchgeführt werden.[50] Alle notwendigen Schritte des FuE-Prozesses werden in den eigenen Einrichtungen des Unternehmens abgewickelt und vom unternehmenseigenen Personal übernommen. Die Forschungs- und Entwicklungsarbeiten werden in diesem Fall – wie in Abbildung 10 dargestellt – vollständig auf Kosten und Gefahr des entsprechenden Unternehmens durchgeführt.[51] Somit trägt das Unternehmen alle mit dem Projekt sowie dem Eigentum an den bereits entstandenen sowie künftig entstehenden immateriellen (Vermögens-) Werten verbundenen Chancen und Risiken.

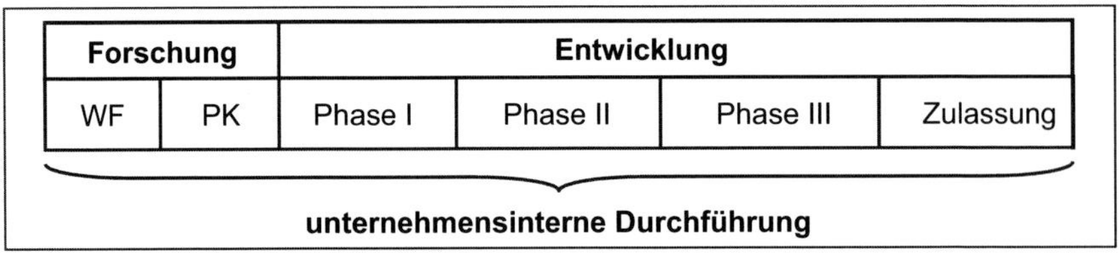

Forschung		Entwicklung			
WF	PK	Phase I	Phase II	Phase III	Zulassung
unternehmensinterne Durchführung					

Abb. 10: Vollständig unternehmensintern durchgeführtes FuE-Projekt

---

[48] Vgl. *Hepers* (2005), S. 136-137; *Pellens et al.* (2008a), S. 284.

[49] Die Wahl der Durchführungswege richtet sich nach den in Abschnitt 2.2.4 beschriebenen Entwicklungen in der Pharmabranche. Vgl. zu dieser Vorgehensweise auch *PwC* (2004) und *PwC* (2005c). *Piachaud* nimmt eine ähnliche Auswahl vor. Vgl. *Piachaud* (2004), S. 76-77. Vernachlässigt wird die Gründung von Gemeinschaftsunternehmen (Equity Joint Ventures), da diesem Durchführungsweg eine vergleichsweise geringe Bedeutung zukommt. Vgl. *Comino/Mariel/Sandonis* (2006), S. 159; *Gassmann/Reepmeyer* (2006), S. 52-53.

[50] Zu einer ähnlichen Abgrenzung vgl. *Nonnenmacher* (2006), S. 1870.

[51] Vgl. auch *Böning* (1969), S. 18.

Werden einzelne Phasen oder Schritte des FuE-Prozesses nicht durchlaufen, ist dies auf die Art des zu erforschenden bzw. zu entwickelnden Arzneimittels zurückzuführen. Dies gilt für den Fall des LCM sowie die Entwicklung eines schon zugelassenen Arzneimittels in einer neuen Indikation und damit für alle Innovationsformen mit Ausnahme der Durchbruchsinnovation.[52] In diesen Fällen entfallen die Forschungs- sowie Teile der Entwicklungsphase, i.d.R. die klinischen Phasen I und II.[53]

Bei einer vollständig unternehmensinternen Durchführung spielen von Dritten zugegangene und ein Projekt initiierende Werte keine Rolle, sodass ausschließlich die generierten Technologien zu berücksichtigen sind. Welche speziellen Bilanzansatz- und Erstbewertungsregeln für deren bilanzielle Abbildung zu beachten sind, wird im folgenden Abschnitt gezeigt.

3.4.1.2 Bilanzielle Abbildung

3.4.1.2.1 Definition und Abgrenzung von Forschung und Entwicklung

Im Rahmen der bilanziellen Abbildung von unternehmensintern durchgeführten FuE-Projekten ist zwischen dem Forschungs- und dem Entwicklungsbereich zu differenzieren.[54] Diese Unterteilung dient neben der Prüfung der Bilanzansatzvorschriften insbesondere auch der Ermittlung der Herstellungskosten.[55] IAS 38.55 legt explizit fest, dass ein Unternehmen in der Forschungsphase noch nicht nachweisen kann, dass aus den geschaffenen Werten wahrscheinlich ein künftiger Nutzen resultieren wird. Folglich sind die für alle immateriellen Werte geltenden abstrakten Bilanzansatzkriterien des IAS 38.21a in diesem Fall nicht erfüllt und die Ausgaben der Forschungsphase sind zwingend als Aufwand der laufenden Periode zu erfassen (IAS 38.54). Eine Nachaktivierung bei späterer Erfüllung der Bilanzansatzkriterien ist ebenfalls nicht zulässig (IAS 38.71).

Differenzierter ist die aus prozessualer Sicht auf die Forschungsphase folgende Entwicklungsphase zu betrachten.[56] Aufgrund der zeitlichen Nähe zur darauf folgenden

---

[52] Vgl. dazu Abschnitt 2.4.2.1.
[53] Vgl. *PwC* (2008c).
[54] Vgl. dazu auch *Dawo* (2003), S. 203-204; *Langecker/Mühlberger* (2003), S. 113; *Heyd/Lutz-Ingold* (2005b), S. 39-40; *Ernst & Young* (2006), S. 824-828.
[55] Vgl. *Pellens et al.* (2008a), S. 289.
[56] Auf das Problem von alternierenden Verläufen wird aufgrund des relativ klar strukturierten, sequentiellen FuE-Prozesses in der Pharmabranche an dieser Stelle nicht eingegangen. Vgl. dazu u.a. *Hoffmann* (2009b), Tz. 34.

kommerziellen Vermarktung wird der wahrscheinliche künftige Nutzenzufluss an dieser Stelle nicht grundsätzlich negiert. In der Entwicklungsphase anfallende Kosten sind – ebenso wie eventuelle in der klinischen Phase IV anfallende Kosten einer Weiterentwicklung[57] – unter bestimmten, in IAS 38.57 genannten Voraussetzungen zwingend zu aktivieren. Da die speziellen Bilanzansatzkriterien des IAS 38.57 jeweils Bezug auf ein Projekt nehmen, wird im Folgenden die in Abschnitt 2.3.3 hergeleitete Projektdefinition zugrunde gelegt. Folglich stellen die auf ein Produkt ausgerichteten FuE-Aktivitäten ein Projekt dar und die daraus entstehenden immateriellen Werte sind diesem zuzuordnen. Sollten bestimmte klinische Studien der Überprüfung von mehreren Indikationen und damit in der hier festgelegten engen Produktdefinition der Herstellung mehrerer Produkte dienen, ist eine Schlüsselung der entstandenen Werte sowie der angefallenen Kosten auf die einzelnen Projekte erforderlich. Zumindest die FDA schreibt jedoch vor, dass spätestens in der klinischen Phase III nur noch ein Endpunkt und damit eine Indikation als Ziel klinischer Studien erlaubt ist.[58] Zudem wird in der klinischen Phase II zu Messzwecken i.d.R. zumindest der primäre Endpunkt der klinischen Studien festgelegt.[59]

Ist ein Unternehmen nicht in der Lage, die Forschungs- von der Entwicklungsphase zu unterscheiden, sind alle Ausgaben aufwandswirksam zu erfassen (IAS 38.53). Dies verdeutlicht die hohen Ansprüche, die diese Anforderung sowie zudem die Zuteilung der anfallenden Kosten auf einzelne immaterielle Werte bzw. Projekte an das innerbetriebliche Rechnungswesen stellt.[60]

Die notwendige Voraussetzung für die geforderte Differenzierung stellt eine klare Definition dessen dar, was unter Forschung bzw. Entwicklung zu verstehen ist. Forschung wird in IAS 38.8 definiert als „die eigenständige und planmäßige Suche mit der Aussicht zu neuen wissenschaftlichen oder technischen Erkenntnissen zu gelangen". IAS 38.56 nennt exemplarisch einige als Forschung zu klassifizierende Tätigkeiten, wie z.B. die Suche nach sowie die Abschätzung und endgültige Auswahl von Anwendungen für Forschungsergebnisse und anderes Wissen. Folglich stehen in der Forschungsphase eher die Planung eines späteren Entwicklungsprojekts sowie die

---

[57] Zur Abgrenzung von Weiterentwicklung und Vertrieb vgl. Abschnitt 2.3.2.4.
[58] Vgl. *Manns* (2003), S. 15.
[59] Vgl. Abschnitt 2.3.2.3.
[60] Vgl. *Gstraunthaler* (2006), S. 95; *Arbeitskreis Immaterielle Werte im Rechnungswesen* (2008), S. 1816.

Erlangung grundlegender Erkenntnisse im Vordergrund. Die Anwendbarkeit der Forschungsergebnisse wird i.d.R. jedoch noch unklar sein.[61]

Die zeitlich auf die Forschungsphase folgende Entwicklungsphase befasst sich hingegen mit der Anwendung von Forschungsergebnissen zur Produktion neuer oder wesentlich verbesserter Materialien, Prozesse oder Produkte. IAS 38.8 definiert Entwicklung als „die Anwendung von Forschungsergebnissen oder von anderem Wissen auf einen Plan oder Entwurf für die Produktion von neuen oder beträchtlich verbesserten Materialien, Vorrichtungen, Produkten, Verfahren, Systemen oder Dienstleistungen." Sie findet vor der kommerziellen Produktion oder Nutzung statt (IAS 38.8). Die angeführte Definition von Entwicklung zeigt, dass Entwicklungsaktivitäten im Unterschied zu Forschungsaktivitäten grundsätzlich auf ein bestimmtes Produkt oder einen Prozess ausgerichtet sind.[62] Umgekehrt deutet die Möglichkeit zur Abgrenzung eines Produktes bzw. Projekts in der hier verwendeten Definition darauf hin, dass Entwicklungsaktivitäten vorliegen.[63]

Aufgrund der expliziten Trennung von Forschung und Entwicklung in der IFRS-Rechnungslegung ist zunächst zu prüfen, ob die auf Basis der in der Literatur einschlägigen OECD-Definitionen in Abschnitt 2.3.1 vorgenommene Abgrenzung von Forschung und Entwicklung mit der Definition des IAS 38 in Einklang steht und somit beibehalten werden kann.[64] In der Phase der Grundlagenforschung sowie der angewandten Forschung sollen lediglich ein Verständnis für eine Krankheit gewonnen sowie ein Wirkstoff identifiziert und seine Eigenschaften überprüft werden[65], sodass die Anwendbarkeit der Forschungsergebnisse zumeist noch nicht klar ist und diese Phase deshalb regelmäßig unter der IFRS-Definition für Forschungsaktivitäten zu subsumieren ist. Die Phase der Entwicklung beginnt, wenn der Bezug zu einem bestimmten Produkt gegeben und somit ein Projekt abgrenzbar ist.[66] Ab der klinischen Phase I, in der die Verträglichkeit eines identifizierten Wirkstoffes zum ersten Mal am

---

[61] Vgl. *Arbeitskreis Immaterielle Werte im Rechnungswesen* (2008), S. 1816.

[62] Vgl. auch *Lüdenbach/Prusacyk* (2004), S. 415.

[63] Dementsprechend wäre streng genommen zwischen Forschungsaktivitäten und Entwicklungsprojekten zu differenzieren. Vgl. dazu Abschnitt 2.3.3.

[64] Zur Einordnung des FuE-Prozesses in der Automobilbranche in die Begriffswelt der IFRS vgl. beispielhaft *Pötsch/Lotz/Alvarez* (2005), S. 1254-1255.

[65] Vgl. Abschnitt 2.3.2.2.

[66] Vgl. *Rossmanith/Gerlach* (2008), S. 165.

Menschen getestet wird[67], sollte die Identifikation eines auf ein bestimmtes Produkt ausgerichteten Entwicklungsprojekts möglich sein, sodass hier Entwicklungsaktivitäten vorliegen.[68] Folglich steht die hier zugrunde gelegte definitorische Abgrenzung von Forschung und Entwicklung auf Basis der OECD-Definition in Einklang mit den entsprechenden Definitionen des IAS 38.

3.4.1.2.2 Aktivierungsvoraussetzungen und Erstbewertungsvorschriften

Da für Forschungskosten ein explizites Aktivierungsverbot besteht, sind durchschnittlich 27% der für die Erforschung und Entwicklung eines Arzneimittels anfallenden Kosten in keinem Fall aktivierungsfähig.[69] Dies bedeutet im Umkehrschluss, dass im Durchschnitt 73% der Gesamtkosten grundsätzlich für eine Aktivierung in Frage kommen.

Welcher Anteil der potenziell aktivierungsfähigen Entwicklungskosten auch tatsächlich zu aktivieren ist, ist auf Basis der im Folgenden dargestellten Vorschriften des IAS 38.57 zu bestimmen. Diese sollen zu einer stärkeren Objektivierung beitragen[70], da häufig viele Jahre vergehen, bis ein FuE-Projekt erfolgreich beendet werden kann.[71]

IAS 38.57 umfasst sechs Kriterien a-f, bei deren kumulativer Erfüllung eine Aktivierungspflicht für Entwicklungskosten vorliegt und die eine Spezifizierung der Kriterien der konkreten Bilanzierungsfähigkeit des IAS 38.21 darstellen.[72] Während die Kriterien a bis e die Anforderung des wahrscheinlichen Nutzenzuflusses näher konkretisieren und damit auf die Wahrscheinlichkeit eines künftigen Markterfolges abstellen, bezweckt das Kriterium f eine Konkretisierung der Anforderung der zuverlässigen

---

[67] Vgl. Abschnitt 2.3.2.3.

[68] Vgl. auch *PwC* (2008a). Verstärkt wird diese Ansicht durch die Tatsache, dass viele Pharmaunternehmen in ihren Geschäftsberichten explizit über Projekte in der klinischen Phase I, die auch beschrieben werden, berichten. Vgl. u.a. die Geschäftsberichte der Unternehmen AstraZeneca, Bayer, GlaxoSmithKline, Lundbeck, Merck und Novartis für das Geschäftsjahr 2007.

[69] Vgl. dazu und zum Folgenden Abschnitt 2.3.2.2. Vgl. auch *PwC* (2008a).

[70] Vgl. *Hoffmann* (2009b), Tz. 29.

[71] Vgl. *Küting/Dawo* (2003), S. 407; *Hepers* (2005), S. 158. Sie konkretisieren die Kriterien des Rahmenkonzeptes. Vgl. *Hoffmann* (2009b), Tz. 24.

[72] Zu den Kriterien vgl. ausführlich *Adler/Düring/Schmaltz* (2002), Abschnitt 8, Tz. 104-112; *Hepers* (2005), S. 158-168; *Heyd/Lutz-Ingold* (2005b), S. 40-46; *Lutz-Ingold* (2005), S. 169-175; *Rossmanith/Gerlach* (2008), S. 167-171; *Wulf* (2008), S. 45-49 und überblicksartig *Fülbier/Honold/Klar* (2000), S. 837-838; *Bieg et al.* (2006), S. 131; *Hitz* (2007a), S. 320; *Pellens et al.* (2008a), S. 289-290.

Bewertbarkeit.[73] Da alle Kriterien, wie bereits erwähnt, Bezug auf ein gesamtes FuE-Projekt nehmen, ist davon auszugehen, dass sie für die durch die Entwicklungsaktivitäten generierten immateriellen Werte zumeist zeitgleich erfüllt sind, da der Erfolg sämtlicher Werte regelmäßig durch den Markterfolg des künftigen Arzneimittels determiniert wird. Deshalb wird bei der Darstellung der Kriterien keine Differenzierung hinsichtlich der Einzelwerte vorgenommen.[74] Eine Erfüllung zu unterschiedlichen Zeitpunkten kann – wie bereits im Zusammenhang mit der Projektabgrenzung angedeutet – dann gegeben sein, wenn einzelne Technologien unabhängig vom Erfolg des gesamten Projekts in anderen Projekten erfolgreich eingesetzt werden können. In diesem Fall ist eine vom Projekt losgelöste Beurteilung der Kriterien des IAS 38.57 vorzunehmen.[75] Zu erfüllen sind die folgenden Voraussetzungen:

a) *Die technische Realisierbarkeit der Fertigstellung des immateriellen Vermögenswertes, damit er zur Nutzung oder zum Verkauf zur Verfügung stehen wird, muss gegeben sein (IAS 38.57a).*

Mit Hilfe dieser ersten Anforderung hat das IASB ein zeitliches Bestimmungskriterium für die Aktivierung selbst erstellter immaterieller Vermögenswerte geschaffen. Es soll sicherstellen, dass der zu bilanzierende Vermögenswert in seiner Erstellung bereits so weit fortgeschritten ist, dass mit einer Vollendung gerechnet werden kann.[76] Die Erfüllung des Kriteriums ist dementsprechend projektbezogen zu prüfen[77], wobei die Erfolgswahrscheinlichkeit eine entscheidende Rolle spielt. Da IAS 38 jedoch keine konkreteren Vorgaben für eine Operationalisierung diese Kriteriums macht, reichen die in der Literatur zu findenden Auslegungen von der Ansicht, es sei bereits erfüllt, sofern die Entwicklung nicht gegen Naturgesetze verstößt[78], bis zu der Meinung, es könne grundsätzlich erst nach Erteilung einer erforderlichen behördlichen Genehmi-

---

[73] Vgl. *Dawo* (2003), S. 204; *Heyd/Lutz-Ingold* (2005b), S. 41.

[74] *Burger/Ulbrich/Knoblauch* prüfen die Kriterien neben anderen ebenfalls immer für ein Projekt. Vgl. *Burger/Ulbrich/Knoblauch* (2006), S. 729.

[75] Vermögenswerte, die in mehreren Projekten eingesetzt werden können, sind separat zu bilanzieren und in Form von Abschreibungen in den einzelnen Projekten zu berücksichtigen. Vgl. *Dawo* (2003), S. 302. Dies gilt unabhängig vom Durchführungsweg. Vgl. dazu *Menn* (1997), Tz. 47-48; *Fülbier/Honold/Klar* (2000), S. 838.

[76] Vgl. *Dawo* (2003), S. 299; *Hepers* (2005), S. 162. Hierbei orientiert sich das IASB in erster Linie an Produkt- und Prozessinnovationen. Vgl. *Baetge/Keitz* (2006), Tz. 65.

[77] Vgl. *Adler/Düring/Schmaltz* (2002), Abschnitt 8, Tz. 106.

[78] Vgl. *Buchholtz* (2003), S. 82.

gung[79] erfüllt sein.[80] Es ist jedoch davon auszugehen, dass das IASB weder die eine noch die andere Extremposition erreichen will. Denn eine Aktivierung bei fehlendem Verstoß gegen Naturgesetze würde praktisch zu einer nicht beabsichtigen Aktivierungspflicht führen, während eine an behördliche Genehmigungen gebundene Aktivierung im Pharmabereich ein faktisches Aktivierungsverbot bedeuten würde.[81] Da das IASB jedoch eine Aktivierung immaterieller Vermögenswerte anstrebt, steht ein faktisches Aktivierungsverbot nicht in Einklang mit der Entwicklung des IAS 38.[82] Als Mittelweg zwischen den beschriebenen Extrempositionen wird deshalb von einer Erfüllung des Kriteriums ausgegangen, sobald das Management diese begründet darlegen kann.[83]

b) Es besteht die Absicht, den immateriellen Vermögenswert fertig zu stellen sowie ihn zu nutzen oder zu verkaufen (IAS 38.57b).

Von einer Absicht zur Fertigstellung ist immer dann auszugehen, wenn die Entwicklungstätigkeit bis zum Bilanzstichtag fortgeführt wurde, sodass mit einer zukünftigen Weiterentwicklung bis hin zur Fertigstellung gerechnet werden kann. Die Absicht des Managements, ein pharmazeutisches FuE-Projekt fertig zu stellen, ist auf Einzelfallbasis zu bestimmen.[84] Indizien für eine Fertigstellungsabsicht sind etwa vorliegende Entwicklungspläne sowie die Zuteilung von Ressourcen zu einem bestimmten Projekt. Anzumerken ist allerdings, dass dieses Kriterium im Grunde obsolet ist, da die Notwendigkeit für den Bilanzansatz eines Vermögenswertes des langfristigen Vermögens im Falle einer nicht beabsichtigten Fertigstellung generell nicht gegeben ist.[85]

---

[79] Vgl. *Menn* (1997), Tz. 52; *Cairns* (1999), S. 396.
[80] Zur Diskussion der Erfüllung dieser Bedingungen vgl. Abschnitt 4.3.1.1.
[81] Vgl. *Burger/Ullbrich/Knoblauch* (2006), S. 733.
[82] Vgl. dazu Abschnitt 4.2.2; *Fülbier/Honold/Klar* (2000), S. 838; *Baetge/Keitz* (2006), Tz. 67. Dafür spricht auch die Tatsache, dass bspw. Rückstellungen für Gerichtsverfahren unabhängig von der tatsächlichen Verurteilung in Abhängigkeit von der Eintrittswahrscheinlichkeit gebildet werden.
[83] Vgl. auch *Adler/Düring/Schmaltz* (2002), Abschnitt 8, Tz. 107.
[84] Vgl. dazu und zum Folgenden *PwC* (2004), S. 2; *Wulf* (2009), S. 111.
[85] Vgl. *Hepers* (2005), S. 162-163; *Lutz-Ingold* (2005), S. 172.

c) *Das Unternehmen hat die Fähigkeit, den immateriellen Vermögenswert zu nutzen oder zu verkaufen (IAS 38.57c).*

Dieses Kriterium zielt auf die Fähigkeit eines Unternehmens zur internen oder externen Nutzung der FuE-Ergebnisse ab. Aktiviert werden sollen nur solche immateriellen Vermögenswerte, die später auch Verwendung finden.[86] Folglich sollte der Vermögenswert in ein Produktionsprogramm integrierbar sein und es sollten Vertriebswege vorliegen.[87] Die Fähigkeit zum Verkauf kann insbesondere dann demonstriert werden, wenn andere Unternehmen Interesse an einem Erwerb zeigen oder wenn das künftige Umsatzpotenzial des Arzneimittels durch Marktanalysen nachgewiesen werden kann.[88] Die Fähigkeit zur internen Nutzung kann durch ein Budget für das jeweilige Projekt belegt werden.[89]

d) *Das Unternehmen kann nachweisen, dass ihm aus dem immateriellen Vermögenswert voraussichtlich künftig ein Nutzen zufließen wird (IAS 38.57d).*

Ein künftiger wirtschaftlicher Nutzenzufluss kann entweder durch die Existenz eines Marktes für das Arzneimittel oder das Vorliegen eines zusätzlichen Nutzens im Rahmen einer internen Verwendung belegt werden. Dementsprechend ist in Abhängigkeit von der geplanten Verwendung des immateriellen Vermögenswertes entweder der Nachweis zu erbringen, dass ein aktiver Markt existiert[90], oder die Möglichkeit eines internen Nutzens ist zu dokumentieren. Für die Ermittlung des erwarteten Nutzenzuflusses sind gemäß IAS 38.60 die im IAS 36 verankerten Verfahren für die Bestimmung des erzielbaren Betrages anzuwenden. Dies bedeutet, dass über eine Schätzung der Höhe der künftig erwarteten Cashflows, der Volatilität und des zeitlichen Anfalls dieser Cashflows sowie eines risikoadjustierten Zinssatzes, der das mit dem jeweiligen Vermögenswert verbundene Risiko enthält, ein Wert zu ermitteln ist, der Aufschluss über einen künftigen Nutzenzufluss geben soll.[91] Bei der Schätzung

---

[86] Besonders zu berücksichtigen sind hierbei rechtliche Absatzbeschränkungen. Vgl. *Küting/Dawo* (2003), S. 409; *Heyd/Lutz-Ingold* (2005b), S. 43-44.
[87] Vgl. *Rossmanith/Gerlach* (2008), S. 168.
[88] Vgl. *PwC* (2004), S. 2.
[89] Vgl. auch *Bertl/Fröhlich* (2006), S. 283.
[90] Dies kann über Marktforschungsaktivitäten erfolgen. Vgl. *Wulf* (2009), S. 111.
[91] Vgl. IAS 36.30-57; *Lutz-Ingold* (2005), S. 173-174. Die Regeln des IAS 36 bestimmen die Wertmaßstäbe „Nutzungswert bei interner Verwendung" und „Nettoveräußerungspreis bei externer Verwendung" zur Bestimmung des künftigen Nutzenzuflusses. Vgl. Abschnitt 3.5.3.2; *Dawo* (2003), S. 204-205; *Wagenhofer* (2005), S. 208. Kann der Nutzenzufluss für den einzelnen Vermögenswert nicht bestimmt werden, ist er für die kleinste Gruppe von Vermögenswerten, für die

der künftigen Cashflows ist u.a. zu berücksichtigen, ob während der Laufzeit des Projekts Konkurrenzprodukte auf den Markt gebracht wurden bzw. potenziell werden oder sonstige Faktoren die Erfolgswahrscheinlichkeit oder das Erfolgspotenzial des fertigen Produktes beeinflussen.[92] Nicht explizit erläutert ist hingegen, wie der Wahrscheinlichkeitsbegriff auszulegen ist. Aus den Vorschriften des IAS 37 „Provisions, Contingent Liabilities and Contingent Assets" kann jedoch geschlossen werden, dass die Wahrscheinlichkeit des Eintritts des angestrebten Ereignisses, in diesem Fall der Zulassung, größer als die Wahrscheinlichkeit eines Nicht-Eintritts sein sollte.[93]

e) Das Unternehmen hat einen Nachweis über die Verfügbarkeit adäquater technischer, finanzieller und sonstiger Ressourcen zu erbringen, die notwendig sind, um die Entwicklung abschließen und den immateriellen Vermögenswert nutzen oder verkaufen zu können (IAS 38.57e).

Dieses Kriterium soll die Fertigstellung des immateriellen Vermögenswertes sicherstellen. Ein interner Business-Plan für das jeweilige FuE-Projekt, der die notwendigen Ressourcen und deren Bereitstellung durch das Unternehmen garantiert, genügt laut IAS 38.61 als Nachweis für seine Erfüllung.

f) Eine verlässliche Bewertung der zurechenbaren Entwicklungsausgaben muss möglich sein (IAS 38.57f).

Die letzte zu erfüllende Voraussetzung ist die zuverlässige Ermittelbarkeit der dem Entwicklungsprojekt zuzuordnenden Kosten. Das IASB vertritt an dieser Stelle die Ansicht, dass ein Kostenrechnungssystem, welches die Ausgaben der verschiedenen Entwicklungsprojekte eines Unternehmens identifiziert und klar voneinander trennt, als Nachweis genügt.[94] Die Kosten müssen dem Kostenrechnungssystem jedoch nicht direkt zu entnehmen sein.[95] Entscheidend ist, dass die Kosten für die einzelnen Projekte klar voneinander abgrenzbar sind.[96] Zudem müssen die Entwicklungskosten klar von Forschungs-, Erhaltungs-, Vertriebs- und sonstigen nicht der

---

er bestimmbar ist (zahlungsmittelgenerierende Einheit, ZGE), nach den Regeln des IAS 36 zu ermitteln. Vgl. *Pellens et al.* (2008a), S. 289.

[92] Vgl. *PwC* (2004), S. 2.

[93] Vgl. IAS 37, Tz. 23.

[94] Dabei wird die Erfüllung dieses Kriteriums nicht durch die Qualität des Kostenrechnungssystems determiniert. Vgl. hierzu *Baetge/Keitz* (2006), Tz. 64; *Dawo* (2003), S. 205; *Hepers* (2005), S. 165. Zu den Auswirkungen des IAS 38 auf das interne Rechnungswesen vgl. *Bramann* (2009).

[95] Vgl. *Hepers* (2005), S. 165.

[96] Vgl. *Fülbier/Honold/Klar* (2000), S. 838.

Entwicklung zuordenbaren Kosten getrennt werden können.[97] Ist eine eindeutige Kostenzuordnung nicht möglich, da es sich um Gemeinkosten handelt, ist eine Schlüsselung vorzunehmen.

Eine weitergehende Zuteilung der Projektkosten auf die einem Projekt zuzuordnenden Einzelwerte wird regelmäßig kaum sachgerecht möglich sein. Eine Ausnahme stellt das Schutzrecht Patent dar, dem zumindest seine Registrierungskosten zugeordnet werden können, sodass ein FuE-Projekt in die Werte Patent und sonstiges FuE-Projekt aufgeteilt werden könnte.[98] Da der Wert eines FuE-Projekts letzten Endes im Zusammenwirken der Einzelwerte über die Zahlungsmittelzuflüsse aus dem daraus hervorgehenden Arzneimittel entsteht, würde eine Subsumierung der Einzelwerte unter das FuE-Projekt der ökonomischen Realität ohnehin gerechter werden. Im Folgenden wird deshalb von einer getrennten Aktivierung des Patents und der sonstigen unter den Begriff des Entwicklungsprojekts subsumierten Einzelwerte abgesehen.

Abbildung 11 fasst die Aktivierungskriterien für interne FuE-Projekte abschließend zusammen.

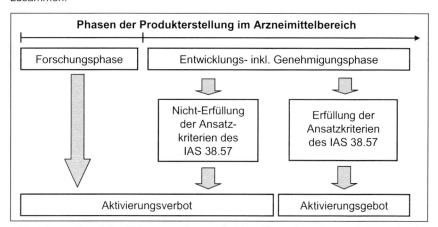

Abb. 11: Spezielle Bilanzansatzvorschriften für unternehmensintern durchgeführte FuE-Projekte

---

[97] Diese Abgrenzung ist insbesondere für Kosten der klinischen Phase IV relevant. Vgl. Abschnitt 2.3.2.4.

[98] Zu beachten ist, dass die Registrierungskosten mit ca. 5.000 EUR für ein europäisches Patent sehr gering sind. Vgl. *Duhme* (2008) sowie zur Gebührenordnung des Europäischen Patentamtes http://www.epo.org/patents/Grant-procedure/Filing-an-application/costs-and-fees_de.html.

Die Ausführungen haben gezeigt, dass die Aktivierungspflicht unternehmensintern durchgeführter Entwicklungsprojekte von verschiedenen Kriterien abhängt, die für jedes Projekt einzeln zu prüfen sind und deren Erfüllung von der Beurteilung der durch insbesondere die klinische Phase, den Innovationsgrad des Arzneimittels sowie das Therapiegebiet beeinflussten Zulassungswahrscheinlichkeit des einzelnen Arzneimittels durch das zuständige Management abhängt.[99] Ist eines der Kriterien nicht erfüllt, sind die Entwicklungskosten als Aufwand des betrachteten Geschäftsjahres zu erfassen. Sind die Bilanzansatzvoraussetzungen hingegen erfüllt, stellt sich die Frage, mit welchem Wert das Entwicklungsprojekt in der Bilanz anzusetzen ist.

IAS 38.24 schreibt grundsätzlich eine Erstbewertung zu Herstellungskosten vor.[100] Die Herstellungskosten umfassen alle Aufwendungen, die aus zeitlicher Sicht nach der Erfüllung der Bilanzansatzkriterien und vor Erreichung des vom Management beabsichtigten Gebrauchszustandes angefallen und dem Vermögenswert zurechenbar sind.[101] Dabei handelt es sich um alle zurechenbaren Entwicklungskosten, die zur Schaffung, Herstellung und Vorbereitung des Vermögenswertes erforderlich sind, damit er für den vom Management beabsichtigten Gebrauch betriebsbereit ist (IAS 38.66). Beispiele für zurechenbare Kosten sind u.a. Ausgaben für Materialien und Dienstleistungen, die bei der Erzeugung des immateriellen Vermögenswertes genutzt oder verbraucht werden, Registrierungsgebühren eines Rechtsanspruches und Abschreibungen auf Patente und Lizenzen, die zur Erzeugung des immateriellen Vermögenswertes genutzt werden (IAS 38.66a, c und d). Bei diesen zurechenbaren Kosten handelt es sich nicht nur um Einzelkosten, sondern auch um die auf Basis vernünftiger und stetiger Schlüsselgrößen zweifelsfrei zurechenbaren produktionsbezogenen Gemeinkosten.[102] Dies können im Pharmabereich bspw. Kosten für klinische Studien, Ausgaben für medizinische Stoffe, Zahlungen an Patienten, Abschrei-

---

[99] Vgl. zu den Determinanten der Erfolgswahrscheinlichkeit Abschnitt 2.4.2.

[100] Zur Erstbewertung von selbst erstellten immateriellen Vermögenswerten vgl. u.a. *Dawo* (2003), S. 214-215; *Hepers* (2005), S. 216-217; *Lutz-Ingold* (2005), S. 200-202; *Ernst & Young* (2006), S. 831-833; *Pellens et al.* (2008a), S. 290-291.

[101] Eine Orientierung an Marktpreisen oder Nutzungswerten ist nicht zulässig. Die zeitliche Abgrenzung hat nach IAS 38.65 bereits unterjährig innerhalb eines Geschäftsjahres und nicht erst am Bilanzstichtag zu erfolgen. Vgl. dazu auch *Esser/Hackenberger* (2005), S. 710; *Lutz-Ingold* (2005), S. 201.

[102] Vgl. stellvertretend *Pellens et al.* (2008a), S. 290. IAS 38 enthält jedoch keine Erklärung des Begriffs „produktionsbezogen". Zusätzlich sind Fremdkapitalkosten zu aktivieren, sofern die Voraussetzungen des IAS 23 „Borrowing Costs" für das Vorliegen eines so genannten qualifying asset erfüllt sind (IAS 38.66). Ein qualifying asset ist ein Vermögenswert, für den ein beträchtlicher Zeitraum erforderlich ist, um ihn in seinen beabsichtigten gebrauchs- oder verkaufsfähigen Zustand zu versetzen (IAS 23.5).

bungen von Patenten und Lizenzen, die im Entwicklungsprozess eingesetzt werden, Personalkosten, Versicherungskosten oder Rechtskosten sein.[103] Nicht aktivierungsfähig sind hingegen Vertriebs- und Verwaltungsgemeinkosten sowie sonstige Gemeinkosten, die nicht dazu dienen, den Vermögenswert in den beabsichtigten Nutzungszustand zu versetzen (IAS 38.29c).

Aktivierungspflichtig sind folglich zunächst alle Entwicklungskosten, die zwischen der Erfüllung der Bilanzansatzkriterien und der Zulassung des Arzneimittels anfallen. Nach der Zulassung ist davon auszugehen, dass der selbst erstellte immaterielle Vermögenswert den vom Management beabsichtigten Zustand erreicht hat. Aus diesem Grund ist bei den im Anschluss an die Zulassung anfallenden Kosten für Phase IV-Studien für jeden Einzelfall zu entscheiden, ob es sich um grundsätzlich aktivierungspflichtige Entwicklungskosten oder um nicht aktivierungsfähige Erhaltungs- oder Vertriebskosten handelt.[104] Eine Aktivierung von eventuell nachträglich anfallenden Kosten ist nur dann möglich, wenn sie zu einer Erweiterung des künftigen Nutzenzuflusses bspw. im Rahmen des LCM führen[105], d.h. wenn es sich um Investitionen in eine Weiterentwicklung des Arzneimittels handelt.[106]

3.4.2 Erworbene FuE-Projekte

3.4.2.1 Separater Erwerb und Einlizenzierung

3.4.2.1.1 Beschreibung der Durchführungswege

Im ersten Schritt wird der separate Erwerb eines gesamten FuE-Projekts und damit der aus diesem Projekt bereits entstandenen immateriellen (Vermögens-)Werte betrachtet.[107] In diesem Fall hat der Erwerber zunächst einen Zugang von patentgeschützten und ungeschützten Technologien in Form von bspw. Wirkstoffen oder Prozesswissen zu verzeichnen.[108]

---

[103] Vgl. auch *PwC* (2004), S. 9. Ähnlich auch *Brandt* (2002), S. 181.
[104] Vgl. auch *PwC* (2008d), S. 1.
[105] Vgl. dazu *Lüdenbach/Prusaczyk* (2004), S. 415. Zum LCM vgl. Abschnitt 2.4.2.1.
[106] Vgl. *Esser/Hackenberger* (2004), S. 408. Für nachträgliche Entwicklungskosten gelten ebenfalls die Anforderungen des IAS 38.57. Vgl. *Ernst & Young* (2006), S. 811-812. Die Möglichkeit einer Erweiterung immaterieller Vermögenswerte ist jedoch regelmäßig zu verneinen (IAS 38.20).
[107] Zudem kann der Erwerb einer patentgeschützten Technologie ein Projekt initiieren. Da sich jedoch hinsichtlich der bilanziellen Abbildung keine wesentlichen Unterschiede ergeben, wird dieser Fall nicht gesondert betrachtet.
[108] Materielle Vermögenswerte wie z.B. Vorräte, die bei einer solchen Transaktion auf den Erwerber übergehen, werden vernachlässigt.

Die zu erbringende Gegenleistung kann zum einen in einer einmaligen, erfolgsunabhängigen und zumeist nicht erstattungsfähigen Zahlung bei Vertragsabschluss bestehen.[109] Darüber hinaus ist die Vereinbarung mehrerer erfolgsabhängiger Zahlungen möglich, bei der der Verkäufer nach dem Verkauf noch Chancen aus dem Projekt behält und der Käufer aufgrund der an den Erfolg des Projekts gebundenen Zahlungsverpflichtungen im Vergleich zum ersten Fall ein geringeres Risiko trägt.[110] Ein Praxisbeispiel ist der Erwerb des Schlaganfall-Wirkstoffes Desmoteplase des Biotechnologieunternehmens Paion nach Abschluss der klinischen Phase II durch das Pharmaunternehmen Forest Laboratories. Dieses führte das Entwicklungsprojekt unternehmensintern weiter. Neben einem Kaufpreis von 22 Mio. EUR verpflichtete sich Forest Laboratories bei erfolgreicher Entwicklung Zahlungen von bis zu 47,5 Mio. EUR sowie eine Umsatzbeteiligung von 30% zu leisten.[111]

Neben den beschriebenen Formen eines separaten Erwerbs ist auch ein Tausch von FuE-Projekten denkbar.[112] Auch dabei sind sowohl Fälle möglich, in denen alle Chancen und Risiken auf den Partner übergehen, als auch solche, in denen diese in Teilen, z.B. in Form von Vermarktungsrechten, beim jeweiligen Unternehmen verbleiben.[113]

Bedeutender als der separate Erwerb sowie der Tausch von FuE-Projekten ist im Pharmabereich jedoch eine dem Erwerb ökonomisch ähnliche Methode zur Übertragung von FuE-Projekten. Dabei handelt es sich um die so genannte Einlizenzierung, bei der nicht die dem Projekt zugeordneten immateriellen (Vermögens-)Werte an sich, sondern lediglich Rechte zur Nutzung dieser Werte auf vertraglicher Basis[114] übertragen werden.[115] Auch im Fall der Einlizenzierung wird folglich geistiges Eigen-

---

[109] Der Fall, dass mehrere erfolgsunabhängige Zahlungen zu leisten sind, wird im Folgenden nicht weiter betrachtet, da sich bzgl. der Bilanzierung keine wesentlichen Unterschiede ergeben.

[110] Dieser Fall ist dem im Folgenden beschriebenen und im pharmazeutischen Bereich bedeutenderen Fall der Einlizenzierung aus Bilanzierungssicht sehr ähnlich.

[111] Vgl. *DVFA* (2005), S. 15.

[112] Vgl. *Pritsch* (2000), S. 118.

[113] Vgl. *PwC* (2004), S. 14-15.

[114] Zu FuE-Verträgen vgl. *Voß* (2004).

[115] Zu beachten ist, dass reine Technologie-Lizenzverträge teilweise auch in den Bereich der FuE-Kooperationen eingeordnet werden, auch wenn an Stelle einer Zusammenarbeit in Form einer Aufteilung von FuE-Aufgaben nur eine Vereinbarung über den Erhalt oder die Vergabe von Rechten zur Nutzung von FuE-Ergebnissen geschlossen wird. Vgl. *Wurche* (1994), S. 251. Von dieser Vorgehensweise soll abgewichen werden. Vgl. ebenso *Dubbers* (2007), S. 26. Zur Abgrenzung von Kooperationen und Lizenzverträgen vgl. *Winzer* (2006), S. 10 sowie zur FuE-Lizenznahme *Schneider/Zieringer* (1991), S. 33-34. Zur Bedeutung der Einlizenzierung vgl. Abschnitt 2.2.4, zum Zusammenhang mit FuE-Kooperationen Abschnitt 3.4.3.2.1.

tum von einem Dritten erworben, um Lücken in der eigenen FuE-Pipeline zu schließen.[116] Der Begriff der Einlizenzierung bezeichnet im Allgemeinen die vertragliche, zeitlich begrenzte Überlassung von Rechten zur Nutzung fremder Erfindungen gegen die Entrichtung von Zahlungen.[117] Lizenzierungsverträge erlauben dem einlizenzierenden Unternehmen (Lizenznehmer) bestimmte FuE-Leistungen des auslizenzierenden Unternehmens (Lizenzgeber) – exklusiv oder nicht exklusiv – in weiteren Entwicklungsphasen und/oder während der Vermarktung zu nutzen.[118] Dabei wird i.d.R. das Recht zur Weiterentwicklung eines bestimmten, bereits vom Partnerunternehmen patentierten Wirkstoffes vergeben.[119] Die Einräumung der Nutzungsrechte ohne Übertragung des eigentlichen Schutzrechtes Patent gilt dabei zumeist nur für einen genau definierten Zweck.[120] Die Ähnlichkeit zu einer Erwerbs- bzw. Veräußerungstransaktion ist insbesondere dann offensichtlich, wenn ein Unternehmen durch die Übertragung der Rechte zur Nutzung von bspw. eigenen bestehenden Technologien sogar das Recht verliert, das daraus entwickelte Produkt später selbst auf dem Markt einzuführen und zu verkaufen.[121]

Einlizenzierungstransaktionen stellen in der Pharmabranche die wichtigste Form nicht vollständig unternehmensintern durchgeführter FuE-Projekte dar und werden in allen Phasen des FuE-Prozesses vorgenommen[122], jedoch insbesondere in der klini-

---

[116] Vgl. *Fitzgerald* (1992), S. 201; *Reepmeyer* (2006), S. 70.

[117] Vgl. dazu *Kuhn* (1992), S. 94; *Wurm* (1993), S. 7; *Eberhardt* (2006), S. 73; *Brebeck/Herrmann* (2007), S. 70; *Hentschel* (2007), S. 54; *Wong* (2008), S. 11. Zur Definition einer Lizenzvereinbarung vgl. auch *Simonet* (2002), S. 331. Einlizenzierungsgeschäfte können eigene FuE-Aktivitäten allerdings auch ersetzen, wie im Fall der Einlizenzierung eines schon vermarktungsfähigen Arzneimittels. Die Ergänzung unternehmensinterner FuE-Aktivitäten durch Einlizenzierungen stellt jedoch den Regelfall dar. Vgl. *Pritsch* (2000), S. 115.

[118] Vgl. *Gassmann/Reepmeyer* (2006), S. 53; *Schreyer-Bestmann* (2006), S. 17. Ähnlich auch *Weder* (1989), S. 47. Eine genaue Definition des Lizenzierungsgegen-standes sowie eine explizite Nennung der Patente, für die Nutzungsrechte eingeräumt werden, ist folglich der wesentlichste Bestandteil der Lizenzierungsvereinbarung. Vgl. dazu sowie zu den einzelnen Bestandteilen einer Lizenzierungsvereinbarung wie z.B. Unterlizenzierungsvereinbarungen, Haftungsvorschriften etc. *Smith/Parr* (2005), S. 523-526.

[119] Im Mittelpunkt steht der Transfer von Know How. Vgl. *Hullmann* (2000), S. 77. Patente werden zudem als Tauschmittel in wechselseitigen Lizenzvereinbarungen verwendet (Cross-Licensing). Vgl. *Burr/Stephan/Zechbauer* (2006), S. 333-334. Sie dienen als „Währung", um Zugang zu geschützten immateriellen Werten eines anderen Unternehmens zu erlangen. Vgl. *Moser/Goddar* (2008), S. 135. Wechselseitige Lizenzvereinbarungen sind regelmäßig ein Bestandteil von FuE-Kooperationen. Zu FuE-Kooperationen vgl. Abschnitt 3.4.3.2.1.

[120] Vgl. *Ulsenheimer* (2002), S. 63-64.

[121] Vgl. *Reepmeyer* (2006), S. 87; *Breitenbach/Lewis* (2007), S. 195-196. In diesem Fall realisiert es Mittelzuflüsse durch künftige Royalty-Zahlungen.

[122] Vgl. *Rasmussen* (2002), S. 8-9. Ähnlich auch *Pritsch* (2000), S. 285-329; *Cockburn* (2004), S. 16; *Gassmann/Reepmeyer* (2006), S. 53.

schen Phase II, nachdem ein Wirksamkeitsnachweis am Patienten erbracht wurde.[123] Wichtig ist, dass durch die reine Einlizenzierung analog zum separaten Erwerb zunächst kein neues Wissen generiert, sondern lediglich schon bestehendes Wissen verteilt wird.[124] Neues Wissen entsteht beim einlizenzierenden Unternehmen erst durch den Einsatz der einlizenzierten Technologie(n) in dem jeweiligen durch die Einlizenzierung initiierten unternehmensintern oder kooperativ durchgeführten FuE-Projekt.

Lizenzierungsvereinbarungen umfassen im Pharmabereich grundsätzlich die im Folgenden beschriebenen Zahlungskomponenten, die auch bei einem separaten Erwerb mit erfolgsabhängigen Zahlungen regelmäßig vereinbart werden.[125] Die zu erbringende Gegenleistung besteht zumeist in einer Kombination aus einer einmaligen, häufig erfolgsunabhängigen Vorabzahlung (Upfront-Payment; Signing Fee; Technological Access Fee) sowie zusätzlichen, an den künftigen Entwicklungs- und/oder Vermarktungserfolg gebundenen Zahlungen.[126] Alle vertraglich vereinbarten Einzelzahlungen stehen dabei in einem wirtschaftlichen Zusammenhang.[127]

Bei Unterzeichnung des Vertrags wird zumeist ein Upfront-Payment fällig, das für den Zugang zu bestimmten Technologien gezahlt wird.[128] Darüber hinaus werden während der Laufzeit des Vertrages an die Erreichung bestimmter Ziele in Forschung und Entwicklung gebundene und damit technologische Meilensteinzahlungen fällig.[129] Zu diesen Zielen zählen u.a. der Nachweis der Wirksamkeit oder der Verträglichkeit eines Arzneimittels, der Beginn oder die erfolgreiche Beendigung einer klinischen Phase für eine bestimmte Indikation oder schließlich die Genehmigung durch eine Zulassungsbehörde. Während die ersten beiden Beispiele in den Bereich der an den Entwicklungserfolg gebundenen Meilensteinzahlungen (Development Milestones) fallen, ist das dritte Beispiel den an die Zulassung gekoppelten Meilensteinzah-

---

[123] Vgl. m.w.N. *Hartmann* (2006), S. 10.

[124] Vgl. *Hullmann* (2000), S. 77; *Dubbers* (2007), S. 26.

[125] Vgl. *Pritsch* (2000), S. 118; *Walton* (2004), S. 115-117; *Gassmann/Reepmeyer* (2006), S. 54; *Bogdan/Villiger* (2007), S. 106-108; *Bengs* (2008), S. 69. Zu einem Lizenzierungsvertrag vgl. exemplarisch *Villeneuve et al.* (2006), S. 12-1 bis 12-46.

[126] Vgl. *Lauer/Bremer* (2005), S. 450; *Wong* (2008), S. 12. Auch wenn jede Transaktion in ihrer Ausgestaltung unterschiedlich ist, unterscheiden sich die Zahlungskomponenten i.d.R. nicht. Vgl. *Guedj* (2005), S. 15.

[127] Vgl. *Lauer/Bremer* (2005), S. 453; *Wong* (2008), S. 36.

[128] Vgl. *Lauer/Bremer* (2005), S. 450.

[129] Unter einem Meilenstein ist eine an das Erreichen einer zuvor definierten Benchmark gebundene Zahlung zu verstehen. Vgl. *Guedj* (2005), S. 15; *Lauer/Bremer* (2005), S. 450.

lungen (Approval Milestones) zuzuordnen. In der Phase der Vermarktung des fertigen Arzneimittels sind häufig weitere, an Vertriebsziele gebundene Meilensteinzahlungen (Sales Milestones) sowie variable Anteile vom Umsatz eines Arzneimittels (Royalties[130]) abzuführen.[131] Je weiter ein Projekt im FuE-Prozess fortgeschritten ist, desto höher sind regelmäßig die einzelnen beschriebenen Zahlungskomponenten und damit auch die Gesamtkosten für das Projekt.[132] Während die in der Unternehmenspraxis bisher beobachtbaren durchschnittlichen Kosten ohne Berücksichtigung von Royalties und zusätzlichen internen FuE-Kosten bei Vertragsabschluss in der präklinischen Phase zwischen 38 und 53 Mio. USD lagen, betrugen sie bei Vertragsabschlüssen in der klinischen Phase II schon 190 bis 250 Mio. USD.

Die folgende Abbildung fasst die beschriebenen Möglichkeiten zur Ausgestaltung einer Einlizenzierungstransaktion noch einmal zusammen. In dem dargestellten Fall lizenziert Unternehmen B am Ende der klinischen Phase I einen Wirkstoff von Unternehmen A ein und leistet dafür ein Upfront-Payment, Development und Approval Milestones, sowie in der Vermarktungsphase Sales Milestones und Royalties. Darüber hinaus fallen bei Unternehmen B weitere interne Entwicklungskosten im Rahmen des durch die Einlizenzierung initiierten und intern weitergeführten Projekts an.

Ein bekanntes Praxisbeispiel für eine Einlizenzierung ist das cholesterinsenkende Arzneimittel Lipitor® des Pharmakonzerns Pfizer, welches vom Unternehmen Yamanouchi einlizenziert wurde.[133] Dieses Molekül war der einzige Blockbuster, der jemals einen Umsatz von mehr als 10 Mrd. USD in einem Jahr erzielte.[134] Ein relativ aktuelles Beispiel ist die Lizenzierungsvereinbarung zwischen der Cytos Biotechnology AG und Novartis zur Entwicklung, Herstellung und Vermarktung eines Impfstoffes zur Behandlung von Nikotinsucht.[135] Novartis erhielt in diesem Fall die weltweiten Exklusivrechte für den in der klinischen Phase II befindlichen Wirkstoff und ist im Gegenzug für die weitere Entwicklung sowie die Vermarktung zuständig. Als Gegenleistung

---

[130] Zur Definition vgl. *Lauer/Bremer* (2005), S. 451; *Bengs* (2008), S. 69.

[131] Vgl. auch *McDaniel* (2003), S. 32; *Villeneuve et al.* (2006), S. 30-50 bis 30-52; *Wong* (2008), S. 12. Zur Ermittlung von Royalty-Rates vgl. ausführlich *Smith/Parr* (2005), S. 460-476. Häufig werden allerdings bestimmte Ereignisse vertraglich festgelegt, bei deren Eintritt die Royalties anzupassen sind. Ein Beispiel für ein solches Ereignis ist das früher als erwartete Einsetzen von generischer Konkurrenz.

[132] Vgl. dazu und zum Folgenden mit Angaben zur durchschnittlichen Höhe der einzelnen Zahlungskomponenten *Edwards* (2008), S. 13.

[133] Vgl. hierzu und zum Folgenden *Reepmeyer* (2006), S. 71.

[134] Der Umsatz lag im Jahr 2006 bei 12,9 Mrd. USD. Vgl. *Hochwimmer* (2007), S. 24.

[135] Vgl. dazu und zum Folgenden *o.V.* (2007c), S. R303.

erhielt die Cytos Biotechnology AG sowohl ein Upfront-Payment als auch Meilensteinzahlungen und eine Beteiligung am Nettoumsatz (Royalties).

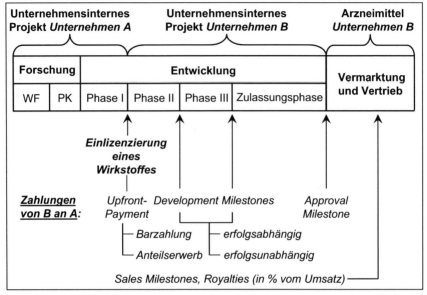

Abb. 12: Möglichkeiten zur grundsätzlichen Ausgestaltung eines Einlizenzierungsgeschäfts

Da das einlizenzierende Unternehmen im Anschluss an das Lizenzierungsgeschäft über ein aktives, durch die Einlizenzierung initiiertes FuE-Projekt verfügt, das auslizenzierende Unternehmen hingegen i.d.R. lediglich Erträge in Form von Upfront-Payment, Meilensteinzahlungen sowie bei erfolgreichem Abschluss des Projekts Royalties erzielt, wird in der vorliegenden Arbeit grundsätzlich die Perspektive des einlizenzierenden Unternehmens betrachtet.[136]

3.4.2.1.2 Bilanzielle Abbildung

Im Rahmen der bilanziellen Abbildung von separat erworbenen sowie durch Einlizenzierungen zugegangenen FuE-Projekten bzw. immateriellen (Vermögens-)Werten ist jeweils zwischen dem Erwerbsvorgang bzw. der Einlizenzierungstransaktion und dem dadurch initiierten unternehmensinternen FuE-Projekt zu differenzieren. Diese Differenzierung ist im Fall des Erwerbs mit einmaliger Gegenleistung problemlos

---

[136] Zur Ertragsrealisierung bei Kooperationen vgl. ausführlich *Lauer/Bremer* (2005); *Eberhardt* (2008), S. 607-609; *PwC* (2008b).

möglich, da die internen FuE-Aktivitäten zeitlich gesehen auf den Erwerb folgen. In allen anderen Fällen ist eine solche zeitliche Trennung nicht möglich, da die internen Projektschritte und die auf den Erwerb bzw. die Einlizenzierung zurückzuführenden weiteren Zahlungen während der Entwicklungs- oder Vermarktungsphase abwechselnd bzw. parallel stattfinden. Folglich erstrecken sich die Bilanzansatz- und Erstbewertungsvorgänge über mehrere Perioden.

Aufgrund der in IAS 38 angelegten Differenzierung nach der Zugangsform bei Bilanzansatz und Erstbewertung sollen zunächst jeweils die einzelnen Erwerbsvorgänge und anschließend die unternehmensinterne Weiterführung des Projekts betrachtet werden. Aus diesem Grund ist im Folgenden zu prüfen, ob die Bilanzansatzbedingungen des IAS 38 für separat erworbene immaterielle Vermögenswerte erfüllt sind. Eine Unterscheidung zwischen Erwerb und Einlizenzierung wird dabei nicht vorgenommen. Stattdessen wird eine Differenzierung danach getroffen, ob die zu erbringende Gegenleistung (Zahlung, hinzugebende Vermögenswerte) einmalig bzw. in mehreren erfolgsunabhängigen Zahlungen anfällt oder in Form von mehreren erfolgsabhängigen Teilleistungen zu erbringen ist. Zudem wird zwischen einer monetären und einer nicht monetären Gegenleistung differenziert.

Im ersten Schritt wird der *Erwerb eines gesamten FuE-Projekts* betrachtet, für den eine *erfolgsunabhängige Gegenleistung* für die Summe der erworbenen, unter das FuE-Projekt subsumierten Werte zu erbringen ist. Angenommen wird zunächst, dass es sich um eine einmalige Gegenleistung handelt.

Wie in Abschnitt 3.3 beschrieben, können die Definitionskriterien (abstrakte Bilanzierungsfähigkeit) regelmäßig als erfüllt angesehen werden. Folglich sind die immateriellen Vermögenswerte dann in der Bilanz des Erwerbers anzusetzen, wenn der erwartete künftige Nutzenzufluss für das Unternehmen wahrscheinlich ist und die Anschaffungskosten verlässlich ermittelbar sind (konkrete Bilanzierungsfähigkeit). Da es sich in diesem Fall um den separaten Erwerb eines Bündels immaterieller Vermögenswerte handelt, ist davon auszugehen, dass das Wahrscheinlichkeitskriterium für alle Einzelwerte erfüllt ist, da der zu zahlende Preis – und damit die Anschaffungskosten – i.d.R. (normally) die Erwartungen über die Wahrscheinlichkeit des erwarteten künftigen Nutzenzuflusses widerspiegelt (IAS 38.25).[137] Der Wert korreliert dabei regelmäßig positiv mit der Erfolgswahrscheinlichkeit.[138]

Ähnliche Regeln gelten für das Kriterium der zuverlässigen Bewertbarkeit. Für separat erworbene immaterielle Vermögenswerte gilt dieses Kriterium „usually" als erfüllt (IAS 38.26). Die Bedeutung von „usually" wird zwar nicht näher erklärt, aus IAS 38.26 i.V.m. IAS 38.BC28 kann jedoch abgeleitet werden, dass das Kriterium immer dann als erfüllt anzusehen ist, wenn die Gegenleistung in Zahlungsmitteln oder anderen monetären Vermögenswerten besteht. Nicht erfüllt ist das Kriterium eventuell bei einem Tauschgeschäft im Fall einer nicht monetären Gegenleistung (IAS 38.BC28).

Im nächsten Schritt ist zu untersuchen, mit welchem Betrag die erworbenen immateriellen Vermögenswerte im Erwerbszeitpunkt in der Bilanz anzusetzen sind.[139] Wie bereits beschrieben, hat eine Erstbewertung zu Anschaffungskosten zu erfolgen, die nach IAS 38.8 als der für den Erwerb des Vermögenswertes entrichtete Betrag definiert werden. Um diese ermitteln zu können, ist nach dem Kriterium der erbrachten Gegenleistung zwischen einem Erwerb gegen Zahlungsmittel, einem Erwerb durch Tausch sowie einem Erwerb durch Zuwendungen der öffentlichen Hand[140] zu differenzieren.

Beim Erwerb gegen Zahlungsmittel umfassen die Anschaffungskosten gemäß IAS 38.27 den Kaufpreis einschließlich Einfuhrzöllen und nicht erstattungsfähiger Umsatzsteuern, abzüglich von Rabatten, Boni und Skonti (Anschaffungspreisminderungen) sowie zuzüglich direkt zurechenbarer Kosten zur Vorbereitung des Vermögenswertes auf seine vom Management beabsichtigte Nutzung (Anschaffungsnebenkosten). Neben den „klassischen" Anschaffungskosten sind folglich solche Kosten zu berücksichtigen, die für die Erreichung des betriebsbereiten Zustands aufzuwenden sind.[141] Liegt zwischen dem Übergang des wirtschaftlichen Eigentums und der Bezahlung ein über das normale Maß hinausgehendes Zahlungsziel, ist der Barwert des Kaufpreises in die Anschaffungskosten einzubeziehen (IAS 38.32). Erfolgt

---

[137] Vgl. dazu auch *Heyd/Lutz-Ingold* (2005b), S. 36-37.

[138] Vgl. *Lüdenbach/Prusacyk* (2004), S. 416.

[139] Zur Erstbewertung separat erworbener immaterieller Vermögenswerte vgl. u.a. *Dawo* (2003), S. 207-208; *Hepers* (2005), S. 150-152 und S. 207-209; *Lutz-Ingold* (2005), S. 196-200; *Pellens et al.* (2008a), S. 285-287; *Wulf* (2008), S. 62-64.

[140] Ein Erwerb durch Zuwendungen der öffentlichen Hand wird aufgrund von Unwesentlichkeit vernachlässigt. Vgl. dazu *Hepers* (2005), S. 152 und S. 210; *Lutz-Ingold* (2005), S. 198-199.

[141] Vgl. *Pellens et al.* (2008a), S. 285.

hingegen ein Erwerb durch Tausch, ist der jeweilige erworbene Vermögenswert gemäß IAS 38.45 zum beizulegenden Zeitwert der Gegenleistung anzusetzen, wobei nach der Art der erbrachten Gegenleistung zu differenzieren ist.[142]

Zu beachten ist, dass in dem beschriebenen Fall zumeist keine einzelnen Vermögenswerte, sondern ein Bündel verschiedener, unter das FuE-Projekt subsumierter immaterieller Vermögenswerte erworben wird. Folglich liegen keine Anschaffungskosten für die einzelnen Vermögenswerte, sondern nur für das gesamte FuE-Projekt vor.[143] Aus theoretischer Sicht ist eine Verteilung der gesamten Anschaffungskosten auf die einzelnen Vermögenswerte der erworbenen Gruppe erforderlich. Eine separate Bewertung von Schutzrecht(en) und zugrunde liegender Technologie ist jedoch ebenso wie eine Einzelbewertung der sonstigen dem FuE-Projekt zugeordneten immateriellen Werte i.d.R. nicht willkürfrei möglich.[144] Letztlich entsteht der Wert des FuE-Projekts erst im Zusammenwirken der Einzelwerte über die Zahlungsmittelzuflüsse aus dem daraus entstandenen Arzneimittel.[145] Insofern sollte die gesamte erworbene Gruppe von Vermögenswerten als FuE-Projekt bzw. „in-process research and development" (IP R&D) im immateriellen Anlagevermögen aktiviert werden, solange das Projekt noch nicht abgeschlossen ist. Diese Überlegungen stehen auch in Einklang mit den für eine im Rahmen eines Unternehmenszusammenschlusses erworbene Gruppe von Vermögenswerten geltenden Vorschriften des IAS 38.[146] Denn IAS 38.36 legt fest, dass eine erworbene Gruppe von Vermögenswerten stets als ein Vermögenswert zu aktivieren ist, wenn die beizulegenden Zeitwerte der einzelnen Vermögenswerte nicht zuverlässig bestimmbar sind. Andernfalls wäre der Kaufpreis im Verhältnis der beizulegenden Zeitwerte auf die einzelnen Vermögenswerte zu ver-

---

[142] Erhält der Verkäufer Eigenkapitalanteile des erwerbenden Unternehmens, bemessen sich die Anschaffungskosten an dem beizulegenden Zeitwert der Anteile. Besteht die Gegenleistung hingegen in einem anderen Vermögenswert und hat der Tausch substanzielle Auswirkungen auf die wirtschaftliche Lage des Unternehmens, ist der beizulegende Zeitwert des hingegebenen Vermögenswertes anzusetzen, sofern er verlässlich bestimmbar ist. Ist er nicht verlässlich messbar, wird der in IAS 38.8 definierte beizulegende Zeitwert des erhaltenen Vermögenswertes aktiviert. Fehlt es dem Tauschgeschäft an wirtschaftlicher Substanz oder ist weder der beizulegende Zeitwert des hingegebenen noch der des erhaltenen Vermögenswertes verlässlich bestimmbar, so ist der Buchwert des hingegeben Vermögenswertes anzusetzen (IAS 38.46-47). Zu den Ausnahmen vgl. IAS 38.45 sowie *Lutz-Ingold* (2005), S. 199. Vgl. zum Erwerb durch Tausch auch *Ernst & Young* (2006), S. 822-823; *Pellens et al.* (2008a), S. 285-286.

[143] Eine Ausnahme stellt der separate Erwerb einer Technologie wie z.B. eines patentgeschützten Wirkstoffes dar, der ein Projekt initiiert.

[144] Vgl. auch Abschnitt 3.2.

[145] Vgl. auch *Arbeitskreis Immaterielle Werte im Rechnungswesen* (2009), S. 32.

[146] Vgl. *Hepers* (2005), S. 207-209; *Heyd/Lutz-Ingold* (2005b), S. 58; *Kunath* (2005), S. 118. Ähnlich auch *Lev* (2001), S. 87. Vgl. auch Abschnitt 3.4.2.2.2.

teilen. Aus den genannten Gründen werden alle beschriebenen, einem FuE-Projekt zugeordneten immateriellen Werte solange unter den Begriff IP R&D subsumiert, bis das Projekt abgeschlossen ist.[147]

Sind hingegen mehrere erfolgsunabhängige Gegenleistungen in Form von Zahlungen zu erbringen, sind diese bei Vertragsabschluss in Summe zu aktivieren, sodass das FuE-Projekt in beiden betrachteten Erwerbsfällen unter der Position „IP R&D" bzw. „FuE-Projekte" zu Anschaffungskosten in der Bilanz anzusetzen ist.[148]

Andere Vorschriften gelten für die im Rahmen der internen Weiterführung des Projekts generierten Werte. Da diese den für selbst erstellte immaterielle Vermögenswerte geltenden Bilanzansatzbedingungen unterliegen (IAS 38.42), ist jeweils zu prüfen, ob sie in aufwandswirksam der GuV oder als Vermögenswert in der Bilanz zu erfassen sind.[149]

Im nächsten Schritt wird der Fall betrachtet, dass ein FuE-Projekt *erworben oder einlizenziert* wird und dafür sowohl *erfolgsunabhängige als auch erfolgsabhängige Gegenleistungen* in Form von Zahlungen zu erbringen sind. Die Gegenleistung setzt sich in diesem Fall aus einem erfolgsunabhängigen Upfront-Payment sowie erfolgsabhängigen Meilensteinzahlungen und Royalties zusammen. Da es sich bei dem im Rahmen der genannten Fälle zu leistenden Upfront-Payment ebenso wie bei den Development und Approval Milestones um Gegenleistungen für erworbene immaterielle Vermögenswerte handelt, sind die Bilanzansatzbedingungen des IAS 38 hier ebenfalls erfüllt, sodass eine Aktivierung vorzunehmen ist.[150] Werden die Vorschrif-

---

[147] Vgl. *AICPA* (2001), S. 11; *Hall* (2003), S. 18. Eine klare Definition des Begriffes IP R&D existiert allerdings nicht. *Fülbier/Honold/Klar* übersetzen den Begriff wie viele andere auch mit FuE-Aktivitäten. Vgl. *Fülbier/Honold/Klar* (2000), S. 836. IP R&D wird in der IFRS-Rechnungslegung regelmäßig als Einzelvermögenswert auf eine Aktivierungspflicht überprüft. Vgl. *Lüdenbach/ Prusacyk* (2004), S. 415.

[148] Gleichzeitig ist in Höhe der Differenz zwischen den gesamten Anschaffungskosten und dem bereits gezahlten Betrag eine Verbindlichkeit zu passivieren. Die auszuweisenden Gruppen immaterieller Vermögenswerte sind in IAS 38.119 geregelt. Dort sind auch „intangible assets under development" explizit aufgeführt.

[149] Vgl. dazu Abschnitt 3.4.1.2.2.

[150] Eine Angabepflicht auch für künftige Meilensteinzahlungen besteht jedoch schon bei Vertragsabschluss, da IAS 38.122e vorschreibt, dass Verpflichtungen zum Erwerb immaterieller Vermögenswerte anzugeben sind. Da Meilensteinzahlungen mögliche Verpflichtungen darstellen, die aus einem vergangenen Ereignis in Form des Vertragsabschlusses resultieren und deren tatsächlicher Eintritt von einem oder mehreren unsicheren künftigen Ereignissen abhängt, handelt es sich zudem gemäß IAS 37.10 um Eventualverbindlichkeiten, für die gemäß IAS 37.28 die in IAS 37.86 genannten Angaben im Anhang zu machen sind, es sei denn, die Wahrscheinlichkeit eines künftigen Nutzenabflusses ist „remote". Dazu gehört insbesondere eine Schätzung der finanziellen Konsequenzen.

ten des IAS 37.33 analog herangezogen, hat eine Aktivierung von Entwicklungs- oder Zulassungsmeilensteinzahlungen bereits dann zu erfolgen, wenn das Erreichen eines Meilensteins „virtually certain" und damit so gut wie sicher ist.[151] Den spätesten Zeitpunkt für eine Aktivierung stellt jedoch die tatsächliche Zahlung dar. Gesondert zu betrachten sind jedoch Sales Milestones. Stellen sie einen Ersatz für nicht marktgerechte Royalties dar, so ist eine GuV-wirksame Abgrenzung bis zum erwarteten Zahlungszeitpunkt (Erreichen der Umsatzgrenze) vorzunehmen, sobald das Erreichen des Meilensteins „more likely than not" ist (IAS 37.15). Ist dies nicht der Fall, da die Royalties marktüblich sind, werden die Sales Milestones als Entwicklungsmeilensteinzahlungen interpretiert und aktiviert bzw. als Rückstellung bis zum Zahlungszeitpunkt abgegrenzt.[152]

Im Fall eines separaten Erwerbs stellen sowohl das Upfront-Payment als auch die in der Entwicklungsphase zu leistenden Meilensteinzahlungen eine Gegenleistung für den Erwerb von IP R&D bzw. eines FuE-Projekts[153], die an die Zulassung gebundenen Meilensteinzahlungen hingegen eine Gegenleistung für das Recht zur Vermarktung dar. An Vertriebsziele gebundene Meilensteinzahlungen sind bei nicht marktgerechten Royalties als Kürzung des mit dem Arzneimittel erzielten Umsatzes, ansonsten als Buchwerterhöhung des aktivierten FuE-Projekts zu erfassen. Bei der Einlizenzierung können das geleistete Upfront-Payment als erfolgsunabhängige, bei Vertragsabschluss zu leistende Zahlung und die an Entwicklungsziele gebundenen Meilensteinzahlungen als Gegenleistung für übergegangene Rechte zur Nutzung von Technologien des Vertragspartners, die ein unternehmensinternes FuE-Projekt initiieren, interpretiert werden.[154] Da durch die einlizenzierte(n) Technologie(n) ein internes FuE-Projekt initiiert wird, erscheint eine Aktivierung des Upfront-Payments sowie der an Entwicklungsziele gebundenen Meilensteinzahlungen als FuE-Projekt bzw. IP R&D und nicht als Nutzungsrecht zutreffend[155], während an die Zulassung gebunde-

---

[151] Empirische Studien kommen zu dem Ergebnis, dass eine sehr hohe Eintrittswahrscheinlichkeit von über 90% gegeben sein sollte. Vgl. *Wagenhofer* (2005), S. 260.

[152] Diese Vorgehensweise ist in der Pharmabranche gängige Praxis. Vgl. dazu PwC (2008e), S. 53 und S. 61. Sie kann auch aus dem Grundsatz der wirtschaftlichen Betrachtungsweise (RK.35) sowie aus IAS 18.30 (b) abgeleitet werden.

[153] Es handelt sich folglich um im Erwerbszeitpunkt sowie nachträglich zu leistende Anschaffungskosten für den Erwerb des Projekts.

[154] Vgl. *Lauer/Bremer* (2005), S. 450.

[155] Wurde das Upfront-Payment als Nutzungsrecht aktiviert, ist eine Aktivierung eventueller künftiger Meilensteinzahlungen als Erhöhung des Buchwertes des Nutzungsrechts sachgerecht. Im Folgenden wird die Aktivierung als Nutzungsrecht nicht weiter betrachtet. Lediglich Technologien, die im Rahmen von FuE-Projekten eingesetzt werden, jedoch nicht in das zu entwickelnde Produkt

ne Zahlungen streng genommen als Vermarktungsrecht zu aktivieren sind. Nur wenn das Unternehmen durch die geleisteten Zahlungen kein Recht zur Nutzung von Technologien, sondern lediglich das Recht zum späteren Verkauf des noch in Forschung oder Entwicklung befindlichen Arzneimittels erwirbt, ist eine Aktivierung aller Zahlungen als Vermarktungsrecht vorzunehmen.[156] Sales Milestones sind analog zum zuvor dargestellten separaten Erwerb zu behandeln.

Aus Vollständigkeits- bzw. Verständnisgründen soll abschließend darauf hingewiesen werden, dass nicht alle Upfront-Payments bzw. Meilensteinzahlungen aktivierungspflichtig sind. Es kann Vereinbarungen geben, in denen sie der Finanzierung von FuE-Aktivitäten dienen und folglich eine Erstattung von internen FuE-Kosten des Vertragspartners darstellen. In diesem Fall sind sich analog zu unternehmensinternen FuE-Kosten zu bilanzieren.[157] Sind die Aktivierungsvoraussetzungen jedoch erfüllt, besteht sowohl im Fall des separaten Erwerbs als auch bei der Einlizenzierung eine Aktivierungspflicht zu Anschaffungskosten. Je nach Sachverhalt ist eine Aktivierung als FuE-Projekt bzw. IP R&D oder Vermarktungsrecht vorzunehmen. Die neben den mit dem Erwerbs- bzw. Lizenzierungsvorgang verbundenen Zahlungen anfallenden unternehmensinternen FuE-Kosten unterliegen wiederum den für unternehmensintern durchgeführte FuE-Projekte geltenden Vorschriften.[158]

3.4.2.2 Erwerb durch Unternehmenszusammenschluss

3.4.2.2.1 Beschreibung des Durchführungsweges

Neben einem separaten Erwerb oder einer Einlizenzierung kann der Erwerb von FuE-Projekten auch im Rahmen eines Unternehmenszusammenschlusses erfolgen. Bei einem Unternehmenszusammenschluss werden bisher separate Unternehmen bzw. Unternehmensteile separater Unternehmen zu einem zumindest wirtschaftlich einheitlichen Unternehmen zusammengeführt. Dementsprechend fallen sowohl „klassische" Unternehmensübernahmen (Asset und Share Deals) als auch Fusionen

---

eingehen, sind separat als bspw. sonstige Rechte in der Bilanz anzusetzen. Auch diese Technologien werden im Folgenden nicht weiter betrachtet.

[156] Vgl. mit einem Beispiel *PwC* (2008e), S. 53. Die Erfolgswahrscheinlichkeit unterscheidet sich nicht von der vergleichbarer FuE-Projekte, da das Unternehmen das entsprechende Arzneimittel künftig nur vermarkten kann, wenn der Vertragspartner die Entwicklung erfolgreich abschließt. Folglich sind diese Vermarktungsrechte im Rahmen der vorliegenden Arbeit zu betrachten, auch wenn sie kein internes Projekt initiieren.

[157] Vgl. zu diesen Fällen Abschnitt 3.4.3.1.2 zur Auftrags-FuE.

[158] Vgl. dazu Abschnitt 3.4.1.2.

unter diesen Begriff.[159] Im Gegensatz zum zuvor dargestellten direkten Erwerb erfolgt hierbei ein indirekter Erwerb der laufenden FuE-Projekte des erworbenen Unternehmens über den „Umweg" des Unternehmenserwerbs.

In der Pharmabranche stellt der Zugang von FuE-Projekten durch Unternehmenszusammenschlüsse nach FuE-Kooperationen und Einlizenzierungsverträgen die dritt wichtigste Form nicht vollständig unternehmensintern durchgeführter FuE-Projekte dar.[160] Sie sind schon seit vielen Jahren zu beobachten[161] und haben insbesondere in den letzten Jahren wieder verstärkt an Bedeutung gewonnen. Während Unternehmenszusammenschlüsse in den 1980er und 1990er Jahren eher der Erzielung von Einnahmen durch die Realisation von Synergieeffekten bzw. Kostensenkungspotenzialen und dem Schutz vor Generikakonkurrenz dienten[162], steht inzwischen die Erlangung einer Marktführerposition in bestimmten Therapiegebieten sowie die Stärkung der FuE-Pipeline im Vordergrund.[163] Insbesondere der verstärkte Erwerb von FuE-intensiven Biotechnologieunternehmen durch etablierte Pharmaunternehmen – wie z.B. der Erwerb von Vicuron durch Pfizer – ist durch dieses Motiv zu erklären.[164] Aber auch Zusammenschlüsse von großen Pharmaunternehmen wie z.B. von Sanofi und Aventis, der Erwerb von Schwarz Pharma durch UCB oder die Übernahme von Schering durch Bayer zielen neben einer Stärkung der FuE-Pipeline sicherlich insbesondere auch auf eine Verbesserung der Marktposition ab. Da es sich bei den Transaktionen zwischen großen Pharmakonzernen i.d.R. um Share Deals handelt[165], soll die bilanzielle Abbildung dieser Form des Unternehmenszusammen-

---

[159] Zu Formen von Unternehmenszusammenschlüssen vgl. *Pellens et al.* (2008a), S. 680.

[160] Vgl. *Rasmussen* (2002), S. 8-9.

[161] Vgl. dazu und zum Folgenden Abschnitt 2.2.4. Zu den Fusionen von Ciba-Geigy und Sandoz, Hoechst und Rhone Poulenc sowie Glaxo Wellcome und SmithKline Beecham vgl. *Bublik* (2004), S. 190-215. Für eine Übersicht über Übernahmen und Fusionen in der Pharmabranche seit 1995 mit einem Volumen von mehr als 5 Mrd. USD vgl. Anhang B, Tab. B1 und Tab. B2. Zu den größten Zusammenschlüssen zwischen 1989 und 2003 vgl. *Fricke/Schöffski* (2008), S. 26-27. Beispiele für rein biotechnologiebezogene Transaktionen sind der Zusammenschluss von Biogen und Idec zu Biogen Idec und die Übernahme von Immunex durch Amgen. Vgl. zu großen M&A-Transaktionen im Biotech-Bereich u.a. *Mittra* (2007), S. 286.

[162] Vgl. hierzu und zum Folgenden *Meissner* (2003), S. 55-56; *Goebel* (2004), S. 104. Zu Motiven für M&A-Transaktionen vgl. *Löhr* (2005), S. 73-76.

[163] Vgl. *Bednarczyk* (2006), S. 423.

[164] Vgl. *Hartmann* (2006), S. 16. Vgl. auch *Higgins/Rodriguez* (2006), S. 352. Weitere Beispiele sind die Übernahme von Transkaryotic Therapies durch Shire für 1,6 Mrd. USD und von Esperion durch Pfizer für 1,3 Mrd. USD. Vgl. *DVFA* (2005), S. 19.

[165] Bei grenzüberschreitenden Zusammenschlüssen großer Kapitalgesellschaften bildet der Share Deal den Regelfall. Vgl. *Pellens et al.* (2008a), S. 680.

schlusses im Konzernabschluss des Erwerbers im nächsten Abschnitt näher betrachtet werden.[166]

3.4.2.2.2 Bilanzielle Abbildung

Die bilanzielle Abbildung von im Rahmen eines Unternehmenszusammenschlusses erworbenen immateriellen Vermögenswerten im Konzernabschluss des Erwerbers ist in IFRS 3 i.V.m. IAS 38 geregelt. IFRS 3 wurde im Jahr 2008 überarbeitet, sodass diese neue Fassung erst für Unternehmenszusammenschlüsse anzuwenden ist, die am oder nach dem 01.07.2009 stattfinden. Da die in Kapitel 4 untersuchten Konzernabschlüsse jedoch den Zeitraum von 2005 bis 2008 betreffen, werden im Folgenden sowohl die Vorschriften des IFRS 3 (2008) als auch die Unterschiede zum IFRS 3 (2004) dargestellt.[167] Sofern nicht gesondert gekennzeichnet, ist im Folgenden unter dem IFRS 3 allerdings der Standard in der Fassung von 2008 zu verstehen.

Der Appendix zu IFRS 3 definiert einen Unternehmenszusammenschluss (business combination) als Transaktion oder anderes Ereignis, bei dem ein Erwerber die Beherrschung über ein oder mehrere Geschäftsbetriebe (businesses) erlangt.[168] Ein Geschäftsbetrieb ist dabei durch Ressourcen und Prozesse gekennzeichnet, mit denen die Möglichkeit besteht, Ergebnisse zu realisieren.[169] Charakteristisches Merkmal eines Unternehmenszusammenschlusses ist folglich der Übergang der Kontrolle über die Geschäfts- und Finanzpolitik des erworbenen Unternehmens auf den Erwerber. Die Tatsache, dass IFRS 3.4 (2004) einen Unternehmenszusammenschluss als Zusammenführung von zwei oder mehr separaten Unternehmen oder Geschäfts-

---

[166] Im Einzelabschluss wird im Falle eines Share Deals nur eine Beteiligung bilanziert und nicht die hinter der Beteiligung stehenden einzelnen Vermögenswerte und Schulden; insofern liegt der Fokus für Zwecke dieser Arbeit nur auf dem Konzernabschluss. Bei einem Asset Deal erfolgt hingegen in Einzel- und Konzernabschluss eine identische Abbildung durch Erfassung der Vermögenswerte und Schulden mit ihren Fair Values zum Anschaffungszeitpunkt. Zur bilanziellen Abbildung von Asset Deals vgl. *Pellens et al.* (2008a), S. 685-687.

[167] Zum Aufbau von IFRS 3 (2008) vgl. *Pellens et al.* (2008a), S. 682-683. Vgl. zu einer Gegenüberstellung von IFRS 3 (2004) und IFRS 3 (2008) auch *Hachmeister* (2008); *Schultze/Kafadar/Thiericke* (2008).

[168] Die Kontrollerlangung ist dabei unabhängig von einem physischen Zusammenführen zweier Geschäftsbetriebe. Vgl. auch *Beyhs/Wagner* (2008), S. 75.

[169] Zu den Leitlinien zur Identifizierung eines Geschäftsbetriebs vgl. IFRS 3.B5-12.

betrieben[170] in ein Bericht erstattendes Unternehmen definiert[171], zeigt zudem, dass die aktuelle Definition die Erlangung der Kontrolle stärker in den Vordergrund rückt.[172]

IFRS 3 gilt für Asset Deals, Share Deals und Fusionen gleichermaßen (IFRS 3.B6), da IFRS 3 die unwiderlegbare Vermutung postuliert, dass bei einem Unternehmenszusammenschluss stets ein Erwerber identifiziert werden kann, der die Beherrschung über ein anderes Unternehmen bzw. einen Unternehmensteil ausübt (IFRS 3.6).[173] Der Anwendungsbereich des IFRS 3 wurde im Vergleich zur Fassung von 2004 erweitert, da ein Unternehmenszusammenschluss gemäß IFRS 3.43c auch durch eine Kontrollerlangung auf vertraglicher Grundlage (by contract alone) entstehen kann.[174]

Der Zugang von FuE-Projekten durch einen Unternehmenszusammenschluss weist im Vergleich zum separaten Erwerb und zur Einlizenzierung die Besonderheit auf, dass nicht ein einzelnes FuE-Projekt, sondern ein ganzes Unternehmen bzw. eine Vermögensgesamtheit erworben wird. Neben vielen anderen Werten wird demnach auch die gesamte FuE-Pipeline – d.h. alle in Forschung oder Entwicklung befindlichen Projekte des erworbenen Unternehmens – übernommen. Folglich existieren keine separaten Anschaffungskosten für die einzelnen Vermögenswerte, sondern nur für die im Fall eines Share Deals erworbenen Anteile.

---

[170] Ein Geschäftsbetrieb ist in IFRS 3 (2004), Anhang A definiert. Die Definition unterscheidet sich nicht wesentlich von der des IFRS 3 (2008).

[171] Vgl. dazu *Heyd/Lutz-Ingold* (2005b), S. 50-54; *Zelger* (2005), S. 93; *Pellens et al.* (2008a), S. 287-288.

[172] Vgl. auch *Fink* (2008a), S. 114; *Schwedler* (2008), S. 130.

[173] Zu Indikatoren zur Identifikation des Kontrollinhabers vgl. IFRS 3.B6 (2008) bzw. IFRS 3.29 (2004). Es ist anzunehmen, dass das Käuferunternehmen bei fast allen Unternehmenszusammenschlüssen die Kontrolle erhält. Vgl. *Grüner* (2006), S. 19.

[174] Vgl. auch *Hachmeister* (2008), S. 116; *Hendler/Zülch* (2008), S. 485. Diese Änderung könnte künftig dazu führen, dass Kooperationen oder Lizenzierungsgeschäfte teilweise in den Anwendungsbereich des IFRS 3 fallen. In diesem Fall wären an die Erfüllung künftiger FuE-Ziele gebundene Meilensteinzahlungen im Zeitpunkt des Unternehmenszusammenschlusses nach IFRS 3.58 als bedingte Gegenleistung (contingent consideration) einzuordnen und als Bestandteil des Fair Value der übertragenen Gegenleistung zu behandeln (IFRS 3.37, 40). Dementsprechend wäre eine korrespondierende Rückstellung in Höhe des Fair Value der bedingten Gegenleistung zu bilden, die bei künftigen Änderungen hinsichtlich der Höhe oder der Eintrittswahrscheinlichkeit GuV-wirksam anzupassen wäre. Vgl. auch *Pellens/Amshoff/Sellhorn* (2008), S. 605. Zur Bewertung in den Folgeperioden, die sich nach der Klassifizierung als Eigenkapital oder Schuld richtet, vgl. IFRS 3.58 sowie *Fink* (2008a), S. 116-117. Allerdings ist anzumerken, dass diese Vorgehensweise die Vorschriften zum separaten Erwerb „aushebeln" würde. Wird deshalb angenommen, dass eine Business Combination nur dann vorliegt, wenn auch Personal bzw. ein Geschäft übergeht, fallen die beschriebenen Lizenzierungs- und Kooperationsgeschäfte zumeist auch weiterhin nicht in den Anwendungsbereich des IFRS 3.

Für die Abbildung eines solchen Unternehmenszusammenschlusses schreibt IFRS 3.4 die Erwerbsmethode (acquisition method) vor.[175] Aufgrund des Ansatzprinzips des IFRS 3.10 hat der Erwerber eines Unternehmens im Rahmen der so genannten Kaufpreisallokation[176] (Purchase Price Allocation, PPA), unabhängig von der vorherigen bilanziellen Abbildung beim erworbenen Unternehmen alle FuE-Projekte im Erwerbszeitpunkt separat vom Goodwill mit ihren Fair Values[177] anzusetzen, sofern sie die Definitionskriterien eines immateriellen Vermögenswertes erfüllen und Bestandteil des Unternehmenszusammenschlusses sind (IAS 38.33-34; IFRS 3.11 und 12)[178]; andernfalls gehen diese Werte in der Residualgröße Goodwill auf.[179] Zudem wurde für immaterielle Vermögenswerte bereits in IFRS 3.37c (2004) festgelegt[180], dass das Kriterium eines wahrscheinlichen Nutzenzuflusses regelmäßig als erfüllt anzusehen ist[181], sodass die zuverlässige Bewertbarkeit die einzige zusätzliche Ansatzhürde neben der Identifizierbarkeit darstellte. Die Anforderung der zuverlässigen Bewertbarkeit wurde jedoch durch IFRS 3 (2008) abgeschafft (IFRS 3.BC125 bzw. IAS 38.33), sodass gemäß der aktuellen Vorschriften alle identifizierbaren FuE-Projekte prinzipiell ansatzpflichtig sind.[182]

Der explizite Hinweis auf FuE-Projekte zeigt, dass an dieser Stelle analog zum separaten Projekterwerb mit einmaliger monetärer Gegenleistung keine separate Bilanzie-

---

[175] Zur Bilanzierung eines Share Deal vgl. *Ernst & Young* (2006), S. 446-535; *Grüner* (2006), S. 21-39; *Pellens et al.* (2008a), S. 687-737. Zur Kapitalkonsolidierung nach der Erwerbsmethode vgl. *Baetge/Kirsch/Thiele* (2009b), S. 174-219.

[176] Vgl. zur Kaufpreisallokation *Heidemann* (2005).

[177] Zu einem Überblick zum Fair Value vgl. *Brandt/Schmidt* (2008). Zum Fair Value-Begriff in der IFRS-Rechnungslegung vgl. *Hitz* (2005), S. 82-85.

[178] Vgl. zu den Kriterien des Rahmenkonzeptes Abschnitt 3.3. Zu den Ansatzbedingungen des IFRS 3 vgl. *Beyhs/Wagner* (2008), S. 75; *Hendler/Zülch* (2008), S. 485-486; *Schwedler* (2008), S. 132.

[179] Zur Abbildung eines Unternehmenszusammenschlusses nach IFRS 3 (2004) vgl. *Zelger* (2005), S. 96-102; *Baetge/Hayn/Ströher* (2006). Zu den Bilanzansatzkriterien des IFRS 3 vgl. *Esser/ Hackenberger* (2004), S. 407; *Hommel/Benkel/Wich* (2004), S. 1268-1270; *Hepers* (2005), S. 209-216; *Kunath* (2005); *Lutz-Ingold* (2005), S. 182-183; *Ernst & Young* (2006), S. 471-481; *Sierist/ Stucker* (2006); *Wulf* (2008), S. 44-50; *Busse von Colbe et al.* (2010), S. 216-217.

[180] Diese Annahme wurde in IFRS 3.BC130 bzw. IAS 38.33 übernommen.

[181] Das konkrete Ansatzkriterium eines wahrscheinlichen Nutzenzuflusses wird bereits im IFRS 3 (2004) mit der gleichen Begründung wie beim separaten Erwerb „normally" als erfüllt angesehen. Vgl. auch *Lutz-Ingold* (2005), S. 182. Der Erwerbsvorgang konkretisiert die Wahrscheinlichkeit des künftigen Nutzenzuflusses. Nach dem Erwerb getätigte Ausgaben sind jedoch gemäß IAS 38.43 nach den Kriterien für selbst erstellte immaterielle Vermögenswerte des IAS 38.52-62 zu bilanzieren.

[182] Vgl. *Hachmeister* (2008), S. 118; *Hendler/Zülch* (2008), S. 486; *PwC* (2008f), Tz. 15.125; *Schultze/Kafadar/ Thiericke* (2008), S. 1350. Dass Abschlussprüfer und Ersteller davon ausgehen, dass diese Änderung in der Praxis zu keiner vermehrten Aktivierung von immateriellen Vermögenswerten führt, spricht jedoch dafür, dass eine zuverlässige Bewertbarkeit der identifizierbaren immateriellen Vermögenswerte auch vorher nicht bezweifelt wurde. Vgl. dazu *IASB* (2008b), S. 35.

rung bzw. Bewertung der einzelnen, zu einem laufenden FuE-Projekt gehörenden immaterielle (Vermögens-)Werte vorzunehmen ist. Vergleichbar zu den Ausführungen zum separaten Erwerb ist eine separate Bewertung von Schutzrecht und zugrunde liegender Technologie ebenso wie eine Einzelbewertung der sonstigen einem FuE-Projekt zugeordneten immateriellen Werte regelmäßig nicht willkürfrei möglich.[183] Zudem wird der wirtschaftliche Nutzen aus der Kombination der Technologien erzielt. Zu aktivieren bzw. zu bewerten ist demnach das jeweilige identifizierbare FuE-Projekt.[184] Lediglich solche Technologien, die in verschiedenen Projekten zum Einsatz kommen, sind wiederum separat zu erfassen.

Wird von dem inzwischen abgeschafften Kriterium einer zuverlässigen Bewertbarkeit abgesehen, stellt die Identifizierbarkeit der erworbenen FuE-Projekte gemäß dem Contractual/Legal- bzw. Separability-Kriterium das entscheidende zu erfüllende Ansatzkriterium dar.[185] Wie in Abschnitt 3.3 ausführlich erläutert, ist anzunehmen, dass FuE-Projekte dieses Kriterium i.d.R. erfüllen. Aufgrund des sequentiellen Ablaufs des FuE-Prozesses sowie der Dokumentation der Beendigung der einzelnen klinischen Phasen ist die Abgrenzung pharmazeutischer FuE-Projekte bei Unternehmenszusammenschlüssen vergleichsweise einfach möglich.[186] Zur Identifizierung können Einträge im Patentregister, Informationen des internen Rechnungswesens zu Patent- und Lizenzaufwendungen, die Produktionsprozesse eines Unternehmens und Werttreiberanalysen, Interviews sowie Markt- und Branchenanalysen herangezogen werden.

Zu beachten ist allerdings, dass Unternehmenszusammenschlüsse verglichen mit den übrigen betrachteten Durchführungswegen die Besonderheit aufweisen, dass keine direkt zurechenbaren Anschaffungskosten vorliegen. Folglich sind die fiktiven Anschaffungskosten pharmazeutischer FuE-Projekte[187] mittels der im Folgenden beschriebenen aufwendigen Bewertungsverfahren zu ermitteln. Da allerdings nicht jedes erworbene FuE-Projekt einen materiellen Einfluss auf die Vermögens-, Finanz- und Ertragslage des Erwerbers hat und somit vor dem Hintergrund von Kosten-

---

[183] Vgl. Abschnitt 3.4.2.1.2.

[184] Vgl. auch *Lüdenbach/Prusaczyk* (2004), S. 415.

[185] Zum Identifikationsprozess bei der Due Dilligence und damit zu den folgenden Ausführungen vgl. *Grüner* (2006), S. 47-56. Zur Identifizierung immaterieller Werte vgl. ferner *AICPA* (2001), S. 76-77; *Zelger* (2005), S. 106-116.

[186] Vgl. dazu und zum Folgenden *Arbeitskreis Immaterielle Werte im Rechnungswesen* (2009), S. 31.

[187] Dies gilt auch für dem Bereich der Forschung zuzuordnende Werte wie insbesondere patentgeschützte oder ungeschützte Wirkstoffe.

Nutzen-Überlegungen eine eigenständige Bewertung rechtfertigt[188], ist jeweils eine Grenze festzulegen, ab der ein separater Ansatz gerechtfertig ist.[189] Alle identifizierten und als wesentlich klassifizierten Projekte werden schließlich als FuE-Projekte bzw. IP R&D aktiviert, solange das in Forschung oder Entwicklung befindliche Arzneimittel noch keine Marktreife erlangt hat.[190]

Die bei einem Unternehmenszusammenschluss erworbenen und aktivierungspflichtigen FuE-Projekte sind, wie bereits angemerkt, mit ihrem Fair Value zu bewerten (IFRS 3.18; IAS 38.34)[191], der gemäß IAS 38.8 als der Betrag definiert ist, zu dem ein Vermögenswert zwischen vertragswilligen, sachverständigen und unabhängigen Dritten getauscht werden könnte. Die entsprechenden Vorschriften zur Ermittlung des Fair Value enthält IAS 38. Je nach Verfügbarkeit der Daten sind die in der so genannten Fair Value-Hierarchie[192] enthaltenen Bewertungsverfahren anzuwenden (IAS 38.39-41).[193] Dabei sind die aktuellsten Geschäftsvorfälle und Praktiken der jeweiligen Branche zu berücksichtigen (IAS 38.41).

Die beste Schätzgrundlage für den Fair Value bildet gemäß IAS 38.39 der aktuelle Angebotsmarktpreis auf einem aktiven Markt. Sofern keine aktuellen Preise zur Verfügung stehen, ist auf den Preis der letzten vergleichbaren Markttransaktion zurückzugreifen, wenn sich die wirtschaftlichen Rahmenbedingungen nicht bedeutend geändert haben. Die restriktiven und kumulativ zu erfüllenden Anforderungen an einen aktiven Markt i.S.d. IAS 38 werden aufgrund der Einzigartigkeit bzw. der fehlenden Marktgängigkeit von FuE-Projekten regelmäßig nicht erfüllt.[194] Schließlich zeichnet sich ein aktiver Markt durch homogene Produkte, jederzeit vertragswillige Käufer und Verkäufer sowie öffentlich zur Verfügung stehende Preise aus (IAS 38.8). Aus diesem Grund ist im nächsten Schritt gemäß IAS 38.40 zu prüfen, ob ein fiktiver Ange-

---

[188] Zum im Rahmenkonzept verankerten Wesentlichkeitsgrundsatz, der einen Sekundärgrundsatz der Relevanz darstellt, vgl. Abschnitt 4.2.1.

[189] Vgl. *Zelger* (2005), S. 106; *Grüner* (2006), S. 45; *Lüdenbach* (2009), S. 1663.

[190] Vgl. *Arbeitskreis Immaterielle Werte im Rechnungswesen* (2009), S. 32.

[191] Dies gilt nach IFRS 3.B43 explizit auch dann, wenn der Erwerber das Projekt nicht fortführen möchte. Vgl. dazu *Hendler/Zülch* (2008), S. 488.

[192] IFRS 3.B16 weist ebenfalls auf die Fair Value-Hierarchie hin, verweist dabei aber explizit auf IAS 38. Vgl. zur Fair Value-Hierarchie *Hepers* (2005), S. 211-216; *Hitz* (2005), S. 87-91; *Ernst & Young* (2006), S. 485-489.

[193] Vgl. *Dawo* (2003), S. 212. Zu den Bewertungsansätzen zur Ermittlung des Fair Value vgl. ausführlich *Jäger/Himmel* (2003), S. 426-436; *Siegrist/Stucker* (2007), S. 244-246. Zur Bewertung von erworbenen FuE-Projekten vgl. *Lüdenbach/Prusacyk* (2004), S. 417-421.

[194] Vgl. auch IDW S 5, Tz. 21; *AICPA* (2001), S. 5; *Lüdenbach/Prusacyk* (2004), S. 418; *IVSC* (2007), Tz. 5.53; *Moser/Goddar* (2007), S. 596; *Beyer/Mackenstedt* (2008), S. 342.

botspreis, der sich unter Verwendung bestmöglicher Informationen zwischen sachverständigen, vertragswilligen und unabhängigen Geschäftspartnern ergeben hätte, geschätzt werden kann. Hierbei sind aktuelle Transaktionspreise ähnlicher Vermögenswerte zu berücksichtigen (Analogiemethode im Sinne eines Market Approach[195]). Die Anwendung dieses Ansatzes setzt jedoch voraus, dass entweder ein vergleichbares FuE-Projekt existiert, dessen Marktpreis verfügbar ist oder Vergleichstransaktionen zur Verfügung stehen, aus denen Marktpreise abgeleitet werden können. Zudem muss das ersatzweise herangezogene FuE-Projekt in den wesentlichen wertrelevanten Eigenschaften weitgehend identisch mit dem Bewertungsobjekt sein.[196] Die Anwendungsvoraussetzungen für dieses Verfahren zeigen, dass der Anwendungsbereich für die in dieser Arbeit betrachteten FuE-Projekte ebenfalls sehr begrenzt ist.[197]

Ist auch die Bestimmung eines Vergleichswertes nicht möglich, sind die auf der dritten Stufe der Fair Value-Hierarchie angeordneten anerkannten, barwertorientierten Bewertungsverfahren (Income Approach) zur Schätzung des Fair Value heranzuziehen (IAS 38.41).[198] Hierbei wird explizit auf die Anwendbarkeit der Relief-from-Royalty Methode (Lizenzpreisanalogiemethode) sowie von Discounted Cash Flow-Verfahren hingewiesen.[199]

Die folgende Abbildung fasst die nach IAS 38 und unter Berücksichtigung der vom Institut der Wirtschaftprüfer (IDW) erlassenen Stellungnahmen IDW S 5 „Grundsätze zur Bewertung immaterieller Vermögenswerte" und IDW RS HFA 16 „Bewertungen bei der Abbildung von Unternehmenserwerben und bei Werthaltigkeitsprüfungen nach IFRS" explizit anwendbaren sowie in der Praxis gängigen Bewertungsverfahren

---

[195] Vgl. dazu IDW RS HFA 16, Tz. 21-23; *Reilly/Schweihs* (1999), S. 146-157; *Smith/Parr* (2000), S. 170-173 und S. 175-197; *Grüner* (2006), S. 86-96.

[196] Vgl. IDW RS HFA 16, Tz. 22.

[197] Vgl. IAS 38.78; *AICPA* (2001), S. 5; *Lüdenbach/Prusacyk* (2004), S. 418; *Kunath* (2005), S. 116; *Castedello/Klingbeil/Schröder* (2006), S. 1030; *Grüner* (2006), S. 97; *IVSC* (2007), Tz. 5.53; *Moser/Goddar* (2007), S. 596.

[198] Vgl. dazu und zum Folgenden ausführlich *Hepers* (2005), S. 213-214; *Grüner* (2006), S. 96-151; *Moser/Goddar* (2007), S. 595-597. Vgl. auch IDW S 5, Tz. 21-22. Zum Income Approach vgl. auch *Reilly/Schweihs* (1999), S. 159-202; *Smith/Parr* (2000), S. 164-170 und S. 215-306.

[199] Darüber hinaus wird in der Literatur, nicht jedoch in IAS 38 bzw. IFRS 3, der kostenorientierte Ansatz (Cost Approach) genannt, bei dem der Wert durch den Ansatz von Reproduktions- oder Wiederbeschaffungskosten abzüglich einer Abnutzung in Folge des normalen Verbrauchs bestimmt wird. Vgl. dazu *Reilly/Schweihs* (1999), S. 119-145; *Smith/Parr* (2000), S. 197-214; *AICPA* (2001), S. 11-12; *Grüner* (2006), S. 162-180; *Lüdenbach* (2009), S. 1667-1669. Ein Patent wäre z.B. mit den Kosten zu bewerten, die für seine Entstehung angefallen sind bzw. für seine Reproduktion erforderlich wären. Vgl. *Koller/Hentschel* (2006), S. 303.

sowie die wesentlichen, diesen zuzuordnenden einzelnen Bewertungsmethoden zusammen.

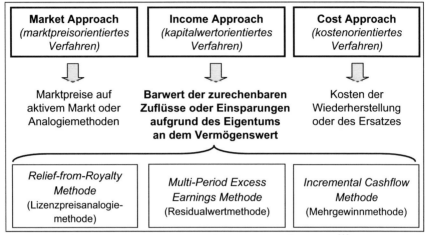

Abb. 13: Bewertungsmethoden und -verfahren im Überblick[200]

Wie bereits beschrieben kommt dem Income Approach aufgrund des Fehlens (a) eines aktiven Marktes für pharmazeutische FuE-Projekte und (b) von Vergleichstransaktionen für die hier betrachtete Fragestellung die größte Bedeutung zu.[201] Es ist davon auszugehen, dass der Wert der hier relevanten immateriellen Vermögenswerte sachgerecht nur anhand der Zahlungsmittelzuflüsse, die aufgrund des Besitzes dieser Werte erzielt werden, sinnvoll abgeleitet werden kann.[202] Aus diesem Grund sollen die dem Income Approach zuzuordnenden Bewertungsmethoden im Folgenden näher betrachtet werden. Eine separate Bewertung der einzelnen durch ein Projekt generierten und diesem explizit zuzuordnenden immateriellen Vermögenswerte scheidet – wie bereits beschrieben – aus, sodass immer das FuE-Projekt als Ganzes zu bewerten ist.

Alle in Abbildung 13 genannten kapitalwertorientierten Bewertungsmethoden unterscheiden sich nur in der Art und Weise, in der eine Isolierung der dem zu bewerten-

---

[200] In Anlehnung an *Beyer* (2005), S.151; *Creutzmann* (2006), S.16; *Mackenstedt/Fladung/Himmel* (2006), S. 1041; *Schmidli/Vasalli* (2006), S.146; *Beyer/Menninger* (2009), S. 117-119. Die Stellungnahmen stellen eine Anwendungshilfe für IAS 38 und IFRS 3 dar und sollen eine einheitliche Umsetzung der Standards gewährleisten. Zur Entstehung des IDW RS HFA 16 vgl. *Castedello/Klingbeil/Schröder* (2006), S. 1028-1029.

[201] Vgl. auch *AICPA* (2001), S. 13; *Menninger/Kunowski* (2003), S. 1183; *Castedello/Klingbeil/Schröder* (2006), S. 1030.

[202] Vgl. *Burr/Stephan/Zechbauer* (2006), S. 337; *Lüdenbach* (2009), S. 1695.

den immateriellen Vermögenswert zurechenbaren Cashflows erfolgt.[203] Die Incremental Cashflow Methode (Mehrgewinnmethode), die den Wert eines Projekts aus der Diskontierung von arzneimittelspezifischen Mehrgewinnen bzw. zusätzlichen Zahlungsüberschüssen im Vergleich zu einem vergleichbaren Referenzprojekt ableitet, scheidet bei pharmazeutischen FuE-Projekten regelmäßig aus, da vergleichbare Projekte bzw. Produkte, anhand derer der arzneimittelspezifische Mehrgewinn gemessen werden kann, prinzipiell fehlen.[204] Die Relief-from-Royalty Methode (Lizenzpreisanalogiemethode) sieht eine Wertermittlung über die Diskontierung ersparter Lizenzzahlungen aufgrund des Eigentums am zu bewertenden Vermögenswert vor, wobei die ersparten Lizenzzahlungen über marktübliche Lizenzraten für vergleichbare Vermögenswerte abgeleitet werden. Aufgrund fehlender, in den wesentlichen wertrelevanten Eigenschaften vergleichbarer Lizenzierungsvereinbarungen und damit aufgrund fehlender vergleichbarer und beobachtbarer Lizenzraten, ist bei FuE-Projekten ebenfalls nicht von einer Anwendbarkeit der Relief-from-Royalty Methode auszugehen.[205]

Pharmazeutische FuE-Projekte generieren Cashflows i.d.R. erst im Verbund mit anderen materiellen oder immateriellen Vermögenswerten. Um die Problematik der Zuordnung von Zahlungsströmen zu einzelnen Projekten über Referenzobjekte zu umgehen, kommt im Bereich der Bewertung von IP R&D zumeist die Residualwertmethode (Multi-Period Excess Earnings Method, MEEM) zur Anwendung.[206] Für Zwecke der Wertermittlung wird hierbei eine „gedankliche Herauslösung"[207] derjenigen Vermögenswerte aus dem gesamten Zahlungsstromverbund unterstellt, die nicht Teil des Bewertungsobjektes sind, sodass nur der residuale Zahlungsstrom dem FuE-Projekt („Leading Asset") zuzurechnen ist.

---

[203] Vgl. IDW S 5, Tz. 28. Zur Darstellung der Methoden vgl. IDW RS HFA 16, Tz. 47-62; *Mackenstedt/Fladung/Himmel* (2006), S. 1040; *Hachmeister* (2009).

[204] Zur Mehrgewinnmethode vgl. *Hepers* (2005), S. 293-294; *Grüner* (2006), S. 187-189; *Mackenstedt/Fladung/Himmel* (2006), S. 1041.

[205] Vgl. *AICPA* (2001), S. 14 und S. 68. Zur Methode der Lizenzpreisanalogie vgl. *Smith/Parr* (2000), S. 222-224; *AICPA* (2001), S. 13-14; *Menninger/Kunowski* (2003), S. 1183-1184; *Hepers* (2005), S. 291-293; *Ernst & Young* (2006), S. 488; *Mackenstedt/Fladung/Himmel* (2006), S. 1041.

[206] Vgl. *AICPA* (2001), S. 13 und S. 69; *Lüdenbach/Prusacyk* (2004), S. 418 und S. 422; *Brand Finance* (2006), S. 19; *IVSC* (2007), Tz. 5.53; *PwC* (2008c). Zur Residualwertmethode vgl. *AICPA* (2001), S. 69-99; *Lüdenbach/Prusacyk* (2004), S. 419-421; *Ernst & Young* (2006), S. 487; *Grüner* (2006), S. 185-187; *Mackenstedt/Fladung/Himmel* (2006), S. 1042-1046; *Marmann* (2009), S. 130-136. Zu einem Beispiel zur Residualwertmethode vgl. ausführlich *Arbeitskreis Immaterielle Werte im Rechnungswesen* (2009), S. 38-47.

[207] *Beyer/Mackenstedt* (2008), S. 344.

Um diesen residualen Zahlungsstrom zu ermitteln, sind in einem ersten Schritt die gesamten, mit einem FuE-Projekt bzw. einem Arzneimittel im Zusammenhang stehenden Zahlungsströme zu identifizieren sowie dessen wirtschaftliche Nutzungsdauer zu bestimmen und in einem zweiten Schritt fiktive Nutzungsentgelte für notwendige unterstützende Vermögenswerte von den zuvor ermittelten Zahlungsüberschüssen zu subtrahieren. Schließlich wird im Zusammenhang mit der angesprochenen „gedanklichen Herauslösung" der nicht unter das „Leading Asset" zu subsumierenden Werte unterstellt, dass das Unternehmen nur den zu bewertenden Vermögenswert besitzt, während alle weiteren im Rahmen der Entwicklung des zu bewertenden Vermögenswertes eingesetzten und für die Generierung von Cashflows erforderlichen Vermögenswerte vom Unternehmen gemietet oder geleast sind.[208]

Zur Cashflow-Ermittlung bedarf es grundsätzlich eines Projektplans, der einerseits qualitative Informationen über den Innovationsgrad des Arzneimittels sowie die verfolgte Schutzstrategie, die Realisationswahrscheinlichkeit, potenzielle Märkte und Kunden für das fertige Produkt, den geplanten Marktanteil, potenzielle Konkurrenz[209], den Produktlebenszyklus, Branchenentwicklungen sowie Informationen zum geplanten Projektabschluss und Vermarktungsbeginn enthält.[210] Andererseits bedarf es quantitativer Angaben zu künftigen Umsätzen, Absatzvolumina, zusätzlichen FuE-Kosten bis zum Vermarktungsbeginn, Produktionskosten sowie sonstigen Einzel- und anteiligen Gemeinkosten. Sowohl die qualitativen als auch die quantitativen Informationen schlagen sich in den einzelnen Projektphasen in den Cashflows nieder.[211]

In der FuE-Phase fallen zunächst nur Auszahlungen an. Erst nach der Produkteinführung können Einzahlungen erwirtschaftet werden. Diese potenziellen Rückflüsse (sowie die wirtschaftliche Nutzungsdauer) werden durch die beschriebenen qualitativen Eigenschaften eines Projekts wie z.B. den Innovationsgrad[212], den Patentschutz,

---

[208] Vgl. dazu *AICPA* (2001), S. 13 und S. 29; *Lüdenbach/Prusacyk* (2004), S. 418-419.

[209] Konkurrenzprodukte sind solche Medikamente, die durch eine geringe Modifikation der Molekülstruktur der patentierten Substanz den Patentschutz umgehen oder einen neuen Wirkungsmechanismus bereitstellen. Vgl. *Hartmann* (2007), S. 31.

[210] Der Planungshorizont der erwarteten Cashflows berücksichtigt Patentlaufzeiten, mögliche Patentschutzverlängerungen, den potenziellen Eintritt von Generika sowie Umsätze, Volumina und Preise. Vgl. Bayer, Geschäftsbericht 2006, S. 129.

[211] Zu den qualitativen Informationen vgl. auch *Hartmann* (2006), S. 39-40. Zur Bestimmung des finanziellen Nutzens eines pharmazeutischen FuE-Projekts vgl. *Schmeisser* (2008), S. 80-81.

[212] Zum Innovationsgrad vgl. Abschnitt 2.4.2.1.

den Preis etc. bestimmt. Sie werden umso höher sein, je innovativer das Arzneimittel ist.

Im Anschluss an die Ermittlung der Cashflows und der wirtschaftlichen Nutzungsdauer sind fiktive Nutzungsentgelte für unterstützende Vermögenswerte zu bestimmen, um den residualen Zahlungsstrom, der nur dem FuE-Projekt zuzurechnen ist, berechnen zu können. Um der der Residualwertmethode inhärenten Fiktion zu entsprechen, dass neben dem im Eigentum stehenden zu bewertenden „Leading Asset" alle weiteren eingesetzten Vermögenswerte gemietet oder geleast sind, werden bei der Ermittlung der Zahlungsüberschüsse des FuE-Projekts fiktive Auszahlungen bzw. Nutzungsentgelte für notwendige unterstützende Vermögenswerte wie z.B. Gebäude, Software, Technologien, den Mitarbeiterstamm etc. von den zuvor ermittelten Zahlungsüberschüssen subtrahiert und nur der verbleibende Zahlungsstrom dem FuE-Projekt zugerechnet.[213] Diese als „Contributory Asset Charges" bezeichneten Nutzungsentgelte können als hypothetische Mietaufwendungen für die Überlassung von Vermögenswerten durch einen Dritten interpretiert werden und sind entweder über beobachtbare Leasingraten für vergleichbare Vermögenswerte oder vom Bewertenden indirekt zu kalkulieren.[214] Sowohl bei den Zahlungsüberschüssen als auch bei den Nutzungsentgelten sind abschließend Unternehmenssteuern in Abzug zu bringen.[215]

Wurden die projektspezifischen Zahlungsüberschüsse abzgl. fiktiver Nutzungsentgelte für die gesamte Nutzungsdauer ermittelt, sind diese mit einem risiko- und laufzeitäquivalenten Zinssatz auf den Bewertungsstichtag zu diskontieren.[216] Hierzu kann auf die Weighted Average Cost of Capital (WACC) des erworbenen Unternehmens zurückgegriffen werden. Alternativ können die Gesamtkapitalkosten über eine Peer-Group vergleichbarer Unternehmen vom Kapitalmarkt abgeleitet werden. Da die Verwendung der WACC an dieser Stelle implizieren würde, dass das Projektrisiko dem Gesamtunternehmensrisiko entspricht, sollten diese nicht unmodifiziert ange-

---

[213] An dieser Stelle wird folglich das Zahlungsstromprinzip durchbrochen. Vgl. *Lüdenbach/Prusacyk* (2004), S. 419. Vgl. ferner *AICPA* (2001), S. 84-88.

[214] Vgl. *AICPA* (2001), S. 85; *Lüdenbach/Prusacyk* (2004), S. 419; *Beyer/Mackenstedt* (2008), S. 345. Im Rahmen der Ableitung der fiktiven Nutzungsentgelte sind sowohl der Wertverzehr der unterstützenden Vermögenswerte (return of assets) – soweit noch nicht in den Planzahlen erfasst – als auch eine angemessene Verzinsung auf das investierte Kapital (return on assets) zu erfassen.

[215] Hierzu sollte der Steuersatz desjenigen Landes herangezogen werden, in dem die finanziellen Überschüsse zu versteuern sind. Vgl. auch IDW S 5, Tz. 45.

[216] Vgl. dazu und zum Folgenden *Lüdenbach/Prusacyk* (2004), S. 419.

wendet, sondern in einem weiteren Schritt an die projektspezifischen Risiken angepasst werden, um einen vermögenswertspezifischen Zinssatz zu erhalten.[217]

Schließlich ist der diskontierte abschreibungsbedingte Steuervorteil (Tax Amortisation Benefit, TAB) zu addieren, der sich aus der steuermindernd wirkenden Abschreibung auf Basis des Fair Value ergibt.[218] Zur Ermittlung des TAB wird der Wert des FuE-Projekts über die steuerlich relevante Abschreibungsdauer abgeschrieben. Der Steuervorteil wird schließlich durch Multiplikation des Abschreibungsbetrages mit einem objektivierten Steuersatz ermittelt, der i.d.R. dem gesetzlich geltenden Steuersatz entspricht.

Abschließend ist festzuhalten, dass alle die Bilanzansatzkriterien des IFRS 3 erfüllenden und als wesentlich klassifizierten FuE-Projekte im Zeitpunkt des Erwerbs mit einem durch ein Bewertungsverfahren ermittelten Betrag in der Bilanz anzusetzen sind.[219] Für die durch den Erwerb initiierten unternehmensinternen FuE-Projekte gelten wiederum die in Abschnitt 3.4.1.2.2 beschriebenen Vorschriften, sodass künftige Entwicklungsaufwendungen den aktivierten FuE-Projekten nur dann zugeschrieben und damit aktiviert werden dürfen, wenn sie auch alleinstehend aktivierungspflichtig wären.

3.4.3 In Zusammenarbeit mit unternehmensexternen Dritten durchgeführte FuE-Projekte

3.4.3.1 Auftragsforschung und -entwicklung

3.4.3.1.1 Beschreibung des Durchführungsweges

Auftragsforschung bzw. -entwicklung wird in der vorliegenden Arbeit als die vertraglich vereinbarte, entgeltliche und zeitlich begrenzte Auslagerung von FuE-Aktivitäten auf einen Auftragnehmer definiert, bei der die gewonnenen Erkenntnisse dem Auf-

---

[217] Vgl. zum Kapitalisierungszinssatz ferner IDW S 5, Tz. 43.

[218] Vgl. dazu *AICPA* (2001), S. 97; *Mackenstedt/Fladung/Himmel* (2006), S. 1045. Die Berücksichtigung des TAB ist in den US-GAAP, allerdings nicht in den IFRS geregelt. Vgl. zur Berücksichtigung des TAB bei der Bewertung immaterieller Vermögenswerte *Lüdenbach/Prusacyk* (2004), S. 419; *Kasperzak/Nestler* (2007).

[219] In der Literatur werden zur Bewertung von FuE-Projekten aufgrund der vorliegenden Option, Projekte bei Eintritt bestimmter Ereignisse zu beenden (Exit-Optionen), auch das Zustandsbaumverfahren sowie Realoptionsmodelle diskutiert, die ebenfalls dem Income Approach zuzuordnen sind. Vgl. *AICPA* (2001), S. 14-15; *Günther/Kirchner-Khairy/Zurwehme* (2004), S. 174-175. Zum Zustandsbaumverfahren vgl. *Lüdenbach/Prusacyk* (2004), S. 419-420. Zu Realoptionsmodellen vgl. *Stein et al.* (2001); *Dilling* (2002); *Mölls/Willershausen/Krag* (2005); *Dubbers* (2007), S. 63-83. Zur Anwendung im Zusammenhang mit der Bewertung pharmazeutischer FuE-Projekte vgl. *Hartmann* (2006), S. 101-119.

traggeber in Verbindung mit spezifischen Verwertungsrechten nach einem vertraglich festgelegten Zeitraum übertragen werden.[220] Es findet folglich ein einseitiger Wissenstranfer von außen statt.[221]

Als Vertragspartner kommen zum einen Konkurrenzunternehmen und Zulieferer, zum anderen Forschungslabore oder Universitäten in Frage.[222] In der Praxis werden im Wesentlichen die Organisation und Durchführung einzelner klinischer Studien, aber auch die Lösung von Problemen der Grundlagenforschung[223] an unternehmensexterne Partner ausgelagert.

Das wichtigste Beispiel für klassische Auftragsforschung und -entwicklung im Pharmabereich ist die Beauftragung von CROs[224] mit der Organisation und Durchführung präklinischer und klinischer Studien für einen bestimmten Zeitraum.[225] Diese CROs tragen i.d.R. keine Risiken aus der Forschung bzw. Entwicklung, haben jedoch auch keine Rechte an den FuE-Ergebnissen. Die Bezahlung erfolgt durch eine einmalige Zahlung bei Vertragsabschluss und/oder durch regelmäßige Zahlungen, die jedoch zumeist nicht vom Erreichen bestimmter Ergebnisse abhängig sind.[226]

Einen der Auftrags-FuE ähnlichen Sachverhalt stellt die Auslizenzierung eines Projekts bzw. einer Technologie dar, sofern das auslizenzierende Unternehmen an den Chancen und Risiken aus dem vom Vertragspartner weitergeführten Projekt über Kostenbeteiligungen und Vermarktungsrechte partizipiert.[227] Denn in diesem Fall wird ein anderes Unternehmen mit der Weiterführung eines internen Projekts beauftragt.[228] Einen Spezialfall stellt dabei die Auslizenzierung mit eingebetteter Rückkaufoption innerhalb der Forschungs- oder Entwicklungsphase dar.[229] In diesem Fall

---

[220] In Anlehnung an *Rüdiger* (2000), S. 26. Vgl. auch *Schneider/Zieringer* (1991), S. 31-33; *Schäfer* (2004), S. 60; *Winzer* (2006), S. 3; *Mondini/Bürge* (2008), S. 3.

[221] Vgl. *Dubbers* (2007), S. 26.

[222] Vgl. *Piachaud* (2004), S. 119.

[223] Vgl. *Böning* (1969), S. 24; *Conen* (1986), S. 31.

[224] Zu CROs vgl. auch Kapitel 2.3.2.2.

[225] Beispiele sind die Gewinnung von Studienzentren, das Monitoren der Studien, die Abwicklung des Zahlungsverkehrs und die Durchführung statistischer Arbeiten. Vgl. *Piachaud* (2004), S. 94; *Gassmann/Reepmeyer* (2006), S. 56.

[226] Vgl. *PwC* (2004), S. 20-21.

[227] Ansonsten stellt die Auslizenzierung einen verkaufsähnlichen Vorgang dar.

[228] Vgl. dazu *PwC* (2008e), S. 51. Werden zusätzlich interne FuE-Aktivitäten durchgeführt, handelt es sich um eine Kooperation. Vgl. dazu Abschnitt 3.4.3.2.

[229] Vgl. dazu auch *Paich et al.* (2006), S. 654. In den meisten Fällen sind NMEs Gegenstand des Auslizenzierungsgeschäfts. Vgl. m.w.N. *Reepmeyer* (2006), S. 78.

hat das auslizenzierende Unternehmen die Option, das FuE-Projekt zu einem vertraglich festgelegten Zeitpunkt innerhalb des FuE-Prozesses wieder einzulizenzieren. Ein praktisches Beispiel für eine Auslizenzierung mit „License-Back-Option" ist das in Abbildung 14 dargestellte Geschäft zwischen den Unternehmen Novartis und Speedel, welches die Entwicklung der in das Therapiegebiet der Herz-Kreislauf-Erkrankungen fallenden Substanz Aliskiren® (SPP100) zum Gegenstand hat.

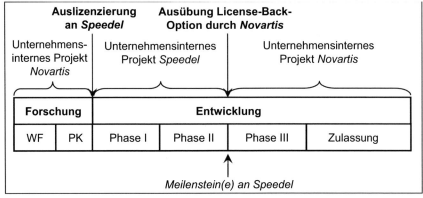

Abb. 14:   Auslizenzierungsvertrag mit „License-Back-Option"

Die Substanz wurde im Jahr 1999 zu Beginn der klinischen Phase I durch Novartis an Speedel auslizenziert.[230] Während alle bis zu diesem Zeitpunkt angefallenen FuE-Aktivitäten von Novartis durchgeführt wurden, übernahm Speedel die klinischen Studien der Phasen I und II.[231] Novartis hatte jedoch während der gesamten Entwicklungsphase eine „License-Back-Option" und damit die Möglichkeit, den Wirkstoff bei erfolgreicher Entwicklung wieder einzulizenzieren. Von dieser Möglichkeit wurde nach Abschluss der klinischen Phase II aufgrund der positiven Studienergebnisse Gebrauch gemacht, sodass sowohl die klinischen Studien der Phase III als auch die Registrierung und Markteinführung wieder von Novartis durchgeführt wurden. Speedel erhielt im Gegenzug Meilensteinzahlungen im Zeitpunkt der Ausübung der „License-Back-Option" für die erfolgreiche Durchführung und die angefallenen Entwicklungskosten der klinischen Phasen I und II, deren Höhe nicht bekannt ist. Darüber hinaus ist anzunehmen, dass nach der Markteinführung Royalties gezahlt wurden.

---

[230] Vgl. dazu ausführlich *Reepmeyer* (2006), S. 98-99.
[231] Eine gemeinsame Durchführung wäre ebenfalls möglich. Vgl. *PwC* (2005c), S. 15.

3.4.3.1.2 Bilanzielle Abbildung

Auf den ersten Blick könnte der Fall der Auftragsforschung und -entwicklung ebenfalls als Erwerb von FuE-Projekten bzw. von einzelnen, in einem unternehmensinternen FuE-Projekt eingesetzten immateriellen Vermögenswerten interpretiert werden, da die im Rahmen der auf den Vertragspartner übertragenen FuE-Aktivitäten entstehenden immateriellen (Vermögens-)Werte dem auftraggebenden Unternehmen vollständig oder in Teilen zustehen bzw. zugehen. Werden jedoch erfolgsunabhängige Zahlungen vereinbart, verbleiben sowohl das Projekt als auch die mit den ausgelagerten FuE-Aktivitäten verbundenen Chancen und Risiken vollständig beim auftraggebenden Unternehmen, sodass die geleisteten Zahlungen „lediglich" eine Erstattung der im Rahmen des FuE-Auftrags anfallenden Kosten und keine Gegenleistung für erworbene immaterielle Vermögenswerte darstellen. Folglich handelt es sich nicht um einen klassischen Erwerbsvorgang, sodass die bilanzielle Abbildung in der IFRS-Rechnungslegung analog zur Abbildung vollständig unternehmensintern durchgeführter FuE-Projekte erfolgt.[232] Folgendes Beispiel aus IAS 18 „Revenue" untermauert diese Feststellung (IAS 18.IE5):

> „For a sale and repurchase agreement on an asset other than a financial asset, the terms of the agreement need to be analysed to ascertain whether, in substance, the seller has transferred the risks and rewards of ownership to the buyer and hence revenue is recognised. When the seller has retained the risks and rewards of ownership, even though legal title has been transferred, the transaction is a financing arrangement and does not give rise to revenue."

Sind die zu leistenden Zahlungen erfolgsabhängig, dienen aber nur der Finanzierung von durch einen externen Dritten durchgeführten Entwicklungsarbeiten an einem eigenen Wirkstoff, sind die an den Auftragnehmer zu leistenden Zahlungen ebenfalls in ökonomisch gleicher Weise zu interpretieren wie unternehmensintern anfallende FuE-Kosten, da das eigentliche Projekt beim Auftraggeber verbleibt.[233] Dementsprechend erfolgt die Erfassung in der IFRS-Rechnungslegung auch dabei analog zur

---

[232] Vgl. *Adler/Düring/Schmaltz* (2002), Abschnitt 8, Tz. 114. Vgl. auch *Nonnenmacher* (2006), S. 1874. Vgl. hierzu auch den Grundsatz der wirtschaftlichen Betrachtungsweise in RK.35 sowie in analoger Auslegung IAS 18.13 in Verbindung mit IAS 18.14a, b. Verbleiben maßgebliche Chancen und Risiken auf das fortdauernde Verfügungsrecht beim Veräußerer wird die gesamte Transaktion nicht als Verkauf angesehen. Vgl. dazu IAS 18.16: „If the entity retains significant risks of ownership, the transaction is not a sale and revenue is not recognised." Auf diese Art und Weise der bilanziellen Abbildung von FuE-Ausgaben, die nicht an das FuE-Ergebnis gebunden sind, weist bspw. das Unternehmen Sanofi-Aventis auch explizit im Geschäftsbericht hin. Vgl. Sanofi-Aventis, Geschäftsbericht 2008, S. F13.

[233] Vgl. *PwC* (2008e), S. 51. Würden die Zahlungen hingegen dafür geleistet werden, dass der Vertragspartner einen eigenen Wirkstoff entwickelt, würde es sich um den Erwerb eines Vermarktungsrechtes handeln. Vgl. Abschnitt 3.4.2.1.2.

Abbildung unternehmensintern durchgeführter FuE-Projekte.[234] Zu beachten ist allerdings, dass im Falle einer einmaligen Zahlung zu Beginn der Vertragslaufzeit eine Abgrenzung und Auflösung derselbigen über die Periode vorzunehmen ist, in der der Auftragnehmer die Forschungs- und Entwicklungsleistungen erbringt.[235]

Auch der beschriebene Spezialfall der Auslizenzierung mit „License-Back-Option" ist analog zur Auftrags-FuE zu behandeln, da die im Auslizenzierungsvertrag eingebettete Rücklizenzierungsoption nur im Zusammenhang mit dem Gesamtgeschäft gesehen werden kann. Die „License-Back-Option" wurde bereits im Auslizenzierungszeitpunkt vereinbart, sodass bei Erreichung der an die Ausübung der Option gebundenen Ziele lediglich auf die schon bei Vertragsabschluss existierende Rücklizenzierungsoption zurückgegriffen wird. Das wirtschaftliche Eigentum an dem jeweiligen Projekt wird – wie durch die ursprüngliche Vertragsgestaltung beabsichtigt – nicht auf den Vertragspartner übertragen. Demzufolge sind die infolge der Ausübung der Option zu leistenden Zahlungen wirtschaftlich als Erstattung der FuE-Kosten des Vertragspartners und nicht als Erwerbskosten zu interpretieren und somit analog zu internen Entwicklungskosten zu behandeln.[236] Eine Aktivierung hat deshalb nur dann zu erfolgen, wenn die Bilanzansatzkriterien des IAS 38.57 erfüllt sind, was bspw. der Fall ist, wenn die Rückkaufoption an die Zulassung des Arzneimittels gebunden ist.

3.4.3.2 FuE-Kooperationen

3.4.3.2.1 Beschreibung des Durchführungsweges

Neben der unternehmensinternen Durchführung von FuE-Projekten mit oder ohne vorangegangenen Erwerb bzw. Einlizenzierung wird in der Unternehmenspraxis häufig auf FuE-Kooperationen[237] bzw. strategische Allianzen zurückgegriffen.[238] Im

---

[234] Vgl. PwC (2005c), S. 15.

[235] Vgl. auch PwC (2004), S. 21. Der Ansatz von Rechnungsabgrenzungsposten ist in den IFRS nicht explizit geregelt. Nach dem allgemeinen Grundsatz der Periodenabgrenzung (accrual basis in RK.22) sind Aufwendungen und Erträge periodengerecht abzugrenzen. Demnach sind transitorische Rechnungsabgrenzungsposten auch in der IFRS-Rechnungslegung erforderlich.

[236] Vgl. dazu und zum Folgenden PwC (2005c), S. 16.

[237] Zur Differenzierung zwischen horizontalen und vertikalen Kooperationen vgl. Winzer (2006), S. 2-3. Zum Kooperationsbegriff vgl. Jansen (2008), S. 175-177. Eine Trennung zwischen Forschungs- und Entwicklungskooperationen wird im Folgenden nur vorgenommen, wenn sie für den Inhalt der Ausführungen entscheidend ist. Eine ähnliche Vorgehensweise wählt auch Winzer (2006), S. 1.

[238] Vgl. auch Abschnitt 2.2.4. Strategische Allianzen können als langfristige Zusammenarbeit zwischen zwei oder mehr Organisationen, die auf die Erreichung strategischer Ziele ausgerichtet ist, definiert werden. Vgl. McDaniel (2003), S. 20-21. Vgl. zu strategischen Allianzen und ihren Bestandteilen auch Smith/Parr (2005), S. 332-334. Sie stellen die häufigste Form von Unternehmenskooperationen dar. Vgl. Jansen (2008), S. 174. Vgl. zu empirischen Ergebnissen Whittaker/

Pharmabereich spielen vertraglich organisierte FuE-Kooperationen (Contractual Joint Ventures), die zumeist in der klinischen Phase I oder später eingegangen werden[239], eine bedeutende Rolle.[240]

Der Kooperationsbegriff ist in der Literatur nicht eindeutig definiert.[241] Im Folgenden werden unter FuE-Kooperationen freiwillige, zeitlich befristete Vereinbarungen zwischen zwei oder mehr selbstständigen Unternehmen verstanden, die sich unter nur parziellem Verzicht auf unternehmerische Entscheidungsfreiheit mit der gemeinsamen Durchführung eines FuE-Projekts beschäftigen, in das alle Kooperationspartner ihr spezielles Know How einbringen, um gemeinsame wirtschaftliche Ziele zu erreichen.[242] Viele Autoren sehen in der Art der Zusammenarbeit und der Selbstständig-

---

Bower (1994), S. 254-256. Vgl. auch *Gassmann/Reepmeyer/Zedtwitz* (2004), S. 35; *PwC* (2004), S. 2; *BPI* (2005), S. 5; *Reepmeyer* (2006), S. 50; *Vagelos* (2006), S. 3; *Phrma* (2007a), S. 2. Sie kommen in allen Phasen des FuE-Prozesses zur Anwendung. Vgl. *Wess* (2004), S. 102. Die Begriffe FuE-Kooperation und strategische Allianz werden im Folgenden synonym verwendet.

[239] Vgl. dazu sowie zu Beispielen für FuE-Kooperationen im Pharma- bzw. Biotechnologiebereich *Tyebjee/Hardin* (2004), S. 330 und S. 335-336.

[240] Vgl. *Nicklisch* (2004), S. 5. Zum Begriff des Contractual Joint Venture vgl. *Weder* (1989), S. 36; *Fontanari* (1996), S. 48; *Ermisch* (2007), S. 25. Wie in Abschnitt 3.3 bereits angedeutet, werden Equity Joint Ventures aufgrund ihrer vergleichsweise geringen Bedeutung nicht im Detail betrachtet. Unter einem Equity Joint Venture ist die Gründung oder der Erwerb eines rechtlich selbstständigen Unternehmens durch zwei oder mehr Partner zu verstehen, an dem sie Risiko und Führungsverantwortung tragen. Vgl. *Fontanari* (1996), S. 48. Zur Abgrenzung von FuE-Kooperationen, die über einen Vertrag geregelt werden (Contractual Joint Ventures), vgl. auch *Weder* (1989), S. 36-37; *Ulsenheimer* (2002), S. 80. Ein Beispiel für ein Equity Joint Venture stellt die im Jahr 1991 eingegangene Kooperation zwischen Du Pont und Merck & Co dar. Gegründet wurde die DuPont Merck Pharmaceutical Company, an der beide Unternehmen jeweils 50% der Anteile hielten. Im Jahr 1998 erwarb DuPont schließlich den 50%-igen Anteil von Merck und führte die Gesellschaft bis zum Verkauf an Bristol-Myers Squibb im Jahr 2001 unter dem Namen DuPont Pharmaceuticals als 100%-ige Tochtergesellschaft fort. Ein weiteres Beispiel für ein Joint Venture ist das von Beiersdorf und Eli Lilly gegründete Gemeinschaftsunternehmen Beiersdorf Lilly GmbH. Vgl. zu den Beispielen *Schultheiß* (2001), S. 169. Dazu ist festzuhalten, dass sich die bilanziellen Konsequenzen kaum von denen der übrigen Durchführungswege unterscheiden, mit der Ausnahme, dass sie auf der Ebene des Gemeinschaftsunternehmens zu beobachten sind. Dies gilt in jedem Fall bei Einbeziehung des Gemeinschaftsunternehmens durch die Quotenkonsolidierung, die allerdings gemäß dem am 13.09.2007 verabschiedeten ED 9 „Joint Arrangements" abgeschafft werden soll. Vgl. dazu *Pellens et al.* (2008a), S. 765-767. Bei Einbeziehung gemäß der alternativ zulässigen und künftig ausschließlich anzuwendenden Equity-Methode schlagen sich FuE-Projekte nur noch in einer Veränderung des fortgeschriebenen Beteiligungsbuchwertes in den Konzernabschlüssen der Partner des Gemeinschaftsunternehmens nieder. Dementsprechend können detaillierte Informationen ausschließlich dem Abschluss des Gemeinschaftsunternehmens entnommen werden. Zur Einbeziehung von Gemeinschaftsunternehmen in den Abschluss der Partnerunternehmen mittels der Quotenkonsolidierung und der Equity-Methode vgl. *Ernst & Young* (2006), S. 672-678; *Pellens et al.* (2008a), S. 759-781.

[241] Vgl. zum Kooperationsbegriff *Dubbers* (2007), S. 24-25; *Ermisch* (2007), S. 17-31.

[242] Ähnlich auch *Grefermann/Sprenger* (1977), S. 52; *Kuhn* (1992), S. 93; *Drews* (1995), S. 314; *Scherer* (1995), S. 19; *Fontanari* (1996), S. 34 und S. 36; *Hagedoorn* (2002), S. 478; *Lauer/Bremer* (2005), S. 450. Zur Gestaltung und zum Management von FuE-Kooperationen vgl. auch *Warschat/Ganz* (2000).

keit der Partner die begriffsbestimmenden Merkmale einer Kooperation.[243] Kooperationen unterscheiden sich von Lizenzierungsgeschäften und Auftrags-FuE insbesondere dadurch, dass beide Vertragspartner finanzielle Beiträge leisten und FuE-Aktivitäten durchführen.[244]

Beteiligt sind regelmäßig zwei Vertragspartner, von denen einer einen Partner sucht, um ein bislang unternehmensinternes FuE-Projekt künftig gemeinsam weiterzuführen („auslizenzierendes Unternehmen"). Der andere Vertragspartner verfolgt hingegen das Ziel, seine FuE-Pipeline durch die Beteiligung an einem Projekt eines anderen Unternehmens zu verbessern („einlizenzierendes Unternehmen"). Die Rolle, die ein Unternehmen in einer solchen Kooperation einnimmt, determiniert in großem Maße seine Verhandlungsposition und damit seinen Einfluss auf die Gestaltung des Vertrages.[245]

Die Grundlage einer FuE-Kooperation bildet i.d.R. ein Kooperationsvertrag, der sich aus verschiedenen, miteinander in Zusammenhang stehenden Vertragselementen zusammensetzt[246], in denen die Rechte und Pflichten der einzelnen Vertragspartner für die Phasen der Forschung und Entwicklung sowie die Vermarktung des fertigen Arzneimittels detailliert geregelt werden.[247] Jeder Bestandteil ist auf das jeweilige dem Vertrag zugrunde liegende Projekt zugeschnitten.[248] Die für diese Arbeit bedeutenden Vertragsbestandteile werden im Folgenden näher erläutert.

Der erste wesentliche Vertragsbestandteil ist die Lizenzierungsvereinbarung (license agreement), durch die aus Sicht eines Vertragspartners eine Einlizenzierung bzw.

---

[243] Vgl. m.w.N. *Fontanari* (1996), S. 34.

[244] Dies beschränkt sich bei reinen Lizenzierungsgeschäften zumeist auf das einlizenzierende Unternehmen. Vgl. auch *Wong* (2008), S. 11.

[245] Vgl. *Campart/Pfister* (2007), S. 35 sowie Abschnitt 4.3.1.2. Zu einem Überblick über die Vertragstheorie vgl. *Bannier* (2005), S. 4-9.

[246] Vgl. *Villeneuve et al.* (2006), S. 1-2 bis 1-3 sowie zu wichtigen Faktoren, die beim Abschluss von Kooperationsverträgen zu beachten sind S. 3-7 bis 3-62.

[247] Kooperationsverträge umfassen zumeist eine Präambel zur Festlegung des Kooperationsziels, Begriffsdefinitionen, Vereinbarungen über Lizenzen, Unterlizenzen und Marken, Vereinbarungen zu Governance Committees, Vereinbarungen über Forschung, Entwicklung, Herstellung und Vermarktung des Arzneimittels, Vereinbarungen über regulatorische Angelegenheiten, finanzielle Regelungen, Geheimhaltungsverpflichtungen, Patente, Garantien und Entschädigungsleistungen sowie Laufzeit und Möglichkeiten zur Beendigung des Vertrages. Vgl. zu den Vertragskomponenten bzw. einem Beispielvertrag zwischen einem Pharma- und einem Biotechnologieunternehmen über die Entwicklung eines Arzneimittels in verschiedenen Indikationen ausführlich *Villeneuve et al.* (2006), S. 30-1 bis 30-79. Zu den Bestandteilen von FuE-Kooperationsverträgen vgl. auch *Winzer* (2006), S. 37-42.

[248] Vgl. *Ulsenheimer* (2002), S. 48.

aus Sicht des anderen Vertragspartners eine Auslizenzierung geregelt wird. Da der Fall der Ein- bzw. Auslizenzierung bereits dargestellt wurde, soll an dieser Stelle auf eine Beschreibung verzichtet werden.[249]

Der zweite wesentliche Bestandteil ist die Vereinbarung über die gemeinsame Durchführung der FuE-Aktivitäten sowie die Aufteilung der Kosten und damit über den künftigen Projektplan.[250] Diese Vereinbarung regelt bspw. für welche Indikationen ein Wirkstoff entwickelt werden soll.[251] Dadurch wird implizit festgelegt, ob bei Anwendung der in Abschnitt 2.3.3 festgelegten Projektdefinition aus einer Kooperation ein oder mehrere Projekte hervorgehen. Zum anderen wird festgelegt, wie die Forschungs-, Entwicklungs- und Vermarktungsaufgaben auf die Partner zu verteilen sind. Ein weiterer wichtiger Bestandteil ist die Regelung der Rechte an neu entstehenden Technologien.[252] Entscheidend für die Zuteilung ist insbesondere, ob es sich um eine Weiterentwicklung von bestehendem Know How oder um eine neue Erfindung handelt.[253]

Der im Rahmen der vorliegenden Arbeit wichtigste Vertragsteil umfasst die Zahlungsvereinbarungen zwischen den beiden Vertragsparteien und damit die finanziellen Vertragselemente. Dabei ist zwischen den für eine Einlizenzierung festgelegten Zahlungen (Upfront-Payments, Meilensteinzahlungen, Royalties) und den zu verteilenden künftigen Projektkosten zu differenzieren.[254] Für die Verteilung der künftigen Kosten kommt neben einer Teilung aller anfallenden Kosten eine Vereinbarung darüber in Frage, dass jeder die für seine FuE-Aktivitäten anfallenden Kosten trägt. Auch regionale Unterschiede, wie z.B. das prognostizierte Marktpotenzial, können bei der Aufteilung der Kosten Berücksichtigung finden. Die im Rahmen einer FuE-Kooperation anfallenden Zahlungen unterscheiden sich von den bei Einlizenzierungen typischen Zahlungskomponenten folglich nur durch die zusätzliche Verteilung der im Projektverlauf anfallenden FuE-Kosten auf beide Partner, die i.d.R. durch

---

[249] Zur Einlizenzierung vgl. ausführlich Abschnitt 3.4.2.1.1.

[250] Vgl. auch *Ulsenheimer* (2002), S. 48.

[251] Vgl. auch *Schreyer-Bestmann* (2006), S. 25-26.

[252] Zumeist bleibt jeder Vertragspartner Inhaber seiner Altschutzrechte und gewährt dem Vertragspartner, falls notwendig, Nutzungsrechte. Vgl. hierzu *Schreyer-Bestmann* (2006), S. 27-28.

[253] Zur Verteilung von Rechten an aus kooperativen FuE-Aktivitäten hervorgegangenen immateriellen Werten vgl. *Mondini/Bürge* (2008), S. 3. Zur Zuordnung der Rechte an Projektergebnissen vgl. *Ulsenheimer* (2002), S. 49 und S. 187-206; *Schäfer* (2004), S. 64-65; *Winzer* (2006), S. 54-65. Zur Verteilung der Kontrollrechte bei pharmazeutischen Kooperationen vgl. auch *Higgins* (2007).

[254] Zu den finanziellen Vertragskomponenten bei Kooperationen im Pharma- und Biotechnologiebereich vgl. *Lauer/Bremer* (2005), S. 450.

Ausgleichszahlungen bzw. Kostenerstattungen (R&D-reimbursements) erfolgt.[255] Dies wird durch das in Abbildung 15 dargestellte Beispiel noch einmal verdeutlicht.

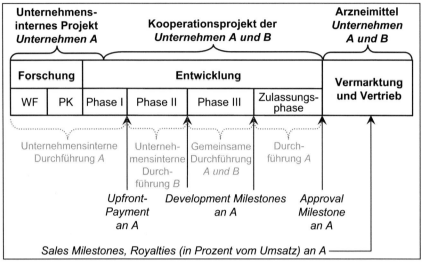

Abb. 15: Beispiel für einen Kooperationsvertrag

Da Unternehmen A das Projekt in dem Beispiel in die Kooperation eingebracht hat, ist Unternehmen B zur Leistung eines Upfront-Payments sowie von Development und Approval Milestones verpflichtet.[256] Die Entwicklungsaktivitäten werden, wie in der Abbildung dargestellt, auf beide Unternehmen verteilt, die Kosten bei gemeinsam durchgeführten Aktivitäten geteilt. Da Unternehmen A die Vermarktungsrechte für das fertige Arzneimittel bspw. für die USA und Unternehmen B die Vermarktungsrechte für den Rest der Welt erhält, führt Unternehmen B Royalties und Sales Milestones an Unternehmen A ab.

Ein Praxisbeispiel für eine globale FuE-Kooperation zwischen einem Pharma- und einem Biotechnologieunternehmen ist die Zusammenarbeit zwischen Medigene und Schering aus dem Jahr 2000.[257] Gegenstand dieser Kooperation war die Erforschung und Entwicklung eines patentierten Impfstoffes des Unternehmens Medigene zur Behandlung präkanzeröser Veränderungen des Gebärmutterhalses. Aus einem un-

---

[255] Ähnlich auch *Lauer/Bremer* (2005), S. 450.

[256] Zu beachten ist, dass bei Kooperationen regelmäßig gegenseitige Nutzungsrechte vergeben werden. Dies wird hier jedoch vernachlässigt, da nur die Sicht des einlizenzierenden Unternehmens und nur die bilanzielle Abbildung immaterieller Werte betrachtet werden.

[257] Zum Folgenden vgl. *Knyphausen-Aufseß/Schweize*r (2005), S. 1243.

ternehmensinternen FuE-Projekt von Medigene wurde zu Beginn der klinischen Phase I ein Kooperationsprojekt der beiden Unternehmen Medigene und Schering. Da Medigene das Projekt in die Kooperation eingebracht hat, leistete Schering ein Upfront-Payment bei Vertragsabschluss. Die darauf folgenden klinischen Studien der Phasen I und II wurden durch beide Unternehmen gemeinsam durchgeführt. Des Weiteren leistete Schering Meilensteinzahlungen. Zu Beginn der klinischen Phase III ging das Projekt vollständig auf Schering über, wobei das Unternehmen nach der Markteinführung jedoch Royalties an Medigene zu zahlen hatte. Die folgende Abbildung fasst die Kernpunkte der Vereinbarung noch einmal zusammen.

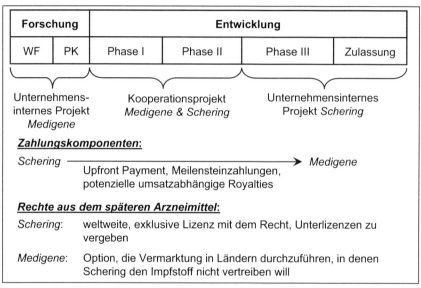

Abb. 16: FuE-Kooperation Medigene und Schering

Die Ausführungen haben gezeigt, dass eine Kooperationsvereinbarung aus Sicht beider Vertragspartner eine Kombination aus einem Ein- bzw. Auslizenzierungsgeschäft und einem unternehmensinternen Projekt darstellt. Wie im Rahmen solcher Vereinbarungen durchgeführte FuE-Projekte bilanziell zu erfassen sind, ist Gegenstand des folgenden Abschnitts.

3.4.3.2.2 Bilanzielle Abbildung

Während unternehmensintern durchgeführte sowie erworbene FuE-Projekte in den Regelungsbereich des IAS 38 bzw. des IFRS 3 fallen, werden kooperativ durchgeführte Projekte zunächst durch IAS 31 geregelt, der die bilanzielle Abbildung von

Joint Ventures zum Gegenstand hat.[258] Gemäß IAS 31.3 handelt es sich bei einem Joint Venture um eine vertragliche Vereinbarung, bei der zwei oder mehr Parteien eine wirtschaftliche Aktivität unter gemeinschaftlicher Leitung durchführen. Wird für die gemeinschaftliche Durchführung der wirtschaftlichen Aktivitäten, wie für vertragliche FuE-Kooperationen beschrieben, kein gemeinschaftliches Unternehmen gegründet, liegt entweder ein Joint Venture in der Definition des IAS 31.13 und folglich eine Jointly Controlled Operation oder ein Joint Venture in der Definition des IAS 31.18 und damit Jointly Controlled Assets vor.[259]

In beiden Fällen nutzen die Vertragspartner zur Durchführung des FuE-Projekts ihr eigenes Vermögen und gehen eigene Verbindlichkeiten ein. Die Erträge und Aufwendungen aus dem Joint Venture werden jedoch nach einem vorher vereinbarten Verfahren aufgeteilt.[260] Werden wie bei einer Jointly Controlled Operation nicht nur die eigenen Vermögenswerte genutzt, sondern darüber hinaus auch Vermögenswerte, an denen die beiden Partnerunternehmen das gemeinschaftliche Eigentum besitzen und die ausschließlich gemeinsamen Projekten dienen, liegt ein Joint Venture in der Form von Jointly Controlled Assets vor. In diesem Fall besitzt jedes Unternehmen das Verfügungsrecht über seinen Anteil an den Vermögenswerten und erhält einen Anteil an den erbrachten Leistungen sowie den angefallenen Aufwendungen.

IAS 31.15 legt fest, dass unabhängig davon, ob es sich um gemeinschaftlich geführte Tätigkeiten oder gemeinschaftlich geführtes Vermögen handelt, jeder Vertragspartner die in seiner Verfügungsmacht stehenden Vermögenswerte bilanziell zu erfassen hat. Dabei sind die für den jeweiligen Vermögenswert relevanten Einzelstandards anzuwenden. Gemeinschaftlich geführtes Vermögen bzw. gemeinschaftliche Verbindlichkeiten sind dabei anteilig in die Abschlüsse der Partnerunternehmen einzubeziehen (IAS 31.18 und IAS 31.21).[261]

Für kooperative FuE-Projekte bedeutet dies, dass die Vorschriften des IAS 38 anzuwenden sind. Demzufolge hat die bilanzielle Abbildung der an den Vertragspartner zu leistenden Zahlungen aus Sicht des einlizenzierenden Unternehmens analog zur Einlizenzierung, aus Sicht des auslizenzierenden Unternehmens analog zur Auf-

---

[258] Zum Anwendungsbereich von IAS 31 vgl. *Pellens et al.* (2008a), S. 754-755.
[259] Zu Jointly Controlled Operations und Jointly Controlled Assets vgl. *Ernst & Young* (2006), S. 669-671.
[260] Vgl. dazu und zum Folgenden *Pellens et al.* (2008a), S. 757.
[261] Dies wird sich auch durch die in ED 9 „Joint Arrangements" vorgeschlagenen Vorschriften nicht ändern. Vgl. dazu u.a. *Fink* (2008b), S. 54-55.

trags-FuE zu erfolgen, während die im Rahmen der kooperativen Durchführung unternehmensintern anfallenden FuE-Aufwendungen der Vertragspartner gemäß den für unternehmensinterne FuE-Projekte geltenden Vorschriften zu erfassen sind.[262] Die Kosten des Kooperationspartners sind nicht in die Betrachtung einzubeziehen.

3.5 Vorschriften zur Folgebewertung

3.5.1 Auswahl des Folgebewertungsmodells

Unter der Folgebewertung ist die Bewertung der aktivierten FuE-Projekte und Vermarktungsrechte an in Forschung oder Entwicklung befindlichen Arzneimitteln im Anschluss an ihren Bilanzansatz und ihre Erstbewertung zu verstehen. Zur Anwendung kommen dabei grundsätzlich die Vorschriften des IAS 38 für den Bereich der planmäßigen sowie des IAS 36 für die außerplanmäßige Folgebewertung.

Für die planmäßige Folgebewertung immaterieller Vermögenswerte sieht IAS 38 unabhängig von der Art des FuE-Projekts bzw. seiner Zugangsform zwei Methoden und damit ein eingeschränktes Bewertungswahlrecht vor.[263] Zum einen kann das Anschaffungskostenmodell[264] gemäß IAS 38.74 angewendet werden, das eine Erfassung planmäßiger sowie außerplanmäßiger Abschreibungen verlangt. Zum anderen kommt die Bilanzierung nach dem Neubewertungsmodell entsprechend IAS 38.75-87 in Frage, welches neben planmäßigen Abschreibungen einen Ansatz zum auf einem aktiven Markt ermittelten Neubewertungsbetrag vorsieht (IAS 38.72).

Voraussetzung für die Anwendung der Neubewertungsmethode ist die Existenz eines aktiven Marktes. Da ein aktiver Markt für FuE-Projekte kaum existiert[265], besitzt die Anschaffungskostenmethode die weitaus größere Praxisrelevanz.[266] Aus diesem Grund wird das Neubewertungsmodell zunächst nicht betrachtet.[267]

---

[262] Vgl. Abschnitt 3.4.1.2.2 sowie Abschnitt 3.4.2.1.2 und Abschnitt 3.4.3.1.2.

[263] Das Bewertungswahlrecht ist eingeschränkt, weil die Neubewertungsmethode an verschiedene Voraussetzungen geknüpft ist. Zum Folgebewertungswahlrecht vgl. *Heyd/Lutz-Ingold* (2005b), S. 72; *Lutz-Ingold* (2005), S. 205-206; *Ernst & Young* (2006), S. 834-838.

[264] Zum Anschaffungskostenmodell vgl. Abschnitt 5.2.3 sowie *Hepers* (2005), S. 222; *Ernst & Young* (2006), S. 842-844; *Pellens et al.* (2008a), S. 292-294.

[265] Vgl. *Hepers* (2005), S. 219 und S. 224; *Pellens et al.* (2008a), S. 292 sowie ausführlich Abschnitt 3.4.2.2.2.

[266] Vgl. *Keitz* (2005), S. 43. Im Übrigen wendet keines der in Abschnitt 4.4 betrachteten Unternehmen die Neubewertungsmethode an.

[267] Zum Neubewertungsmodell vgl. Abschnitt 5.2.4.2 sowie *Hepers* (2005), S. 223-226; *Lutz-Ingold* (2005), S. 209-213; *Hommel* (2006); *Pellens et al.* (2008a), S. 294-299; *Wulf* (2008), S. 72-77; *Schruff/Haaker* (2009), S. 462-467.

3.5.2 Planmäßige Folgebewertung im Anschaffungskostenmodell

3.5.2.1 Bestimmung der Nutzungsdauer

Die planmäßige Folgebewertung verfolgt das Ziel, die Anschaffungs- oder Herstellungskosten auf die Perioden der Nutzung eines Vermögenswertes zu verteilen. Dementsprechend sind zunächst die Nutzungsdauer (IAS 38.88)[268] und die zu verwendende Abschreibungsmethode zu bestimmen.

IAS 38 differenziert zwischen immateriellen Vermögenswerten mit bestimmter und solchen mit unbestimmter wirtschaftlicher Nutzungsdauer (IAS 38.88), wobei die wirtschaftliche Nutzungsdauer den Zeitraum reflektiert, indem der Vermögenswert unter Einbeziehung aller sachbezogenen Faktoren wahrscheinlich künftige positive Cashflows generiert (IAS 38.88). Folglich ist sie dann als unbestimmt anzusehen, wenn es keine Anhaltspunkte dafür gibt, dass ab einem bestimmten Zeitpunkt mit dem Vermögenswert keine positiven Cashflows mehr erzielt werden. Wichtig ist, dass eine unbestimmte Nutzungsdauer nicht mit einer unendlichen Nutzungsdauer gleichzusetzen ist (IAS 38.91).[269]

Die Bestimmung der Nutzungsdauer ist auf unternehmensinterne und -externe Erwartungen sowie auf Planungen des Managements bezüglich der zukünftigen Verwendung des immateriellen Vermögenswertes zu fußen (IAS 38.90).[270] Ferner sind neben der Berücksichtigung von wirtschaftlichen Gegebenheiten auch rechtliche oder vertragliche Beschränkungen in die Bestimmung einzubeziehen. Bei Rechten determiniert der Rechtsschutz die maximale Länge der Nutzungsdauer.[271] Die Festlegung einer die Gültigkeit des Rechtes übersteigende Nutzungsdauer ist gemäß IAS 38.94 nur dann zulässig, wenn die entsprechenden Rechtsansprüche erneuerbar sind und die Erneuerung zum einen so gut wie sicher ist, zum anderen im Vergleich

---

[268] Die Bestimmung der Nutzungsdauer wird in IAS 38.88-96 geregelt. Vgl. hierzu *Hepers* (2005), S. 219-221 und S. 226-228; *Heyd/Lutz-Ingold* (2005b), S. 73-76; *Kunath* (2005), S. 116; *Lutz-Ingold* (2005), S. 206-208; *Freiberg* (2006), S. 119-120.

[269] Eine unbestimmte Nutzungsdauer kann entweder einer Dauernutzung oder der Nutzung über eine nicht absehbare Zeit entsprechen. Zur Diskussion der Übersetzung von finite und indefinite durch bestimmt und unbestimmt sowie zum Folgenden vgl. auch *Pellens et al.* (2008a), S. 292, Fn. 6.

[270] Zu berücksichtigen sind z.B. der erwartete Nutzen, der Produktlebenszyklus und die mögliche Veralterung des immateriellen Vermögenswertes.

[271] Bei abweichenden internen Planungen kann die Nutzungsdauer jedoch auch kürzer als die Länge des Rechtsschutzes angesetzt werden. Vgl. IAS 38.94 sowie *Esser/Hackenberger* (2005), S. 711.

mit dem zukünftig erwarteten Nutzen nicht mit wesentlichen Kosten verbunden ist.[272] Dies kann bspw. im Fall eines ergänzenden Schutzzertifikates gegeben sein.[273]

FuE-Projekte sowie Vermarktungsrechte an in Forschung oder Entwicklung befindlichen Arzneimitteln haben grundsätzlich solange eine unbestimmte Nutzungsdauer bis der vom Management beabsichtigte Gebrauchszustand erreicht ist (IAS 36.97). Dieser ist i.d.R. erreicht, wenn das jeweilige Arzneimittel durch die entsprechende Zulassungsbehörde genehmigt wurde und somit einer Markteinführung keine rechtlichen Hindernisse mehr im Wege stehen, auch wenn mit der Herstellung des Arzneimittels erst später begonnen wird.[274] Im Anschluss daran hat das als FuE-Projekt aktivierte fertige Arzneimittel bzw. das Vermarktungsrecht hingegen eine bestimmbare Nutzungsdauer.[275] Sie wird als Zeitraum, in dem voraussichtlich Einzahlungsüberschüsse generiert werden, ermittelt und dabei i.d.R. durch die Laufzeit des Wirkstoffpatents oder den vertraglich festgelegten Vermarktungszeitraum determiniert, es sei denn, der Business Plan zeigt bspw. aufgrund von auf den Markt kommenden Konkurrenzprodukten oder nachteiligen gerichtlichen Entscheidungen eine kürzere Nutzungsdauer an.[276] Die für die Abschreibung von FuE-Projekten festgelegte Nutzungsdauer reicht in der Praxis von 3-5 Jahren (Evotec, Jerini), über 3-10 Jahre (Biotest), 3-15 Jahre (Merck), sowie bis zu 20 Jahre (Astra Zeneca, Lundbeck, Stada, UCB) oder sogar mehr als 30 Jahre (Novartis, Bayer).

3.5.2.2 Abschreibungsverfahren

Immaterielle Vermögenswerte mit bestimmbarer Nutzungsdauer sind ab dem Zeitpunkt des betriebsbereiten Zustandes planmäßig abzuschreiben (IAS 38.97), wobei

---

[272] Diese Anforderung ist häufig nur bei gesetzlichen Rechten, nicht aber bei vertraglichen Überlassungen erfüllt. Unter diesen Umständen kann es auch bei einer rechtlich beschränkten Nutzungsdauer zur Unbestimmbarkeit der Nutzungsdauer kommen. Weitere Indikatoren für die voraussichtliche Verlängerung von vertraglichen oder anderen gesetzlichen Rechten finden sich in IAS 38.96.

[273] Vgl. dazu Abschnitt 2.2.3.

[274] Vgl. IAS 38.97; *PwC* (2004), S. 11. Vgl. auch UCB, Geschäftsbericht 2007, S. 37. Einige Unternehmen nennen allerdings erst den Zeitpunkt der Produkteinführung (Astra Zeneca) oder den Zeitpunkt, ab dem das Arzneimittel Umsatz generiert (Novo Nordisk), als Abschreibungsbeginn. Vgl. Astra Zeneca, Geschäftsbericht 2007, S. 121; Novo Nordisk, Geschäftsbericht 2007, S. 58. Dieses Vorgehen ist ebenfalls mit IAS 38.97 vereinbar.

[275] Eine unbestimmte Nutzungsdauer können hingegen nur erworbene Marken oder generische Produkte haben. Vgl. auch *PwC* (2008e), S. 16.

[276] Vgl. *PwC* (2008e), S. 14. Vgl. dazu und zum Folgenden *Freiberg* (2006), S. 119. Nutzungsrechte sind hingegen über die jeweilige Vertragslaufzeit abzuschreiben.

die zugrunde gelegte Nutzungsdauer jährlich zu überprüfen ist.[277] Die Abschreibung endet spätestens bei Veräußerung oder vorheriger Umklassifizierung gemäß IFRS 5 „Non-current Assets Held for Sale and Discontinued Operations" aufgrund einer beabsichtigten Veräußerung.[278]

Die Abschreibung immaterieller Vermögenswerte hat gemäß der Realisierung des Nutzens leistungsorientiert, degressiv oder linear zu erfolgen (IAS 38.98).[279] Die Anschaffungs- bzw. Herstellungskosten zum Zeitpunkt der erstmaligen Bewertung bilden den über die Nutzungsdauer zu verteilenden Abschreibungsbetrag. Ist die Realisierung nicht zuverlässig bestimmbar, muss die lineare Abschreibungsmethode gewählt werden (IAS 38.97).[280] Ein Restwert wird lediglich dann berücksichtigt, wenn ein Käufer für den entsprechenden Vermögenswert existiert oder es einen aktiven Markt gibt, der auch am Ende der Nutzungsdauer noch vorliegen wird (IAS 38.100).[281]

Das gewählte Abschreibungsverfahren sowie die zugrunde gelegte Nutzungsdauer sind in den Folgeperioden stetig beizubehalten, jedoch jährlich nach den Vorschriften des IAS 38.104 i.V.m. IAS 8 „Accounting Policies, Changes in Accounting Estimates and Errors" zu überprüfen. Bei Abweichungen sind sowohl die laufenden als auch die zukünftigen Abschreibungen zu korrigieren.[282]

3.5.3 Außerplanmäßige Folgebewertung

3.5.3.1 Systematik des Werthaltigkeitstests

Neben der planmäßigen Folgebewertung ist sowohl für immaterielle Vermögenswerte mit bestimmter als auch für solche mit unbestimmter Nutzungsdauer eine Werthaltigkeitsprüfung (Impairmenttest) nach IAS 36 vorzunehmen.[283] Ein solcher Wertminderungstest ist regelmäßig einmal pro Jahr für diejenigen immateriellen Vermögens-

---

[277] Zur planmäßigen Abschreibung vgl. *Hepers* (2005), S. 222 und S. 228-231; *Lutz-Ingold* (2005), S. 213-215; *Wulf* (2008), S. 70-72; *Schruff/Haaker* (2009), S. 467-470.

[278] Vgl. *Esser/Hackenberger* (2005), S. 711; *Heuser/Theile* (2005), Tz. 531.

[279] Zur Wahl des Abschreibungsverfahrens vgl. *Hepers* (2005), S. 229-230. Zur leistungsorientierten Abschreibung vgl. *Schmied* (2004).

[280] Diese wird auch von allen in Abschnitt 4.4 untersuchten Unternehmen gewählt.

[281] Dieser Restwert muss zum Ende einer Periode jeweils überprüft werden. Zur Vorgehensweise bei der Berücksichtigung eines Restwerts vgl. IAS 38.100 sowie *Schruff* (2004), Tz. 52 und *Heyd/Lutz-Ingold* (2005a), S. 100.

[282] Vgl. *Bentele* (2004), S. 51.

[283] Zum Impairmenttest nach IFRS vgl. *Hachmeister* (2005).

werte durchzuführen, die entweder (a) noch nicht betriebsbereit sind und folglich noch nicht planmäßig abgeschrieben werden – und damit die hier betrachteten FuE-Projekte und Vermarktungsrechte –, oder (b) grundsätzlich eine unbestimmte Nutzungsdauer haben (IAS 36.10a).[284] Darüber hinaus ist für diese und alle sonstigen immateriellen Vermögenswerte gemäß IAS 36.9 eine Werthaltigkeitsprüfung immer dann erforderlich, wenn die in IAS 36.12-14 genannten internen und externen Hinweise eine Wertminderung indizieren (indikatorgestützter Test).[285]

Externe Hinweise auf eine Wertminderung können im Pharmabereich unter anderem Klagen von Patienten, rechtliche Entscheidungen über die Laufzeit von Patenten[286] sowie die Entwicklung ähnlicher Arzneimittel durch Konkurrenten darstellen.[287] Zu den unternehmensinternen Hinweisen zählen bspw. eine Verringerung der erwarteten Mittelzuflüsse aus dem Arzneimittel oder der unerwartete Abbruch von klinischen Studien aufgrund der Unwirksamkeit oder Unsicherheit eines Wirkstoffes. Dies zeigt sich darin, dass außerplanmäßige Abschreibungen in der Praxis zumeist durch Entwicklungsstopps[288] bzw. negative Ergebnisse klinischer Studien[289], die Beendigung von FuE-Kooperationen[290], patentrechtliche Auseinandersetzungen[291] und veränder-

---

[284] Der jährliche Wertminderungstest ist nicht zwingend am Bilanzstichtag, jedoch immer zum gleichen Zeitpunkt innerhalb eines Geschäftsjahres durchzuführen. Vgl. *Pellens et al.* (2008a), S. 258. Zum Werthaltigkeitstest vgl. auch *Heyd/Lutz-Ingold* (2005b), S. 89-95; *Lutz-Ingold* (2005), S. 217-234; *Moser* (2008), S. 207-218; *Wulf* (2008), S. 77-79.

[285] Vgl. zu Hinweisen auf eine Wertminderung auch *PwC* (2004), S. 13.

[286] Generikahersteller gehen verstärkt dazu über, neue und zugleich wesentliche Patente forschender Pharmaunternehmen so früh wie möglich zu attackieren, sodass ein Patentverlust vor Ablauf der Patentlaufzeit nicht ausgeschlossen werden kann. Vgl. *Voet* (2008), S. 24. Ein aktuelles Beispiel ist die Auseinandersetzung zwischen Bayer und Barr, in der Bayer sein Patent für Jasmin verloren hat. Vgl. *o.V.* (2008g).

[287] Vgl. dazu und zum Folgenden *PwC* (2004), S. 10 und S. 13. Vgl. zu einem Beispiel zu einer Patentverletzungsklage *o.V.* (2008g).

[288] Vgl. u.a. Astra Zeneca, Geschäftsbericht 2007, S. 133. In diesem Fall entfielen außerplanmäßige Abschreibungen auf Rechte und sonstige immaterielle Vermögenswerte. Vgl. auch Merck, Geschäftsbericht 2007, S. 112; Solvay, Geschäftsbericht 2007, S. 79.

[289] Bayer nahm bspw. im Jahr 2007 außerplanmäßige Abschreibungen von 152 Mio. EUR auf FuE-Projekte wegen negativer Studienergebnisse vor. Vgl. Bayer, Geschäftsbericht 2007, S. 140. Auch im Jahr 2006 wurden im Zusammenhang mit nicht erreichten Endpunkten in der klinischen Phase III außerplanmäßige Abschreibungen auf FuE-Projekte (41 Mio. EUR) und Vermarktungsrechte (20 Mio. EUR) vorgenommen. Vgl. Bayer, Geschäftsbericht 2006, S. 154.

[290] Vgl. u.a. Astra Zeneca, Geschäftsbericht 2007, S. 133; Roche, Geschäftsbericht 2007, S. 88.

[291] Vgl. Astra Zeneca, Geschäftsbericht 2008, S. 117.

te Umsatzprognosen für in Entwicklung befindliche Produkte[292] erklärt werden. Auch der Eintritt von Generika kann einen Wertminderungsgrund darstellen.[293]

IAS 36.9 verlangt, dass an jedem Bilanzstichtag zu prüfen ist, ob Hinweise auf eine Wertminderung vorliegen. Dabei ist gemäß IAS 36.15-16 jedoch der Wesentlichkeitsgrundsatz zu beachten. Nachteilige Entwicklungen müssen stets so signifikant sein, dass sie einen deutlichen Wertverlust des entsprechenden Vermögenswertes wahrscheinlich sein lassen.[294]

In den bisherigen Ausführungen wurde darauf hingewiesen, dass eine separate Bewertung von Schutzrecht und zugrunde liegender Technologie ebenso wie eine Einzelbewertung der sonstigen einem FuE-Projekt zugeordneten immateriellen Werte zumeist nicht willkürfrei möglich ist, da der Wert eines FuE-Projekts erst im Zusammenwirken der Einzelwerte über die Zahlungsmittelzuflüsse aus dem daraus entstandenen Arzneimittel begründet wird.[295] Deshalb wird stets das jeweilige FuE-Projekt bzw. erworbene Vermarktungsrecht aktiviert und bewertet und damit auch dem Impairmenttest unterzogen. Können einem FuE-Projekt keine Zahlungsmittelzuflüsse zugeordnet werden, die weitestgehend unabhängig von denen anderer Projekte sind, ist der Impairmenttest gemäß IAS 36.66-73 für die kleinste identifizierbare Gruppe von Vermögenswerten durchzuführen, die Mittelzuflüsse aus der Nutzung erzeugt, die weitestgehend unabhängig von denen anderer Vermögenswerte bzw. Gruppen von Vermögenswerten sind (zahlungsmittelgenerierende Einheit, ZGE).[296] Dabei kann es sich um eine Produktlinie, einen Geschäftsbereich bzw. ein Geschäftsfeld, eine Region oder ein Segment handeln (IAS 36.69).

Letztlich werden beim Werthaltigkeitstest immer zwei Wertkonstrukte zur Quantifizierung der Wertminderung verglichen.[297] Bei diesen Wertkonstrukten handelt es sich zum einen um den Buchwert des jeweiligen Vermögenswertes bzw. der ZGE und

---

[292] Vgl. u.a. Merck, Geschäftsbericht 2007, S. 112.

[293] Vgl. bspw. Sanofi-Aventis, Geschäftsbericht 2007, S. F-38. Bei Stada als Generikahersteller stellt der „early entry", d.h. der Markteintritt eines Generikums vor Ablauf der Patentlaufzeit mit Zustimmung des Erstanbieters einen wesentlichen Grund für Wertminderungen dar. Vgl. Stada, Geschäftsbericht 2007, S. 112.

[294] Vgl. *Pellens et al.* (2008a), S. 259.

[295] Vgl. Abschnitt 3.4.2.1.2. Mit dem laufenden Projekt in Zusammenhang stehende Patente oder Technologien für in bereits fertigen Arzneimitteln enthaltene Wirkstoffe, die separierbar sind, sollen an dieser Stelle nicht betrachtet werden.

[296] Vgl. dazu *Heyd/Lutz-Ingold* (2005b), S. 101-107; *Moser* (2008), S. 214-218.

[297] Zur Vorgehensweise beim Impairmenttest vgl. auch *Hepers* (2005), S. 235-251; *Pellens et al.* (2008a), S. 260.

zum anderen um den korrespondierenden erzielbaren Betrag. Übersteigt der Buchwert den erzielbaren Betrag, ist eine GuV-wirksame Abschreibung auf den im folgenden Abschnitt betrachteten erzielbaren Betrag vorzunehmen (IAS 36.59-60, 66, 104).[298]

3.5.3.2 Erzielbarer Betrag als Korrekturwert

Der erzielbare Betrag wird in IAS 36.6 definiert als der höhere der beiden Beträge aus dem Fair Value eines Vermögenswertes abzüglich der Verkaufskosten (Nettoveräußerungspreis, Fair Value less Costs to Sell) und seinem Nutzungswert (Value in Use). Während der Nettoveräußerungspreis den Betrag widerspiegelt, der aus einer Veräußerung des Vermögenswertes zu Marktbedingungen zwischen sachverständigen, vertragsbereiten Parteien abzüglich der Verkaufskosten aktuell erzielbar wäre, stellt der Nutzungswert den Barwert der geschätzten, künftig erwarteten Cashflows aus fortgesetzter Nutzung und anschließendem Verkauf dar.

Durch das Abstellen auf diese beiden Wertkonstrukte soll jedem Vermögenswert unabhängig von seiner Nutzung und seinen konkreten Eigenschaften ein angemessener Wert zugeordnet werden.[299] Für Zwecke des Impairmenttests sind prinzipiell beide Werte zu bestimmen.[300] Ist jedoch der Nettoveräußerungspreis nicht ermittelbar, weil bspw. kein aktiver Markt und ebenfalls keine Schätzgrundlage vorhanden ist, wird der erzielbare Betrag ausschließlich durch den Nutzungswert determiniert (IAS 36.20).[301] Umgekehrt wird der Nettoveräußerungspreis als erzielbarer Betrag festgesetzt, wenn eine kurzfristige Veräußerung geplant ist und somit keine Cashflows aus der fortgesetzten Nutzung generiert werden (IAS 36.21).

Die Berechnung des Nettoveräußerungspreises erfolgt anhand der beschriebenen Fair Value-Hierarchie (IAS 36.25-27).[302] Die dritte Stufe der Fair Value-Hierarchie mit Bezug auf anerkannte, barwertorientierte Bewertungsverfahren wird im IAS 36 zwar

---

[298] Bei einer ZGE ist ein eventueller Wertminderungsbedarf im ersten Schritt auf den Goodwill, im zweiten Schritt proportional auf die sonstigen Vermögenswerte der ZGE zu verteilen (IAS 36.104).

[299] Vgl. dazu und zum Folgenden *Pellens et al.* (2008a), S. 260. Hintergrund dieser Vorgehensweise ist die Tatsache, dass einem Unternehmen immer die beiden Alternativen Veräußerung und Eigennutzung zur Verfügung stehen.

[300] Zur Ermittlung des erzielbaren Betrags vgl. *Hoffmann* (2009a), Tz. 17-30.

[301] Dieser Fall kann nur eintreten, wenn die Anwendung barwertorientierter Bewertungsverfahren für die Ermittlung des Nettoveräußerungspreises abgelehnt wird.

[302] Vgl. dazu Abschnitt 3.4.2.2.2 sowie *Heyd/Lutz-Ingold* (2005b), S. 95-96; *Castedello/Klingbeil/Schröder* (2006), S. 1034-1035; *Schmusch/Laas* (2006), S. 1051-1052; *Pellens et al.* (2008a), S. 261-262; *Wulf* (2008), S. 79.

nicht explizit erwähnt. Da jedoch einerseits regelmäßig keine aktiven Märkte für FuE-Projekte vorliegen, andererseits der Anwendungsbereich der Analogiemethode aufgrund fehlender Vergleichstransaktionen sehr begrenzt ist[303], sind zur in IAS 36.27 geforderten Schätzung des Fair Value die anerkannten Bewertungsverfahren analog heranzuziehen (IAS 36.BCZ11).[304] Folglich ist für die Bewertung pharmazeutischer FuE-Projekte regelmäßig die Residualwertmethode einschlägig.[305] Im Anschluss an die Fair Value-Ermittlung sind direkt zurechenbare Kosten zur Versetzung in einen verkaufsfähigen Zustand abzuziehen; in IAS 36.28 werden beispielhaft Rechtsberatungskosten aufgeführt.

Die Berechnung des Nutzungswertes erfolgt durch Diskontierung von für die Zukunft aus Nutzung und Abgang erwarteten unternehmensindividuellen Cashflows mit einem angemessenen Diskontierungszinssatz (IAS 36.31).[306] Dabei legen IAS 36.33-54 relativ detailliert fest, wie die Schätzung der Cashflows zu erfolgen hat. Auch die Bestimmung des Diskontierungszinssatzes wird in IAS 36.55-57 im Detail geregelt.[307]

Prinzipiell ist die Vorgehensweise bei der Ermittlung des Nutzungswerts identisch zur Bestimmung des Fair Value anhand barwertorientierter Bewertungsverfahren. Allerdings ergeben sich bezogen auf die Cashflows und den anzuwendenden Diskontierungszinssatz die im Folgenden erläuterten Unterschiede.

Die Cashflow-Prognose soll die bestmögliche Einschätzung des Managements über die im Verlauf der Nutzungsdauer vorherrschenden wirtschaftlichen Rahmenbedingungen widerspiegeln (IAS 36.33a). Somit könnte ein Unterschied in der aus Managementsicht vorzunehmenden Cashflow-Projektion liegen, da der Fair Value ausschließlich Markterwartungen widerspiegeln soll. In der praktischen Anwendung dürf-

---

[303] Vgl. ausführlich Abschnitt 3.4.2.2.2.

[304] Vgl. Hoffmann/Lüdenbach (2004), S. 341; Brücks/Kerkhoff/Richter (2005), S. 3-7; Schmusch/Laas (2006), S. 1051-1052. Vgl. ferner IAS 36.BCZ11: "It should be noted that fair value, net selling price and value in use all reflect a present value calculation (implicit or explicit) of estimated net future cash flows expected from an asset [...]. Fair value and net selling price may differ from value in use because the market may not use the same assumptions as an individual enterprise." Anderer Ansicht Adler/Düring/Schmalz (2002), Abschnitt 9, Tz. 123; Hepers (2005), S. 238. In der Praxis wird der Nettoveräußerungspreis mittels barwertorientierter Bewertungsverfahren ermittelt. Vgl. Freiberg/Lüdenbach (2005), S. 486.

[305] Vgl. dazu 3.4.2.2.2.

[306] Vgl. dazu Heyd-Lutz-Ingold (2005), S. 96-102; Castedello/Klingbeil/Schröder (2006), S. 1035-1036; Lienau/Zülch (2006); Schmusch/Laas (2006), S. 1052-1054; Pellens et al. (2008a), S. 262-264; Wulf (2008), S. 79-83. Zu den Unterschieden zwischen dem subjektiven Nutzungswert und dem eher objektivierten Fair Value vgl. Hepers (2005), S. 239-240.

[307] Zu Bestimmung von Cashflows und des Diskontierungszinssatzes vgl. Hepers (2005), S. 241-251.

te dieser Unterschied allerdings nur marginal sein. Zudem fordert IAS 36 explizit, externen und somit vom Markt hergeleiteten Informationen bzw. Parametern ein größeres Gewicht beizumessen.[308]

Ein weiterer Unterschied könnte sich dadurch ergeben, dass steigende Wachstumsraten bei der Restwertberechnung nur berücksichtigt werden dürfen, wenn dies objektiv vertretbar ist (IAS 36.36). Dabei darf die Wachstumsrate das langfristige Durchschnittswachstum der Produkte, Branche etc. nur in Ausnahmefällen überschreiten (IAS 36.33c, 37).[309] Diese, auf den Produktlebenszyklus und die Generikakonkurrenz (die regelmäßig in den Markt eintritt und das Wachstum beschränkt) gerichteten Anforderungen, finden bei der Bestimmung des Fair Value jedoch in gleichem Ausmaß Eingang in die Cashflow-Prognose.

Eine entscheidende Restriktion bei der Prognose besteht allerdings dahingehend, dass lediglich der derzeitige Zustand des FuE-Projekts bzw. Vermarktungsrechtes sowie künftige Erhaltungsmaßnahmen – und somit keine Maßnahmen zur Verbesserung bzw. Erhöhung der Ertragskraft – zu berücksichtigen sind (IAS 36.33b, 44). Insofern sind im Unterschied zur Fair Value-Ermittlung bspw. keine Veränderungen aus einer während der späteren Entwicklung beabsichtigten Ausdehnung der Patientengruppe wie etwa auf Kinder zu berücksichtigen, wenn derzeit klinische Studien ausschließlich für Erwachsene durchgeführt werden. Im Gegensatz zur Fair Value-Ermittlung hat die Cashflow-Ermittlung vor Steuern zu erfolgen und Finanzierungstätigkeiten auszuklammern (IAS 36.50).[310]

Der Diskontierungszinssatz wird ebenfalls durch einen vermögenswertspezifischen Marktzinssatz bestimmt (IAS 36.55).[311] Analog zur Cashflow-Prognose und im Gegensatz zum Fair Value ist dabei ein Vorsteuerzinssatz zu verwenden (IAS 36.55). Ausgangspunkt für die Bestimmung des Diskontierungszinssatzes können ebenfalls die WACC vergleichbarer Unternehmen oder aber die eigenen Kapitalkosten sein.[312]

---

[308] Die Zahlungen aus dem Abgang des Vermögenswertes am Ende seiner Nutzungsdauer sind ebenfalls unter der Annahme einer Transaktion zu Marktbedingungen zwischen sachverständigen, vertragsbereiten Parteien zu schätzen. Veräußerungskosten sind abzuziehen (IAS 36.52).

[309] Zu den durch die DAX-Unternehmen in 2005-2007 veröffentlichten Wachstumsraten vgl. *Frey/Oehler* (2009), S. 321.

[310] Vgl. dazu ausführlich *Schumann* (2008), S. 260-265.

[311] Zur Ermittlung vgl. *Schmusch/Laas* (2006), S. 1054-1059. Zu den durch die DAX-Unternehmen 2005 bis 2007 veröffentlichten Diskontierungszinssätzen vgl. *Frey/Oehler* (2009), S. 323.

[312] IAS 36.56-57, A17. Vgl. dazu *Heyd/Lutz-Ingold* (2005b), S. 99-107; *Hartmann* (2006), S. 57-63. Neben den detaillierten Hinweisen zur Ermittlung der Cashflows sowie des Diskontierungszinssatzes enthält Anhang A zu IAS 36 weitere Hinweise zur Anwendung der DCF-Verfahren. Das IASB

3.5.3.3 Wertaufholung

Für alle wertgeminderten Vermögenswerte ist an jedem Abschlussstichtag zu überprüfen, ob eine früher erfasste Wertminderung noch (in voller Höhe) gerechtfertigt oder eine Zuschreibung vorzunehmen ist (IAS 36.110).[313] Die hierbei zu berücksichtigenden Indikatoren gleichen spiegelbildlich weitgehend denjenigen, die als Hinweise auf eine Wertminderung aufgeführt sind (IAS 36.111-112). So können bspw. günstige Veränderungen im Unternehmensumfeld auf eine Wertaufholung hindeuten, insbesondere wenn eine solche Entwicklung die ursprüngliche Ursache der Wertminderung in ihr Gegenteil verkehrt hat. Bei der Überprüfung ist auch zu berücksichtigen, ob möglicherweise eine Anpassung des Abschreibungsplanes erforderlich ist.

Die Umkehrung einer Wertminderung erfolgt spiegelbildlich zur ursprünglichen Abwertung. Wiederum ist der erzielbare Betrag zu ermitteln und dem durch die Wertminderung verringerten Buchwert gegenüberzustellen (IAS 36.114). Nicht erlaubt ist hierbei eine Zuschreibung nur aus dem Grund, dass der Nutzungswert eines Vermögenswertes im Zeitablauf steigt, weil die aus seiner Nutzung erwarteten künftigen Cashflows zeitlich näher rücken (IAS 36.116). Darüber hinaus ist als Obergrenze der Zuschreibung derjenige Wert zu beachten, mit dem der Vermögenswert am Abschlussstichtag zu Buche stünde, wenn die ursprüngliche Wertminderung nicht eingetreten wäre (IAS 36.117). Dies bedeutet, dass eventuelle planmäßige Abschreibungen auf den ursprünglichen Buchwert in einem Nebenbuch mitgeführt werden müssen (fortgeführte historische Anschaffungs- oder Herstellungskosten).

Zu Wertaufholungen kann es für die beschriebenen, im Pharmabereich bedeutenden immateriellen Vermögenswerte bspw. dann kommen, wenn ein FuE-Projekt oder ein Vermarktungsrecht aufgrund der Markteinführung eines Konkurrenzproduktes außerplanmäßig abgeschrieben wurde, dieses Konkurrenzprodukt jedoch im Nachhi-

---

unterscheidet zwischen dem Traditional Approach und dem Expected Cash Flow Approach. Vgl. dazu *Grüner* (2006), S. 139-145. Beim Traditional Approach wird der Barwert der wahrscheinlichsten Cashflow-Prognose ermittelt (IAS 36.A2, A4). Dieser Ansatz ist dann angemessen, wenn entweder vergleichbare Vermögenswerte auf dem Markt gehandelt werden oder Vermögenswerte auf dem Markt erhältlich sind, bei denen Höhe und Zeitpunkte der Zahlungen vertraglich vereinbart sind (IAS 36.A5). Bei komplexeren Bewertungsfällen wird die Anwendung des Expected Cash Flow Ansatzes empfohlen. Hierbei wird das vermögenswertspezifische Risiko nicht im Zinssatz, sondern im Rahmen der Schätzung der Cashflows berücksichtigt, indem die mehrwertigen Cashflow-Szenarien mit ihren jeweiligen Eintrittswahrscheinlichkeiten gewichtet und anschließend auf den Bewertungsstichtag diskontiert werden (IAS 36.A7).

[313] Vgl. dazu *Hepers* (2005), S. 272-273; *Lutz-Ingold* (2005), S. 234-236; *Moser* (2008), S. 218-219; *Pellens et al.* (2008a), S. 270-271; *Hoffmann* (2009a), Tz. 79.

nein wieder vom Markt genommen werden musste.[314] Grundsätzlich ist jedoch anzunehmen, dass Wertaufholungen für die hier betrachteten immateriellen Vermögenswerte eher selten vorkommen.

3.6 Ausweisvorschriften

Nach der Darstellung der Bilanzansatz- und Bewertungsvorschriften wird abschließend ein kurzer Überblick über die für die vorliegende Arbeit relevanten verpflichtenden Anhangangaben zu FuE-Projekten und Vermarktungsrechten gegeben.[315] Zunächst ist in jedem Geschäftsjahr der GuV-wirksam erfasste FuE-Aufwand anzugeben (IAS 38.126). Darüber hinaus sind pro in der Bilanz ausgewiesener Gruppe immaterieller Vermögenswerte[316] differenziert nach selbst erstellten und sonstigen Vermögenswerten Angaben zur Nutzungsdauer, zu Abschreibungszeitraum und -verfahren sowie zum auf die Periode verteilten Abschreibungsbetrag zu machen (IAS 38.118). Die Buchwertentwicklung pro Gruppe ist zudem unter separatem Ausweis der Zugänge, der Abgänge, der planmäßigen und außerplanmäßigen Abschreibungen sowie der Zuschreibungen differenziert nach Selbsterstellung, separatem Erwerb und Erwerb durch Unternehmenszusammenschlüsse darzustellen. Schließlich ist der Buchwert der immateriellen Vermögenswerte mit einer unbestimmten Nutzungsdauer unter Angabe der Gründe für diese Einschätzung ebenso anzugeben (IAS 38.122a) wie eventuelle vertragliche Verpflichtungen zum Erwerb von immateriellen Vermögenswerten (IAS 38.122e), die bspw. bei Einlizenzierungsgeschäften vorkommen.

3.7 Kapitelfazit

Gegenstand des dritten Kapitels waren die Vorschriften zur bilanziellen Abbildung pharmazeutischer FuE-Projekte in der IFRS-Rechnungslegung. Es wurde dargestellt, wie FuE-Projekte bzw. diese initiierende und aus diesen hervorgehende immaterielle Vermögenswerte unter Berücksichtigung der Besonderheiten des pharmazeutischen FuE-Prozesses im Jahresabschluss zu erfassen sind. Die folgenden wesentlichen Ergebnisse sind festzuhalten:

1. Den im Rahmen der bilanziellen Abbildung pharmazeutischer FuE-Projekte relevanten Bilanzierungsgegenstand stellen insbesondere erworbene, ein Projekt ini-

---

[314] Vgl. *PwC* (2005c), S. 34.
[315] Vgl. zu allen Ausweisvorschriften vgl. *Heyd/Lutz-Ingold* (2005b), S. 113-115.
[316] FuE-Projekte können eine Gruppe darstellen (IAS 38.119g).

tiierende sowie im Rahmen eines Projekts generierte patentgeschützte und ungeschützte Technologien sowie Rechte zur Vermarktung noch in Forschung oder Entwicklung befindlicher Arzneimittel dar, sodass primär die Vorschriften des IAS 38 zur Anwendung kommen.

2. Sowohl die allgemeinen Bilanzansatzvorschriften als auch die Regeln für die Folgebewertung immaterieller Vermögenswerte sind unabhängig von der Zugangsform formuliert und gelten folglich unabhängig vom Durchführungsweg. Die allgemeinen Bilanzansatzvorschriften (abstrakte Bilanzierungsfähigkeit) sind für die ein Projekt initiierenden sowie die im Rahmen eines Projekts generierten Einzelwerte regelmäßig erfüllt.

3. Im Rahmen der speziellen Bilanzansatz- und Erstbewertungsvorschriften wird eine Differenzierung nach dem Durchführungsweg bzw. der Zugangsform vorgenommen. Insbesondere die für intern sowie im Rahmen von Auftrags- FuE und Auslizenzierungen durchgeführte Entwicklungsprojekte geltenden konkretisierenden Bilanzansatzregeln sind anders formuliert als die für den Fall des separaten Erwerbs, der Einlizenzierung sowie des Unternehmenszusammenschlusses festgelegten Kriterien. Folglich unterliegen bspw. die für einen Erwerb geleisteten Zahlungen anders formulierten Regeln als die im Anschluss für interne Forschung und Entwicklung aufgewendeten Mittel. Zudem ist festzuhalten, dass eine Verteilung der Kosten bzw. des Fair Value auf die aus einem Projekt hervorgehenden bzw. dieses initiierenden Einzelwerte kaum möglich ist, sodass das FuE-Projekt den relevanten Bilanzierungsgegenstand darstellt. Lediglich solche immateriellen Werte, die einen vom Projekt unabhängigen Nutzen generieren bzw. nicht in das zu entwickelnde Produkt eingehen, sind separat zu bilanzieren.

Im folgenden vierten Kapitel werden die dargestellten Vorschriften vor dem Hintergrund eines aus Plausibilitätsüberlegungen, den Zielen der IFRS-Rechnungslegung sowie der Entwicklung der Vorschriften des IAS 38 hergeleiteten Beurteilungsmaßstabs kritisch gewürdigt und die Konsequenzen der identifizierten Defizite der geltenden Regeln für die Darstellung der Vermögens- und Ertragslage an einem Beispiel aufgezeigt. Darüber hinaus wird die Umsetzung der bisherigen Vorschriften durch Pharma- und Biotechnologieunternehmen untersucht und ebenfalls einer kritischen Würdigung unterzogen.

4 Kritische Würdigung der bestehenden Vorschriften und ihrer Umsetzung durch nach IFRS bilanzierende Pharmaunternehmen

4.1 Kapitelüberblick

In den vorangegangenen beiden Kapiteln wurden der pharmazeutische FuE-Prozess und seine Besonderheiten, die gängigen Wege zur Durchführung von FuE-Projekten sowie die bilanzielle Abbildung von auf unterschiedlichen, im Pharmabereich bedeutenden Wegen durchgeführten FuE-Projekten ausführlich betrachtet. Aufbauend auf den Erkenntnissen dieser Kapitel werden die Bilanzierungsvorschriften der IFRS einerseits und ihre Umsetzung durch nach IFRS bilanzierende Pharmaunternehmen andererseits im Folgenden kritisch gewürdigt. Zu diesem Zweck wird in Abschnitt 4.2 aus Plausibilitätsüberlegungen, den Zielen der IFRS-Rechnungslegung und der Entwicklung der speziellen Vorschriften des IAS 38 zunächst ein Beurteilungsmaßstab abgeleitet. Die Würdigung der geltenden Bilanzierungsvorschriften und die Analyse ihrer Auswirkungen auf die Darstellung der Vermögens- und Ertragslage eines Unternehmens sowie der mit diesen verbundenen ökonomischen Konsequenzen sind Gegenstand des Abschnitts 4.3. In Abschnitt 4.4 wird schließlich auf Basis der Geschäftsberichte von nach IFRS bilanzierenden Pharmaunternehmen für die Geschäftsjahre 2005 bis 2008 untersucht, wie die IFRS tatsächlich umgesetzt wurden und wie diese Umsetzung vor dem Hintergrund der Besonderheiten der Pharmabranche sowie der Ergebnisse des Abschnitts 4.3 zu beurteilen ist. Das Kapitel endet mit einem kurzen Fazit in Abschnitt 4.5.

4.2 Beurteilungsmaßstab

4.2.1 Ziele der IFRS-Rechnungslegung als Ausgangspunkt

Den Ausgangspunkt für die Herleitung eines geeigneten Beurteilungsmaßstabs stellen die Ziele der IFRS-Rechnungslegung dar.[1] Das IASB hat seine grundlegenden Ziele sowie die Ausrichtung der von ihm erlassenen Rechnungslegungsvorschriften auf einer übergeordneten Ebene im so genannten Rahmenkonzept (Framework) festgelegt, das im Juli 1989 von der Vorgängerorganisation des IASB, dem International Accounting Standards Committee (IASC), veröffentlicht und vom IASB im April 2001 übernommen wurde. Aktuell wird es vom IASB im Rahmen eines umfassenden

---

[1] Vgl. zu dieser Vorgehensweise u.a. *Streim* (1977), S. 29; *Hepers* (2005); *Bieker* (2006), S. 29-30 i.V.m. S. 73; *Brinkmann* (2007); *Hackenberger* (2008), S. 69-71.

Projekts überarbeitet.[2] Hinter der Erarbeitung dieses Rahmenkonzeptes steht die Idee, dass die zahlreichen bislang veröffentlichten Rechnungslegungsstandards des IASC bzw. IASB und die Interpretationen des Standard Interpretations Committee (SIC) bzw. des International Financial Reporting Interpretations Committee (IFRIC) nicht in der Lage sind, alle Rechnungslegungsfragen abschließend zu beantworten.[3] Das Rahmenkonzept dient deshalb für die schon bestehenden sowie für die künftig noch zu entwickelnden IFRS-Normen als Referenzrahmen, der die konzeptionelle Ausrichtung der IFRS-Rechnungslegung definiert.[4]

Primäres Ziel der Rechnungslegung nach IFRS „is to provide information about the financial position, performance and changes in financial position of an entity that is useful to a wide range of users in making economic decisions" (RK.12, IAS 1.9).[5] Die Vorschriften der IFRS sollen demnach einem weiten Kreis schutzbedürftiger Adressaten solche Information über die (Veränderung der) Vermögens-, Finanz- und Ertragslage sowie der Cashflows eines Unternehmens bereitstellen, die für ihre wirtschaftlichen Entscheidungen etwa über das Halten oder Verkaufen von Unternehmensanteilen, die Vergabe, Prolongation oder Kündigung von Krediten sowie über die Bestellung bzw. Abberufung des Managements nützlich sind.[6] Nach Ansicht des IASB zählen neben Informationen zur zutreffenden Prognose der Höhe, der zeitlichen Struktur und der Sicherheit der zukünftigen Zahlungsströme ebenfalls Informationen über die Qualität und Effizienz des Managements zu den entscheidungsnützlichen Informationen.[7] IFRS-Abschlüsse sollen demnach auch die Ergebnisse der Führung des Unternehmens durch das Management und dessen Verantwortlichkeit für

---

[2] Vgl. dazu u.a. *Pelger* (2009).

[3] Vgl. auch *Pellens et al.* (2008a), S. 108.

[4] Dies ist in der Einführung zum Rahmenkonzept (Tz. 1) festgelegt. Das Rahmenkonzept ist allerdings nicht als so genanntes „overriding principle" zu verstehen. Ergeben sich Konflikte mit den Einzelstandards, haben die Regeln der Einzelstandards gemäß RK.3 Vorrang, sodass nur in Auslegungsfragen auf das Rahmenkonzept Rekurs zu nehmen ist. Vgl. dazu auch *Pellens et al.* (2008a), S. 109.

[5] Vgl. *Streim/Bieker/Leippe* (2001), S. 179; *Beyhs* (2002), S. 32; *Ballwieser* (2005), S. 729-730; *Bogajewskaja* (2007), S. 26-28; *Pellens et al.* (2008a), S. 112-113; *Baetge/Kirsch/Thiele* (2009a), S. 141-142. Dies wird sich nach der Überarbeitung des Rahmenkonzepts kaum ändern. Vgl. *Pelger* (2009), S. 158. Zur geplanten Überarbeitung des Rahmenkonzepts vgl. *Zülch/Gebhardt* (2006). Zur Informationsfunktion der Rechnungslegung vgl. *Busse von Colbe* (1993), S. 13-14, zum Informationswert *Wagner* (1982), S. 760-763, und zur Bedeutung des Rechnungslegungszwecks *Streim* (1986), S. 7.

[6] Vgl. auch *Moxter* (2003), S. 5. Für eine Begründung der Entscheidungsnützlichkeit von Informationen über die Vermögens-, Finanz- und Ertragslage vgl. RK.15-21; *Wagenhofer* (2001), S. 439.

[7] Die Prognosekraft von Jahresabschlussgrößen wird allerdings teilweise bezweifelt. Vgl. bspw. *Schneider* (1997), S. 200-202; *Schildbach* (2004), S. 70.

das ihm anvertraute Vermögen zeigen (RK.14, 15).[8] Diese Informationen sollen insbesondere über Bilanz, Gesamtergebnisrechnung und Kapitalflussrechnung vermittelt, jedoch durch zusätzliche Informationen ergänzt werden.[9]

Als Adressaten der Rechnungslegung werden insbesondere aktuelle und potenzielle Investoren (Gesellschafter) und darüber hinaus Arbeitnehmer, Kreditgeber, Lieferanten und andere Gläubiger, Kunden, Regierungen und die allgemeine Öffentlichkeit genannt (RK.9). Das IASB ist sich darüber bewusst, dass die in den IFRS-Abschlüssen von Unternehmen zu findenden Informationen keineswegs die Informationsbedürfnisse aller Adressaten abschließend befriedigen können. Es wird jedoch angenommen, die für die dem Unternehmen Risikokapital zur Verfügung stellenden Investoren entscheidungsnützlichen Informationen seien auch für die Mehrzahl der anderen Adressaten entscheidungsnützlich. Folglich stehen die Informationsbedürfnisse der Investoren primär im Fokus der Rechnungslegung nach IFRS (RK.10).[10]

Die Ausführungen zeigen, dass die Vermittlung von entscheidungsnützlichen Informationen für Investoren die Maxime für die Entwicklung sämtlicher Vorschriften zu Bilanzansatz, Bewertung und sonstigen Angabepflichten für immaterielle Vermögenswerte darstellt(e). Dabei dienen die in den Tz. 22-46 des Rahmenkonzepts festgelegten und in der nachstehenden Abbildung 17 zusammengefassten allgemeinen Anforderungen an entscheidungsnützliche Informationen als konkretisierende Leitlinie für die Entwicklung von Rechnungslegungsvorschriften. Sie sind darüber hinaus als Beurteilungsmaßstab für bestehende Regelungen heranzuziehen.[11]

Neben den Basisannahmen[12] der periodengerechten Erfolgsermittlung (accrual basis) und der Unternehmensfortführung (going concern) sowie weiteren zu erfüllenden

---

[8] In dieser Anforderung kommt neben der Informationsfunktion eines IFRS-Abschlusses ebenso eine Rechenschaftsfunktion zum Ausdruck. Vgl. zur Rechenschaftsfunktion bereits *Leffson* (1987), S. 55 sowie *Gassen* (2008). Da die Rechenschaftsfunktion nicht klar von der Informationsfunktion zu trennen ist, wird diese im Folgenden nicht mehr gesondert betrachtet.

[9] Vgl. auch *Streim* (2000), S. 116. Zur Bedeutung zusätzlicher auch qualitativer Informationen vgl. bereits *Stützel* (1967), S. 340 sowie Abschnitt 5.4.3.

[10] Vgl. *Streim/Bieker/Leippe* (2001), S. 179; *Haaker* (2006), S. 452; *Wohlgemuth* (2006), S. 25. Zu den primär finanziellen Informationsinteressen von Investoren, die auf die Beurteilung der Managementleistung sowie die Prognose der künftigen Unternehmensentwicklung fokussiert sind, vgl. *Streim/Bieker/Leippe* (2001), S. 179-181; *Streim/Bieker/Esser* (2005), S. 99. Zu Informationswünschen von Eigenkapitalgebern vgl. *Busse von Colbe* (1968), S. 94; *Günther* (1997), S. 27 und Abschnitt 5.3.2 bis 5.3.5.

[11] Vgl. etwa *Streim* (1977), S. 29.

[12] Vgl. hierzu etwa *Pellens et al.* (2008a), S. 113-114; *Baetge/Kirsch/Thiele* (2009a), S. 144.

Nebenbedingungen[13] stellen die vier Primärgrundsätze der Verständlichkeit, der Relevanz, der Verlässlichkeit und der Vergleichbarkeit mit den diese Anforderungen konkretisierenden Sekundärgrundsätzen die zentralen Informationskriterien der IFRS-Rechnungslegung dar.[14]

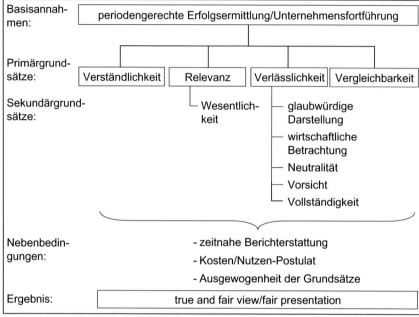

Abb. 17: Allgemeine Rechnungslegungsgrundsätze des IASB[15]

---

[13] Das Prinzip der periodengerechten Erfolgsermittlung legt fest, dass die Auswirkungen von Geschäftsvorfällen und anderen Ereignissen in dem Geschäftsjahr zu erfassen sind, in dem sie auftreten und nicht zum Zeitpunkt der korrespondierenden Zahlungsmittelzu- oder -abflüsse (RK.22). Die Annahme der Unternehmensfortführung schreibt vor, dass bei der Abschlusserstellung entweder von der Unternehmensfortführung auszugehen oder eine Nicht-Erfüllung der Fortführungsannahme bei der Abschlusserstellung zu berücksichtigen ist (RK.23). Im letzten Fall wäre z.B. der Ansatz von Bilanzpositionen zu Liquidationswerten sinnvoll, während bei Annahme der Unternehmensfortführung bspw. fortgeführte Anschaffungs- und Herstellungskosten zu wählen sind. Zu den Nebenbedingungen vgl. *Pellens et al.* (2008a), S. 117-118; *Baetge/Kirsch/Thiele* (2009a), S. 145-147.

[14] Zu den Primär- und Sekundärgrundsätzen vgl. auch *Pellens et al.* (2008a), S. 114-117; *Schmundt* (2008), S. 31-38. Die Rechnungslegungseigenschaften entsprechen den Grundsätzen einer informationsorientierten Rechnungslegung. Vgl. *Streim/Bieker/Leippe* (2001), S. 185; *Esser* (2005), S. 47.

[15] Abbildung entnommen aus *Pellens et al.* (2008a), S. 119.

Der Primärgrundsatz der *Verständlichkeit* bezieht sich auf die Weiterleitung von Rechnungslegungsinformationen an die Adressaten sowie die Art, die benutzte Terminologie und die Komplexität der Informationsvermittlung.[16] Letztlich soll ein sachkundiger Nutzer der Informationen in die Lage versetzt werden, sich einen angemessenen Überblick über die wirtschaftlichen Tätigkeiten eines Unternehmens zu verschaffen. Die Anforderung der Verständlichkeit darf allerdings nicht dazu führen, dass Informationen über entscheidungsrelevante Sachverhalte allein aufgrund ihrer Komplexität weggelassen werden (RK.25).

Die Verständlichkeit der Informationsvermittlung hängt entscheidend von der *Vergleichbarkeit* der Abschlüsse eines Unternehmens im Zeitablauf und der Vergleichbarkeit der Abschlüsse verschiedener Unternehmen ab (RK.39).[17] Vergleichbarkeitsaspekte dürfen jedoch nicht dazu führen, dass Bilanzierungs- und Bewertungsmethoden unverändert beibehalten werden, wenn alternative Verfahren zu einer höheren Relevanz und Verlässlichkeit führen würden (RK.41). Insofern kommt diesem Grundsatz insbesondere verglichen mit den Grundsätzen der Relevanz und der Verlässlichkeit eine untergeordnete Bedeutung zu.[18]

Damit eine Information als entscheidungsnützlich für die Adressaten eingestuft werden kann und eine Informationsvermittlung dem Grunde nach überhaupt gerechtfertigt ist, muss sie insbesondere das Kriterium der *Relevanz* erfüllen (RK.26).[19] Dies ist nach Ansicht des IASB immer dann erfüllt, wenn die vermittelten Informationen in der Lage sind, (a) wirtschaftliche Entscheidungen der Adressaten zu beeinflussen – indem sie ihnen bei der Beurteilung vergangener, aktueller oder künftiger Ereignisse helfen – oder (b) vergangene Beurteilungen der Adressaten zu bestätigen oder zu korrigieren.[20] Anders ausgedrückt: „To be relevant, information must be timely and it must have predictive value or feedback value or both".[21] Dabei müssen die vermittelten Informa-

---

[16] Vgl. *Snavely* (1967), S. 229-230 sowie statt vieler m.w.N. *Streim* (1977), S. 56-61.

[17] Vgl. *Snavely* (1967), S. 230 und m.w.N. *Streim* (1977), S. 62. Zur Bedeutung insbesondere der Vergleichbarkeit zwischen Unternehmen vgl. bereits *Schmalenbach* (1925), S. 81. Das Streben nach Vergleichbarkeit von Rechnungslegungsinformationen kann als wesentlicher Motor der Harmonisierungstendenzen der vergangenen Jahre angesehen werden. Vgl. *Budde/Steuber* (1996), S. 546; *Pellens* (2001), S. 387; *Wagenhofer* (2005), S. 14.

[18] Vgl. auch *Bogajewskaja* (2007), S. 28.

[19] Vgl. *Snavely* (1967), S. 227-228; *Coenenberg* (1971), S. 738-745; *Streim* (1977), S. 29-37.

[20] Vgl. *Wagenhofer/Ewert* (2003), S. 105; *Hitz* (2005), S. 162-163; *Naumann* (2006), S. 45; *Bogajewskaja* (2007), S. 27-28.

[21] CON 2.33. Vgl. ferner CON 2.46-57. Ähnlich RK.27, der die „predictive and confirmatory roles of information" hervorhebt.

tionen nicht selbst Prognosegrößen darstellen, sondern können auch als Grundlage für die Prognose der zukünftigen Vermögens-, Finanz- und Ertragslage sowie anderer Sachverhalte verwendet werden (RK.28).

Zu beachten ist darüber hinaus, dass die Vermittlung entscheidungsrelevanter Informationen auch durch die *Wesentlichkeit* bestimmt wird (RK.29). So müssen Informationen eine gewisse „Schwelle" oder „Grenze" überschreiten, um als relevant eingestuft werden zu können. Insofern liegen wesentliche Informationen vor, wenn deren Weglassen oder deren fehlerhafte Darstellung die wirtschaftlichen Entscheidungen der Adressaten beeinflussen könnte (RK.30).[22]

Um abschließend als entscheidungsnützlich eingestuft werden zu können, muss eine Information nicht nur relevant sein, sondern darüber hinaus das Kriterium der *Verlässlichkeit* erfüllen.[23] Verlässliche Informationen liegen immer dann vor, wenn sie weder wesentliche Fehler, noch systematisch verzerrende Einflüsse enthalten und somit glaubwürdig darstellen, was sie vorgeben darzustellen (RK.31).[24]

Wie in Abbildung 17 dargestellt, konkretisiert sich der Primärgrundsatz der Verlässlichkeit in den Sekundärgrundsätzen der glaubwürdigen Darstellung, der wirtschaftlichen Betrachtungsweise, der Neutralität, der Vorsicht und der Vollständigkeit (RK.33-38). Während der Grundsatz der *glaubwürdigen Darstellung* auf die zutreffende Abbildung der angefallenen Geschäftsvorfälle abstellt und darüber hinaus eine intersubjektive Nachprüfbarkeit der vermittelten Informationen impliziert (RK.33-34)[25], soll der Grundsatz der *Neutralität* dafür Sorge tragen, dass die Informationen frei von verzerrenden Einflüssen sind (RK.36). Nach dem *Vorsichtsprinzip* sind Vermögenswerte nicht zu hoch und Schulden nicht zu niedrig zu bewerten (RK.37).[26] Der *Vollständigkeitsgrundsatz* weist darauf hin, dass Informationen außer aufgrund von Unwesentlichkeit nicht weggelassen werden dürfen (RK.38). Schließlich soll durch den *Grundsatz der wirtschaftlichen Betrachtungsweise* sichergestellt werden, dass nicht rechtli-

---

[22] Zu beachten ist, dass die Bedingung der Wesentlichkeit als Grenzwert und nicht als qualitative Anforderung zu verstehen ist (RK.30).

[23] Vgl. *Streim* (1977), S. 30; *Brinkmann* (2007), S. 231. Zur Bedeutung der Verlässlichkeit vgl. auch *Epstein/Pava* (1993), S. 36-39; *Hitz* (2005), S. 161-162; *Kirsch* (2009).

[24] Vgl. *Snavely* (1967), S. 228-229; *Coenenberg* (1971), S. 745-748; *Streim* (1977), S. 37-56.

[25] Vgl. *Snavely* (1967), S. 228.

[26] Vgl. zum Vorsichtsprinzip *Bonse* (2004), S. 38-40.

che Faktoren, sondern die tatsächlichen wirtschaftlichen Gegebenheiten für die bilanzielle Abbildung herangezogen werden (RK.35).[27]

Während die Grundsätze der Verständlichkeit und der Vergleichbarkeit weder mit einem der anderen beiden Grundsätze noch miteinander im Konflikt stehen, besteht zwischen den beiden zentralen Informationskriterien[28] der Relevanz und der Verlässlichkeit ein gewisses Spannungsverhältnis.[29] Denn häufig ist es insbesondere bei zukunftsorientierten Informationen nicht möglich, beide Grundsätze gleichzeitig zu erfüllen[30], da Informationen umso relevanter sind, je mehr sie über künftige Erwartungen berichten, jedoch umso verlässlicher sind, je mehr sie sich auf vergangene Ereignisse beziehen. Schließlich sind Prognosen und Erwartungen aufgrund der Unsicherheit über die künftige Entwicklung stets mit zahlreichen Annahmen und subjektiven Schätzungen verbunden.[31]

Dieses Dilemma kommt auch in der seit Jahren in der Literatur sowie durch die internationalen Standardsetter und bisher ohne abschließenden Konsens geführten Diskussion um den konzeptionell richtigen Wertansatz im Spannungsfeld von Relevanz und Verlässlichkeit zum Ausdruck und betrifft insbesondere auch immaterielle Vermögenswerte aufgrund ihrer im Vergleich zu materiellen und finanziellen Werten besonderen Eigenschaften.[32] Exemplarisch für diese Diskussion kann folgende Aussage aus dem aktuellen Rahmenkonzept der US-GAAP herangezogen:

„One of the more fundamental questions raised by the search for relevance in accounting concerns the choice of attribute to be measured for financial reporting purposes. Will financial statements be more relevant if they are based on historical costs, current costs, or some other attribute? The question must be left for consideration in other parts of the conceptual framework project; but because of lack of experience with information providing measures of several of those attributes and differences of opinion about their relevance and reliability, it is not surprising that agreement on the question is so difficult to obtain."[33]

Letzten Endes ist ein entscheidender Grund für diese nicht enden wollende Diskussion die durch das IASB (und auch das Financial Accounting Standards Board

---

[27] Vgl. dazu *Baetge/Kirsch/Thiele* (2009a), S. 146 sowie Abschnitt 4.2.2.
[28] Zur herausragenden Bedeutung der beiden Grundsätze vgl. *Hitz* (2005), S. 15.
[29] Vgl. u.a. *Beyhs* (2002), S. 60-61; *Hepers* (2005), S. 123-124; *Hitz* (2005), S. 15; *Bieker* (2006), S. 191; *Naumann* (2006), S. 43; *Wohlgemuth* (2006), S. 37-44; *Pellens et al.* (2008a), S. 118.
[30] Vgl. mit Bezug auf das Rahmenkonzept des FASB *Bogajewskaja* (2007), S. 26.
[31] Vgl. *Snavely* (1967), S. 232; *Beyhs* (2002), S. 60-62; *Schildbach* (2002), S. 61.
[32] Vgl. exemplarisch *Hepers* (2005), S. 123-126; *Wohlgemuth* (2006), S. 37-44.
[33] CON 2.50.

(FASB)) bisher nicht vorgenommene Gewichtung der dargestellten Grundsätze.[34] So wird in RK.43 unter Hinweis auf das bestehende Spannungsverhältnis lediglich angeführt, dass "in achieving a balance between relevance and reliability, the overriding consideration is how best to satisfy the economic decision-making needs of users." Ferner führt RK.45 aus, dass "a balancing, or trade-off, between qualitative characteristics is often necessary. [...] The relative importance of the characteristics in different cases Is a matter of professional judgement." Eine abschließende Aussage, welchem Kriterium im Konfliktfall der Vorzug zu geben ist, kann dem Rahmenkonzept jedoch nicht eindeutig entnommen werden. Aus diesem Grund wird teilweise die Ansicht vertreten, dass es bisher „Leerformeln statt Orientierung"[35] liefert.

4.2.2 Ableitung des Beurteilungsmaßstabs

Im vorherigen Abschnitt wurden die aus der Zielsetzung der IFRS-Rechnungslegung abgeleiteten Bedingungen für das Vorliegen entscheidungsnützlicher Rechnungslegungsinformationen dargestellt. Dabei wurden neben den Grundsätzen der Verständlichkeit und der Vergleichbarkeit insbesondere die Kriterien der Relevanz und der Verlässlichkeit als zentrale Informationskriterien herausgearbeitet, die prinzipiell als Beurteilungsmaßstab für bestehende Rechnungslegungsvorschriften heranzuziehen sind. In diesem Zusammenhang konnte gezeigt werden, dass zwischen den beiden letzteren Grundsätzen ein vom IASB nicht abschließend gelöstes Spannungsverhältnis besteht. Auf Basis dieser Erkenntnis wird im Folgenden ein geeigneter Maßstab zur Beurteilung der Bilanzierungsvorschriften abgeleitet.[36]

Das in RK.45 im Hinblick auf die fehlende Gewichtung der Kriterien der Relevanz und der Verlässlichkeit angeführte „matter of professional judgement" kommt ebenfalls in den in der Literatur zu findenden, unterschiedlichen Argumentationssträngen bei der Beurteilung von entscheidungsnützlichen Informationen zum Ausdruck. So wollen einige Autoren den Grundsatz der Verlässlichkeit zu einer Nebenbedingung degradieren[37], während andere Autoren die Verlässlichkeit als gleichrangig ansehen

---

[34] Vgl. *Hitz* (2005), S. 164; *Naumann* (2006), S. 48; *Haaker* (2007), S. 255; *Pellens et al.* (2008a), S. 118. Teilweise wird aus RK.43 jedoch eine Höhergewichtung der Relevanz abgeleitet. Vgl. u.a. *Streim/Bieker/Leippe* (2001), S. 184.

[35] *Schildbach* (2007), S. 13.

[36] Vgl. zu dieser grundsätzlichen Vorgehensweise u.a. *Streim* (1977), S. 29; *Hepers* (2005); *Bieker* (2006), S. 29-30 i.V.m. S. 73; *Hackenberger* (2008), S. 69-71.

[37] Vgl. etwa *American Accounting Association* (1966), S. 9; *Streim/Bieker/Esser* (2004), S. 241-242; *Bieker* (2006), S. 76; *Hackenberger* (2008), S. 76.

oder teilweise sogar höher gewichten als die Relevanz[38], um daraus zweckentsprechende Bilanzierungsregeln abzuleiten.[39]

Aus der stärkeren Gewichtung der Relevanz wird bspw. gefolgert, Aktiva und Passiva möglichst umfassend zu ihren Fair Values oder Ertragswerten anzusetzen.[40] Demgegenüber wird unter zumindest gleichrangiger Beachtung der Verlässlichkeit eingewendet, aufgrund der mit einer solchen Bilanzierungskonzeption einhergehenden erhöhten Ermessensspielräume und der insofern in beträchtlichem Ausmaß unzuverlässigen Wertansätze sei eine restriktivere Bilanzansatzkonzeption[41] bzw. eine Bewertung zu fortgeführten Anschaffungs- oder Herstellungskosten oder auf der Basis nur beobachtbarer Marktpreise[42] vorzuziehen. Zudem wird den Befürwortern einer umfassenden Fair Value- oder Ertragswertbewertung entgegnet, dass bei den meisten Aktiva und Passiva im Falle fehlender beobachtbarer Marktpreise eine barwertorientierte Einzelbewertung aufgrund der Verbundproblematik ausscheide[43], sodass lediglich eine Gesamt- oder Bereichsbewertung möglich sei, die wiederum von den internationalen Standardsettern nicht angestrebt würde und somit für eine in der Praxis anwendbare Bilanzansatz- und Bewertungsdiskussion nicht geeignet sei.[44]

Die Ausführungen zeigen, dass es sich bei der Frage nach der „richtigen" Gewichtung von Relevanz und Verlässlichkeit um einen logisch-deduktiv nicht eindeutig lösbaren Konflikt handelt[45] und deshalb auch in der Literatur kein Konsens über eine zweckmäßige Gewichtung herrscht.

Im Rahmen der im Folgenden vorzunehmenden kritischen Würdigung wird daher zunächst keine Gewichtung der beiden Grundsätze vorgenommen bzw. unterstellt.

---

[38] Vgl. bspw. *Münstermann* (1966), S. 585-586; *Wenger* (1981), S. 170; *Ballwieser* (2002), S. 299; *Coenenberg* (2003), S. 14; *Hepers* (2005).

[39] Der Wert in der Bilanz wird immer durch den Zweck der Bilanz bestimmt. Vgl. *Schmalenbach* (1962), S. 29 sowie zur Bedeutung des Rechnungslegungszwecks *Streim* (1986), S. 3.

[40] Vgl. etwa *Lücke/Hautz* (1973), S. 18-28; *Käfer* (1976), S. 24-25 und S. 47-48; *Siegel* (1997), S. 81 und S. 83; *Streim/Bieker/Leippe* (2001), S. 191-192 sowie S. 195; *Streim/Bieker/Esser* (2004), S. 231-232; *Bieker* (2006), S. 83; *Hackenberger* (2008), S. 79-80. Aus Relevanzgesichtspunkten stellen Finanzpläne die First-, Barwerte die Second-Best-Lösung dar. Vgl. *Streim/Bieker/Esser* (2003), S. 470.

[41] Vgl. z.B. *Euler* (1997), S. 175 und S. 185; *Hepers* (2005), S. 399.

[42] Vgl. u.a. *Simon* (1910), S. 158-169; *Wenger* (1981), S. 66-70 und S. 170; *Ballwieser* (2002), S. 299; *Hepers* (2005), S. 326.

[43] Vgl. *Schmalenbach* (1920), S. 29-30; *Schmalenbach* (1925), S. 57; *Münstermann* (1966), S. 582-583; *Wenger* (1981), S. 69 und S. 165; *Haller* (1998), S. 565-569.

[44] Vgl. etwa *Ballwieser* (2002), S. 299. Vgl. ferner *Wenger* (1981), S. 66-69. Anderer Ansicht *Streim/Bieker/Esser* (2004), S. 239-240.

[45] Vgl. *Wagenhofer/Ewert* (2003), S. 128-131.

Stattdessen wird bei der Beurteilung der Bilanzierungsvorschriften im ersten Schritt auf einer der Diskussion um Relevanz und Verlässlichkeit vorgelagerten Stufe angesetzt.[46] Denn unabhängig davon, welcher der beiden Grundsätze schließlich stärker zu gewichten und wie diese Gewichtung zu begründen ist, kann zumindest festgehalten werden, dass ökonomisch identische Sachverhalte auch in der Rechnungslegung in gleicher Weise erfasst werden sollten. Im Falle der hier betrachteten pharmazeutischen FuE-Projekte bedeutet dies, dass unabhängig davon, ob eine umfassende Aktivierung zweckmäßiger als eine (vollständig) unterlassene Aktivierung oder eine Bewertung zum Ertragswert bzw. zum Fair Value entscheidungsnützlicher als eine Bewertung zu fortgeführten Anschaffungs- oder Herstellungskosten ist, als Mindestanforderung an jede informative Bilanzierungskonzeption grundsätzlich gilt, dass wirtschaftlich identische FuE-Projekte unabhängig von ihrer rechtlichen oder vertraglichen Ausgestaltung auch einheitlich – d.h. konsistent – abzubilden sind.[47] Der Beurteilungsmaßstab basiert folglich auf der Annahme, dass die ökonomischen Eigenschaften pharmazeutischer FuE-Projekte und dabei insbesondere die mit diesen verbundenen und im Rahmen der bilanziellen Abbildung entscheidenden technischen Risiken durch die Wahl des Durchführungsweges grundsätzlich nicht beeinflusst werden.[48] Schließlich ist zu bezweifeln, dass ein in der klinischen Phase III durch bspw. einen Erwerb zugegangenes Projekt mit anderen technischen Risiken bzw. anderen Erfolgswahrscheinlichkeiten[49] verbunden ist als ein identisches unternehmensinternes Projekt, das eben diese klinische Phase erreicht hat.[50]

Dass eine informationsorientierte Rechnungslegung zumindest keine Inkonsistenzen aufweisen sollte[51], zeigen zunächst die mit diesen verbundenen Konsequenzen. Wird

---

[46] Das Spannungsverhältnis zwischen Relevanz und Verlässlichkeit wird hingegen im zweiten Schritt bei der Entwicklung von Empfehlungen für eine Weiterentwicklung der geltenden Vorschriften berücksichtigt. Vgl. dazu Kapitel 5.

[47] Zur Kritik an einer Ungleichbehandlung von Kauf und interner Erstellung in einer kapitalmarktorientierten Rechnungslegung vgl. auch *Yang* (1978), S. 19; *Pellens/Fülbier* (2000a), S. 58; *Spranger* (2006), S. 105; *Lüdenbach/Freiberg* (2009), S. 146. Dieses Vorgehen wird auch als Bruch in der IFRS-Rechnungslegung bzw. als Zwei-Klassen-Objektivierung bezeichnet. Vgl. *Knüppel* (2007), S. 168-169.

[48] Vgl. auch Abschnitt 2.4.2.3.

[49] Vgl. zu technischen Risiken und Erfolgswahrscheinlichkeiten Abschnitt 2.4.1.

[50] Die Tatsache, dass im Rahmen bspw. eines Erwerbs im Gegensatz zu einer unternehmensinternen Projektdurchführung auf dem Markt zwischen zwei unabhängigen Vertragspartnern zustande gekommene Preise für das entsprechende Projekt vorliegen, kann, wenn überhaupt, nur eine inkonsistente Behandlung auf der Bewertungs-, nicht jedoch auf der Bilanzansatzebene rechtfertigen. Ähnlich auch IAS 38.BCZ39d.

[51] Vgl. auch IAS 38.BCZ39e; *Haaker* (2007), S. 259. Auf die Bedeutung der Konsistenz weist auch *Reichelt* hin. Vgl. *Reichelt* (2008), S. 4. Zur Bedeutung einer konsistenten Berichterstattung vgl.

die Konsistenzanforderung verletzt, beeinflussen identische Sachverhalte die Darstellung der Vermögens-, Finanz- und Ertragslage eines bzw. verschiedener Unternehmen in unterschiedlicher Weise.[52] Dies schränkt insbesondere bei fehlender Beobachtbarkeit der unterschiedlichen Behandlung sowie der mit dieser verbundenen Konsequenzen die Relevanz sowie die Verlässlichkeit und sowohl die intertemporale Vergleichbarkeit als auch die Vergleichbarkeit zwischen Unternehmen[53] ein und kann, da die Rechnungslegungsdaten sowohl zur Soll-Ist-Analyse als auch zur Prognose herangezogen werden[54], zu Fehleinschätzungen und -entscheidungen der Investoren bspw. über das Halten oder Verkaufen von Unternehmensanteilen führen. Dadurch wird die Eignung der Jahresabschlussinformationen zum Abbau von Informationsasymmetrien zwischen Management und Jahresabschlussadressaten durch die Vermittlung entscheidungsnützlicher Informationen beeinträchtigt. Stehen den Jahresabschlussadressaten wenigstens ausreichend detaillierte Anhanginformationen zur eigenständigen Korrektur der übermittelten Informationen zur Verfügung, kann eine konsistente Abbildung theoretisch nachträglich erreicht werden. Folglich werden die Adressaten „nur" mit einem zusätzlichen Aufwand bei der Interpretation der Informationen belastet. Ist eine nachträgliche Modifikation der Jahresabschlussdaten und damit die nachträgliche Herstellung einer konsistenten Abbildung aufgrund nicht vorhandener notwendiger Angaben in den Geschäftsberichten hingegen nicht möglich, sind die Jahresabschlussdaten als Informationsinstrument wenig geeignet.[55]

Aufgrund ihrer großen Bedeutung ist die „Konsistenzanforderung" als Grundsatz der wirtschaftlichen Betrachtungsweise (*substance over form*) und damit als konkretisierendes Sub-Kriterium der Verlässlichkeit implizit im Rahmenkonzept der IFRS verankert.[56] Ziel dieses Kriteriums ist es, zu verhindern, dass formale vertragliche Ausge-

---

auch *McCosh* (1967), S. 693; *Hommel* (2006), S. 300; *CFA Institute* (2007), S. 2. Zum Hinweis darauf, dass die Zugangsform keine Rolle für die Aktivierungsfähigkeit spielen sollte vgl. bereits *Müller-Dahl* (1979), S. 162.

[52] Dies gilt umso mehr, je mehr Gestaltungspotenziale für die bilanzielle Abbildung gewährt werden. Vgl. dazu Abschnitt 4.3.2.3.

[53] Zum Zeit- und Unternehmensvergleich vgl. *Coenenberg* (2005), S. 970-971. Zur eingeschränkten Vergleichbarkeit aufgrund von durch Inkonsistenzen ausgelösten Auswirkungen auf das Ergebnis und daran gekoppelte Kennzahlen wie z.B. das Kurs-Gewinn-Verhältnis (KGV) vgl. *Burger/Ulbrich/Knoblauch* (2006), S. 735.

[54] Vgl. *Ordelheide* (1998), S. 506; *Pellens/Fülbier* (2000a), S. 37-38.

[55] Da private Investoren zudem insbesondere die primären Rechenwerke nutzen (vgl. *Ernst/Gassen/Pellens* (2009), S. 11) und auch institutionelle Investoren aus Zeitgründen oft auf eine Aufbereitung der Zahlen verzichten (vgl. *Pellens et al.* (2008c), S. 143), sind konsistente Bilanzierungsvorschriften entscheidend.

[56] Vgl. Abschnitt 4.2.1.

staltungen einer Transaktion zur gewünschten Abbildung entsprechend dem Wortlaut des Vertragswerks führen, obwohl sie den eigentlichen Inhalt verfehlen.

Darüber hinaus kann das Ziel konsistenter Bilanzierungsvorschriften für immaterielle Vermögenswerte und damit für FuE-Projekte aus der im Vorfeld der Verabschiedung des IAS 38 (1998) sowie des IAS 22 „Business Combinations" geführten Diskussion zwischen dem IASC und den Kommentatoren der Standardentwürfe abgeleitet werden.[57] Im Jahr 1989 rief das damalige IASC ein Projekt zur Entwicklung eines Standards zur Bilanzierung sämtlicher immateriellen Vermögenswerte ins Leben, das im Jahr 1993 auch zu einem so genannten „Priority Project" erklärt wurde.[58] In den Folgejahren wurden ein Draft Statement of Principles (1994), sowie die drei Exposure Drafts E 50 „Intangible Assets" (1995), E 60 „Intangible Assets" (1997) und E 61 „Business Combinations" (1997) veröffentlicht.[59] Letztendlich wurden im Jahr 1998 zwei neue Standards herausgegeben, die sich mit der bilanziellen Abbildung immaterieller Vermögenswerte beschäftigen. Zum einen wurde IAS 38 fertig gestellt, in den auch Teile des IAS 9 „Accounting for Research and Development Activities" übernommen wurden.[60] Dies führte dazu, dass sowohl die für separat erworbene als auch die für selbst erstellte immaterielle Vermögenswerte geltenden Regeln in einem Standard zusammengefasst und IAS 9 zurückgenommen wurde. Zum anderen wurde IAS 22 verabschiedet, der u.a. regelte, wie im Rahmen eines Unternehmenszusammenschlusses zugegangene immaterielle Vermögenswerte zu bilanzieren sind.

Im Zuge der Erarbeitung des IAS 38 als Standard für die bilanzielle Abbildung immaterieller Vermögenswerte wurden die nunmehr geltenden Vorschriften umfassend diskutiert. Während für separat erworbene und im Rahmen einer Unternehmensakquisition zugegangene immaterielle Vermögenswerte bei Vorliegen eines wahrscheinlichen künftigen Nutzenzuflusses sowie einer zuverlässigen Bewertbarkeit eine Aktivierungspflicht vorgeschlagen wurde, stellte das Board die Frage, ob selbst erstellte immaterielle Vermögenswerte und damit auch intern durchgeführte FuE-Projekte überhaupt aktiviert werden sollen und wenn ja, ob sich die Aktivierungsbe-

---

[57] Zur Entwicklung der Regeln für selbst erstellte immaterielle Vermögenswerte vgl. IAS 38.BCZ31; *IASC* (1998), Tz. 4-11; *Jackstein* (2009), S. 277-280.

[58] Vgl. *IASC* (1998), Tz. 4.

[59] Vgl. hierzu und zum Folgenden *IASC* (1998), Tz. 4-11. Zur Entwicklung der Regeln für immaterielle Vermögenswerte vgl. *Heyd/Lutz-Ingold* (2005b), S. 20-22.

[60] Zum Vergleich zwischen IAS 38 und IAS 9 vgl. IAS 38.BCZ36 sowie *Schellhorn/Weichert* (2001). Zu Gründen für die Integration von IAS 9 in den IAS 38 vgl. IAS 38.BCZ33.

dingungen von den für erworbene immaterielle Vermögenswerte geltenden Anforderungen unterscheiden sollten. Damals wurden der interessierten Öffentlichkeit folgende Möglichkeiten zur Bilanzierung selbst erstellter immaterieller Vermögenswerte zur Kommentierung zur Verfügung gestellt:[61]

1. Aktivierung von selbst erstellten immateriellen Vermögenswerten bei Erfüllung bestimmter Voraussetzungen;

2. Vollständige Verrechnung als Aufwand;

3. Vollständige Verrechnung als Aufwand mit explizit genannten Ausnahmen;

4. Wahlrecht zwischen Alternative 1 und Alternative 2.

Für eine vollständige Aufwandsverrechnung wurden Argumente wie eine fehlende Vergleichbarkeit aufgrund der subjektiven Auslegung von Aktivierungskriterien und die Unmöglichkeit einer Trennung des Nutzenzuflusses aus Aufwendungen für selbst erstellte immaterielle Vermögenswerte vom originären Goodwill angeführt.[62] Zudem wurde die Entscheidungsnützlichkeit einer Aktivierung in Frage gestellt, da von einer Erfüllung der vom IASC vorgeschlagenen Aktivierungsvoraussetzungen erst relativ spät im Entwicklungsprozess und damit von einem geringen Anteil aktivierungsfähiger Entwicklungsaufwendungen ausgegangen wurde.

Gegen eine vollständige Aufwandsverrechnung bzw. für eine Aktivierung unter bestimmten Voraussetzungen wurden insbesondere Argumente wie die durch empirische Studien belegte Wertrelevanz von FuE-Aufwendungen sowie eine fehlerhafte Bewertung der Performance eines Unternehmens durch die fehlende Aktivierung dieser, für Unternehmen einiger Branchen entscheidenden, selbst erstellten immateriellen Vermögenswerte angeführt.[63] Darüber hinaus wurde hervorgehoben, dass die Unsicherheit über den Wert eines Vermögenswertes die Unterlassung seiner Aktivierung nicht rechtfertige und die Zugangsform zudem nicht entscheidend für die Aktivierung bzw. die Unterlassung einer Aktivierung sein sollte.[64] Dies zeigt zunächst, dass eine konsistente Behandlung von einigen Kommentatoren explizit gefordert wurde.

---

[61] Vgl. dazu *IASC* (1998), Tz. 12.
[62] Vgl. zu den Argumenten IAS 38.BCZ38 bzw. *IASC* (1998), Tz. 21.
[63] Vgl. zu den Argumenten IAS 38.BCZ39 bzw. *IASC* (1998), Tz. 22. Diese Alternative wurde auch von der Mehrzahl der Kommentatoren des E 60 befürwortet. Vgl. IAS 38.BCZ40.
[64] Zur Ansicht der Kommentatoren vgl. IAS 38.BCZ39e, zur Ansicht des damaligen IASC vgl. IAS 38.BCZ40.

Das IASC entschied sich letztlich für die erste Alternative, legte als Reaktion auf die beschriebenen, in den eingegangenen Comment Lettern genannten Argumente jedoch explizit fest, dass ein Unterschied in den Anforderungen für selbst erstellte und extern erworbene immaterielle Vermögenswerte nicht gewünscht sei.[65] Übertragen auf die Bilanzierung von FuE-Projekten bedeutet dies, dass der Durchführungsweg eines FuE-Projekts aus Sicht des IASC keinen Einfluss auf dessen Bilanzansatz und Bewertung haben soll. Zu erkennen ist folglich, dass auch das IASC bzw. das IASB trotz der Einführung bestimmter Kriterien, deren Erfüllung ausschließlich im Fall selbst erstellter immaterieller Vermögenswerte zu demonstrieren ist, grundsätzlich die Entwicklung konsistenter Bilanzierungsregeln für immaterielle Vermögenswerte anstrebt.

Festzuhalten bleibt, dass die Mindestanforderung der konsistenten bilanziellen Erfassung ökonomisch gleicher Sachverhalte sowohl im Rahmenkonzept der IFRS verankert ist, als auch aus der Entwicklung der für immaterielle Vermögenswerte geltenden Vorschriften des IAS 38 hervorgeht. Aus diesem Grund wird sie als Maßstab für die Analyse der in Kapitel 3 dargestellten Bilanzierungsvorschriften herangezogen, sodass im Folgenden geprüft wird, ob das IASB sein selbst gestecktes Ziel hinsichtlich der bilanziellen Abbildung pharmazeutischer FuE-Projekte erreicht.

4.3 Würdigung und Wirkungsanalyse

4.3.1 Würdigung der geltenden Bilanzierungsvorschriften

4.3.1.1 Interpretation der speziellen Bilanzansatzvorschriften für interne Entwicklungsprojekte

Als Maßstab zur Beurteilung der geltenden IFRS-Vorschriften wurde im vorherigen Abschnitt die als Mindestanforderung an informative Rechnungslegungsvorschriften interpretierte Eignung der Regeln zur konsistenten bilanziellen Abbildung ökonomisch identischer Sachverhalte herausgearbeitet. Im Folgenden wird untersucht, inwieweit die in Kapitel 3 dargestellten Bilanzierungsvorschriften diese Anforderung erfüllen.[66]

Da sowohl die allgemeinen Bilanzansatzvorschriften als auch die Regeln zur planmäßigen und außerplanmäßigen Folgebewertung nicht nach der Zugangsform bzw.

---

[65] Vgl. IAS 38.BCZ40 bzw. *IASC* (1998), Tz. 23.

[66] Zur nicht nachvollziehbaren Inkonsistenz in der Behandlung selbst erstellter materieller und immaterieller Vermögenswerte vgl. *Powell* (2003), S. 806; *Hommel/Benkel/Wich* (2004), S. 1269.

dem Durchführungsweg eines FuE-Projekts differenzieren, können sie im Rahmen der folgenden Analyse vernachlässigt werden.[67] Im Fokus stehen stattdessen insbesondere die speziellen Bilanzansatzvorschriften sowie darüber hinaus die Vorschriften zur Erstbewertung.

Im ersten Schritt wird analysiert, wie die derzeit für intern bzw. im Rahmen von Auftrags-FuE oder einer Auslizenzierung durchgeführte Entwicklungsprojekte sowie für Erstattungen von FuE-Kosten eines Vertragspartners geltenden Bilanzierungsregeln auf den Ansatzzeitpunkt und die Höhe des Erstansatzes wirken, da diese Vorschriften aufgrund ihrer Anwendung auf die auf einen Projekterwerb oder eine Einlizenzierung folgenden sowie die im Rahmen einer Kooperation getätigten internen FuE-Aktivitäten auch für die Bilanzierung aller anderen Durchführungswege bedeutend sind. Zudem kann insbesondere aufgrund der konkretisierenden Vorschriften des IAS 38.57 ein je nach Durchführungsweg bzw. Zugangsform unterschiedlicher Bilanzansatz vermutet werden. Aufbauend auf den gewonnenen Erkenntnissen wird anschließend durch einen Vergleich mit den für Erwerbe und Einlizenzierungen geltenden Vorschriften untersucht, inwieweit die Konkretisierung der speziellen Bilanzansatz- und Erstbewertungsvorschriften in Abhängigkeit von der Zugangsform zu Inkonsistenzen in der bilanziellen Abbildung führt bzw. führen kann.[68]

Wie in Abschnitt 3.4.1.2.1 dargestellt, gilt für den Forschungsbereich ein Aktivierungsverbot, während Entwicklungsprojekte bei Erfüllung der in der folgenden Tabelle zusammengefassten Kriterien aktivierungspflichtig sind.[69]

a	Technische Realisierbarkeit
b	Fertigstellungsabsicht
c	Fähigkeit zu Nutzung und Verkauf
d	Künftiger Nutzenzufluss wahrscheinlich
e	Verfügbarkeit adäquater Ressourcen für die Fertigstellung
f	Verlässliche Bewertbarkeit

Tab. 6:   Bilanzansatzkriterien des IAS 38.57

Fraglich ist, zu welchem Zeitpunkt im pharmazeutischen Entwicklungsprozess diese Kriterien erfüllt sind. Unkritisch sind die Kriterien b und c bzw. e und f. Diese sollten

---

[67] Vgl. dazu Abschnitt 3.3 und Abschnitt 3.5.
[68] Vgl. zu den Bilanzansatz- und Erstbewertungsvorschriften Abschnitt 3.4.
[69] Vgl. zu den Kriterien des IAS 38.57 Abschnitt 3.4.1.2.2. Eine Aktivierung von Einzelwerten kann, wie in Abschnitt 3.4.1.2.2 dargestellt, nicht sinnvoll vorgenommen werden.

i.d.R. bereits zu Beginn der Entwicklungsphase erfüllt sein und somit einer vollständigen Aktivierung aller angefallenen Entwicklungskosten nicht entgegenstehen. Die für den Nachweis der Fertigstellungsabsicht erforderliche Intention, das Projekt fortzuführen, wird ebenso wie der Nachweis der Fähigkeit des Unternehmens, das Projekt bzw. seine Ergebnisse zu nutzen oder zu verkaufen, bereits zu Beginn der klinischen Phase I vorliegen. Gleiches gilt – sofern ein entsprechender Businessplan existiert – für die Verfügbarkeit der für eine Fertigstellung notwendigen Ressourcen und die Möglichkeit einer sachgerechten Schlüsselung der Entwicklungskosten. Eine Kostenzuordnung sollte spätestens bei Vorliegen eines Wirkstoffkandidaten und damit zu Beginn der klinischen Phase I möglich sein.[70] Denn eine Projektkostenträgerrechnung, die der internen Steuerung im Rahmen des Entwicklungskostencontrollings dient, wird bei den meisten (insbesondere größeren) Unternehmen implementiert sein.[71]

Kritischer hinsichtlich des Erfüllungszeitpunktes sind aufgrund der Unsicherheit über den Erfolg pharmazeutischer FuE-Projekte die beiden in Tabelle 6 grau hinterlegten und in engem Zusammenhang stehenden Kriterien a und d.[72] Die Erfüllung beider Kriterien hängt insbesondere von der Einschätzung der Erfolgs- und damit der Zulassungswahrscheinlichkeit des in Entwicklung befindlichen Arzneimittels durch das verantwortliche Management ab.[73] Im Folgenden gilt es deshalb zu prüfen, zu welchem Zeitpunkt im Entwicklungsprozess anzunehmen ist, dass mehr Gründe für als gegen die Vollendung eines Projekts sprechen.

Hauptziel der in der klinischen Phase I durchgeführten Entwicklungsaktivitäten ist, sicherzustellen, dass der jeweilige Wirkstoff für gesunde Probanden ungefährlich ist. Die therapeutische Wirksamkeit spielt hingegen noch eine untergeordnete Rolle.[74] Folglich ist i.d.R. nicht davon auszugehen, dass zu diesem Zeitpunkt mit einer Vollendung des Projekts wahrscheinlich gerechnet werden kann. In der klinischen Phase II wird die Wirksamkeit an einem kleinen Kreis von Personen, die das jeweilige Krankheitsbild aufweisen, getestet. Da zu diesem Zeitpunkt zum ersten Mal nach

---

[70] Diese Ansicht wird auch von Vertretern des Pharmaunternehmens Eli Lilly unterstützt. Vgl. dazu *FASB* (2003), S. 3.

[71] Vgl. *Seidel/Grieger/Muske* (2009), S. 1289.

[72] PwC hält das Kriterium a im Sinne eines „more likely than not" für das am schwierigsten zu erfüllende. Vgl. *PwC* (2008e), S. 42.

[73] Vgl. dazu Abschnitt 3.4.1.2.2; *PwC* (2004), S. 2.

[74] Vgl. dazu sowie zu den klinischen Phasen II und III Abschnitt 2.3.2.3.

der Wirksamkeit gefragt wird und aufgrund der geringen Anzahl an Probanden noch keine statistisch erhärteten Daten vorliegen, ist davon auszugehen, dass die Erfüllung der beiden Kriterien vor einer Bestätigung der Wirksamkeit und damit vor Abschluss der klinischen Phase II ebenfalls die Ausnahme darstellt.[75]

In der insbesondere auf Neben- und Wechselwirkungen fokussierten klinischen Phase III, bei der es sich um die entscheidende Phase im Entwicklungsprozess handelt, liegen hingegen schon wesentlich mehr Erkenntnisse über Wirksamkeit, Verträglichkeit etc. vor. Ob die Erfüllung der Kriterien in der klinischen Phase III demonstriert werden kann, hängt insbesondere vom jeweiligen Wirkstoff ab. Bei einem Wirkstoff aus einem bewährten Therapiegebiet, dessen Verabreichungsmethoden bekannt sind, werden sie früher erfüllt sein als bei einem innovativen Wirkstoff aus einem neuen Therapiegebiet.[76] Insofern werden sie bspw. im Bereich des LCM früher erfüllt sein als bei einer Durchbruchsinnovation. Klare Hinweise sind neben der Einreichung der Zulassungsunterlagen insbesondere die aufgrund von dringendem therapeutischen Bedarf bevorzugte Behandlung eines Arzneimittels durch die Zulassungsbehörden, eine schon bestehende Zulassung für einen ähnlichen Markt[77], die Produktion von Vorräten oder der Beginn einer Marketing-Kampagne.[78]

Die geltenden Bilanzansatzkriterien führen demnach dazu, dass von einer Erfüllung frühestens zu Beginn der klinischen Phase III, spätestens bei Einreichung der Zulassungsunterlagen auszugehen ist, da eine Aktivierung bei einer Zulassungswahrscheinlichkeit von weniger als 50% mit dem Verweis auf die mangelnde Verlässlichkeit der Bewertung verneint wird.[79] Dies gilt zumeist nicht nur für Durchbruchsinnovationen, sondern auch für die Entwicklung eines Arzneimittels in einer zusätzlichen Indikation.[80] Selbst im Fall des LCM kann nicht pauschal von einer höheren Erfolgs-

---

[75] Dies wird auch durch die empirischen Ergebnisse zur Erfolgswahrscheinlichkeit in der klinischen Phase II unterstützt. Vgl. Abschnitt 2.4.1.

[76] Zu den übrigen Faktoren, die sich positiv auf eine Erhöhung der Erfolgswahrscheinlichkeit auswirken, vgl. Abschnitt 2.4.2.

[77] Dies gilt, sofern keine umfangreichen zusätzlichen Studien erforderlich sind. Vgl. *PwC* (2004), S. 6. Vgl. auch *Adler/Düring/Schmaltz* (2002), Abschnitt 8, Tz. 107.

[78] Vgl. *PwC* (2004), S. 2 und S. 5; *PwC* (2007c), S. 20.

[79] Ähnlich auch *PwC* (2004), S. 2; *Ernst & Young* (2006), S. 855; *Arbeitskreis Immaterielle Werte im Rechnungswesen* (2008), S. 1817; *PwC* (2008e), S. 6. Eine Erfolgswahrscheinlichkeit von mehr als 50% müsste häufig zu Beginn der klinischen Phase III gegeben sein. Vgl. *PwC* (2008a) sowie Abschnitt 2.4.1.

[80] Vgl. *PwC* (2005c), S. 06. Zu den erheblichen Unterschieden zwischen verschiedenen Indikationen vgl. Abschnitt 2.3.3.

wahrscheinlichkeit ausgegangen werden.[81] Einen Sonderfall stellt lediglich die Entwicklung von Generika dar. Konnten die chemische und biologische Äquivalenz bereits demonstriert werden, sind die beschriebenen Kriterien des IAS 38.57 schon zu Beginn der Entwicklung des Generikums als erfüllt anzusehen.[82]

Festzuhalten ist, dass es keinen definitiven Startpunkt für die Aktivierung von internen pharmazeutischen Entwicklungsprojekten gibt. Letztlich ist die subjektive Einschätzung jedes einzelnen Projekts durch das verantwortliche Management ausschlaggebend.[83] Wird angenommen, dass die Bilanzansatzkriterien zum Ende der klinischen Phase III erfüllt sind, sind durchschnittlich maximal 19% der für die Erforschung und (Weiter-)Entwicklung eines Arzneimittels anfallenden Kosten aktivierungspflichtig.[84] Wird von einer Erfüllung bereits zu Beginn der klinischen Phase III ausgegangen, kann der Anteil auf immerhin rund 47% der FuE-Kosten steigen. Je nach Auslegung der Kriterien des IAS 38.57 wird folglich der wesentliche Teil der Entwicklungskosten GuV-wirksam erfasst, sodass bis kurz vor der Fertigstellung des Arzneimittels keine Entwicklungsprojekte in der Bilanz aktiviert werden. Welcher Anteil letztendlich aktivierungspflichtig ist, kann aufgrund der Ermessensspielräume des IAS 38.57 nicht genau bestimmt werden. Sind die Bilanzansatzkriterien schließlich erfüllt, sind die FuE-Projekte mit ihren verbleibenden Herstellungskosten in der Bilanz anzusetzen.[85]

4.3.1.2 Identifizierung von Inkonsistenzen

Aufbauend auf den Erkenntnissen des Abschnitts 4.3.1.1 werden die bilanziellen Konsequenzen von Erwerben und Einlizenzierungen analysiert und anschließend mögliche Inkonsistenzen in der bilanziellen Abbildung zwischen den betrachteten Durchführungswegen identifiziert.

---

[81] Dies kann bspw. bei der Weiterentwicklung eines Arzneimittels für die Behandlung von Kindern gelten. Vgl. *PwC* (2005c), S. 07.

[82] Vgl. *PwC* (2004), S. 7.

[83] Vgl. *PwC* (2008f), Tz. 15.97. In der Literatur werden die Vorschriften zur Bilanzierung selbst erstellter immaterieller Vermögenswerte aufgrund der erheblichen Ermessensspielräume auch mit einem faktischen Bilanzierungswahlrecht gleichgesetzt. Vgl. u.a. *Dawo* (2003), S. 205-206; *Heyd/Lutz-Ingold* (2005), S. 46; *Wagenhofer* (2005), S. 210; *Hayn/Hold-Pätsch* (2008), S. 276; *Küting* (2008), S. 322; *Jödicke* (2009), S. 72; *Wulf* (2009), S. 111.

[84] Zur Kostenverteilung vgl. Abschnitt 2.3.2.3. Kosten der klinischen Phase IV wurden nicht berücksichtigt, da sie nicht unbedingt der Entwicklung zuzuordnen sind.

[85] Vgl. zu den Erstbewertungsvorschriften Abschnitt 3.4.1.2.2. Da nur nach der Erfüllung der Kriterien anfallende Entwicklungskosten aktivierungspflichtig sind und eine Patentanmeldung zumeist zu Beginn des FuE-Prozesses erfolgt, sind keine Patente, sondern wenn überhaupt nur Entwicklungsprojekte zu aktivieren.

Im Fall eines separaten Erwerbs besteht i.d.R. – unabhängig davon, ob ein Forschungs- oder Entwicklungsprojekt vorliegt – eine Aktivierungspflicht als „FuE-Projekt", da der gezahlte Preis die Erwartungen über die Wahrscheinlichkeit eines künftigen Nutzenzuflusses normaler Weise (normally) widerspiegelt und die Anschaffungskosten „usually" zuverlässig bestimmbar sein sollten.[86] Die durch die Einführung der Begriffe „normally" und „usually" auf den ersten Blick eingeräumten Ausnahmen von der Aktivierungspflicht sollten i.d.r. nicht greifen, da in IAS 38.25 und IAS 38.26 explizit angemerkt wird, dass das Wahrscheinlichkeitskriterium und das Kriterium der zuverlässigen Bewertbarkeit immer als erfüllt anzusehen sind.[87] Dementsprechend spielt insbesondere die Erfolgswahrscheinlichkeit eines erworbenen Forschungs- oder Entwicklungsprojekts im Gegensatz zur internen Projektdurchführung auf der Bilanzansatzebene keine Rolle. Eine Zulassungswahrscheinlichkeit von weniger als 50% stellt keinen Grund für die Unterlassung der Aktivierung dar, sondern spiegelt sich i.d.R. durch einen niedrigeren Kaufpreis im Wertansatz des Projekts wider. Begründet wird diese Vorgehensweise mit einer höheren Verlässlichkeit der Bewertung im Vergleich zu unternehmensintern durchgeführten FuE-Projekten infolge des gezahlten Kaufpreises und demzufolge durch die stattgefundene Markttransaktion.[88]

Erfolgt eine separat oder als Teil einer FuE-Kooperation vorgenommene Einlizenzierung, gelten identische Vorschriften wie beim separaten Erwerb, sodass die in der FuE-Phase zu leistenden Upfront- und Meilensteinzahlungen grundsätzlich aktivierungspflichtig sind, solange sie keine Erstattung von internen FuE-Kosten des Vertragspartners darstellen. Dabei werden Upfront-Payments und an Entwicklungsziele sowie die Zulassung gebundene Meilensteinzahlungen je nach Sachverhalt als FuE-Projekt oder Vermarktungsrecht im langfristigen immateriellen Vermögen angesetzt.[89]

---

[86] Eine Aktivierung von Einzelwerten kann, wie in Abschnitt 3.4.2.1.2 dargestellt, nicht sinnvoll vorgenommen werden.

[87] Vgl. auch IAS 38.BC27.

[88] Vgl. dazu *Hepers* (2005), S. 150.

[89] Vgl. Abschnitt 3.4.2.1.2 und 3.4.3.2.2. Eine Ausnahme stellt wiederum der Fall dar, dass der einlizenzierte Vermögenswert nicht in das zu entwickelnde Produkt eingeht und deshalb getrennt vom FuE-Projekt anzusetzen ist. Sales Milestones sind nur dann als immaterielle Vermögenswerte zu aktivieren, wenn sie aus ökonomischer Sicht versteckte Entwicklungsmeilensteinzahlungen darstellen. Vgl. dazu Abschnitt 3.4.2.1.2.

Maßgeblich für den Erstansatz sind sowohl beim separaten Erwerb als auch bei der Einlizenzierung die durch Verhandlungen mit dem Verkäufer bzw. Auslizenzierer zustande gekommenen, geleisteten Anschaffungskosten und nicht die im Rahmen des Projekts angefallenen Herstellungskosten des Verkäufers. Diese Anschaffungskosten des Käufers werden die angefallenen Herstellungskosten des Verkäufers i.d.R. übersteigen, da künftige Erfolgschancen im Ertragswertkalkül des Käufers bzw. Verkäufers bereits eingepreist sein dürften und der Verkäufer zumeist kaum zu einem Verkauf unterhalb der angefallenen Herstellungskosten bereit sein wird.[90] Zu beachten ist allerdings, dass FuE-Projekte nur dann mit ihrem im Erwerbszeitpunkt verhandelten Marktpreis aktiviert werden, wenn eine einmalige Zahlung oder mehrere erfolgsunabhängige Zahlungen vereinbart wurden. Wurden hingegen erfolgsabhängige Zahlungen vereinbart, werden diese erst aktiviert, wenn sie „virtually certain" bzw. zu zahlen sind.[91] In beiden Fällen sind – bei Erfüllung der entsprechenden Voraussetzungen – zudem Teile der internen Entwicklungskosten zu aktivieren.

Der letzte zu betrachtende Durchführungsweg ist der Zugang im Rahmen eines Unternehmenszusammenschlusses. Als Bilanzansatzvoraussetzungen gelten in diesem Fall die Definitionskriterien eines immateriellen Vermögenswertes und damit insbesondere die Identifizierbarkeit sowie für vor dem 01.07.2009 durchgeführte Unternehmenszusammenschlüsse darüber hinaus die zuverlässige Bewertbarkeit der FuE-Projekte.[92] Da die Definitionskriterien i.d.R. erfüllt sein werden, sind gemäß den geltenden Vorschriften grundsätzlich alle FuE-Projekte, für die ein künftiger Nutzenzufluss nicht ausgeschlossen wird, mit ihrem Fair Value in der Bilanz anzusetzen.[93] Zudem ist der Buchwert in den Folgejahren eventuell um interne Entwicklungskosten zu erhöhen. Da die Erfolgswahrscheinlichkeiten von insbesondere pharmazeutischen Forschungs- sowie in den klinischen Phasen I und II befindlichen Entwicklungsprojekten und damit auch deren Fair Values jedoch häufig gering sein werden, ist anzunehmen, dass von einer separaten Bewertung teilweise aus Materialitätsgründen ab-

---

[90] Die angefallenen Kosten können, wenn überhaupt, als Preisuntergrenze des Verkäufers bzw. Auslizenzierers interpretiert werden.

[91] Dies führt – eine Ableitung der Einzelzahlungen aus dem ursprünglichen Gesamtpreis bzw. Barwert zum Zugangszeitpunkt vorausgesetzt – dazu, dass das jeweilige Projekt im Falle eines Einlizenzierungsgeschäftes erst nach Leistung der letzten Zahlung mit seinem zum Zeitpunkt des Vertragsabschlusses ermittelten Barwert bzw. Marktpreis in der Bilanz aktiviert ist. Vgl. dazu auch Abschnitt 4.3.2.3.

[92] Vgl. dazu Abschnitt 3.4.2.2.2. Dies gilt sowohl für im Abschluss des erworbenen Unternehmens noch nicht aktivierte als auch für bereits aktivierte FuE-Projekte.

[93] Vgl. *Lüdenbach/Prusaczyk* (2004), S. 416; *Epstein/Jermakowicz* (2008), S. 238.

gesehen wird.[94] Zudem ist zu beachten, dass die in IFRS 3 (2004) noch enthaltene Anforderung einer zuverlässigen Bewertbarkeit in der Forschungsphase nicht zwingend erfüllt ist, während eine zuverlässige Bewertbarkeit von Entwicklungsprojekten i.d.R. möglich sein wird.

Als Ergebnis der Analyse der Bilanzansatzvorschriften ist festzuhalten, dass unternehmensintern sowie im Rahmen von Auftrags-FuE bzw. der dargestellten Auslizenzierungstransaktionen durchgeführte Entwicklungsprojekte aufgrund der Berücksichtigung der Erfolgswahrscheinlichkeit im Bilanzansatz i.d.R. erst spät im Entwicklungsprozess zu aktivieren sein werden, während der Ansatz von Forschungsprojekten untersagt ist. Die Vorschriften zur bilanziellen Abbildung separat erworbener und einlizenzierter FuE-Projekte führen hingegen zu abweichenden bilanziellen Konsequenzen, sodass Inkonsistenzen zu den für vollständig unternehmensintern durchgeführte FuE-Projekte geltenden Bilanzierungsvorschriften zu erkennen sind. Denn sowohl Forschungs- als auch Entwicklungsprojekte sind beim separaten Erwerb ebenso wie bei der Einlizenzierung im Anschaffungszeitpunkt zunächst verpflichtend im immateriellen Anlagevermögen anzusetzen. Alle folgenden internen FuE-Aktivitäten sind jedoch wiederum gemäß den restriktiveren Vorschriften für interne Projekte zu behandeln, sodass die in ein erworbenes oder einlizenziertes Projekt investierten Mittel nicht durchweg gleich behandelt werden. Die für Unternehmenszusammenschlüsse geltenden Vorschriften stellen verglichen mit den übrigen Durchführungswegen einen Mittelweg dar. Die Voraussetzungen für eine Aktivierung von FuE-Projekten sind, wie bei separatem Erwerb und Einlizenzierung, gegeben. Aus Materialitätsgründen ist jedoch nicht von einer Aktivierung aller FuE-Projekte, sondern von einer Beschränkung der Aktivierung auf in späten Phasen der klinischen Entwicklung befindliche Projekte auszugehen. Die sich an den Unternehmenszusammenschluss anschließende Weiterführung der erworbenen Projekte unterliegt wiederum den für interne FuE-Projekte geltenden Vorschriften.

Die Betrachtung der Erstbewertungsvorschriften hat gezeigt, dass – je nach Zugangsform – eine Bewertung zu Anschaffungs- oder Herstellungskosten vorzunehmen ist, sobald die Bilanzansatzvoraussetzungen erfüllt sind. Sowohl vollständig unternehmensintern durchgeführte als auch durch separate Erwerbe oder Einlizenzierungen initiierte Projekte sind – eine Erfüllung der Bilanzansatzkriterien vorausge-

---

[94] Vgl. *PwC* (2008c).

setzt – mit den tatsächlich getätigten Projektinvestitionen in der Bilanz anzusetzen. Einen Sonderfall stellt jedoch der Zugang durch einen Unternehmenszusammenschluss dar. Da in diesem Fall weder tatsächliche Anschaffungskosten noch die bereits angefallenen Herstellungskosten vorliegen, erfolgt der Erstansatz zu „fiktiven Anschaffungskosten", die durch den mittels barwertorientierter Bewertungsverfahren bestimmten Fair Value konkretisiert werden.[95] Es werden somit keine direkten, sondern indirekt ermittelte Projektinvestitionen in Form von diskontierten erwarteten Cashflows aktiviert. Lediglich in den auf den Unternehmenszusammenschluss folgenden Perioden erfolgt wiederum eine Aktivierung der angefallenen internen Entwicklungskosten, sobald die Bilanzansatzkriterien erfüllt sind.

Folglich ist festzuhalten, dass für die Erstbewertung im Unterschied zum Bilanzansatz grundsätzlich konsistente Vorschriften vorgesehen sind. Allerdings werden unter den Begriff der historischen Kosten sowohl Herstellungskosten als auch gezahlte Marktpreise und mittels Bewertungsverfahren ermittelte Fair Values subsumiert, sodass in der Bilanz nur formal gleiche Werte angesetzt werden.[96] Deshalb wird teilweise von einer Addition von „Äpfeln und Birnen"[97] auf der Aktivseite der Bilanz gesprochen. Zu beachten ist jedoch, dass eine Bewertung zu tatsächlichen historischen Kosten bei Unternehmenszusammenschlüssen mangels verfügbarer Informationen im Unterschied zu den übrigen Durchführungswegen nicht möglich ist.

Die im Wesentlichen auf die nur teilweise vorgenommene Differenzierung zwischen Forschung und Entwicklung sowie die unterschiedliche Berücksichtigung des Wahrscheinlichkeitskriteriums zurückzuführenden Inkonsistenzen[98] sind in der folgenden Abbildung noch einmal zusammengefasst.

---

[95] Zu den Bewertungsverfahren vgl. Abschnitt 3.4.2.2.2. Dieser sollte theoretisch mit dem im Rahmen einer Verhandlung zwischen zwei unabhängigen Geschäftspartnern über einen separaten Erwerb zustande gekommenen Preis übereinstimmen, sodass die Bewertungsvorschriften konsistent zu den im Fall des separaten Erwerbs mit einmaliger Gegenleistung geltenden Regeln sein können. Dies gilt allerdings nur, wenn die Anwendung eines Bewertungsverfahrens möglich ist und der ermittelte Wert dem aus einer Verhandlungslösung resultierenden entspricht.

[96] Vgl. auch *Siegel* (1998), S. 598.

[97] Vgl. *Siegel* (1998), S. 598.

[98] Ähnlich auch *Haaker* (2007), S. 259.

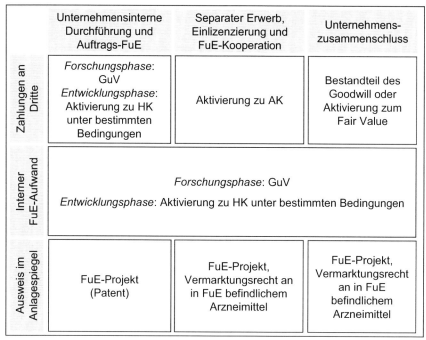

Abb. 18: Zusammenfassung der identifizierten Inkonsistenzen

Die Abbildung zeigt, dass die Vorschriften des IAS 38 bzw. des IFRS 3 die als Mindestanforderung an informative Rechnungslegungsvorschriften festgelegte konsistente Abbildung ökonomisch gleicher Sachverhalte nur teilweise erfüllen.[99] Insbesondere die Bilanzansatzvorschriften führen zu einer Ungleichbehandlung von unternehmensintern bzw. im Rahmen von Auftrags-FuE durchgeführten FuE-Projekten auf der einen Seite und erworbenen bzw. einlizenzierten FuE-Projekten auf der anderen Seite, die kaum verständlich ist.[100] Denn Upfront-Payments sowie ein geleisteter Kaufpreis stellen eine Prämie für bereits geleistete FuE-Arbeiten des Vertragspartners sowie den mit dem Vertragsabschluss einhergehenden Verzicht des Verkäufers auf künftige Chancen aus der Vermarktung des Arzneimittels dar.[101] Auch Entwicklungs- und Zulassungsmeilensteinzahlungen sind, ebenso wie im Rahmen eines

---

[99] Powell spricht von einem „substantial level of non-conformity". Powell (2003), S. 802. Diese Aussage gilt allerdings auch für andere Bereiche wie z.B. die Behandlung des originären und derivativen Goodwills oder die Behandlung von materiellen und immateriellen Vermögenswerten.

[100] Vgl. auch Yang (1978), S. 19; Pellens/Fülbier (2000a), S. 58; Spranger (2006), S. 105; Lüdenbach/Freiberg (2009), S. 146.

[101] Vgl. Schreyer-Bestmann (2006), S. 22; Bengs (2008), S. 69.

Erwerbs geleistete sonstige Zahlungen, aus Sicht des Erwerbers bzw. Einlizenzierers als FuE-Kosten zu interpretieren, die anfallen, weil das Unternehmen vor dem separaten Erwerb bzw. der Einlizenzierung keine eigenen FuE-Aktivitäten unternommen hat und dementsprechend auf die Nutzung von FuE-Ergebnissen anderer Unternehmen angewiesen ist. Solange sich die Projekte in den wesentlichen in Abschnitt 2.4.2 beschriebenen Determinanten der Erfolgswahrscheinlichkeit nicht unterscheiden, besteht in den jeweiligen Phasen der Forschung und Entwicklung jedoch die gleiche (Un-)Sicherheit über den Erfolg des noch fertig zu entwickelnden Arzneimittels und die erzielbaren Überschüsse, unabhängig davon, ob es intern entwickelt, separat erworben, einlizenziert oder im Rahmen eines Unternehmenszusammenschlusses erworben wurde. Gleiches gilt für Vermarktungsrechte an in Forschung oder Entwicklung befindlichen Arzneimitteln. Folglich erscheint eine Ungleichbehandlung an dieser Stelle nur schwer nachvollziehbar.

Auch wenn das IASB durch die geltenden Bilanzierungsregeln keine restriktivere Behandlung selbst erstellter im Vergleich zu erworbenen immateriellen Vermögenswerten angestrebt hat[102], ist davon auszugehen, dass dieses Ziel im Fall pharmazeutischer FuE-Projekte nicht erreicht wird. Zudem eröffnen die Vorschriften Ermessensspielräume, was die Vergleichbarkeit zwischen Unternehmen einschränken kann. Durch die Überarbeitung des IAS 38 bzw. des IFRS 3 in den Jahren 2004 und 2008 bei gleichzeitiger Beibehaltung der für interne FuE-Projekte geltenden Regeln wurden die Inkonsistenzen aufgrund der Erweiterung der Aktivierungspflicht im Erwerbsfall zudem nicht verringert, sondern sogar noch erhöht.[103]

Abschließend ist zu prüfen, ob die zusätzlichen Ausweispflichten des IAS 38 dazu führen, dass Jahresabschlussadressaten in der Lage sind, die Inkonsistenzen zu erkennen und für ihre Zwecke in konsistente Werte zu überführen.[104] Damit das Periodenergebnis über eine vollständige Aufwandsverrechnung bzw. eine vollständige Aktivierung aller FuE-Investitionen nachträglich korrigiert werden kann, sind Informationen zum FuE-Aufwand der Periode, zum Buchwert der aktivierten FuE-Projekte, Nutzungs- und Vermarktungsrechte an in Forschung oder Entwicklung befindlichen

---

[102] Vgl. IAS 38.BCZ40 sowie Abschnitt 4.2.2.

[103] Vor der Überarbeitung wäre ein konsistenter Bilanzansatz möglich gewesen, da die Kriterien des wahrscheinlichen Nutzenzuflusses und der zuverlässigen Bewertbarkeit im Erwerbsfall nicht automatisch erfüllt waren. Vgl. dazu *Pellens/Fülbier/Gassen* (2001), S. 455.

[104] Zu einem Überblick über die Ausweisvorschriften vgl. Abschnitt 3.6. Zur Forderung nach detaillierten Anhanginformationen zur Korrektur von Jahresabschlussdaten vgl. Abschnitt 4.2.2.

Arzneimitteln sowie zu dessen Veränderung zum Vorjahr erforderlich. Die FuE-Aufwendungen sollten – allerdings lediglich in Summe – aufgrund der expliziten Angabepflicht des IAS 38 berichtet werden. Die Angabe des Buchwertes aktivierter FuE-Projekte ist jedoch nicht explizit vorgeschrieben, sodass diese Information nicht für jedes Unternehmen verfügbar sein wird. Dementsprechend ist anzunehmen, dass eine nachträgliche Korrektur des Periodenergebnisses bei allen Unternehmen näherungsweise über eine fiktive und pauschale Aktivierung aller FuE-Aufwendungen möglich sein wird, während eine vollständige Aufwandsverrechnung nur bei solchen Unternehmen vorgenommen werden kann, die insbesondere FuE-Projekte als separate Gruppe immaterieller Vermögenswerte im Anlagespiegel ausweisen. Eine nachträgliche Anpassung des Vermögensausweises über eine Aktivierung aller FuE-Kosten ist nur bei Anpassung der Vorjahre und damit kaum möglich.[105]

Wie in Abschnitt 4.2.2 bereits beschrieben, schränken Inkonsistenzen sowohl die Relevanz und die Verlässlichkeit als auch die Vergleichbarkeit und damit die Entscheidungsnützlichkeit von Rechnungslegungsinformationen ein, da die Darstellung der Vermögens-, Finanz- und Ertragslage nicht ausschließlich durch ökonomische Sachverhalte, sondern zudem durch aufgrund von Inkonsistenzen oder Ermessensspielräumen unterschiedliches und nicht unbedingt erkennbares Bilanzierungsverhalten beeinflusst wird.[106] Welche Auswirkungen die identifizierten Inkonsistenzen bei der Bilanzierung von FuE-Projekten auf Jahresabschlussdaten haben können, wird im folgenden Abschnitt untersucht.

4.3.2 Analyse möglicher Auswirkungen inkonsistenter Bilanzierungsvorschriften

4.3.2.1 Ausgangsdaten und Annahmen zum Projekt

Anhand eines Beispiels wird im Folgenden gezeigt, wie sich die identifizierten Inkonsistenzen während der Forschungs-, Entwicklungs- und Vermarktungsphase und damit während des gesamten Produktlebenszyklusses eines Arzneimittels auf die Darstellung der Vermögens- und Ertragslage eines Pharmaunternehmens auswirken

---

[105] Eine vollständige Aufwandsverrechnung würde hingegen zu einem einmaligen Sprung im Jahr der ersten Korrektur führen.

[106] Dies kann zu Fehlern bei der Beurteilung vergangener oder künftiger Ereignisse durch die Investoren führen. Vgl. dazu Abschnitt 4.2.2.

können.[107] Während Informationen über das Vermögen bzw. die vom Unternehmen kontrollierten ökonomischen Ressourcen für die Einschätzung der Fähigkeit des Unternehmens, künftig Cashflows zu generieren, erforderlich sind (RK.16), soll der Periodenerfolg der Prognose künftiger, durch das aktuelle Vermögen erzielbarer Cashflows dienen (RK.17).[108]

Untersucht wird, welche Konsequenzen sich für die Jahresabschlussdaten eines Unternehmens ergeben, je nachdem auf welchem Weg ein FuE-Projekt durchgeführt wird. Ohne die Betrachtung des FuE-Projekts gelten die im Folgenden beschriebenen Ausgangsdaten und Annahmen. Die Ausgangsbilanz des Unternehmens sieht zum Ende von $Jahr_0$ wie folgt aus:

Bilanz $Jahr_0$			
Aktiva		*Passiva*	
Anlagevermögen	6.000 WE	Eigenkapital	4.000 WE
Umlaufvermögen	3.000 WE	Fremdkapital	5.000 WE
Summe	9.000 WE	Summe	9.000 WE

Tab. 7: **Bilanz vor Durchführung des Projekts (Ende $Jahr_0$)**

Des Weiteren wird angenommen, dass der jährliche Umsatz ohne das FuE-Projekt im Zeitablauf konstant ist und 60% der Bilanzsumme aus $Jahr_0$ beträgt. Die Herstellungskosten sind im Zeitablauf ebenfalls konstant und von sonstigen betrieblichen Aufwendungen bzw. Erträgen wird aus Vereinfachungsgründen abgesehen. Das EBIT soll 30% vom Umsatz betragen. Auf das Anlagevermögen werden jährlich Abschreibungen in Höhe von 6% vorgenommen; der Fremdkapitalzins beträgt 8%. Zudem gilt ein definitiver Steuersatz von 30%. Darüber hinaus gelten die folgenden generellen Prämissen:

1. Es werden Ersatzinvestitionen in das Anlagevermögen in Höhe der Abschreibungen, jedoch keine Erweiterungsinvestitionen vorgenommen. Das Unternehmen soll ausschließlich durch das betrachtete Projekt wachsen.
2. Der Jahresüberschuss wird in jedem Jahr vollständig an die Anteilseigner ausgeschüttet und damit phasengleich ausgezahlt.

---

[107] Die Darstellung der Finanzlage wird durch die Bilanzierungsvorschriften nicht oder nicht in einer eindeutig erkennbaren Richtung beeinflusst und deshalb im Folgenden nicht weiter betrachtet. Sie wird insbesondere durch die Art der Finanzierung von FuE-Investitionen (Eigen- oder Fremdfinanzierung) determiniert.

[108] Vgl. dazu Abschnitt 4.2.1.

3. Der Kapitaldienst auf den prinzipiell konstanten Fremdkapitalbestand erfolgt in der jeweiligen Periode. Fremdkapitalzinsen sind dabei voll steuerlich abzugsfähig.
4. Steuern werden in der Periode ihres Anfalls gezahlt. In der Steuerbilanz wird vereinfachend von einer identischen Bilanzierung ausgegangen, sodass von latenten Steuern abstrahiert werden kann.
5. Die Produktionsfaktoren werden jeweils in der Periode, in der sie erworben bzw. hergestellt wurden, verbraucht. Damit ist der Verbrauch einer Periode (Umsatz- und Herstellungskosten) voll zahlungswirksam und das Umlaufvermögen im Zeitablauf konstant. Diese Annahme gilt auch für die Produktion des aus dem Projekt hervorgehenden fertigen Arzneimittels.
6. Die dargestellten Ausgangsdaten ändern sich ausschließlich durch das Projekt, um die Effekte der Bilanzierung des Projekts in Abhängigkeit vom Durchführungsweg separieren und die Auswirkungen auf den Erfolgs- und Vermögensausweis besser zeigen zu können. Auf das Anlage- und Umlaufvermögen fallen keine außerplanmäßigen Abschreibungen an, die nicht auf das Projekt zurückzuführen sind.
7. Der Fremdkapitalbestand ändert sich nur durch Erwerbe in Bezug auf das Projekt und damit ausschließlich im Fall des separaten Erwerbs und der Einlizenzierung. Der Erwerb von Forschung und Entwicklung ist stets fremdfinanziert. Zusätzlich frei verfügbare Zahlungsmittel, die bspw. aus der Abschreibung des Projekts resultieren, werden zur Tilgung von Fremdkapital verwendet.
8. FuE-Aufwendungen sind in der Periode ihres Anfalls zahlungswirksam.

Werden die beschriebenen Annahmen zugrunde gelegt, sieht die GuV des Unternehmens im $Jahr_1$ vor Durchführung des FuE-Projekts und damit vor jeglichen FuE-Investitionen wie in der folgenden Tabelle dargestellt aus.

Gewinn- und Verlustrechnung $Jahr_1$	
Umsatzerlöse	5.400 WE
Herstellungskosten des Umsatzes	3.420 WE
EBITDA	1.980 WE
Abschreibungen auf das Anlagevermögen	360 WE
EBIT	1.620 WE
Zinsen	400 WE
Jahresüberschuss vor Steuern	1.220 WE
Steuern	366 WE
Jahresüberschuss nach Steuern (= Ausschüttung)	854 WE

Tab. 8: Gewinn- und Verlustrechnung vor Durchführung des Projekts ($Jahr_1$)

Da Wachstum gemäß Annahme 1 ausgeschlossen wird, entspricht die Bilanz zum Ende von $Jahr_1$ der in Tabelle 7 dargestellten Bilanz zum Ende von $Jahr_0$.

Wie bereits beschrieben, nimmt das betrachtete Unternehmen Investitionen in ein FuE-Projekt vor. Die FuE-Phase dieses Projekts erstreckt sich über 12 Jahre, die sich wie in der folgenden Abbildung dargestellt auf die einzelnen Phasen des pharmaspezifischen FuE-Prozesses verteilen.[109]

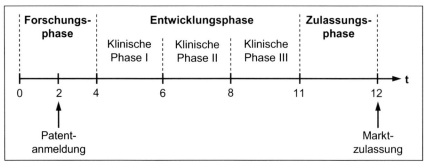

Abb. 19: FuE-Phasen des Projekts

Dabei wird angenommen, dass eine Anmeldung des Wirkstoffpatents zum Ende des zweiten Jahres erfolgt und die Patentlaufzeit 20 Jahre beträgt.[110] Für die einzelnen klinischen Phasen werden folgende Wahrscheinlichkeiten für das Erreichen der jeweils nächsten Phase im Entwicklungsprozess sowie die Zulassung unterstellt:

Aktuelle Phase	Wahrscheinlichkeit für das Erreichen der nächsten Phase	Zulassungswahrscheinlichkeit
Klinische Phase I	75%	29%
Klinische Phase II	50%	38%
Klinische Phase III	85%	77%
Zulassungsphase	90%	90%

Tab. 9: Erfolgswahrscheinlichkeiten in der Entwicklungsphase[111]

Für die sich direkt an die am Ende des 12. Jahres erteilte Zulassung anschließende Vermarktungsphase werden unabhängig vom Durchführungsweg die in der folgen-

---

[109] Zum pharmaspezifischen FuE-Prozess vgl. Abschnitt 2.3.2. Die Zulassungs- bzw. Genehmigungsphase ist als Teil der Entwicklungsphase anzusehen und nur aus Gründen der Übersicht in Abb. 19 hervorgehoben.

[110] Ein ergänzendes Schutzzertifikat soll nicht vorliegen. Vgl. dazu Abschnitt 2.2.3.

[111] Zur Ermittlung der Wahrscheinlichkeiten vgl. Anhang C, Abb. C1 und C2. Die in den einzelnen Phasen geltenden Erfolgswahrscheinlichkeiten wurden der Untersuchung von *Healy*, *Myers* und *Howe* entnommen. Vgl. Healy/Myers/Howe (2002), S. 682.

den Tabelle dargestellte Umsatzentwicklung sowie die dargestellten Herstellungskosten unterstellt.

	Laufzeit des Projekts in Jahren	Restlaufzeit des Patents in Jahren	Erwartete Umsatzerlöse in WE	Erwartete Herstellungskosten in WE
Phase des Patentschutzes	13	10	550	330
	14	9	630	378
	15	8	700	420
	16	7	700	420
	17	6	700	420
	18	5	700	420
	19	4	700	420
	20	3	700	420
	21	2	700	420
	22	1	700	420
Phase ohne Patentschutz	23		610	366
	24		540	324
	25		490	294
	26		430	258
	27		370	222
Ewige Rente	28-∞		330	198

Tab. 10: **Umsatzentwicklung und Herstellungskosten**

Während der Umsatz in den ersten beiden Jahren nach der Zulassung steigt, liegt er in den folgenden Jahren bis zum Ablauf des Patents auf einem konstanten Niveau. Im Anschluss daran sinkt er bis zum $Jahr_{28}$ auf 330 WE und danach jährlich um 1%, da die Konkurrenz durch Generikahersteller nach Ablauf des Patentschutzes zu Umsatzeinbrüchen führt.[112] Die Umsatzentwicklung orientiert sich somit tendenziell an dem in Abbildung 20 dargestellten, im Pharmabereich typischen Produktlebenszyklus.[113] Die den Herstellungskosten zugrunde gelegte Umsatzmarge beträgt jeweils 40%.

---

[112] Insbesondere in den USA sind die Umsatzverluste nach Patentablauf sehr hoch, da die Entwicklung eines konkurrierenden Generikums durch den Hatch-Waxman Act von 1984 bereits während der Patentlaufzeit zulässig ist. Vgl. *Gräsel* (2007), S. 44. Eine Möglichkeit zur Vermeidung dieser Umsatzeinbrüche ist der Vertrieb von Generika durch Originalanbieter. Novartis bspw. vertreibt Nachahmerprodukte unter dem Namen Sandoz. Vgl. Abschnitt 2.2.3 sowie *Hartmann* (2006), S. 13.

[113] Vgl. auch *Wong* (2008), S. 35. Beispielsweise erwirtschaftete das Antibiotikum Ciprobay® in den ersten 11 Jahren nach Markteinführung (1989-2001) steigende Umsätze zwischen 400 Mio. EUR in 1989 und 2.000 Mio. EUR in 2001. Nach Ablauf des Patentschutzes in Deutschland Ende des

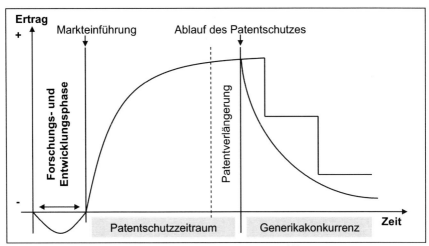

Abb. 20: **Produktlebenszyklus eines Arzneimittels**[114]

4.3.2.2 Annahmen zu den Durchführungswegen

Im Rahmen des folgenden Beispiels wird jeweils das in Abschnitt 4.3.2.1 beschriebene Projekt betrachtet, allerdings für drei verschiedene Durchführungswege.[115] Im ersten Fall erfolgt eine vollständig unternehmensinterne Durchführung. Im zweiten Fall wird das Projekt im Rahmen eines separaten Erwerbs für einen einmaligen, im Erwerbszeitpunkt in bar zu begleichenden Kaufpreis zu Beginn der klinischen Phase II erworben und im Anschluss daran intern weitergeführt. Im dritten Fall erfolgt schließlich eine Einlizenzierung zu Beginn der klinischen Phase II. Neben einem Upfront-Payment sind in den auf den Zeitpunkt des Vertragsabschlusses folgenden Perioden Meilensteinzahlungen und umsatzabhängige Royalties zu leisten.

Zunächst wird die vollständig unternehmensinterne Projektdurchführung betrachtet (Durchführungsweg 1). In diesem Fall verursacht das Projekt Gesamtkosten für FuE-Aktivitäten von 800 WE, die sich wie in der folgenden Tabelle dargestellt auf die einzelnen FuE-Phasen bzw. auf die Geschäftsjahre verteilen. Um das größte mögliche Ausmaß an Inkonsistenzen zeigen zu können, wird angenommen, dass die Aktivie-

---

Jahres 2001 ging der Umsatz bis zum Jahr 2007 auf unter 500 Mio. EUR zurück. Vgl. o.V. (2008f).

[114] In Anlehnung an *Arbeitskreis Immaterielle Werte im Rechnungswesen* (2009b), S. 69.

[115] Somit unterscheiden sich die getätigten Investitionen sowie der zeitliche Anfall der Auszahlungen, nicht hingegen das erwartete Einzahlungspotenzial des zu entwickelnden Arzneimittels in Abhängigkeit vom Durchführungsweg.

rungskriterien des IAS 38.57 erst am Ende der klinischen Phase III erfüllt und die im Anschluss anfallenden Kosten unwesentlich sind. Dementsprechend sind alle in der folgenden Tabelle dargestellten FuE-Kosten im Zeitpunkt ihres Entstehens als GuV-wirksam zu erfassen.

Phase im FuE-Prozess	Laufzeit des Projekts in Jahren	Kostenanteil pro Phase	Kosten p.a.
Forschungsphase	1	30%	60 WE
	2		60 WE
	3		60 WE
	4		60 WE
Entwicklungsphase			
- Klinische Phase I	5	12%	48 WE
	6		48 WE
- Klinische Phase II	7	18%	72 WE
	8		72 WE
- Klinische Phase III	9	30%	80 WE
	10		80 WE
	11		80 WE
Zulassungsphase	12	10%	80 WE

Tab. 11: **Verteilung der FuE-Kosten bei interner Durchführung**[116]

Im nächsten Schritt wird angenommen, dass das Projekt zu Beginn der klinischen Phase II zu seinem unter Berücksichtigung von Steuern ermittelten Ertragswert von 434 WE[117] separat erworben wird (Durchführungsweg 2). Somit wird das Entwicklungsprojekt im Erwerbszeitpunkt in Einklang mit den Vorschriften des IAS 38 zu Anschaffungskosten aktiviert und ab der Markteinführung im Jahr 13 linear über die verbleibende Patentlaufzeit von 10 Jahren abgeschrieben, sodass sich eine jährliche planmäßige Abschreibung von 43,3 WE ergibt. Im Anschluss an den Erwerb fallen ab der klinischen Phase II dieselben internen FuE-Kosten an wie im Fall der unternehmensinternen Durchführung. Diese werden nicht aktiviert, da die Kriterien des IAS 38.57 ebenfalls nicht erfüllt sind. Der separate Erwerb verursacht bei erfolgreicher Beendigung des Projekts Gesamtkosten für Forschung und Entwicklung von 898 WE. Die Verteilung der internen FuE-Kosten ist der folgenden Tabelle zu entnehmen.

---

[116] Zur Verteilung der FuE-Kosten auf die FuE-Phasen vgl. Abschnitt 2.3.2.2 und Abschnitt 2.3.2.3.
[117] Zur Ermittlung des Ertragswertes zu Beginn der klinischen Phase II vgl. Anhang C, Tab. C2 sowie zur Ermittlung der Abbruchwahrscheinlichkeiten Tab. C1. Allen Berechnungen liegt ein WACC nach Steuern von 6% zugrunde.

Phase im FuE-Prozess	Laufzeit des Projekts in Jahren	Kostenanteil pro Phase	Kosten p.a.
Forschungsphase	1	0%	0 WE
	2		0 WE
	3		0 WE
	4		0 WE
Entwicklungsphase			
- Klinische Phase I	5	0%	0 WE
	6		0 WE
- Klinische Phase II	7	31%	72 WE
	8		72 WE
- Klinische Phase III	9	52%	80 WE
	10		80 WE
	11		80 WE
Zulassungsphase	12	17%	80 WE

Tab. 12: **Verteilung der internen FuE-Kosten bei separatem Erwerb**

Abschließend wird unterstellt, dass das Projekt zu Beginn der klinischen Phase II einlizenziert wird (Durchführungsweg 3). In diesem Fall werden in Abhängigkeit vom Erreichen vertraglich fixierter Entwicklungsziele die in der folgenden Tabelle zusammengefassten Zahlungen fällig.[118] Darüber hinaus muss das Unternehmen in der Vermarktungsphase Royalties in Höhe von 15% des jährlichen Umsatzes leisten.

Ereignis	Art der Zahlung	Höhe	Jahr
Vertragsabschluss (Beginn P(II))	Upfront-Payment	68 WE	7
Erfolgreiche Beendigung P(II)	Milestone-Payment	41 WE	8
Erfolgreiche Beendigung P(III)	Milestone-Payment	14 WE	11
Zulassung	Milestone-Payment	82 WE	12
Vermarktungsphase	Royalties	15% vom Umsatz	ab 13

Tab. 13: **Vertraglich vereinbarte Zahlungen bei Einlizenzierung (I)**

Die geleisteten Zahlungen mit Ausnahme der Royalties werden jeweils im Zahlungszeitpunkt aktiviert und ab dem Zeitpunkt der Marktzulassung über 10 Jahre mit jährlich 20,5 WE planmäßig abgeschrieben. Darüber hinaus fallen ab der klinischen

---

[118] Sie wurden aus dem unter Annahme einer Verpflichtung zur Leistung umsatzabhängiger Royalties in Höhe von 15% p.a. ermittelten Ertragswert unter Berücksichtigung von Steuern zum Erwerbszeitpunkt abgeleitet. Vgl. zur Berechnung Anhang C, Tab. C3. Der Ertragswert bzw. Net Present Value (NPV) eines Projekts wird über die vereinbarten Zahlungskomponenten auf die beiden Vertragspartner verteilt. Vgl. *Wong* (2008), S. 36. Die prozentuale Verteilung der Zahlungen sowie die Bestimmung der Royalty-Rate erfolgt in Anlehnung an *Edwards* (2008), S. 11.

Phase II dieselben internen, nicht aktivierungsfähigen FuE-Kosten an wie im Fall des separaten Erwerbs (Durchführungsweg 2), die den in Tabelle 12 dargestellten Kosten entsprechen. Somit verursacht die Einlizenzierung bei erfolgreicher Beendigung des Projekts Gesamtkosten für Forschung und Entwicklung von 669 WE sowie Umsatzminderungen in Höhe der Royalties.

4.3.2.3 Auswirkungen auf die Darstellung der Vermögens- und Ertragslage

Im Folgenden wird gezeigt, wie sich die Inkonsistenzen in der bilanziellen Abbildung unter den getroffenen Annahmen auf die Darstellung der Vermögens- und Ertragslage des betrachteten Unternehmens auswirken. Da Anleger auf das Bekanntwerden von Jahresabschlussdaten mit Käufen bzw. Verkäufen reagieren, kann grundsätzlich angenommen werden, dass die vermittelten Informationen einen Wert besitzen.[119] Folglich können sich die mit einer inkonsistenten bilanziellen Abbildung verbundenen Unterschiede in der Darstellung der Vermögens- und Ertragslage auf Entscheidungen der Anleger auswirken.

Am Beispiel der drei in Abschnitt 4.3.2.2 betrachteten Durchführungswege wird untersucht, wie sich das immaterielle Anlagevermögen sowie der durch die Größen EBIT und EBITDA[120] gemessene Periodenerfolg in Abhängigkeit von der Art der Durchführung des FuE-Projekts entwickeln.

Im *ersten Szenario* wird zunächst unterstellt, dass während des betrachteten Zeitraums keine außerplanmäßigen Abschreibungen auf das aktivierte FuE-Projekt vorzunehmen sind.[121] In diesem Fall entwickelt sich das im Rahmen des Projekts aktivierte immaterielle Anlagevermögen in Abhängigkeit vom gewählten Durchführungsweg wie in der folgenden Abbildung dargestellt.

---

[119] Vgl. *Busse von Colbe* (1993), S. 28.

[120] Zur grundsätzlichen Ermittlung von EBIT und EBITDA vgl. *Gräfer* (2008), S. 58-60. EBIT und EBITDA sind für die Messung der operativen Ertragskraft bzw. die Cashflow-Approximation entscheidend. Vgl. *Coenenberg* (2005), S. 967. Ein prognosegeeignetes Periodenergebnis kann zudem als Ersatzgröße für künftig an die Anteilseigner zu leistende Nettozahlungen dienen. Vgl. *Beyhs* (2002), S. 43.

[121] Zu den Auswirkungen auf Erfolg und Vermögen ohne das Projekt sowie pro Durchführungsweg vgl. Anhang C, Tab. C4-C7.

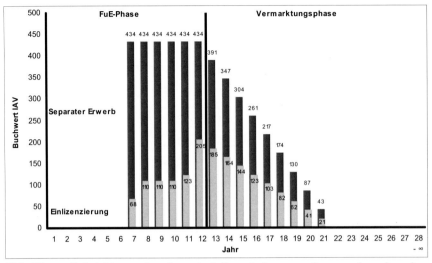

Abb. 21: Entwicklung des immateriellen Anlagevermögens ohne Impairment

Die Abbildung zeigt, dass das Projekt bei unternehmensinterner Durchführung zu keinem Zeitpunkt als immaterieller Vermögenswert in der Bilanz aktiviert wird.[122] Die auf diesem Weg gebildeten stillen Reserven würden somit lediglich erkennbar, wenn das Unternehmen im Rahmen eines Unternehmenszusammenschlusses übernommen und dementsprechend auch in seinem Jahresabschluss bislang nicht angesetzte FuE-Projekte bei Erfüllung der entsprechenden Aktivierungsvoraussetzungen im Abschluss des Erwerbers ansatzpflichtig würden.[123] Demgegenüber wird das Entwicklungsprojekt sowohl beim separaten Erwerb als auch bei der Einlizenzierung zu Anschaffungskosten aktiviert. Im Fall des separaten Erwerbs wird ein einmaliger Kaufpreis von 434 WE gezahlt, der in dem betrachteten Fall dem Ertragswert des Projekts zum Erwerbszeitpunkt entspricht. Da keine außerplanmäßigen Abschreibungen vorzunehmen sind, bleibt dieser im Zugangszeitpunkt aktivierte Betrag in der FuE-Phase unverändert in der Bilanz stehen. In der Vermarktungsphase wird schließlich eine lineare planmäßige Abschreibung über die Nutzungsdauer des Arzneimittels vorgenommen, sodass der Buchwert jährlich um einen konstanten Betrag

---

[122] Wären die Kriterien des IAS 38.57 in den späten Entwicklungsphasen erfüllt, wäre ebenfalls nur ein Bruchteil der Herstellungskosten zu aktivieren. Somit wird externes verglichen mit internem Wachstum belohnt. Vgl. Ruhnke (2008), S. 478.

[123] Vgl. dazu Abschnitt 3.4.2.2.2.

sinkt. Wird hingegen eine Einlizenzierung vorgenommen, erfolgt in Jahr$_7$ zunächst keine vollständige Aktivierung des Ertragswertes des Projekts von 205 WE, der die Basis für die Ableitung der vertraglich vereinbarten Einzelzahlungen darstellte. Stattdessen erhöht sich der Wertansatz bis zur Zulassung des Arzneimittels jeweils um die geleisteten Zahlungen, sodass der zum Zeitpunkt des Vertragsabschlusses in Jahr$_7$ ermittelte Barwert des Projekts bei Zulassung des Arzneimittels in Jahr$_{12}$ in der Bilanz gezeigt wird. In der Vermarktungsphase wird schließlich ebenfalls eine planmäßige Abschreibung vorgenommen. Da die Kriterien des IAS 38.57 nicht erfüllt sind, werden die Anschaffungskosten in den Folgejahren weder beim separaten Erwerb noch bei der Einlizenzierung um interne Entwicklungskosten erhöht.

Die Ausführungen zeigen, dass in der FuE-Phase bei interner Durchführung im Unterschied zu den übrigen beiden Durchführungswegen keine Einzahlungspotenziale aus immateriellen Vermögenswerten gezeigt werden, was zu einer unterschiedlichen Einschätzung der aus dem künftigen Arzneimittel zu erwartenden Rückflüsse durch die Adressaten führen kann. Beispielsweise könnte das Unternehmen, dem das Projekt durch einen separaten Erwerb zugegangen ist, aufgrund des durch das aktivierte immaterielle Anlagevermögen signalisierten hohen künftigen Einzahlungspotenzials verglichen mit dem Unternehmen, das eine interne Durchführung vornimmt, von Investoren fälschlicher Weise als ertragsstärker wahrgenommen werden.[124] Zudem werden die getätigten Investitionen auch beim separaten Erwerb und bei der Einlizenzierung nur unvollständig in der Bilanz gezeigt, da die im Anschluss an den Erwerb bzw. die Einlizenzierung anfallenden internen Entwicklungskosten nicht aktiviert werden.

Im nächsten Schritt wird die in der folgenden Abbildung dargestellte Entwicklung des operativen Ergebnisses (EBIT) betrachtet.

---

[124] Schließlich können Vermögenswerte als Vorrat an künftigen Cashflows (stock of future cashflows) bezeichnet werden. Vgl. *Staubus* (2000), S. 333. Die Ausführungen gelten analog für die als Quotient aus IVW und Bilanzsumme ermittelte Intensität des immateriellen Anlagevermögens, die zeigt, in welchem Maße ein Unternehmen auf immaterielle Vermögenswerte angewiesen ist. Vgl. *Coenenberg* (2005), S. 988. Sie wurde bspw. von *Küting* für eine Analyse der Bedeutung immaterieller Vermögenswerte für 127 deutsche Unternehmen herangezogen. Vgl. *Küting* (2008), S. 318.

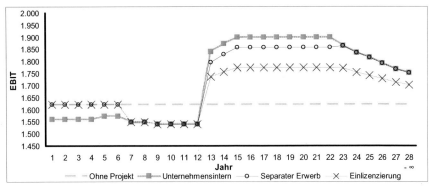

Abb. 22: Entwicklung des EBIT ohne Impairment

Die Abbildung zeigt, dass das EBIT in den ersten sechs Jahren bei unternehmensinterner Durchführung am geringsten ausfällt, da nur in diesem Fall überhaupt FuE-Aufwendungen anfallen und diese aufgrund der Annahme, dass die Aktivierungskriterien nicht erfüllt sind, vollständig aufwandswirksam erfasst werden. In den verbleibenden der FuE-Phase zuzuordnenden Jahren 7 bis 12 sind keine Unterschiede zwischen den Durchführungswegen zu beobachten, da lediglich die internen FuE-Investitionen, die bei allen Durchführungswegen in identischer Höhe anfallen, nicht hingegen Investitionen in den Erwerb von FuE-Ergebnissen, die zu leisten sind, weil in den Vorperioden keine interne Forschung und Entwicklung durchgeführt wurde, ergebnismindernd erfasst werden. In der Vermarktungsphase liegt das EBIT bei interner Durchführung aufgrund der nicht vorhandenen Ergebnisbelastung durch Abschreibungen infolge der unterlassenen Aktivierung solange über dem für den separaten Erwerb bestimmten Ergebnis bis die im Fall des separaten Erwerbs aktivierten immateriellen Vermögenswerte vollständig abgeschrieben sind (Jahr$_{23}$). Danach gleichen sich die Ergebnisgrößen an. Da im Fall der Einlizenzierung umsatzabhängige Royalties zu leisten sind, liegt das EBIT in der Vermarktungsphase stets unter dem für die übrigen Durchführungswege ermittelten Wert.

Die in den Jahren 1 bis 6 zu erkennenden bzw. in den Jahren 7 bis 12 nicht vorhandenen EBIT-Unterschiede sind auf die unterschiedliche Behandlung von an Dritte geleisteten Zahlungen und internen FuE-Aufwendungen zurückzuführen. Das Unternehmen, welches das Projekt unternehmensintern durchgeführt hat, könnte deshalb bspw. in den Jahren 1 bis 6 aufgrund der fehlenden Aktivierung der FuE-Kosten als ertragsschwächer eingeschätzt werden. Zudem führt die Nicht-Aktivierung interner Entwicklungskosten, wie bspw. in Jahr$_7$ erkennbar, unabhängig vom Durchführungsweg zu einem Absinken des EBIT, das eine nicht der ökonomischen Realität entsprechende Verschlechterung der Ertragslage signalisiert. Die in der Vermarktungsphase zu erkennenden Unterschiede zwischen den Durchführungswegen sind hingegen einerseits auf die aus den in unterschiedlicher Höhe getätigten und aktivierten Investitionen resultierenden divergierenden Abschreibungen und damit auf die nur formale Konsistenz der historischen Kosten, andererseits auf die bei der Einlizenzierung zu leistenden Royalties zurückzuführen.

Anzumerken ist schließlich, dass sich die bei Betrachtung der EBIT-Entwicklung auf den ersten Blick zu vermutende grundsätzliche Vorteilhaftigkeit des separaten Erwerbs gegenüber der Einlizenzierung ändert, sobald die Kosten der Fremdfinanzierung, wie z.B. beim Jahresüberschuss vor Steuern, in die Betrachtung einbezogen werden.[125] Eine Beurteilung der Vorteilhaftigkeit ist daher lediglich auf der Grundlage einer detaillierten Cashflow-Analyse möglich.

Wird als Ergebnisgröße das EBITDA herangezogen, gelten die Ausführungen für die Entwicklung des EBIT in der FuE-Phase analog. In der Vermarktungsphase ergeben sich im Unterschied zur EBIT-Betrachtung allerdings keine Differenzen zwischen interner Durchführung und separatem Erwerb, da die im Erwerbsfall zu berücksichtigenden planmäßigen Abschreibungen auf den aktivierten immateriellen Vermögenswert korrigiert werden.[126] Somit beeinflussen die Bilanzierungsvorschriften das EBITDA ausschließlich in der FuE-Phase aufgrund der unterschiedlichen Behandlung von internen und erworbenen bzw. einlizenzierten FuE-Projekten.

Im *zweiten Szenario* wird angenommen, dass ein Konkurrent zu Beginn der klinischen Phase III ein ähnliches Arzneimittel auf den Markt bringt, das allerdings nicht gegen den Patentschutz des eigenen verstößt. Auch wenn das Projekt insgesamt noch einen positiven Kapitalwert aufweist und somit fertig gestellt werden soll, muss die Umsatzplanung – wie in der folgenden Tabelle dargestellt – an die neuen Gegebenheiten angepasst werden.

---

[125] Zur Entwicklung des Jahresüberschusses vor Steuern vgl. Anhang C, Abb. C6.
[126] Zur Entwicklung des EBITDA vgl. Anhang C, Abb. C3.

	Laufzeit des Projekts in Jahren	Restlaufzeit des Patents in Jahren	Erwartete Umsatzerlöse in WE	Erwartete Herstellungskosten in WE
Phase des Patentschutzes	13	10	140	84
	14	9	160	96
	15	8	175	105
	16	7	175	105
	17	6	175	105
	18	5	175	105
	19	4	175	105
	20	3	175	105
	21	2	175	105
	22	1	175	105
Phase ohne Patentschutz	23		150	90
	24		135	81
	25		120	72
	26		105	63
	27		90	54
Ewige Rente	28-∞		80[127]	48

Tab. 14: Angepasste Planung von Umsatz und Herstellungskosten

Die unerwartete Konkurrenz stellt einen externen Hinweis auf eine Wertminderung dar und löst bei separatem Erwerb und bei der Einlizenzierung die Durchführung eines Impairmenttests für das aktivierte Entwicklungsprojekt aus.[128] Da angenommen wird, dass der Nutzungswert dem Nettoveräußerungspreis entspricht, wird der Buchwert des Entwicklungsprojekts im Folgenden mit seinem Nutzungswert zu Beginn der klinischen Phase III verglichen.[129]

Wie in Abschnitt 3.5.3.2 erläutert, schreibt IAS 36.50 für die Ermittlung des Nutzungswertes im Unterschied zur barwertorientierten Ermittlung des Fair Value die Verwendung eines Vorsteuerzinssatzes vor. Zu beachten ist jedoch, dass das Rationalitätskalkül des Investors verletzt wird, wenn Steuern als Mittelabfluss bei der In-

---

[127] Der Umsatz sinkt ab dem Jahr$_{28}$ mit 1% p.a. (Abschmelzrate).
[128] Zu Hinweisen auf eine mögliche Wertminderung vgl. Abschnitt 3.5.3.1.
[129] Zur Vorgehensweise beim Impairmenttest und zur Ermittlung des Nutzungswertes vgl. die Abschnitte 3.5.3.1 und 3.5.3.2. Zur Ermittlung bei separatem Erwerb und Einlizenzierung im betrachteten Beispiel vgl. Anhang C, Tab. C8 und C9.

vestitionsentscheidung vernachlässigt werden.[130] Denn schließlich stellt das IASB mit der Gegenüberstellung von Nutzungswert und Fair Value abzgl. Veräußerungskosten auf das Entscheidungskalkül des Bilanzierenden ab, den entsprechenden Vermögenswert entweder zu nutzen oder zu veräußern (IAS 36.BC71). Darüber hinaus ist zu beachten, dass eine Vorsteuerberechnung praktisch kaum durchführbar ist, da keine Kapitalmarktdaten über Risikoprämien von Vergleichsunternehmen vor Unternehmenssteuern existieren, die Eingang in die Ermittlung der Eigenkapitalkosten mittels des Capital Asset Pricing Model (CAPM) finden können.[131] Die meisten Unternehmen gründen ihren Impairmenttest daher auf eine Nachsteuerbetrachtung und nehmen teilweise eine nachträgliche Rückrechnung der Nachsteuerkapitalkosten auf Vorsteuerkapitalkosten vor, sodass IAS 36.A20 formal entsprochen wird.[132] Schließlich räumt selbst das IASB ein, dass es prinzipiell ein Interesse an einem nachsteuerbasierten Nutzungswert hat (IAS 36.BCZ84).[133] Vor diesem Hintergrund wird der Nutzungswert für Zwecke des betrachteten Beispiels unter Berücksichtigung von Unternehmenssteuern ermittelt.[134]

Im Fall des separaten Erwerbs beträgt der Buchwert zu Beginn der klinischen Phase III 434 WE, sein Nutzungswert basierend auf der angepassten Planung jedoch nur noch 153 WE. Somit ist eine außerplanmäßige Abschreibung von 281 WE vorzunehmen und die planmäßige Abschreibung auf 15,3 WE p.a. ab der Marktzulassung anzupassen. Wird hingegen eine Einlizenzierung vorgenommen, beträgt der Buchwert zu Beginn der klinischen Phase III 109 WE, der Nutzungswert jedoch nur noch

---

[130] Vgl. dazu und zum Folgenden etwa *Lienau/Zülch* (2006), S. 321-322. Ähnlich auch *PwC* (2007e), S. 58. Steuereffekte sind aus Relevanzgesichtspunkten in eine Barwertermittlung einzubeziehen. Vgl. dazu *Moxter* (1983), S. 177-178; *Haring* (2004), S. 231; *Esser* (2005), S. 183; *Hackenberger* (2008), S. 178. Zu einem Vorschlag für eine Reform des IAS 36 hinsichtlich einer Ermittlung des Nutzungswertes in einer Nachsteuerberechnung vgl. *Haring* (2004), S. 231-237.

[131] Vgl. *KPMG* (2008), S. 28-29; IDW RS HFA 16, Tz. 111. Die überwiegende Mehrzahl der Unternehmen bestimmt die Eigenkapitalkosten mittels des CAPM. Vgl. *KPMG* (2008), S. 28. Eine entsprechende Kapitalmarkttheorie für die Umrechnung der am Kapitalmarkt beobachtbaren Renditen risikobehafteter Eigenkapitaltitel, die Steuereffekte berücksichtigen, in Vorsteuergrößen, existiert bisher nicht. Vgl. IDW RS HFA 16, Tz. 111.

[132] Vgl. zur Rückrechnung *Breitenstein/Hänni* (2005). Vgl zu dieser Vorgehensweise beispielhaft Bayer, Geschäftsbericht 2008, S. 158. Eine durch *KPMG* durchgeführte Untersuchung von 786 Unternehmen aus Deutschland, Großbritannien, den Niederlanden, Österreich und der Schweiz hat bspw. gezeigt, dass der Impairmenttest bei der großen Mehrheit der betrachteten Unternehmen auf einer Nachsteuerberechnung basiert und lediglich eine nachträgliche Rückrechnung in Vorsteuerergebnisse vorgenommen wird. Vgl. *KPMG* (2008), S. 7 und S. 29.

[133] Zur Diskussion vgl. IAS 36.BZC90-94.

[134] Da das IASB annimmt, dass Vor- und Nachsteuerbetrachtung bei sachgerechten Annahmen zum gleichen Ergebnis führen (IAS 36.BCZ85), ist dieses Vorgehen zudem implizit erlaubt. Vgl. auch *KPMG* (2008), S. 29-30.

25 WE, sodass eine außerplanmäßige Abschreibung des Entwicklungsprojekts um 84 WE vorzunehmen ist. Da der Buchwert von 25 WE durch die noch zu leistenden Meilensteinzahlungen bis zur Zulassung auf 121 WE ansteigt, ist die nach der Markteinführung erforderliche planmäßige Abschreibung auf 12,1 WE anzupassen.[135]

Vor dem Hintergrund des beschriebenen Szenarios entwickelt sich das immaterielle Anlagevermögen wie in der folgenden Abbildung dargestellt.

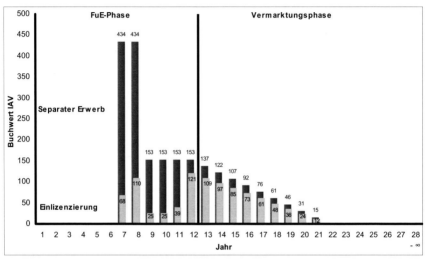

Abb. 23: Entwicklung des immateriellen Anlagevermögens mit Impairment

Bei unternehmensinterner Durchführung wird wiederum kein immaterieller Vermögenswert aktiviert, sodass sich verglichen mit dem ersten Szenario keine Unterschiede ergeben und die Änderung des Einzahlungspotenzials aus dem Projekt sich nicht in der Bilanz niederschlägt. Demgegenüber führt die außerplanmäßige Abschreibung beim separaten Erwerb dazu, dass der immaterielle Vermögenswert im neunten Jahr auf seinen zu diesem Zeitpunkt geltenden Nutzungswert und damit auf das aus Sicht des Unternehmens zu diesem Zeitpunkt tatsächlich erwartete Einzahlungspotenzial abgeschrieben wird. Dieser Wertansatz wird bis zum Beginn der planmäßigen Abschreibung beibehalten, da keine weiteren Zahlungen geleistet werden, interne Entwicklungskosten annahmegemäß nicht aktivierungspflichtig und keine zusätzlichen außerplanmäßigen Abschreibungen oder Zuschreibungen erforder-

---

[135] Zu den Auswirkungen auf Erfolg und Vermögen vgl. Anhang C, Tab. C10-C12. Angenommen wird, dass in den Folgejahren weder außerplanmäßige Ab- noch Zuschreibungen vorzunehmen sind.

lich sind. Auch im Fall der Einlizenzierung wird zunächst eine außerplanmäßige Abschreibung auf den Nutzungswert vorgenommen. Da jedoch im Folgenden weitere Meilensteinzahlungen zu leisten sind, steigt der aktivierte Betrag bis zur Zulassung auf 121 WE an.

Die auf eine nachhaltige Verschlechterung der Geschäftsaussichten zurückzuführende außerplanmäßige Wertminderung führt ferner dazu, dass sich das EBIT im Unterschied zum ersten Szenario wie in der folgenden Abbildung dargestellt entwickelt.[136]

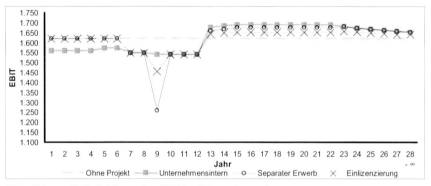

Abb. 24: Entwicklung des EBIT mit Impairment

Sowohl beim separaten Erwerb als auch bei der Einlizenzierung bricht das EBIT in Jahr$_9$ aufgrund der GuV-wirksam zu erfassenden außerplanmäßigen Abschreibung stark ein. Diese EBIT-Schwankung signalisiert die auf geringere künftige Cashflows aus dem in Entwicklung befindlichen Arzneimittel zurückzuführende Verschlechterung der operativen Ertragslage, die sich in verglichen mit dem in Abbildung 22 gezeigten Szenario geringeren Umsätzen und Gewinnen in der Vermarktungsphase niederschlägt. Im Fall der unternehmensinternen Durchführung sind hingegen in der FuE-Phase keine Unterschiede im Vergleich zum ersten Szenario zu erkennen, während in der Vermarktungsphase analog zu den übrigen Durchführungswegen ein niedrigeres Ergebnis aufgrund der gesunkenen Umsätze erzielt wird. Folglich kann das in der Vermarktungsphase sinkende Gewinnniveau bei einer unternehmensinternen Projektdurchführung im Unterschied zu den übrigen Durchführungswegen auf Basis des EBIT der Vorperioden nicht prognostiziert werden. Eine alleinige Berücksichtigung des EBIT als Prognosegröße kann daher zu Fehlinterpretationen führen.

---

[136] Die Entwicklung des EBITDA unterscheidet sich lediglich aufgrund der geringeren Umsätze vom ersten Szenario. Vgl. Anhang C, Abb. C4.

Das dargestellte Beispiel hat gezeigt, dass die identifizierten Inkonsistenzen in den Bilanzansatz- und Erstbewertungsvorschriften sowohl die Höhe und die zeitliche Entwicklung des immateriellen Anlagevermögens und damit die in der Bilanz gezeigten Einzahlungspotenziale aus FuE-Projekten als auch die Entwicklung des zur Einschätzung der aktuellen Ertragslage sowie zur Prognose künftiger Cashflows herangezogenen operativen Ergebnisses (EBIT) beeinflussen, was zu Fehleinschätzungen und -entscheidungen der Investoren führen kann, da die betroffenen Jahresabschlussgrößen zur Entscheidungsfindung bspw. über das Halten, Kaufen oder Verkaufen von Anteilen herangezogen werden.[137] Zentrale Indikatoren der Ertragskraft[138], die bspw. im Rahmen der Kommunikation von Unternehmen mit Investoren, Analysten etc. bedeutend sind, können verzerrt werden. Werden die Jahresabschlussgrößen zudem für die Unternehmensanalyse und -beurteilung herangezogen, können inkonsistente Bilanzierungsvorschriften auch realwirtschaftliche Konsequenzen haben.[139]

4.3.3 Zwischenfazit

Die Ausführungen der Abschnitte 4.3.1 und 4.3.2 haben gezeigt, dass innerhalb der für FuE-Projekte geltenden Bilanzierungsvorschriften Inkonsistenzen zu finden sind, die sich auf die Darstellung der Vermögens- und Ertragslage auswirken und die Entscheidungsnützlichkeit der Rechnungslegungsdaten einschränken können. Inwieweit sich die theoretisch hergeleiteten und illustrierten Inkonsistenzen in der praktischen Umsetzung der IFRS durch Pharmaunternehmen niederschlagen, hängt zum einen von der Bedeutung der einzelnen Durchführungswege für das jeweilige Unternehmen, zum anderen von der Umsetzung der Vorschriften des IAS 38 sowie des IFRS 3 ab. Entscheidend sind insbesondere die Interpretation der für unternehmensinterne FuE-Projekte geltenden Vorschriften des IAS 38.57, die Bedeutung der Einschränkung durch die Begriffe „normally" und „usually" im Rahmen der für erworbene imma-

---

[137] Vgl. *Ordelheide* (1998), S. 506.

[138] Vgl. auch *Pellens et al.* (2008c), S. 142. Auch auf Basis der Jahresabschlussdaten ermittelte Analysekennzahlen werden durch die Bilanzierungsregeln und damit auch durch Inkonsistenzen beeinflusst. Vgl. dazu Abschnitt 5.5.4. Die Auswirkungen auf die EKR sind in Anhang C, Abb. C5 für das erste Szenario beispielhaft dargestellt. Zu beachten ist, dass die im Vergleich zum EBIT unterschiedliche Entwicklung in Abhängigkeit vom Durchführungsweg in den Jahren 8 bis 12 auf die Fremdfinanzierung bei Erwerb und Einlizenzierung und die damit verbundenen höheren Zinsaufwendungen zurückzuführen ist. Da nur interne Entwicklungskosten als Aufwand erfasst werden, würden sich die Werte ansonsten entsprechen. In den Jahren 13 bis 22 ist der Effekt der Fremdfinanzierung so gering, dass er sich nicht auf die grundsätzliche Entwicklungstendenz auswirkt.

[139] Vgl. dazu Abschnitt 5.5.4.

terielle Vermögenswerte geltenden speziellen Bilanzansatzbedingungen sowie die Auslegung der Wesentlichkeit und der zuverlässigen Bewertbarkeit bei der Bilanzierung von durch Unternehmenszusammenschlüsse zugegangenen Projekten. Aus diesem Grund wird im folgenden Abschnitt 4.4 untersucht, wie die Bilanzierungsvorschriften durch nach IFRS bilanzierende Pharmaunternehmen in den Jahren 2005 bis 2008 tatsächlich umgesetzt wurden und wie diese Umsetzung zu erklären sein könnte.

4.4 Umsetzung der aktuellen Vorschriften durch nach IFRS bilanzierende Pharmaunternehmen

4.4.1 Grundgesamtheit und Vorgehensweise

Für die Untersuchung der praktischen Umsetzung der dargestellten und gewürdigten Bilanzierungsvorschriften eignen sich insbesondere solche Pharmaunternehmen, die im Rahmen ihrer FuE-Aktivitäten verschiedene Durchführungswege nutzen. Um jedoch insbesondere über die Umsetzung der in großem Umfang auslegungsbedürftigen Bilanzansatzkriterien des IAS 38.57 ein möglichst umfassendes Bild zu erlangen, werden nicht nur die großen, international agierenden Pharmakonzerne, sondern darüber hinaus mittelgroße und kleine Pharma- und Biotechnologieunternehmen[140] untersucht, selbst wenn zu erwarten ist, dass diese fast ausschließlich unternehmensinterne FuE-Projekte durchführen.

Einbezogen werden zunächst alle mindestens seit 2005 nach IFRS bilanzierenden Unternehmen, die volle Mitglieder des europäischen Pharmaverbandes EFPIA sind.[141] Dadurch werden die IFRS-Bilanzierer unter den weltweit größten Pharmakonzernen erfasst.[142] Diese sind mit dem Sitzland des Konzernmutterunternehmens in der folgenden Tabelle dargestellt.

---

[140] Die zusätzliche Betrachtung der Biotechnologieunternehmen ist dadurch zu begründen, dass in einigen der betrachteten Länder keine Differenzierung zwischen Pharma- und Biotechnologieunternehmen vorgenommen wird. Folglich ist eine scharfe Trennung kaum möglich. Zudem ist die Unterscheidung aufgrund des identischen FuE-Prozesses an dieser Stelle nicht von Bedeutung. Zur Identität des FuE-Prozesses vgl. *Eberhardt* (2006), S. 50. Zum FuE-Prozess in der Biotechnologiebranche vgl. *Gräsel* (2007), S. 30-39.

[141] Die EFPIA hat 38 volle Mitglieder, die in Anhang C in den Tab. C13 und C14 mit Sitzland und angewendeten Rechnungslegungsstandards aufgelistet sind. Die Betrachtung der Geschäftsjahre 2005 bis 2008 ist dadurch zu begründen, dass die Vorschriften des überarbeiteten IAS 38, die in Kapitel 3 betrachtet wurden, ab dem Geschäftsjahr 2005 angewendet werden mussten.

[142] Die gewählten Unternehmen decken sich nahezu vollständig mit denen, die *PwC* für eine empirische Untersuchung der größten nach IFRS bilanzierenden Pharmaunternehmen gewählt hat. Vgl. *PwC* (2007b), S. 28.

Nr.	Unternehmen	Sitzland
1	Almirall	Spanien
2	Astra Zeneca	UK
3	Bayer	Deutschland
4	GlaxoSmithKline	UK
5	Lundbeck	Dänemark
6	Merck	Deutschland
7	Novartis	Schweiz
8	Novo Nordisk	Dänemark
9	Roche	Schweiz
10	Sanofi-Aventis	Frankreich
11	Solvay Pharmaceuticals	Belgien
12	UCB	Belgien

Tab. 15: Grundgesamtheit – Teil I

Darüber hinaus werden die im November 2008 in einem Branchenindex notierten Pharma- und Biotechnologieunternehmen aus Deutschland, Frankreich und UK in die Untersuchung einbezogen.[143] Für Deutschland werden die im Bereich der Arzneimittel-FuE tätigen, den Subsektoren Pharmaceuticals und Biotechnology zugeordneten Unternehmen des Sektor-Indizes DAXsector All gewählt.[144] Analog dazu werden für Frankreich die im Arzneimittelbereich tätigen, im CAC Health Care Index notierten Unternehmen gewählt, während für die Auswahl der Unternehmen aus UK eine Notierung im FTSE all share Index Pharmaceuticals & Biotechnology entscheidend ist.[145] Um für die untersuchte Fragestellung wenig relevante reine Forschungsunternehmen möglichst auszuschließen, werden lediglich solche Unternehmen betrachtet, deren Umsatz im Durchschnitt der betrachteten Jahre mindestens 10 Mio. EUR beträgt.[146] Damit verbleiben die in der folgenden Tabelle dargestellten Unternehmen.

---

[143] Die drei Länder wurden gewählt, da es sich um die gemessen am Bruttoinlandsprodukt größten Volkswirtschaften in der EU handelt, die eine große Anzahl kapitalmarktorientierter Unternehmen aufweisen. Vgl. zu den Bruttoinlandsprodukten der Jahre 1996-2006 für 27 EU-Staaten *Eurostat* (2008). Zudem sind deutsche, englische oder französische Geschäftsberichte verfügbar.

[144] Unternehmen, die bspw. nur im Pharma-Vertrieb tätig sind, werden ausgeschlossen. Für eine vollständige Liste aller den beiden Subsektoren Pharma und Biotechnologie zugeordneten Unternehmen sowie den Begründungen für den Ausschluss der jeweiligen Unternehmen vgl. Anhang C, Tab. C17.

[145] Für eine Übersicht der Unternehmen, die in diesen Indizes gelistet sind, vgl. Anhang C, Tab. C15 und C16.

[146] Die Wahl der Umsatzgrenze ist dadurch zu begründen, dass die Unternehmen, die einen Umsatz von weit unter 10 Mio. EUR ausweisen, nahezu vollständig im Forschungsbereich tätig sind.

DAX-Subsector Pharmaceuticals		
1	Biotest	Deutschland
2	Sanochemia Pharmazeutika	Deutschland
3	Schwarz Pharma	Deutschland
4	Stada	Deutschland
DAX-Subsector Biotechnology		
5	Evotec	Deutschland
6	Jerini	Deutschland
7	Medigene	Deutschland
8	Morphosys	Deutschland
CAC Health Care		
9	Nicox	Frankreich
10	Stallergenes	Frankreich
FTSE All Share Pharmaceuticals & Biotechnology		
11	BTG	UK
12	Goldshield	UK
13	Hikma	UK
14	Prostrakan	UK
15	Protherics	UK
16	Vectura	UK

Tab. 16: Grundgesamtheit – Teil II

Da anzunehmen ist, dass die großen Pharmaunternehmen vielfältigere Durchführungswege nutzen sowie in allen Phasen des FuE-Prozesses aktiv sind und sich ihr Geschäftsmodell somit von dem kleinerer Pharma- und Biotechnologieunternehmen unterscheidet, werden die Unternehmen für die in den nachfolgenden Abschnitten vorgenommene Untersuchung gemäß der am Umsatz gemessenen Unternehmensgröße in Gruppen eingeteilt.[147] Eventuelle auf den Geschäftsschwerpunkt zurückzuführende Unterschiede in der Umsetzung der Bilanzierungsvorschriften sind durch diese Gruppierung klarer erkennbar. Auf Basis des durchschnittlichen Umsatzes der Jahre 2005 bis 2008 werden die folgenden Unternehmensgruppen gebildet:

Gruppe 1: Ø-Umsatz > 15.000 Mio. EUR
Gruppe 2: Ø-Umsatz > 500 Mio. EUR < 15.000 Mio. EUR[148]
Gruppe 3: Ø-Umsatz < 500 Mio. EUR[149]

---

[147] Dabei wird der durchschnittliche Umsatz der betrachteten Geschäftsjahre 2005 bis 2008 gewählt. Die Umrechnung der Umsätze der einzelnen Jahre in Euro erfolgt mit dem der unter http://www.oanda.com/convert/fxhistory zu findenden Datenbank entnommenen Stichtagskurs zum 31.12.2008.

[148] Die Umsätze liegen jedoch nur zwischen knapp einer und acht Mrd. EUR.

[149] Die Umsätze der Unternehmen liegen jedoch nur zwischen 10 und 317 Mio. EUR.

Die Grundgesamtheit setzt sich, wie den folgenden drei Tabellen zu entnehmen ist, zu 18% aus großen, zu 32% aus mittelgroßen und zu 50% aus kleinen Unternehmen zusammen.[150]

Nr.	Unternehmen	Ø-Umsatz der Jahre 2005-2008 (in Mio. EUR)
1	Roche	28.443
2	Sanofi-Aventis	27.826
3	Novartis	25.705
4	GlaxoSmithKline	23.613
5	Astra Zeneca	19.791
	Ø-Umsatz der Gruppe 1	25.076

Tab. 17: Zusammensetzung der Gruppe 1

Nr.	Unternehmen	Ø-Umsatz der Jahre 2005-2008 (in Mio. EUR)
1	Bayer (Pharma)	8.129
2	Novo Nordisk	5.360
3	Merck (Pharma)	4.031
4	UCB	3.023
5	Solvay (Pharmaceuticals)	2.540
6	Stada	1.371
7	Lundbeck	1.360
8	Almirall	797
9	Schwarz Pharma[151]	773
	Ø-Umsatz der Gruppe 2	3.043

Tab. 18: Zusammensetzung der Gruppe 2

---

[150] Die geringe Anzahl an großen Unternehmen ist zunächst auf die Branchenstruktur zurückzuführen. Vgl. dazu Abschnitt 2.2.2. Selbst unter den im März 2006 im DOW JONES STOXX 200 notierten größten europäischen Unternehmen waren unter 164 IFRS-Bilanzierern nur acht Health Care-Unternehmen. Vgl. Hitz (2007a), S. 321. Auch in einer Untersuchung des H-DAX in 2005 wurden nur 10 Pharma&Health Care-Unternehmen betrachtet. Vgl. Hager/Hitz (2007), S. 206. Zudem bilanzieren viele große Pharmakonzerne wie z.B. Pfizer, Johnson & Johnson, Wyeth und Schering-Plough nach US-GAAP.

[151] 2008 wird nicht betrachtet, da das Unternehmen von UCB erworben wurde und keinen Geschäftsbericht mehr veröffentlicht hat.

Nr.	Unternehmen	Ø-Umsatz der Jahre 2005-2008 (in Mio. EUR)
1	Biotest	317
2	Hikma	285
3	Stallergenes	143
4	Goldshield	84
5	Morphosys	55
6	BTG	53
7	Evotec	51
8	Prostrakan	44
9	Medigene	27
10	Protherics[152]	23
11	Sanochemia	22
12	Vectura	13
13	Nicox[153]	12
14	Jerini	11
Ø-Umsatz der Gruppe 3		81

Tab. 19: Zusammensetzung der Gruppe 3

Im Rahmen der folgenden Untersuchung der Unternehmen bzw. Unternehmensgruppen wird in drei Schritten vorgegangen. Zunächst werden die FuE-Aktivitäten der betrachteten Unternehmen analysiert, da deren Kenntnis eine notwendige Voraussetzung für die Ableitung konkreter Erwartungen zum Bilanzierungsverhalten darstellt. Darauf aufbauend werden Erwartungen formuliert und anschließend durch Auswertung der im Anhang veröffentlichten Informationen der Unternehmen zur Umsetzung der IFRS überprüft.

4.4.2 FuE-Aktivitäten der betrachteten Unternehmen

Im Folgenden werden zunächst die Bedeutung von Investitionen in FuE, die Zusammensetzung der FuE-Pipelines sowie die im Geschäftsbericht zu findenden Informationen zu Therapiegebieten und zum Innovationsgrad der jeweiligen zu entwickelnden Arzneimittel analysiert, da diese Ergebnisse insbesondere für das Verständnis der Umsetzung der Vorschriften des IAS 38.57 entscheidend sind. Darauf aufbauend wird die Bedeutung der einzelnen Durchführungswege für die Unternehmen unter-

---

[152] 2008 wird nicht betrachtet, da das Unternehmen von BTG erworben wurde und keinen Geschäftsbericht mehr veröffentlicht hat.

[153] 2008 wird nicht einbezogen, da kein Geschäftsbericht vorliegt.

sucht, da eine Interpretation der Anhangangaben zu FuE-Projekten ohne diese Information kaum möglich ist.

Die Bedeutung von Investitionen in Forschung und Entwicklung wird durch die als Quotient aus internem FuE-Aufwand und Umsatz eines Jahres definierte durchschnittliche FuE-Quote für die Jahre 2005 bis 2008 bestimmt, die in der folgenden Abbildung pro Unternehmensgruppe dargestellt ist.[154]

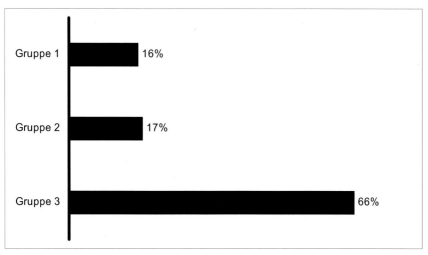

Abb. 25: Durchschnittliche FuE-Quoten der Geschäftsjahre 2005-2008 für die drei Unternehmensgruppen

Die Abbildung zeigt, dass Investitionen in Forschung und Entwicklung für alle Unternehmensgruppen von sehr großer Bedeutung sind[155], wobei die Bedeutung mit der Unternehmensgröße abnimmt. Für die Gruppe 1 wurde aus den zwischen 15% und 18% liegenden durchschnittlichen FuE-Quoten für die betrachteten Geschäftsjahre ein Durchschnittswert von 16% ermittelt.[156] Die durchschnittliche FuE-Quote der Gruppe 2 unterscheidet sich mit 17% kaum von derjenigen der ersten Gruppe, während die durchschnittliche FuE-Quote der Unternehmen der dritten Gruppe mit 66% wesentlich über denjenigen der übrigen beiden Gruppen liegt und die Einzelwerte

---

[154] Für eine Darstellung pro Unternehmen und Jahr vgl. Anhang C, Tab. C18-C20. Es werden allerdings nur interne FuE-Investitionen und keine Erwerbe berücksichtigt.

[155] Die FuE-Quoten in anderen Branchen sind zumeist wesentlich geringer. Zu aktuellen Ergebnissen für bspw. die Automobilbranche vgl. *Eiselt/Bindick* (2009).

[156] Zu ähnlichen Ergebnissen kommt auch *Hitz* für die Health Care-Unternehmen in seiner für das Jahr 2005 durchgeführten Untersuchung. Vgl. *Hitz* (2007a), S. 322.

zudem eine große Streuung aufweisen.[157] Von den 14 dieser Gruppe zugeordneten Unternehmen zeigen drei durchschnittliche FuE-Quoten von über 100% und immerhin vier Werte zwischen 30 und 100 Prozent. Diese hohen Einzelwerte sind darauf zurückzuführen, dass es sich zumeist um junge Unternehmen handelt, deren Tätigkeitsschwerpunkt im Bereich der Forschung sowie der frühen Entwicklung liegt und die bislang geringe Umsätze erzielen. Die hohen FuE-Ausgaben sind als Anfangsinvestitionen der in der Entwicklungsphase des Unternehmenslebenszyklusses befindlichen Unternehmen zu interpretieren.[158] Die Unternehmen der Gruppen 1 und 2 konzentrieren sich hingegen zusätzlich auf Vermarktung und Vertrieb und damit auf den gesamten Produktlebenszyklus und erwirtschaften zudem aufgrund ihrer Reife bereits höhere und stabile Umsätze.

Im nächsten Schritt wird auf Basis der in den Geschäftsberichten zu findenden Informationen zur FuE-Pipeline analysiert, in welche Art von FuE-Projekten die Unternehmen investiert haben, um daraus Rückschlüsse auf die für die bilanzielle Abbildung entscheidende Erfolgswahrscheinlichkeit der Projekte ziehen zu können.[159] Den Ausgangspunkt der Analyse bildet ein Überblick über die durchschnittliche Anzahl der Entwicklungsprojekte der Unternehmen in den Jahren 2005 bis 2008, bevor anschließend deren Verteilung auf die einzelnen Phasen der klinischen Entwicklung näher betrachtet wird.[160]

---

[157] Zu den Angaben für die einzelnen Unternehmen vgl. Anhang C, Tab. C20. Werden die extrem geringe FuE-Quoten aufweisenden Unternehmen Goldshield (0,2%) und Hikma (5%) nicht einbezogen, liegt die durchschnittliche FuE-Quote noch wesentlich höher. Die geringe FuE-Quote von Goldshield ist darauf zurückzuführen, dass das Unternehmen Produkte, deren Patentschutz abgelaufen ist, kauft, weiterentwickelt und vertreibt. Vgl. Goldshield, Geschäftsbericht 2007, S. 4. Auch Hikma ist stärker auf Vermarktung und Vertrieb als auf Forschung und Entwicklung fokussiert.

[158] Zur Entwicklungsphase als erster Phase im Unternehmenslebenszyklus vgl. u.a. *Pfingsten* (1998), S. 65; *Neuhaus* (2009), S. 135-136.

[159] Dabei wird die in den Abschnitten 2.3.2 und 3.4.1.2.1 hergeleitete Abgrenzung von Forschung und Entwicklung zugrunde gelegt. Zu beachten ist, dass die Ergebnisse nur Aussagen über die Ausrichtung der FuE-Aktivitäten erlauben, da den Geschäftsberichten nicht zu entnehmen ist, ob es sich um eine abschließende Aufzählung von Therapiegebieten und FuE-Projekten handelt. Novartis weist z.B. explizit darauf hin, dass nur ausgewählte Projekte dargestellt werden. Vgl. Novartis, Geschäftsbericht 2008, S. 24.

[160] Da Angaben zu Forschungsprojekten bei 11 Unternehmen nicht vorhanden sind und Entwicklungsprojekte ferner bei der Analyse der Bilanzierungsregeln im Fokus stehen, wurden im Rahmen der für alle Unternehmen durchgeführten Pipeline-Analyse lediglich Informationen zu Entwicklungsprojekten betrachtet. Dabei wurden die Unternehmen in die in Abbildung 26 dargestellte Durchschnittsbildung einbezogen, die Angaben zur Anzahl der Entwicklungsprojekte für alle klinischen Phasen in mindestens einem Jahr gemacht haben. Goldhield, Hikma, Stada, Stallergenes, Bayer, Almirall und Novartis wurden nicht berücksichtigt, Protherics, Nicox, Jerini, Prostrakan, Sanochemia Pharmazeutika, Schwarz Pharma und Morphosys nur mit Informationen für 2005-2007.

Während die Unternehmen der Gruppe 1 im Durchschnitt rund 83 Entwicklungsprojekte angeben, berichten die Unternehmen der Gruppe 2 im Durchschnitt über rund 18, die Unternehmen der Gruppe 3[161] über sechs Entwicklungsprojekte. Wie erwartet verfügen die Unternehmen der Gruppe 1 folglich über ein wesentlich größeres Projektportfolio als die Unternehmen der übrigen Gruppen, was darauf schließen lässt, dass sie umfangreichere Erfahrungen insbesondere in der klinischen Entwicklung haben. Wie sich die Projekte der Unternehmen auf die einzelnen klinischen Phasen verteilen, ist der folgenden Abbildung zu entnehmen.

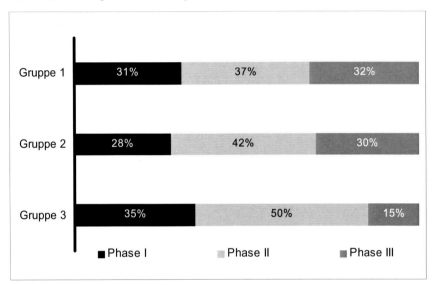

Abb. 26: **Prozentuale Verteilung der Entwicklungsprojekte auf die klinischen Phase I-III für die Unternehmensgruppen**

Zu erkennen ist, dass sich die Entwicklungsprojekte der Unternehmen der Gruppe 1 relativ gleichmäßig auf alle Phasen der klinischen Entwicklung verteilen. In der Gruppe 2 findet im Vergleich zur Gruppe 1 eine Verschiebung zwischen der ersten und der zweiten klinischen Phase statt. Während die Unternehmen über weniger Projekte in der Phase I (28%) verfügen, befinden sich 42% aller Projekte in der klinischen Phase II. Die Entwicklungspipeline der Unternehmen der Gruppe 3 setzt sich schließlich zu 85% aus Projekten in den klinischen Phasen I und II zusammen, was ihren

---

[161] Zu beachten ist, dass diese Unternehmen teilweise über eine erheblich größere Anzahl an Forschungsprojekten verfügen. Morphosys berichtet z.B. 2007 über 46 Forschungsprojekte. Vgl. Morphosys, Geschäftsbericht 2007, Umschlagklappe.

Tätigkeitsschwerpunkt im Bereich der frühen Entwicklung unterstreicht. Wie in Abschnitt 2.4.1 erläutert, stellt die jeweilige Phase im FuE-Prozess jedoch nicht die einzige Determinante der für die Bilanzierung nach IFRS entscheidenden Erfolgswahrscheinlichkeit eines FuE-Projekts dar. Insbesondere das Therapiegebiet, der Innovationsgrad des Arzneimittels sowie bereits existierende Erstzulassungen können die Erfolgswahrscheinlichkeit beeinflussen.

Eine Analyse der Therapiegebiete, in denen die betrachteten Unternehmen tätig sind, zeigt, dass eine Gliederung der Entwicklungspipeline nach Therapiegebieten nur bei 10 Unternehmen im Geschäftsbericht zu finden ist. Dabei handelt es sich um die fünf Unternehmen der ersten Gruppe sowie vier Unternehmen der Gruppe 2 und eines der Gruppe 3 und damit insbesondere um die großen Pharmakonzerne.[162]

Da in der Literatur zudem nicht für alle in den Geschäftsberichten der betrachteten Unternehmen genannten Therapiegebiete Erfolgswahrscheinlichkeiten zu finden sind, gibt die folgende Tabelle lediglich einen Überblick darüber, in welchem Umfang die 10 Unternehmen, die ihre Projekte im Geschäftsbericht explizit auf Therapiegebiete aufteilen, in den Jahren 2005-2008 in einem der Therapiegebiete tätig waren, für die in Abschnitt 2.4.2.2 Erfolgswahrscheinlichkeiten dargestellt wurden. Die Tabelle zeigt, dass immerhin für fünf der sieben dargestellten Therapiegebiete durchschnittliche Erfolgswahrscheinlichkeiten von über 50% in der klinischen Phase III ermittelt wurden. Mit Ausnahme der Unternehmen Almirall und Vectura verteilen sich die Projekte der Unternehmen zudem zu mindestens 34% und höchstens 91% auf solche Therapiegebiete, für die Erfolgswahrscheinlichkeiten von mehr als 50% ermittelt wurden.[163] Die Entwicklungsprojekte der Unternehmen Novartis und Astra Zeneca verteilen sich sogar zu mindestens 15% bzw. 27% auf Therapiegebiete, für die die durchschnittliche Erfolgswahrscheinlichkeit in der klinischen Phase III mehr als 60% beträgt. Auch bei Sanofi-Aventis und Roche gilt dies für 23% bzw. 19%, bei Solvay sogar für 35% der Entwicklungsprojekte.

---

[162] Nicht betrachtet werden Stada und Goldshield, da sie sich nicht auf bestimmte Therapiegebiete konzentrieren. Almirall, Nicox, Protherics und Schwarz Pharma liefern nur für 2005 bis 2007 Informationen. Während die Unternehmen der Gruppe 1 durchweg in mindestens sechs, höchstens in acht Therapiegebieten tätig sind, setzt sich die zweite Gruppe zum einen aus Unternehmen wie Lundbeck, die nur in einem Therapiegebiet aktiv sind, und zum anderen aus Unternehmen wie bspw. Solvay, die in sieben Therapiegebieten tätig sind, zusammen. Die Unternehmen der Gruppe 3 sind in mindestens einem und maximal in fünf Therapiegebieten tätig.

[163] Bei Merck beträgt der Anteil 85%, bei Roche sogar 91%. Einbezogen in die Ermittlung der Verteilung der Projekte auf Therapiegebiete werden alle in der Pipeline genannten Projekte. Diese werden den in der FuE-Pipeline genannten Therapiegebieten für die Ermittlung der Prozentsätze zugeordnet.

	CNS (ZNS)	Cardiovascular (Herz-Kreislauf)	Metabolic (Stoffwechsel)	Immunology (Immunologie)	Infections (Infektionen)	Oncology (Onkologie)[164]	Respiratory (Atemwege)
w(ZL) in Phase III	48%	64%	73%	53%	77%	59%	46%
Unternehmen (Gruppe)	Anteil an Entwicklungsprojekten pro Therapiegebiet in Prozent						
Almirall (2)							43%
Astra Zeneca (1)		20%			7%	23%	20%[1]
GlaxoSmithKline (1)		7%	7%		6%	16%	14%[1]
Merck (2)			14%	5%		66%	
Novartis (1)			15%		20%	24%[5]	12%
Roche[3] (1)	7%		13%	16%[2]	6%	56%	
Sanofi-Aventis (1)	24%	12%	11%			18%	
Solvay (2)		35%					
UCB (2)	62%			26%[2]		8%	
Vectura[4] (3)							44%

[1] Die Kategorie umfasst Respiratory & Inflammation.
[2] Die Kategorie umfasst Immunology & Inflammation.
[3] Es werden nur den Therapiegebieten direkt zugeordnete Projekte betrachtet.
[4] Es werden nur die Jahre 2006-2008 betrachtet.
[5] Die Kategorie umfasst Oncology & Hematology.

Tab. 20: Entwicklungsprojekte und Erfolgswahrscheinlichkeiten im Durchschnitt der Jahre 2005-2008

Zum Innovationsgrad der in Entwicklung befindlichen Arzneimittel sind nur bei zwei Unternehmen überhaupt Informationen zu finden. Astra Zeneca gibt pro Phase der klinischen Entwicklung an, bei welchen Projekten es sich um NCEs bzw. bei welchen es sich um Line Extensions handelt, wobei unter einer Line Extension allerdings eine Indikationserweiterung und kein LCM zu verstehen ist.[165] Ähnliche Informationen sind bei Roche zu finden.[166] Rückschlüsse auf die Erfolgswahrscheinlichkeit der Entwicklungsprojekte lassen diese sporadisch zu findenden Angaben jedoch kaum zu.

---

[164] Onkologie stellt derzeit mit einem jährlichen Umsatzwachstum von 15% das wichtigste Therapiegebiet der Pharmabranche dar. Vgl. Hofmann (2008).

[165] Vgl. Astra Zeneca, Geschäftsbericht 2007, S. 203. Im Geschäftsjahr 2008 handelt es sich bspw. bei 24 von 105 Projekten um Line Extensions. Vgl. Astra Zeneca, Geschäftsbericht 2008, S. 22-24. Zur Abgrenzung von FuE-Projekten nach dem Innovationsgrad des Arzneimittels vgl. Abschnitt 2.4.2.1.

[166] In den betrachteten Geschäftsjahren bestand die Pipeline zu ca. 50% aus Projekten in der ersten Indikation. Vgl. bspw. Roche, Geschäftsbericht 2007, S. 26.1.

Wie bereits zu Beginn des Abschnitts angeführt, wird weiterhin untersucht, welche Durchführungswege die Unternehmen der drei Gruppen im Rahmen ihrer FuE-Aktivitäten in welchem Umfang nutzen. Unternehmensinterne FuE-Projekte werden von allen betrachteten Unternehmen durchgeführt und sind folglich in jedem Fall von großer Bedeutung. Schließlich berichten alle Unternehmen über interne FuE-Aufwendungen und Projekte.

Einlizenzierungstransaktionen und FuE-Kooperationen spielen – zumindest wenn ausschließlich die Perspektive des Einlizenzierers betrachtet wird[167] – nicht für jedes Unternehmen eine Rolle.[168] Als Einlizenzierer werden im Folgenden diejenigen Unternehmen eingeordnet, die im Jahr 2008 über Meilensteinzahlungen, Einlizenzierungen oder Kooperationen berichtet oder bei der Beschreibung der Bilanzierungsvorschriften auf diese Geschäfte hingewiesen haben.[169] Die als Einlizenzierer klassifizierten Unternehmen sind – falls möglich mit Angabe der Verteilung der Entwicklungsprojekte auf Lizenzierungsgeschäfte und Kooperationen sowie interne FuE-Projekte – in der folgenden Tabelle zusammengefasst.[170]

Die Tabelle zeigt zunächst, dass alle Unternehmen der Gruppe 1, fast alle der zweiten Gruppe zugeordneten Unternehmen sowie immerhin sieben Unternehmen der Gruppe 3 als Einlizenzierer zu klassifizieren sind. Leider geben nur die fünf in Tabelle 21 grau hinterlegten Unternehmen an, wie viele der in der FuE-Pipeline dargestellten Projekte durch Einlizenzierungen initiiert wurden oder kooperativ durchgeführt werden, sodass sich auf Basis der Geschäftsberichte nur eingeschränkt Aussagen über das Ausmaß von Einlizenzierungstransaktionen und Kooperationen treffen lassen.[171]

---

[167] Da Auslizenzierungen den Vorschriften für interne FuE-Projekte unterliegen, werden diese nicht weiter betrachtet.

[168] Da über den separaten Erwerb vielfach keine expliziten Aussagen zu finden sind, wird die Bedeutung dieses Durchführungswegs im Folgenden nicht explizit betrachtet. Einige Unternehmen weisen auf die Aktivierungspflicht beim separaten Erwerb von FuE-Projekten hin. Vgl. u.a. Almirall, Geschäftsbericht 2007, S. 16; Medigene, Geschäftsbericht 2007, S. 67; Novo Nordisk, Geschäftsbericht 2007, S. 58; Roche, Finanzbericht 2007, S. 36; Sanofi-Aventis, Geschäftsbericht 2007, S. F-13; UCB, Geschäftsbericht 2007, S. 36.

[169] Ausführliche qualitative Informationen sind in den Geschäftsberichten von Astra Zeneca, GlaxoSmithKline, Merck, Novartis und Sanofi-Aventis und damit insbesondere bei Unternehmen der Gruppe 1 zu finden.

[170] Die Tabelle liefert kein vollständiges Bild, da nicht alle Projekte im Geschäftsbericht genannt werden. Da nur Merck eine Differenzierung zwischen Kooperationen und Einlizenzierungen vornimmt und diese für die Beurteilung der Umsetzung der IFRS unerheblich ist, wird nicht dazwischen differenziert. Angenommen wird, dass in der FuE-Pipeline nicht gekennzeichnete Projekte intern durchgeführt werden.

[171] Die Angaben von Astra Zeneca beziehen sich nur auf das Geschäftsjahr 2007, von Novartis ausschließlich auf die Geschäftsjahre 2005 und 2006.

Zu erkennen ist jedoch, dass die Unternehmen, bei denen quantitative Angaben zu finden sind, bei immerhin zwischen 18% und 39% ihrer Projekte in Kooperationen oder Einlizenzierungen involviert sind. Novartis ist in der Tabelle zwar ohne Angabe der Verteilung der Projekte aufgeführt, dem Geschäftsbericht des Jahres 2007 ist jedoch bspw. zu entnehmen, dass ein Drittel der jährlichen FuE-Ausgaben des Pharmabereichs auf in Zusammenarbeit durchgeführte sowie einlizenzierte Projekte entfällt, sodass diese Durchführungswege bei Novartis ebenfalls eine bedeutende Rolle spielen.[172]

Nr.	Unternehmen (Gruppe)	Verteilung der Entwicklungsprojekte	
		Einlizenzierung; Kooperation	interne Durchführung
1	Almirall (2)	k.A.	k.A.
2	Astra Zeneca (1)	k.A.	k.A.
3	Bayer (2)	k.A.[173]	k.A.
4	Biotest (3)	k.A.	k.A.
5	GlaxoSmithKline (1)	38%	62%
6	Hikma (3)	k.A.	k.A.
7	Jerini[174] (3)	39%	61%
8	Lundbeck (2)	k.A.	k.A.
9	Merck (2)	39%	61%
10	Medigene (3)	k.A.	k.A.
11	Novartis (1)	k.A.	k.A.
12	Novo Nordisk (2)	k.A.	k.A.
13	Prostrakan (3)	k.A.	k.A.
14	Protherics (3)	18%	82%
15	Roche[175] (1)	30%	70%
16	Sanochemia Pharmazeutika	k.A.	k.A.
17	Sanofi-Aventis (1)	k.A.	k.A.
18	Schwarz Pharma (2)	k.A.	k.A.
19	UCB (2)	k.A.	k.A.

Tab. 21: Identifikation einlizenzierender Unternehmen

---

[172] Vgl. Novartis, Geschäftsbericht 2007, S. 149.

[173] Es wird zumindest betont, dass Lizenzierungsgeschäfte und Kooperationen sehr bedeutend sind. Vgl. Bayer, Geschäftsbericht 2008, S. 126.

[174] Es liegen lediglich Angaben für die Jahre 2005 bis 2007 vor.

[175] Als Partner werden keine konsolidierten Tochterunternehmen gewertet. Roche gibt zudem an, aus welchen Projekten Optionen auf Produktrechte vorliegen und mit wem diese durchgeführt werden und nennt die Anzahl der in einem Jahr gestarteten Partnerschaften. Vgl. Roche, Geschäftsbericht 2008, hintere Umschlagklappe.

Die nicht unwesentliche Bedeutung von Einlizenzierungen und FuE-Kooperationen insbesondere für Unternehmen der Gruppe 1 spiegeln zudem die zumindest von den in der folgenden Tabelle dargestellten neun Unternehmen berichteten künftig erwarteten Zahlungsverpflichtungen aus Kooperationen und Lizenzierungsgeschäften wider.[176]

Unternehmen	Erwartete Zahlungsverpflichtungen aus Kooperationen (in Mio. EUR)			
	2008	2007	2006	2005
Astra Zeneca	k.A.[177]	2.452	k.A.	k.A.
Bayer	915	932	956	562
Biotest[178]	0,2	1	k.A.	k.A.
GlaxoSmithKline	13.570[179]	7.776	4.781	2.663
Medigene	10	17	10	10
Merck	1.643	1.248	247	k.A.
Novartis	2.170	2.159	2.111	1.755
Roche	280	364	k.A.	k.A.
UCB	k.A.	126	k.A.	k.A.

Tab. 22: Erwartete Zahlungsverpflichtungen aus Kooperationen und Lizenzierungsvereinbarungen

Bei GlaxoSmithKline bestehen im Jahr 2008 immerhin mögliche künftige Zahlungsverpflichtungen aus Kooperationen und Einlizenzierungsvereinbarungen in einer Größenordnung von einem Drittel der Bilanzsumme, was die Bedeutung dieser Durchführungswege noch einmal unterstreicht.[180]

Auch der Zugang von FuE-Projekten durch Unternehmenszusammenschlüsse hat für die Unternehmen eine unterschiedliche Bedeutung. Die Unternehmen der Gruppe 1 sowie immerhin fünf Unternehmen der Gruppe 2 und eines der Gruppe 3 berichten in

---

[176] Almirall, Hikma, Jerini, Lundbeck, Prostrakan, Novo Nordisk, Sanochemia Pharmazeutika und Schwarz Pharma liefern nur verbale Informationen. Protherics und Sanofi-Aventis liefern quantitative Angaben, fassen diese jedoch nicht zusammen.

[177] Im Geschäftsjahr 2008 werden lediglich Verpflichtungen für Meilensteinzahlungen in Höhe von 332 Mio. USD (Vorjahr: 571 Mio. USD) genannt. Vgl. Astra Zeneca, Geschäftsbericht 2008, S. 144.

[178] Es handelt sich um Verpflichtungen für den Erwerb von immateriellen Vermögenswerten. Vgl. Biotest, Geschäftsbericht 2007 bzw. 2008, S. 108 bzw. S. 121.

[179] Es handelt sich insbesondere um Verpflichtungen zur Leistung von Meilensteinzahlungen. Die wesentlichen, im Jahr 2008 abgeschlossenen Lizenzierungsvereinbarungen und Kooperationen, die den Anstieg erklären, sind im Konzernanhang aufgezählt. Vgl. GlaxoSmithKline, Geschäftsbericht 2008, S. 154.

[180] Die Bilanzsumme des Jahres 2008 beträgt 39.393 Mio. GBP bzw. 40.464 Mio. EUR. Vgl. GlaxoSmithKline, Geschäftsbericht 2008, S. 103.

allen betrachteten Jahren über Unternehmenszusammenschlüsse. Demgegenüber spielt dieser Durchführungsweg für fünf der Gruppe 3 zugeordnete Unternehmen keine Rolle.[181] Insbesondere die Unternehmen der Gruppen 1 und 2 haben zudem relativ hohe Zugänge an FuE-Projekten aus Unternehmenszusammenschlüssen zu verzeichnen. Der von Bayer für den Erwerb von Schering durchgeführten Kaufpreisverteilung ist bspw. zu entnehmen, dass in der Bilanz von Schering nicht aktivierte FuE-Projekte in Höhe von 1.191 Mio. EUR angesetzt wurden.[182] Auch Novartis berichtet z.b. im Geschäftsjahr 2006, dass von der im Rahmen der Kaufpreisverteilung für die Akquisitionen des Jahres vorgenommenen Fair Value-Anpassung von 5.286 Mio. USD immerhin 1.216 Mio. USD auf FuE-Projekte, die im Geschäftsbericht des erworbenen Unternehmens nicht angesetzt wurden, entfallen.[183] UCB erwarb im Rahmen der Akquisition von Schwarz Pharma im Jahr 2006 FuE-Projekte im Wert von knapp 1.100 Mio. EUR.

Die Ausführungen des Abschnitts 4.4.2 haben gezeigt, dass alle Unternehmen umfangreiche FuE-Aktivitäten vornehmen, wobei sich die Unternehmen der Gruppen 1 und 2 auf alle Phasen der klinischen Entwicklung, die Unternehmen der Gruppe 3 eher auf die frühen Phasen konzentrieren. Zudem wurde gezeigt, dass die Unternehmen sowohl in Therapiegebieten mit geringen als auch in solchen mit höheren Erfolgswahrscheinlichkeiten tätig und vielfach in Einlizenzierungsgeschäfte, Kooperationen und Unternehmenszusammenschlüsse involviert sind. Auf Basis der Kenntnisse über die FuE-Aktivitäten werden im folgenden Abschnitt Erwartungen über die Umsetzung der für die verschiedenen Durchführungswege geltenden Bilanzierungsregeln abgeleitet und überprüft.

4.4.3 Bilanzansatz- und Erstbewertungsvorschriften

4.4.3.1 Erwartungen hinsichtlich der Umsetzung

Für die bilanzielle Abbildung unternehmensinterner Entwicklungsprojekte wird erwartet, dass mit einer Aktivierung je nach Therapiegebiet und Innovationsgrad frühestens zu Beginn der klinischen Phase III, spätestens bei Einreichung der Zulassungs-

---

[181] Die übrigen 12 den Gruppen 2 und 3 zugeordneten Unternehmen berichten in mindestens einem Jahr über einen Unternehmenszusammenschluss.
[182] Vgl. Bayer, Geschäftsbericht 2006, S. 138.
[183] Vgl. Novartis, Geschäftsbericht 2006, S. 141.

unterlagen begonnen wird.[184] Je stärker ein Unternehmen in Projekte in der klinischen Phase III involviert ist und je mehr es sich auf gut erforschte Therapiegebiete sowie Arzneimittel mit einem geringeren Innovationsgrad fokussiert, desto höher werden die Aktivierungsquote[185] und die in der Bilanz angesetzten internen Entwicklungsprojekte sein.[186] Dementsprechend ist anzunehmen, dass insbesondere die Unternehmen der Gruppen 1 und 2 Entwicklungsprojekte aktivieren. Schließlich hat die Analyse der FuE-Aktivitäten gezeigt, dass sich durchschnittlich 30% der Entwicklungsprojekte der Unternehmen in der klinischen Phase III befinden und zwar zumindest teilweise in Therapiegebieten, für die in der klinischen Phase III Erfolgswahrscheinlichkeiten von mehr als 50% ermittelt wurden.[187] Die umfangreichen Erfahrungen dieser Unternehmen im FuE-Bereich sollten sich zudem ebenfalls positiv auf die Erfolgswahrscheinlichkeit ihrer Projekte auswirken. Für Unternehmen der Gruppe 3 ist tendenziell von einer stärkeren Aufwandsverrechnung auszugehen, da sie schwerpunktmäßig im Forschungsbereich aktiv sind und nur durchschnittlich 15% ihrer wenigen Entwicklungsprojekte auf die klinische Phase III entfallen. Zudem werden Generikaunternehmen voraussichtlich in stärkerem Maße aktivieren als forschende Pharmaunternehmen.

Bezüglich der Umsetzung der Vorschriften zur Abbildung von separaten Erwerben und Einlizenzierungstransaktionen ist zu erwarten, dass gezahlte Kaufpreise ebenso wie Upfront-Payments und Meilensteinzahlungen zumeist als immaterielle Vermögenswerte aktiviert werden[188], unabhängig davon, ob die Zahlungen an Forschungs- oder Entwicklungsziele gebunden sind. Zumindest in den Geschäftsberichten der als Einlizenzierer identifizierten und den Gruppen 1 und 2 zugeordneten Unternehmen sollten folglich separat erworbene FuE-Projekte sowie eventuell Vermarktungsrechte an in Forschung oder Entwicklung befindlichen Arzneimitteln aktiviert sein.[189]

---

[184] Vgl. Abschnitt 4.3.1.1. Die Erwartung gilt analog für den Fall der Auftrags-FuE.

[185] Diese wird als Quotient aus aktivierten Entwicklungskosten und dem gesamten FuE-Aufwand inklusive der aktivierten Bestandteile ermittelt. Vgl. *Coenenberg* (2005), S. 988.

[186] Da über selbst erstellte immaterielle Vermögenswerte gemäß IAS 38.118 separat zu berichten ist, sollte ihr Umfang den Anhangangaben auch zu entnehmen sein, sofern FuE-Projekte als separate Gruppe immaterieller Vermögenswerte gezeigt werden.

[187] Vgl. dazu Abschnitt 4.4.2.

[188] Dies gilt nicht, wenn sie im Rahmen von Auftrags-FuE zu leisten sind.

[189] In welche Gruppe des immateriellen Anlagevermögens diese eingeordnet werden müssen, ist allerdings nicht geregelt.

Die Anwendung der für Unternehmenszusammenschlüsse geltenden Vorschriften sollte schließlich dazu führen, dass insbesondere die Unternehmen der Gruppen 1 und 2, allerdings auch einige der dritten Gruppe zugeordnete Unternehmen kaum Forschungs-, jedoch mittels der Residualwertmethode zum Fair Value bewertete Entwicklungsprojekte aktiviert haben.[190]

Inwieweit die dargestellten Erwartungen durch die Bilanzierungspraxis der Unternehmen bestätigt werden, wird in den folgenden Abschnitten untersucht.

4.4.3.2 Unternehmensinterne FuE-Projekte

Gegenstand dieses Abschnitts ist die Umsetzung der für vollständig unternehmensintern durchgeführte oder nach einem Erwerb oder einer Einlizenzierung unternehmensintern weitergeführte FuE-Projekte geltenden Bilanzierungsvorschriften. Im Fokus steht folglich die Frage, zu welchem Zeitpunkt die Unternehmen die Bilanzansatzkriterien des IAS 38.57 als erfüllt ansehen und dementsprechend interne Entwicklungskosten aktivieren und inwieweit dieser Zeitpunkt insbesondere durch die Zusammensetzung der Entwicklungspipeline sowie die für die Unternehmen relevanten Therapiegebiete determiniert wird.[191]

Die Analyse der Geschäftsberichte zeigt, dass 68% bzw. 19 der betrachteten Unternehmen den Zulassungszeitpunkt als entscheidenden Zeitpunkt bei der Prüfung der Aktivierungsvoraussetzungen ansehen. Dabei handelt es sich um alle den Gruppen 1 und 2 sowie fünf der dritten Gruppe zuzuordnende Unternehmen. Während acht der verbleibenden neun vollständig der Gruppe 3 zuzuordnenden Unternehmen lediglich angeben, dass eine Aktivierung vorgenommen wird, sobald alle Bilanzansatzkriterien des IAS 38 erfüllt sind, schließt das Unternehmen BTG eine Aktivierung von Entwicklungskosten explizit aus, sofern keine nachträglichen Entwicklungskosten für ein erworbenes Projekt vorliegen, aus denen ein künftiger wirtschaftlicher Nutzen erwartet wird.[192]

---

[190] Da getrennte Angaben jedoch nicht verpflichtend sind, wird lediglich eine Aussage über die Höhe der FuE-Projekte in Summe möglich sein. Zudem ist fraglich, ob freiwillige Angaben zu Bewertungsverfahren gemacht werden.

[191] Die Ausführungen basieren auf den Geschäftsberichten des Jahres 2007. Auf Änderungen zu den Vorjahren bzw. zum Geschäftsjahr 2008 wird – falls vorhanden – hingewiesen. Dies gilt auch für die folgenden Abschnitte des vierten Kapitels.

[192] Vgl. BTG, Geschäftsbericht 2007, S. 52.

Von den 19 Unternehmen, die explizit Bezug auf den Zulassungszeitpunkt nehmen, geben acht Unternehmen an, dass eine Aktivierung ausschließlich für im Anschluss an die Zulassung anfallende Entwicklungskosten in Frage kommt. Begründet wird diese Vorgehensweise in nahezu allen Fällen durch die hohe regulatorische und sonstige Unsicherheit im Rahmen der pharmazeutischen Entwicklung sowie die langen Entwicklungszeiten.[193] Die verbleibenden 11 Unternehmen geben mit der gleichen Begründung an, dass die Aktivierungsvoraussetzungen nicht immer, jedoch grundsätzlich nach Erhalt der Zulassungsbescheinigung erfüllt sind.[194] Interessant ist in diesem Zusammenhang, dass Medigene auf der anderen Seite Erfolgswahrscheinlichkeiten von 60-80% für die klinische Phase III im Geschäftsbericht nennt.[195] GlaxoSmithKline weist als einziges Unternehmen explizit darauf hin, dass die Aktivierungsvoraussetzungen auch vor der Zulassung erfüllt sein können. Dies gilt allerdings nur, sofern die Zulassungsunterlagen für einen wesentlichen Markt bereits eingereicht wurden und die Zulassung sehr wahrscheinlich ist.[196] Bei den übrigen Unternehmen sind keine weiteren Erläuterungen zu finden. Eine Aktivierung allein aufgrund einer entsprechend hohen Erfolgswahrscheinlichkeit in der klinischen Phase III wird demnach ausgeschlossen.

Die dargestellten Ergebnisse schlagen sich auch in den quantitativen Informationen der Unternehmen nieder. Lediglich die Unternehmen Evotec, GlaxoSmithKline, Sanochemia Pharmazeutika und Stada geben in den betrachteten Jahren aktivierte Entwicklungskosten im Geschäftsbericht an.[197] Während der Anteil der aktivierten Entwicklungsaufwendungen an den gesamten FuE-Aufwendungen im Durchschnitt der Jahre 2005-2008 bei Evotec 3% beträgt und bei GlaxoSmithKline unter 1%[198]

---

[193] Dies gilt im Jahr 2007 für Jerini, Merck, Morphosys, Novartis, Novo Nordisk, Sanofi-Aventis, Schwarz Pharma und UCB. Vgl. exemplarisch Merck, Geschäftsbericht 2007, S. 95.

[194] Dies gilt für die Unternehmen Almirall, Astra Zeneca, Bayer, Biotest, Glaxo-SmithKline, Hikma, Lundbeck, Medigene, Nicox, Roche und Stallergenes. Vgl. exemplarisch Bayer, Geschäftsbericht 2007, S. 110.

[195] Vgl. Medigene, Geschäftsbericht 2008, Umschlagklappe.

[196] Vgl. GlaxoSmithKline, Geschäftsbericht 2007, S. 95.

[197] Alle übrigen Unternehmen, mit Ausnahme von sechs Unternehmen, die keine Angaben machen, aktivierten keine Entwicklungskosten. Zu einem ähnlichen Ergebnis kommt auch Hitz, der für die acht in seiner Studie berücksichtigten Health Care-Unternehmen geringe, zumeist auf die Aktivierung von Softwareentwicklungskosten zurückzuführende Aktivierungsquoten ermittelt. Vgl. Hitz (2007a), S. 323.

[198] In den Jahren 2007 und 2008 wurden 6 bzw. 7 Mio. GBP für in Entwicklung befindliche Wirkstoffe aktiviert. Vgl. GlaxoSmithKline, Geschäftsbericht 2008, S. 130.

liegt, beträgt er für Stada immerhin 18%.[199] Anzumerken ist, dass auch das Unternehmen Jerini im Jahr 2008 erstmals selbst erstellte immaterielle Vermögenswerte aktiviert hat, was zu einer Aktivierungsquote von 18% sowie einem Anteil der selbst erstellten immateriellen Vermögenswerte am Buchwert der immateriellen Vermögenswerte zum Ende des Geschäftsjahres von 83% führt. Allerdings wird angemerkt, dass es sich dabei um eine Meilensteinzahlung an Sanofi Aventis handelt[200], die Bestandteil eines Einlizenzierungsgeschäftes ist. Folglich ist fraglich, ob tatsächlich Kosten für interne Entwicklungsaktivitäten vorliegen.

Festzuhalten ist, dass sich die Erwartungen bzgl. des Bilanzierungsverhaltens nur teilweise bestätigen. Eine Aktivierung von Entwicklungskosten wird, unabhängig vom Umfang der in der klinischen Phase III befindlichen Projekte, der Therapiegebiete etc. zumeist erst nach der Einreichung der Zulassungsunterlagen in Erwägung gezogen. Folglich spielen die individuellen Erfolgswahrscheinlichkeiten von FuE-Projekten keine Rolle für die Aktivierungsentscheidung. Die vollständige Unterlassung einer Entwicklungskostenaktivierung ist wahrscheinlich auf die Tatsache zurückzuführen, dass die als aktivierungspflichtig angesehenen Beträge regelmäßig so gering sind, dass aufgrund des Wesentlichkeitsgrundsatzes (materiality) von einer Aktivierung vollständig abgesehen werden kann.[201] Schließlich werden, wenn überhaupt, nur die in der Zulassungsphase anfallenden Entwicklungskosten als aktivierungspflichtig erachtet. Die Projekte schlagen sich in diesem Fall ausschließlich als FuE-Aufwand bzw. als nach der Markteinführung des Arzneimittels erzielte Umsätze und zugehörige Kosten in der GuV nieder. Folglich ist festzuhalten, dass das zunächst als Extremfall angenommene größte mögliche Ausmaß an Inkonsistenzen aufgrund der vollständigen Unterlassung der Aktivierung interner Entwicklungskosten in der Bilanzierungspraxis der betrachteten Unternehmen den Regelfall darstellt. Die Aktivierung von Entwicklungskosten richtet sich nicht nach der Art der Entwicklungsaktivitäten, sondern nach den generellen Besonderheiten der Pharmabrache. Das im Generikabereich tätige und insofern mit einer geringeren Unsicherheit im FuE-Bereich konfrontierte Unternehmen Stada bestätigt schließlich, dass Generikaunternehmen in

---

[199] Die Aktivierungsquote von Sanochemia Pharmazeutika ist nicht bestimmbar, da die GuV-wirksam erfassten FuE-Aufwendungen nicht angegeben werden.

[200] Vgl. Jerini, Geschäftsbericht 2008, S. 7.

[201] Vgl. *Ernst & Young* (2006), S. 855. Zum Wesentlichkeitsgrundsatz vgl. RK.29 und RK.30 sowie Abschnitt 4.2.1. Auf die Unwesentlichkeit von nach der Zulassung noch anfallenden Entwicklungskosten weisen einige Unternehmen explizit hin. Vgl. bspw. Biotest, Geschäftsbericht 2007, S. 98; Merck, Geschäftsbericht 2007, S. 95.

größerem Umfang Entwicklungskosten aktivieren[202], während die außergewöhnlich hohe Aktivierungsquote von Sanochemia Pharmazeutika vor dem Hintergrund der Geschäftstätigkeit, die sich nicht von derjenigen der meisten anderen untersuchten Unternehmen unterscheidet, nicht erklärt werden kann.

4.4.3.3 Einlizenzierte und kooperativ durchgeführte FuE-Projekte

Im Folgenden wird die Umsetzung der Bilanzierungsvorschriften der für einlizenzierte und kooperativ durchgeführte FuE-Projekte geleisteten Upfront-Payments und Meilensteinzahlungen untersucht.[203] Werden aus der Grundgesamtheit der in der Tabelle 21 als Einlizenzierer klassifizierten Unternehmen diejenigen eliminiert, die im Rahmen der Darstellung ihrer angewandten Rechnungslegungsvorschriften im Anhang keinen Bezug auf die Einlizenzierung nehmen, verbleiben für eine Untersuchung der Umsetzung der IFRS lediglich neun Unternehmen, von denen vier der Gruppe 1, vier der Gruppe 2 und lediglich ein Unternehmen der Gruppe 3 zuzuordnen ist.[204] Wie diese neun Unternehmen Upfront-Payments und Meilensteinzahlungen bilanziell erfassen, ist der folgenden Abbildung zu entnehmen.

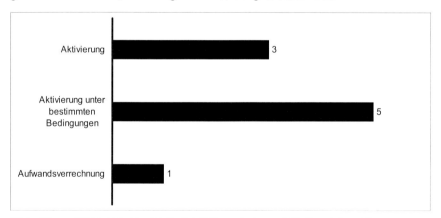

Abb. 27: Bilanzierung von Upfront-Payments und Meilensteinzahlungen

---

[202] Allerdings wird nicht klar, zu welchem Zeitpunkt die im Geschäftsbericht aufgezählten Kriterien des IAS 38.57 als erfüllt betrachtet werden.

[203] Der separate Erwerb wird nicht betrachtet, da die Unternehmen aufgrund der klaren Aktivierungspflicht keine gesonderten Angaben machen. Eine Differenzierung zwischen Einlizenzierung und Kooperation wird nicht vorgenommen, da sich eine Kooperation aus einer Ein- bzw. Auslizenzierungstransaktion sowie unternehmensinternen FuE-Aktivitäten zusammensetzt.

[204] Bei diesen neun Unternehmen handelt es sich um Astra Zeneca, Bayer, Jerini, Merck, Novo Nordisk, Novartis, Roche, Sanofi-Aventis und Schwarz Pharma.

Die Abbildung zeigt, dass die Mehrzahl der Unternehmen eine Aktivierung bei Erfüllung bestimmter Bedingungen vornimmt, während drei Unternehmen ausnahmslos aktivieren und ein Unternehmen eine (nicht IFRS-konforme) Aufwandsverrechnung vornimmt.[205] Als Bedingung für eine Aktivierung nennen die Unternehmen Merck und Bayer, dass es sich bei den Transaktionen nicht um eine Finanzierung von FuE-Aktivitäten handeln darf.[206] Dadurch wird vermutlich eine Abgrenzung zu im Rahmen von Auftrags-FuE geleisteten Zahlungen vorgenommen, die wie interne FuE-Investitionen zu behandeln sind.[207] Schwarz Pharma weist auf die Voraussetzung eines künftigen wirtschaftlichen Nutzenzuflusses hin, während Novartis allgemein auf die Erfüllung der Bilanzansatzkriterien Bezug nimmt.[208] Novo Nordisk nennt schließlich die im IAS 38 verankerte spezielle Bilanzansatzbedingung der zuverlässigen Bewertbarkeit als Aktivierungsvoraussetzung für erworbene FuE-Projekte. Ein expliziter Hinweis auf die Bedeutung der Begriffe „normally" und „usually" im Rahmen der Auslegung der Bilanzansatzkriterien ist bei keinem Unternehmen zu finden, sodass anzunehmen ist, dass diese keine Bilanzansatzhürde darstellen.[209]

Zusammenfassend ist festzuhalten, dass im Rahmen von Einlizenzierungen und FuE-Kooperationen zu leistende Upfront-Payments und Meilensteinzahlungen weitgehend aktiviert werden, was die eingangs formulierte Erwartung bestätigt. Während die von Bayer und Merck vorgenommene Einschränkung mit Blick auf die Auftrags-FuE zutreffend ist, dürften die Hinweise der übrigen Unternehmen einer Aktivierung i.d.R. nicht entgegenstehen. Zudem ist zu erkennen, dass vergleichsweise wenige Unternehmen auf die bilanzielle Abbildung dieser Transaktionen eingehen, was eventuell auf die prinzipiell analoge Vorgehensweise zum separaten Erwerb zurückgeführt werden kann. Die Umsetzung der Erstbewertungsvorschriften wird aufgrund der klaren Bilanzansatzpflicht in Höhe der jeweils geleisteten Upfront-Payments und Meilensteinzahlungen sowie den damit einhergehenden nicht vorhandenen Informationen in den Geschäftsberichten nicht weiter betrachtet.

---

[205] Dieses Vorgehen wird durch regulatorische und andere Unsicherheiten begründet. Vgl. Jerini, Geschäftsbericht 2007, S. 73. Bei den grundsätzlich aktivierenden Unternehmen handelt es sich um Roche, Sanofi-Aventis und Astra Zeneca, während lediglich Jerini eine grundsätzliche Aufwandsverrechnung vornimmt.

[206] Vgl. Bayer, Geschäftsbericht 2007, S. 110; Merck, Geschäftsbericht 2007, S. 95.

[207] Vgl. dazu Abschnitt 3.4.3.1.2.

[208] Vgl. Novartis, Geschäftsbericht 2007, S. 188; Schwarz Pharma, Geschäftsbericht 2007, S. 29. Novartis weist jedoch explizit darauf hin, dass auch bei Unsicherheit über den künftigen Erfolg eine Aktivierungspflicht besteht. Vgl. Novartis, Geschäftsbericht 2007, S. 186.

[209] Vgl. auch Abschnitt 3.4.2.1.2.

4.4.3.4 Durch Unternehmenszusammenschlüsse zugegangene FuE-Projekte

Im letzten Schritt wird die Umsetzung der Vorschriften zur bilanziellen Abbildung von durch Unternehmenszusammenschlüsse zugegangenen FuE-Projekten analysiert. Interessant ist an dieser Stelle insbesondere, ab welcher Materialitätsgrenze FuE-Projekte angesetzt werden, wie sie bewertet werden und ob mit Hinweis auf eine mangelnde verlässliche Bewertbarkeit von einer Aktivierung abgesehen wird.

Zunächst ist allen Geschäftsberichten der Hinweis auf eine Aktivierungspflicht von durch Unternehmenszusammenschlüsse zugegangenen FuE-Projekten zu entnehmen. Ab welchem Zeitpunkt im FuE-Prozess sowie bei Erreichen welcher Materialitätsgrenze FuE-Projekte i.d.R. angesetzt werden, wird hingegen von keinem der Unternehmen explizit angegeben. Lediglich die Unternehmen Astra Zeneca, Merck und Roche weisen bei der Berichterstattung über einzelne Akquisitionen darauf hin, dass der Goodwill u.a. aus nicht identifizierbaren Forschungsprojekten besteht.[210] Zumindest Astra Zeneca und Roche begründen dies dadurch, dass eine verlässliche Bewertbarkeit nicht möglich ist. Auch wenn insbesondere diejenigen Unternehmen, die in den Geschäftsjahren 2005-2008 große Akquisitionen durchgeführt haben, häufig sehr detailliert über die Verteilung des Kaufpreises auf die identifizierten (immateriellen) Vermögenswerte berichten, gibt nahezu kein Unternehmen an, welche Verfahren bei der Fair Value-Ermittlung angewendet und welche Prämissen diesen zugrunde gelegt wurden.[211] Lediglich Bayer weist im Zusammenhang mit der Schering-Akquisition darauf hin, dass FuE-Projekte mit der Residualwertmethode (MEEM) bewertet wurden.[212]

Die Ausführungen lassen lediglich die Vermutung zu, dass die formulierte Erwartung einer fehlenden Aktivierung von Forschungsprojekten eventuell Gültigkeit besitzt. Aussagen zum Aktivierungszeitpunkt von Entwicklungsprojekten, zur Materialitätsgrenze und zur Bewertung sind hingegen nicht möglich.

---

[210] Vgl. Astra Zeneca, Geschäftsbericht 2007, S. 147; Merck, Geschäftsbericht 2007, S. 90; Roche, Finanzbericht 2007, S. 66.

[211] Zu diesem Ergebnis kommen auch *Günther* und *Ott* in ihrer Untersuchung der 51 größten Akquisitionen nach IFRS und US-GAAP. Vgl. *Günther/Ott* (2008), S. 922.

[212] Vgl. Bayer, Geschäftsbericht 2006, S. 129. Zur MEEM vgl. Abschnitt 3.4.2.2.2.

4.4.4 Ausweisvorschriften

4.4.4.1 Ziel der Untersuchung und Formulierung von Erwartungen über die Umsetzung der Vorschriften

Im Rahmen der im Folgenden durchgeführten Analyse der Umsetzung der Ausweisvorschriften des IAS 38[213] soll zum einen geprüft werden, ob den Abschlüssen der betrachteten Unternehmen zumindest das aktivierte FuE-Vermögen zu entnehmen ist. Da interne FuE-Projekte nahezu vollständig als Aufwand erfasst werden, ist anzunehmen, dass die Unternehmen der Gruppe 3 kaum FuE-Projekte aktiviert haben und diese deshalb auch nicht separat gezeigt werden. In den Bilanzen der Unternehmen der Gruppen 1 und 2 sollten aufgrund ihrer Einlizenzierungen und Kooperationen sowie der durchgeführten Unternehmenszusammenschlüsse hingegen in größerem Umfang FuE-Projekte ausgewiesen sein. Zum anderen soll untersucht werden, ob die Anhangangaben es den Jahresabschlussadressaten ermöglichen, einen (nachträglichen) konsistenten Bilanzansatz von auf unterschiedlichen Wegen durchgeführten FuE-Projekten im Periodenergebnis nicht nur über eine Aktivierung, sondern auch über eine Aufwandsverrechnung näherungsweise zu erreichen.[214] Zu diesem Zweck ist zu untersuchen, bei welchen Unternehmen sowohl Angaben zum FuE-Aufwand der Periode als auch zum Buchwert aktivierter FuE-Projekte sowie bestimmter Vermarktungsrechte und dessen Veränderung im Vergleich zum Vorjahr zu finden sind.

4.4.4.2 Ergebnisse

Um zunächst einen allgemeinen Überblick über den Umfang aller aktivierten immateriellen Vermögenswerte zu bekommen, ist in der folgenden Abbildung der Anteil immaterieller Vermögenswerte mit Ausnahme des Goodwill an Bilanzsumme, Anlagevermögen und immateriellen Vermögenswerten im Durchschnitt der Jahre 2005 bis 2008 für die Unternehmensgruppen dargestellt.

---

[213] Vgl. dazu Abschnitt 3.6.
[214] Vgl. zu den dafür notwendigen Angaben Abschnitt 4.3.1.2.

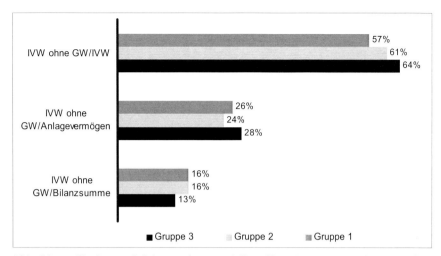

Abb. 28: Umfang aktivierter immaterieller Vermögenswerte in den Geschäftsjahren 2005-2008 für die Gruppen 1 bis 3[215]

Die Abbildung zeigt, dass sich die Ergebnisse zwischen den einzelnen Unternehmensgruppen nur geringfügig unterscheiden. Eine detaillierte Analyse der Angaben zum immateriellen Anlagevermögen führt zu dem Ergebnis, dass 11 Unternehmen eine Unterteilung in durchschnittlich ein bis zwei, acht Unternehmen in drei und immerhin neun Unternehmen in mehr als drei Kategorien oder Gruppen vornehmen. Bei 17 der betrachteten Unternehmen sind FuE-Projekte jedoch nicht als separate Gruppe immaterieller Vermögenswerte im Anlagespiegel ausgewiesen, sodass weder die Höhe der aktivierten Projekte noch die Summe der FuE-Investitionen des Jahres erkennbar ist.[216] Lediglich die internen FuE-Kosten sind den Geschäftsberichten zu entnehmen. Dies könnte zunächst darauf zurückzuführen sein, dass kaum FuE-Projekte aktiviert wurden. Insbesondere bei Unternehmen wie AstraZeneca, GlaxoSmithKline, Merck und UCB, die hohe Verpflichtungen aus Einlizenzierungen und Kooperationen berichten und viele Unternehmenszusammenschlüsse vornehmen, ist diese Erklärung jedoch kaum realistisch. Zudem sind bei einigen der 17 Unternehmen zumindest vereinzelt Informationen zu aktivierten FuE-Projekten zu fin-

---

[215] Für detaillierte Angaben pro Unternehmen vgl. Anhang C, Tab. C21.

[216] Es handelt sich um die Unternehmen Astra Zeneca, Biotest, BTG, GlaxoSmithKline, Goldhield, Jerini, Lundbeck, Medigene, Merck, Morphosys, Nicox, Novo Nordisk, Protherics, Schwarz Pharma, Stada, UCB und Vectura. Zur Bedeutung der Kategorien immaterieller Vermögenswerte dieser Unternehmen, die potenziell FuE-Projekte enthalten können, vgl. Anhang C, Tab. C22 und C23. Medigene und Nicox werden im Folgenden nicht weiter betrachtet, da sie keine Kategorisierung immaterieller Vermögenswerte vornehmen.

den. Biotest weist z.b. im Rahmen der für den Erwerb von Nabi Pharmaceuticals im Jahr 2007 durchgeführten Kaufpreisallokation auf einen Zugang von FuE-Projekten in Höhe von 9.716 TEUR hin.[217] Lundbeck erklärt, im Rahmen des Erwerbs von Saegis Pharma laufende Entwicklungsprojekte erworben und unter „Product Rights" aktiviert zu haben.[218] Astra Zeneca gibt schließlich an, dass immaterielle Vermögenswerte aus Einlizenzierungen in Höhe von 1.327 Mio. USD in den bilanzierten immateriellen Vermögenswerten enthalten sind.[219] Festzuhalten bleibt, dass das FuE-Vermögen und die in einem Geschäftsjahr getätigten Investitionen bei diesen Unternehmen nicht bestimmbar sind und auch eine Korrektur des Periodenergebnisses nur näherungsweise über eine pauschale Aktivierung aller FuE-Kosten vorgenommen werden kann.

Die verbleibenden 11 Unternehmen, von denen drei der ersten, zwei der zweiten und sechs der dritten Gruppe zuzuordnen sind, nennen im Anlagespiegel jeweils eine Gruppe immaterieller Vermögenswerte, die FuE-Projekte umfasst.[220] Zusätzlich können jedoch im Rahmen von Einlizenzierungen und FuE-Kooperationen zu leistende Zahlungen auch als Nutzungs- oder Vermarktungsrechte aktiviert sein, sodass eine Aussage über die genaue Höhe der aktivierten Projekte sowie die jährlichen Investitionen nur für Almirall, Roche und Solvay, bei denen die vorgenommene Gruppierung diesen Fall ausschließt, möglich ist. Somit kann die Korrektur des Periodenergebnisses auch hier zumeist nur näherungsweise über eine pauschale Aktivierung aller FuE-Kosten erfolgen. Im Unterschied zu den zuvor betrachteten Unternehmen ist jedoch zumindest eine Einschätzung der Höhe des erworbenen FuE-Vermögens möglich. Die Erwartung, dass insbesondere große, vielfach in Einlizenzierungen und Unternehmenszusammenschlüsse involvierte Unternehmen FuE-Projekte separat ausweisen, kann jedoch nicht durchweg bestätigt werden.

Die durchschnittliche Höhe der explizit im Anlagespiegel ausgewiesenen FuE-Projekte in den Jahren 2005 bis 2008 sowie deren Anteil an den gesamten immateriellen Vermögenswerten mit bzw. ohne Goodwill ist für die 11 Unternehmen, die ent-

---

[217] Vgl. Biotest, Geschäftsbericht 2007, S. 129. Auch das Unternehmen Protherics gibt an, dass von den „Other intangibles" in Höhe von 19.362 TGBP immerhin 12.208 TGBP auf durch einen Unternehmenszusammenschluss zugegangene FuE-Projekte entfallen. Vgl. Protherics, Geschäftsbericht 2007, S. 67.

[218] Vgl. Lundbeck, Geschäftsbericht 2006, S. 113.

[219] Vgl. Astra Zeneca, Geschäftsbericht 2007, S. 81.

[220] Vgl. dazu Anhang C, Tab. C24.

sprechende Angaben machen, der Tabelle C25 in Anhang C zu entnehmen.[221] Zu beachten ist, dass die ermittelten Anteile zumeist als Untergrenze zu interpretieren sind, da die meisten Unternehmen weitere Kategorien nennen, in denen ebenfalls FuE-Investitionen aktiviert sein können.[222] Zudem entfallen bei allen betrachteten Unternehmen mehr als 90% der jährlich investierten Beträge auf intern durch- oder weitergeführte FuE-Projekte, es sei denn, in dem betrachteten Jahr wurde eine größere Akquisition durchgeführt. Folglich wird ein großer Teil des FuE-Vermögens nicht in der Bilanz gezeigt.[223]

Abschließend kann festgehalten werden, dass eindeutige Informationen über die Höhe der aktivierten FuE-Projekte nur bei wenigen Unternehmen zu finden sind. Zudem verwundert es, dass acht Unternehmen der Gruppen 1 und 2 keine separate Kategorie, die FuE-Projekte erfasst, berichten. Die Berichterstattung von Roche ist positiv hervorzuheben, da nicht nur FuE-Projekte separat und in einer eindeutigen Kategorie in der Bilanz gezeigt werden, sondern die Zusammensetzung der Investitionen in pharmazeutische Forschung und Entwicklung pro Geschäftsjahr in einer Überleitungsrechnung im Geschäftsbericht zusammengefasst wird. Wird diese – wie in der folgenden Tabelle für das Jahr 2008 beispielhaft dargestellt – um durch Unternehmenszusammenschlüsse zugegangene FuE-Projekte erweitert, sind die im Pharmabereich vorgenommenen FuE-Investitionen eines Jahres auf einen Blick ersichtlich.

	pharmazeutischer FuE-Aufwand laut GuV	4.985 Mio. EUR
−	Abschreibungen und Wertminderungen auf das IAV	84 Mio. EUR
+	produktbezogenes, nicht betriebsbereites immaterielles Anlagevermögen (Einlizenzierung, Kooperation, sep. Erwerb)	229 Mio. EUR
+	produktbezogenes, nicht betriebsbereites immaterielles Anlagevermögen (Unternehmenszusammenschlüsse)	519 Mio. EUR
=	**Investitionen in Forschung und Entwicklung**	**5.649 Mio. EUR**

Tab. 23: Darstellung der Investitionen in Forschung und Entwicklung bei Roche[224]

---

[221] Der Anteil der FuE-Projekte an den immateriellen Vermögenswerten liegt bei abgesehen von einem Ausreißer zwischen 2% und 12%.

[222] Vgl. dazu Anhang C, Tab. C24.

[223] Vgl. dazu Anhang C, Tab. C26. Auch hier gilt, dass die Höhe aufgrund der Kategorisierung nicht genau bestimmt werden kann.

[224] Vgl. zu den Zahlen Roche, Finanzbericht 2008, S. 11 und S. 69. Die Umrechnung in Euro erfolgt zum Durchschnittskurs des Jahres 2008.

4.4.5 Zusammenfassung und Würdigung der wesentlichen Ergebnisse

Die Analyse der Geschäftsberichte hat gezeigt, dass sich die in Abschnitt 4.3 aufgezeigten und illustrierten Inkonsistenzen im größt möglichen Ausmaß, allerdings innerhalb der Branche einheitlich, in der praktischen Umsetzung der IFRS-Vorschriften durch die betrachteten Pharma- und Biotechnologieunternehmen niederschlagen. Während durch Einlizenzierungen und Erwerbe initiierte FuE-Projekte zumeist aktiviert werden, werden unternehmensinterne Entwicklungskosten von nahezu keinem forschenden Pharma- bzw. Biotechnologieunternehmen in der Bilanz angesetzt. Die Vorschriften des IAS 38.57 wirken folglich unabhängig von der Art der pharmazeutischen FuE-Aktivitäten und damit unabhängig von den Risiken verschiedener Projekte wie ein Aktivierungsverbot. Dieses Ergebnis zeigt, dass die im Rahmen des in Abschnitt 4.3.2 betrachteten Beispiels getroffene, als Extremfall betrachtete Annahme zur Erfüllung der Kriterien des IAS 38.57 und damit auch die gezeigten Auswirkungen der Inkonsistenzen auf die Darstellung der Vermögens- und Ertragslage die Branchenpraxis widerspiegeln. Da interne FuE-Projekte mehr als die Hälfte aller FuE-Investitionen ausmachen[225], wird ein wesentlicher Teil pharmazeutischer FuE-Projekte in keinem Fall in der Bilanz angesetzt.

Die Auswertung der Anlagespiegel hat zudem gezeigt, dass die genaue Höhe der aktivierten FuE-Projekte inklusive auf FuE-Projekte bezogener Vermarktungsrechte für die Mehrzahl der Unternehmen nicht ermittelt werden kann. Folglich ist auch das erworbene FuE-Vermögen häufig nicht erkennbar und ein konsistentes Periodenergebnis kann zumeist nur näherungsweise über eine pauschale Aktivierung aller internen FuE-Kosten ermittelt werden.

Fraglich ist schließlich, wie das Bilanzierungsverhalten der Unternehmen zu erklären sein könnte. Die erste Möglichkeit ist, dass die derzeit geltenden Aktivierungsvoraussetzungen des IAS 38.57 vor Einreichung der Zulassungsunterlagen tatsächlich nie erfüllt sind. In diesem Fall wäre das Bilanzierungsverhalten der Unternehmen durch die geltenden Bilanzierungsvorschriften in Verbindung mit den Besonderheiten der Branche zu erklären.[226] Allerdings deuten die Ergebnisse zu den Erfolgswahrschein-

---

[225] Vgl. auch *Phrma* (2009), S. 53.

[226] In anderen FuE-intensiven Branchen, wie z.b. der Automobil- und Logistikindustrie, spielt die Entwicklungskostenaktivierung hingegen eine große Rolle. Vgl. Leibfried/Pfanzelt (2004); Küting (2008), S. 320; Hoffmann (2009b), Tz. 30; Haller/Froschhammer/Groß (2010), S. 685. Im Jahr 2005 hatten selbst erstellte IVW bei den dem H-DAX zugehörigen Unternehmen der Automobil- und Logistikbranche einen Anteil von 36,04% an den immateriellen Vermögenswerten, während

lichkeiten eher darauf hin, dass die Kriterien teilweise schon in der klinischen Phase III und damit vor der Einreichung der Zulassungsunterlagen bzw. vor der Zulassung erfüllt sind.[227]

Eine andere Erklärung könnte eine Anlehnung an die vor der Umstellung auf die IFRS angewendeten Rechnungslegungsregeln sein. Dies könnte insbesondere für die in Deutschland ansässigen Unternehmen, die vor ihrer Rechnungslegungsumstellung die Vorschriften des Handelsgesetzbuches (HGB) angewendet haben, gelten, da diese bis einschließlich 2009 ein Aktivierungsverbot für interne FuE-Aufwendungen beachten mussten.[228] In den übrigen betrachteten Ländern besteht hingegen für Entwicklungsaufwendungen, teilweise auch für Kosten der angewandten Forschung, nach nationalem Recht zumindest bei Erfüllung bestimmter Kriterien ein Aktivierungswahlrecht.[229] Eine Analyse der nach nationalen Vorschriften erstellten Jahresabschlüsse der betrachteten Unternehmen zeigt jedoch, dass eine Aktivierung von FuE-Kosten auch vor der IFRS-Einführung zumeist nicht vorgenommen wurde. Dies gilt auch für die Mehrzahl der Unternehmen, die nach Rechnungslegungsregeln bilanziert haben, die eine Aktivierung ermöglichen. Auch bei diesen Unternehmen könnte die Auslegung der Regeln des IAS 38.57 als Aktivierungsverbot folglich auf eine Art Tradition in der Bilanzierung zurückgeführt werden. Lediglich den Geschäftsberichten von Solvay und UCB ist zu entnehmen, dass vor der IFRS-Einführung Entwicklungskosten aktiviert wurden.[230] Folglich könnte die unterlassene Aktivierung bei diesen Unternehmen durch die Auslegung der Kriterien des IAS 38.57 oder das Streben nach einer verglichen mit den übrigen Pharmaunternehmen einheitlichen Interpretation der IFRS zu erklären sein.

Ferner ist zu bedenken, dass die Aktivierungspflicht belegt werden muss, was für die Unternehmen mit einem wesentlich größeren Aufwand verbunden ist als die Begrün-

---

Chemicals, Pharma & Healthcare mit 1,66% einen sehr geringen Anteil aufwiesen. Vgl. *Hager/Hitz* (2007), S. 208. Zu diesem Ergebnis kommt auch *Hitz* im Rahmen seiner Untersuchung der im DOW JONES STOXX 200 gelisteten IFRS-Bilanzierer für das Geschäftsjahr 2005. Vgl. *Hitz* (2007a), S. 323.

[227] Vgl. Abschnitt 4.4.2.

[228] Nach den für nach dem 01.01.2010 beginnende Geschäftsjahre anzuwendenden Vorschriften des Bilanzrechtsmodernisierungsgesetztes (BilMoG) gilt in Deutschland ein Aktivierungswahlrecht (§ 255 Abs. 2 HGB). Vgl. *RP Richter & Partner* (2008), S. 19; *Jackstein* (2009), S. 333-344.

[229] Zu einer Übersicht zu den in ausgewählten Ländern geltenden Vorschriften zur Bilanzierung interner FuE-Projekte vgl. Anhang C, Tab. C27.

[230] Vgl. Solvay, Geschäftsbericht 2001, S. 69; UCB, Geschäftsbericht 2005, S. 110. Für Almirall und Hikma ist keine Aussage möglich.

dung einer Aufwandsverrechnung. Dies könnte eine weitere Erklärung dafür sein, dass Unternehmen kein Interesse an einer Aktivierung interner Entwicklungskosten haben.

Auch das Signaling durch die Berichterstattung zur Beseitigung von Informationsasymmetrien zwischen dem besser informierten Management und den Investoren wird häufig als Erklärung für das Bilanzierungsverhalten eines Unternehmens herangezogen.[231] Im Fall der Bilanzierung pharmazeutischer FuE-Projekte würde dies darauf hindeuten, dass das Management die Unsicherheit von Entwicklungsprojekten auch in späten Entwicklungsphasen noch als sehr hoch einschätzt und dementsprechend eine Aktivierung nur vornimmt, wenn sie vorgeschrieben ist. Darüber hinaus könnte die innerhalb der Branche relativ einheitliche Bilanzierung dazu führen, dass ein im Einzelfall abweichendes Vorgehen von den Investoren als bilanzpolitische Maßnahme[232] zur kurzfristigen Verbesserung des Periodenergebnisses wahrgenommen wird.[233] In der Literatur wird teilweise die Ansicht vertreten, Unternehmen würden aufgrund eines negativen Signalcharakters freiwillig von einer Aktivierung absehen.[234]

Schließlich könnte die unterlassene Aktivierung von internen Entwicklungskosten auch durch das mit einer Aktivierung verbundene höhere Impairmentrisiko[235] erklärt werden. Denn ein im Zeitablauf geglättetes Ergebnis könnte zu einer wahrgenommenen Verringerung des Unternehmensrisikos und damit zu einer Senkung der Kapitalkosten führen.[236] Auch die Tatsache, dass das in der Zukunft durch das Arzneimittel generierte Periodenergebnis im Falle einer Aufwandsverrechnung interner Entwicklungskosten nicht bzw. in geringerem Umfang durch planmäßige Abschreibun-

---

[231] Vgl. *Wagenhofer/Ewert* (2003), S. 246-248.

[232] Unter Bilanzpolitik kann die absichtsvolle, zielgerichtete Gestaltung des Jahresabschlusses durch das Management unter Ausnutzung von Spielräumen, welche die relevanten Rechnungslegungsvorschriften gewähren, verstanden werden. Vgl. *Detert/Sellhorn* (2007), S. 247. Zur Bilanzpolitik durch Ausnutzung individueller Ermessensspielräume zur Sachverhaltsgestaltung vgl. *Detert* (2008), S. 49-51. Vgl. zu unterschiedlichen Anreizen für Bilanzpolitik ausführlich *Healy/Wahlen* (1999); *Fields/Lys/Vincent* (2001), S. 275-281; *Coenenberg* (2005), S. 1244-1247; *Küting* (2006), S. 2753; *Wohlgemuth* (2006), S. 51-70; *Detert* (2008), S. 57-109.

[233] Selbstverständlich könnte dieses Vorgehen auch als positives Signal aufgrund von Erfolg versprechenden Projekten interpretiert werden. Vgl. auch *Schultze/Dinh Thi/Steeger* (2009), S. 326.

[234] Vgl. *Velte* (2008), S. 242.

[235] Vgl. dazu Abschnitt 3.5.3 und Abschnitt 4.3.2.3.

[236] Vgl. m.w.N. *Detert* (2008), S. 86. Zudem wird durch eine Nicht-Aktivierung vermieden, dass später eventuell über das Scheitern von Projekten zu berichten ist. Vgl. dazu *Lev* (2001), S. 89-90.

gen belastet wird[237], könnte die unterbleibende Aktivierung erklären. Darüber hinaus führt eine Aufwandsverrechnung zu einer Inflationierung künftiger Gewinne und hat somit positive Auswirkungen auf bspw. die Eigenkapitalrendite (EKR) der auf eine Investition folgenden Perioden.[238] In den zuletzt beschriebenen Fällen wäre das Bilanzierungsverhalten durch die Ausübung der Ermessensspielräume bzw. eine zielgerichtete Gestaltung des Jahresabschlusses und damit durch Bilanzpolitik zu erklären.

4.5 Kapitelfazit

Die kritische Würdigung der IFRS-Vorschriften zur Bilanzierung von FuE-Projekten sowie ihrer praktischen Umsetzung war Gegenstand des vierten Kapitels. Die folgenden wesentlichen Ergebnisse sind festzuhalten:

1. Als Maßstab zur Beurteilung der geltenden Regeln wurde unter Rückgriff auf Plausibilitätsüberlegungen, die Ziele der IFRS-Rechnungslegung sowie die Entwicklung der Vorschriften des IAS 38 ihre Eignung für eine konsistente Abbildung ökonomisch identischer FuE-Projekte abgeleitet, da das IASB bislang keine klare Gewichtung der Primärgrundsätze der Relevanz und der Verlässlichkeit vorgibt und auch in der Literatur diesbezüglich kein Konsens herrscht. Dieses Kriterium der konsistenten bilanziellen Abbildung ökonomisch gleicher Sachverhalte wurde als Mindestanforderung an informative Rechnungslegungsvorschriften festgelegt.

2. Die Analyse der Regeln des IAS 38 bzw. des IFRS 3 hat gezeigt, dass diese der an informative Rechnungslegungsvorschriften gestellten Mindestanforderung der Konsistenz nur teilweise genügen. Nicht umsonst wird die aktuelle FuE-Bilanzierung als „confusing"[239] bezeichnet. Auf der Bilanzansatzebene bestehen Inkonsistenzen, die durch die verpflichtenden Anhangangaben nicht zwingend korrigiert werden können und Auswirkungen auf die Darstellung der Vermögens- und Ertragslage haben.

3. Schließlich konnte gezeigt werden, dass sich die identifizierten Inkonsistenzen im größt möglichen Ausmaß, allerdings einheitlich, in den IFRS-Konzernabschlüssen von Pharma- und Biotechnologieunternehmen niederschlagen, da eine Aktivierung von internen Entwicklungskosten kaum erfolgt. Dies könnte auf die Anlehnung an nationale Bilanzierungsvorschriften, die vermutete negative Wahrneh-

---

[237] Vgl. dazu Abschnitt 3.5.2 und Abschnitt 4.3.2.3.
[238] Vgl. dazu *Lev* (2001), S. 88-89.
[239] *PwC* (2007d), S. 11.

mung einer Aktivierung durch die Investoren, das Streben nach einem möglichst geglätteten Ergebnis sowie die Steuerung künftiger Auswirkungen auf das Periodenergebnis zurückzuführen sein. Zudem ist auch das erworbene FuE-Vermögen bei vielen Unternehmen nicht erkennbar und eine nachträgliche Korrektur des Periodenergebnisses ist zumeist nur näherungsweise über eine vollständige und pauschale Aktivierung aller internen FuE-Kosten möglich.

Aufbauend auf diesen Ergebnissen steht die Erarbeitung von Empfehlungen für eine Weiterentwicklung der geltenden Bilanzierungsregeln im Fokus des folgenden Kapitels.

5 Weiterentwicklung der IFRS-Vorschriften zur bilanziellen Abbildung pharmazeutischer FuE-Projekte

5.1 Kapitelüberblick

Die Ausführungen des vierten Kapitels haben gezeigt, dass innerhalb der IFRS-Vorschriften zur Bilanzierung von FuE-Projekten Inkonsistenzen zu finden sind, welche die Darstellung der Vermögens- und Ertragslage von Unternehmen beeinflussen und sich in der praktischen Umsetzung der IFRS durch die betrachteten Unternehmen niederschlagen. Vor dem Hintergrund dieser Ergebnisse steht die Erarbeitung von Empfehlungen für eine Weiterentwicklung der geltenden Bilanzierungsregeln im Mittelpunkt des fünften Kapitels. Im ersten Schritt werden in Abschnitt 5.2 für die weitere Untersuchung diejenigen Möglichkeiten für eine Änderung der geltenden Bilanzierungsvorschriften identifiziert, welche die Mindestanforderung der Konsistenz erfüllen. Da diese sich in der Gewichtung der Relevanz und der Verlässlichkeit als wesentliche Anforderungen an entscheidungsnützliche Informationen erheblich unterscheiden, wird in Abschnitt 5.3 untersucht, durch welche Gewichtung der übergeordneten Rechnungslegungsgrundsätze der Relevanz und der Verlässlichkeit und damit durch welche konsistente Bilanzierungskonzeption den Informationsbedürfnissen der Adressaten entsprochen wird. Zu diesem Zweck werden die Ergebnisse empirischer Studien[1] zu insbesondere von den Investoren als wesentlichen Jahresabschlussadressaten gewünschten Rechnungslegungsinformationen analysiert. Folglich wird keine logisch-deduktiv abgeleitete Gewichtung aus Sicht der Adressaten angenommen, sondern stattdessen auf beobachtete Informationsbedürfnisse abgestellt. Auf Basis der Ergebnisse des Abschnitts 5.3 werden in Abschnitt 5.4 schließlich konkrete Empfehlungen für eine Weiterentwicklung der geltenden Bilanzansatz-, Bewertungs- und Ausweisvorschriften für FuE-Projekte entwickelt. Die Auswirkungen der aktuellen IFRS-Vorschriften sowie der Empfehlungen für deren Weiterentwicklung auf den Vermögens- und Erfolgsausweis von Pharmaunternehmen werden in Abschnitt 5.5 in einer Simulation analysiert. Schließlich wird in Abschnitt 5.6 untersucht, inwieweit die aufgezeigten Empfehlungen bereits in den aktuellen Überlegungen des IASB zur Weiterentwicklung des IAS 38 reflektiert werden. Das Kapitel endet mit einem kurzen Fazit in Abschnitt 5.7.

---

[1] Zur empirischen Forschung im Rechnungswesen vgl. *Coenenberg/Haller* (1993a); *Coenenberg/Haller* (1993b); *Trautwein* (2008), S. 66-75. Zur Historie vgl. *Coenenberg/Haller* (1993b), S. 559-560.

5.2 Alternativen für eine konsistente bilanzielle Abbildung

5.2.1 Ableitung der Alternativen

In Abschnitt 4.2.2 wurde eine konsistente bilanzielle Abbildung ökonomisch gleicher Sachverhalte als Mindestanforderung an informative Rechnungslegungsvorschriften hergeleitet. Die in Abschnitt 4.3.1 vorgenommene kritische Würdigung der für pharmazeutische FuE-Projekte geltenden Bilanzierungsregeln hat gezeigt, dass insbesondere auf der Bilanzansatzebene Inkonsistenzen in der bilanziellen Abbildung von auf unterschiedlichen Wegen durchgeführten FuE-Projekten vorliegen, die sich in der Bilanzierungspraxis von Pharma- und Biotechnologieunternehmen niederschlagen.[2] Diese gilt es grundsätzlich zu reduzieren. Da die Bilanzansatz- der Bewertungsebene vorgelagert ist und ein konsistenter Bilanzansatz somit die notwendige Voraussetzung für eine konsistente (Erst-)Bewertung darstellt[3], müssen alle für eine Weiterentwicklung der geltenden Vorschriften des IAS 38 zu diskutierenden Alternativen zunächst einen konsistenten Bilanzansatz garantieren.

Die folgende Abbildung gibt einen Überblick über grundsätzlich mögliche, zumeist auch in der Literatur diskutierte Alternativen für eine Überarbeitung der Vorschriften des IAS 38 bzw. des IFRS 3. Differenziert wird dabei zwischen einer Annäherung der Vorschriften für interne FuE-Projekte an die für die Erwerbsfälle geltenden Regeln und einer generellen Vereinheitlichung der Bilanzierungsvorschriften unabhängig vom Durchführungsweg eines FuE-Projektes. Eine solche Vereinheitlichung kann zum einen durch eine Erweiterung der geltenden Aktivierungspflichten auch für den Bereich der unternehmensinternen FuE-Aktivitäten, zum anderen durch eine restriktivere Behandlung von durch Erwerbe oder Einlizenzierungen zugehenden FuE-Projekten erreicht werden.

Die möglichen Bilanzierungsalternativen werden im Folgenden daraufhin untersucht, inwieweit sie die Mindestanforderung an informative Rechnungslegungsvorschriften erfüllen.

---

[2] Vgl. dazu Abschnitt 4.4.3.
[3] Ähnlich auch *Bieker* (2006), S. 217-218.

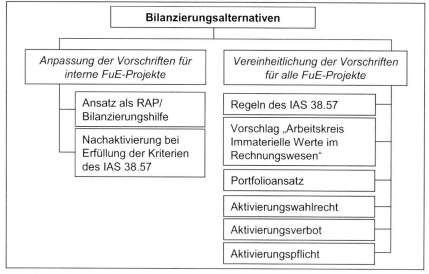

Abb. 29: Mögliche Bilanzierungsalternativen

Zunächst könnte eine *Anpassung der für interne FuE-Projekte geltenden Vorschriften* in Erwägung gezogen werden. Dies könnte einerseits über die in der Literatur mit Bezug auf das HGB diskutierte Erfassung selbst erstellter immaterieller Vermögenswerte als Bilanzierungshilfe oder Rechnungsabgrenzungsposten erfolgen.[4] Andererseits könnte eine Nachaktivierung interner FuE-Kosten vorgenommen werden, sobald die Kriterien des IAS 38.57 erfüllt sind. Beiden Alternativen ist jedoch gemein, dass sie keinen vollständig konsistenten Bilanzansatz aller FuE-Projekte gewährleisten.[5] Eine GuV-neutrale Nachaktivierung führt zudem zu einer Verletzung des Kongruenzprinzips, eine GuV-wirksame Nachaktivierung zu einer Verzerrung der Ertragslage im Jahr der Nachaktivierung.[6] Folglich werden diese beiden Alternativen im Folgenden nicht weiter betrachtet.

---

[4] Vgl. dazu *Bentele* (2004), S. 69-75; *Arbeitskreis Immaterielle Werte im Rechnungswesen* (2005), S. 231-233.

[5] Zudem sind Bilanzierungshilfen in der IFRS-Rechnungslegung nicht vorgesehen.

[6] Vgl. *Arbeitskreis Immaterielle Werte im Rechnungswesen* (2008), S. 1818-1819. Auch das IASB lehnt eine Nachaktivierung ab. Vgl. IAS 38.BCZ44c. Zum grundsätzlichen Vorschlag einer Nachaktivierung von FuE-Kosten vgl. *Lev/Zarowin* (1999), S. 377; *Lev* (2001), S. 125; *Powell* (2003), S. 807; *Bentele* (2004), S. 71-72; *Haaker* (2007), S. 259. Eine Nachaktivierung stellt zudem einen Bruch in der IFRS-Rechnungslegung im Vergleich mit materiellen Vermögenswerten dar. Vgl. *Schultze/Dinh Thi/Steeger* (2009), S. 326.

Darüber hinaus könnte eine *Vereinheitlichung der Bilanzierungsvorschriften für alle FuE-Projekte unabhängig von Durchführungsweg bzw. Zugangsform* vorgenommen werden. Diese Vereinheitlichung könnte zunächst durch die *Ausweitung der bislang für interne Entwicklungsprojekte geltenden Bilanzansatzvoraussetzungen des IAS 38.57* auf die übrigen Durchführungswege erfolgen. Aufgrund der Ergebnisse des Abschnitts 4.4.3.2 ist allerdings zu erwarten, dass eine solche Vorschrift zu einer vollständigen Aufwandserfassung aller FuE-Investitionen führt, die als separate Alternative betrachtet wird.[7] Zudem eröffnet sie weit reichende Ermessensspielräume in der Auslegung der Bilanzansatzkriterien, die einen konsistenten Bilanzansatz gefährden können.[8]

Des Weiteren könnte unabhängig von der Zugangsform eine einheitliche Einführung der folgenden Bilanzansatzkriterien vorgenommen werden, die eine Erweiterung der für unternehmensinterne Entwicklungsprojekte geltenden Vorschriften des IAS 38.57 darstellen und vom *Arbeitskreis „Immaterielle Werte im Rechnungswesen" der Schmalenbach-Gesellschaft e.V.* für interne FuE-Projekte vorgeschlagen werden:[9]

1. Ein Projekt wurde initiiert, durch die Geschäftsführung beschlossen und mit einem Budget versehen.[10]

2. Eine Projektabgrenzung und -beschreibung in sachlicher, zeitlicher und finanzieller Hinsicht sowie eine Zurechenbarkeit von Ausgaben ist möglich.

3. Der mögliche Projektnutzen im Sinne einer selbstständigen Verwertbarkeit ist darstellbar.

4. Eine weitere aktive Projektverfolgung ist sicher gestellt.

Im Bereich pharmazeutischer Forschung und Entwicklung ist anzunehmen, dass diese Kriterien i.d.R. zu Beginn der klinischen Phase I erfüllt sind.[11] Allerdings verbleiben Ermessensspielräume bei der Auslegung der Kriterien, sodass ein konsistenter Bilanzansatz nicht garantiert ist.

---

[7] Vgl. dazu Abschnitt 5.2.2.

[8] Vgl. Abschnitt 4.4.3.2. Zur Kritik an Wahlrechten vgl. *Streim* (1993), Sp. 2157.

[9] Vgl. *Arbeitskreis Immaterielle Werte im Rechnungswesen* (2001), S. 992-993; *Arbeitskreis Immaterielle Werte im Rechnungswesen* (2005), S. 230-231.

[10] Diese Anforderung stellt auch *Dawo*. Vgl. *Dawo* (2003), S. 301.

[11] Selbstverständlich könnte durch restriktivere Kriterien eine Aktivierungspflicht zu einem späteren Zeitpunkt im Entwicklungsprozess bzw. durch weniger restriktive Kriterien eine Bilanzansatzpflicht von Forschungsinvestitionen erreicht werden.

Darüber hinaus könnte der in der Literatur mit Rückgriff auf den Spezialfall interner pharmazeutischer FuE-Aktivitäten diskutierte Vorschlag einer *Anwendung der geltenden Kriterien des IAS 38.57 für Projektportfolien* umgesetzt werden.[12] Unter Projektportfolien sind Gruppen von nach bestimmten Abgrenzungskriterien zusammengefassten Einzelprojekten zu verstehen, wobei im Pharmabereich eine Gruppierung bspw. auf Basis von Therapiegebieten, Produktgruppen oder sonstigen internen Berichtseinheiten vorgenommen werden kann. Sobald die bekannten Kriterien des IAS 38.57 bezogen auf ein Portfolio erfüllt sind und damit vereinfachend, sobald die Wahrscheinlichkeit eines künftigen wirtschaftlichen Nutzens aus der gesamten Projektgruppe über 50% liegt, besteht eine Aktivierungspflicht für das gesamte Projektportfolio. Besteht ein Portfolio bspw. aus 100 Projekten, die jeweils eine Erfolgswahrscheinlichkeit von lediglich 10% haben, liegt die Wahrscheinlichkeit für mindestens einen Projekterfolg bei Betrachtung der Erfolgswahrscheinlichkeit der Gruppe bei nahezu 100%.[13] Folglich wären bei einer Umsetzung dieses Vorschlags alle FuE-Projekte unabhängig vom Durchführungsweg in Summe aktivierungspflichtig, auch wenn jedes Projekt für sich genommen die Bilanzansatzkriterien nicht erfüllt. Zu beachten ist allerdings, dass dieses Vorgehen dem in den IFRS verankerten Einzelbilanzierungsgrundsatz widerspricht, der beibehalten werden soll.[14] Als Argument für den Vorschlag können dennoch die Regeln zur Bilanzierung von Rückstellungen für ähnliche Sachverhalte herangezogen werden, bei der ebenfalls nicht die Wahrscheinlichkeit einer einzelnen Rückstellung, sondern die einer Gruppe betrachtet wird (IAS 37.24).[15] Im Ergebnis wird dieser Ansatz jedoch zu einer Aktivierungspflicht führen, die als separate Alternative betrachtet wird.[16] Deshalb wird er nicht weiter betrachtet.

Neben den bereits diskutierten Vorschlägen könnte ein einheitlich umzusetzendes Aktivierungswahlrecht eingeführt werden. Da jedoch vor dem Hintergrund der Ergeb-

---

[12] Vgl. *Pellens/Fülbier* (2000a), S. 59-60; *Schmeisser* (2008), S. 84-85.

[13] Unter Rückgriff auf die Binomialverteilung B (100;0,1) kann die Zahl der Erfolge als binomialverteilte Zufallsvariable angesehen werden. Die Wahrscheinlichkeit für mindestens einen Erfolg beträgt dann 1-(f(0/100;0,1)) = 0,9999734. Vgl. *Pellens/Fülbier/Sellhorn* (2001), S. 95.

[14] Der Grundsatz der Einzelbilanzierung soll nicht in Frage gestellt werden, da eine solche konzeptionelle Änderung bislang vom IASB nicht angestrebt wird und kaum objektivierbar ist. Vgl. *Hommel* (2006), S. 290. Zum Einzelbilanzierungsgrundsatz vgl. Abschnitt 3.2.

[15] Vgl. mit einem Beispiel *Haaker* (2005), S. 54.

[16] Vgl. dazu Abschnitt 5.2.3 und Abschnitt 5.2.4. Allerdings würden sich bei einer Portfoliobetrachtung Unterschiede in der Ermittlung insbesondere außerplanmäßiger Abschreibungen ergeben. Vgl. dazu auch Abschnitt 5.3.3.

nisse des Abschnitts 4.4 anzunehmen ist, dass ein solches Wahlrecht in der Pharmabranche zu einer als separate Alternative[17] betrachteten vollständigen Unterlassung der Aktivierung von FuE-Projekten führen wird und die Vergleichbarkeit zwischen den Unternehmen zudem eingeschränkt werden könnte, wird auch diese Alternative nicht weiter untersucht.[18]

Schließlich kommen als letzte in Abbildung 29 dargestellte Möglichkeiten die Einführung einer Aktivierungspflicht oder eines Aktivierungsverbots in Frage. Beiden Alternativen ist gemein, dass sie einen konsistenten Bilanzansatz garantieren und somit im Unterschied zu den zuvor betrachteten Möglichkeiten die Mindestanforderung an informative Rechnungslegungsvorschriften in jedem Fall erfüllen. Ob im Falle einer Aktivierungskonzeption eine differenzierte oder einheitliche Behandlung von Forschung und Entwicklung vorgenommen wird, ist dabei unerheblich, solange die Vorgehensweise unabhängig von der Zugangsform bzw. dem Durchführungsweg durchweg Gültigkeit besitzt und im Falle einer differenzierten Behandlung eine klare Abgrenzung von Forschung und Entwicklung vorgegeben wird.[19] Im Hinblick auf die konsistente (Erst-)Bewertung bei einer Aktivierungspflicht kommen die beiden Alternativen einer Bewertung zu Anschaffungs- bzw. Herstellungskosten und einer Bewertung zum beizulegenden Zeitwert[20] in Frage.

Als Fazit ist festzuhalten, dass ausschließlich die Einführung einer generellen, vom Durchführungsweg des FuE-Projekts unabhängigen Aktivierungspflicht für alle oder klar definierte FuE-Projekte und eines generellen Aktivierungsverbotes diskutiert werden, da nur diese beiden Alternativen die Mindestanforderung der Konsistenz erfüllen. Während ein konsistenter Bilanzansatz im ersten Fall durch eine Höhergewichtung der Relevanz erreicht wird, geschieht dies im zweiten Fall durch eine Höhergewichtung der Verlässlichkeit.[21]

---

[17] Vgl. Abschnitt 5.2.2.

[18] Die Einführung eines Aktivierungswahlrechts schließt auch das IASB aufgrund der damit verbundenen eingeschränkten Vergleichbarkeit aus. Vgl. IAS 38.BCZ40.

[19] Im Rahmen der folgenden Ausführungen in Abschnitt 5.2 wird daher aus Vereinfachungsgründen zunächst eine einheitliche Behandlung von Forschung und Entwicklung angenommen.

[20] Der beizulegende Zeitwert wird im Folgenden als Oberbegriff für den Fair Value als Veräußerungspreis und den Nutzungswert bzw. Ertragswert verwendet. Zu weiteren Wertmaßstäben vgl. *Streim/Bieker/Esser* (2005), S. 90-91.

[21] Zusätzliche Ausweisvorschriften werden im Rahmen der Empfehlungen für eine Weiterentwicklung des IAS 38 betrachtet.

5.2.2 Alternative 1: Vollständige Aufwandsverrechnung

Bei der ersten im weiteren Verlauf der Arbeit zu untersuchenden Alternative handelt es sich um das *generelle Verbot zur Aktivierung von FuE-Projekten* unabhängig vom jeweiligen Durchführungsweg.[22] Nicht nur Investitionen in interne Forschung und Entwicklung, sondern auch sämtliche Investitionen in erworbene bzw. einlizenzierte FuE-Projekte sind als Aufwand desjenigen Geschäftsjahres zu erfassen, in dem sie getätigt wurden. Folglich sind alle erworbenen oder einlizenzierten FuE-Projekte im Zugangszeitpunkt mit ihren Anschaffungskosten zu aktivieren und umgehend vollständig GuV-wirksam abzuschreiben. Sie werden als Minderung des operativen Ergebnisses erfasst und zu keinem Zeitpunkt als Vermögenswerte in der Bilanz gezeigt. Durch die beschriebene erfolgswirksame Erfassung der tatsächlichen bzw. im Falle eines Zugangs im Rahmen eines Unternehmenszusammenschlusses fiktiven Anschaffungs- bzw. Herstellungskosten wird ein konsistenter Bilanzansatz gewährleistet.[23]

5.2.3 Alternative 2: Aktivierung zu historischen Kosten

Bei der zweiten Alternative, die ebenfalls einen konsistenten Bilanzansatz garantiert, handelt es sich um die unabhängig vom Durchführungsweg geltende *Pflicht zur Aktivierung aller oder klar definierter FuE-Projekte mit ihren fortgeführten Anschaffungs- bzw. Herstellungskosten*.[24]

Wie in IAS 38 bislang vorgesehen, sollen jedoch nur bereits geleistete Anschaffungskosten bzw. solche, die als „virtually certain" zu klassifizieren sind, aktivierungspflichtig sein. Dieser Hinweis wird angeführt, da bei Einlizenzierungen bereits bei Vertragsabschluss die Verpflichtung zur Leistung künftiger Zahlungen besteht, sofern bestimmte, vertraglich festgelegte Ereignisse eintreten.[25] Somit haben an Entwicklungsziele oder die Zulassung gebundene Meilensteinzahlungen den Charak-

---

[22] Zu Argumenten für eine Aufwandserfassung von selbst erstellten immateriellen Vermögenswerten vgl. *Schreiber* (2002), S. 118-128.

[23] Darüber hinaus ist eine zusätzliche inhaltliche Erläuterung der FuE-Aufwendungen erforderlich.

[24] Zur Ermittlung der Anschaffungs- bzw. Herstellungskosten vgl. die Abschnitte 3.4.1.2.2, 3.4.2.1.2 und 3.4.2.2.2. Zu Argumenten für eine Aktivierung vgl. *Cornwall* (1978), S. 299; *Lev* (2001), S. 123; *Belhocine* (2008), S. 2; *Zülch/Hoffmann* (2009), S. 190. Auch die sehr hohe Buchwert-Marktwert-Lücke bei technologieintensiven Unternehmen spricht dafür, dass immaterielle Werte nicht ausreichend reflektiert werden und deshalb verstärkt aktiviert werden sollten. Vgl. *Schütte* (2006), S. 194-197. Keine Einwände gegen die Aktivierung interner Entwicklungskosten hat auch *Schmalenbach*. Vgl. *Schmalenbach* (1962), S. 147.

[25] Vgl. dazu insbesondere Abschnitt 3.4.2.1.1.

ter von bedingten Anschaffungskosten bzw. einer Verpflichtung, sich zur Leistung bereit zu halten. Solche bedingten Anschaffungskosten, die häufig als im Rahmen von Unternehmenszusammenschlüssen geschlossene earn out-Vereinbarungen[26] auftreten, sind nach der Überarbeitung des IFRS 3 im Jahr 2008 im Zeitpunkt des Unternehmenszusammenschlusses mit ihrem Fair Value zu aktivieren (IFRS 3.39).[27] Diskutiert wird zudem, die korrespondierende bedingte Zahlungsverpflichtung künftig nicht mehr als angabepflichtige Eventualverbindlichkeit zu behandeln, sondern als „liability" zu passivieren.[28] Da diese bilanzielle Behandlung für Meilensteinzahlungen jedoch bislang nicht vorgeschrieben ist und zudem den Nettovermögensausweis nicht verändert und zudem zu einer Inkonsistenz verglichen mit der bilanziellen Abbildung intern durchgeführter Projekte führt, wird an einer Beschränkung der Aktivierungspflicht auf die zumindest als „virtually certain" eingeordneten Zahlungen festgehalten. Ansonsten wären künftige Meilensteinzahlungen bereits im Zeitpunkt des Vertragsabschlusses mit ihrem Erwartungswert zu aktivieren und in gleicher Höhe eine Rückstellung zu passivieren.

Die Folgebewertung der aktivierten Projekte kann grundsätzlich gemäß den geltenden, in Abschnitt 3.5 dargestellten Vorschriften des IAS 38 bzw. IAS 36 erfolgen, sodass bis zum Zeitpunkt der Zulassung jährliche Impairmenttests und im Anschluss an die Zulassung planmäßige sowie fallweise außerplanmäßige Ab- bzw. Zuschreibungen vorzunehmen sind.

Die bilanzielle Abbildung gemäß der zweiten Alternative ist in den Tabellen D3-D11 des Anhangs D an einem Beispiel noch einmal dargestellt, das auch die bilanziellen Konsequenzen der diskutierten Aktivierung von Meilensteinzahlungen als bedingte Anschaffungskosten zeigt.

---

[26] Unter earn out-Vereinbarungen sind an den Erfolg des Kaufobjekts gebundene Zahlungen zu verstehen. Vgl. dazu *Freiberg* (2008), S. 31-33.

[27] Gemäß IFRS 3 (2004) galt die Bilanzansatzpflicht im Anschaffungszeitpunkt nur, wenn das Wahrscheinlichkeitskriterium erfüllt und eine verlässliche Bewertbarkeit möglich war (IFRS 3.32).

[28] Vgl. ED IAS 37 "Proposed Amendments to IAS 37 Provisions, Contingent Liabilities and Contingent Assets and IAS 19 Employee Benefits", Tz. 24-25. Vgl. dazu auch *Schween* (2005), S. 5-6. Zur bisherigen Erfassung vgl. Abschnitt 3.4.2.1.2.

5.2.4 Alternative 3: Aktivierung zum beizulegenden Zeitwert

5.2.4.1 Bilanzansatz- und Erstbewertungsvorschriften

Bei der dritten Alternative handelt es sich um die *Pflicht zur Aktivierung aller oder klar definierter FuE-Projekte mit ihrem beizulegenden Zeitwert.*[29] Dieser wird in der IFRS-Rechnungslegung grundsätzlich durch den Wiederbeschaffungszeitwert, den Fair Value als Veräußerungspreis sowie den Nutzungswert konkretisiert.[30] Da Marktpreise sowie ähnliche Markttransaktionen für pharmazeutische FuE-Projekte infolge ihrer Einzigartigkeit jedoch kaum verfügbar sein werden, ist die Anwendung barwertorientierter Bewertungsverfahren im Rahmen der Ermittlung des beizulegenden Zeitwertes pharmazeutischer FuE-Projekte unabdingbar.[31] Aus diesem Grund sind lediglich die beiden auch in den IFRS verankerten grundsätzlichen Konzepte des Nutzungswertes sowie des mittels eines Bewertungsverfahrens bestimmten Fair Value im Sinne eines hypothetischen Veräußerungspreises für eine Bewertung pharmazeutischer FuE-Projekte und damit für die in den folgenden Abschnitten geführte Diskussion relevant.[32]

Für die Verwendung des Fair Value spricht, dass dieser ausschließlich Markterwartungen, nicht hingegen unternehmensindividuelle Ertragströme und Synergieeffekte widerspiegeln darf, was aus Objektivierungs- bzw. Verlässlichkeitsgründen zu befürworten ist. Zu beachten ist allerdings, dass er als hypothetisch erzielbarer Veräußerungspreis die Wertschätzung anderer Marktteilnehmer widerspiegelt.[33] Für die Verwendung des Nutzungswertes spricht, dass er durch die tatsächliche Nutzungsab-

---

[29] Vgl. zur Forderung nach einer Bewertung zum beizulegenden Zeitwert *Schmidt* (1929), S. 111; *Lücke/Hautz* (1973), S. 18-28; *Käfer* (1976), S. 24-25 und S. 47-48; *Siegel* (1997), S. 81 und S. 83 sowie zur aktuellen Diskussion *Hitz* (2005); *Bieker* (2006); *Pfaff/Kukule* (2006). Zur Fair Value-Bewertung vgl. bereits *Chambers* (1966); *Sterling* (1979). Zu möglichen Vorteilen von Fair Values, wie ihrer Aktualität, dem einheitlichen Wertmaßstab sowie der Vermeidung von rechnungslegungsmotivierten Transaktionen vgl. *Kaiser* (2009), S. 95-96.

[30] Vgl. Abschnitt 3.4.2.2.2 und Abschnitt 3.5.3.2. Zu Varianten des beizulegenden Zeitwerts, wie z.B. dem Fair Value als Wiederbeschaffungszeitwert vgl. *Wagenhofer/Ewert* (2007), S. 157-159. Zu den Bewertungsmaßstäben in den IFRS vgl. *Wengel/Schnell* (2008), S. 2264.

[31] Bei Einlizenzierungen bzw. Kooperationen entspricht der Fair Value als Veräußerungspreis bei Vertragsabschluss der Summe der vertraglich vereinbarten Einzelzahlungen, während er in den Folgejahren mit Hilfe von Bewertungsverfahren zu bestimmen ist.

[32] Eventuelle Defizite in der durch die IFRS vorgeschriebenen exakten Wertermittlung sind jedoch zu beheben. Vgl. zu dieser Diskussion *Hackenberger* (2008), S. 177-178. Zu Fair Value und Nutzungswert als ökonomischen Werten bzw. potenziellen Preisen vgl. *Hitz* (2005), S. 22-23. Zur Bestimmung des Nutzungswertes sowie zu den geringfügigen Unterschieden zum Fair Value vgl. Abschnitt 3.5.3.2. Zu einem Überblick über Standards, in denen der Fair Value bislang zur Anwendung kommt, vgl. *Obermaier* (2009), S. 545.

[33] Vgl. *Hitz* (2005), S. 23.

sicht des Unternehmens geprägt ist und die aus Sicht des Managements künftig erwarteten Ein- und Auszahlungen widerspiegelt, sodass bspw. die Marktposition oder besondere Vertriebskanäle eines Unternehmens in der Bewertung berücksichtigt werden dürfen.[34] Die subjektiven Einschätzungen des Managements führen jedoch zu einer verglichen mit dem Fair Value geringeren Verlässlichkeit.[35]

Wie die Bilanzierung zum beizulegenden Zeitwert im Erstbewertungszeitpunkt gemäß den vorherigen Ausführungen in Abhängigkeit vom jeweiligen Durchführungsweg aussieht, ist in der Tabelle D12 des Anhangs D noch einmal beispielhaft dargestellt. Auf die Wertermittlung an sich wird nicht eingegangen, da diese in den Abschnitten 3.4.2.2.2 und 3.5.3.2 ausführlich dargestellt wurde.

5.2.4.2 Folgebewertungsvorschriften

Wird eine einheitliche Erstbewertung zum beizulegenden Zeitwert vorgeschrieben, ist ebenfalls ein einheitliches Vorgehen festzulegen, nach dem die Wertänderungen in den Folgejahren zu erfassen sind. Wie dieses Vorgehen aussehen soll, ist in den IFRS nicht einheitlich geregelt.[36] In Abhängigkeit vom zu bewertenden Vermögenswert kommen die drei im Folgenden beschriebenen Methoden zur Anwendung.

Bei der ersten Möglichkeit handelt es sich um die bspw. in IAS 39 „Financial Instruments: Recognition and Measurement" verankerte, vollständig GuV-wirksame[37] Erfassung aller Wertänderungen eines Vermögenswertes. Die zweite, ebenfalls in IAS 39 geregelte Methode sieht eine GuV-neutrale Erfassung aller vorübergehenden Fair Value-Schwankungen sowie eine GuV-wirksame Berücksichtigung von aus einem bedeutenden oder länger anhaltenden, also nachhaltigen Absinken des beizulegenden Zeitwertes unter die Anschaffungskosten resultierenden Wertminderungen vor (IAS 39.61).[38] In diesem Fall werden zuvor GuV-neutral erfasste Werterhöhungen GuV-neutral, im Eigenkapital erfasste Wertminderungen hingegen GuV-wirksam auf-

---

[34] Vgl. *Hitz* (2005), S. 23; *Vollmer* (2008), S. 271 sowie m.w.N. *Schildbach* (2009), S. 109.

[35] Zur Diskussion über den richtigen Wertansatz im Spannungsfeld zwischen Relevanz und Verlässlichkeit vgl. Abschnitt 4.2.1.

[36] Zu einem Überblick über eine erfolgswirksame oder erfolgsneutrale Erfassung von Fair Value-Änderungen nach IFRS vgl. *Busse von Colbe* (2001), S. 28-29.

[37] Die GuV-wirksame Neubewertung ist auch in IAS 40 „Investment Property" und in IAS 41 „Agriculture" verankert.

[38] Wann von einer bedeutenden oder länger anhaltenden Wertminderung auszugehen ist, wird jedoch nicht geregelt. Vgl. dazu *Hackenberger* (2007), S. 43-44.

gelöst.[39] Findet in einer späteren Periode eine Umkehrung der nachhaltigen Wertminderung statt, ist diese je nach Finanzinstrument vollständig GuV-neutral oder zunächst bis zu den fortgeführten historischen Kosten GuV-wirksam und anschließend GuV-neutral zu erfassen. Bei der dritten Möglichkeit handelt es sich schließlich um die in IAS 16 „Property, Plant and Equipment" und IAS 38 verankerte Neubewertungsmethode. Letztere sieht eine GuV-neutrale Erfassung aller über die fortgeführten historischen Kosten hinausgehenden Werterhöhungen sowie eine GuV-wirksame Erfassung aller diese unterschreitenden Wertminderungen vor. Da die Neubewertungsmethode für immaterielle Vermögenswerte bereits in IAS 38 verankert ist, planmäßige Abschreibungen regelt und zudem eine höhere Komplexität aufweist als die beiden übrigen Folgebewertungsmethoden, wird sie im Folgenden erläutert.

Die Neubewertungsmethode[40] gemäß IAS 38 sieht vor, dass nicht zwingend jährlich, jedoch in regelmäßigen Abständen eine Ermittlung des Fair Value gemäß der in IAS 38 verankerten Fair Value-Hierarchie[41] vorzunehmen ist (IAS 38.79). Um sicherzustellen, dass es zu keinen wesentlichen Abweichungen zwischen Buchwert und Fair Value kommt, wird der Buchwert anschließend um die Differenz zwischen Fair Value und Buchwert angepasst (IAS 38.75).[42]

Übersteigt der Fair Value den Buchwert, ist die Werterhöhung GuV-neutral in einer Neubewertungs- bzw. Eigenkapitalrücklage (other comprehensive in-come, OCI[43]) zu erfassen, sofern in den Vorperioden keine GuV-wirksame Abschreibung auf einen unterhalb der fortgeführten historischen Kosten liegenden Wert vorgenommen wurde (IAS 38.85). Wurde in den Vorperioden hingegen eine GuV-wirksame außerplanmäßige Abschreibung vorgenommen, ist diese zunächst bis zur Höhe der fortgeführten historischen Kosten GuV-wirksam zu korrigieren (IAS 38.85). Ein eventuell verbleibender Restbetrag ist GuV-neutral ins OCI einzustellen.

Liegt der Buchwert über dem aktuellen Fair Value, ist analog vorzugehen (IAS 38.86). Im ersten Schritt sind in den Vorjahren GuV-neutral im Eigenkapital erfasste

---

[39] Vgl. *Hackenberger* (2007), S. 38 und S. 43-44. Verlässt der Vermögenswert die Bilanz, sind bei Verkauf sämtliche GuV-neutral erfassten Beträge, bei Stilllegung ausschließlich die Verluste GuV-wirksam aufzulösen (IAS 39.26).

[40] Vgl. zur Neubewertungsmethode und damit zu den folgenden Ausführungen *Streim/Leippe* (2001), S. 379-380; *Hoffmann/Lüdenbach* (2003); *Hommel* (2006), S. 294-299; *Pellens et al.* (2008a), S. 294-300.

[41] Vgl. dazu Abschnitt 3.4.2.2.2.

[42] Vgl. auch *Hoffmann/Lüdenbach* (2003), S. 565.

[43] Zur Bedeutung des OCI in IFRS-Konzernabschlüssen vgl. bspw. *Pellens/Brandt/ Neuhaus* (2007).

Wertsteigerungen GuV-neutral aufzulösen. Lediglich ein das OCI übersteigender Betrag ist GuV-wirksam zu erfassen.

Bezogen auf pharmazeutische FuE-Projekte gilt die beschriebene Vorgehensweise während der FuE-Phase gleichermaßen für eine jährliche sowie eine in regelmäßigen Abständen vorgenommene Neubewertung. Sofern keine außerplanmäßigen Abschreibungen gemäß IAS 36 vorzunehmen sind, wird der Fair Value in den Jahren zwischen den Neubewertungen konstant gehalten.

Nach der Zulassung sowie der Markteinführung eines Arzneimittels ist die Nutzungsbereitschaft erreicht, sodass neben der Neubewertung eine planmäßige Abschreibung über die voraussichtliche Nutzungsdauer vorzunehmen ist (IAS 38.75).[44] IAS 38 legt jedoch nicht eindeutig fest, ob die auf Basis des Fair Value ermittelten planmäßigen Abschreibungen vollständig GuV-wirksam zu erfassen sind oder nur der Teil, der sich auf die historischen Kosten bezieht.[45] Insofern ergeben sich prinzipiell drei Möglichkeiten zur Erfassung der planmäßigen Abschreibungen.[46] Zum einen kann die auf Basis des Fair Value ermittelte Abschreibung vollständig GuV-wirksam erfasst und die Differenz zur planmäßigen Abschreibung, die sich auf Basis der historischen Kosten ergeben hätte, jeweils aus dem OCI in die Gewinnrücklagen umgebucht werden.[47] Zum anderen könnte statt einer GuV-neutralen Umbuchung des OCI eine GuV-wirksame Erfassung im Periodenergebnis erfolgen. Schließlich kommt als dritte Möglichkeit die Ermittlung der planmäßigen Abschreibung auf Basis der historischen Kosten in Betracht.[48] Dabei werden die historischen Kosten GuV-wirksam über die Nutzungsdauer verteilt, sodass das Periodenergebnis in jeder Periode in gleicher Höhe belastet wird wie im Anschaffungskostenmodell.[49] Wertänderungen oberhalb der fortgeführten historischen Kosten und damit auch planmäßige Abschreibungen werden hingegen weiterhin über das OCI verrechnet[50], das sich über das Sinken des

---

[44] Vgl. dazu Abschnitt 3.5.2.

[45] Zu GuV-wirksamen Erfassung auf Basis der historischen Kosten vgl. *Mujkanovic* (2002), S. 142; *Hoffmann/Lüdenbach* (2003), S. 567. Anderer Ansicht *Ernstberger* (2004), S. 90.

[46] Vgl. dazu auch *Ernstberger* (2004), S. 104-105.

[47] Wird die Neubewertung jährlich vorgenommen, erfolgt die Ermittlung der planmäßigen Abschreibung auf Basis des Fair Value des Vorjahres, während bei einer nicht jährlichen Neubewertung der zuletzt ermittelte Fair Value heranzuziehen ist.

[48] Vgl. dazu *Hoffmann/Lüdenbach* (2003), S. 567.

[49] Darüber hinaus sind außerplanmäßige Wertminderungen unterhalb der fortgeführten historischen Kosten GuV-wirksam zu erfassen. Vgl. Abschnitt 3.5.3.

[50] Dementsprechend wird die Abschreibung des Vermögenswertes auf Basis des Fair Value ermittelt und sowohl gegen den Abschreibungsaufwand als auch – in Höhe des auf den GuV-neutral er-

Fair Value im Zeitablauf, jedoch spätestens bei Verkauf oder Stilllegung über eine Umbuchung in die Gewinnrücklagen auflöst (IAS 38.87).[51]

Die Folgebewertung gemäß dem Neubewertungsmodell bei jährlicher Neubewertung mit planmäßiger Abschreibung auf Basis der historischen Kosten[52] wird in den Tabellen D13-D20 des Anhangs D noch einmal an einem Beispiel gezeigt.[53]

5.2.5 Zwischenfazit

In den vorangegangenen Abschnitten wurden drei grundsätzliche Bilanzierungsalternativen aufgezeigt, welche die Mindestanforderung der Konsistenz erfüllen. Während die Aufwandsverrechnung die Verlässlichkeit klar in den Vorder-, die Relevanz insbesondere aufgrund des fehlenden Vermögensausweises in den Hintergrund rückt, findet bei den Aktivierungslösungen eine Verschiebung der Gewichtung zugunsten der Relevanz statt, da alle Vermögenswerte als Einzahlungspotenziale angesetzt werden, was mit einem erhöhten Risiko künftiger Gewinnschwankungen aufgrund von außerplanmäßigen Wertminderungen einhergeht. Dabei führt die dritte Alternative, die neben einem konsistenten Bilanzansatz auch eine nicht nur formal konsistente Erstbewertung ermöglicht, zur stärksten Gewichtung der Relevanz, da die künftig erwarteten Einzahlungspotenziale aus den Projekten vollständig in der Bilanz gezeigt werden. Die Verlässlichkeit rückt hingegen insbesondere aufgrund der Ermessensspielräume bei der Anwendung barwertorientierter Bewertungsverfahren in den Hintergrund.

Welche der drei grundsätzlichen Alternativen letztlich für eine Weiterentwicklung der geltenden Bilanzierungsvorschriften herangezogen werden sollte, hängt somit von der aus Sicht der Jahresabschlussadressaten vorzunehmenden Gewichtung der Relevanz und der Verlässlichkeit ab.

---

fassten Betrags entfallenden Anteils – im OCI erfasst. Vgl. auch *Hoffmann/Lüdenbach* (2003), S. 567. Bei einer jährlichen Neubewertung ist insofern nur die planmäßige Abschreibung auf Basis der historischen Kosten zu bestimmen, da die GuV-neutrale Komponente automatisch über die Fair Value-Änderung erfasst wird.

[51] Vgl. auch *Streim/Leippe* (2001), S. 381-384 sowie S. 394-395.

[52] Zur Neubewertung bei jährlicher Auflösung des OCI in Höhe der Differenz zwischen der planmäßigen Abschreibung auf Basis der historischen Kosten und des auf Basis des Fair Value ermittelten Betrags vgl. *Streim/Leippe* (2001), S. 382-384.

[53] Latente Steuern werden aus Vereinfachungsgründen vernachlässigt. Vgl. zur Neubewertung mit latenten Steuern bspw. *Hoffmann/Lüdenbach* (2003), S. 565.

5.3 Diskussion der Bilanzierungsalternativen vor dem Hintergrund der Informationsbedürfnisse von Jahresabschlussadressaten

5.3.1 Vorgehensweise

Forschung im Bereich der externen Rechnungslegung hat insbesondere die Aufgabe, den Informationsgehalt von Rechnungslegungsinformationen zu bestimmen und zu erhöhen.[54] Aus diesem Grund wird im Folgenden versucht, Hinweise darauf zu finden, durch welche der drei die Mindestanforderung der Konsistenz erfüllenden Alternativen die Entscheidungsnützlichkeit von Rechnungslegungsinformationen über pharmazeutische FuE-Projekte für die Jahresabschlussadressaten gesteigert werden kann. Vor dem Hintergrund der Tatsache, dass Rechnungslegung keinen Selbstzweck darstellt[55], kann eine informationsorientierte Rechnungslegung nur dann sinnvoll sein, wenn dabei die tatsächlichen Informationsbedürfnisse der Jahresabschlussadressaten Berücksichtigung finden.[56]

Die aus Sicht der Jahresabschlussadressaten gewünschte Gewichtung von Relevanz und Verlässlichkeit sowie die daraus abzuleitenden konkreten Bilanzierungsvorschriften können zunächst, wie in den in der Literatur zu findenden rein normativen Analysen[57], bspw. ausgehend von Plausibilitätsüberlegungen[58], der Agency-Theorie[59] oder der ökonomischen Analyse des Rechts[60] logisch-deduktiv hergeleitet werden. Kommen die Analysen zu dem Ergebnis, dass die Relevanz der Rechnungslegungsinformationen klar in den Vordergrund zu stellen ist, wird eine vollständige Aktivierung sowie eine Bewertung zum Nutzungs- bzw. Ertragswert[61] gemäß der drit-

---

[54] Vgl. *Coenenberg* (2005), S. 1120.

[55] Vgl. *Streim* (1986), S. 3; *Hax* (1988), S. 200. Ähnlich bereits *Friedmann* (1953), S. 40.

[56] Der Nutzen der Rechnungslegung bemisst sich nach der Entscheidungsnützlichkeit für die Adressaten. Vgl. *Ernstberger* (2004), S. 93.

[57] Dabei handelt es sich um die von Plausibilitätsüberlegungen geleitete Erarbeitung von Vorschlägen zur Steigerung des Informationsgehaltes der Rechnungslegung. Vgl. *Coenenberg* (2005), S. 1221; *Trautwein* (2008), S. 65.

[58] Vgl. zu diesem Vorgehen u.a. *Bentele* (2004); *Hepers* (2005).

[59] Vgl. zu diesem Vorgehen u.a. *Esser* (2005); *Bieker* (2006); *Hackenberger* (2008). Vgl. zur Agency-Theorie *Jensen/Meckling* (1976); *Arrow* (1985); *Wenger/Terberger* (1988); *Eisenhardt* (1989); *Streim* (1994a).

[60] Vgl. zur ökonomischen Analyse des Rechts *Backhaus* (1980); *Assmann/Kirchner/Schanze* (1993); *Schäfer/Ott* (2005).

[61] Anzumerken ist, dass die Konzeption des Ertragswertes in Form des Nutzungswertes in IAS 36 verankert ist, aus Verlässlichkeitsgründen jedoch Abweichungen in den Bewertungsparametern vorliegen. Steuern werden z.B. vernachlässigt.

ten dargestellten Alternative gefordert.⁶² Erfolgt hingegen eine Höher- oder Gleichgewichtung der Verlässlichkeit, sollen die in numerischer Form gegebenen Informationen insbesondere dem Kriterium der Objektivität genügen⁶³ und möglichst frei von Zufallsfehlern und systematischen Verzerrungen sein.⁶⁴ Folglich wird in diesen Fällen eine restriktive Ansatzkonzeption sowie eine Bewertung zu fortgeführten historischen Kosten empfohlen.⁶⁵

Vor dem Hintergrund der beschriebenen Ergebnisse⁶⁶ wird die von den Jahresabschlussadressaten präferierte Gewichtung von Relevanz und Verlässlichkeit und damit die gewünschte Bilanzierungskonzeption im Folgenden nicht logisch-deduktiv, sondern aus beobachteten Informationswünschen abgeleitet.⁶⁷ Folglich werden aus den Ergebnissen empirischer Studien Hinweise auf das von den Investoren und ihren Informationsintermediären als wesentliche Jahresabschlussadressaten⁶⁸ präferierte grundsätzliche Konzept für eine bilanzielle Erfassung von FuE-Projekten abgeleitet.⁶⁹ Aufbauend auf den Ergebnissen dieser Untersuchung werden schließlich konkrete Empfehlungen für eine zu einer Steigerung der Entscheidungsnützlichkeit bzw. des Informationsgehaltes der Rechnungslegung über FuE-Projekte beitragende Weiterentwicklung der Bilanzansatz-, Bewertungs- und Ausweisvorschriften des IAS 38 erarbeitet, die dem IASB neben den auf Basis einer logisch-deduktiven Ableitung der Gewichtung von Relevanz und Verlässlichkeit entwickelten Bilanzierungsvorschlägen

---

[62] Teilweise wird auch eine Gesamtbewertung gefordert. Zur Forderung eines solchen Ansatzes mit Bezug auf die in IAS 36 verankerte ZGE-Betrachtung vgl. u.a. *Bieker* (2006), S. 233-234; *Hackenberger* (2008), S. 192-201.

[63] Vgl. m.w.N. *Bieker* (2006), S. 69.

[64] Vgl. *Streim/Bieker/Leippe* (2001), S. 184.

[65] Vgl. u.a. *Bentele* (2004); *Hepers* (2005).

[66] Zu den unterschiedlichen Ansichten über die Gewichtung von Relevanz und Verlässlichkeit unabhängig vom konkreten Fall immaterieller Werte vgl. Abschnitt 4.2.

[67] Zu einer solchen Vorgehensweise vgl. auch *Gassen/Schwedler* (2008), S. 3. Empirische Ergebnisse können einen Beitrag zur Zweckmäßigkeitsbeurteilung der Rechnungslegung leisten. Vgl. *Hitz* (2005), S. 167. Zur komparativen Eignung normativer und empirischer Ansätze vgl. *Wagenhofer/Ewert* (2007), S. 122-123. Zur Berücksichtigung empirischer Untersuchungen zum Informationsgehalt der Rechnungslegung neben normativen Überlegungen zur Verbesserung der Rechnungslegung im Standard-Setting-Prozess des IASB vgl. *Trautwein* (2006), S. 62 und S. 92-95; *Weinreis* (2009), S. 30-35.

[68] Zur Fokussierung auf die Interessen der Investoren vgl. auch Abschnitt 4.2.1.

[69] Zu beachten ist, dass die aus den empirischen Untersuchungen gezogenen Schlüsse aufgrund der Ausrichtung der Studien zumeist nicht nur für den Bereich pharmazeutischer FuE, sondern allgemein für die Bilanzierung von FuE-Projekten gelten und somit generelle Hinweise für eine branchenunabhängige Weiterentwicklung insbesondere des IAS 38 liefern. Zur Relevanz akademischer Forschung für das Standard-Setting vgl. ausführlich *Fülbier/Hitz/Sellhorn* (2009).

als Hinweise auf eine mit den Informationsbedürfnissen der Jahresabschlussadressaten in Einklang stehende Überarbeitung des IAS 38 dienen können.[70]

Die Informationsbedürfnisse der Eigenkapitalgeber als wesentliche Adressatengruppe werden auf Basis von insbesondere aktuellen kapitalmarktorientierten Studien zum Informationsgehalt von Rechnungslegungsinformationen über Forschung und Entwicklung und Fair Values sowie durch die Ergebnisse einer Simulationsstudie untersucht.[71] Um die Informationsinteressen weiterer Adressaten und die Ergebnisse eines weiteren Zweiges der empirischen Forschung berücksichtigen zu können, werden darüber hinaus Befragungsstudien und Positionspapiere von privaten und institutionellen Investoren, Ratingagenturen sowie Finanzanalysten, die als Informationsintermediäre eine bedeutende Rolle für die Entscheidungsprozesse der Investoren spielen[72] und deshalb teilweise sogar der Gruppe der institutionellen Eigenkapitalgeber zugeordnet werden[73], ausgewertet. Da zu den Informationsinteressen von Fremdkapitalgebern kaum empirische Untersuchungen vorliegen, wird im Folgenden analog zur im Rahmenkonzept der IFRS verankerten Annahme unterstellt, dass sich ihre Interessen nicht grundsätzlich von denen der Eigenkapitalgeber unterscheiden.[74]

5.3.2 Ergebnisse kapitalmarktorientierter Untersuchungen

5.3.2.1 Theoretische Grundlagen

Kapitalmarktorientierte Untersuchungen stellen neben verhaltenswissenschaftlichen Studien und Prognoseeignungsansätzen einen Zweig der empirischen Bilanzfor-

---

[70] Vgl. auch *Gassen/Schwedler* (2008), S. 3; *Trautwein* (2008), S. 89 und S. 94. Dabei gelten die aus den empirischen Studien gezogenen Schlüsse selbstverständlich nur als Hinweise auf die Informationsbedürfnisse der Adressaten, da weder alle Adressatengruppen einbezogen werden können, noch sichergestellt werden kann, dass die Ergebnisse repräsentativ für die Informationsbedürfnisse aller Adressaten sind.

[71] Zu dieser Vorgehensweise vgl. auch *Bentele* (2004), S. 97. Zur Messung der Entscheidungsnützlichkeit von Rechnungslegungsinformationen durch kapitalmarktorientierte Studien und Simulationen vgl. *Pellens* (1989), S. 66-84.

[72] Vgl. *Schulz* (1999), S. 152; *Kuhnle/Banzhaf* (2006), S. 53-55. Unter institutionellen Investoren sind insbesondere Investmentfonds und Versicherungen zu verstehen. Zu den Eigenschaften von institutionellen Investoren und Finanzanalysten, die zumeist an sehr detaillierten Informationen interessiert sind, vgl. *Schulz* (1999), S. 148-156; *Kuhnle/Banzhaf* (2006), S. 51-55.

[73] Vgl. *Fülbier/Niggemann/Weller* (2008), S. 806.

[74] Vgl. RK.10; *Streim/Bieker/Esser* (2004), S. 231; *Wohlgemuth* (2006), S. 25; *CFA Institute* (2007), S. 3 und mit Verweis auf ein Zitat aus einem FASB Report S. 6; *UBS Investment Research* (2007), S. 4. Zu einer empirischen Bestätigung vgl. *McCaslin/Stanga* (1986), S. 156. Die übrigen im Rahmenkonzept genannten Adressaten werden aufgrund ihrer verglichen mit den Investoren nachrangigen Bedeutung vernachlässigt.

schung dar.[75] Sie gehen unter anderem der in der vorliegenden Arbeit relevanten Frage nach, inwieweit Rechnungslegungsdaten entscheidungsnützliche Informationen für die Eigenkapitalgeber börsennotierter Unternehmen liefern.[76] Im Unterschied zu verhaltenswissenschaftlichen Untersuchungen ist die kapitalmarktorientierte Forschung nicht auf das Entscheidungsverhalten einzelner Individuen bezogen, sondern untersucht das aggregierte Kapitalmarktverhalten unter Einbeziehung der Reaktionen der Aktionäre als Entscheidungsträger i.d.R. im Rahmen von Ereignis- und Wertrelevanzstudien.[77] Aus dem statistischen Zusammenhang von Jahresabschlussdaten und Kapitalmarktdaten wie Aktienkursen oder Aktienrenditen[78] wird auf den Informationsgehalt der Rechnungslegung geschlossen, wobei lediglich das Ergebnis des kumulierten Verhaltens, nicht hingegen die individuelle Entscheidung beobachtet wird.[79] Untersucht wird somit, inwieweit die in den Aktienpreisen enthaltenen Informationen durch Rechnungslegungsdaten reflektiert werden.[80]

Der beschriebenen Vorgehensweise liegt die Idee zugrunde, dass Kapitalmarktteilnehmer nur solche Rechnungslegungsinformationen in ihre Entscheidungen über das Halten, Kaufen oder Verkaufen von Wertpapieren einbeziehen, die sie für hinreichend entscheidungsnützlich und damit sowohl für relevant als auch für verlässlich halten.[81] Es wird folglich versucht, die durch die fehlende Operationalisierung der Primärgrundsätze der Relevanz und der Verlässlichkeit entstehende Lücke durch eine kapitalmarktbasierte Konkretisierung dieser Aspekte zu schließen.[82] Schlagen sich

---

[75] Vgl. zu den Zweigen der empirischen Bilanzforschung *Bonse* (2004), S. 72-80; *Coenenberg* (2005), S. 1233-1249.

[76] Vgl. auch *Bonse* (2004), S. 80-81; *Trautwein* (2007), S. 67-74. Vgl. dazu sowie zu einem Überblick über die übrigen Felder der Kapitalmarktforschung *Weinreis* (2009), S. 43-44.

[77] Vgl. *Bonse* (2004), S. 81.

[78] Während bei Anwendung von Aktienkursen untersucht wird, welche Rechnungslegungsinformationen sich in diesen widerspiegeln, zeigt die Untersuchung von Aktienrenditen, welche Informationen sich in der Veränderung des Unternehmenswertes in einem bestimmten Zeitraum niedergeschlagen haben. Vgl. *Vorstius* (2004), S. 144-148.

[79] Vgl. *Schmidt* (2005), S. 99; *Bogajewskaja* (2007), S. 106. Vgl. dazu und zum Folgenden *Bonse* (2004), S. 81.

[80] Vgl. *Kothari* (2001), S. 116; *Lindemann* (2004), S. 117.

[81] Vgl. *Barth/Beaver/Landsmann* (2001), S. 80; *Bentele* (2004), S. 97; *Bonse* (2004), S. 171. Beide Grundsätze können nur gemeinsam empirisch getestet werden. Vgl. *Bentele* (2004), S. 97; *Lindemann* (2004), S. 104; *Hitz* (2005), S. 169.

[82] Vgl. *Wagenhofer/Ewert* (2007), S. 105.

die in Jahresabschlussdaten enthaltenen Informationen im Preisbildungsprozess am Aktienmarkt nieder, ist anzunehmen, dass diese einen Informationsgehalt besitzen.[83]

Ereignisstudien[84] untersuchen die Reaktionen des Kapitalmarktes auf bestimmte dem Bereich der Rechnungslegung zuzuordnende Ereignisse wie z.b. die Bekanntgabe einer Erhöhung der FuE-Ausgaben in einem kurzen Zeitraum um das entsprechende Ereignis (short-window-Ansatz). Können in diesem Zeitraum Überrenditen am Kapitalmarkt beobachtet werden, deutet dies auf einen Informationsgehalt der vermittelten Informationen hin.

Wertrelevanzstudien erstrecken sich hingegen auf einen längeren Zeitraum (long-window-Ansatz), in dem getestet wird, ob ein statistisch signifikanter Zusammenhang zwischen Rechnungslegungs- und Kapitalmarktdaten vorliegt.[85] Die Stärke dieses Zusammenhangs wird als Wertrelevanz bezeichnet und als Gütekriterium für die Rechnungslegungsregeln herangezogen.[86] Angenommen wird, dass die Rechnungslegungsinformationen um so eher ein den tatsächlichen Verhältnissen entsprechendes Bild der Vermögens-, Finanz- und Ertragslage vermitteln, je stärker der Zusammenhang zwischen Rechnungslegungs- und Kapitalmarktdaten ist.[87]

Anzumerken ist, dass insbesondere Wertrelevanzstudien in der Literatur kontrovers diskutiert werden.[88] Als Kritikpunkte werden zum einen die Fokussierung auf die Interessen der Eigenkapitalgeber[89], zum anderen die Tatsache angeführt, dass nicht nachweisbar ist, ob eine mangelnde Wertrelevanz auf eine fehlende Relevanz oder eine fehlende Verlässlichkeit zurückzuführen ist.[90] Zudem wird angemerkt, dass die

---

[83] Vgl. *Coenenberg* (1974), S. 648. Angenommen wird, dass Rechnungslegungsinformationen und Aktienpreise in einem theoretisch begründeten und messbaren Zusammenhang stehen. Nur unter dieser Annahme können die Informationswirkungen veröffentlichter Jahresabschlüsse im Aktienpreisbildungsprozess untersucht werden. Vgl. *Coenenberg* (2005), S. 1227.

[84] Vgl. zur Methodik *Bonse* (2004), S. 171-175; *Coenenberg* (2005), S. 1227-1232. Zu Kritikpunkten vgl. *Bonse* (2004), S. 175-177.

[85] Angenommen wird, dass zwischen Rechnungslegungsinformationen und dem Unternehmenswert ein langfristiger Zusammenhang besteht. Vgl. *Coenenberg* (2005), S. 1232-1233. Zur Vorgehensweise bei Wertrelevanzstudien vgl. ausführlich *Wagenhofer/Ewert* (2007), S. 105-123.

[86] Vgl. dazu und zum Folgenden *Holthausen/Watts* (2001); *Bonse* (2004), S. 177; *Vorstius* (2004), S. 4; *Wagenhofer/Ewert* (2007), S. 105; *Trautwein* (2008), S. 72-74. Zu verschiedenen Arten von Value Relevance-Studien vgl. *Bonse* (2004), S. 178-179; *Bogajewskaja* (2007), S. 107-108; *Torklus* (2007), S. 92-94.

[87] Die Gesamtheit der im Markt befindlichen Informationen wird folglich auf seine Erklärungskraft für am Kapitalmarkt erzielte Marktwerte geprüft. Vgl. *Trautwein* (2008), S. 73.

[88] Vgl. zur Diskussion *Barth/Beaver/Landsman* (2001); *Holthausen/Watts* (2001).

[89] Vgl. *Holthausen/Watts* (2001), S. 24-26.

[90] Vgl. *Bogajewskaja* (2007), S. 109.

den Studien zugrunde liegende Annahme der Kapitalmarkteffizienz zweifelhaft ist und dass durch den statistischen Zusammenhang nicht klar wird, ob die Rechnungslegung tatsächlich ursächlich für die beobachteten Preisänderungen ist.[91] Auch die herangezogenen Bewertungsmodelle werden teilweise kritisiert.[92] Den Kritikpunkten ist jedoch entgegenzuhalten, dass auch das IASB eine Identität der Interessen zwischen Eigenkapitalgebern und sonstigen Abschlussadressaten annimmt (RK.10). Da die Kriterien der Relevanz und Verlässlichkeit beide eine wichtige Rolle spielen, ist auch eine gemeinsame Untersuchung weniger problematisch als in den Kritikpunkten angemerkt.[93] Zudem stellen Wertrelevanzstudien nur einen Ansatz für die zweifellos erforderliche Operationalisierung der Kriterien der Relevanz und der Verlässlichkeit dar und sollen lediglich Denkanstöße geben.[94] Deshalb wird angenommen, dass die Ergebnisse der im Folgenden dargestellten Kapitalmarktstudien im Rahmen der Bestimmung der von den Eigenkapitalgebern gewünschten Weiterentwicklung der geltenden Vorschriften zur Bilanzierung von FuE-Projekten einen sinnvollen Beitrag leisten können.[95]

5.3.2.2 Ergebnisse zum Informationsgehalt der Rechnungslegung über interne FuE-Kosten

Gegenstand der folgenden Ausführungen sind die Ergebnisse von Ereignis- und insbesondere Wertrelevanzstudien, die sich mit dem Informationsgehalt von internen FuE-Kosten für die Eigenkapitalgeber börsennotierter Unternehmen auseinandersetzen. Ausgewertet wurden 18 in Australien, Deutschland, Frankreich, Kanada, Korea, UK und den USA durchgeführte Studien, die zwischen 1996 und 2008 veröffentlicht wurden.[96] Diese untersuchen entweder Unternehmen verschiedener Branchen oder konzentrieren sich auf die Pharma- bzw. Biotechnologiebranche.[97]

---

[91] Vgl. zu diesen Punkten *Wagenhofer/Ewert* (2007), S. 102-104 und S. 118-119.
[92] Vgl. dazu *Holthausen/Watts* (2001), S. 52-63.
[93] Vgl. *Barth/Beaver/Landsmann* (2001), S. 80.
[94] Vgl. *Barth/Beaver/Landsmann* (2001), S. 86; *Bentele* (2004), S. 125. Zudem existiert neben konzeptionell-theoretischen Ansätzen nur der empirische Forschungszweig. Vgl. *Mölls/Strauß* (2007), S. 975; *Wagenhofer/Ewert* (2007), S. 123.
[95] Vgl. zu dieser Ansicht auch *Pellens et al.* (2008b), S. 284-285; *Trautwein* (2008), S. 90-92; *Fülbier/Hitz/Sellhorn* (2009), S. 473. Vgl. zu diesem Vorgehen auch *Weinreis* (2009).
[96] Zu einem Überblick zu Wertrelevanzstudien zu immateriellen Vermögenswerten vgl. *Wyatt* (2008).
[97] Studien, die eine bestimmte Branche außer der Pharma- und Biotechnologiebranche untersuchen, wurden nicht betrachtet.

Mit 11 von 17 Wertrelevanzstudien wird in der Mehrzahl der Untersuchungen der Frage nachgegangen, ob interne FuE-Aufwendungen wertrelevant sind und eine Aktivierung einer Aufwandserfassung vor diesem Hintergrund vorzuziehen sein könnte. Sie beschäftigen sich folglich mit der Bilanzansatzfrage. In der folgenden Tabelle sind die Kernergebnisse der 11 Studien zusammenfassend dargestellt, während eine Erläuterung der Fragestellungen, der untersuchten Unternehmen sowie der für die Arbeit relevanten Ergebnisse der Tabelle E1 des Anhangs E zu entnehmen ist.

Autoren (Jahr; Länder)	Wesentliches Ergebnis
Lev/Sougiannis (1996; USA)	FuE-Kosten sind wertrelevant.
Abrahams/Sidhu (1998; Australien)	Durch Ausübung des Aktivierungswahlrechts aktivierte FuE-Kosten sind wertrelevant.
Zhao (2002; Deutschland, Frankreich, UK, USA)	FuE-Kosten sind wertrelevant.
Ely/Simko/Thomas (2003; USA)	Interne pharmazeutische FuE-Kosten sind wertrelevant. Investoren ordnen FuE-Projekte ab dem Beginn der klinischen Phase II als Vermögenswerte ein, die künftig Erträge erwirtschaften.
Callimaci/Landry (2004; Kanada)	FuE-Kosten sind wertrelevant.
Han/Manry (2004; Korea)	FuE-Kosten sind wertrelevant.
Lev/Nissim/Thomas (2005; USA)	FuE-Kosten sind wertrelevant und die Vermögenswerte sind insbesondere bei Pharma- und Chemieunternehmen unterbewertet.
Cazavan-Jeny/Jeanjean (2006; Frankreich)	Durch Ausübung des Aktivierungswahlrechts aktivierte FuE-Kosten sind nicht wertrelevant.
Ahmed/Falk (2006; Australien)	FuE-Kosten sind wertrelevant.
Xu/Magnan/Andre (2007; USA)	FuE-Kosten sind wertrelevant und die Wertrelevanz wird bei Biotechnologieunternehmen durch die Berücksichtigung von Informationen zur Unsicherheit noch erhöht.
Oswald/Zarowin (2007; USA)	FuE-Kosten sind wertrelevant.

Tab. 24: Ergebnisse zur Wertrelevanz interner FuE-Aufwendungen[98]

Die Tabelle zeigt, dass die Ergebnisse von 10 der 11 dargestellten Untersuchungen eine Wertrelevanz interner FuE-Kosten bestätigen.

---

[98] Zu den in der Tabelle dargestellten Studien vgl. Lev/Sougiannis (1996), S. 108-109 und S. 128; Abrahams/Sidhu (1998), S. 169; Zhao (2002), S. 166 und S. 172; Ely/Simko/Thomas (2003), S. 165-166; Callimaci/Landry (2004), S. 33; Han/Manry (2004), S. 155; Lev/Nissim/Thomas (2005), S. 10 und S. 26; Cazavan-Jeny/Jeanjean (2006), S. 37; Ahmed/Falk (2006), S. 231; Xu/Magnan/Andre (2007), S. 1292-1293; Oswald/Zarowin (2007), S. 1.

Von den verbleibenden sieben Studien setzen sich die von *Lev* und *Zarowin* im Jahr 1999 veröffentlichte Untersuchung US-amerikanischer Unternehmen sowie die von *Goodwin* und *Ahmed* im Jahr 2006 publizierte Studie für Australien mit der Frage auseinander, ob die wachsende Bedeutung von immateriellen Werten für den wirtschaftlichen Erfolg von Unternehmen aufgrund der restriktiven bilanziellen Behandlung dieser Werte mit einer im Zeitablauf abnehmenden Wertrelevanz von Rechnungslegungsdaten und hierbei insbesondere Gewinnen einhergeht. Beide Studien bestätigen diese Hypothese.[99] *Ang*, *Church* und *Feng* zeigen in ihrer 2008 veröffentlichten Untersuchung, dass die Einführung der Vorschriften des IAS 38 zu einer abnehmenden Wertrelevanz von Gewinnen und Buchwerten des Eigenkapitals geführt hat, was darauf zurückgeführt wird, dass verglichen mit den vorher in Australien angewendeten Regeln weniger FuE-Kosten aktiviert werden können.[100]

Die von *Chan*, *Martin* und *Kensiger* 1990 veröffentlichte Ereignisstudie für US-amerikanische Hochtechnologieunternehmen belegt positive Ankündigungseffekte auf eine Erhöhung von FuE-Kosten, was dafür spricht, dass die Investoren aus diesen einen künftigen Nettonutzenzufluss erwarten.[101] Dieses Ergebnis wird durch eine von *Eberhart*, *Maxwell* und *Siddique* ebenfalls in den USA durchgeführte und 2004 veröffentlichte Studie bestätigt.[102]

Schließlich zeigen *Chan*, *Lakonishok* und *Sougiannis* in ihrer für die USA durchgeführten und 2001 veröffentlichten Untersuchung, dass die unzureichenden Rechnungslegungsinformationen zu Forschung und Entwicklung zu einer höheren Volatilität der Aktienrenditen FuE-intensiver Unternehmen und damit zu höheren Kapitalkosten führen.[103] Die letzte betrachtete Studie, die von *Kothari*, *Laguerre* und *Leone* 2002 veröffentlicht und ebenfalls für US-amerikanische Unternehmen durchgeführt wurde, belegt, dass der Nutzenzufluss aus immateriellen Vermögenswerten unsicherer ist als der aus Sachanlagevermögen.[104]

---

[99] Vgl. *Lev/Zarowin* (1999), S. 3; *Goodwin/Ahmed* (2006), S. 71. Bei beiden Untersuchungen handelt es sich um Wertrelevanzstudien. Zu Details zu diesen beiden Studien vgl. Anhang E, Tab. E1. Zu diesem Ergebnis vgl. auch *Gu* (2007).
[100] Vgl. *Ang/Church/Feng* (2008), S. 17.
[101] Vgl. *Chan/Martin/Kensiger* (1990), S. 255. Vgl. zu dieser sowie den im Folgenden beschriebenen Studien Anhang E, Tab. E1.
[102] Vgl. *Eberhardt/Maxwell/Siddique* (2004), S. 623.
[103] Vgl. *Chan/Lakonishok/Sougiannis* (2001), S. 2454.
[104] Vgl. *Kothari/Laguerre/Leone* (2002), S. 355. Untersucht wird dabei der relative Beitrag heutiger Investitionen in immaterielle Vermögenswerte und in Sachanlagevermögen zu künftigen Gewinnschwankungen.

Festzuhalten ist, dass mit Ausnahme einer in Tabelle 24 dargestellten Studie alle Untersuchungen eher Argumente für eine Aktivierung interner FuE-Projekte als für eine Aufwandserfassung und damit für eine stärkere Gewichtung der Relevanz beim Bilanzansatz liefern.[105] Dies lässt darauf schließen, dass auch die bereits vorgeschriebene Aktivierung von erworbenen und einlizenzierten Projekten von den Eigenkapitalgebern gewünscht wird. Dafür spricht auch die Tatsache, dass sich zur Abschaffung des Wahrscheinlichkeitskriteriums für die Erwerbsfälle im Rahmen der im Jahr 2004 vorgenommenen Überarbeitung von IAS 38 und IFRS 3 kaum Adressaten kritisch in ihren Kommentierungsschreiben geäußert haben.[106] Die Tatsache, dass die von *Kothari*, *Laguerre* und *Leone* durchgeführte Studie eine höhere Unsicherheit der Rückflüsse aus immateriellen Vermögenswerten bestätigt, ist ebenfalls nicht unbedingt als Argument gegen eine Aktivierung zu werten, da die Erfolgswahrscheinlichkeit auch auf der Bewertungsebene Berücksichtigung finden kann.[107]

Darüber hinaus deuten die Ergebnisse zweier Studien darauf hin, dass eine Erweiterung der qualitativen Informationen zu FuE-Projekten zu einer Erhöhung des Informationsgehaltes der Rechnungslegungsinformationen führen kann. Die Studie von *Xu*, *Magnan* und *Andre* zeigt, dass die Wertrelevanz interner FuE-Kosten durch Informationen über den Status der FuE-Pipeline, den Diversifikationsgrad des FuE-Portfolios, die Anzahl der Allianzen, in die das Unternehmen eingebunden ist, Informationen zur zu erwartenden Konkurrenz sowie Angaben zum Marktpotenzial der Projekte erhöht werden kann.[108] *Ely*, *Simko* und *Thomas* können ebenfalls belegen, dass Informationen zum Entwicklungsstand der Projekte und damit zur FuE-Pipeline für die Investoren zur Einschätzung des künftigen Nutzenzuflusses bzw. der Unsicherheit der Projekte nützlich sind.[109]

5.3.2.3 Ergebnisse zum Informationsgehalt einer Fair Value-Bewertung

Gegenstand der folgenden Ausführungen sind Studien, die den Versuch unternehmen, die Wertrelevanz von Fair Values nicht marktgängiger, operativer Vermögenswerte zu messen und somit eventuell Hinweise auf das künftig anzustrebende Erst-

---

[105] Vgl. zu diesem Ergebnis auch *Schultze/Dinh Thi/Steeger* (2009), S. 322-326. Eine differenzierte Untersuchung von Forschung und Entwicklung wird nicht vorgenommen.
[106] Vgl. IFRS 3 (2004), BC151.
[107] Vgl. dazu Abschnitt 4.3.1.2.
[108] Vgl. *Xu/Magnan/Andre* (2007), S. 1315.
[109] Vgl. *Ely/Simko/Thomas* (2003), S. 165-166.

bewertungskonzept liefern können. Da eine umfassende Bewertung operativer Vermögenswerte zum Fair Value bislang nicht erfolgt, ist eine empirische Überprüfung der Überlegenheit von Fair Values gegenüber fortgeführten historischen Kosten jedoch schwierig.[110] Bisher existieren überwiegend empirische Untersuchungen, die sich auf den Bereich der finanziellen Vermögenswerte beschränken, für die im Gegensatz zu pharmazeutischen FuE-Projekten häufig Preise auf aktiven Märkten beobachtet werden können und die somit für die vorliegende Arbeit kaum relevant sind.[111] Eine Aussage über die Entscheidungsnützlichkeit des Nutzungswertes ist aufgrund der Tatsache, dass dieser bislang nur im Rahmen des Impairmenttests zur Anwendung kommt, wenn überhaupt nur eingeschränkt möglich.

Im Folgenden werden zunächst fünf zwischen 1998 und 2008 veröffentlichte Studien betrachtet, von denen eine in Australien, eine in den USA und drei in UK durchgeführt wurden.[112] Sie untersuchen die Bewertung von operativen Vermögenswerten zum Fair Value. Die Fokussierung auf Australien und UK ist dadurch zu erklären, dass eine Bewertung zum Fair Value gemäß den nationalen Vorschriften im Bereich des Anlagevermögens erlaubt ist und von einigen Unternehmen vorgenommen wird.[113]

Die 1998 veröffentlichte Studie von *Barth* und *Clinch* zur Neubewertung von u.a. immateriellen Vermögenswerten des Anlagevermögens in Australien zeigt, dass eine über die historischen Kosten hinausgehende Bewertung zu einer positiven Beziehung zwischen den zum Fair Value bewerteten Vermögenswerten und Aktienkursen sowie nicht marktbasierten Schätzungen des Unternehmenswerts führt. Die Ergebnisse sind allerdings statistisch nicht signifikant.[114] Statistisch signifikante Ergebnisse wurden lediglich für die fortgeführten historischen Kosten unterschreitende Abschreibungen (impairments) festgestellt.

---

[110] Vgl. auch *Hitz* (2005), S. 246; *Pellens et al.* (2008b), S. 285.
[111] Vgl. *Hitz* (2007b), S. 324. Zu einigen Studien zu finanziellen Vermögenswerten vgl. *Hitz* (2005), S. 245-246.
[112] Zu Details zu den im Folgenden dargestellten Studien vgl. Anhang E, Tab. E2.
[113] Nach den zum Zeitpunkt der Studie in Australien geltenden Vorschriften war eine Neubewertung erlaubt, wenn der künftig aus Nutzung und Verkauf des Vermögenswertes erzielbare Betrag über dem Buchwert lag. Im umgekehrten Fall galt eine Abschreibungspflicht. Nahezu identische Vorschriften gelten in UK. Vgl. *Barth/Clinch* (1998), S. 203; *Kallapur/Kwan* (2004), S. 152-153; *Danboldt/Rees* (2008), S. 10.
[114] Vgl. *Barth/Clinch* (1998), S. 202. Vgl. dazu auch *Hitz* (2007b), S. 325; *Pellens et al.* (2008b), S. 285.

Die Wertrelevanz einer über die historischen Kosten hinaus vorgenommenen Neubewertung für Sachanlagen wird hingegen durch die von *Aboody, Barth* und *Kasznik* 1999 veröffentlichte Untersuchung britischer Unternehmen bestätigt.[115] Auch *Kallapur* und *Kwan* zeigen in ihrer 2004 publizierten Studie, dass im Rahmen von Unternehmenszusammenschlüssen erworbene und freiwillig zum Fair Value aktivierte Marken bei den betrachteten britischen Unternehmen wertrelevant sind, auch wenn angenommen werden könnte, dass das Management Anreize für eine Überbewertung hat.[116]

Deng und *Lev* zeigen in ihrer 2006 veröffentlichten Studie für US-Unternehmen, die sich als einzige der betrachteten Studien mit dem FuE-Bereich beschäftigt, dass die Fair Values von im Rahmen von Unternehmenszusammenschlüssen erworbenen FuE-Projekten wertrelevant sind und die sofortige Abschreibung dazu führt, dass Gewinne nicht mehr signifikant mit Aktienkursen korrelieren.[117] Schließlich zeigen *Danbolt* und *Rees* im Jahr 2008 ebenfalls für britische Unternehmen, dass die Fair Value-Bilanzierung von Immobilienunternehmen, bei denen wenig verlässliche Werte vorliegen, deutlich weniger wertrelevant ist als diejenige von Investmentfonds, für die aktive Marktpreise verfügbar sind.[118]

Festzuhalten ist, dass sich aufgrund der wenigen Untersuchungen, von denen sich nur eine explizit mit dem FuE-Bereich beschäftigt, lediglich grobe Hinweise auf die Wertrelevanz von zum Fair Value bewerteten FuE-Projekten für die Eigenkapitalgeber ableiten lassen. Die Ergebnisse bestätigen die Wertrelevanz zwar weitgehend, belegen aber teilweise eine geringere Wertrelevanz von durch barwertorientierte Bewertungsverfahren bestimmten Fair Values verglichen mit Marktpreisen, die im Bereich pharmazeutischer FuE-Projekte zwangsläufig zur Anwendung kommen müssten. Die Ergebnisse sprechen somit nicht grundsätzlich gegen aber auch nicht zwingend für die Verwendung von Fair Values zur Bewertung pharmazeutischer FuE-Projekte.

---

[115] Vgl. *Aboody/Barth/Kasznik* (1999), S. 154-155.
[116] Vgl. *Kallapur/Kwan* (2004), S. 151.
[117] Vgl. *Deng/Lev* (2006), S. 1.
[118] Vgl. zu der Studie *Danbolt/Rees* (2008), S. 2 sowie *Pellens et al.* (2008b), S. 285-286. Zu diesem Ergebnis kommt auch die im Jahr 2008 von *Song, Thomas* und *Yi* veröffentlichte Untersuchung von Banken. Sie zeigt, dass mittels barwertorientierter Bewertungsverfahren ermittelte Fair Values verglichen mit auf den ersten beiden Stufen der Fair Value-Hierarchie angeordneten Verfahren die geringste Wertrelevanz aufweisen. Vgl. *Song/Thomas/Yi* (2008).

Noch weniger untersucht ist die von den Eigenkapitalgebern bei Anwendung einer Fair Value-Bilanzierung für operative Vermögenswerte gewünschte Folgebewertungsmethode. Lediglich die Ergebnisse der Studie von *Barth* und *Clinch* liefern Argumente für die bislang vorgesehene GuV-wirksame Erfassung von die fortgeführten historischen Kosten unterschreitenden sowie eine GuV-neutrale Erfassung von die fortgeführten historischen Kosten übersteigenden Wertänderungen.

Auch die zahlreichen für finanzielle Vermögenswerte durchgeführten Studien liefern kein einheitliches Ergebnis[119] hinsichtlich der Wertrelevanz einer GuV-wirksamen verglichen mit einer GuV-neutralen Erfassung von Fair Value-Änderungen. Dies gilt trotz der Tatsache, dass im Bereich finanzieller Vermögenswerte häufig Marktpreise und damit verglichen mit den für pharmazeutische FuE-Projekte zur Anwendung kommenden, mittels Bewertungsverfahren bestimmten Fair Values verlässlichere Werte vorliegen. Zum gleichen Ergebnis kommen Studien zur Folgebewertung von als Finanzinvestitionen gehaltenen Sachanlagen (Investment Property) wie die folgenden Untersuchungen zeigen. *Owusu-Ansah* und *Yeonh* zeigen in ihrer 2006 veröffentlichten Studie für Unternehmen aus Neuseeland, wo für Investment Property ein Wahlrecht zwischen einer GuV-neutralen und einer GuV-wirksamen Folgebewertung besteht, dass die Wahl der Methode keine Auswirkung auf die Wertrelevanz hat.[120] Die von *So* und *Smith* 2009 veröffentlichte Studie, in der die GuV-wirksame Folgebewertung von Investment Property verglichen mit der in Hong Kong zuvor anzuwendenden GuV-neutralen Folgebewertung untersucht wurde, zeigt hingegen, dass eine GuV-wirksame Folgebewertung sowohl zu einer signifikant stärkeren Preisreaktion auf die Bekanntgabe der Gewinne als auch zu einer signifikant stärkeren Korrelation zwischen Gewinn und Aktienrendite führt.[121]

In einer Vielzahl kapitalmarktorientierter Studien wurde darüber hinaus der allgemeiner formulierten Frage nachgegangen, ob das Periodenergebnis (net income) oder das comprehensive income als Summe aus net income und allen im OCI erfassten, noch nicht realisierten Erfolgskomponenten wertrelevanter ist.[122] Die Ergebnisse die-

---

[119] Zu einer Auswertung von Studien zum Informationsgehalt einer Fair Value-Bewertung von insbesondere Finanzinstrumenten, die kein einheitliches Ergebnis liefern, vgl. *Bonse* (2004), S. 201-205.

[120] Vgl. *Owusu-Ansah/Yeoh* (2006), S. 228.

[121] Vgl. zu den Kernergebnissen *So/Smith* (2009), S. 115.

[122] Zu einer detaillierten Darstellung der existierenden Studien zu dieser Fragestellung vgl. *Ernstberger* (2008), S. 8-10; *Weinreis* (2009), S. 164-182.

ser Studien erlauben implizit Rückschlüsse auf die von den Eigenkapitalgebern präferierte Folgebewertungsmethode. Eine höhere Wertrelevanz des comprehensive income als Summe aus net income und OCI wertrelevanter verglichen mit dem net income liefert Argumente für eine vollständig GuV-wirksame Folgebewertung, da die Berücksichtigung der OCI-Komponenten die Wertrelevanz der Ergebnisgröße erhöht. Das umgekehrte Ergebnis liefert hingegen Argumente für eine GuV-neutrale Erfassung von über die historischen Kosten hinaus gehenden Wertänderungen. Die bisherigen Studien lassen eher auf eine Vorteilhaftigkeit des net income gegenüber dem comprehensive income schließen[123], ein durchweg eindeutiges Ergebnis liefern sie jedoch nicht.[124] Auch bezüglich der Wertrelevanz der einzelnen Bestandteile des OCI sind die Ergebnisse empirischer Studien nicht eindeutig.[125]

Abschließend ist demnach festzuhalten, dass die Ergebnisse der betrachteten Studien eher Argumente für eine Beibehaltung der GuV-neutralen Erfassung unrealisierter, die historischen Kosten übersteigender Werterhöhungen liefern, da eine statistisch signifikante Wertrelevanz von die historischen Kosten übersteigenden Werterhöhungen sowie eine höhere Wertrelevanz des comprehensive income verglichen mit dem net income nicht eindeutig bestätigt werden kann. Zumindest die Ergebnisse der Studie von *Barth* und *Clinch* liefern zudem Hinweise darauf, dass außerplanmäßige, die historischen Kosten unterschreitende Wertminderungen auch weiterhin GuV-wirksam erfasst werden sollten.

5.3.3 Ergebnisse von Simulationsstudien

Neben den dargestellten kapitalmarktorientierten Untersuchungen werden im Folgenden die Ergebnisse der bisher einzigen Simulationsstudie vorgestellt, die die Entscheidungsnützlichkeit von Rechnungslegungsinformationen zu interner Forschung und Entwicklung für die Eigenkapitalgeber untersucht. Die Studie von *Healy*, *Myers* und *Howe* aus dem Jahr 2002 weist verglichen mit den bislang betrachteten Untersuchungen den Vorteil auf, dass sie den Fall pharmazeutischer Forschung und Entwicklung betrachtet und aufgrund ihrer Methodik verschiedene, in der Praxis nicht

---

[123] Vgl. dazu und zum Folgenden *Weinreis* (2009), S. 204. Vgl. auch *Bogajewskaja* (2007), S. 152.

[124] Vgl. *Ernstberger* (2008), S. 10.

[125] *Ernstberger* zeigt bspw. für deutsche Unternehmen, dass ausschließlich die Neubewertung von available for sale-Wertpapieren wertrelevant ist. Vgl. *Ernstberger* (2008), S. 2. Zu einem ähnlichen Ergebnis für die USA vgl. *Dhaliwal/Subramanyam/Trezevant* (1999). *Weinreis* zeigt in seiner Analyse zahlreicher empirischer Studien, dass keine OCI-Komponente identifiziert werden kann, welche die Wertrelevanz des net income eindeutig steigert. Vgl. *Weinreis* (2009), S. 204.

angewendete Bilanzierungsalternativen untersuchen kann.[126] Aus diesem Grund sowie aufgrund der Tatsache, dass sie bislang einzigartig in der Literatur ist, wird sie verglichen mit den übrigen empirischen Untersuchungen ausführlicher dargestellt.[127]

Im Unterschied zu den dargestellten Ereignis- und Wertrelevanzstudien untersuchen *Healy*, *Myers* und *Howe* den trade-off zwischen Relevanz und Verlässlichkeit von durch verschiedene Bilanzierungsverfahren ermittelten Rechnungslegungsdaten am Beispiel eines pharmazeutischen FuE-Programms anhand von Monte Carlo-Simulationen.[128] Den Aufhänger für die Studie stellte die Entscheidung des FASB aus dem Jahr 1975 dar, interne FuE-Aufwendungen vollständig GuV-wirksam zu erfassen.[129] Da Forschung und Entwicklung für den Erfolg von Pharmaunternehmen außerordentlich bedeutend sind und der pharmazeutische FuE-Prozess zudem gut strukturiert und hinsichtlich der Kosten- und Wahrscheinlichkeitsverteilung vielfach empirisch untersucht ist[130], wurde die Studie am Beispiel der Pharmabranche durchgeführt.

Der Simulation des pharmazeutischen FuE-Programms liegen empirisch beobachtete, nicht beeinflussbare Wahrscheinlichkeiten zugrunde, mit denen ein in Entwicklung befindliches Arzneimittel die jeweils nächste Phase im Entwicklungsprozess erreicht. Darüber hinaus werden die entsprechenden Kosten sowie die erwarteten Umsätze – ebenfalls basierend auf den Ergebnissen empirischer Untersuchungen – modelliert. Über die Absatzerwartungen sowie die Entwicklung der damit verbundenen Produktions- und Marketingkosten während der Vermarktungsphase werden schließlich Annahmen getroffen.[131]

Simuliert werden Rechnungslegungsdaten von 500 Unternehmen über einen mit einer mehrjährigen Grundlagenforschung beginnenden Zeitraum von 32 Jahren bis

---

[126] Hinsichtlich des generellen Aussagegehalts unterscheiden sich Simulationsstudien jedoch kaum von Kapitalmarktstudien. Vgl. auch *Pellens* (1989), S. 84.

[127] Zu den Forschungsfragen der Studie vgl. *Healy/Myers/Howe* (2002), S. 679.

[128] Vgl. *Healy/Myers/Howe* (2002), S. 677. Zum Aufbau von Simulationsstudien vgl. *Prätsch* (1986), S. 52ff.

[129] Gemäß den vorher gültigen Regeln der APB Opinion No. 17 „Intangible Assets" bestand ein faktisches Aktivierungswahlrecht. Vgl. dazu *Pellens* (2001), S.176.

[130] Vgl. auch Abschnitt 2.3.2 sowie Abschnitt 2.4.1. Dementsprechend konnten die für das Modell notwendigen Input-Daten zum großen Teil empirischen Studien und öffentlich verfügbaren Informationen zur Performance von Pharmaunternehmen entnommen werden. Vgl. *Healy/Myers/Howe* (2002), S. 678.

[131] Zur genauen Ausgestaltung des Simulationsmodells vgl. *Healy/Myers/Howe* (2002), S. 681-688 und ausführlich *Howe* (1995). Zu den angenommenen Parametern vgl. insbesondere *Myers/Howe* (1997).

zum Erreichen eines Steady State.[132] Dabei werden die folgenden Bilanzierungsalternativen für interne FuE-Kosten betrachtet:[133]

1. Vollständige Aufwandsverrechnung aller internen FuE-Kosten (cash-expense method).

2. Aktivierung sämtlicher FuE-Kosten ab der klinischen Phase I[134] und lineare Abschreibung über die wirtschaftliche Nutzungsdauer ab dem Zeitpunkt der Vermarktung sowie außerplanmäßige Abschreibung, sobald der Wert des gesamten aktivierten FuE-Vermögens den Buchwert unterschreitet (full cost-method).[135]

3. Projektbezogene Aktivierung aller FuE-Kosten ab der klinischen Phase I und lineare Abschreibung über die wirtschaftliche Nutzungsdauer ab dem Zeitpunkt der Vermarktung sowie sofortige außerplanmäßige Abschreibung der einem Projekt zugeordneten Entwicklungskosten, sobald das Projekt die nächste Phase im FuE-Prozess nicht erreicht (successful efforts-method).[136]

Die Studie hat zunächst gezeigt, dass sich die Auswirkungen der einzelnen Bilanzierungsalternativen auf Erfolgsgrößen sowie den Buchwert des Eigenkapitals selbst im Steady State stark unterscheiden.[137] Insbesondere zwischen der ersten und den beiden übrigen Alternativen sind große Unterschiede zu erkennen. Darüber hinaus zeigt die Untersuchung des Zusammenhangs zwischen der Rendite der Unternehmen (abhängige Variable) und ihrem Jahresüberschuss vor FuE, den erwarteten FuE-Aufwendungen sowie der Veränderung dieser beiden Größen (unabhängige Variablen)[138], dass die dritte Alternative (successful-efforts method) den höchsten Erklärungsgehalt für die Rendite[139] eines Unternehmens liefert. Dies wird auf die Tatsache

---

[132] Vgl. dazu Healy/Myers/Howe (2002), S. 681-686.

[133] Zur Darstellung der Methoden vgl. Healy/Myers/Howe (2002), S. 678. Zur Erläuterung der zweiten und dritten Methode vgl. auch SFAS 19 „Financial Accounting and Reporting by Oil and Gas Producing Companies", Tz. 102-119.

[134] Die Auswahl dieses Zeitpunkts wird dadurch begründet, dass die Autoren das für die Aktivierung von Software nach US-GAAP geltende Kriterium der „technological feasibility" erstmals als erfüllt ansehen. Vgl. Healy/Myers/Howe (2002), S. 687. Zu dem Kriterium der „technological feasibility" für die Bilanzierung von Software nach US-GAAP vgl. auch Keitz (1997), S. 144.

[135] Begründet wird die nicht projektbezogene Folgebewertung dadurch, dass Kosten für nicht erfolgreiche Projekte als notwendig für die Erforschung und Entwicklung von erfolgreichen Projekten angesehen werden.

[136] Dieses Vorgehen entspricht der Folgebewertung gemäß IAS 38 i.V.m. IAS 36.

[137] Vgl. zu den Ergebnissen Healy/Myers/Howe (2002), S. 679-680.

[138] Bei der zweiten und dritten Alternative wurden zusätzlich Abschreibungsbeträge sowie deren Veränderung zum Vorjahr einbezogen.

[139] Diese wird definiert als Veränderung des als Barwert der mit den Erfolgswahrscheinlichkeiten gewichteten erwarteten künftigen Cashflows ermittelten „economic value" zuzüglich des Free Cash-

zurückgeführt, dass das Management bei dieser Methode die Möglichkeit hat, über außerplanmäßige Abschreibungen bei Nicht-Erreichen der nächsten Stufe im FuE-Prozess Informationen zum Erfolg oder Misserfolg einzelner FuE-Projekte zu vermitteln. Schließlich konnte durch die Analyse des Fehlers bei der Prognose der Ertragswerte[140] der Unternehmen für alle drei Bilanzierungsmethoden gezeigt werden, dass die Vorhersagegenauigkeit des Unternehmenswertes auf Basis der durch die successful-efforts method ermittelten Rechnungslegungsdaten am höchsten ist.[141] Folglich haben die auf Basis dieser Methode ermittelten Rechnungslegungsgrößen verglichen mit den übrigen beiden Alternativen den größten Erklärungsgehalt für den Unternehmenswert.

Zu beachten ist, dass die im Rahmen von Simulationsstudien zu treffenden Annahmen immer eine Vereinfachung der Realität darstellen. Folglich besteht die Gefahr, dass in der Realität wesentliche Faktoren in der Simulation übersehen wurden. Trotzdem können aus den Ergebnissen der Studie Hinweise auf das vor dem Hintergrund der Entscheidungsnützlichkeit von Rechnungslegungsinformationen von Eigenkapitalgebern bevorzugte Informationsvermittlungskonzept abgeleitet werden. Diese sprechen für eine Aktivierung von nach Beginn der klinischen Phase I getätigten Investitionen zu historischen Kosten verglichen mit einer Aufwandsverrechnung und zudem für eine Anwendung der Vorschriften zur planmäßigen und insbesondere außerplanmäßigen Abschreibung auf Einzelprojekte und nicht auf das gesamte FuE-Vermögen und damit für die festgelegte Beibehaltung des Einzelbilanzierungsgrundsatzes. Eine Bewertung zum beizulegenden Zeitwert verglichen mit einer Bilanzierung zu historischen Kosten wurde hingegen nicht untersucht, sodass lediglich eine Aussage über die stärkere Gewichtung der Relevanz beim Bilanzansatz getroffen werden kann.

5.3.4 Ergebnisse von Befragungsstudien und Positionspapieren

5.3.4.1 Theoretische Grundlagen

Gegenstand der folgenden Ausführungen sind die Ergebnisse von Befragungsstudien und Positionspapieren, die sich primär mit der Frage beschäftigen, ob histori-

---

flow des Jahres, dividiert durch den „economic value" zum Periodenbeginn. Vgl. *Healy/Myers/Howe* (2002), S. 686-687 und S. 695.

[140] Die Ertragswerte der Unternehmen wurden über den Buchwert des Eigenkapitals und einen Branchenmultiplikator bestimmt.

[141] Vgl. zu den Ergebnissen *Healy/Myers/Howe* (2002), S. 679-681.

sche Kosten oder beizulegende Zeitwerte im Bereich operativer Vermögenswerte, dem pharmazeutische FuE-Projekte zuzuordnen sind, aus Sicht der Investoren sowie ihrer Informationsintermediäre entscheidungsnützlichere Informationen vermitteln. Während Positionspapiere lediglich die Informationsbedürfnisse bestimmter Vereinigungen wiedergeben, werden in den dem Zweig der verhaltenswissenschaftlichen Untersuchungen[142] zuzuordnenden Befragungen einer bewusst oder zufällig ausgewählten Gruppe privater bzw. institutioneller Investoren, Finanzanalysten sowie Ratingexperten jeweils Unternehmensdaten vorgelegt, deren Entscheidungsnützlichkeit auf einer Skala bewertet werden soll.[143] Im Gegensatz zu den zuvor betrachteten kapitalmarktorientierten Untersuchungen sowie der Simulationsstudie stehen folglich einzelne Individuen im Fokus.[144] Aus den Ergebnissen der Befragung von Einzelpersonen wird letztlich eine Rangfolge durchschnittlicher Informationsbedürfnisse abgeleitet.

Befragungen sind mit einigen Schwierigkeiten verbunden wie z.B. der Tatsache, dass die Auswahl der Befragten bereits das Ergebnis beeinflussen kann oder der Möglichkeit für die Befragten, ihre Antworten danach auszurichten, was ihrer Meinung nach von ihnen erwartet wird.[145] Trotzdem können sie, ebenso wie Positionspapiere, Hinweise auf die Informationsbedürfnisse der befragten Adressaten liefern und werden deshalb im Folgenden betrachtet.[146]

5.3.4.2 Ergebnisse zur Beurteilung unterschiedlicher Wertmaßstäbe durch Investoren und Finanzanalysten

Gegenstand der folgenden Ausführungen sind die Ergebnisse von insbesondere acht zwischen 1984 und 2008 veröffentlichten Untersuchungen, die sich in sechs überwiegend in den USA und Europa durchgeführte Befragungsstudien und zwei Positionspapiere aufteilen. Die Fokussierung der Studien auf die Interessen von Finanzanalysten ist dadurch zu begründen, dass sie Jahresabschlussinformationen in ihrer Funktion als Informationsintermediäre für die Eigenkapitalgeber wesentlich intensiver

---

[142] Zur verhaltenswissenschaftlichen Forschung vgl. *Coenenberg/Haller* (1993b), S. 563-564; *Bonse* (2004), S. 84-88; *Torklus* (2007), S. 84-86.
[143] Vgl. *Bonse* (2004), S. 84.
[144] Vgl. *Coenenberg/Haller* (1993b), S. 564-565; *Bonse* (2004), S. 170.
[145] Vgl. dazu m.w.N. *Bonse* (2004), S. 85-86.
[146] Vgl. zur Ableitung von Informationsbedürfnissen von Jahresabschlussadressaten aus Befragungen und Positionspapieren auch *Pellens/Neuhaus/Schmidt* (2008).

nutzen als insbesondere private Eigenkapitalgeber und zudem für die Anlageentscheidungen institutioneller Investoren eine große Bedeutung haben.[147]

Zunächst werden die beiden Studien betrachtet, die sich neben der Bewertungs- auch mit der Bilanzansatzfrage auseinandersetzen. Die durch *PwC* vorgenommene Befragung von Finanzanalysten zeigt, dass durch Unternehmenszusammenschlüsse zugegangene und aktivierte immaterielle Vermögenswerte für die Befragten keine entscheidungsnützlichen Informationen liefern und interne FuE-Projekte als Aufwand erfasst werden sollten.[148] Demgegenüber weist das *CFA Institute* in seinem Positionspapier darauf hin, dass alle immateriellen Vermögenswerte in der Bilanz angesetzt werden sollten.[149] Dies wird durch die gesunkene Bedeutung der Bilanz für Anlageentscheidungen der Investoren begründet, die u.a. darauf zurückzuführen ist, dass die zunehmend wichtiger gewordenen immateriellen Werte kaum als Vermögenswerte in der Bilanz reflektiert werden. Die Ansicht des *CFA Institute* wird durch zwei weitere Befragungsstudien bestätigt.[150] Eine Befragung des *DRSC* von Vertretern kleiner und mittelgroßer Unternehmen aus 2007 belegt, dass eine Aktivierung von Entwicklungskosten verglichen mit einer Aufwandsverrechnung nützlichere Informationen vermittelt, während eine durch *Ruhnke, Schmiele* und *Sanyang* 2009 veröffentlichte Befragung von Vertretern von Kreditinstituten zeigt, dass Kreditvergabeentscheidungen bei einer Aktivierung positiver ausfallen werden, sofern der Jahresabschluss geprüft wird.

Die folgende Tabelle fasst schließlich die Ergebnisse der betrachteten Untersuchungen zum für die Bewertung operativer Vermögenswerte sowohl in der Bilanz als auch im Anhang präferierten Wertmaßstab zusammen.

---

[147] Empirisch wurde bestätigt, dass Jahresabschlussdaten für Finanzanalysten und institutionelle Investoren verglichen mit privaten Eigenkapitalgebern eine intensiv genutzte Informationsquelle darstellen. Vgl. *Ernst/Gassen/Pellens* (2009), S. 13. Eine Befragung von institutionellen Investoren, Finanzanalysten und Ratingexperten aus Europa hat zudem gezeigt, dass Rechnungslegungsdaten für 90% der Befragten eine wichtige Rolle bei der Entscheidungsfindung spielen. Vgl. *Gassen/Schwedler* (2008), S. 12.

[148] Vgl. *PwC* (2007d), S. 7.

[149] Vgl. *CFA Institute* (2007), S. 21 und S. 53.

[150] Vgl. zu den Studien *DRSC* (2007), S. 33; *Ruhnke/Schmiele/Sanyang* (2009), S. 2728.

	Autoren (Jahr)	Länder	Befragte bzw. Verfasser	Präferierter Wertmaßstab Bilanz	Präferierter Wertmaßstab Anhang
Befragungsstudien	Arnold/Moizer/Noreen (1984)	USA, UK	Finanzanalysten (Rücklauf ca. 50% von 865 Fragebögen)	Historische Kosten	k.A.
	McCaslin/Stanga (1986)	USA	Finanzanalysten und Kreditbearbeiter (Rücklauf ca. 30% von 600 Fragebögen)	Historische Kosten	k.A.
	Epstein/Pava (1993)	USA	Private EK-Geber (Rücklauf: 8,2% von 3.000 Fragebögen)	Historische Kosten	„current values"[151] (Zeitwerte)
	Anderson/Epstein (1996)	USA/Australien/Neuseeland	Private EK-Geber (Rücklauf: 16,3% von 5.718 Fragebögen)	Historische Kosten	„current values" (Zeitwerte)
	PwC (2007)	USA, Europa, Kanada	Finanzanalysten (Interviews mit 50 Analysten)	Historische Kosten	„current value" als WBW oder Veräußerungspreis
	Gassen/Schwedler (2008)	Europa	Institutionelle Investoren, Finanzanalysten, Ratingagenturen (Rücklauf ca. 1,9% von 20.000 Befragten)	Historische Kosten/ Nutzungswert[152]	Nutzungswert/ Historische Kosten
Positionspapiere	CFA Institute (2007)	N/A	Finanzanalysten	Fair Value nach SFAS 157	Historische Kosten
	UBS Investment Research (2007)	N/A	Finanzanalysten	Historische Kosten	Veräußerungspreis oder WBW, sofern er von historischen Kosten abweicht

Tab. 25: Ergebnisse der Befragungsstudien und Positionspapiere zum präferierten Bewertungsmaßstab für operative Vermögenswerte[153]

---

[151] Darunter sind, ebenso wie in der Studie von *Anderson* und *Epstein*, insbesondere Wiederbeschaffungszeitwerte zu verstehen. 58% der Befragten wünschen einen zusätzlichen Abschluss auf Basis von Zeitwerten, davon 65% zudem eine Testierung. Vgl. *Epstein/Pava* (1993), S. 124-127. Dieses Ergebnis wird durch die Studie von *Anderson* und *Epstein* bestätigt. Vgl. *Anderson/Epstein* (1996), S. 80-81.

[152] Diesen beiden Wertmaßstäben wird die höchste Entscheidungsnützlichkeit beigemessen. Vgl. *Gassen/Schwedler* (2008), S. 17.

[153] Vgl. zu den dargestellten Ergebnissen *Arnold/Moizer/Noreen* (1984), S. 7; *McCaslin/Stanga* (1986), S. 151-156; *Epstein/Pava* (1993), S. 124-127; *Anderson/Epstein* (1996), S. 80-85; *CFA Institute* (2007), S. 8; *PwC* (2007d), S. 6; *UBS Investment Research* (2007), S. 28; *Gassen/Schwedler* (2008), S. 16-17.

Die in der Tabelle zusammengefassten Ergebnisse zeigen, dass die befragten Jahresabschlussadressaten einer Bewertung zu historischen Kosten überwiegend eine höhere Entscheidungsnützlichkeit beimessen und diese demnach als in der Bilanz anzuwendenden Wertmaßstab präferieren, während Zeitwerte lediglich als im Anhang anzugebende Zusatzinformation gewünscht werden. Diese Einschätzung wird u.a. durch Zweifel an der Fähigkeit des Managements zur Ermittlung verlässlicher Werte, Kosten für die Implementierung der Zeitwertbilanzierung sowie die Ansicht, die Fair Value-Ermittlung wäre Aufgabe der Finanzanalysten, begründet.[154] Die Ergebnisse der Studie von *PwC* deuten zudem darauf hin, dass Informationen zur Art der immateriellen Vermögenswerte sowie zu den getätigten Investitionen eine größere Bedeutung zukommt als der Erfassung in der Bilanz.

Die zeitliche Struktur der Studien zeigt jedoch, dass die Präferenz für eine Fair Value-Bewertung auch in der Bilanz im Zeitablauf zugenommen hat. Im Positionspapier des *CFA Institute* wird eine grundsätzliche Bewertung zum Fair Value gefordert, da es sich nach Ansicht der Verfasser um die aktuellste Schätzung des Wertes eines assets bzw. der daraus erwarteten Cashflows handelt.[155] Die Verlässlichkeit soll über zusätzliche Anhangangaben gewährleistet werden.[156] Nicht eindeutig ist hingegen das Ergebnis der von *Gassen* und *Schwedler* durchgeführten Studie. Die Mehrzahl der Befragten fordert eine konsistente Bewertung aller Aktiva und Passiva zum Fair Value sowie eine Angabe der historischen Kosten im Anhang.[157] Die Ergebnisse zur Bewertung immaterieller Vermögenswerte zeigen jedoch, dass dem Nutzungswert und den historischen Kosten eine nahezu identische Entscheidungsnützlichkeit beigemessen wird, während mittels Bewertungsverfahren bestimmte Fair Values für weniger entscheidungsnützlich gehalten werden.[158] Somit ist nicht klar, ob die historischen Kosten oder der Nutzungswert für die Bewertung in der Bilanz präferiert werden.

Leider liefern nur drei der betrachteten Studien auch Ergebnisse zur gewünschten Erfassung von Fair Value-Änderungen im Rahmen der Folgebewertung.[159] Die Stu-

---

[154] Vgl. dazu und zum Folgenden *PwC* (2007d), S. 6 und S. 11.
[155] Vgl. dazu *CFA Institute* (2007), S. 8 und S. 18.
[156] Vgl. *CFA Institute* (2007), S. 40.
[157] Vgl. dazu und zum Folgenden *Gassen/Schwedler* (2008), S. 16-17.
[158] Eine höhere Entscheidungsnützlichkeit weist lediglich der vom Markt hergeleitete Fair Value auf, der für pharmazeutische FuE-Projekte nicht durchweg verfügbar sein wird.
[159] Die Ergebnisse von *PwC* und *UBS* beziehen sich zudem auf finanzielle Vermögenswerte.

die von *PwC* kommt zu dem Ergebnis, dass Fair Value-Änderungen getrennt von der operativen Sphäre ausgewiesen werden sollten, was gegen eine vollständig GuV-wirksame Folgebewertung bzw. für einen separaten Ausweis von Fair Value-Änderungen spricht.[160] Auch *UBS* fordert eine separate Erfassung von die fortgeführten historischen Kosten übersteigenden Wertänderungen in der GuV, die dazu führt, dass der operative Gewinn primär durch historische Kosten geprägt ist.[161] Dies spricht entweder für einen separaten Ausweis die fortgeführten historischen Kosten übersteigender Werterhöhungen oder die Anwendung der Neubewertungsmethode. Das *CFA Institute* spricht sich hingegen für eine GuV-wirksame Fair Value-Bewertung aus.[162]

Anzumerken ist, dass auch die Ratingagenturen *S&P* und *Moody's* die im OCI erfassten Fair Value-Änderungen bei der Ermittlung von Ratingkennzahlen nicht berücksichtigen.[163] Dies spricht ebenfalls für einen separaten Ausweis bzw. eine GuV-neutrale Erfassung von die historischen Kosten übersteigenden Werterhöhungen, die auch der *Bundesverband deutscher Banken* präferiert.[164] Zwar korrigieren Ratingagenturen die berichteten Ergebnisgrößen zudem teilweise um als nicht nachhaltige Einmaleffekte eingeordnete außerplanmäßige Abschreibungen, was dafür sprechen könnte, diese ebenfalls GuV-neutral zu erfassen. Bei im Bereich pharmazeutischer FuE-Projekte vorgenommenen außerplanmäßigen Abschreibungen handelt es sich jedoch i.d.R. um Ereignisse, die eine nachhaltige Verschlechterung der Geschäftsaussichten – zumeist aufgrund von Projektabbrüchen – signalisieren und somit nicht in den Bereich der korrigierten Ergebnisbestandteile fallen sollten.

Als Fazit ist festzuhalten, dass eine Bewertung zu historischen Kosten in der Bilanz zumeist präferiert wird, Zeitwerte insbesondere in Form des Fair Value als Veräußerungspreis oder Wiederbeschaffungszeitwert jedoch im Anhang angegeben werden sollten. In den letzten Jahren ist jedoch teilweise eine Präferenz für eine Fair Value-Bewertung zu erkennen. Sollte der Fair Value für die Bewertung in der Bilanz zur Anwendung kommen, liefern die dargestellten Ergebnisse eher Argumente für eine GuV-neutrale Erfassung bzw. einen separaten Ausweis von die historischen Kosten

---

[160] Vgl. *PwC* (2007d), S. 6.
[161] Vgl. *UBS* (2007), S. 14.
[162] Vgl. dazu *CFA Institute* (2007), S. 8-9. Eventuelle Volatilitäten werden als Aufdeckung der wirtschaftlichen Realität und damit nicht als problematisch angesehen.
[163] Vgl. Anhang F, Tab. F5 und Tab. F6.
[164] Vgl. *Bundesverband deutscher Banken* (2007), S. 1.

übersteigenden Fair Value-Änderungen sowie eine Erfassung planmäßiger und außerplanmäßiger Abschreibungen der historischen Kosten im Periodenergebnis.

5.3.4.3 Ergebnisse zu gewünschten Anhanginformationen zu Fair Values

Die Ausführungen des vorherigen Abschnitts haben gezeigt, dass der Fair Value zumeist zwar nicht als primärer Wertmaßstab, jedoch vielfach als zusätzliche Anhangangabe gefordert wird. Aus diesem Grund wird im Folgenden untersucht, ob, und wenn ja, welche Zusatzinformationen bei einer Fair Value-Bewertung zur Erhöhung der Entscheidungsnützlichkeit gewünscht werden.

Die folgende Tabelle fasst die von den durch *PwC* befragten Analysten sowie das *CFA Institute* und die *UBS* geforderten Erläuterungen, die grundsätzlich in die gleiche Richtung gehen, zusammen.

Autoren (Jahr)	Geforderte Zusatzinformationen
PwC (2007)	1. Angabe des Fair Value als Bandbreite von Werten. 2. Benchmark gegen Industriestandards.
CFA Institute (2007)	1. Erklärung der Bewertungsmodelle. 2. Erläuterung von Annahmen und Schätzwerten. 3. Sensitivitätsanalysen.
UBS Investment Research (2007)	1. Erklärung der Bewertungsmodelle. 2. Erläuterung von Annahmen. 3. Sensitivitätsanalysen. 4. Angabe des Fair Value als Bandbreite von Werten.

Tab. 26: **Ergebnisse zur Erläuterung der Fair Value-Ermittlung**[165]

Die Tabelle zeigt, dass speziell eine Angabe des Fair Value sowie eine Erläuterung der Annahmen, die seiner Ermittlung zugrunde gelegt wurden, gewünscht wird.

5.3.5 Zusammenfassung der wesentlichen Ergebnisse

In den vorangegangenen Abschnitten wurden aus den Ergebnissen empirischer Studien und damit aus beobachteten Informationsbedürfnissen Hinweise auf aus Sicht der Investoren sowie ihrer Informationsintermediäre zur Vermittlung entscheidungsnützlicher Informationen über FuE-Projekte geeignete Bilanzansatz-, Bewertungs- und Ausweisvorschriften hergeleitet. Die folgende Tabelle fasst die wesentlichen Ergebnisse zusammen.

---

[165] Vgl. zu den dargestellten Ergebnissen *CFA Institute* (2007), S. 14; *PwC* (2007d), S. 6; *UBS Investment Research* (2007), S. 29.

Quelle	Präferierte Bilanzansatz-, Bewertungs- und Ausweisvorschriften
Kapitalmarktorientierte Studien und Simulationsstudien	1. Die Aktivierung interner FuE-Projekte ist einer Aufwandserfassung vor dem Hintergrund der Wertrelevanz vorzuziehen. 2. Es ist keine eindeutige Aussage zum Wertmaßstab möglich. 3. Bei einer Fair Value-Bewertung sprechen die Ergebnisse eher gegen eine GuV-wirksame Erfassung von die historischen Kosten übersteigenden Werterhöhungen. 4. Eine Erweiterung der Zusatzinformationen um Angaben zur Unsicherheit pharmazeutischer Forschung und Entwicklung wird gewünscht.
Befragungen und Positionspapiere	1. Die Ergebnisse der wenigen Studien sprechen für eine Aktivierung verglichen mit einer Aufwandsverrechnung. 2. Als Wertmaßstab in der Bilanz werden überwiegend die historischen Kosten, für den Anhang der Fair Value als Wiederbeschaffungswert (WBW) oder Veräußerungspreis präferiert. 3. Bei einer Fair Value-Bewertung sprechen die Ergebnisse gegen eine GuV-wirksame Erfassung von die historischen Kosten übersteigenden Werterhöhungen. 4. Eine Erweiterung der Anhangangaben um Informationen zur Fair Value-Ermittlung sowie um Sensitivitätsanalysen wird gewünscht.

Tab. 27: **Zusammenfassung der Ergebnisse zu den beobachteten Informationsbedürfnissen der Jahresabschlussadressaten**

Abschließend ist demnach festzuhalten, dass die empirischen Ergebnisse für eine Höhergewichtung der Relevanz im Bilanzansatz, jedoch nicht durchweg für eine Höhergewichtung der Relevanz in der Bewertung und damit eher für die Umsetzung der zweiten herausgearbeiteten Alternative als für die erste oder dritte Alternative sprechen, wobei die dritte der ersten Alternative vorzuziehen ist. Sollte die dritte Alternative zur Anwendung kommen, sprechen die Ergebnisse für eine Verwendung des Fair Value im Sinne eines Veräußerungspreises, da dieser auch als im Anhang zu verwendender Wertmaßstab vorgeschlagen wird und der ebenfalls genannte WBW für pharmazeutische FuE-Projekte nicht ermittelbar sein wird. Die Folgebewertung sollte in diesem Fall tendenziell differenziert und damit gemäß dem grundsätzlichen Konzept der im IAS 38 bereits verankerten Neubewertungsmethode erfolgen, da diese im Unterschied zur in IAS 39 geregelten Vorgehensweise Vorschriften zur planmäßigen Abschreibung vorsieht.[166] Schließlich wird eine Erweiterung der zusätzlichen Informationspflichten gewünscht. Auf Basis dieser Erkenntnisse werden im Folgenden konkrete Empfehlungen für eine Weiterentwicklung der für FuE-Projekte gel-

---

[166] Dabei könnte, analog zur Regelung des IAS 39, eine Beschränkung der GuV-wirksamen Erfassung auf nachhaltige Wertminderungen vorgenommen werden.

tenden Bilanzierungsvorschriften entwickelt. Während die Bilanzansatz- und Bewertungsvorschriften grundsätzlich unabhängig von der Branche zur Anwendung kommen können bzw. sollten, sind die Abgrenzung von Forschung und Entwicklung sowie Teile der Ausweisvorschriften vor dem Hintergrund der Charakteristika der jeweiligen Branche vorzunehmen. Im Folgenden werden – dem bisherigen Fokus der Arbeit entsprechend – Empfehlungen für den Pharmabereich erarbeitet.

5.4 Ableitung konkreter Empfehlungen für eine Weiterentwicklung des IAS 38

5.4.1 Definitions- und Bilanzansatzvorschriften

Aus den Ergebnissen der Abschnitte 5.2 und 5.3 werden im Folgenden konkrete Empfehlungen für eine Weiterentwicklung der geltenden Bilanzansatz-, Bewertungs- und Ausweisvorschriften für FuE-Projekte abgeleitet, wobei auf die Besonderheiten pharmazeutischer Forschung und Entwicklung Bezug genommen wird.[167] Dabei stehen die Definitions- und Bilanzansatzvorschriften zunächst im Fokus, da die Frage der Bewertung im Sinne des Informationsnutzens der Kapitalgeber nur gelöst werden kann, wenn es zunächst zu einer Klärung der Bilanzansatzfrage kommt.[168]

Eine Definition der Begriffe der Forschung sowie der Entwicklung ist nur erforderlich, wenn eine Aktivierungskonzeption vorgeschlagen wird, bei der eine differenzierte Behandlung von Forschung und Entwicklung erfolgt. Folglich ist zunächst eine Entscheidung über die Bilanzansatzvorschriften zu treffen.

Sowohl die kapitalmarktorientierten Studien als auch die Simulationsstudie liefern Argumente für ein Aktivierungskonzept, während lediglich die durch *PwC* durchgeführte Analystenbefragung zu einem gegenteiligen Ergebnis kommt. Aus diesem Grund wird ein Aktivierungskonzept empfohlen[169] und die in Abschnitt 5.2.2 dargestellte vollständige Aufwandserfassung (Alternative 1) ausgeschlossen. Für eine Aktivierung spricht auch, dass die Informationsaufgabe der Rechnungslegung primär

---

[167] Soweit empirische Ergebnisse vorliegen, werden diese dabei berücksichtigt. Eine Bereichsbewertung auf ZGE-Basis wird nicht betrachtet, da der Standardsetter diese nicht anstrebt. Vgl. dazu Abschnitt 4.2.2.

[168] Ähnlich auch *Bieker* (2006), S. 217-218.

[169] Diese Ansicht vertreten auch *Lev* und *Zarowin*, die für die US-GAAP festhalten, dass eine vollständige Aufwandsverrechnung inkonsistent mit den Ergebnissen empirischer Forschung ist. Vgl. *Lev/Zarowin* (1999), S. 376. Vgl. auch *Pellens/Fülbier/Sellhorn* (2001), S. 94; *AASB* (2007a), Tz. 36.

durch Bilanz und Gesamtergebnisrechnung erfüllt werden[170], außerbilanzielle Lösungen hingegen lediglich der temporären Überbrückung von Defiziten in der Berichterstattung dienen sollen.[171] Vor dem Hintergrund des in den IFRS verankerten sowie durch die Ergebnisse der Simulationsstudie bestätigten Einzelbilanzierungsgrundsatzes sollten die im Folgenden erarbeiteten Vorschriften zudem auf einzelne Projekte und nicht auf Projektportfolien oder das gesamte FuE-Vermögen angewendet werden.[172]

Während die empirischen Ergebnisse zum grundsätzlichen Bilanzansatzkonzept relativ eindeutig sind, liefern sie zu der Frage, ob die Aktivierungspflicht für alle oder nur bestimmte FuE-Projekte gelten sollte, kaum Ergebnisse. Die Kapitalmarktstudien bestätigen eine Wertrelevanz der gesamten FuE-Kosten; eine differenziertere Analyse ist mangels verfügbarer Daten hingegen nicht möglich. In der Simulationsanalyse werden ausschließlich nach Beginn der klinischen Phase I anfallende Kosten als aktivierungsfähig bzw. aktivierungspflichtig angesehen, sodass über die Vorteilhaftigkeit einer Aktivierungspflicht für alle FuE-Kosten keine Aussage getroffen werden kann.[173] Folglich ist die Entscheidung letztlich auf Basis von Plausibilitätsüberlegungen zu treffen. Im Folgenden werden dabei die Besonderheiten pharmazeutischer Forschung und Entwicklung berücksichtigt.

Unabhängig von der jeweiligen Branche ist anzunehmen, dass die Anforderungen an einen Vermögenswert im Sinne eines Einzahlungspotenzials zu Beginn des FuE-Prozesses i.d.R. noch nicht erfüllt sind. Im Pharmabereich besteht vor Beginn der klinischen Phase I zumeist lediglich eine begründete Vorstellung über die Verwendung der Forschungsergebnisse. Da noch kein Bezug zu einem konkreten Produkt gegeben ist[174], ist zum einen nicht davon auszugehen, dass bereits abgrenzbare Einzahlungspotenziale vorliegen und zum anderen eine zuverlässige Bewertbarkeit

---

[170] Vgl. *Streim/Bieker/Esser* (2005), S. 98. Schließlich wird den klassischen Abschlussbestandteilen, insbesondere der Bilanz und der GuV, eine höhere Verlässlichkeit beigemessen. Vgl. *Pellens/ Fülbier/Sellhorn* (2001), S. 101. Vgl. auch *AASB* (2008), Tz. 254. Diese werden von den Investoren zudem primär und zumeist ohne weitere Aufbereitung herangezogen. Vgl. *Pellens et al.* (2008c), S. 143; *Ernst/Gassen/ Pellens* (2009), S. 11.

[171] Vgl. *Haller* (1998), S. 587.

[172] Aufgrund des Wesentlichkeitsgrundsatzes sowie Kosten-Nutzen-Überlegungen sollten im Rahmen von Unternehmenszusammenschlüssen erworbene Projekte in frühen Entwicklungsphasen jedoch ausnahmsweise als z.B. nach Therapiegebieten abgegrenzte Portfolien angesetzt werden dürfen.

[173] Vgl. dazu Abschnitt 5.3.3.

[174] Vgl. dazu die Abschnitte 2.3.2.2 und 2.3.3.

bei einer unternehmensinternen Durchführung sowie insbesondere beim Erwerb durch einen Unternehmenszusammenschluss kaum möglich. Dafür sprechen auch die in einigen Geschäftsberichten zu findenden Hinweise, dass im Rahmen von Akquisitionen erworbene Forschungsprojekte bei Anwendung der Vorschriften des IFRS 3 (2004) als Bestandteil des Goodwill erfasst wurden.[175] Zu Beginn der klinischen Phase I wird der Bezug zu einem konkreten Produkt i.d.R. gegeben und eine Projektabgrenzung und damit auch eine zuverlässige Bewertbarkeit hingegen zumeist möglich sein. Aus diesem Grund wird vorgeschlagen, eine Aktivierung unabhängig vom Durchführungsweg ab dem Beginn der klinischen Phase I vorzuschreiben und Unsicherheiten über den tatsächlichen Erfolg des jeweiligen Projekts im Rahmen der Bewertung zu berücksichtigen.[176] Alle vorher angefallenen Kosten sollten hingegen als Aufwand erfasst werden. Folglich wird die Aktivierungspflicht nicht an die Zugangsform, sondern an die Phase im FuE-Prozess gebunden.

Die vorangegangenen Ausführungen sowie die in Abschnitt 3.4.1.2.1 vorgenommene Einordnung der Phasen des pharmazeutischen FuE-Prozesses in die Begriffswert des IAS 38 zeigen, dass die im IAS 38 verankerten Definitionen von Forschung und Entwicklung beibehalten werden sollten. Schließlich ermöglichen sie eine sinnvolle Abgrenzung zwischen aktivierungspflichtigen Entwicklungs- und nicht aktivierungsfähigen Forschungskosten. Um jedoch eine eindeutige Trennung der Forschungs- von der Entwicklungsphase gewährleisten zu können, sollte die hergeleitete Auslegung der Begriffe der Forschung und Entwicklung zur Sicherung der Vergleichbarkeit für den Pharmabereich, sowie ggf. auch für andere FuE-intensive Branchen, festgelegt werden. Somit sollten die klinischen Phasen dem Entwicklungs-, die zeitlich vorgelagerten Phasen dem Forschungsbereich zugeordnet werden.[177]

5.4.2 Erst- und Folgebewertungsvorschriften

Im Folgenden ist festzulegen, wie die zu aktivierenden Entwicklungsprojekte im Erstbewertungszeitpunkt zu bewerten sind und wie diese Bewertung in den Folgeperioden fortzuführen ist. Während sich aus den Kapitalmarktstudien aufgrund ihrer gerin-

---

[175] Vgl. dazu Abschnitt 4.4.3.4.

[176] Vgl. zur Berücksichtigung der Unsicherheit bei der Bewertung auch *Streim/Bieker/Leippe* (2001), S. 193; *Vollmer* (2008), S. 273.

[177] Vgl. zu dieser Abgrenzung auch *PwC* (2008a). Die damit einhergehende Inkonsistenz in der Behandlung interner Forschungskosten und im Rahmen eines Erwerbs oder einer Einlizenzierung durch den gezahlten Preis u.a. abgegoltener Forschungskosten des Veräußerers früherer Perioden wird in Kauf genommen.

gen Anzahl insbesondere für den Bereich der immateriellen Vermögenswerte weder eindeutige Hinweise für noch gegen eine Fair Value-Bewertung als von den Eigenkapitalgebern präferiertes Bewertungskonzept ableiten lassen, deuten die Ergebnisse der Befragungen und Positionspapiere weitgehend darauf hin, dass historische Kosten dem Fair Value als in der Bilanz anzuwendender Bewertungsmaßstab vorgezogen werden. Allerdings sind, wie die zeitliche Struktur der betrachteten Studien zeigt, in den letzten Jahren im Unterschied zur Vergangenheit teilweise Präferenzen für eine Fair Value-Bewertung zu erkennen.

Vor dem Hintergrund dieser Ergebnisse wird im Folgenden zwischen einem *kurzfristig* und einem unter bestimmten Bedingungen *langfristig* umzusetzenden Vorschlag für eine Weiterentwicklung der Erst- und Folgebewertungsvorschriften des IAS 38 bzw. IAS 36 unterschieden.

Kurzfristig sollte zunächst eine Aktivierung aller Entwicklungsprojekte zu historischen Kosten und damit die in Abschnitt 5.2.3 dargestellte Alternative (Alternative 2) vorgeschrieben werden. Die Tatsache, dass die fortgeführten historischen Kosten den Bezug zum beizulegenden Zeitwert schnell verlieren können[178], sowie der lediglich formal konsistente Erstbewertungsmaßstab sollten in Kauf genommen werden, um entsprechend den empirisch festgestellten Informationsbedürfnissen der Investoren und ihrer Informationsintermediäre ein höheres Maß an Verlässlichkeit bei der Bewertung zu gewährleisten.[179] Schließlich wird durch eine Aktivierungspflicht zu historischen Kosten zumindest sichergestellt, dass alle Entwicklungsprojekte in Höhe der in diese investierten Mittel[180] und somit das aus den Projekten erwartete Mindesteinzahlungspotenzial in der Bilanz gezeigt wird.[181] Auch wenn aufgrund der Einzelbewertung sowie der Verwendung der historischen Kosten eine Diskrepanz zwischen bilanziellem Eigenkapital und Börsenkapitalisierung bzw. Unternehmenswert bleibt, ist

---

[178] Vgl. *Hommel* (2006), S. 291; *Wagenhofer/Ewert* (2007), S. 157; *Hackenberger* (2008), S. 168-171. Ähnlich auch *IASC* (1998), Tz. 21d ii).

[179] Auch das IASB selbst merkt im Preface zum Rahmenkonzept an, dass andere Bewertungskonzepte eventuell besser zur Vermittlung entscheidungsnützlicher Informationen geeignet sind, entscheidet sich aber zumeist für historische Kosten.

[180] Allerdings handelt es sich im Fall des Unternehmenszusammenschlusses um fiktive Projektinvestitionen.

[181] Vgl. m.w.N. *Beyhs* (2002), S. 249; *Hepers* (2005), S. 80; *Vollmer* (2008), S. 271.

anzunehmen, dass eine Aktivierung zu historischen Kosten zu einer Verbesserung der Informationsfunktion führt.[182]

Wird eine Erstbewertung zu historischen Kosten vorgenommen, sollten die geltenden Regeln des IAS 38 bzw. IAS 36 für die Folgebewertung nahezu vollständig beibehalten werden. Denn die planmäßigen Abschreibungen sowie die bei negativen Wertänderungen vorzunehmenden GuV-wirksamen außerplanmäßigen Abschreibungen werden durch die Ergebnisse der empirischen Studien zumeist bestätigt.[183] Zudem wirken sie sich positiv auf die im Rahmenkonzept verankerte Prognoseeignung des Gewinns aus.[184] Dabei ist zu beachten, dass ein nachhaltiger, zur Prognose künftiger Gewinne bzw. Cashflows geeigneter Gewinn keine vorübergehenden oder außerordentlichen Wertschwankungen, sondern nur solche Wertänderungen erfassen darf, die auf eine nachhaltige Verbesserung oder Verschlechterung der Geschäftsaussichten zurückzuführen sind, damit er die Richtung, in die sich der Gesamtwert einer Unternehmung entwickelt, zutreffend anzeigt.[185] Andernfalls muss eine Trennung zwischen nachhaltigen und vorübergehenden Wertänderungen im Gewinnausweis vorgenommen werden.[186] Da außerplanmäßige Abschreibungen im Bereich pharmazeutischer FuE-Projekte regelmäßig aufgrund von nachhaltigen Wertminderungen vorgenommen werden, wird die Prognoseeignung des Gewinns durch die grundsätzliche GuV-wirksame Erfassung außerplanmäßiger Abschreibungen jedoch nicht gefährdet.[187]

---

[182] Vgl. auch *Fülbier/Honold/Klar* (2000), S. 843. Um einen richtigen Gesamtvermögensausweis zu erreichen, müsste zusätzlich ein Full-Fair Value-Goodwill als Differenz zwischen der Summe der Buchwerte der Vermögenswerte und dem Gesamtunternehmenswert aktiviert werden. Zudem wären die Schulden zum Fair Value zu bewerten, damit der Bilanz der seitens des Managements geschätzte Marktwert des Eigenkapitals (Netto-Unternehmenswert) entnommen werden kann. Vgl. dazu *Pellens/Neuhaus/Schmidt* (2008), S. 86-87.

[183] Die planmäßige Abschreibung sollte jedoch über die wirtschaftliche und nicht die rechtliche Nutzungsdauer vorgenommen werden.

[184] Vgl. dazu Abschnitt 4.2.1; *Streim/Bieker/Leippe* (2001), S. 192; *Schildbach* (2004), S. 69-70; *Hitz* (2005), S. 166-167; *Hackenberger* (2008), S. 179-181; *Pellens/Neuhaus/Schmidt* (2008), S. 86. Eine zur Performancemessung geeignete Gewinngröße, die ausschließlich auf die Leistung des Managements in der abgelaufenen Periode zurückzuführende Erfolgskomponenten enthalten sollte, sollte aus dem Prognosegewinn abgeleitet und im Anhang angegeben werden. Zu den Anforderungen an einen für die Beurteilung der Managementperformance geeigneten Gewinn vgl. m.w.N. *Hackenberger* (2008), S. 77-79.

[185] Vgl. auch *Streim* (1977), S. 241.

[186] Vgl. *Moxter* (1966), S. 44-45; *Schildbach* (1975), S. 249; *Streim/Leippe* (2001), S. 401; *Streim/Bieker/Leippe* (2001), S. 181; *Coenenberg/Deffner/Schultze* (2005), S. 435; *Schildbach* (2006), S. 313-315; *Hackenberger* (2008), S. 179 und S. 181.

[187] Der reine Zeiteffekt bewirkt nach IAS 36 keine außerplanmäßige Ab- oder Zuschreibung.

Auch wenn die empirisch beobachteten Informationsbedürfnisse der Jahresabschlussadressaten durch die beschriebenen Empfehlungen bereits berücksichtigt werden, wird im Folgenden eine weitere, unter bestimmten Umständen *langfristig* sinnvolle Weiterentwicklungsempfehlung aufgezeigt. Sollte sich das IASB künftig für eine vollumfängliche, einheitliche Bewertung auch aller operativen Vermögenswerte zum beizulegenden Zeitwert entscheiden[188] oder sollte sich zeigen, dass die Adressaten künftig eine Fair Value-Bewertung präferieren, ist dieses Bewertungskonzept auch für Entwicklungsprojekte zu empfehlen (Alternative 3). Denn das durch eine Bewertung zum beizulegenden Zeitwert verfolgte Ziel der Vermittlung möglichst realistischer Informationen über das Effektivvermögen[189] eines Unternehmens sowie dessen Veränderung im Zeitablauf[190] bzw. der Unternehmenswertapproximation[191] ist nur erreichbar, wenn eine durchgängige Zeitwertbewertung vorgenommen wird.[192]

Zu entscheiden ist in diesem Fall, ob der Fair Value oder der Nutzungs- bzw. Ertragswert als Bewertungsmaßstab zur Anwendung kommen sollte. Die Mehrzahl der Befragungsstudien und Positionspapiere liefert Argumente dafür, dass der Fair Value als Veräußerungspreis zur Anwendung kommen sollte. Aus diesem Grund sowie der Tatsache, dass der Fair Value, abgesehen vom Impairmenttest, den in den IFRS für die Mehrzahl der zum beizulegenden Zeitwert zu bewertenden Vermögenswerte verankerten Wertmaßstab darstellt, wird eine Bewertung zum Fair Value vorgeschlagen.

Abschließend ist auch für die beschriebene Fair Value-Bewertung eine Entscheidung über die Folgebewertungsmethode zu treffen. Die Ergebnisse der untersuchten empirischen Studien liefern Hinweise darauf, dass die Adressaten eine GuV-neutrale Erfassung von die fortgeführten historischen Kosten übersteigenden Werterhöhungen

---

[188] Zur grundsätzlichen Forderung von Adressaten nach einer einheitlichen Bewertung aller Aktiva und Passiva vgl. auch *Gassen/Schwedler* (2008), S. 16.

[189] Das Effektivvermögen bezeichnet den Unternehmenswert als Ertragswert. Vgl. u.a. *Streim* (1994b), S. 400.

[190] Vgl. dazu bereits *Schmidt* (1929), S. 90. Die Bilanz stellt dabei das zentrale Informationsinstrument dar. Vgl. *Hommel* (2006), S. 290.

[191] Vgl. *Obermaier* (2009), S. 545; *Pellens/Crasselt/Sellhorn* (2009), S. 107.

[192] Vgl. auch *Schildbach* (1998), S. 586-587. Für eine Bewertung zum beizulegenden Zeitwert spricht zudem, dass der Wert pharmazeutischer FuE-Projekte in erster Linie durch die Zukunftserwartungen über mit dem fertigen Arzneimittel zu erzielende Cashflows bestimmt wird. Vgl. *Küting/Dürr* (2003), S. 1. Vgl. zu Argumenten für bzw. gegen eine Bewertung selbst erstellter immaterieller Vermögenswerte zum beizulegenden Zeitwert *AASB* (2007b), Tz. 138-148. Zu Argumenten für eine Bewertung zum beizulegenden Zeitwert vgl. *Siegel* (1998), S. 601.

bzw. einen separaten Ausweis befürworten.[193] Zu beachten ist allerdings, dass die IFRS eine Trennung zwischen einem ordentlichen und einem außerordentlichen Periodenergebnis (IAS 1.87) untersagen und somit keinen gesonderten Ausweis von die historischen Kosten übersteigenden Werterhöhungen vorsehen.[194] Die bisher vorzunehmende GuV-wirksame Erfassung auf Basis der historischen Kosten ermittelter planmäßiger und außerplanmäßiger Abschreibungen sowie Zuschreibungen wird durch die Ergebnisse der empirischen Studien zumeist bestätigt. Vor dem Hintergrund dieser Ergebnisse wird die in Abschnitt 5.2.4.2 dargestellte vollständig GuV-wirksame[195] Erfassung aller Wertänderungen ausgeschlossen.[196] Für die GuV-neutrale Erfassung die fortgeführten historischen Kosten übersteigender Wertänderungen spricht zudem, dass nachhaltige Verbesserungen der Geschäftsaussichten schwer nachweisbar sind.[197]

Da sich die GuV-neutrale Folgebewertung gemäß IAS 39 und die in IAS 38 verankerte Neubewertungsmethode in der grundsätzlichen Vorgehensweise entsprechen, die Neubewertungsmethode jedoch zudem die Berücksichtigung planmäßiger Abschreibungen regelt, sollte das Konzept der jährlichen oder regelmäßigen Neubewertungsmethode zur Anwendung kommen.[198] Es ist anzunehmen, dass sie sich grundsätzlich für eine Erhöhung des Informationsgehaltes der Rechnungslegung eignet.[199]

---

[193] Vgl. die Abschnitte 5.3.2.3 und 5.3.4.2. Auch die in Bewertungsmodelle von Finanzanalysten eingehende Gewinngröße sollte keine unrealisierten Erfolgsbestandteile enthalten. Um diese wird sonst bereinigt. Vgl. *Frank* (2007), S. 57.

[194] Bei getrenntem Ausweis der Erfolgsbestandteile wäre auch eine GuV-wirksame Erfassung mit der Ermittlung eines prognosegeeigneten Gewinns vereinbar.

[195] Zur negativen Wirkung auf den Prognosegewinn vgl. *Ernstberger* (2004), S. 104.

[196] Auch eine vollständig GuV-neutrale Erfassung ist auszuschließen, da in diesem Fall nachhaltige Verschlechterungen der Geschäftsaussichten nicht erkennbar sind und somit eine Extrapolation des Gewinntrends nicht möglich ist. Vgl. *Streim* (1977), S. 241.

[197] Vgl. dazu auch *Pellens/Neuhaus/Schmidt* (2008), S. 86. Dies gilt auch für pharmazeutische FuE-Projekte aufgrund der großen Unsicherheit über deren Erfolg.

[198] Gegen die in IAS 39 verankerte Vorgehensweise spricht zudem, dass diese erhebliche Ermessenspielräume in der Entscheidung darüber eröffnet, ob eine Wertminderung GuV-wirksam zu erfassen ist. Vgl. *Hackenberger* (2007), S. 43. Somit werden eventuell auch nachhaltige Wertminderungen GuV-neutral erfasst.

[199] Vgl. *Streim/Bieker/Leippe* (2001), S. 201-202. Zu einem ähnlichen Vorschlag vgl. *Siegel* (1998), S. 601; *Pellens et al.* (2008c), S. 145; *Kussmaul/Weiler* (2009), S. 210. Die durch IAS 1 (rev. 2007) ab 2009 eingeführte Gesamtergebnisrechnung sieht eine Trennung des Periodengesamtergebnisses (total comprehensive income) in das Ergebnis der GuV (profit or loss) und das GuV-neutral erfasste sonstige Periodenergebnis (OCI) vor (IAS 1.7) vor. Gemäß den vorgeschlagenen Regeln würde das Ergebnis der GuV den nachhaltigen Gewinn darstellen. Dieses ist bislang für die Eigenkapitalgeber relevanter als das Periodengesamtergebnis. Vgl. *Pellens et al.* (2008b), S. 286. Das OCI würde weniger nachhaltige und weniger prognosegeeignete Bestandteile enthalten. Vgl. *Coenenberg/Straub* (2008), S. 20. Diese sind noch nicht durch tatsächliche Ereignisse

Im Unterschied zu dem in IAS 38 festgelegten Vorgehen sollten Zeiteffekte, die zu einem unterhalb der historischen Kosten liegenden Fair Value führen, jedoch durchweg GuV-neutral erfasst werden, da diese Wertänderungen nicht auf eine nachhaltige Verschlechterung der Geschäftsaussichten zurückzuführen sind. Da eine GuV-wirksame planmäßige Abschreibung des Fair Value die Prognoseeignung des Gewinns mindert[200], sollten zudem lediglich die auf Basis der historischen Kosten ermittelten planmäßigen Abschreibungen im Periodenergebnis erfasst und somit die in Abschnitt 5.2.4.2 beschriebene dritte Alternative angewendet werden.[201]

Festzuhalten ist, dass *kurzfristig* eine Bewertung zu historischen Kosten vorgenommen werden sollte. Wird der Fair Value *langfristig* tatsächlich als Bewertungsmaßstab für die operativen Vermögenswerte eingeführt oder sollten die Adressaten langfristig eine Fair Value-Bewertung präferieren, sollte dieser auch für FuE-Projekte gelten. Dabei ist eine differenzierte Erfassung der Wertänderungen zu empfehlen, die eine „konsequente Trennung der Vermögensrechnung von der Erfolgsrechnung"[202] erfordert, da in Bilanz und GuV unterschiedliche Wertmaßstäbe zur Anwendung kommen.[203]

5.4.3 Ausweisvorschriften

Die Ergebnisse der empirischen Untersuchungen haben gezeigt, dass eine Erweiterung der geltenden Ausweisvorschriften um Informationen zur Unsicherheit von FuE-Projekten, zum Fair Value bei einer Bewertung zu historischen Kosten bzw. zu historischen Kosten bei Umsetzung einer Fair Value-Bewertung sowie zur Fair Value-Ermittlung aus Sicht der Investoren entscheidungsnützliche Informationen liefern würde.[204] Für die Bedeutung dieser qualitativen Informationen für die Jahresabschlussadressaten spricht zudem, dass auch Ratingagenturen die Qualität des Produktportfolios und der FuE-Pipeline im Rahmen der Bildung ihres Ratingurteils über

---

bestätigt und somit zur Beurteilung der nachhaltigen Ertragskraft untauglich. Vgl. *Küting/Reuter* (2007), S. 2557.

[200] Vgl. auch *Ernstberger* (2004), S. 104.

[201] Wird der Vermögenswert jedoch veräußert, soll analog zum IAS 39 eine GuV-wirksame Auflösung des OCI erfolgen, durch die das Kongruenzprinzip eingehalten wird.

[202] *Schmidt* (1929), S. 87.

[203] Vgl. *Schmalenbach* (1962), S. 44-45.

[204] Vgl. die Abschnitte 5.3.2.2 und 5.3.4.3. Standardisierte Informationen fordern auch *Fülbier*, *Honold* und *Klar* sowie *Lev*. Vgl. *Fülbier/Honold/Klar* (2000), S. 843; *Lev* (2001), S. 121-122. Da die Platzierung der Informationen von eher untergeordneter Bedeutung sein sollte, wird vorgeschlagen, die verpflichtenden Zusatzinformationen im Anhang zusammenzufassen.

Pharmaunternehmen berücksichtigen.[205] Sowohl bei Umsetzung des *kurzfristigen* Vorschlags einer Aktivierung zu historischen Kosten als auch bei einer eventuell *langfristig* zu empfehlenden vollständigen Fair Value-Bewertung sollten deshalb – sowohl vor dem Hintergrund der Relevanz als auch der Verlässlichkeit – zusätzliche Informationen im Anhang bereitgestellt werden.[206]

Da sich die Erforschung und Entwicklung von Arzneimitteln in Projekten vollzieht[207], ist zunächst unabhängig von den durch die Adressaten geforderten Zusatzinformationen festzuhalten, dass der Projektbezug auch im Bilanzausweis Berücksichtigung finden sollte.[208] Schließlich sind die Jahresabschlussadressaten daran interessiert, welche Projekte einen künftigen Nutzen stiften.[209] Unabhängig vom Durchführungsweg sollten deshalb keine einzelnen Vermögenswerte, sondern FuE-Projekte oder – sofern durch die zu leistenden Meilensteinzahlungen nur das Recht zum späteren Verkauf eines fertigen Arzneimittels erworben wird – Vermarktungsrechte an in Forschung oder Entwicklung befindlichen Arzneimitteln[210] im Anlagespiegel ausgewiesen und erläutert werden.[211] Die bisher teilweise stattfindende Subsumierung von FuE-Projekten unter bspw. der Gruppe der Rechte oder der sonstigen immateriellen Vermögenswerte sollte nicht zulässig sein. Insbesondere bei im Rahmen von Einlizenzierungen oder Kooperationen zu leistenden Meilensteinzahlungen sollte zudem keine Differenzierung danach vorgenommen werden, ob diese an Entwicklungsziele oder die Zulassung gebunden sind. Auch an die Zulassung gebundene Zahlungen sollten als Erhöhung des Buchwertes des FuE-Projekts und nicht als Vermarktungs-

---

[205] Vgl. dazu bspw. *Moody's Investors Services* (2004).

[206] Ansätze für eine freiwillige Berichterstattung werden nicht betrachtet. Vgl. dazu *Pellens/Fülbier* (2000a), S. 66-69; *Bentele* (2004), S. 81-96; *Arbeitskreis Immaterielle Werte im Rechnungswesen* (2005), S. 239-247; *Marmann* (2009), S. 42-67.

[207] Vgl. *Dawo* (2003), S. 301; *Burger/Ullbrich/Knoblauch* (2006), S. 735.

[208] Dies gilt auch für andere Branchen. Der Projektbezug wird auch vom *Arbeitskreis Immaterielle Werte im Rechnungswesen* vorgeschlagen. Vgl. *Arbeitskreis Immaterielle Werte im Rechnungswesen* (2001), S. 993. Vgl. ebenso *Burger/Ullbrich/Knoblauch* (2006), S. 735-736. Für die Verfügbarkeit der notwendigen Informationen spricht, dass die Prüfung der bilanziellen Abbildung der wesentlichen Entwicklungsprojekte auf Projektbasis vorgenommen wird. Vgl. *Bertl/Fröhlich* (2006), S. 282-285.

[209] Vgl. *Burger/Ullbrich/Knoblauch* (2006), S. 735.

[210] Vgl. dazu Abschnitt 3.4.2.1.2.

[211] Während dies für interne und erworbene Projekte gegeben sein sollte, werden bei einlizenzierten und kooperativen Projekten teilweise Einzelvermögenswerte wie Nutzungsrechte aktiviert, die ein FuE-Projekt initiieren, sodass keine Zugehörigkeit dieser Werte zu einem Projekt erkennbar ist. Zudem können Vermarktungsrechte an in Forschung oder Entwicklung befindlichen Arzneimitteln nicht von sonstigen Vermarktungsrechten unterschieden werden. Vgl. dazu und zum Folgenden Abschnitt 4.4.4.

recht erfasst werden.[212] Durch diese Vorgehensweise wird bspw. bei einer Bilanzierung zu historischen Kosten sichergestellt, dass erkennbar ist, welche Kosten einem bestimmten Projekt oder einer Gruppe von Projekten zuzuordnen sind.

Unabhängig davon, ob eine Bewertung zu historischen Kosten oder zum Fair Value vorgenommen wird, sollte wie bisher der GuV-wirksam erfasste Forschungsaufwand des Geschäftsjahres im Anhang angegeben und zudem wesentliche Forschungsaktivitäten erläutert werden. Darüber hinaus sollten die im jeweiligen Geschäftsjahr getätigten Investitionen in Forschung und Entwicklung genannt werden.[213]

Für die wesentlichen aktivierten Entwicklungsprojekte sollte die Angabe weiterer detaillierter Zusatzinformationen vorgeschrieben werden.[214] Folglich ist im ersten Schritt zu entscheiden, wie das Kriterium der Wesentlichkeit eines Entwicklungsprojekts interpretiert werden könnte. Zur Bestimmung der Wesentlichkeit wird vorgeschlagen, den Buchwert des jeweiligen Projekts ins Verhältnis zum Buchwert aller Entwicklungsprojekte zu setzen.[215] Diese Anforderung ist in ähnlicher Weise bereits in IAS 36.134 verankert, der die Angabe des Buchwertes des einer ZGE zugeordneten Goodwills sowie der einer ZGE zugeordneten immateriellen Vermögenswerte mit unbestimmter Nutzungsdauer verlangt, sofern die Buchwerte im Vergleich zu den jeweiligen Gesamtbuchwerten wesentlich sind. Wann dies der Fall ist, wird allerdings nicht näher spezifiziert. Die zufällig ausgewählten Geschäftsberichte der Unternehmen Bayer, ThyssenKrupp und Münchener Rück für das Jahr 2008 variieren hinsichtlich der Wesentlichkeitsgrenze zwischen 5% und 10% des Gesamt-Goodwill.[216] Darüber hinaus könnte eine Analogie zu den Vorschriften zum Komponentenansatz nach IAS 16.43 gezogen werden, der eine separate Folgebewertung wesentlicher Komponenten einer Sachanlage vorschreibt, wobei ebenfalls Wesentlichkeitsgrenzen von zwischen 5%[217] und 10%[218] der Anschaffungskosten genannt werden. Um Ermessens-

---

[212] Die für die planmäßige Abschreibung heranzuziehende Nutzungsdauer sollte für die einzelnen Meilensteinzahlungen nicht unterschiedlich ausfallen.

[213] Vgl. Abschnitt 5.3.4.2. Zu einer möglichen Darstellungsform vgl. die in Abschnitt 4.4.4 gezeigte Berichterstattung von Roche.

[214] Bisher sind Informationen zum Buchwert von FuE-Projekten sowie dessen Entwicklung nicht zwingend vorgeschrieben, da FuE-Projekte mit anderen immateriellen Vermögenswerten zu einer Gruppe zusammengefasst werden dürfen. Vgl. dazu Abschnitt 3.6 und Abschnitt 4.3.1.2.

[215] Vgl. dazu *Arbeitskreis Immaterielle Werte im Rechnungswesen* (2009), S. 15.

[216] Vgl. Bayer, Geschäftsbericht 2008, S. 189; ThyssenKrupp, Geschäftsbericht 2007/2008, S. 180; Münchener Rück, Geschäftsbericht 2008, S. 212.

[217] Vgl. *Andrejewski/Böckem* (2005), S. 78.

[218] Vgl. *Tanski* (2005), S. 58-59.

spielräume zu begrenzen, sollte vor dem Hintergrund der divergierenden Ergebnisse künftig eine einheitliche Auslegung der Wesentlichkeitsgrenze festgelegt werden. Dabei sind sowohl eine Grenze von 5% als auch von 10% sowie dazwischen liegende Werte vertretbar.

Für alle wesentlichen Entwicklungsprojekte sollten zunächst die in der folgenden Tabelle dargestellten allgemeinen Angaben zur Entwicklungspipeline, deren Bedeutung durch einige kapitalmarktorientierte Studien für die Pharmabranche bestätigt wurde und die bereits teilweise in den Geschäftsberichten von Pharmaunternehmen zu finden sind, verpflichtend vorgeschrieben werden.[219] Sie liefern Informationen über die Therapiegebiete, in denen das jeweilige Unternehmen tätig ist und damit implizit auch über die zu erwartende Konkurrenz sowie die „Altersstruktur" der Entwicklungspipeline und ermöglichen somit eine Einschätzung der mit den Projekten verbundenen Unsicherheit.[220] Zudem erlauben sie eine Einschätzung darüber, wann neue Arzneimittel voraussichtlich auf den Markt gebracht werden und welches Umsatzpotenzial erwartet wird. Die verpflichtende Bündelung dieser teilweise bereits vorhandenen Informationen an einer Stelle erhöht zum einen die Vergleichbarkeit zwischen den Unternehmen und ermöglicht zum anderen eine direkte Betrachtung dieser qualitativen Angaben im Zusammenhang mit den im Folgenden erläuterten finanziellen Informationen zu eben diesen Projekten.

Projekt	Therapiegebiet	Klinische Phase	Innovationsgrad	Durchführungsweg	Einreichung zur Zulassung	Erwarteter Zulassungszeitpunkt[221]	Umsatzpotenzial
Projekt$_1$	Onkologie	II	Indikation$_1$	Einlizenzierung	nein	20XX	>200 WE
Projekt$_n$	...	III	LCM	...	ja	20XX	>100 WE

Tab. 28: Anhangberichterstattung zur Entwicklungspipeline

---

[219] Vgl. dazu Abschnitt 5.3.2.2. Zu einer ähnlichen Forderung vgl. *Lev* (2001), S. 84. Dabei handelt es sich um Informationen, die teilweise durch den deutschen Lagebericht vorgegeben sind. Zu Vorschlägen des IASB zu einer freiwilligen Berichterstattung in einem Management Commentary vgl. *Fink* (2006); *Grottke/Strobl* (2009); *Kajüter/Guttmeier* (2009); *Unrein* (2009). Zur Berücksichtigung von immateriellen Werten im Management Commentary vgl. *Riegler* (2006).

[220] Zur Bedeutung von Informationen zur Unsicherheit von Forschung und Entwicklung für Investoren von Biotechnologieunternehmen vgl. *Xu/Magnan/Andre* (2007).

[221] Einige der in Abschnitt 4.4 untersuchten Unternehmen, wie bspw. Almirall und Lundbeck, machen Angaben zum erwarteten Zulassungszeitpunkt. Vgl. Almirall, Geschäftsbericht 2007, S. 33; Lundbeck, Geschäftsbericht 2008, S. 18.

Neben den dargestellten Angaben zur FuE-Pipeline sind weitere, die in der Bilanz angesetzten Werte erläuternde Informationen erforderlich, die unabhängig von der Branche zur Anwendung kommen können und sollten.

Unabhängig davon, ob eine Bewertung zu fortgeführten historischen Kosten oder zum Fair Value vorgenommen wird, sollten der Buchwert aller Entwicklungsprojekte sowie der Vermarktungsrechte an in Entwicklung befindlichen Arzneimitteln und seine Entwicklung während des Geschäftsjahres sowie des Vorjahres in einem Anlagespiegel dargestellt werden.[222] Dabei sollte auf die in der in Tabelle 28 gezeigten Darstellung genannten Projekte Bezug genommen werden. Dem Buchwert sollten als Erweiterung der geltenden Vorschriften bei einer Bewertung zu historischen Kosten der Fair Value im Sinne eines Veräußerungspreises als konkreter Wert oder als Bandbreite möglicher Werte[223] bzw. im Fair Value-Modell die historischen Kosten gegenübergestellt werden. Dadurch würden die Berichterstattung über den Fair Value und seine Erfolgswirkungen im Anhang gezeigt.[224]

Der für den jährlichen Impairmenttest zu ermittelnde Nutzungswert[225] sollte nur angabepflichtig sein, wenn er auf Ebene der Projektgruppe verfügbar ist und wesentlich vom Fair Value abweicht, da er nur in einer Studie als entscheidungsnützlicher als der Fair Value angesehen wird.[226]

Die folgende Tabelle zeigt, wie ein die dargestellten Informationen enthaltender Anlagespiegel aussehen könnte. Dabei ist zu beachten, dass in einem Fair Value-Modell auf eine Differenzierung nach dem Durchführungsweg verzichtet werden könnte.

---

[222] Zu Angaben im Anlagespiegel, die beibehalten werden sollen, vgl. Abschnitt 3.6.

[223] Die erforderlichen Informationen sollten für die wesentlichen Projekte zudem den internen Business-Plänen bzw. dem Portfolio-Management zu entnehmen sein, da der NPV eine in der Pharmabranche gängige Größe zur finanziellen Beurteilung von Investitionen ist. Vgl. *Bode-Greuel/Nicklisch* (2008), S. 315. Zum Portfolio-Management in der Pharmabranche vgl. *Bode-Greuel/Nicklisch* (2008).

[224] Vgl. dazu auch *Schildbach* (1998), S. 590.

[225] Vgl. dazu Abschnitt 3.5.3.2.

[226] Vgl. dazu Abschnitt 5.3.4.2.

Projektgruppe/ Vermarktungsrechte	Buchwert pro Durchführungsweg/ Zugangsform				Fair Value bzw. historische Kosten (Nutzungswert)
	intern	Erwerb[227]	UZ	Summe	
Projekgruppe$_1$					
Buchwert 01.01.XX	80WE	20WE	5WE	...	...
Wertänderungen	...	...	...	...	...
Buchwert 31.12.XX	70WE	20WE	9WE	99WE	180WE (190WE)
Projektgruppe$_2$					
Buchwert 31.12.XX	...	95WE	...	140WE	160WE
Vermarktungsrechte					
[...]	N/A	...	...	...	...
Summe zum 31.12.XX				**600WE**	**1.000WE**

Tab. 29: **Erweiterter Anlagespiegel für FuE-Projekte**

Sollte die Verpflichtung zur Offenlegung wettbewerbssensitiver Informationen im Anhang nicht für sinnvoll erachtet werden[228], könnte die Berichterstattung über Buchwerte und Fair Values – wie in der Tabelle 29 dargestellt – auf bspw. nach Therapiegebieten gebildete Projektgruppen abstellen. Allerdings sollte angegeben werden, aus welchen in der Entwicklungspipeline genannten Projekten sich die Gruppen zusammensetzen.[229]

Von besonderer Bedeutung sowohl im Rahmen des Fair Value-Modells als auch bei einer Veröffentlichung von Fair Values im Anhang sind zudem Objektivierungsmechanismen in Form von Angaben zu Annahmen und Bewertungsparametern, die der Ermittlung der Fair Values der Projekte zugrunde gelegt wurden. Diese sind dem Grundsatz der Verlässlichkeit geschuldet[230] und sollen den Jahresabschlussadressaten die Möglichkeit bieten, die vom Management getroffenen Annahmen zu überprüfen. Angegeben werden sollten den Informationsbedürfnissen der Adressaten folgend insbesondere die in die Cashflow-Schätzung eingegangenen Parameter und

---

[227] Unter den Erwerb sind auch alle Einlizensierungen zu fassen.

[228] Vgl. auch *Streim* (1995), S. 719.

[229] Neben den in der Tabelle zusammengefassten Angaben sollte zudem – wie es bereits durch die geltenden IFRS Vorschriften vorgesehen ist – pro Projektgruppe angegeben werden, in welcher Höhe künftige Verpflichtungen zur Leistung von Meilensteinzahlungen bestehen. Dabei wäre es vor dem Hintergrund der Vergleichbarkeit sinnvoll, einen bestimmten Aufriss nach Jahren vorzuschreiben. Bisher sind die Angaben eher uneinheitlich. Vgl. bspw. Bayer, Geschäftsbericht 2008, S. 231; UCB, Geschäftsbericht 2007, S. 71.

[230] Vgl. auch *Hackenberger* (2008), S. 217.

Annahmen bspw. bezüglich Marktvolumen, Eintrittswahrscheinlichkeiten, Umsatzentwicklung von Produktgruppen sowie der verwendete Diskontierungszins und seine Ermittlung.[231] Zudem sind Sensitivitätsanalysen zu fordern, insbesondere sofern die Änderung eines bestimmten Parameters in einen ebenfalls realistischen Wert wesentliche Auswirkungen auf den angegebenen Fair Value hat.[232] Abschließend ist anzumerken, dass unabhängig von dem verwendeten Bewertungsmaßstab alle ermittelten Werte weiterhin durch einen unabhängigen Abschlussprüfer zu verifizieren bzw. zu plausibilisieren sind.[233]

Wie sich die Umsetzung der beschriebenen Empfehlungen auf Jahresabschlussdaten auswirken würde, wird im folgenden Abschnitt untersucht.

5.5 Simulation der Auswirkungen einer Weiterentwicklung des IAS 38 auf die Jahresabschlussdaten von Pharmaunternehmen

5.5.1 Ausgangsüberlegungen

In den vorangegangenen Abschnitten wurden ein *kurzfristiger* sowie ein unter bestimmten Bedingungen *langfristig* zu empfehlender Vorschlag für eine Weiterentwicklung der geltenden Regeln zur Bilanzierung von FuE-Projekten aufgezeigt.

Bevor die mit der Umsetzung dieser Vorschläge verbundenen Auswirkungen auf die Darstellung der Vermögens- und Ertragslage von Pharmaunternehmen in einer Simulation untersucht werden, wird auf Basis des in Abschnitt 4.3.2 eingeführten Beispiels gezeigt, wie sich die beiden die Mindestanforderung der Konsistenz erfüllenden Bilanzierungsalternativen auf die bilanzielle Abbildung des betrachteten FuE-Projekts in Abhängigkeit vom Durchführungsweg auswirken.

Die folgende Abbildung zeigt zunächst, wie sich das immaterielle Anlagevermögen bei einer Aktivierungspflicht für alle Entwicklungsprojekte zu historischen Kosten entwickelt.

---

[231] Vgl. dazu Abschnitt 5.3.4.3. Vgl. auch *Haller* (1998), S. 585; *Bieker* (2006), S. 226; *Hackenberger* (2008), S. 218.

[232] Vgl. *AASB* (2007b), S. 2. Zur Forderung von Szenario- und Sensitivitätsanalysen vgl. u.a. *Haller* (1998), S. 585; *Hackenberger* (2008), S. 219. Sensitivitätsanalysen sind z.B. in IAS 36 und IFRS 7 „Financial Instruments: Disclosures" bereits vorgesehen.

[233] Vgl. dazu auch *Hackenberger* (2008), S. 227.

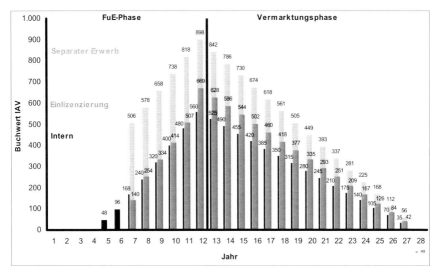

Abb. 30: Entwicklung des immateriellen Anlagevermögens bei Aktivierung von Entwicklungsprojekten zu historischen Kosten

Zu erkennen ist, dass im Unterschied zu den bisherigen Regeln auch vollständig unternehmensintern durchgeführte Entwicklungsprojekte in Höhe der angefallenen Entwicklungskosten als Einzahlungspotenziale in der Bilanz gezeigt werden. Darüber hinaus werden alle im Rahmen von separaten Erwerben oder Einlizenzierungstransaktionen getätigten bzw. im Falle von Unternehmenszusammenschlüssen hilfsweise ermittelten Investitionen in Entwicklungsprojekte dem Grunde nach vollständig in der Bilanz gezeigt.

Zu beachten ist jedoch, dass bei der Aktivierung auf die tatsächlich getätigten Investitionen abgestellt wird. Demzufolge unterscheiden sich der Buchwert bei unternehmensinterner Durchführung und separatem Erwerb auch weiterhin, sodass jeweils ein unterschiedliches Einzahlungspotenzial in Höhe der investierten Mittel in der Bilanz gezeigt wird.

Die Entwicklung des immateriellen Anlagevermögens im Fair Value-Modell ist der folgenden Abbildung zu entnehmen.

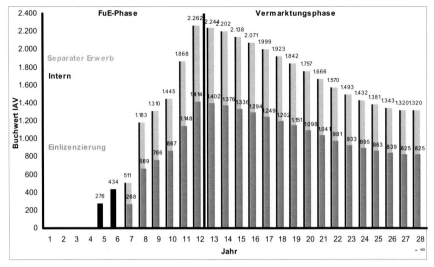

Abb. 31: Entwicklung des immateriellen Anlagevermögens bei Aktivierung von Entwicklungsprojekten zum Fair Value

Da bei der Einlizenzierung im Unterschied zu den übrigen Durchführungswegen umsatzabhängige Royalties zu zahlen sind, die die künftigen Zahlungsmittelzuflüsse aus dem Arzneimittel mindern, unterscheidet sich auch der für den Fall der Einlizenzierung bestimmte Fair Value richtiger Weise von dem für die übrigen Durchführungswege berechneten Betrag.

Der auf die nur formale Konsistenz der historischen Kosten zurückzuführende Unterschied zwischen dem Buchwert des intern durchgeführten und des separat erworbenen Projekts wird durch die Aktivierung der identischen erwarteten diskontierten Zahlungsmittelzuflüsse aus dem künftigen Arzneimittel jedoch behoben.

Die folgende Abbildung zeigt schließlich die EBIT-Entwicklung für die drei betrachteten Durchführungswege. Die dargestellte Entwicklung des EBIT gilt aufgrund der GuV-neutralen Erfassung von die historischen Kosten übersteigenden Wertänderungen und der GuV-wirksamen Berücksichtigung nur nachhaltiger Wertminderungen sowohl für die Bewertung zu historischen Kosten als auch für die Fair Value-Bewertung.

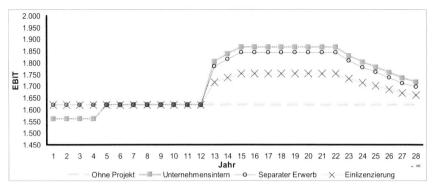

Abb. 32: Entwicklung des EBIT bei Aktivierung aller Entwicklungsprojekte zu historischen Kosten bzw. zum Fair Value

Die Entwicklung des EBIT zeigt bspw., dass die in den Jahren 5 und 6 bei Anwendung der geltenden Bilanzierungsvorschriften gezeigte Inkonsistenz, die darauf zurückzuführen war, dass interne Entwicklungskosten als Aufwand verrechnet wurden[234], durch die Aktivierung der internen Entwicklungskosten behoben wird.[235] Darüber hinaus verringert sich der in der Vermarktungsphase zwischen interner Durchführung und separatem Erwerb zu erkennende EBIT-Unterschied, da nun auch bei interner Durchführung Abschreibungen auf die aktivierten historischen Kosten erfasst werden.[236] Zudem würde die durch eine außerplanmäßige Wertminderung angekündigte Verschlechterung der Ertragslage bei Umsetzung der Weiterentwicklungsempfehlungen auch bei einer vollständig unternehmensinternen Projektdurchführung gezeigt, was vor dem Hintergrund der Prognosefunktion des Gewinns positiv zu beurteilen ist.

Schließlich ist zu erkennen, dass die mit dem Absinken des Gewinns aufgrund der GuV-wirksamen Erfassung interner FuE-Kosten verbundene negative Signalwirkung zumindest gemindert wird, da nur zu Beginn der Forschungsphase des internen Projekts ein Absinken gezeigt wird.

---

[234] Vgl. dazu Abschnitt 4.3.2.3.

[235] Die Inkonsistenz in der Behandlung von internen Forschungskosten und durch den Kaufpreis für ein Entwicklungsprojekt eventuell entgoltenen Forschungsinvestitionen wurde vor dem Hintergrund der Besonderheiten pharmazeutischer Forschung und Entwicklung hingegen nicht korrigiert.

[236] Die verbleibende Differenz ist auf die in unterschiedlicher Höhe angefallenen Kosten zurückzuführen.

Festzuhalten ist, dass das EBIT aufgrund der Aktivierung historischer Kosten insbesondere in der Vermarktungsphase auch bei separatem Erwerb und unternehmensinterner Durchführung eine unterschiedliche Höhe aufweist, obwohl identische Zahlungsmittelzuflüsse aus dem fertigen Arzneimittel erwartet werden. Schließlich werden die Abschreibungen auf Basis der angefallenen und aktivierten Kosten ermittelt, die sich in Abhängigkeit vom Durchführungsweg unterscheiden. Diese Unterschiede treten hingegen nicht auf, wenn neben dem EBIT das EBITDA oder das in der folgenden Abbildung dargestellte comprehensive income vor Steuern und Zinsen als Summe aus dem EBIT und der OCI-Veränderung (vor latenten Steuern) des Jahres betrachtet werden.

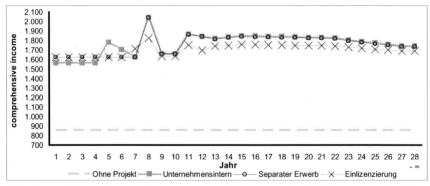

Abb. 33: **Entwicklung des comprehensive income bei Aktivierung aller Entwicklungsprojekte mit ihrem Fair Value**

In diesem Fall verbleibt ab dem Zeitpunkt des separaten Erwerbs lediglich die Differenz zwischen dem aus dem einlizenzierten und den übrigen Projekten erzielten comprehensive income, die auf die bei der Einlizenzierung zu leistenden und die künftigen Zahlungsmittelzuflüsse mindernden Royalties und damit nicht auf die Bilanzierungsvorschriften zurückzuführen ist.

5.5.2 Ausgangsdaten und Annahmen zu Projekten und Bilanzierungsalternativen

Wie sich die Umsetzung der Empfehlungen für eine Weiterentwicklung der IFRS-Vorschriften für FuE-Projekte verglichen mit den aktuellen Vorschriften auf die Darstellung der Vermögens- und Ertragslage von Pharmaunternehmen auswirken könnte, soll durch die im Folgenden betrachtete Simulation illustriert werden. Schließlich sind die Effekte auf den Jahresabschluss und damit auch auf dessen Nutzer im Vorfeld einer Reform aufzuzeigen.[237]

Betrachtet werden dafür die Jahresabschlussdaten eines fiktiven Pharmaunternehmens über den Lebenszyklus des ab dem $Jahr_1$ aufgebauten FuE-Portfolios, der insgesamt 63 Geschäftsjahre umfasst. Die Ausgangsbilanz des Unternehmens sieht wie folgt aus:

Bilanz $Jahr_0$			
Aktiva		*Passiva*	
Anlagevermögen	18.000 WE	Eigenkapital	12.000 WE
Umlaufvermögen	9.000 WE	Fremdkapital	15.000 WE
Summe	27.000 WE	Summe	27.000 WE

Tab. 30: Bilanz vor Durchführung der Projekte (Ende $Jahr_0$)

Darüber hinaus gelten grundsätzlich die Annahmen, die auch dem in Abschnitt 4.3.2 betrachteten Beispiel zugrunde gelegt wurden.[238]

Die vierte Annahme wird allerdings wie folgt angepasst:

4. Steuern werden jeweils in der Periode ihres Anfalls gezahlt. In der Handels- und Steuerbilanz wird von einer Anwendung der Vorschriften des IAS 38 ausgegangen, da diese den nationalen Vorschriften einiger Länder ähneln.[239] Ausschüttungen und Steuerzahlungen werden – sofern nicht anders angemerkt – auf Basis des bei Anwendung dieser Vorschriften ermittelten Periodenergebnisses bestimmt.[240]

Werden diese Annahmen zugrunde gelegt, ergibt sich vor Durchführung der ersten Projekte die in der folgenden Tabelle dargestellte GuV.

---

[237] Vgl. auch *Fülbier/Silva/Pferdehirt* (2008), S. 123.
[238] Vgl. dazu Abschnitt 4.3.2.1.
[239] Von einem Bilanzierungswahlrecht, das in einigen Ländern zur Anwendung kommt, wird abgesehen.
[240] Die Bestimmung der Steuern auf Basis der für die IFRS vorgeschlagenen Vorschriften führt jedoch nicht zu einer Änderung der grundsätzlichen Aussagen zu den im Folgenden betrachteten Jahresabschlussgrößen und Analysekennzahlen.

Gewinn- und Verlustrechnung Jahr₁	
Umsatzerlöse	*16.200 WE*
Herstellungskosten des Umsatzes	10.260 WE
EBITDA	*5.940 WE*
Abschreibungen des Anlagevermögens	1.080 WE
EBIT	*4.860 WE*
Zinsen	1.200 WE
Jahresüberschuss vor Steuern	*3.660 WE*
Steuern	1.098 WE
Jahresüberschuss nach Steuern (= Ausschüttung)	*2.562 WE*

Tab. 31: Gewinn- und Verlustrechnung vor Durchführung der Projekte (Jahr₁)

Das betrachtete Unternehmen ist in zwei Therapiegebieten tätig. Beginnend mit dem Jahr₁ werden pro Therapiegebiet und pro Jahr jeweils drei Projekte initiiert. Dabei wird pro Therapiegebiet jeweils ein Projekt intern mit der Phase der Wirkstofffindung beginnend gestartet, ein gerade in die klinische Phase II eingetretenes Projekt erworben und ein zu Beginn der gleichen klinischen Phase befindliches Projekt einlizenziert.[241] Ab dem Jahr₃₆ werden jedoch keine neuen Projekte mehr gestartet. Lediglich in den Vorjahren initiierte Projekte werden fertig gestellt.

Für alle Projekte werden die in der Tabelle F1 des Anhangs F dargestellten, auf empirischen Untersuchungen basierenden Erfolgswahrscheinlichkeiten unterstellt, die auch in dem in Abschnitt 4.3.2 betrachteten Beispiel angenommen wurden.[242] Für das in jedem Geschäftsjahr zugehende, sechs Projekte umfassende FuE-Portfolio gilt dementsprechend eine Erfolgswahrscheinlichkeit von 30,3%[243], sodass vereinfachend angenommen werden kann, dass von sechs in einem Geschäftsjahr gestarteten Projekten jeweils vier abgebrochen und zwei auf unterschiedliche Art und Weise erfolgreich abgeschlossen werden.[244]

Für den Projektabbruch wird unterstellt, dass dieser grundsätzlich in der klinischen Phase III und damit am Ende von Jahr₉ stattfindet. Für die erfolgreichen Projekte

---

[241] Die Phase der Grundlagenforschung wird aus Vereinfachungsgründen unter die Phase der Wirkstofffindung subsumiert.

[242] Vgl. Abschnitt 4.3.2.1 sowie zur Ermittlung Anhang C, Abb. C1 und Abb. C2. Diese Wahrscheinlichkeiten liegen auch der späteren Fair Value-Ermittlung zugrunde.

[243] Diese wird aus den in Anhang F, Tab. F1 dargestellten Erfolgswahrscheinlichkeiten abgeleitet und wie folgt bestimmt: (1/3 * 0,15) + (2/3 * 0,38) = 30,3%.

[244] Die drei Projekte pro Therapiegebiet durchlaufen die drei Szenarien rollierend.

werden zwei Szenarien angenommen. Im Regelfall werden die Projekte abgeschlossen, ohne dass in der FuE-Phase eine nachträgliche Anpassung der Umsatz- bzw. Cashflowplanung vorgenommen werden muss. In jedem zweiten Jahr wird jedoch unterstellt, dass die Umsatzplanung für eines der beiden erfolgreichen Projekte jeweils zu Beginn der klinischen Phase III am Anfang von Jahr$_9$ aufgrund des unerwarteten Auftretens von Konkurrenz einmalig nach unten korrigiert werden muss.[245]

Vor dem Hintergrund der dargestellten Annahmen zu den erfolgreichen Projekten sind für die sich an die Zulassung am Ende des 12. Jahres anschließende Vermarktungsphase die im Folgenden beschriebenen zwei Szenarien zu unterscheiden.[246] Für alle aus den Projekten hervorgehenden Arzneimittel wird zudem angenommen, dass sie nach einem Vermarktungszeitraum von 16 Jahren und damit im 28. Jahr nach Beginn ihrer FuE-Phase vom Markt genommen werden.

Das erste Szenario ist in der Tabelle 32 dargestellt und gilt für den Fall, dass ein Projekt ohne Anpassung der Umsatzplanung in der FuE-Phase erfolgreich beendet wird.[247]

Während der Umsatz in den ersten beiden Jahren nach der Zulassung steigt, liegt er in den folgenden Jahren bis zum Ablauf des Patentschutzes auf einem konstanten Niveau. Im Anschluss daran sinkt er bis zum Jahr$_{28}$ auf 280 WE beim ersten Therapiegebiet und auf 130 WE beim zweiten Therapiegebiet, da die Konkurrenz durch Generikahersteller nach Ablauf des Patentschutzes zu Umsatzeinbrüchen führt. Zu erkennen ist folglich, dass sich die Umsatzentwicklung tendenziell an dem in Abschnitt 4.3.2.1 dargestellten, im Pharmabereich typischen Produktlebenszyklus orientiert.[248]

---

[245] Das sich negativ entwickelnde Projekt stammt abwechselnd aus dem ersten und dem zweiten Therapiegebiet. Die Bestimmung des Durchführungsweges erfolgt rollierend. Danach werden keine weiteren Korrekturen vorgenommen.

[246] Die Daten stellen den Ausgangspunkt für die Bestimmung des Fair Value dar.

[247] Die Herstellungskosten betragen 60% der Umsatzerlöse.

[248] Vgl. dazu Abschnitt 4.3.2.1, Abb. 20.

	Laufzeit des Projekts in Jahren	Restlaufzeit des Patents in Jahren	Therapiegebiet 1		Therapiegebiet 2	
			Erwartete Umsatzerlöse in WE	Erwartete Herstellungskosten in WE	Erwartete Umsatzerlöse in WE	Erwartete Herstellungskosten in WE
Phase des Patentschutzes	13	10	750	450	550	330
	14	9	830	498	630	378
	15	8	900	540	700	420
	16	7	900	540	700	420
	17	6	900	540	700	420
	18	5	900	540	700	420
	19	4	900	540	700	420
	20	3	900	540	700	420
	21	2	900	540	700	420
	22	1	900	540	700	420
Phase ohne Patentschutz	23		750	450	600	360
	24		600	360	450	270
	25		520	312	370	222
	26		420	252	270	162
	27		350	210	200	120
	28		280	168	130	78

Tab. 32: Planung von Umsatz und Herstellungskosten pro Therapiegebiet

Das zweite Szenario, bei dem der Umsatz zu Beginn der klinischen Phase III nach unten angepasst werden muss, wird in der sich anschließenden Tabelle 33 dargestellt.

Auch in diesem Szenario steigt der Umsatz in den ersten beiden Jahren nach der Zulassung an, während er in den folgenden Jahren bis zum Ablauf des Patentschutzes konstant verläuft. Allerdings liegt der Umsatz aufgrund des unerwarteten Auftretens von Konkurrenz zu Beginn der klinischen Phase III auf einem im Vergleich zum ersten Szenario niedrigeren Niveau.

	Laufzeit des Projekts in Jahren	Restlaufzeit des Patents in Jahren	Therapiegebiet 1		Therapiegebiet 2	
			Erwartete Umsatzerlöse in WE	Erwartete Herstellungskosten in WE	Erwartete Umsatzerlöse in WE	Erwartete Herstellungskosten in WE
Phase des Patentschutzes	13	10	210	126	150	90
	14	9	250	150	190	114
	15	8	275	165	215	129
	16	7	275	165	215	129
	17	6	275	165	215	129
	18	5	275	165	215	129
	19	4	275	165	215	129
	20	3	275	165	215	129
	21	2	275	165	215	129
	22	1	275	165	215	129
Phase ohne Patentschutz	23		230	138	180	108
	24		200	120	150	90
	25		170	102	120	72
	26		140	84	90	54
	27		110	66	60	36
	28		90	54	45	27

Tab. 33: **Angepasste Planung von Umsatz und Herstellungskosten pro Therapiegebiet**

Abschließend sind einige spezifische Annahmen für die drei betrachteten Durchführungswege und die mit diesen verbundenen FuE-Kosten zu treffen. Auch diese entsprechen grundsätzlich den in Abschnitt 4.3.2.2 erläuterten Prämissen, sodass wiederum nur auf Änderungen eingegangen wird. Die Annahmen zur vollständig internen Projektdurchführung sowie den anfallenden FuE-Kosten werden unverändert für beide Therapiegebiete beibehalten, sodass die interne Durchführung FuE-Kosten von 800 WE verursacht. Im Falle des separaten Erwerbs wird angenommen, dass die Projekte jeweils zu Beginn der klinischen Phase II zu ihren unter Berücksichtigung von Steuern ermittelten Fair Values von 413 WE bzw. 271 WE zugehen.[249] Im Anschluss fallen die gleichen internen Entwicklungskosten an wie bei einer vollständig unternehmensinternen Projektdurchführung, sodass die Erwerbe bei erfolgreicher Beendigung der Projekte FuE-Kosten von 877 WE bzw. 735 WE verursachen. Wird

---

[249] Die Ermittlung erfolgt analog zum in Abschnitt 4.3.2.2 angewandten Vorgehen und im gesamten Beispiel unter Anwendung eines WACC nach Steuern von 6%.

schließlich zu Beginn der klinischen Phase II eine Einlizenzierung vorgenommen, werden in Abhängigkeit vom Erreichen vertraglich fixierter Entwicklungsziele die in der folgenden Tabelle dargestellten Zahlungen fällig.[250]

Ereignis	Art der Zahlung	Höhe		Jahr
		TG_1	TG_2	
Vertragsabschluss (Beginn P (II))	Upfront-Payment	64 WE	34 WE	7
Erfolgreiche Beendigung P(II)	Milestone-Payment	38 WE	21 WE	8
Erfolgreiche Beendigung P(III)	Milestone-Payment	13 WE	7 WE	11
Zulassung	Milestone-Payment	77 WE	41 WE	12
Vermarktungsphase	Royalties	15% vom Umsatz		ab 13

Tab. 34: **Vertraglich vereinbarte Zahlungen bei Einlizenzierung (II)**

Auch im Anschluss an die Einlizenzierung fallen die gleichen Kosten an wie bei einer vollständig unternehmensinternen Projektdurchführung, sodass bei erfolgreicher Beendigung eines einlizenzierten Projekts FuE-Kosten von 656 WE bzw. 567 WE sowie Umsatzminderungen in Höhe der Royalties anfallen.

Im folgenden Abschnitt wird basierend auf dem dargestellten Modell untersucht, wie sich die geltenden Vorschriften des IAS 38, die für eine kurzfristige Umsetzung empfohlene Aktivierungspflicht aller Entwicklungsprojekte zu historischen Kosten sowie die unter bestimmten Voraussetzungen langfristig zu empfehlende Aktivierung von Entwicklungsprojekten zum Fair Value auf die Darstellung der Vermögens- und Ertragslage des betrachteten Pharmaunternehmens auswirken. Dabei gelten die folgenden weiteren Annahmen:

1. Bei Anwendung der Vorschriften des IAS 38 wird im Anschluss an die Zulassung eine planmäßige Abschreibung über die Restlaufzeit des jeweiligen Wirkstoffpatentes und damit die rechtliche Nutzungsdauer vorgenommen, die aus empirischen Ergebnissen zur Dauer der FuE-Phasen abgeleitet wurde und 10 Jahre beträgt. Zudem wird unterstellt, dass keine internen FuE-Kosten aktiviert werden.

2. Bei Umsetzung der Alternativen für eine Weiterentwicklung der geltenden Vorschriften wird eine planmäßige Abschreibung der historischen Kosten über die wirtschaftliche Nutzungsdauer von 16 Jahren vorgenommen.

---

[250] Diese wurde analog zum in Abschnitt 4.3.2.2 angewandten Vorgehen ermittelt.

3. Die Vorschriften des IAS 36 zur außerplanmäßigen Abschreibung werden unverändert beibehalten. In jedem zweiten Geschäftsjahr sind für das Projekt, dessen Umsatzplanung anzupassen ist, der erzielbare Betrag und darauf aufbauend die außerplanmäßige Wertminderung zu bestimmen.[251] Reine Zeiteffekte werden im Rahmen der Folgebewertung zu historischen Kosten nicht, bei der Fair Value-Bilanzierung ebenso wie Werterhöhungen oberhalb der fortgeführten historischen Kosten GuV-neutral erfasst, sodass sich nur die als nachhaltig angenommenen Wertminderungen im Periodenergebnis niederschlagen.

4. Bei Anwendung des Fair Value-Modells wird angenommen, dass GuV-neutral gebildete latente Steuern auch GuV-neutral aufgelöst werden.[252]

5.5.3 Auswirkungen auf den Erfolgs- und Vermögensausweis

Im Folgenden wird gezeigt, wie sich das immaterielle Anlagevermögen und verschiedene Ergebnisgrößen bei Anwendung der drei alternativen Bilanzierungskonzepte im Zeitablauf entwickeln. Analog zur Vorgehensweise im Rahmen des in Abschnitt 4.3.2 betrachteten Beispiels werden insbesondere die Auswirkungen auf das immaterielle Anlagevermögen sowie die Ergebnisgrößen EBIT und EBITDA analysiert.[253]

In der folgenden Abbildung wird zunächst die Entwicklung des immateriellen Anlagevermögens dargestellt. Differenziert wird dabei zwischen den geltenden Vorschriften des IAS 38, einer Aktivierung sämtlicher Entwicklungsprojekte zu fortgeführten historischen Kosten sowie einer generellen Aktivierungspflicht für Entwicklungsprojekte zum Fair Value.

---

[251] Weitere außerplanmäßige Ab- sowie Zuschreibungen fallen nicht an. Zu den erzielbaren Beträgen, die annahmegemäß den Fair Values entsprechen und der daraus resultierenden außerplanmäßigen Abschreibung pro Therapiegebiet, Durchführungsweg und Bilanzierungsmethode vgl. Anhang F, Tab. F2 bis Tab. F4.

[252] Vgl. dazu *Streim/Leippe* (2001), S. 390-392. Zur Diskussion über eine GuV-neutrale oder GuV-wirksame Auflösung vgl. *Ruhnke/Schmidt/Seidel* (2005).

[253] Zu Ermittlung und Bedeutung von EBIT und EBITDA vgl. Abschnitt 4.3.2.3.

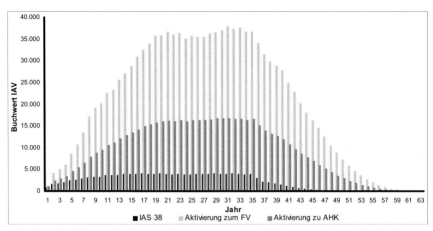

Abb. 34: Entwicklung des immateriellen Anlagevermögens in Abhängigkeit von der angewendeten Bilanzierungsmethode

Die Abbildung zeigt, dass das immaterielle Anlagevermögen bei Anwendung der Vorschriften des IAS 38 am geringsten ausfällt, da lediglich an Dritte geleistete Zahlungen, nicht hingegen interne Entwicklungskosten aktiviert werden. Folglich werden die Investitionen in Entwicklungsprojekte nur teilweise in der Bilanz gezeigt. Bei einer Aktivierung aller Entwicklungsprojekte zu fortgeführten historischen Kosten werden die Investitionen hingegen vollständig im immateriellen Anlagevermögen ausgewiesen, was die durchweg höheren Buchwerte erklärt. Erfolgt schließlich eine Aktivierung zum Fair Value, werden im größten Umfang immaterielle Vermögenswerte in der Bilanz gezeigt, da statt der investierten Mittel die diskontierten erwarteten Zahlungsmittelzuflüsse aus den noch in Entwicklung befindlichen Arzneimitteln aktiviert werden.[254]

Bis zum $Jahr_{21}$ steigt das immaterielle Anlagevermögen unabhängig von der Bilanzierungsmethode kontinuierlich an, da die jährlich zu Entwicklungskosten die auf in Vorperioden aktivierte Entwicklungsprojekte entfallenden Abschreibungen übersteigen bzw. die Fair Value-Erhöhungen aufgrund von erfolgreichen Projekten die auf die negative Entwicklung von Projekten zurückzuführenden Fair Value-Minderungen übersteigen. In den Folgejahren ist zunächst eine abgesehen von kleineren Schwankungen relativ konstante Buchwertentwicklung zu erkennen. Diese konstante Ent-

---

[254] Aus diesem Grund ist der Buchwert verglichen mit den übrigen Bilanzierungsmethoden auch größeren Schwankungen unterworfen.

wicklung ist bei Anwendung der geltenden Vorschriften des IAS 38 sowie einer Aktivierung zu historischen Kosten darauf zurückzuführen, dass sich die jährlich aktivierungspflichtigen Entwicklungsinvestitionen und die auf in Vorperioden aktivierte Projekte entfallenden Abschreibungen in dem betrachteten Beispiel in ihrer Höhe annähern.[255] Demgegenüber ist sie bei einer Bilanzierung zum Fair Value durch die Angleichung der jährlichen Wertminderungen aufgrund von Projektabbrüchen und unerwarteter Konkurrenz und der jährlichen Wertsteigerungen aufgrund der erfolgreichen Entwicklung von Projekten zu erklären. Ab dem Jahr_{36} geht der Buchwert des immateriellen Anlagevermögens hingegen stetig zurück, da keine weiteren Projekte gestartet werden. Die zu erfassenden Abschreibungen auf bereits aktivierte Entwicklungsprojekte führen letztlich dazu, dass das immaterielle Anlagevermögen in Jahr_{62} vollständig abgeschrieben ist.

Die folgende Abbildung zeigt die Entwicklung des EBIT bei Anwendung der drei betrachteten Bilanzierungsmethoden.[256]

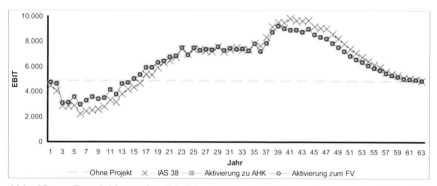

Abb. 35: **Entwicklung des EBIT in Abhängigkeit von der angewendeten Bilanzierungsmethode**

Zu erkennen ist zunächst, dass das EBIT bei einer Aktivierung zu historischen Kosten und einer Aktivierung zum Fair Value identisch verläuft, da im Fair Value-Modell eine Folgebewertung gemäß der (modifizierten) Neubewertungsmethode erfolgt.[257] Bis zum Jahr_{23} fällt das EBIT bei Anwendung der Regeln des IAS 38 geringer aus als bei einer Umsetzung der Weiterentwicklungsempfehlungen, was durch die beiden

---

[255] Vor dem Jahr_{21} lag der zu aktivierende Betrag aufgrund der Tatsache, dass kaum Projekte die Marktreife erlangt hatten, stets über dem abzuschreibenden Betrag.

[256] Die Entwicklung des EBIT verändert sich nicht wesentlich, wenn eine abweichende Ausschüttungshöhe unterstellt wird, da es sich um eine Größe vor Zinsen handelt.

[257] Vgl. dazu die Abschnitte 5.2.4.2 und 5.4.2.

folgenden Entwicklungen zu erklären ist. Zum einen erfüllen die internen Entwicklungskosten die Aktivierungsvoraussetzungen des IAS 38.57 nicht und führen somit bei einer Anwendung der geltenden Bilanzierungsvorschriften im Unterschied zu den übrigen beiden Bilanzierungsmethoden zu einer jährlichen Minderung des EBIT. Zum anderen übersteigen die bei einer Aktivierungspflicht für alle Entwicklungsprojekte jährlich aktivierungspflichtigen internen Entwicklungskosten die auf in Vorperioden aktivierte interne Entwicklungskosten entfallenden Abschreibungen, da wenige Projekte bereits die Marktreife erlangt haben.[258] Ab dem $Jahr_{24}$ verläuft die EBIT-Entwicklung zunächst unabhängig von der Bilanzierungsmethode nahezu identisch, da sich die bei Anwendung der Regeln des IAS 38 jährlich GuV-wirksam zu erfassenden internen Entwicklungskosten und die bei Anwendung der übrigen beiden Methoden jährlich GuV-wirksam zu erfassenden Abschreibungen auf in Vorperioden aktivierte interne Entwicklungskosten aufgrund der getroffenen Annahmen ab dem $Jahr_{23}$ nahezu entsprechen. Die EBIT-Entwicklung gleicht sich somit an, sobald sich die Investitionen in interne Entwicklungsprojekte auf einen Ausgleich der auf in den Vorperioden aktivierte interne Entwicklungsprojekte anfallenden Abschreibungen beschränken. Ab dem $Jahr_{34}$ übersteigt das nach den Vorschriften des IAS 38 ermittelte EBIT schließlich den bei Anwendung der Weiterentwicklungsempfehlungen ermittelten Betrag, da die jährlichen Abschreibungen auf interne Entwicklungsprojekte die pro Jahr zu aktivierenden internen Entwicklungskosten übersteigen. Das EBIT sinkt stetig bis auf das Ausgangsniveau, da ab dem $Jahr_{36}$ keine weiteren FuE-Projekte initiiert werden.

Die Ausführungen haben gezeigt, dass die empfohlenen Bilanzierungsregeln solange zu einem höheren EBIT führen, wie ein Unternehmen höhere Investitionen in interne Entwicklungsprojekte vornimmt als Abschreibungen auf in Vorjahren aktivierte interne Entwicklungsprojekte zu erfassen sind. Zu beachten ist allerdings, dass sich das über den gesamten Lebenszyklus des betrachteten FuE-Portfolios ermittelte EBIT in Abhängigkeit von der Bilanzierungsmethode nicht unterscheidet.[259] Lediglich seine zeitliche Verteilung wird – wie die Abbildung 35 gezeigt hat – durch die Bilanzierungsregeln beeinflusst. Abschließend ist festzuhalten, dass ein Bilanzierungswechsel bei Anwendung der Neubewertungsmethode verglichen mit den aktuellen Vor-

---

[258] Vgl. dazu auch die Erläuterung der Entwicklung des in Abb. 34 dargestellten immateriellen Anlagevermögens.

[259] In der betrachteten Simulation beträgt das EBIT in Summe bei Anwendung aller Bilanzierungsmethoden und bei Betrachtung von 63 Jahren 395.988 WE.

schriften nicht zu stärkeren Ergebnisschwankungen führen und die Prognoseeignung des Ergebnisses somit nicht beeinträchtigen würde.

Anders sieht die Entwicklung des EBITDA in Abhängigkeit von der Bilanzierungsmethode aus, wie die folgende Abbildung zeigt.

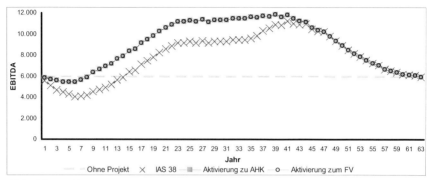

Abb. 36: **Entwicklung des EBITDA in Abhängigkeit von der angewendeten Bilanzierungsmethode**

Das EBITDA liegt bei Anwendung der geltenden Vorschriften des IAS 38 bis zum Jahr$_{46}$ unter dem bei einer Aktivierung aller Entwicklungsprojekte zu historischen Kosten bzw. zum Fair Value ermittelten Betrag, da es sich um eine Ergebnisgröße handelt, die keine Abschreibungen berücksichtigt. Somit übersteigt das nach den empfohlenen Vorschriften ermittelte EBITDA den auf Basis der Regeln des IAS 38 bestimmten Betrag jeweils um die aktivierten internen Entwicklungskosten. Ab dem Jahr$_{47}$ sind hingegen keine EBITDA-Unterschiede mehr zu erkennen, da ab diesem Zeitpunkt keine internen Entwicklungskosten mehr anfallen.

Abschließend wird in der folgenden Abbildung dargestellt, wie sich das comprehensive income vor Steuern und Zinsen als Summe aus dem EBIT und der OCI-Veränderung (vor latenten Steuern) in Abhängigkeit von der Bilanzierungsmethode entwickelt. Dieses unterscheidet sich ausschließlich bei einer Bewertung zum Fair Value vom EBIT, da bei den übrigen beiden Methoden keine GuV-neutral zu erfassenden Wertänderungen anfallen.

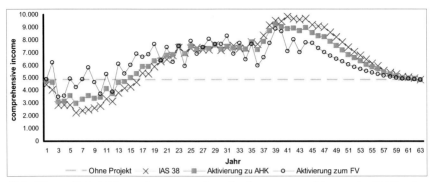

Abb. 37: Entwicklung des comprehensive income vor Steuern in Abhängigkeit von der angewendeten Bilanzierungsmethode

Bis zum Jahr$_{19}$ liegt das comprehensive income bei einer Aktivierung aller Entwicklungsprojekte zum Fair Value stets über dem aus der Anwendung der übrigen Bilanzierungsmethoden resultierenden Ergebnis, da der Fair Value in diesen Jahren jeweils stärker steigt als die aktivierten historischen Kosten. In den Perioden 20-33 ist hingegen zu erkennen, dass das comprehensive income um das bei Anwendung des IAS 38 sowie der empfohlenen Aktivierungspflicht zu historischen Kosten ermittelte Ergebnis schwankt. In den Jahren, in denen sich der Buchwert des aktivierten immateriellen Anlagevermögens bei einer Aktivierung zum Fair Value stärker vermindert als bei den übrigen Methoden, liegt auch das comprehensive income unter dem aus einer Anwendung des IAS 38 oder einer Aktivierung zu historischen Kosten resultierenden Betrag (z.B. Jahr$_{22}$). Demgegenüber ergibt sich die umgekehrte Entwicklung, wenn sich die aktivierten Fair Values stärker erhöhen als die aktivierten historischen Kosten (z.B. Jahr$_{21}$). Ab dem Jahr$_{34}$ liegt das comprehensive income bei einer Fair Value-Bewertung stets unter dem bei Anwendung der übrigen beiden Methoden ermittelten Betrag, da die Fair Value-Änderung der bestehenden Projekte in jedem Jahr negativ ist.[260] Letztlich gleichen sich die Werte in Jahr$_{63}$ an, da alle GuV-neutral erfassten Fair Value-Änderungen aufgelöst wurden. Die Schwankungen des comprehensive income aufgrund der Berücksichtigung von Zeiteffekten bei einer Fair Value-Bewertung zeigen schließlich, dass es sich kaum um eine für die Prognose künftiger Cashflows geeignete Gewinngröße handelt.

---

[260] Zur Erklärung des Verlaufs vgl. die Ausführungen zur Entwicklung des EBIT. Auch die Summe des comprehensive income über den betrachteten Zeitraum unterscheidet sich in Abhängigkeit von der Bilanzierungsmethode nicht.

5.5.4 Auswirkungen auf bilanzanalytische Kennzahlen

Die Ausführungen des vorangegangenen Abschnitts haben gezeigt, dass eine Umsetzung der Empfehlungen für eine Weiterentwicklung der Vorschriften des IAS 38 die Höhe wesentlicher Jahresabschlussgrößen beeinflussen würde. Da diese Jahresabschlussgrößen sowie auf deren Grundlage ermittelte bilanzanalytische Kennzahlen[261] zur Beurteilung des wirtschaftlichen Erfolgs im abgelaufenen Geschäftsjahr sowie des künftigen Erfolgspotenzials von Unternehmen herangezogen werden[262], ist die Kenntnis der auf die anzuwendenden Bilanzierungsvorschriften zurückzuführenden Veränderungen entscheidend.[263] Aus diesem Grund werden die Auswirkungen des empfohlenen Bilanzierungswechsels im Folgenden am Beispiel wesentlicher Anwendungsgebiete für Jahresabschlussdaten und bilanzanalytische Kennzahlen gezeigt. Betrachtet werden dabei solche Kennzahlen, die für Anlageentscheidungen von Investoren[264], die Bonitätsbeurteilung durch Banken und Ratingagenturen[265] wie insbesondere die beiden gemessen am Marktanteil bedeutendsten Ratingagenturen Standard & Poor's (S&P) und Moody's[266], die Bestimmung der Vergütung des Managements[267] sowie die Unternehmenswertermittlung mit Hilfe von Multiplikatorverfahren herangezogen werden.

Die folgende Tabelle fasst wesentliche, neben den bereits dargestellten Ergebnisgrößen im Rahmen von Anlageentscheidungen, des Unternehmensratings und der

---

[261] Vgl. zu Analysekennzahlen *Günther* (1997), S. 210 und zur Bilanzanalyse ausführlich *Küting/Weber* (2009). Zu Grenzen der Bilanzanalyse vgl. *Schneider* (1989).

[262] Vgl. *Pellens/Amshoff/Schmidt* (2009), S. 502. Zu empirischen Ergebnissen zur Bedeutung bilanzanalytischer Kennzahlen für Investoren und Finanzanalysten vgl. *Schulz* (1999), S. 221-224.

[263] Schließlich können auf einen Bilanzierungswechsel zurückzuführende Änderungen von Jahresabschlussgrößen realwirtschaftliche Konsequenzen für Unternehmen und ihre Kapitalgeber haben. Vgl. auch *Pellens/Amshoff/Schmidt* (2009), S. 508.

[264] Zur traditionellen Kennzahlenanalyse vgl. *Coenenberg* (2005), S. 985-1105; *Wohlgemuth* (2006), S. 12-14; *Hayn/Hold-Pätsch* (2008), S. 272.

[265] Ratings sind standardisierte Verfahren zur Beurteilung der Wahrscheinlichkeit fristgerechter Zins- und Tilgungsleistungen eines Kreditnehmers, die von unabhängigen Ratingagenturen durchgeführt werden. Vgl. *Gohdes/Meier* (2003), S. 1378; *Born* (2008), S. 387. Die Grundlage bilden die Daten des Jahresabschlusses. Vgl. zur zunehmenden Bedeutung von Ratings *Everling/Trieu* (2007), S. 103-104; *Neuhaus* (2009), S. 111-114. Zu Zielen des Ratings aus Unternehmenssicht vgl. *Jäckle/Ackermann* (2007), S. 388-389.

[266] Vgl. *Everling/Trieu* (2007), S. 98; *Detert* (2008), S. 103. Zu einer Übersicht über die Ratingkennzahlen von S&P und die Kennzahlen von Moody's zur Beurteilung von Pharmaunternehmen vgl. Anhang F, Tab. F5 und F6 sowie *Moody's Investor Service* (2006), S. 4; *Standard & Poor's* (2008), S. 58-59.

[267] Vgl. dazu auch *Detert* (2008), S. 60-66.

Managemententlohnung zur Anwendung kommende Kennzahlen zusammen, deren Entwicklung im Folgenden untersucht wird.

Kennzahl	Anwendungsgebiet
EPS = Jahresüberschuss/Anzahl der ausgegebenen Aktien	Anlageentscheidung
EKR bzw. ROCE[268] = Jahresüberschuss/Ø Eigenkapital GKR[269] = (Jahresüberschuss + FK-Zinsen)/Ø Gesamtkapital	Rating, Anlageentscheidung, Managemententlohnung
Umsatzrendite[270] = EBITDA/Umsatz Operativer Cashflow[271] = Jahresüberschuss + Abschreibungen +/- latente Steuern - aktivierte Entwicklungskosten	Rating, Anlageentscheidung
CVA[272] = BCF – ökon. Afa – Bruttoinvestitionsbasis * WACC	Managemententlohnung

Tab. 35: Ausgewählte Analysekennzahlen

Für Anlageentscheidungen werden neben Ergebnisgrößen häufig die Earnings per Share (EPS) herangezogen.[273] Wird die bislang unterstellte Vollausschüttung des auf Basis der geltenden Vorschriften des IAS 38 ermittelten Jahresüberschusses beibehalten, verläuft der Jahresüberschuss analog zum in Abbildung 35 dargestellten EBIT.[274] Wird jedoch stattdessen eine einheitlich geltende Ausschüttungsquote von bspw. 35% des Jahresüberschusses und damit bei Anwendung der Weiterentwicklungsempfehlungen eine höhere Ausschüttung unterstellt[275], übersteigt der auf Basis der Vorschriften des IAS 38 ermittelte Jahresüberschuss den aus einer Anwendung

---

[268] Vgl. dazu Coenenberg (2005), S. 1082-1083; Berndt/Jenny (2006), S. 2179.

[269] Zur Interpretation der GKR vgl. Rehkugler/Poddig (1998), S. 208; Baetge/Kirsch/Thiele (2004), S. 369; Born (2008), S. 365; Gräfer (2008), S. 64-64.

[270] Zur Umsatzrendite vgl. Born (2008), S. 367-368.

[271] Vgl. zur Ermittlung IAS 7 „Statement of Cash Flows", Tz. 20.

[272] Zum CVA vgl. Crasselt/Schremper (2001), S. 272-273; Hirsch (2008). In dem betrachteten Beispiel entsprechen der Brutto-Cashflow (BCF) der Summe aus Jahresüberschuss, Zinsen und Abschreibungen und die Bruttoinvestitionsbasis (BIB) der Bilanzsumme zzgl. der bereits vorgenommenen Abschreibungen. Die ökonomische Abschreibung wird als Produkt aus dem Anlagevermögen zu Beginn des Jahres und dem Rückwärtsverteilungsfaktor ermittelt. Der Economic Value Added (EVA) wird nicht betrachtet, da auch nicht aktivierte FuE-Kosten als Vermögenswerte berücksichtigt werden und sich insofern durch einen Bilanzierungswechsel keine Änderungen ergeben sollten. Zum EVA vgl. Crasselt/Schremper (2000).

[273] Vgl. Busse von Colbe (1993), S. 15; Schremper/Pälchen (2001), S. 555. Zu den Auswirkungen der geltenden Ansatzvorschriften für selbst erstellte immaterielle Vermögenswerte auf das EPS vgl. Pellens/Fülbier (2000a), S. 55-57.

[274] Vgl. dazu Anhang F, Abb. F1. Auch die Summe der Jahresüberschüsse über die 63 Jahre wird nicht durch die Bilanzierungsmethode beeinflusst.

[275] Gleichzeitig wird angenommen, dass das Anlagevermögen um 4% p.a. und das Umlaufvermögen um 1% p.a. wächst.

der übrigen Bilanzierungsmethoden resultierenden Betrag bereits ab dem $Jahr_{20}$.[276] Im ersten Fall würde der Bilanzierungswechsel folglich bis zum $Jahr_{33}$ zumindest nicht zu einer Verringerung der EPS führen, während dies im zweiten Fall nur bis zum $Jahr_{20}$ gilt. Im Anschluss an $Jahr_{20}$ würden die EPS bei einer Anwendung der Vorschriften des IAS 38 höher ausfallen, da der nach den übrigen Bilanzierungsmethoden ermittelte Jahresüberschuss den aufgrund der fremdzufinanzierenden Ausschüttung höheren Zinsaufwand zu tragen hat. Die Entwicklung der EPS kann folglich nicht klar prognostiziert werden. Die Ausführungen zeigen allerdings, dass ein Bilanzierungswechsel die Entwicklung der EPS beeinflussen wird. Eine Nicht-Berücksichtigung der geänderten Bilanzierungsvorschriften bei der Beurteilung der EPS könnte somit dazu führen, dass bspw. eine Erhöhung fälschlicher Weise auf eine Verbesserung der Ertragskraft von Pharmaunternehmen bzw. von Unternehmen anderer FuE-intensiver Branchen zurückgeführt wird und diese dementsprechend im Rahmen der Anlageentscheidung bevorzugt behandelt werden. Anzumerken ist schließlich, dass sich die EPS-Entwicklung auch auf das als Quotient aus dem Aktienkurs und dem EPS ermittelte Kurs-Gewinn-Verhältnis (KGV) auswirkt, welches ebenfalls für Anlageentscheidungen herangezogen wird.[277] Ein Anstieg der EPS wirkt sich immer dann negativ auf die Höhe des KGV aus, wenn der Aktienkurs sich nicht aufgrund von bspw. gestiegenen Ergebnisgrößen proportional erhöht.

Die Eigen- und die Gesamtkapitalrendite werden sowohl für Anlageentscheidungen als auch für das Unternehmensrating und die Bestimmung der Managemententlohnung herangezogen. Die Entwicklung der Eigenkapitalrendite, deren Verlauf der Entwicklung der Gesamtkapitalrendite entspricht, ist der folgenden Abbildung zu entnehmen.[278]

---

[276] Wird der Ausschüttungsbetrag durch eine Vollausschüttung noch stärker erhöht, findet der Wechsel in der Höhe des Jahresüberschusses bereits in $Jahr_{17}$ statt.

[277] Zum KGV vgl. *Padberg* (2007), S. 40-42; *Born* (2008), S. 373-374. Zur Beeinflussung des KGV durch die geltenden Bilanzierungsvorschriften für immaterielle Vermögenswerte vgl. *Pellens/Fülbier* (2000a), S. 37-38.

[278] Vgl. zur Entwicklung der GKR Anhang F, Abb. F2.

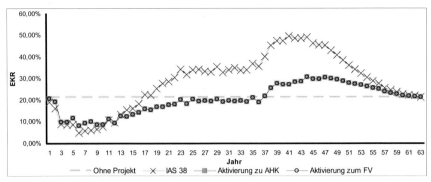

Abb. 38: Entwicklung der EKR in Abhängigkeit von der angewendeten Bilanzierungsmethode

Die EKR wurde analog zur Vorgehensweise der Ratingagenturen ohne Berücksichtigung des OCI ermittelt.[279] Die bei Anwendung der Regeln des IAS 38 ermittelte EKR liegt bis zum $Jahr_{12}$ unter dem nach den übrigen Bilanzierungsmethoden ermittelten Wert. In den Folgejahren führen der starke Anstieg des Eigenkapitals bei einer Aktivierung aller Entwicklungskosten[280] sowie die geringe Differenz zwischen den nach den betrachteten Bilanzierungsmethoden ermittelten Jahresüberschüssen dazu, dass die unter den Vorschriften des IAS 38 ermittelte EKR die bei Anwendung der übrigen Methoden ermittelte EKR übersteigt. Das Eigenkapital bzw. die Bilanzsumme können bei einer Aktivierungspflicht für alle Entwicklungsprojekte folglich irgendwann so stark ansteigen, dass sowohl die EKR als auch die GKR trotz identischer Ertragsaussichten verglichen mit den aktuellen Vorschriften niedriger ausfallen[281], was sich negativ auf Anlageentscheidungen, das Unternehmensrating sowie die Höhe der Managementvergütung auswirken kann. Diese Aussage gilt auch, wenn bspw. eine einheitliche Ausschüttungsquote von 35% und damit bei den Aktivierungslösungen ein höherer Ausschüttungsbetrag unterstellt wird. Allerdings übersteigen die nach den Regeln des IAS 38 ermittelte EKR bzw. GKR die nach den übrigen beiden Me-

---

[279] Zu den verschiedenen Ermittlungsmöglichkeiten der EKR vgl. *Berndt/Jenny* (2006), S. 2182-2185. Wird das OCI berücksichtigt, nimmt die Komplexität der Analyse zu, die Erklärbarkeit der Ergebnisse hingegen ab. Vgl. *Berndt/Jenny* (2006), S. 2185. Ähnlich auch *Küting/Reuter* (2007), S. 2557.

[280] Bei Anwendung der geltenden Vorschriften bleibt das Eigenkapital aufgrund der Ausschüttungsannahme konstant, während es bei den übrigen beiden Bilanzierungsmethoden jährlich um die Differenz zwischen dem ermittelten Jahresüberschuss und dem Jahresüberschuss nach IAS 38 steigt.

[281] Vgl. zu diesem Ergebnis auch *Healy/Myers/Howe* (2002), S. 689-691.

thoden bestimmten Größen erst im $Jahr_{17}$ bzw. im $Jahr_{14}$.[282] Im letzten betrachteten Geschäftsjahr unterscheiden sich schließlich weder die EKR noch die GKR in Abhängigkeit von der Bilanzierungsmethode.

Die Entwicklung der Umsatzrendite entspricht schließlich der Entwicklung des EBITDA, sodass diese Kennzahl nicht weiter betrachtet wird. Die Ausführungen des vorherigen Abschnitts haben bereits gezeigt, dass eine Umsetzung der Weiterentwicklungsempfehlungen zu einer Verbesserung dieser Größe führen wird, solange interne FuE-Kosten anfallen. Diese Entwicklung kann sich positiv auf Anlageentscheidungen, das Ratingurteil und damit die Kapitalkosten des Unternehmens sowie die Höhe der an das Management zu leistenden Vergütung auswirken. Der operative Cashflow wird durch die Bilanzierungsmethode hingegen nicht beeinflusst, da bei seiner Ermittlung ausschließlich auf Zahlungsströme abgestellt wird.[283]

Auch der häufig für die wertorientierte Managemententlohnung[284] herangezogene Cash Value Added (CVA) würde durch einen Wechsel der Bilanzierungsmethode beeinflusst. Die Einführung der vorgeschlagenen Aktivierungslösungen führt in der Simulation über den gesamten Betrachtungszeitraum und unabhängig von der Ausschüttungshöhe zu einer Verschlechterung des CVA, die durch das bei den Aktivierungslösungen höhere Bruttobetriebsvermögen und die dementsprechend höheren kalkulatorischen Kapitalkosten sowie die höheren ökonomischen Abschreibungen bei unabhängig von der Bilanzierungsmethode gleichem Brutto-Cashflow zurückzuführen ist.[285]

Schließlich wird als letztes Anwendungsgebiet die häufig im Vorfeld von Akquisitionen zur Anwendung kommende Unternehmenswertermittlung mit Hilfe von Multiplikatorverfahren betrachtet. Im Rahmen dieser Verfahren wird der Unternehmenswert ermittelt, indem eine dem Jahresabschluss entnommenen Bezugsgröße (z.B. EBIT(DA)) mit einem Multiplikator multipliziert wird, der aus dem durchschnittlichen Verhältnis von Kapitalmarktbewertung und identischer Bezugsgröße vergleichbarer

---

[282] Auch bei einer geringeren oder einer vollen Ausschüttung ändert sich die Grundaussage nicht.
[283] Zur Entwicklung des operativen Cashflow vgl. Anhang F, Abb. F3.
[284] Zur wertorientierten Entlohnung vgl. *Pellens/Crasselt/Rockholtz* (1998), S. 12. Zur Erfassung immaterieller Werte bei der Ermittlung wertorientierter Kennzahlen vgl. *Pellens/Fülbier* (2000b).
[285] Zur Entwicklung des CVA bei einer Ausschüttung des auf Basis des IAS 38 ermittelten Jahresüberschusses vgl. Anhang F, Abb. F4. Angenommen wird, dass die Ermittlung bei einer Fair Value-Bilanzierung analog zu einer Bilanzierung zu historischen Kosten erfolgt.

Unternehmen (peer group) gebildet wird.[286] Da Multiplikatoren unter Einbeziehung der Ergebnisgrößen vergleichbarer Unternehmen abgeleitet werden, die sich aufgrund der geänderten Bilanzierungsregeln in gleicher Weise verändern werden wie die Ergebnisgrößen des zu bewertenden Unternehmens, ist auf den ersten Blick kaum zu erwarten, dass durch Multiplikatorverfahren ermittelte Unternehmenswerte durch einen möglichen Bilanzierungswechsel beeinflusst werden. Führen die höheren Ergebnisgrößen jedoch zu einem Anstieg des Aktienkurses und damit der Marktkapitalisierung, steigen auch die durch Multiplikatorverfahren ermittelten Unternehmenswerte, was zu höheren Preisen für Unternehmenserwerbe führen kann.

Abschließend ist festzuhalten, dass sich eine Änderung der für FuE-Projekte geltenden Bilanzierungsvorschriften auf aus Jahresabschlussgrößen abgeleitete bilanzanalytische Kennzahlen auswirken wird. Dabei können Anlageentscheidungen, das Ratingurteil, die Höhe der Managementvergütung sowie durch Multiplikatorverfahren ermittelte Unternehmenswerte beeinflusst werden, was sowohl mit positiven als auch mit negativen realwirtschaftlichen Konsequenzen für Unternehmen und ihre Kapitalgeber verbunden sein kann. Folglich sind die Bilanzierungsregeln sowohl bei der Interpretation von Analysekennzahlen als auch bei der Festlegung von an diese gebundenen realwirtschaftlichen Konsequenzen zu beachten. Zudem ist grundsätzlich zu überlegen, ob ökonomische Konsequenzen an bilanzielle Größen geknüpft werden sollten.[287]

5.6 Berücksichtigung der Informationsbedürfnisse der Jahresabschlussadressaten in der geplanten Weiterentwicklung der IFRS

Nachdem konkrete Empfehlungen für eine Weiterentwicklungen der geltenden Bilanzierungsvorschriften für FuE-Projekte entwickelt und deren Auswirkungen auf die Darstellung der Vermögens- und Ertragslage von Pharmaunternehmen gezeigt wurden, wird abschließend untersucht, inwieweit die auf Basis der empirisch beobachteten Informationsbedürfnisse der Adressaten entwickelten Empfehlungen in den Überlegungen des IASB hinsichtlich einer Überarbeitung insbesondere des IAS 38 bereits Berücksichtigung finden. Schließlich ist zu beachten, dass sich die Arbeit des IASB zwar an der Leitlinie der Entwicklung von zur Vermittlung entscheidungsnützlicher In-

---

[286] Vgl. zu Multiplikatorverfahren *Ballwieser* (1991); *Hillebrandt* (2001); *Coenenberg/Schultze* (2002); *Peemöller/Meister/Beckmann* (2002); *Praxmarer* (2005).

[287] Vgl. auch *Pellens* (2008), S. 496-497.

formationen geeigneten Rechnungslegungsvorschriften ausrichten sollte.[288] Sie kann jedoch darüber hinaus durch politischen Druck[289] sowie sonstige Interessen wie z.B. Anreize zur Produktion einer Vielzahl von Standards sowie zur Durchführung radikaler Veränderungen beeinflusst werden.[290]

Wie in den vorherigen Abschnitten hergeleitet, ist auf Basis der betrachteten empirischen Untersuchungen anzunehmen, dass die Adressaten eine Höhergewichtung der Relevanz im Bilanzansatz, jedoch nicht durchweg in der Bewertung präferieren.

Auf eine in der Zukunft höhere Gewichtung der Relevanz deutet zunächst der u.a. im Exposure Draft „An improved Conceptual Framework for Financial Reporting" aktuell diskutierte Vorschlag zur Überarbeitung des IFRS-Rahmenkonzeptes hin. Schließlich wird vorgeschlagen, den Grundsatz der Verlässlichkeit (reliability) im Rahmen der Einführung des überarbeiteten Rahmenkonzeptes durch die Grundsätze der gewissenhaften Darstellung (faithful representation) und der Nachprüfbarkeit (verifiability) zu ersetzen.[291] Die gewissenhafte Darstellung soll insbesondere durch unterbleibende Fehler, Vollständigkeit und eine wirtschaftliche Betrachtungsweise erfolgen.[292]

Zudem ist zu beachten, dass das IASB die noch bestehenden Inkonsistenzen in der bilanziellen Abbildung von FuE-Projekten[293] inzwischen erkannt[294] und den australischen Standardsetter Australian Accounting Standard Board (AASB) deshalb in den Jahren 2006 und 2007 mit der Erarbeitung eines Vorschlags für ein IASB-Projekt zur bilanziellen Abbildung immaterieller Vermögenswerte beauftragt hat.[295] Im Rahmen dieses Projekts sollte explizit das Ziel verfolgt werden, die bestehenden Inkonsistenzen zu beseitigen und ein einheitliches, von der Zugangsform unabhängiges Modell für die bilanzielle Abbildung immaterieller Vermögenswerte zu entwickeln.[296] Die Tat-

---

[288] Vgl. *Wagenhofer/Ewert* (2007), S. 105.

[289] Vgl. *Weinreis* (2009), S. 3.

[290] Vgl. dazu *Wagenhofer* (2006).

[291] Vgl. auch *Wilson* (2007), S. 202; *Schildbach* (2009), S. 110. Das IDW merkt in diesem Zusammenhang explizit an, dass die vorgeschlagenen neuen Begrifflichkeiten die ursprüngliche Bedeutung der Verlässlichkeit nicht vollständig abdecken können. Vgl. IDW Concept Paper, Tz. 21.

[292] Vgl. Exposure Draft „Conceptual Framework – Phase A", Tz. QC7.

[293] Zu einer Zusammenfassung der Inkonsistenzen vgl. Abschnitt 4.3.1.2.

[294] Diese wurden bereits im Rahmen des Projekts „Business Combinations – Phase II" erkannt, aber nicht als Bestandteil des Scope klassifiziert und deshalb nicht beseitigt. Vgl. *Ernst & Young* (2006), S. 481 und S. 855.

[295] Vgl. zu einem Überblick über das Projekt *AASB* (2007c).

[296] Vgl. *AASB* (2007b), Tz. 50. Die Zugangsbilanzierung selbst erstellter und die Folgebewertung aller immateriellen Vermögenswerte sollten im Fokus stehen. Vgl. *AASB* (2007a), Tz. 3-4. Bislang

sache, dass die Vorschriften für den Zugang im Rahmen von Unternehmenszusammenschlüssen als Arbeitshypothese für die Anpassung der Vorschriften für selbst erstellte immaterielle Vermögenswerte dienten[297], zeigt, dass Konsistenz durch eine Erweiterung des Aktivierungsumfangs selbst erstellter immaterieller Vermögenswerte erreicht werden soll und die aktuell geltenden Vorschriften als zu restriktiv angesehen werden.[298] Eine außerbilanzielle Lösung im Sinne einer vollständigen Aufwandsverrechnung mit zusätzlichen Anhangangaben strebt das IASB eindeutig nicht an.[299] Diese Entwicklung sollte mit den Interessen der Jahresabschlussadressaten in Einklang stehen.

Das im Januar 2007 zur Vorlage beim IASB veröffentlichte „Draft Preliminary Technical Paper – Intangible Assets" sowie das 2008 vom AASB veröffentlichte Discussion Paper „Initial Accounting for Internally Generated Intangible Assets" fassen die Vorschläge des Projektteams hinsichtlich Definition, Bilanzansatz, Erstbewertung und Angabepflichten für selbst erstellte immaterielle Vermögenswerte zusammen.[300] Während die Definitionsvorschriften unverändert bleiben sollen, werden für die Bilanzansatzvorschriften ein Cost-Model und ein Fair Value-Model diskutiert.[301] Eine Unterscheidung zwischen Forschungs- und Entwicklungsprojekten wird hingegen nicht vorgenommen.[302]

---

liegt jedoch nur ein Vorschlag für selbst erstellte immaterielle Vermögenswerte vor, der die Folgebewertung nicht berücksichtigt.

[297] Vgl. *AASB* (2007c), Tz. 6.

[298] Vgl. *AASB* (2007a), Tz. 5-7; *AASB* (2007c), Tz. 9-10. Eine Aktivierung wird durch die IFRS also grundsätzlich angestrebt. Vgl. auch *Hommel* (1997), S. 348. Eine Aufwandsverrechnung würde zudem den Investitionsgutcharakter der Projekte vernachlässigen (vgl. *Spranger* (2006), S. 105-106) und dem Matching Principle widersprechen (vgl. *Cornwall* (1978), S. 299; *Spranger* (2006), S. 105-106; *Pellens/Fülbier/Sellhorn* (2001), S. 93). Die fehlende Periodisierung von Investitionsausgaben entspricht zudem nicht dem Maßstab eines nachhaltigen Gewinns. Vgl. auch *Haaker* (2007), S. 258. Auch ist Unsicherheit keine sinnvolle Begründung für eine Nichtaktivierung. Vgl. *Müller-Dahl* (1979), S. 163; *Haaker* (2005), S. 56.

[299] Vgl. auch *Hackenberger* (2008), S. 175.

[300] Zur Unterstützung der Entwicklung dieser Papiere wurden 14 Interviews mit Repräsentanten australischer Wirtschaftsprüfungsgesellschaften, Konsumgütergesellschaften, Finanzierungsunternehmen und Telekommunikations- und Rundfunkanstalten sowie mit Nutzern von Abschlussberichten geführt. Diese wurden gewählt, da in Australien vor Einführung der IFRS eine umfassendere bilanzielle Berücksichtigung immaterieller Vermögenswerte möglich war und sie daher über praktische Erfahrungen bei der Identifizierung, Erfassung und Bewertung selbst erstellter immaterieller Vermögenswerte verfügen. Vgl. *AASB* (2007b), Tz. A1. Zu den Fragekatalogen vgl. *AASB* (2007b), Tz. A3-A5.

[301] Vgl. dazu sowie zur Diskussion der Vor- und Nachteile beider Modelle *AASB* (2007b), Tz. 138-149.

[302] Vgl. *AASB* (2007b), Tz. 69 bzw. *AASB* (2008), Tz. 85.

Kommt das Cost-Model zur Anwendung[303], gelten die Bilanzansatzkriterien des bisherigen Rahmenkonzeptes. Folglich sind FuE-Projekte mit ihren Anschaffungs- bzw. Herstellungskosten immer dann anzusetzen, wenn der Nutzenzufluss wahrscheinlich ist und die Kosten zuverlässig bestimmbar sind.[304] Diese Kriterien sind nach Ansicht des Projektteams erfüllt, sobald ein Projektplan finalisiert und implementiert wurde[305] und sollten somit im Pharmabereich in der Entwicklungsphase, nicht hingegen in der Forschungsphase erfüllt sein.

Kommt hingegen das Fair Value-Model zur Anwendung, gelten die Bilanzansatzkriterien des IFRS 3.[306] Folglich spielt das Wahrscheinlichkeitskriterium für die Bilanzansatzfrage keine Rolle. Werden zudem die Vorschriften des IFRS 3 (2008) zugrunde gelegt, ist auch der Nachweis einer zuverlässigen Bewertbarkeit obsolet, sodass für einen Bilanzansatz einzig die Identifizierbarkeit sowie die Kontrolle zu prüfen wären.[307] Für die Ermittlung des Fair Value wird auf die Fair Value-Hierarchie des Statement of Financial Accounting Standards (SFAS) 157 „Fair Value Measurement" verwiesen, die verglichen mit der in IAS 38 verankerten Vorgehensweise sowie den im ED „Fair Value Measurement" vorgeschlagenen Vorschriften[308] zu keinen wesentlichen Unterschieden führt.[309] Wie Schwankungen des Fair Value in den Folgejahren zu erfassen sind, wird aufgrund der Beschränkung des Projekts auf Bilanzansatz und Erstbewertung zunächst offen gelassen.

Eine Bewertung zum Fair Value wird zwar vom AASB präferiert[310], steht jedoch nicht unbedingt in Einklang mit den beobachteten Interessen der Jahresabschlussadressaten. Die Tatsache, dass jedoch trotzdem beide Modelle diskutiert werden, zeigt zum einen, dass die seit den 1980er Jahren insbesondere im Bereich der finanziellen

---

[303] Zum Cost-Model vgl. *AASB* (2007b), Tz. 63-65 bzw. *AASB* (2008), Tz. 122-136.

[304] Vgl. *AASB* (2007b), Tz. 31. Resultieren aus einem Plan mehrere Projekte, sind die Kosten zu schlüsseln. Vgl. *AASB* (2007b), Tz. 32.

[305] Vgl. *AASB* (2007b), Tz. 59 bzw. *AASB* (2008), Tz. 77 und Tz. 134.

[306] Vgl. *AASB* (2007b), Tz. 88 bzw. *AASB* (2008), Tz. 91.

[307] Bei unbestimmter Nutzungsdauer gilt schon jetzt die widerlegbare Vermutung, dass eine verlässliche Bewertung möglich ist. Vgl. *AASB* (2007b), Tz. 123.

[308] Vgl. zum Exposure Draft *IASB* (2009a); *Castedello* (2009). Zu den Vor- und Nachteilen des Fair Value als Veräußerungspreis vgl. *Penman* (2007), S. 38-40.

[309] Vgl. *AASB* (2007b), Tz. 111-130 und Tz. 137 bzw. *AASB* (2008), Tz. 171. Zur Fair Value-Hierarchie nach IAS 38 vgl. Abschnitt 3.4.2.2.2.

[310] Vgl. *AASB* (2008), Tz. 190.

Vermögenswerte zu beobachtende Hinwendung zum Fair Value[311], durch die die Entscheidungsnützlichkeit von Rechnungslegungsinformationen erhöht werden soll[312], weiterhin verfolgt wird. Zum anderen wird jedoch deutlich, dass insbesondere vor dem Hintergrund von Verlässlichkeitsaspekten, die durch die aktuelle Finanzmarktkrise wieder verstärkt in den Fokus gerückt sind[313], nicht klar ist, welchen Stellenwert der Fair Value in der IFRS-Rechnungslegung künftig haben wird.[314] Aufgrund der Argumente gegen den Fair Value und der Uneinigkeit der im Rahmen der Erarbeitung des Projektvorschlags interviewten Adressaten[315] weist das AASB zudem darauf hin, dass praktische Schwierigkeiten im Zusammenhang mit einer Fair Value-Bewertung zunächst näher untersucht werden sollen.[316] Folglich ist mit einer Umsetzung der Fair Value-Bewertung mittelfristig kaum zu rechnen. Abschließend ist festzuhalten, dass eine den beobachteten Interessen der Investoren entsprechende Anwendung des Fair Value als Veräußerungspreis und nicht des Nutzungswertes vorgeschlagen wird.

Neben einer Anpassung der Bilanzansatz- und Erstbewertungsvorschriften wird insbesondere bei Anwendung des Fair Value-Models eine Ausweitung der sonstigen Berichtspflichten um die auch von den Adressaten gewünschten Angaben vorgeschlagen.[317] Die ebenfalls von den Adressaten gewünschte Erweiterung der Berichterstattung um pharmaspezifische Informationen zur FuE-Pipeline[318] wird hingegen

---

[311] Vgl. *Busse von Colbe* (2001), S. 28-29; *Ballwieser* (2005), S. 738; *Ewert* (2006), S. 180; *Wüstemann/Bischof* (2006), S. 101; *Hitz* (2007b), S. 323; *Wilson* (2007), S. 200; *Pellens et al.* (2008c), S. 142.

[312] Vgl. *Busse von Colbe* (2001), S. 34. Auf eine zunehmende Bedeutung des Fair Value deuten auch die Vorschläge im Exposure Draft zu IAS 37 aus dem Jahr 2005 bzw. 2010 hin, der eine dem Fair Value sehr ähnliche Bewertung von Rückstellungen mittels des expected cashflow-Ansatzes vorsieht und das im Jahr 2007 veröffentlichte Discussion Paper „Preliminary Views on Insurance Contracts" propagiert ebenfalls eine Fair Value-Bilanzierung. Vgl. dazu *Hommel/ Schmitz/Wüstemann* (2009), S. 377 bzw. *Rockel/Sauer* (2007).

[313] Vgl. *Schildbach* (2009), S. 110. Zu den Auswirkungen der Finanzmarktkrise auf die Rechnungslegung vgl. *Zwirner* (2009).

[314] Vgl. *Bieker* (2008), S. 399; *Jessen/Haaker* (2009), S. 500; *Küting/Lauer* (2009), S. 561-563. Zu den Änderungen an IAS 39 und IFRS 7, die die Abkehr vom Weg zur vollständigen Fair Value-Bewertung zeigen, vgl. *Bieker* (2008), S. 395-379; *Lüdenbach/Freiberg* (2008), S. 373-375. Auch die durch das Discussion Paper „Preliminary Views on Revenue Recognition in Contracts with Customers" im Dezember 2008 veröffentlichten Änderungen in der Bilanzierung von Umsatzerlösen orientieren sich nicht am Fair Value. Vgl. auch *Hommel/Schmitz/Wüstemann* (2009), S. 377. Zu einem Überblick über das Discussion Paper vgl. *IASB* (2008a); *Zülch/Pronobis/Fischer* (2009).

[315] Vgl. *AASB* (2008), Tz. 188.

[316] Vgl. *AASB* (2008), Tz. 190.

[317] Vgl. zu den vorgeschlagenen Angaben *AASB* (2008), Tz. 214, Tz. 225 und Tz. 232 sowie zu den Informationswünschen der Adressaten die Abschnitte 5.3.4.2 und 5.3.4.3.

[318] Vgl. dazu Abschnitt 5.3.2.2.

bislang nicht angestrebt. Dies ist jedoch darauf zurückzuführen, dass sich das AASB-Projekt auf die generelle Bilanzierung von FuE-Projekten unabhängig von einzelnen Branchen und zudem auf quantitative Informationen konzentriert.[319]

Zu beachten ist schließlich, dass das beschriebene Projekt des AASB zwar eine logische Konsequenz der in den vergangenen Jahren vorgenommenen Änderungen des IFRS 3 sowie des IAS 38 darstellt, jedoch bislang nicht auf die aktive Agenda des IASB aufgenommen wurde. Begründet wurde dies dadurch, dass aufgrund anderer dringender Bilanzierungsfragen keine Kapazitäten für ein derart umfangreiches Projekt verfügbar sind, wobei die Bedeutung des Themas insbesondere aufgrund der bestehenden Inkonsistenzen sowohl durch das IASB als auch durch das FASB hervorgehoben wurde.[320] Deshalb besteht die Hoffnung, dass die vielfach in Einklang mit den empirisch beobachteten Informationsbedürfnissen der Jahresabschlussadressaten stehenden Vorschläge langfristig umgesetzt werden. Im Rahmen des Standard-Setting-Prozesses[321] haben die Adressaten dann die Möglichkeit, ihre Zweifel an einer Fair Value-Bewertung bzw. ihre Argumente für eine solche Bewertung zu äußern.

5.7 Kapitelfazit

Das Ziel des fünften Kapitels bestand in der Erarbeitung von Empfehlungen für eine Weiterentwicklung der geltenden IFRS-Vorschriften zur bilanziellen Abbildung pharmazeutischer FuE-Projekte. Die folgenden wesentlichen Ergebnisse sind festzuhalten:

1. Als Mindestanforderung an die zu entwickelnden Empfehlungen wurde gemäß dem in Kapitel 4 hergeleiteten Beurteilungsmaßstab die Gewährleistung einer konsistenten bilanziellen Abbildung ökonomisch gleicher Sachverhalte festgelegt. Deshalb wurden im ersten Schritt solche Bilanzierungskonzepte identifiziert, die diese Mindestanforderung erfüllen.

2. Da die drei identifizierten konsistenten Alternativen jeweils eine unterschiedliche Gewichtung von Relevanz und Verlässlichkeit implizieren, wurde auf Basis der

---

[319] Die Standardisierung qualitativer Angaben soll über die Einführung eines „Management Commentary" erfolgen, zu dem seit Juni 2009 ein ED vorliegt. Vgl. dazu Abschnitt 5.4.3. Dieser sieht u.a. auch Informationen zur FuE-Tätigkeit technologieintensiver Branchen vor. Vgl. *Fink* (2006), S. 148. Wie diese konkret aussehen sollen, wird jedoch nicht vorgegeben.

[320] Vgl. *AASB* (2008), S. vi.

[321] Vgl. zum Standard-Setting-Prozess und den Einflussmöglichkeiten der Adressaten *Weinreis* (2009), S. 9-28.

Ergebnisse empirischer Studien bestimmt, welche Gewichtung und damit welche der drei Bilanzierungsalternativen aus Sicht der Jahresabschlussadressaten entscheidungsnützliche Informationen vermittelt. Die Analyse hat gezeigt, dass eine Aktivierung zu historischen Kosten aus Sicht der Investoren am ehesten entscheidungsnützliche Informationen vermittelt, wobei in den letzten Jahren im Unterschied zur Vergangenheit auch Präferenzen für eine Fair Value-Bewertung zu erkennen sind. Zudem wird eine Erweiterung der bestehenden Ausweisvorschriften insbesondere um Informationen zur FuE-Pipeline und zum Projektfortschritt und damit zur Unsicherheit pharmazeutischer Forschung und Entwicklung sowie zum Fair Value und dessen Ermittlung gewünscht.

3. Auf Basis der beschriebenen Ergebnisse wurden ein kurz- sowie ein eventuell langfristig umzusetzender Überarbeitungsvorschlag entwickelt. Während *kurzfristig* die Einführung einer Aktivierungspflicht für Entwicklungsprojekte, und damit für Pharmaunternehmen für Projekte ab der klinischen Phase I, zu historischen Kosten vorgeschlagen wird, sollte nur dann *langfristig* auf eine Fair Value-Bewertung übergegangen werden, wenn diese in den IFRS durchweg zur Anwendung kommt oder eine eindeutige Präferenz der Adressaten für eine solche Bewertung erkennbar wird. In diesem Fall sollte jedoch eine Folgebewertung gemäß einer modifizierten Neubewertungsmethode erfolgen. Unabhängig von dem anzuwendenden Bewertungsmaßstab sind zudem ausführliche zusätzliche Informationen zur FuE-Pipeline sowie zur Entwicklung und Ermittlung von historischen Kosten und Fair Values im Anhang anzugeben. Während die dargestellten Bilanzansatz- und Bewertungsvorschriften unabhängig von der Branche zur Anwendung kommen können bzw. sollten, sind die Auslegung der Definitionen von Forschung und Entwicklung ebenso wie Teile der Vorschriften zu Anhangangaben jeweils branchenspezifisch festzulegen.

4. Im Rahmen der Simulation wurden die Auswirkungen einer Umsetzung der kurzfristig empfohlenen sowie der eventuell langfristig zu empfehlenden Hinweise für eine Weiterentwicklung des IAS 38 auf die Entwicklung des immateriellen Anlagevermögens sowie verschiedener Ergebnisgrößen untersucht. Die Ergebnisse haben gezeigt, dass die vorgeschlagenen Vorschriften verglichen mit den geltenden Regeln zu einer Erhöhung des Buchwertes der immateriellen Vermögenswerte führen werden. Das EBIT steigt durch den Bilanzierungswechsel an, solange mehr interne Entwicklungskosten aktiviert werden als Abschreibungen auf in Vorperioden aktivierte interne Entwicklungsprojekte vorzunehmen sind. Im umge-

kehrten Fall ergibt sich bei Anwendung der vorgeschlagenen Bilanzierungsregeln ein geringeres EBIT. Über den gesamten Lebenszyklus des betrachteten FuE-Portfolios unterscheidet sich das EBIT in Summe in Abhängigkeit von der angewendeten Bilanzierungsmethode jedoch nicht, was zeigt, dass die Bilanzierungsvorschriften lediglich dessen zeitliche Verteilung beeinflussen. Diese Aussage gilt auch für das comprehensive income, dessen Schwankungen zudem gezeigt haben, dass es sich kaum um eine prognosegeeignete Gewinngröße handelt. Das EBITDA fällt schließlich gemäß den vorgeschlagenen Bilanzierungsvorschriften solange höher aus als nach den Regeln des IAS 38, wie interne Entwicklungskosten anfallen. Werden keine Investitionen in interne Entwicklungsprojekte getätigt, ist hingegen kein Unterschied erkennbar.

5. Schließlich wurde am Beispiel wesentlicher für Anlageentscheidungen, Bonitätsanalysen, die ergebnisorientierte Managementvergütung sowie Unternehmensbewertungen herangezogener Kennzahlen gezeigt, dass die jeweils geltenden Bilanzierungsvorschriften deren Höhe beeinflussen. Während sich die Umsatzrendite analog zum EBITDA entwickelt, führt der Anstieg des Eigenkapitals bei den Aktivierungslösungen nach einigen Jahren zu einer Verschlechterung von EKR und GKR. Auch der CVA wird bei Einführung der vorgeschlagenen Bilanzierungsregeln geringer ausfallen, während der operative Cashflow durch die Bilanzierungsmethode nicht beeinflusst wird. Festzuhalten ist folglich, dass Änderungen in den Bilanzierungsregeln bei der Interpretation der beschriebenen Größen sowie der Festlegung von an diese gebundenen Konsequenzen zu berücksichtigen sind.

6. Abschließend hat die Analyse der aktuellen Überlegungen des IASB und dabei insbesondere der Projektvorschlag des AASB gezeigt, dass die empirisch beobachtbaren Informationsbedürfnisse insbesondere in den als logische Konsequenz aus den Änderungen des IAS 38 sowie des IFRS 3 anzusehenden Überlegungen im Hinblick auf ein IASB-Projekt zur Überarbeitung des IAS 38 grundsätzlich Berücksichtigung finden. Allerdings ist nicht klar, ob, und wann die Überarbeitung des IAS 38 auf die Agenda des IASB rücken wird.

6 Zusammenfassung und Ausblick

6.1 Thesenförmige Zusammenfassung

Die vorliegende Untersuchung beschäftigte sich mit der Erfassung pharmazeutischer FuE-Projekte in der IFRS-Rechnungslegung. Im Mittelpunkt der Analyse standen in diesem Zusammenhang insbesondere sechs Forschungsfragen.

Zunächst wurde untersucht, auf welchen Wegen pharmazeutische FuE-Projekte durchgeführt werden, wie der pharmazeutische FuE-Prozess abläuft und durch welche Faktoren der Erfolg pharmazeutischer FuE-Projekte im Wesentlichen determiniert wird. Vor dem Hintergrund der Ergebnisse dieser Untersuchung wurde im nächsten Schritt gezeigt, wie pharmazeutische FuE-Projekte in einem nach IFRS erstellten Jahres- bzw. Konzernabschluss abzubilden sind. Darauf aufbauend wurde untersucht, inwieweit sich die geltenden Bilanzierungsregeln für die Vermittlung von entscheidungsnützlichen Informationen für die Jahresabschlussadressaten als geeignet erweisen und somit das primäre Ziel der IFRS-Rechnungslegung erfüllen. Dabei wurde jedoch zunächst keine Analyse vor dem Hintergrund der Relevanz und der Verlässlichkeit als wesentliche Anforderungen an entscheidungsnützliche Informationen vorgenommen, da das IASB bislang keine Gewichtung der beiden Grundsätze vorgibt und auch in der Literatur diesbezüglich kein Konsens herrscht. Stattdessen wurde die als Mindestanforderung an informative Bilanzierungsvorschriften aus Plausibilitätsüberlegungen, den Zielen der IFRS-Rechnungslegung sowie den speziellen Vorschriften des IAS 38 hergeleitete Eignung der geltenden Bilanzierungsregeln für eine konsistente Abbildung ökonomisch gleicher Sachverhalte als Beurteilungsmaßstab herangezogen. Bestehende Inkonsistenzen und ihre Auswirkungen auf den Vermögens- und Erfolgsausweis von Pharmaunternehmen wurden aufgezeigt und ihre Relevanz für die Unternehmenspraxis durch eine Auswertung von Geschäftsberichten nach IFRS bilanzierender Pharma- und Biotechnologieunternehmen belegt. Vor diesem Hintergrund wurden im nächsten Schritt Empfehlungen für eine Weiterentwicklung des IAS 38 erarbeitet. Zu diesem Zweck wurden zunächst solche Bilanzierungskonzepte identifiziert, welche die hergeleitete Mindestanforderung an informative Rechnungslegungsvorschriften erfüllen. Da sich diese hinsichtlich der Gewichtung der Primärgrundsätze der Relevanz und der Verlässlichkeit erheblich unterscheiden, wurde darauf aufbauend untersucht, durch welches Bilanzierungskonzept und damit durch welche Gewichtung von Relevanz und Verlässlichkeit das primäre Ziel der IFRS erreicht werden kann. Die Informationsbedürfnisse der Investoren und ihrer Informationsintermediäre als wesentliche Jahresabschlussadressaten wurden dabei nicht logisch-deduktiv, sondern aus den Ergebnissen empirischer Untersuchungen zum Nutzen von Rechnungslegungsinformationen zu Forschung und Entwicklung für die Adressaten sowie zu deren Informationsbedürfnissen hergeleitet. Auf Basis der Ergebnisse der empirischen Studien wurden konkrete Empfehlungen für eine Weiterentwicklung der geltenden Vorschriften zur Bilanzierung von FuE-Projekten erarbeitet, welche zudem die Besonderheiten der Pharmabranche berücksichtigen. Abschließend wurde im Rahmen einer Simulation untersucht, wie sich die entwickelten Empfehlungen verglichen mit dem Status Quo auf den Vermögens- und Erfolgsausweis von Pharmaunternehmen sowie auf bilanzanalytische Kennzahlen auswirken werden und inwieweit sie in den Überlegungen des IASB hinsichtlich einer Überarbeitung des IAS 38 Berücksichtigung finden.

Die wichtigsten Ergebnisse der Arbeit werden im Folgenden thesenförmig zusammengefasst.

Pharmazeutische FuE-Aktivitäten sind durch zahlreiche Besonderheiten und branchenspezifische Entwicklungen gekennzeichnet, deren Kenntnis eine wesentliche Voraussetzung für die Anwendung der im Mittelpunkt der Arbeit stehenden Bilanzierungsvorschriften der IFRS darstellt.

- Der Bereich pharmazeutischer Forschung und Entwicklung unterliegt aufgrund der Anwendung von Arzneimitteln am Menschen einer starken gesetzlichen Regulierung, die dazu führt, dass auch am Ende des bis zu 12 Jahre dauernden FuE-Prozesses noch eine große Unsicherheit darüber besteht, ob aus einem FuE-Vorhaben, in das immense Beträge investiert wurden, künftig Zahlungsmittelzuflüsse generiert werden können. Diese Besonderheit pharmazeutischer Forschung und Entwicklung unterscheidet die Pharmabranche wesentlich von anderen FuE-intensiven Branchen.

- Pharmaunternehmen stehen insbesondere seit einigen Jahren vor verschiedenen Herausforderungen wie einem zunehmenden Innovationsdefizit trotz steigender Investitionen in FuE, Umsatzrückgängen aufgrund von auslaufenden Patenten sowie einer zunehmenden Konkurrenz durch Generikahersteller. Diese Herausforderungen haben zu einer Veränderung in der strategischen Ausrichtung des FuE-Bereichs von Pharmaunternehmen geführt. Während FuE-Aktivitäten viele Jahre nahezu ausschließlich unternehmensintern durchgeführt wurden, sind sowohl separate Erwerbe und Einlizenzierungstransaktionen als auch FuE-

Kooperationen und Unternehmenszusammenschlüsse in den vergangenen Jahren zunehmend wichtiger für die Sicherung des Unternehmenserfolgs geworden.

- Aufgrund des stark regulierten und mit einem Staffellauf vergleichbaren pharmazeutischen FuE-Prozesses können die einzelnen Phasen der Forschung und Entwicklung i.d.R. klar abgegrenzt werden. Die Phasen der Wirkstofffindung und der Präklinik können der Forschung, die Phasen der klinischen Entwicklung dem Entwicklungsbereich zugeordnet werden.

- Ein pharmazeutisches FuE-Projekt kann als Summe der auf die Erforschung und Entwicklung eines Arzneimittels in einer Indikation ausgerichteten Aktivitäten definiert werden. Wird von dem nicht im Fokus der Arbeit stehenden Humankapital abgesehen, handelt es sich bei den wesentlichen, ein pharmazeutisches FuE-Projekt initiierenden oder aus einem FuE-Projekt hervorgehenden immateriellen Werten um patentgeschützte und ungeschützte Technologien sowie um Rechte zur Nutzung der Technologien eines Dritten. Darüber hinaus sind Vermarktungsrechte an in Forschung oder Entwicklung befindlichen Arzneimitteln aufgrund der verglichen mit internen FuE-Projekten identischen Chancen und Risiken sowie ihrer Zugehörigkeit zum FuE-Portfolio für die betrachtete Fragestellung relevant.

- Die teilweise auch in späten Entwicklungsphasen noch relativ geringen Erfolgswahrscheinlichkeiten pharmazeutischer Forschung und Entwicklung werden insbesondere durch das Therapiegebiet und den Innovationsgrad eines Arzneimittels determiniert. Somit ist die Risikostruktur von Projekt zu Projekt sehr unterschiedlich.

Vor dem Hintergrund der Erkenntnisse zum Ablauf und zu den Besonderheiten des pharmaspezifischen FuE-Prozesses sowie zur Durchführung von FuE-Projekten sind die folgenden Ergebnisse zur bilanziellen Abbildung pharmazeutischer FuE-Projekte festzuhalten:

- Bei den wesentlichen, aus einem pharmazeutischen FuE-Projekt hervorgehenden Werten handelt es sich um immaterielle Werte, sodass primär die Vorschriften des IAS 38 und IAS 36 sowie in Abhängigkeit vom Durchführungsweg die Regeln des IAS 31 und des IFRS 3 zur Anwendung kommen.

- Da in der IFRS-Rechnungslegung der Einzelbilanzierungsgrundsatz gilt, sind die beschriebenen, ein FuE-Projekt initiierenden oder aus einem FuE-Projekt hervorgehenden immateriellen Werte sowie die darüber hinaus betrachteten Vermarktungsrechte an in Forschung oder Entwicklung befindlichen Arzneimitteln immer dann separat anzusetzen, wenn die jeweiligen Bilanzansatzkriterien für den einzelnen Vermögenswert erfüllt sind. Der Ansatz eines FuE-Projekts als Ganzes kommt hingegen dann in Frage, wenn die Bilanzansatzbedingungen nur für das Projekt, nicht jedoch für die unter das Projekt subsumierten Einzelwerte erfüllt sind. Dies ist für die betrachteten pharmazeutischen FuE-Projekte regelmäßig der Fall.

- Während die allgemeinen Bilanzansatz- sowie die Folgebewertungsvorschriften keine Differenzierung nach dem Durchführungsweg bzw. der Zugangsform eines FuE-Projekts vornehmen, wird diese Unterscheidung innerhalb der speziellen Bilanzansatz- sowie der Erstbewertungsvorschriften vorgenommen. Insbesondere für intern durch- oder weitergeführte Entwicklungsprojekte gelten verglichen mit den übrigen Zugangsformen detailliertere und auslegungsbedürftige Bilanzansatzkriterien. Zudem ist zu erkennen, dass, abgesehen von vollständig unternehmensintern durchgeführten FuE-Projekten, alle Projekte aus Bilanzierungssicht in intern durchgeführte sowie erworbene Komponenten aufzuspalten sind.

Im Anschluss an die Darstellung der Bilanzierungsvorschriften wurden diese einer kritischen Würdigung vor dem Hintergrund des primären Ziels der IFRS-Rechnungslegung und damit ihrer Eignung zur Vermittlung von für die Jahresabschlussadressaten entscheidungsnützlichen Informationen unterzogen.

- Da das IASB bislang keine Gewichtung der Relevanz und der Verlässlichkeit als primäre Anforderungen an entscheidungsnützliche Informationen vorgibt und auch in der Literatur diesbezüglich kein Konsens herrscht, wurde die aus Plausibilitätsüberlegungen, den Zielen der IFRS-Rechnungslegung und der Entwicklung der Vorschriften des IAS 38 als Mindestanforderung an informative Rechnungslegungsvorschriften abgeleitete Eignung der geltenden Bilanzierungsregeln für eine konsistente Abbildung ökonomisch gleicher Sachverhalte zunächst als Beurteilungsmaßstab festgelegt.

- Die anschließende kritische Würdigung hat gezeigt, dass die geltenden Bilanzierungsregeln für FuE-Projekte diese Mindestanforderung nicht vollständig erfüllen. Insbesondere innerhalb der speziellen Bilanzansatzvorschriften sind Inkonsistenzen zu erkennen. Diese sind insbesondere darauf zurückzuführen, dass die Erfolgswahrscheinlichkeit bei internen FuE-Projekten auf der Bilanzansatzebene, im Erwerbsfall hingegen erst auf der Bewertungsebene zu berücksichtigen ist. Während einlizenzierte und erworbene Projekte unabhängig von ihrer Erfolgswahrscheinlichkeit zu aktivieren sind, gilt für interne Forschungskosten ein Aktivierungsverbot und auch der wesentliche Teil interner Entwicklungskosten erfüllt die Bilanzansatzkriterien aufgrund der geringen Erfolgswahrscheinlichkeiten nicht. Diese Inkonsistenz kann durch die verpflichtenden Anhangangaben des IAS 38 nur über eine pauschale Aktivierung aller internen FuE-Kosten und nur im Periodenergebnis behoben werden. Für die Erstbewertung ist mit den historischen Kosten ein konsistenter Bewertungsmaßstab vorgesehen. Bei Unternehmenszusammenschlüssen werden im Unterschied zu den übrigen Durchführungswegen aufgrund der fehlenden direkten Kosten jedoch indirekt als Fair Values ermittelte Anschaffungskosten aktiviert, was zeigt, dass historische Kosten nur einen formal einheitlichen Wertmaßstab darstellen.

- Die identifizierten Inkonsistenzen führen dazu, dass ein auf verschiedenen Wegen durchgeführtes FuE-Projekt unterschiedliche Auswirkungen auf die Darstellung der Vermögens- und Ertragslage eines Unternehmens haben kann. Zudem schlagen sie sich in vollem Umfang in der praktischen Umsetzung der IFRS durch Pharma- und Biotechnologieunternehmen nieder, da eine Aktivierung von internen FuE-Kosten zumindest in den Jahren 2005-2008 von nahezu keinem der 28 untersuchten Unternehmen vorgenommen wurde, während einlizenzierte und erworbene FuE-Projekte i.d.R. aktiviert wurden. Die bei der Aktivierung interner Entwicklungskosten zu berücksichtigende Erfolgswahrscheinlichkeit des einzelnen Projekts scheint in der Unternehmenspraxis somit keine Rolle zu spielen. Ausschlaggebend erscheint das in der Branche allgemein akzeptierte Bilanzierungsverhalten.

Vor dem Hintergrund der identifizierten Inkonsistenzen wurden im nächsten Schritt konkrete Empfehlungen für eine Weiterentwicklung der geltenden Bilanzierungsregeln für (pharmazeutische) FuE-Projekte erarbeitet, die zu einer Verbesserung des Informationsgehalts der Rechnungslegung über Forschung und Entwicklung für die Jahresabschlussadressaten beitragen können.

- Sowohl ein Aktivierungsverbot als auch eine Aktivierungspflicht zu historischen Kosten oder zum beizulegenden Zeitwert erfüllen die hergeleitete Mindestanforderung an informative Rechnungslegungsvorschriften. Während das Aktivierungsverbot die Verlässlichkeit in den Fokus stellt, rückt die Relevanz bei der Aktivierung zu historischen Kosten stärker, bei der Aktivierung zum beizulegenden

Zeitwert in Form des Fair Value oder des Nutzungs- bzw. Ertragswertes am stärksten in den Vordergrund.

- Die zur Erfüllung der Informationsbedürfnisse der Jahresabschlussadressaten vorzunehmende Gewichtung der Primärgrundsätze der Relevanz und der Verlässlichkeit kann entweder logisch-deduktiv oder auf Basis empirischer Ergebnisse hergeleitet werden. Die in der vorliegenden Arbeit vorgenommene Analyse empirischer Studien zum Nutzen von Rechnungslegungsinformationen allgemein und speziell zu Forschung und Entwicklung für die Investoren und ihre Informationsintermediäre sowie zu deren Informationsbedürfnissen hat gezeigt, dass insbesondere die Ergebnisse von Kapitalmarkt- und Simulationsstudien eher Argumente für eine Aktivierung als für eine Aufwandsverrechnung liefern, während sich zum Wertmaßstab keine eindeutigen Aussagen treffen lassen. Die diesbezüglichen Befragungsstudien und Positionspapiere zeigen, dass die Investoren und ihre Informationsintermediäre die Verwendung der historischen Kosten für operative Vermögenswerte weitgehend präferieren, während Zeitwerte insbesondere in Form des Fair Value als Veräußerungspreis lediglich als zusätzliche Anhangangabe gewünscht werden. Allerdings sind in den letzten Jahren auch Präferenzen für eine Fair Value-Bewertung erkennbar. Im Falle einer Fair Value-Bewertung liefern die Studien unabhängig vom Forschungszweig Argumente für die Folgebewertung gemäß dem grundsätzlichen Konzept der in IAS 38 bereits verankerten Neubewertungsmethode. Schließlich zeigen sie, dass Investoren und ihre Informationsintermediäre Informationen zur FuE-Pipeline und damit zur Unsicherheit und zum Erfolgspotenzial der Projekte sowie zur Fair Value-Ermittlung wünschen.

- Vor dem Hintergrund der empirischen Ergebnisse sowie der Besonderheiten pharmazeutischer Forschung und Entwicklung wird kurzfristig eine Aktivierung aller pharmazeutischen Entwicklungsprojekte und damit aller Projekte ab der klinischen Phase I zu historischen Kosten empfohlen, während Forschungskosten als Aufwand erfasst werden sollten. Die Regeln zur Folgebewertung sollten beibehalten und weiterhin auf einzelne Projekte angewendet werden. Langfristig wird nur dann eine Bewertung zum Fair Value im Sinne eines Veräußerungspreises empfohlen, wenn dieser in der IFRS-Rechnungslegung durchgängig zur Anwendung kommt oder wenn die Adressaten diesen künftig weitgehend präferieren. Die Folgebewertung sollte in diesem Fall gemäß dem dargestellten Neubewertungsmodell erfolgen, um die Prognoseeignung des Gewinns und eine gewisse Objektivierung zu gewährleisten. Darüber hinaus wird unabhängig von der Erfassung in Bilanz und GuV ein klarer Projektbezug beim Bilanzausweis sowie eine Erweiterung der verpflichtenden Anhangangaben um Informationen zur FuE-Pipeline sowie zur Ermittlung und Entwicklung von Fair Values und historischen Kosten für FuE-Projekte und Vermarktungsrechte an in Forschung oder Entwicklung befindlichen Arzneimitteln empfohlen.

- Sowohl die für eine kurzfristige Umsetzung als auch die unter bestimmten Bedingungen langfristig empfohlenen Bilanzierungsregeln würden zu einer Erhöhung des in der Bilanz zu zeigenden immateriellen Anlagevermögens führen. Darüber hinaus würde der vorgeschlagene Bilanzierungswechsel solange zu einer Erhöhung des EBIT führen, wie mehr interne Entwicklungskosten aktiviert als Abschreibungen auf in Vorjahren aktivierte interne Entwicklungsprojekte vorgenommen werden. Das über den gesamten Lebenszyklus des FuE-Portfolios ermittelte EBIT würde durch die Bilanzierungsmethode jedoch nicht beeinflusst. Das EBITDA würde schließlich verglichen mit den Regeln des IAS 38 höher ausfallen, solange das Unternehmen in interne Entwicklungsprojekte investiert. Ansonsten hätte die Bilanzierungsmethode keinen Einfluss auf die Höhe des EBITDA.

- Zudem würde der vorgeschlagene Bilanzierungswechsel für Anlageentscheidungen, Bonitätsanalysen, die Bestimmung der Managementvergütung sowie Unternehmensbewertungen herangezogene bilanzanalytische Kennzahlen beeinflussen. Folglich ist eine Änderung von Bilanzierungsregeln bei der Interpretation von Jahresabschlussdaten und Analysekennzahlen sowie der Festlegung von an deren Höhe gebundenen Konsequenzen zu beachten. Während sich die Umsatzrendite analog zum EBITDA entwickeln und der operative Cashflow durch den Bilanzierungswechsel nicht beeinflusst würde, würde der CVA geringer ausfallen. Auch EKR und GKR würden gemäß der vorgeschlagenen Vorschriften langfristig geringer ausfallen als bei Anwendung der Regeln des IAS 38.

- Die Weiterentwicklungsempfehlungen und damit die beobachteten Informationsbedürfnisse der Investoren finden in den Überlegungen des IASB Berücksichtigung. Schließlich sieht der Projektvorschlag des vom IASB beauftragten australischen Standardsetters AASB die Herstellung konsistenter Bilanzierungsregeln durch eine zunehmende Aktivierung interner FuE-Projekte vor. Neben einer Beibehaltung der historischen Kosten wird jedoch auch eine nicht zwingend in Einklang mit den beobachteten Informationsbedürfnissen der Adressaten stehende Fair Value-Bewertung diskutiert.

6.2 Ausblick

Das IASB hat mit dem Projektauftrag an das AASB einen ersten Schritt in Richtung einer Überarbeitung des IAS 38 gemacht. Auch wenn durch die Finanzmarktkrise in den Jahren 2008 und 2009 andere Bilanzierungsthemen in den Fokus des IASB sowie der Öffentlichkeit gerückt sind, ist zu erwarten, dass die Vorschriften zur bilanziellen Abbildung von FuE-Projekten spätestens im Vorfeld der für 2014-2016 angedachten Einführung der IFRS in den USA zur Diskussion stehen werden. Schließlich stellt die in diesem Bereich noch nicht erreichte Konvergenz zwischen IFRS und US-GAAP eine wesentliche Voraussetzung für die IFRS-Einführung in den USA dar.[1]

Zu welchem Ergebnis diese Diskussion führen wird, hängt davon ab, inwieweit das IASB seinen in den letzten Jahren verfolgten Weg hin zu einer vollständigen Aktivierung von FuE-Projekten auch für die bilanzielle Abbildung interner FuE-Projekte fortführt. Zudem steht eine grundsätzliche Entscheidung darüber aus, ob historische Kosten oder Fair Values künftig den zentralen Wertmaßstab der IFRS darstellen sollen.[2]

Diese Entscheidungen wird das IASB nicht alleine treffen. Aufgrund der geplanten IFRS-Einführung in den USA wird die künftige Ausrichtung der IFRS auch davon abhängen, ob sich die SEC und das FASB von den geltenden Vorschriften sowie möglichen Veränderungen überzeugen lassen. Zumindest bislang lehnt das FASB eine Aktivierung interner FuE-Kosten aufgrund der Ansicht ab, eine Beziehung zwischen FuE-Aufwendungen und künftigen Gewinnen sei nicht herstellbar[3] und auch die Aktivierungspflicht im Falle eines Erwerbs im Zuge vom Unternehmenszusammenschlüssen wurde erst 2009 eingeführt.[4] Da die Bilanzierung immaterieller Vermögenswerte insbesondere für Pharmaunternehmen eine wesentliche Herausforderung im Rahmen der IFRS-Umstellung darstellt[5], ist zudem zu erwarten, dass sich die US-

---

[1] Vgl. dazu SEC (2008). Ein Argument gegen ein aktives Projekt war die Vermutung, es würde einer Verbreitung der IFRS im Wege stehen. Vgl. AASB (2007a), Tz. 42.

[2] Vgl. auch Naumann (2006), S. 59.

[3] Vgl. SFAS 2.41 sowie kritisch dazu Fülbier/Honold/Klar (2000), S. 843. Das Aktivierungswahlrecht für interne FuE-Kosten wurde 1975 zugunsten eines Verbots abgeschafft. Zu den Gründen vgl. Keitz (1997), S. 127-132.

[4] Vgl. dazu auch Drozdowski (2008), S. 4.

[5] Vgl. Drozdowski (2008), S. 3.

amerikanischen Pharmakonzerne am Standard-Setting-Prozess beteiligen werden. Vor dem Hintergrund der einheitlichen Auslegung der Vorschriften des IAS 38.57 durch europäische Pharmaunternehmen ist anzunehmen, dass diese einer zunehmenden Aktivierung ebenfalls kritisch gegenüberstehen.

Die Entwicklung des IAS 38 beanspruchte bis zur erstmaligen Veröffentlichung fast 10 Jahre.[6] Ob es in den kommenden Jahren tatsächlich zu einer weiteren Reform kommt und ob diese in einer kürzeren Zeit vollendet werden und die immateriellen Vermögenswerte von ihrer Rolle als „ewige Sorgenkinder des Bilanzrechts"[7] befreien kann, bleibt mit Spannung abzuwarten.

---

[6] Vgl. *Baetge/Keitz* (2006), Tz. 2.
[7] *Moxter* (1979), S. 1102.

Anhang A: Erforschung und Entwicklung von Arzneimitteln (Kapitel 2)

Unternehmen	Arzneimittel	Umsatz 2007 (in Mrd. EUR)
Pfizer	Lipitor®	10
Sanofi-Aventis	Plavix®	5,9
GlaxoSmithKline	Advair/Seretide®	5,1
Amgen	Enbrel®	4,0
Johnson & Johnson	Remicade®	3,9
Astra Zeneca	Nexium®	3,8
Roche/Genentech/Chugai	Rituxan®	3,8
Novartis	Diovan®	3,7
Eli Lilly	Zyprexa®	3,5
Johnson & Johnson	Risperdal®	3,4

Tab. A1: Blockbuster-Arzneimittel im Jahr 2007[1]

---

[1] Entnommen aus: *Rosen* (2008). Die Umrechnung in Euro erfolgte mit den unter http://www.oanda.com/convert/fxhistory zu findenden Durchschnittskursen des Jahres 2007.

	ZNS	Herz-Kreislauf	Stoffwechsel	Krebs	Infektionen	Allergien	Rheumatologie	Gastroenterologie
GlaxoSmithKline	x	x	x	x	x	x		x
Merck & Co.	x	x	x			x	x	x
Aventis	x	x	x	x	x	x		
Astra Zeneca	x	x		x	x	x	x	x
Novartis	x	x	x	x	x	x	x	x
Roche	x	x	x	x	x	x	x	x
Sanofi-Synthelabo	x	x	x	x	x	x		x
Boehringer Ingelheim	x	x	x		x	x	x	x
Schering	x		x	x				x
Abbott	x	x	x	x	x	x	x	x
Amgen	x	x	x	x			x	x
Takeda	x	x	x				x	
Sankyo	x	x	x		x	x	x	
Schering-Plough	x	x		x	x	x	x	x
Pfizer	x	x	x	x	x	x	x	
Johnson & Johnson	x	x	x	x	x	x	x	x
Bristol-Myers Squibb	x	x	x	x	x		x	
Wyeth	x	x	x	x	x	x	x	x
Eli Lilly	x	x	x	x	x			
Bayer	x	x	x	x				

Tab. A2: Therapiegebiete ausgewählter Pharmaunternehmen im Jahr 2003[2]

Therapiegebiet	Umsatz (in Mrd. EUR)	Anteil am Gesamtumsatz in %
ZNS	76	16
Herz-Kreislauf	68	15
Stoffwechsel	55	12
Immunologie	50	11
Infektionen	48	10
Atemwege	31	7

Tab. A3: Top 6 Therapiegebiete im Jahr 2008[3]

---

[2] In Anlehnung an *Wiley* (2007), S. 52. Zur immer stärker zunehmenden Bedeutung der Krebsforschung (Onkologie) vgl. *Hochwimmer* (2007), S. 25; *Hofmann* (2008).

[3] Entnommen aus: GlaxoSmithKline, Geschäftsbericht 2008, S. 33. Die Umrechnung in Euro erfolgte mit den Durchschnittskursen 2008 unter http://www.oanda.com/convert/fxhistory.

Anhang B: Bilanzielle Abbildung pharmazeutischer FuE-Projekte nach IFRS (Kapitel 3)

Erwerbendes Unternehmen	Erworbenes Unternehmen	Jahr	Transaktionswert	Neuer Unternehmensname
Roche	Syntex	1995	5 Mrd. USD	Roche
Pharmacia	Upjohn	1995	6 Mrd. USD	Pharmacia & Upjohn
Hoechst-Roussel	Marion Merrell Dow	1995	7 Mrd. USD	Hoechst Marion Roussel
Glaxo	Burroughs Wellcome	1995	20 Mrd. USD	Glaxo Wellcome
Ciba-Geigy	Sandoz	1996	30 Mrd. USD	Novartis
Roche	Boehringer Mannheim	1997	11 Mrd. USD	Roche
Sanofi	Synthelabo	1998	10 Mrd. USD	Sanofi-Synthelabo
Hoechst	Rhone-Poulenc	1998	22 Mrd. USD	Aventis
Zeneca	Astra	1998	35 Mrd. USD	Astra Zeneca
Pharmacia & Upjohn	Monsanto	1999	27 Mrd. USD	Pharmacia
Pfizer	Warner Lambert	1999	87 Mio. USD	Pfizer
GlaxoWellcome	SmithKline Beecham	2000	76 Mrd. USD	GlaxoSmithKline

Tab. B1: Bedeutende Übernahmen und Fusionen in der Pharmabranche in den Jahren 1995-2000

Erwerbendes Unternehmen	Erworbenes Unternehmen	Jahr	Transaktionswert	Neuer Unternehmensname
Bristol-Myers Squibb	DuPont Pharmaceuticals	2001	8 Mrd. USD	Bristol-Myers Squibb
Johnson & Johnson	ALZA	2001	11 Mrd. USD	Johnson & Johnson
Pfizer	Pharmacia	2003	55 Mrd. USD	Pfizer
Sanofi-Synthelabo	Aventis	2004	66 Mrd. USD	Sanofi-Aventis
UCB	Schwarz Pharma	2006	5 Mrd. USD	UCB
Nycomed	Altana Pharma	2006	6 Mrd. USD	Nycomed
Bayer	Schering	2006	17 Mrd. EUR	Bayer
Takeda	Millenium Pharmaceuticals	2008	9 Mrd. USD	Takeda
Teva	Barr Pharmaceuticals	2008	9 Mrd. USD	Teva
Novartis	Alcon	2008	39 Mrd. EUR	Novartis
Roche	Genentech	2008	44 Mrd. USD	Roche
Pfizer	Wyeth	2009	68 Mrd. USD	Pfizer
Merck & Co	Schering-Plough	2009	41 Mrd. USD	Merck & Co

Tab. B2: **Bedeutende Übernahmen und Fusionen in der Pharmabranche in den Jahren 2001 bis 2009**

Anhang C: Kritische Würdigung der bestehenden Vorschriften und ihrer Umsetzung durch nach IFRS bilanzierende Pharmaunternehmen (Kapitel 4)

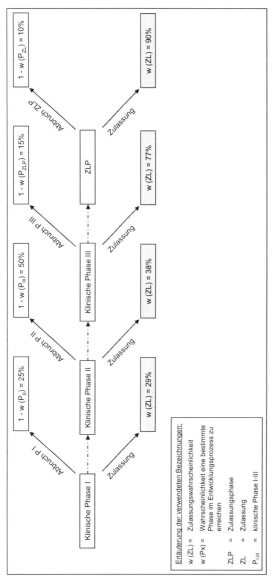

Abb. C1: Zulassungs- und Abbruchswahrscheinlichkeiten in den einzelnen Phasen der klinischen Entwicklung

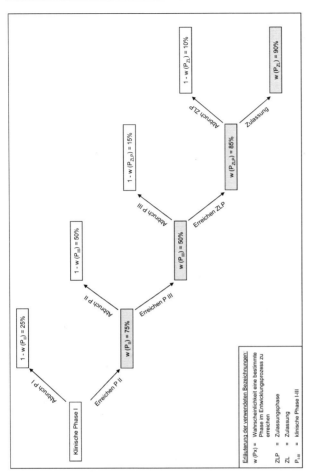

Abb. C2: Wahrscheinlichkeit für das Erreichen der nächsten klinischen Phase im Entwicklungsprozess

	Wahrscheinlichkeit für das Erreichen der nächsten Phase	Abbruchwahrscheinlichkeit wAx(PI)	Abbruchwahrscheinlichkeit wAx(PII)	Abbruchwahrscheinlichkeit wAx(PIII)	Abbruchwahrscheinlichkeit wAx(ZLP)
Klinische Phase I	75%	**25%**	38%	6%	3%
Klinische Phase II	50%	0%	**50%**	8%	4%
Klinische Phase III	85%	0%	0%	**15%**	9%
Zulassungsphase	90%	0%	0%	0%	**10%**

Tab. C1: Abbruchwahrscheinlichkeiten in den einzelnen Entwicklungsphasen

	Jahr/Cashflows		7	8	9	10	11	12	13	14	15	16	17	18	19	20	21	22	23	24	25	26	27	28-∞
Klinische Phase II	Szenario I	w(ZL) 38%	-50,40	-50,40	-56,00	-56,00	-56,00	-56,00	-56,00	176,40	196,00	196,00	196,00	196,00	196,00	196,00	196,00	196,00	196,00	151,20	137,20	120,40	103,60	92,40
	Szenario II	wAll(PII) 50%	-50,40	-50,40	0,00	0,00	0,00	0,00	154,00	0,00	0,00	0,00	0,00	0,00	0,00	0,00	0,00	0,00	0,00	0,00	0,00	0,00	0,00	0,00
	Szenario III	wAll(PIII) 8%	-50,40	-50,40	-56,00	-56,00	-56,00	0,00	0,00	0,00	0,00	0,00	0,00	0,00	0,00	0,00	0,00	0,00	0,00	0,00	0,00	0,00	0,00	0,00
	Szenario IV	wAll(ZLP) 4%	-50,40	-50,40	-56,00	-56,00	-56,00	-56,00	0,00	0,00	0,00	0,00	0,00	0,00	0,00	0,00	0,00	0,00	0,00	0,00	0,00	0,00	0,00	0,00
	Erwartungswert in t	EW(t)	-50,40	-50,40	-28,00	-28,00	-28,00	-23,80	58,91	67,47	74,97	74,97	74,97	74,97	74,97	74,97	74,97	74,97	65,33	57,83	52,48	46,05	39,63	35,34
	Erwartungswert in 7	EW(7)	-47,55	-44,86	-23,51	-22,18	-20,92	-16,78	39,18	42,33	44,37	41,86	39,49	37,26	35,15	33,16	31,28	29,51	24,26	20,26	17,34	14,36	11,66	148,52
	Present Value	PV(7)	434																					

Tab. C2: Ertragswertermittlung (Present Value-Ermittlung) beim separaten Erwerb

Klinische Phase II		Jahr/Cashflows	7	8	9	10	11	12	13	14	15	16	17	18	19	20	21	22	23	24	25	26	27	28 - ∞
	Szenario I	w(ZL)	38%	-50,40	-50,40	-56,00	-56,00	-56,00	96,25	110,25	122,50	122,50	122,50	122,50	122,50	122,50	122,50	122,50	106,75	94,50	85,75	75,25	64,75	57,75
	Szenario II	wAll(PII)	50%	-50,40	-50,40	0,00	0,00	0,00	0,00	0,00	0,00	0,00	0,00	0,00	0,00	0,00	0,00	0,00	0,00	0,00	0,00	0,00	0,00	0,00
	Szenario III	wAll(PIII)	8%	-50,40	-50,40	-56,00	-56,00	-56,00	0,00	0,00	0,00	0,00	0,00	0,00	0,00	0,00	0,00	0,00	0,00	0,00	0,00	0,00	0,00	0,00
	Szenario IV	wAll(ZLP)	4%	-50,40	-50,40	-56,00	-56,00	-56,00	0,00	0,00	0,00	0,00	0,00	0,00	0,00	0,00	0,00	0,00	0,00	0,00	0,00	0,00	0,00	0,00
	Erwartungswert in t	EW (t)		-50,40	-50,40	-28,00	-28,00	-23,80	36,82	42,17	46,86	46,86	46,86	46,86	46,86	46,86	46,86	46,86	40,83	36,15	32,80	28,78	24,77	22,09
	Erwartungswert in 7	EW (7)		-47,55	-44,86	-23,51	-22,18	-20,92	-16,78	24,48	26,46	27,73	26,16	24,68	23,29	21,97	20,72	19,55	18,44	15,16	12,66	10,84	8,97	7,29	92,82
	Present Value	PV (T)	205																						

Tab. C3: Ertragswertermittlung (Present Value-Ermittlung) bei Einlizenzierung

	0	1	2	3	4	5	6	7	8	9	10	11	12	13	14	15	16	17	18	19	20	21	22	23	24	25	26	27	28
Umsatzerlöse	0	5.400	5.400	5.400	5.400	5.400	5.400	5.400	5.400	5.400	5.400	5.400	5.400	5.400	5.400	5.400	5.400	5.400	5.400	5.400	5.400	5.400	5.400	5.400	5.400	5.400	5.400	5.400	5.400
+ Projektbezogene Umsatzerlöse	0	0	0	0	0	0	0	0	0	0	0	0	0	0	0	0	0	0	0	0	0	0	0	0	0	0	0	0	0
- Herstellungskosten des Umsatzes	0	3.420	3.420	3.420	3.420	3.420	3.420	3.420	3.420	3.420	3.420	3.420	3.420	3.420	3.420	3.420	3.420	3.420	3.420	3.420	3.420	3.420	3.420	3.420	3.420	3.420	3.420	3.420	3.420
- Projektbezogene Herstellungskosten	0	0	0	0	0	0	0	0	0	0	0	0	0	0	0	0	0	0	0	0	0	0	0	0	0	0	0	0	0
- FuE-Kosten	0	0	0	0	0	0	0	0	0	0	0	0	0	0	0	0	0	0	0	0	0	0	0	0	0	0	0	0	0
- Abschreibungen AV	0	360	360	360	360	360	360	360	360	360	360	360	360	360	360	360	360	360	360	360	360	360	360	360	360	360	360	360	360
- Abschreibungen Projekt	0	0	0	0	0	0	0	0	0	0	0	0	0	0	0	0	0	0	0	0	0	0	0	0	0	0	0	0	0
- Royalties	0	0	0	0	0	0	0	0	0	0	0	0	0	0	0	0	0	0	0	0	0	0	0	0	0	0	0	0	0
= EBIT	0	1.620	1.620	1.620	1.620	1.620	1.620	1.620	1.620	1.620	1.620	1.620	1.620	1.620	1.620	1.620	1.620	1.620	1.620	1.620	1.620	1.620	1.620	1.620	1.620	1.620	1.620	1.620	1.620
- Zinsen	0	400	400	400	400	400	400	400	400	400	400	400	400	400	400	400	400	400	400	400	400	400	400	400	400	400	400	400	400
= EBT	0	1.220	1.220	1.220	1.220	1.220	1.220	1.220	1.220	1.220	1.220	1.220	1.220	1.220	1.220	1.220	1.220	1.220	1.220	1.220	1.220	1.220	1.220	1.220	1.220	1.220	1.220	1.220	1.220
- Steuern	0	366	366	366	366	366	366	366	366	366	366	366	366	366	366	366	366	366	366	366	366	366	366	366	366	366	366	366	366
= Jahresüberschuss	0	854	854	854	854	854	854	854	854	854	854	854	854	854	854	854	854	854	854	854	854	854	854	854	854	854	854	854	854
+ Abschreibungen	0	360	360	360	360	360	360	360	360	360	360	360	360	360	360	360	360	360	360	360	360	360	360	360	360	360	360	360	360
= Operativer cash flow	0	1.214	1.214	1.214	1.214	1.214	1.214	1.214	1.214	1.214	1.214	1.214	1.214	1.214	1.214	1.214	1.214	1.214	1.214	1.214	1.214	1.214	1.214	1.214	1.214	1.214	1.214	1.214	1.214
Projektinvestition	0	0	0	0	0	0	0	0	0	0	0	0	0	0	0	0	0	0	0	0	0	0	0	0	0	0	0	0	0
Ausschüttungen	0	854	854	854	854	854	854	854	854	854	854	854	854	854	854	854	854	854	854	854	854	854	854	854	854	854	854	854	854
Thesaurierung	0	0	0	0	0	0	0	0	0	0	0	0	0	0	0	0	0	0	0	0	0	0	0	0	0	0	0	0	0
EBITDA	0	1.980	1.980	1.980	1.980	1.980	1.980	1.980	1.980	1.980	1.980	1.980	1.980	1.980	1.980	1.980	1.980	1.980	1.980	1.980	1.980	1.980	1.980	1.980	1.980	1.980	1.980	1.980	1.980
Free operating cash flow	6.000	6.000	6.000	6.000	6.000	6.000	6.000	6.000	6.000	6.000	6.000	6.000	6.000	6.000	6.000	6.000	6.000	6.000	6.000	6.000	6.000	6.000	6.000	6.000	6.000	6.000	6.000	6.000	6.000
AV	6.000	6.000	6.000	6.000	6.000	6.000	6.000	6.000	6.000	6.000	6.000	6.000	6.000	6.000	6.000	6.000	6.000	6.000	6.000	6.000	6.000	6.000	6.000	6.000	6.000	6.000	6.000	6.000	6.000
Projekt (IAV)	0	0	0	0	0	0	0	0	0	0	0	0	0	0	0	0	0	0	0	0	0	0	0	0	0	0	0	0	0
UV	3.000	3.000	3.000	3.000	3.000	3.000	3.000	3.000	3.000	3.000	3.000	3.000	3.000	3.000	3.000	3.000	3.000	3.000	3.000	3.000	3.000	3.000	3.000	3.000	3.000	3.000	3.000	3.000	3.000
Bilanzsumme	9.000	9.000	9.000	9.000	9.000	9.000	9.000	9.000	9.000	9.000	9.000	9.000	9.000	9.000	9.000	9.000	9.000	9.000	9.000	9.000	9.000	9.000	9.000	9.000	9.000	9.000	9.000	9.000	9.000
EK	4.000	4.000	4.000	4.000	4.000	4.000	4.000	4.000	4.000	4.000	4.000	4.000	4.000	4.000	4.000	4.000	4.000	4.000	4.000	4.000	4.000	4.000	4.000	4.000	4.000	4.000	4.000	4.000	4.000
FK	5.000	5.000	5.000	5.000	5.000	5.000	5.000	5.000	5.000	5.000	5.000	5.000	5.000	5.000	5.000	5.000	5.000	5.000	5.000	5.000	5.000	5.000	5.000	5.000	5.000	5.000	5.000	5.000	5.000
Bilanzsumme	9.000	9.000	9.000	9.000	9.000	9.000	9.000	9.000	9.000	9.000	9.000	9.000	9.000	9.000	9.000	9.000	9.000	9.000	9.000	9.000	9.000	9.000	9.000	9.000	9.000	9.000	9.000	9.000	9.000

Tab. C4: Erfolgs- und Vermögensentwicklung des Unternehmens ohne zusätzliches Projekt

	0	1	2	3	4	5	6	7	8	9	10	11	12	13	14	15	16	17	18	19	20	21	22	23	24	25	26	27	28	∞
Umsatzerlöse		5.400	5.400	5.400	5.400	5.400	5.400	5.400	5.400	5.400	5.400	5.400	5.400	5.400	5.400	5.400	5.400	5.400	5.400	5.400	5.400	5.400	5.400	5.400	5.400	5.400	5.400	5.400	5.400	5.400
+ Projektbezogene Umsatzerlöse		0	0	0	0	0	0	0	0	0	0	0	0	550	630	700	700	700	700	700	700	700	700	610	540	490	430	370	330	0
- Herstellungskosten des Umsatzes		3.420	3.420	3.420	3.420	3.420	3.420	3.420	3.420	3.420	3.420	3.420	3.420	3.420	3.420	3.420	3.420	3.420	3.420	3.420	3.420	3.420	3.420	3.420	3.420	3.420	3.420	3.420	3.420	3.420
- Projektbezogene Herstellungskosten														330	378	420	420	420	420	420	420	420	420	366	324	294	258	222	198	0
- FuE-Kosten		60	60	60	60	48	48	72	72	80	80	80	80	0	0	0	0	0	0	0	0	0	0	0	0	0	0	0	0	0
- Abschreibungen AV		360	360	360	360	360	360	360	360	360	360	360	360	360	360	360	360	360	360	360	360	360	360	360	360	360	360	360	360	360
- Abschreibungen Projekt		0	0	0	0	0	0	0	0	0	0	0	0	0	0	0	0	0	0	0	0	0	0	0	0	0	0	0	0	0
- Royalties		0	0	0	0	0	0	0	0	0	0	0	0	0	0	0	0	0	0	0	0	0	0	0	0	0	0	0	0	0
= EBIT		1.560	1.560	1.560	1.560	1.572	1.572	1.548	1.548	1.540	1.540	1.540	1.540	1.840	1.872	1.900	1.900	1.900	1.900	1.900	1.900	1.900	1.900	1.864	1.836	1.816	1.792	1.768	1.752
- Zinsen		400	400	400	400	400	400	400	400	400	400	400	400	400	400	400	400	400	400	400	400	400	400	400	400	400	400	400	400	400
= EBT		1.160	1.160	1.160	1.160	1.172	1.172	1.148	1.148	1.140	1.140	1.140	1.140	1.440	1.472	1.500	1.500	1.500	1.500	1.500	1.500	1.500	1.500	1.464	1.436	1.416	1.392	1.368	1.352
- Steuern		348	348	348	348	352	352	344	344	342	342	342	342	432	442	450	450	450	450	450	450	450	450	439	431	425	418	410	406
= Jahresüberschuss		812	812	812	812	820	820	804	804	798	798	798	798	1.008	1.030	1.050	1.050	1.050	1.050	1.050	1.050	1.050	1.050	1.025	1.005	991	974	958	946
+ Abschreibungen		360	360	360	360	360	360	360	360	360	360	360	360	360	360	360	360	360	360	360	360	360	360	360	360	360	360	360	360
= Operativer cash flow		1.172	1.172	1.172	1.172	1.180	1.180	1.164	1.164	1.158	1.158	1.158	1.158	1.368	1.390	1.410	1.410	1.410	1.410	1.410	1.410	1.410	1.410	1.385	1.365	1.351	1.334	1.318	1.306
Projektinvestition		0	0	0	0	0	0	0	0	0	0	0	0	0	0	0	0	0	0	0	0	0	0	0	0	0	0	0	0	0
Ausschüttungen		812	812	812	812	820	820	804	804	798	798	798	798	1.008	1.030	1.050	1.050	1.050	1.050	1.050	1.050	1.050	1.050	1.025	1.005	991	974	958	946
Thesaurierung		0	0	0	0	0	0	0	0	0	0	0	0	0	0	0	0	0	0	0	0	0	0	0	0	0	0	0	0
EBITDA		1.920	1.920	1.920	1.920	1.932	1.932	1.908	1.908	1.900	1.900	1.900	1.900	2.200	2.232	2.260	2.260	2.260	2.260	2.260	2.260	2.260	2.260	2.224	2.196	2.176	2.152	2.128	2.112
Free operating cash flow		752	752	752	752	772	772	732	732	718	718	718	718	1.008	1.030	1.050	1.050	1.050	1.050	1.050	1.050	1.050	1.050	1.025	1.005	991	974	958	946
AV	6.000	6.000	6.000	6.000	6.000	6.000	6.000	6.000	6.000	6.000	6.000	6.000	6.000	6.000	6.000	6.000	6.000	6.000	6.000	6.000	6.000	6.000	6.000	6.000	6.000	6.000	6.000	6.000	6.000	
Projekt (IAV)	0	0	0	0	0	0	0	0	0	0	0	0	0	0	0	0	0	0	0	0	0	0	0	0	0	0	0	0	0	
UV	3.000	3.000	3.000	3.000	3.000	3.000	3.000	3.000	3.000	3.000	3.000	3.000	3.000	3.000	3.000	3.000	3.000	3.000	3.000	3.000	3.000	3.000	3.000	3.000	3.000	3.000	3.000	3.000	3.000	
Bilanzsumme	9.000	9.000	9.000	9.000	9.000	9.000	9.000	9.000	9.000	9.000	9.000	9.000	9.000	9.000	9.000	9.000	9.000	9.000	9.000	9.000	9.000	9.000	9.000	9.000	9.000	9.000	9.000	9.000	9.000	
EK	4.000	4.000	4.000	4.000	4.000	4.000	4.000	4.000	4.000	4.000	4.000	4.000	4.000	4.000	4.000	4.000	4.000	4.000	4.000	4.000	4.000	4.000	4.000	4.000	4.000	4.000	4.000	4.000	4.000	
FK	5.000	5.000	5.000	5.000	5.000	5.000	5.000	5.000	5.000	5.000	5.000	5.000	5.000	5.000	5.000	5.000	5.000	5.000	5.000	5.000	5.000	5.000	5.000	5.000	5.000	5.000	5.000	5.000	5.000	
Bilanzsumme	9.000	9.000	9.000	9.000	9.000	9.000	9.000	9.000	9.000	9.000	9.000	9.000	9.000	9.000	9.000	9.000	9.000	9.000	9.000	9.000	9.000	9.000	9.000	9.000	9.000	9.000	9.000	9.000	9.000	

Tab. C5: Erfolgs- und Vermögensentwicklung bei interner Projektdurchführung

	0	1	2	3	4	5	6	7	8	9	10	11	12	13	14	15	16	17	18	19	20	21	22	23	24	25	26	27	28 - ∞
Umsatzerlöse		5.400	5.400	5.400	5.400	5.400	5.400	5.400	5.400	5.400	5.400	5.400	5.400	5.400	5.400	5.400	5.400	5.400	5.400	5.400	5.400	5.400	5.400	5.400	5.400	5.400	5.400	5.400	5.400
+ Projektbezogene Umsatzerlöse															550	630	700	700	700	700	700	700	700	610	540	490	430	370	330
- Herstellungskosten des Umsatzes		3.420	3.420	3.420	3.420	3.420	3.420	3.420	3.420	3.420	3.420	3.420	3.420	3.420	3.420	3.420	3.420	3.420	3.420	3.420	3.420	3.420	3.420	3.420	3.420	3.420	3.420	3.420	3.420
- Projektbezogene Herstellungskosten															330	378	420	420	420	420	420	420	420	366	324	294	258	222	198
- FuE-Kosten		0	0	0	0	0	0	0	72	80	80	80	80	80															
- Abschreibungen AV		360	360	360	360	360	360	360	360	360	360	360	360	360	360	360	360	360	360	360	360	360	360	360	360	360	360	360	360
- Abschreibungen Projekt															43	43	43	43	43	43	43	43	43	43	43				
- Royalties		0	0	0	0	0	0	0	0	0	0	0	0	0	0	0	0	0	0	0	0	0	0	0	0	0	0	0	0
= EBIT		1.620	1.620	1.620	1.620	1.620	1.620	1.620	1.548	1.540	1.540	1.540	1.540	1.540	1.797	1.829	1.857	1.857	1.857	1.857	1.857	1.857	1.857	1.864	1.836	1.816	1.792	1.768	1.752
- Zinsen		400	400	400	400	400	400	400	435	435	435	435	435	435	431	428	424	421	417	414	410	407	403	400	400	400	400	400	400
= EBT		1.220	1.220	1.220	1.220	1.220	1.220	1.220	1.113	1.105	1.105	1.105	1.105	1.105	1.362	1.397	1.429	1.432	1.436	1.439	1.443	1.446	1.450	1.453	1.436	1.416	1.392	1.368	1.352
- Steuern		366	366	366	366	366	366	366	344	332	332	332	332	332	409	419	429	430	431	432	433	434	435	436	431	425	418	410	406
= Jahresüberschuss		854	854	854	854	854	854	854	779	774	774	774	774	774	953	978	1.000	1.003	1.005	1.007	1.010	1.012	1.015	1.017	1.005	991	974	958	946
+ Abschreibungen		360	360	360	360	360	360	360	360	360	360	360	360	360	403	403	403	403	403	403	403	403	403	403	360	360	360	360	360
= Operativer cash flow		1.214	1.214	1.214	1.214	1.214	1.214	1.214	1.139	1.134	1.134	1.134	1.134	1.134	1.357	1.382	1.404	1.406	1.408	1.411	1.413	1.416	1.418	1.421	1.385	1.365	1.351	1.334	1.318	1.306
Projektinvestition								434																					
Ausschüttungen		854	854	854	854	854	854	804	779	774	774	774	774	774	953	978	1.000	1.003	1.005	1.007	1.010	1.012	1.015	1.017	1.025	991	974	958	946
Thesaurierung		0	0	0	0	0	0	0	0	0	0	0	0	0	0	0	0	0	0	0	0	0	0	0	0	0	0	0	0
EBITDA		1.980	1.980	1.980	1.980	1.980	1.980	1.980	1.908	1.900	1.900	1.900	1.900	1.900	2.200	2.232	2.260	2.260	2.260	2.260	2.260	2.260	2.260	2.224	2.196	2.176	2.152	2.128	2.112
Free operating cash flow		854	854	854	854	854	854	297	707	694	694	694	694	694	997	1.022	1.044	1.046	1.048	1.051	1.053	1.056	1.058	1.061	1.025	1.005	991	974	958	946
AV	6.000	6.000	6.000	6.000	6.000	6.000	6.000	6.000	6.000	6.000	6.000	6.000	6.000	6.000	6.000	6.000	6.000	6.000	6.000	6.000	6.000	6.000	6.000	6.000	6.000	6.000	6.000	6.000	6.000
Projekt (IAV)		0	0	0	0	0	0	434	434	434	434	434	434	434	391	347	304	261	217	174	130	87	43	0	0	0	0	0	0
UV	3.000	3.000	3.000	3.000	3.000	3.000	3.000	3.000	3.000	3.000	3.000	3.000	3.000	3.000	3.000	3.000	3.000	3.000	3.000	3.000	3.000	3.000	3.000	3.000	3.000	3.000	3.000	3.000	3.000
Bilanzsumme	9.000	9.000	9.000	9.000	9.000	9.000	9.000	9.434	9.434	9.434	9.434	9.434	9.434	9.434	9.391	9.347	9.304	9.261	9.217	9.174	9.130	9.087	9.043	9.000	9.000	9.000	9.000	9.000	9.000
EK	4.000	4.000	4.000	4.000	4.000	4.000	4.000	4.000	4.000	4.000	4.000	4.000	4.000	4.000	4.000	4.000	4.000	4.000	4.000	4.000	4.000	4.000	4.000	4.000	4.000	4.000	4.000	4.000	4.000
FK	5.000	5.000	5.000	5.000	5.000	5.000	5.000	5.434	5.434	5.434	5.434	5.434	5.434	5.434	5.391	5.347	5.304	5.261	5.217	5.174	5.130	5.087	5.043	5.000	5.000	5.000	5.000	5.000	5.000
Bilanzsumme	9.000	9.000	9.000	9.000	9.000	9.000	9.000	9.434	9.434	9.434	9.434	9.434	9.434	9.434	9.391	9.347	9.304	9.261	9.217	9.174	9.130	9.087	9.043	9.000	9.000	9.000	9.000	9.000	9.000

Tab. C6: Erfolgs- und Vermögensentwicklung bei separatem Erwerb des Projekts

	0	1	2	3	4	5	6	7	8	9	10	11	12	13	14	15	16	17	18	19	20	21	22	23	24	25	26	27	28	∞
Umsatzerlöse		5.400	5.400	5.400	5.400	5.400	5.400	5.400	5.400	5.400	5.400	5.400	5.400	5.400	5.400	5.400	5.400	5.400	5.400	5.400	5.400	5.400	5.400	5.400	5.400	5.400	5.400	5.400	5.400	
+ Projektbezogene Umsatzerlöse		0	0	0	0	0	0	0	0	0	0	0	0	0	630	700	700	700	700	700	700	700	540	610	490	430	370	0		
- Herstellungskosten des Umsatzes		3.420	3.420	3.420	3.420	3.420	3.420	3.420	3.420	3.420	3.420	3.420	3.420	3.420	3.420	3.420	3.420	3.420	3.420	3.420	3.420	3.420	3.420	3.420	3.420	3.420	3.420	3.420	3.420	
- Projektbezogene Herstellungskosten		0	0	0	0	0	0	0	0	0	0	0	0	378	420	420	420	420	420	420	420	420	366	324	294	258	222	198		
- FuE-Kosten		360	360	360	0	0	0	72	72	80	80	80	80	0	0	0	0	0	0	0	0	0	0	0	0	0	0	0		
- Abschreibungen AV		360	360	360	360	360	360	360	360	360	360	360	360	360	360	360	360	360	360	360	360	360	360	360	360	360	360	360		
. . . Abschreibungen Projekt		0	0	0	0	0	0	0	0	0	0	0	0	21	21	21	21	21	21	21	21	21	21	21	21	21	21	0		
. . . Royalties		0	0	0	0	0	0	0	0	0	0	0	0	83	95	105	105	105	105	105	105	105	92	81	74	65	56	50		
= EBIT		1.620	1.620	1.620	1.620	1.620	1.620	1.548	1.548	1.540	1.540	1.540	1.540	1.737	1.757	1.774	1.774	1.774	1.774	1.774	1.774	1.774	1.755	1.743	1.728	1.713	1.703		
- II - Zinsen		400	400	400	400	400	400	405	405	409	409	409	410	416	415	413	412	410	408	407	405	403	402	400	400	400	400		
= EBT		1.220	1.220	1.220	1.220	1.220	1.220	1.143	1.143	1.131	1.131	1.131	1.130	1.321	1.342	1.361	1.363	1.365	1.366	1.368	1.370	1.371	1.373	1.355	1.343	1.328	1.313	1.303		
- Steuern		366	366	366	366	366	366	344	343	339	339	339	339	396	403	408	409	410	411	411	412	412	407	403	398	394	391		
= Jahresüberschuss		854	854	854	854	854	854	800	800	792	792	792	791	924	940	953	954	955	956	958	959	960	961	961	949	940	929	919	912	
+ Abschreibungen		360	360	360	360	360	360	360	360	360	360	360	360	381	381	381	381	381	381	381	381	381	381	381	360	360	360	360		
= Operativer cash flow		1.214	1.214	1.214	1.214	1.214	1.214	1.164	1.160	1.152	1.152	1.152	1.151	1.305	1.320	1.333	1.335	1.336	1.337	1.338	1.339	1.340	1.342	1.321	1.309	1.300	1.289	1.279	1.272	
Projektinvestition		0	0	0	0	0	0	68	41	0	14	0	82	0	0	0	0	0	0	0	0	0	0	0	0	0	0	0		
Ausschüttungen		854	854	854	854	854	854	804	800	792	792	792	791	924	940	953	954	955	956	958	959	960	961	961	949	940	929	919	912	
Thesaurierung		0	0	0	0	0	0	0	0	0	0	0	0	0	0	0	0	0	0	0	0	0	0	0	0	0	0	0		
EBITDA		1.980	1.980	1.980	1.980	1.980	1.980	1.908	1.908	1.900	1.900	1.900	1.900	2.118	2.138	2.155	2.155	2.155	2.155	2.155	2.155	2.155	2.155	2.133	2.115	2.103	2.088	2.073	2.063	
Free operating cash flow		854	854	854	854	854	854	663	687	712	698	712	629	945	960	973	975	976	977	978	979	980	982	961	949	940	929	919	912	
AV	6.000	6.000	6.000	6.000	6.000	6.000	6.000	6.000	6.000	6.000	6.000	6.000	6.000	6.000	6.000	6.000	6.000	6.000	6.000	6.000	6.000	6.000	6.000	6.000	6.000	6.000	6.000	6.000	6.000	
Projekt (IAV)	0	0	0	0	0	0	0	68	110	110	123	123	205	185	164	144	123	103	82	62	41	21	0	0	0	0	0	0		
UV	3.000	3.000	3.000	3.000	3.000	3.000	3.000	3.000	3.000	3.000	3.000	3.000	3.000	3.000	3.000	3.000	3.000	3.000	3.000	3.000	3.000	3.000	3.000	3.000	3.000	3.000	3.000	3.000	3.000	
Bilanzsumme	9.000	9.000	9.000	9.000	9.000	9.000	9.000	9.068	9.110	9.110	9.110	9.123	9.205	9.185	9.164	9.144	9.123	9.103	9.082	9.062	9.041	9.021	9.000	9.000	9.000	9.000	9.000	9.000		
EK	4.000	4.000	4.000	4.000	4.000	4.000	4.000	4.000	4.000	4.000	4.000	4.000	4.000	4.000	4.000	4.000	4.000	4.000	4.000	4.000	4.000	4.000	4.000	4.000	4.000	4.000	4.000	4.000	4.000	
FK	5.000	5.000	5.000	5.000	5.000	5.000	5.000	5.068	5.110	5.110	5.110	5.123	5.205	5.185	5.164	5.144	5.123	5.103	5.082	5.062	5.041	5.021	5.000	5.000	5.000	5.000	5.000	5.000		
Bilanzsumme	9.000	9.000	9.000	9.000	9.000	9.000	9.000	9.068	9.110	9.110	9.110	9.123	9.205	9.185	9.164	9.144	9.123	9.103	9.082	9.062	9.041	9.021	9.000	9.000	9.000	9.000	9.000	9.000		

Tab. C7: Erfolgs- und Vermögensentwicklung bei Einlizenzierung des Projekts

Klinische Phase III	Jahr/Cashflows		9	10	11	12	13	14	15	16	17	18	19	20	21	22	23	24	25	26	27	28 - ∞
Szenario I	w(ZL)	77%	-56,00	-56,00	-56,00	-56,00	39,20	44,80	49,00	49,00	49,00	49,00	49,00	49,00	49,00	49,00	42,00	37,80	33,60	29,40	25,20	22,40
Szenario II	wAIII(PIII)	15%	-56,00	-56,00	-56,00	0,00	0,00	0,00	0,00	0,00	0,00	0,00	0,00	0,00	0,00	0,00	0,00	0,00	0,00	0,00	0,00	0,00
Szenario III	wAIII(ZLP)	9%	-56,00	-56,00	-56,00	-56,00	0,00	0,00	0,00	0,00	0,00	0,00	0,00	0,00	0,00	0,00	0,00	0,00	0,00	0,00	0,00	0,00
Erwartungswert in t	EW (t)		-56,00	-56,00	-56,00	-47,60	29,99	34,27	37,49	37,49	37,49	37,49	37,49	37,49	37,49	37,49	32,13	28,92	25,70	22,49	19,28	17,14
Erwartungswert in 9	EW (9)		-52,83	-49,84	-47,02	-37,70	22,41	24,16	24,93	23,52	22,19	20,93	19,75	18,63	17,57	16,58	13,41	11,38	9,55	7,88	6,37	80,91
Present Value	PV (9)		153																			

Tab. C8: Impairment-Szenario im Fall des separaten Erwerbs

Klinische Phase III		Jahr/Cashflows	9	10	11	12	13	14	15	16	17	18	19	20	21	22	23	24	25	26	27	28 - ∞
	Szenario I	w(ZL)	77%	-56,00	-56,00	-56,00	-56,00	24,50	28,00	30,63	30,63	30,63	30,63	30,63	30,63	30,63	30,63	26,25	23,63	21,00	18,38	15,75	14,00
	Szenario II	wAIII(PIII)	15%	-56,00	-56,00	-56,00	0,00	0,00	0,00	0,00	0,00	0,00	0,00	0,00	0,00	0,00	0,00	0,00	0,00	0,00	0,00	0,00	0,00
	Szenario III	wAIII(ZLP)	9%	-56,00	-56,00	-56,00	-56,00	0,00	0,00	0,00	0,00	0,00	0,00	0,00	0,00	0,00	0,00	0,00	0,00	0,00	0,00	0,00	0,00
	Erwartungswert in t	EW (t)		-56,00	-56,00	-56,00	-47,60	18,74	21,42	23,43	23,43	23,43	23,43	23,43	23,43	23,43	23,43	20,08	18,07	16,07	14,06	12,05	10,71
	Erwartungswert in 9	EW (9)		-52,83	-49,84	-47,02	-37,70	14,01	15,10	15,58	14,70	13,87	13,08	12,34	11,64	10,98	10,36	8,38	7,11	5,97	4,92	3,98	50,57
	Present Value	PV (9)	25																				

Tab. C9: Impairment-Szenario im Fall der Einlizenzierung

	0	1	2	3	4	5	6	7	8	9	10	11	12	13	14	15	16	17	18	19	20	21	22	23	24	25	26	27	28 - ∞
Umsatzerlöse		5.400	5.400	5.400	5.400	5.400	5.400	5.400	5.400	5.400	5.400	5.400	5.400	5.400	5.400	5.400	5.400	5.400	5.400	5.400	5.400	5.400	5.400	5.400	5.400	5.400	5.400	5.400	5.400
+ Projektbezogene Umsatzerlöse		0	0	0	0	0	0	0	0	0	0	0	0	140	160	175	175	175	175	175	175	175	175	150	135	120	105	90	80
- Herstellungskosten des Umsatzes		3.420	3.420	3.420	3.420	3.420	3.420	3.420	3.420	3.420	3.420	3.420	3.420	3.420	3.420	3.420	3.420	3.420	3.420	3.420	3.420	3.420	3.420	3.420	3.420	3.420	3.420	3.420	3.420
. Projektbezogene Herstellungskosten		0	0	0	0	0	0	0	0	0	0	0	0	84	96	105	105	105	105	105	105	105	105	90	81	72	63	54	48
. FuE-Kosten		60	60	60	60	60	48	48	72	72	80	80	80	80	0	0	0	0	0	0	0	0	0	0	0	0	0	0	0
. Abschreibungen AV		360	360	360	360	360	360	360	360	360	360	360	360	360	360	360	360	360	360	360	360	360	360	360	360	360	360	360	360
. Abschreibungen Projekt		0	0	0	0	0	0	0	0	0	0	0	0	0	0	0	0	0	0	0	0	0	0	0	0	0	0	0	0
. Royalties		0	0	0	0	0	0	0	0	0	0	0	0	0	0	0	0	0	0	0	0	0	0	0	0	0	0	0	0
= EBIT		1.560	1.560	1.560	1.560	1.560	1.572	1.572	1.548	1.548	1.540	1.540	1.540	1.676	1.684	1.690	1.690	1.690	1.690	1.690	1.690	1.690	1.690	1.680	1.674	1.668	1.662	1.656	1.652
- Zinsen		400	400	400	400	400	400	400	400	400	400	400	400	400	400	400	400	400	400	400	400	400	400	400	400	400	400	400	400
= EBT		1.160	1.160	1.160	1.160	1.160	1.172	1.172	1.148	1.148	1.140	1.140	1.140	1.276	1.284	1.290	1.290	1.290	1.290	1.290	1.290	1.290	1.290	1.280	1.274	1.268	1.262	1.256	1.252
- Steuern		348	348	348	348	348	352	352	344	344	342	342	342	383	385	387	387	387	387	387	387	387	387	384	382	380	379	377	376
= Jahresüberschuss		812	812	812	812	812	820	820	804	804	798	798	798	893	899	903	903	903	903	903	903	903	903	896	892	888	883	879	876
+ Abschreibungen		360	360	360	360	360	360	360	360	360	360	360	360	360	360	360	360	360	360	360	360	360	360	360	360	360	360	360	360
= Operativer cash flow		1.172	1.172	1.172	1.172	1.172	1.180	1.180	1.164	1.164	1.158	1.158	1.158	1.253	1.259	1.263	1.263	1.263	1.263	1.263	1.263	1.263	1.263	1.256	1.252	1.248	1.243	1.239	1.236
Projektinvestition		0	0	0	0	0	0	0	0	0	0	0	0	0	0	0	0	0	0	0	0	0	0	0	0	0	0	0	0
Ausschüttungen		812	812	812	812	812	820	820	804	804	798	798	798	893	899	903	903	903	903	903	903	903	903	896	892	888	883	879	876
Thesaurierung		0	0	0	0	0	0	0	0	0	0	0	0	0	0	0	0	0	0	0	0	0	0	0	0	0	0	0	0
EBITDA		1.920	1.920	1.920	1.920	1.920	1.932	1.932	1.908	1.908	1.900	1.900	1.900	2.036	2.044	2.050	2.050	2.050	2.050	2.050	2.050	2.050	2.050	2.040	2.034	2.028	2.022	2.016	2.012
Free operating cash flow		752	752	752	752	752	772	772	732	732	718	718	718	893	899	903	903	903	903	903	903	903	903	896	892	888	883	879	876
AV	6.000	6.000	6.000	6.000	6.000	6.000	6.000	6.000	6.000	6.000	6.000	6.000	6.000	6.000	6.000	6.000	6.000	6.000	6.000	6.000	6.000	6.000	6.000	6.000	6.000	6.000	6.000	6.000	6.000
Projekt (IAV)		0	0	0	0	0	0	0	0	0	0	0	0	0	0	0	0	0	0	0	0	0	0	0	0	0	0	0	0
UV	3.000	3.000	3.000	3.000	3.000	3.000	3.000	3.000	3.000	3.000	3.000	3.000	3.000	3.000	3.000	3.000	3.000	3.000	3.000	3.000	3.000	3.000	3.000	3.000	3.000	3.000	3.000	3.000	3.000
Bilanzsumme	9.000	9.000	9.000	9.000	9.000	9.000	9.000	9.000	9.000	9.000	9.000	9.000	9.000	9.000	9.000	9.000	9.000	9.000	9.000	9.000	9.000	9.000	9.000	9.000	9.000	9.000	9.000	9.000	9.000
EK	4.000	4.000	4.000	4.000	4.000	4.000	4.000	4.000	4.000	4.000	4.000	4.000	4.000	4.000	4.000	4.000	4.000	4.000	4.000	4.000	4.000	4.000	4.000	4.000	4.000	4.000	4.000	4.000	4.000
FK	5.000	5.000	5.000	5.000	5.000	5.000	5.000	5.000	5.000	5.000	5.000	5.000	5.000	5.000	5.000	5.000	5.000	5.000	5.000	5.000	5.000	5.000	5.000	5.000	5.000	5.000	5.000	5.000	5.000
Bilanzsumme	9.000	9.000	9.000	9.000	9.000	9.000	9.000	9.000	9.000	9.000	9.000	9.000	9.000	9.000	9.000	9.000	9.000	9.000	9.000	9.000	9.000	9.000	9.000	9.000	9.000	9.000	9.000	9.000	9.000

Tab. C10: Erfolgs- und Vermögensentwicklung bei unternehmensinterner Projektdurchführung mit Impairment

	0	1	2	3	4	5	6	7	8	9	10	11	12	13	14	15	16	17	18	19	20	21	22	23	24	25	26	27	28
Umsatzerlöse	5.400	5.400	5.400	5.400	5.400	5.400	5.400	5.400	5.400	5.400	5.400	5.400	5.400	5.400	5.400	5.400	5.400	5.400	5.400	5.400	5.400	5.400	5.400	5.400	5.400	5.400	5.400	5.400	–
Projektbezogene Umsatzerlöse		0	0	0	0	0	0	0	0	0	0	0	0	140	160	175	175	175	175	175	175	175	175	150	135	120	105	90	80
Herstellungskosten des Umsatzes	3.420	3.420	3.420	3.420	3.420	3.420	3.420	3.420	3.420	3.420	3.420	3.420	3.420	3.420	3.420	3.420	3.420	3.420	3.420	3.420	3.420	3.420	3.420	3.420	3.420	3.420	3.420	3.420	3.420
Projektbezogene Herstellungskosten		0	0	0	0	0	0	0	0	0	0	0	0	0	84	96	105	105	105	105	105	105	105	90	81	72	63	54	48
FuE-Kosten		0	0	0	0	0	0	72	72	80	80	80	80	0	0	0	0	0	0	0	0	0	0	0	0	0	0	0	0
Abschreibungen AV	360	360	360	360	360	360	360	360	360	360	360	360	360	360	360	360	360	360	360	360	360	360	360	360	360	360	360	360	360
Abschreibungen Projekt		0	0	0	0	0	0	0	0	281	0	0	0	0	0	0	0	0	0	0	0	0	0	0	0	0	0	0	0
Royalties		0	0	0	0	0	0	0	0	0	0	0	0	15	15	15	15	15	15	15	15	15	15	15	15	0	0	0	0
EBIT		1.620	1.620	1.620	1.620	1.620	1.620	1.548	1.548	1.259	1.540	1.540	1.540	1.661	1.669	1.675	1.675	1.675	1.675	1.675	1.675	1.675	1.675	1.680	1.674	1.668	1.662	1.656	1.652
Zinsen		400	400	400	400	400	400	400	435	412	412	412	411	410	409	407	406	405	404	402	401	400	400	400	400	400	400
EBT		1.220	1.220	1.220	1.220	1.220	1.220	1.148	1.113	824	1.128	1.128	1.128	1.249	1.258	1.265	1.266	1.267	1.269	1.270	1.271	1.272	1.274	1.280	1.274	1.268	1.262	1.256	1.252
Steuern		366	366	366	366	366	366	344	334	247	338	338	338	375	377	379	380	380	381	381	381	382	382	384	382	380	379	377	376
Jahresüberschuss		854	854	854	854	854	854	804	779	577	789	789	789	874	880	885	886	887	888	889	890	891	891	896	892	888	883	879	876
Abschreibungen	360	360	360	360	360	360	360	360	360	641	360	360	360	375	375	375	375	375	375	375	375	375	375	360	360	360	360	360
Operativer cash flow		1.214	1.214	1.214	1.214	1.214	1.214	1.164	1.139	1.218	1.149	1.149	1.149	1.249	1.256	1.261	1.262	1.263	1.264	1.265	1.266	1.267	1.256	1.252	1.248	1.243	1.239	1.236
Projektinvestition		0	0	0	0	0	0	434	0	0	0	0	0	0	0	0	0	0	0	0	0	0	0	0	0	0	0	0	0
Ausschüttungen		854	854	854	854	854	854	804	779	577	789	789	789	874	880	885	886	887	888	889	890	891	891	896	892	888	883	879	876
Thesaurierung		0	0	0	0	0	0	0	0	0	0	0	0	0	0	0	0	0	0	0	0	0	0	0	0	0	0	0	0
EBITDA		1.980	1.980	1.980	1.980	1.980	1.980	1.908	1.908	1.900	1.900	1.900	1.900	2.036	2.044	2.050	2.050	2.050	2.050	2.050	2.050	2.050	2.050	2.040	2.034	2.028	2.022	2.016	2.012
Free operating cash flow		854	854	854	854	854	854	297	707	778	709	709	709	889	896	901	902	903	904	905	906	907	896	892	888	883	879	876
AV	6.000	6.000	6.000	6.000	6.000	6.000	6.000	6.000	6.000	6.000	6.000	6.000	6.000	6.000	6.000	6.000	6.000	6.000	6.000	6.000	6.000	6.000	6.000	6.000	6.000	6.000	6.000	6.000	6.000
Projekt (IAV)		0	0	0	0	0	0	434	434	153	153	153	153	137	122	107	92	76	61	46	31	15	0	0	0	0	0	0	0
UV	3.000	3.000	3.000	3.000	3.000	3.000	3.000	3.000	3.000	3.000	3.000	3.000	3.000	3.000	3.000	3.000	3.000	3.000	3.000	3.000	3.000	3.000	3.000	3.000	3.000	3.000	3.000	3.000	3.000
Bilanzsumme	9.000	9.000	9.000	9.000	9.000	9.000	9.000	9.434	9.434	9.153	9.153	9.153	9.153	9.137	9.122	9.107	9.092	9.076	9.061	9.046	9.031	9.015	9.000	9.000	9.000	9.000	9.000	9.000	9.000
EK	4.000	4.000	4.000	4.000	4.000	4.000	4.000	4.000	4.000	4.000	4.000	4.000	4.000	4.000	4.000	4.000	4.000	4.000	4.000	4.000	4.000	4.000	4.000	4.000	4.000	4.000	4.000	4.000	4.000
FK	5.000	5.000	5.000	5.000	5.000	5.000	5.000	5.434	5.434	5.153	5.153	5.153	5.153	5.137	5.122	5.107	5.092	5.076	5.061	5.046	5.031	5.015	5.000	5.000	5.000	5.000	5.000	5.000	5.000
Bilanzsumme	9.000	9.000	9.000	9.000	9.000	9.000	9.000	9.434	9.434	9.153	9.153	9.153	9.153	9.137	9.122	9.107	9.092	9.076	9.061	9.046	9.031	9.015	9.000	9.000	9.000	9.000	9.000	9.000	9.000

Tab. C11: Erfolgs- und Vermögensentwicklung bei separatem Erwerb des Projekts mit Impairment

Anhang 303

	0	1	2	3	4	5	6	7	8	9	10	11	12	13	14	15	16	17	18	19	20	21	22	23	24	25	26	27	28 - ∞
Umsatzerlöse		5.400	5.400	5.400	5.400	5.400	5.400	5.400	5.400	5.400	5.400	5.400	5.400	5.400	5.400	5.400	5.400	5.400	5.400	5.400	5.400	5.400	5.400	5.400	5.400	5.400	5.400	5.400	5.400
+ Projektbezogene Umsatzerlöse		0	0	0	0	0	0	0	0	0	0	0	0	140	160	175	175	175	175	175	175	175	175	150	135	120	105	90	80
- Herstellungskosten des Umsatzes		3.420	3.420	3.420	3.420	3.420	3.420	3.420	3.420	3.420	3.420	3.420	3.420	3.420	3.420	3.420	3.420	3.420	3.420	3.420	3.420	3.420	3.420	3.420	3.420	3.420	3.420	3.420	3.420
- Projektbezogene Herstellungskosten		0	0	0	0	0	0	0	72	80	80	80	80	84	96	105	105	105	105	105	105	105	105	90	81	72	63	54	48
- FuE-Kosten		360	360	360	360	360	360	360	360	360	360	360	360	360	360	360	360	360	360	360	360	360	360	360	360	360	360	360	360
- Abschreibungen AV		0	0	0	0	0	0	0	0	0	0	0	0	0	0	0	0	0	0	0	0	0	0	0	0	0	0	0	0
- Abschreibungen Projekt		0	0	0	0	0	0	0	0	84	0	0	0	0	0	0	0	0	0	0	0	0	0	0	0	0	0	0	0
- Royalties		0	0	0	0	0	0	0	0	0	0	0	0	21	24	26	26	26	26	26	26	26	26	23	20	18	16	14	12
= EBIT		1.620	1.620	1.620	1.620	1.620	1.620	1.620	1.548	1.456	1.540	1.540	1.540	1.643	1.648	1.652	1.652	1.652	1.652	1.652	1.652	1.652	1.652	1.658	1.654	1.650	1.646	1.643	1.640
- Zinsen		400	400	400	400	400	400	400	405	409	402	402	403	410	409	408	407	406	405	404	403	402	401	402	400	400	400	400	400
= EBT		1.220	1.220	1.220	1.220	1.220	1.220	1.220	1.143	1.047	1.138	1.138	1.137	1.233	1.239	1.244	1.245	1.246	1.247	1.248	1.249	1.250	1.251	1.258	1.254	1.250	1.246	1.243	1.240
- Steuern		366	366	366	366	366	366	366	343	314	341	341	341	370	372	373	373	374	374	374	374	375	375	377	376	375	374	373	372
= Jahresüberschuss		854	854	854	854	854	854	854	800	733	797	797	796	863	867	871	871	871	872	873	873	874	875	880	878	875	872	870	868
+ Abschreibungen		360	360	360	360	360	360	360	360	444	360	360	360	372	372	372	372	372	372	372	372	372	372	360	360	360	360	360	360
= Operativer cash flow		1.214	1.214	1.214	1.214	1.214	1.214	1.164	1.160	1.177	1.157	1.157	1.156	1.235	1.240	1.243	1.244	1.244	1.245	1.245	1.246	1.246	1.247	1.248	1.240	1.238	1.235	1.232	1.230	1.228
Projektinvestition		0	0	0	0	0	0	68	41	0	0	14	82	0	0	0	0	0	0	0	0	0	0	0	0	0	0	0	0
Ausschüttungen		854	854	854	854	854	854	804	800	733	797	797	796	863	867	871	871	872	873	873	874	875	875	880	878	875	872	870	868
Thesaurierung		0	0	0	0	0	0	0	0	0	0	0	0	0	0	0	0	0	0	0	0	0	0	0	0	0	0	0	0
EBITDA		1.980	1.980	1.980	1.980	1.980	1.980	1.980	1.908	1.908	1.900	1.900	1.900	2.015	2.020	2.024	2.024	2.024	2.024	2.024	2.024	2.024	2.024	2.018	2.014	2.010	2.006	2.003	2.000
Free operating cash flow		854	854	854	854	854	854	663	687	737	717	703	634	875	880	883	884	884	885	886	886	887	888	880	878	875	872	870	868
AV	6.000	6.000	6.000	6.000	6.000	6.000	6.000	6.000	6.000	6.000	6.000	6.000	6.000	6.000	6.000	6.000	6.000	6.000	6.000	6.000	6.000	6.000	6.000	6.000	6.000	6.000	6.000	6.000	6.000
Projekt (IAV)	0	0	0	0	0	0	0	0	68	110	25	39	121	109	97	85	73	61	48	36	24	12	0	0	0	0	0	0	0
UV	3.000	3.000	3.000	3.000	3.000	3.000	3.000	3.000	3.000	3.000	3.000	3.000	3.000	3.000	3.000	3.000	3.000	3.000	3.000	3.000	3.000	3.000	3.000	3.000	3.000	3.000	3.000	3.000	3.000
Bilanzsumme	9.000	9.000	9.000	9.000	9.000	9.000	9.000	9.000	9.068	9.110	9.025	9.039	9.121	9.109	9.097	9.085	9.073	9.061	9.048	9.036	9.024	9.012	9.000	9.000	9.000	9.000	9.000	9.000	9.000
EK	4.000	4.000	4.000	4.000	4.000	4.000	4.000	4.000	4.000	4.000	4.000	4.000	4.000	4.000	4.000	4.000	4.000	4.000	4.000	4.000	4.000	4.000	4.000	4.000	4.000	4.000	4.000	4.000	4.000
FK	5.000	5.000	5.000	5.000	5.000	5.000	5.000	5.000	5.068	5.110	5.025	5.039	5.121	5.109	5.097	5.085	5.073	5.061	5.048	5.036	5.024	5.012	5.000	5.000	5.000	5.000	5.000	5.000	5.000
Bilanzsumme	9.000	9.000	9.000	9.000	9.000	9.000	9.000	9.000	9.068	9.110	9.025	9.039	9.121	9.109	9.097	9.085	9.073	9.061	9.048	9.036	9.024	9.012	9.000	9.000	9.000	9.000	9.000	9.000	9.000

Tab. C12: Erfolgs- und Vermögensentwicklung bei Einlizenzierung des Projekts mit Impairment

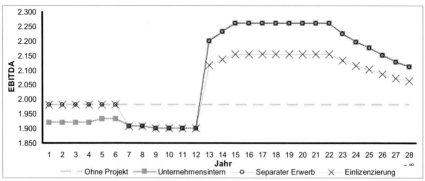

Abb. C3: Entwicklung des EBITDA ohne Impairment

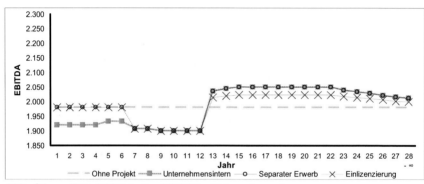

Abb. C4: Entwicklung des EBITDA mit Impairment

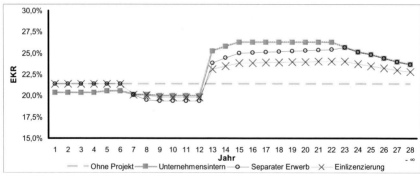

Abb. C5: Entwicklung der EKR ohne Impairment

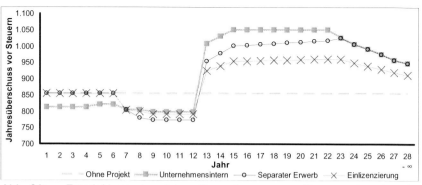

Abb. C6: **Entwicklung des Jahresüberschusses vor Steuern ohne Impairment**

Nr.	Name des Unternehmens	Sitzland	Rechnungslegungsstandard
1	Abbott	USA	US-GAAP
2	Almirall	Spanien	IFRS
3	Amgen	USA	US-GAAP
4	AstraZeneca	UK	IFRS
5	Baxter	USA	US-GAAP
6	Bayer	Deutschland	IFRS
7	Biogen Idec	USA	US-GAAP
8	Boehringer Ingelheim	Deutschland	HGB
9	Bristol-Myers Squibb	USA	US-GAAP
10	Chiesi Farmaceutici	Italien	keine Geschäftsberichte verfügbar
11	Eisei	Japan	Japan-GAAP
12	Eli Lilly	USA	US-GAAP
13	Laboratoires del Dr. Esteve	Spanien	keine Geschäftsberichte verfügbar
14	Genzyme	USA	US-GAAP
15	Gilead Sciences	USA	US-GAAP
16	GlaxoSmithKline	UK	IFRS
17	Grünenthal	Deutschland	HGB
18	Ipsen	Frankreich	keine Geschäftsberichte verfügbar
19	Johnson & Johnson	USA	US-GAAP
20	Lundbeck	Dänemark	IFRS
21	Menarini	Italien	keine Geschäftsberichte verfügbar
22	Merck	Deutschland	IFRS
23	Merck Sharp & Dome	USA	US-GAAP

Tab. C13: Mitgliedsunternehmen (full members) der EFPIA nach Sitzland und angewendeten Rechnungslegungsvorschriften[4] – Teil I

---

[4] Zu den Mitgliedern der EFPIA vgl. http://www.efpia.org/content/Default.asp?PageID=353 (Stand: 27.11.2008). Die IFRS-Bilanzierer sind jeweils grau hervorgehoben.

Nr.	Name des Unternehmens	Sitzland	Rechnungslegungsstandard
24	*Novartis*	Schweiz	IFRS
25	*Novo Nordisk*	Dänemark	IFRS
26	*Orion Pharma*	Finnland	IFRS (ab 2006)
27	*Pfizer*	USA	US-GAAP
28	*Pierre Fabre Medicament*	Frankreich	keine Geschäftsberichte verfügbar
29	*Procter & Gamble Pharmaceuticals*	USA	US-GAAP
30	*Roche*	Schweiz	IFRS
31	*Sanofi-Aventis*	Frankreich	IFRS
32	*Schering-Plough*	USA	US-GAAP
33	*Laboratoires Servier*	Frankreich	keine Geschäftsberichte verfügbar
34	*Sigma-Tau*	Italien	Japan-GAAP
35	*Solvay Pharmaceuticals*	Belgien	IFRS
36	*Takeda*	Japan	Japan-GAAP
37	*UCB*	Belgien	IFRS
38	*Wyeth-Ayerst*	USA	US-GAAP

Tab. C14: Mitgliedsunternehmen (full members) der EFPIA nach Sitzland und angewendeten Rechnungslegungsvorschriften – Teil II

Nr.	Name des Unternehmens	Bemerkung
1	Audika	keine Arzneimittel-FuE[5]
2	Bastide le Confort	keine Arzneimittel-FuE
3	Biomerieux	keine Arzneimittel-FuE
4	Boiron	keine Arzneimittel-FuE
5	Essilor Intl.	keine Arzneimittel-FuE
6	Eurofins Scient.	keine Arzneimittel-FuE
7	Generale de Sante	keine Arzneimittel-FuE
8	Guerbet	Geschäftsberichte nicht verfügbar
9	Ipsen	Geschäftsberichte nicht verfügbar
10	Korian	keine Arzneimittel-FuE
11	Le Noble Age	keine Arzneimittel-FuE
12	LVL Medical Groupe	keine Arzneimittel-FuE
13	Nicox	einbezogen
14	Orpea	keine Arzneimittel-FuE
15	Sanofi-Aventis	Mitglied der EFPIA
16	Sartorius Sted Bio	keine Arzneimittel-FuE
17	Stallergenes	einbezogen
18	Transgene	Umsatz unter festgelegter Grenze
19	Vetoquinol	keine Arzneimittel-FuE
20	Virbac	keine Arzneimittel-FuE

Tab. C15:   Im CAC Health Care notierte Unternehmen[6]

---

[5] Alle Unternehmen, die nicht im Bereich der klassischen Forschung und Entwicklung sondern bspw. im Vertrieb tätig sind, werden in der vorliegenden Arbeit nicht betrachtet.

[6] Zu der Indexzusammensetzung vgl. http://euronext.com/trader/indicescomposition/composition-4411-EN-QS0011017702.html?selectedMep=1 (Stand: 27.11.2008).

Nr.	Name des Unternehmens	Bemerkung
1	Alizyme	Umsatz unter festgelegter Grenze
2	Antisoma	Umsatz unter festgelegter Grenze
3	Ark Therapeutics	Umsatz unter festgelegter Grenze
4	Astra Zeneca	Mitglied der EFPIA
5	Axis-Shield	keine Arzneimittel-FuE
6	BTG	einbezogen
7	Dechra Pharm	keine Arzneimittel-FuE
8	Genus	keine Arzneimittel-FuE
9	GlaxoSmithKline	Mitglied der EFPIA
10	Goldshield	einbezogen
11	Hikma	einbezogen
12	Oxford Biomed.	keine Arzneimittel-FuE
13	Prostrakan	einbezogen
14	Protherics	einbezogen
15	Renovo	Umsatz unter festgelegter Grenze
16	Vectura	einbezogen

Tab. C16: Im FTSE all share Pharmaceuticals & Biotechnology notierte Unternehmen[7]

---

[7] Zu der Indexzusammensetzung vgl. http://londonstockexchange.com/en-gb/pricesnews/prices/Trigger/indexsector.htm?bsg=true&in=1191884.FTSE (Stand: 27.11.2008).

Nr.	Name des Unternehmens	Subsektor	Bemerkung
1	Biotest	Pharmaceuticals	einbezogen
2	Merck	Pharmaceuticals	Mitglied der EFPIA
3	Sanochemia Pharmazeutika	Pharmaceuticals	einbezogen
4	Stada	Pharmaceuticals	einbezogen
5	Andreae-Noris	Pharmaceuticals	keine Arzneimittel-FuE
6	Bayer Schering Pharma	Pharmaceuticals	Mitglied der EFPIA
7	Girindus	Pharmaceuticals	keine Arzneimittel-FuE
8	Mologen	Pharmaceuticals	keine Arzneimittel-FuE
9	Schwarz Pharma	Pharmaceuticals	einbezogen
10	Liponova	Pharmaceuticals	Geschäftsberichte nicht verfügbar
11	4 SC	Biotechnology	Umsatz unter festgelegter Grenze
12	BB Biotech	Biotechnology	Umsatz unter festgelegter Grenze
13	Curasan	Biotechnology	keine Arzneimittel-FuE
14	Epigenomics	Biotechnology	Umsatz unter festgelegter Grenze
15	Eurofins Scientific Group	Biotechnology	keine Arzneimittel-FuE
16	Evotec	Biotechnology	einbezogen
17	GPC Biotech	Biotechnology	US-GAAP Bilanzierer bis 2007
18	Jerini	Biotechnology	einbezogen
19	Medigene	Biotechnology	einbezogen
20	Morphosys	Biotechnology	einbezogen
21	November	Biotechnology	Umsatz unter festgelegter Grenze
22	Paion	Biotechnology	Umsatz unter festgelegter Grenze
23	Qiagen	Biotechnology	keine Arzneimittel-FuE
24	Sygnis Pharma	Biotechnology	Umsatz unter festgelegter Grenze
25	Vita 34 International	Biotechnology	keine Arzneimittel-FuE
26	Wilex	Biotechnology	Umsatz unter festgelegter Grenze
27	Co.Don	Biotechnology	keine Arzneimittel-FuE
28	GeneScan Europe	Biotechnology	keine Arzneimittel-FuE
29	Cytotools	Biotechnology	Umsatz unter festgelegter Grenze

Tab. C17: Im DAXsector All notierte Unternehmen der Subsektoren Pharmaceuticals & Biotechnology[8]

---

[8] Vgl. *Deutsche Börse* (2008).

Nr.	Unternehmen	FuE-Quoten				Durch-schnitt
		2008	2007	2006	2005	
1	Astra Zeneca	16%	17%	15%	14%	16%
2	GlaxoSmithKline	15%	15%	15%	14%	15%
3	Novartis	17%	17%	15%	16%	16%
4	Roche	19%	18%	18%	16%	18%
5	Sanofi-Aventis	17%	16%	16%	15%	16%
Durchschnitt		17%	17%	16%	15%	16%

Tab. C18: FuE-Quoten der Unternehmen der Gruppe 1

Nr.	Unternehmen	FuE-Quoten				Durch-schnitt
		2008	2007	2006	2005	
1	Bayer (Pharma)	14%	15%	17%	17%	16%
2	Lundbeck	27%	20%	21%	20%	22%
3	Merck (Pharma)	20%	19%	27%	15%	20%
4	Solvay (Pharma)	16%	16%	16%	15%	16%
5	UCB	21%	22%	24%	22%	22%
6	Schwarz Pharma	25%	27%	22%	26%	25%
7	Stada	3%	2%	3%	3%	3%
8	Almirall	15%	15%	11%	9%	13%
9	Novo Nordisk	17%	20%	16%	15%	17%
Durchschnitt		18%	17%	18%	16%	17%

Tab. C19: FuE-Quoten der Unternehmen der Gruppe 2

Nr.	Unternehmen	FuE-Quoten				
		2008	2007	2006	2005	Durch-schnitt
1	Sanochemia Pharmazeutika[9]	7%	10%	13%	14%	11%
2	Evotec	70%	113%	45%	14%	61%
3	Jerini	450%	161%	177%	200%	247%
4	Medigene	79%	127%	70%	80%	89%
5	Morphosys	39%	35%	33%	42%	37%
6	Nicox	k.A.	220%	300%	246%	255%
7	Stallergenes	22%	20%	16%	13%	18%
8	BTG	14%	14%	21%	18%	17%
9	Goldshield	0%	0,2%	0,1%	0,3%	0,2%
10	Prostrakan	20%	22%	26%	26%	24%
11	Protherics	35%	42%	35%	22%	34%
12	Vectura	160%	116%	114%	150%	135%
13	Hikma	4%	4%	6%	6%	5%
14	Biotest	9%	11%	9%	7%	9%
Durchschnitt		**72%**	**66%**	**63%**	**61%**	**66%**

Tab. C20: FuE-Quoten der Unternehmen der Gruppe 3[10]

---

[9] Die FuE-Quote wird lediglich auf Basis der aktivierten Entwicklungskosten bestimmt, da keine weiteren Informationen vorliegen.

[10] Zu beachten ist, dass in den Ergebnissen aufgrund der Nicht-Betrachtung von Nachkommastellen Rundungsdifferenzen enthalten sind.

Unternehmen		IVW ohne Goodwill/Bilanzsumme im Ø der Jahre 2005-2008	IVW ohne Goodwill/ Anlagevermögen im Ø der Jahre 2005-2008	IVW ohne Goodwill/ IVW im Ø der Jahre 2005-2008
Gruppe 1 (Ø-Wert)		**16%**	**26%**	**57%**
1	Astra Zeneca	17%	29%	62%
2	GlaxoSmithKline	14%	25%	79%
3	Novartis	14%	21%	51%
4	Roche	8%	18%	49%
5	Sanofi-Aventis	28%	36%	46%
Gruppe 2 (Ø-Wert)		**16%**	**24%**	**62%**
1	Bayer (Pharma)	k.A.	k.A.	k.A.
2	Stada	27%	44%	57%
3	Schwarz Pharma	10%	23%	80%
4	UCB	28%	27%	33%
5	Lundbeck	9%	17%	50%
6	Solvay (Pharma)	k.A.	k.A.	k.A.
7	Novo Nordisk	2%	3%	91%
8	Merck (Pharma)	k.A.	k.A.	k.A.
9	Almirall	17%	27%	60%
Gruppe 3 (Ø-Wert)		**13%**	**27%**	**63%**
1	Sanochemia Pharmazeutika	19%	44%	84%
2	Evotec	13%	18%	25%
3	Jerini	5%	4%	100%
4	Medigene	31%	61%	66%
5	Morphosys	12%	40%	52%
6	Nicox[11]	0,3%	5%	100%
7	Stallergenes	3%	6%	13%
8	BTG	10%	30%	100%
9	Goldshield	25%	58%	67%
10	Prostrakan	32%	60%	80%
11	Protherics	6%	19%	28%
12	Vectura	16%	18%	26%
13	Hikma	7%	10%	59%
14	Biotest	5%	9%	89%

Tab. C21: Bedeutung immaterieller Vermögenswerte in den Jahren 2005-2008

---

[11] Es werden aufgrund der Datenverfügbarkeit nur die Jahre 2005-2007 betrachtet.

Nr.	Unternehmen	Bezeichnung Kategorie: Ø-Anteil an IVW (Ø-Anteil an IVW ohne GoF)	Sonstige Kategorien von IVW (ohne GoF)
1	Biotest	*Patente, Lizenzen u. ähnliche Rechte*: 63% (98%)	• geleaste Vermögenswerte • Anlagen im Bau
2	BTG	*Patents and other IPR*: 94% (98%)	• Company Software
3	Goldshield	*Brand names, Know How, Licenses, Trademarks etc.*: 64% (100%)	
4	GlaxoSmithKline	*Licenses, Patents etc.*: 44% (57%)	• Company Software • Amortised brands • Indefinite life brands
5	Merck	*Patents, licenses and similar rights, as well as brands, trademarks/Other*: 70% (99%)	• Software • Advance Payments
6	Novo Nordisk	*Patents, licenses etc.*: 62% (66%)	• Other intangibles
7	Vectura[12]	*Licenses*: 57% (100%)	
8	Stada	*Arzneimittelrechtliche Zulassungen, Markenzeichen, Software, Lizenzen u. ähnliche Rechte*: 60% (87%)	• geleistete Anzahlungen
9	Protherics	*Other intangibles*: 63% (99%)	• Patents and trademarks

Tab. C22: Ausweis von FuE-Projekten in den Jahren 2005-2008 (I)

---

[12] Betrachtet werden nur die Jahre 2006/2007 und 2007/2008, da zuvor eine andere Kategorisierung vorgenommen wurde. Vgl. u.a. Vectura, Geschäftsbericht 2005/2006, S. 51.

Nr.	Unternehmen	Bezeichnung Kategorie: Ø-Anteil an IVW (Ø-Anteil an IVW ohne GoF)	Sonstige Kategorien von IVW (ohne GoF)
1	Schwarz Pharma	Licenses and similar rights: 69% (89%)	• Advance Payments on intangible assets
		Concessions, patents, trademarks and similar rights: 8% (10%)	
2	Astra Zeneca	Product, marketing and distribution rights: 46% (81%)	• Software development costs
		Other intangibles[13]: 8% (14%)	
3	Lundbeck	Product rights: 25% (47%)	• Patent rights • IT in process projects • Projects in progress (insb. SAP)
		Other rights: 0% (1%)	
4	Morphosys	Lizenzen: 31% (69%)	• Patente • Software
		Kundenstamm & Know How: 8% (18%)	
5	UCB	Trademarks, patents and licenses: 12% (40%)	
		Other intangible assets[14]: 21% (60%)	
6	Jerini	Selbst erstellte IVW: 83% (83%)	
		Patents and licenses: 15% (15%)	
		Other intangibles: 2% (2%)	

Tab. C23: **Ausweis von FuE-Projekten in den Jahren 2005-2008 (II)**

---

[13] Angegeben wird, dass der Posten „Other intangibles" immaterielle Vermögenswerte im Zusammenhang mit Einlizenzierungen enthält. Vgl. Astra Zeneca, Geschäftsbericht 2007, S. 81.

[14] Die Kategorie wird an dieser Stelle hervorgehoben, da explizit darauf hingewiesen wird, dass sie erworbene IP R&D-Projekte enthält, die noch nicht abgeschlossen sind. Vgl. UCB, Geschäftsbericht 2007, S. 54.

Nr.	Unternehmen	Bezeichnung Kategorie: Ø-Anteil an IVW (Ø-Anteil an IVW ohne GoF)	Sonstige Kategorien von IVW (ohne GoF)
1	Almirall	R&D-expenditure: 5% (7%)	• Software • Advances and fixed assets in progress
2	Bayer[15]	FuE-Projekte: 5% (7%) Vermarktungs- und Verkaufsrechte: 3% (5%)	• Marken • Sonstige Rechte und geleistete Anzahlungen • Patente • Produktionsrechte
3	Hikma[16]	In-process R&D: 2% (4%) Marketing rights: 3% (6%) Product related intangibles: 9% (22%)	• Customer relationship • Software • Trade names • Other acquisition related intangibles
4	Novartis[17]	Acquired R&D: 11% (23%) Core developed technology: 3% (6%) Trademarks, product and marketing rights: 31% (66%)	• Other intangible assets
5	Prostrakan[18]	IP R&D: 2% (3%) Product rights: 75% (96%)	• Other intangibles (Software and other cost)
6	Roche[19]	produktbezogen und nicht betriebsbereit: 10% (20%) technologiebezogen: 1% (3%)	• produktbezogen und betriebsbereit
7	Sanochemia Pharmazeutika	Entwicklungskosten: 60% (70%) Gewerbliche Schutzrechte & ähnliche Rechte sowie Lizenzen: 24% (30%)	

---

[15] Bei Bayer kommt Patenten mit einem Anteil von 52% an den immateriellen Vermögenswerten ohne Goodwill sowie dem Goodwill mit 36% Anteil an der Summe aller immateriellen Vermögenswerte eine herausragende Bedeutung zu.

[16] Es wurde nur das Jahr 2007 betrachtet, da in den übrigen Jahren keine Position in-process R&D gezeigt wurde. Bei Hikma entfallen 23% (55%) der IVW auf aktivierte Kundenbeziehungen sowie 56% auf den Goodwill.

[17] Durchschnittlich 53% der immateriellen Vermögenswerte entfallen auf den Goodwill.

[18] Betrachtet wird nur das Jahr 2005, da die FuE-Projekte im Jahr 2006 zu ca. 50% abgeschrieben und zu ca. 50% verkauft wurden. Vgl. Prostrakan, Geschäftsbericht 2007, S. 59.

[19] Es wird explizit darauf hingewiesen, dass diese Kategorie im Wesentlichen FuE-Projekte, die durch Lizenzierungsgeschäfte oder Unternehmenszusammenschlüsse zugegangen sind, enthält. Vgl. u.a. Roche, Finanzbericht 2007, S. 88. Der Goodwill hat einen Anteil von durchschnittlich 52% an den immateriellen Vermögenswerten.

Nr.	Unternehmen	Bezeichnung Kategorie: Ø-Anteil an IVW (Ø-Anteil an IVW ohne GoF)	Sonstige Kategorien von IVW (ohne GoF)
8	Sanofi-Aventis[20]	Acquired Aventis R&D: 5% (11%) Trademarks, patents, licenses and other rights: 2% (4%)	• Rights to marketed Aventis products • Software
9	Solvay[21]	Development costs: 2% (5%)	• Patents & trademarks • Other intangible assets
10	Stallergenes[22]	R&D costs: 0% (0%) Licenses, patents, trademarks: 5% (27%) Other intangible rights: 1% (6%)	• Dissociated software • In progress
11	Evotec[23]	Capitalized development expense: 0% (1%) Developed technology: 32% (84%) Patents & licenses: 3% (9%)	• Customer lists

Tab. C24: Ausweis von FuE-Projekten in den Jahren 2005-2008 (III)

---

[20] Ein wesentlicher Anteil von 33% (84%) entfällt auf Rights to marketed Aventis products sowie von 61% auf den Goodwill.

[21] Ein wesentlicher Anteil von 32% (89%) entfällt auf Patents & Trademarks sowie ein Anteil von 64% auf den Goodwill.

[22] 90% der immateriellen Vermögenswerte entfallen auf den Goodwill.

[23] Diese Kategorie ist nur im Geschäftsjahr 2005/2006 vorhanden und danach vollständig abgegangen. Vgl. Evotec, Geschäftsbericht 2005/2006, S. 38-39. Insofern bezieht sich die Berechnung des Anteils an den immateriellen Vermögenswerten nur auf dieses Geschäftsjahr. 52% der immateriellen Vermögenswerte entfallen auf den Goodwill.

Unternehmen	Kategorie(n)	Höhe der Bilanzposition 2008	Ø-Höhe der Bilanzposition 2005-2008	Ø-Anteil an IVW (ohne GoF) 2005-2008	Erläuterung
Almirall[1]	R&D-expenditure	35 Mio. EUR	26 Mio. EUR	5% (7%)	Ca. 50% separat erworbene Vermarktungsrechte für Produkte in der Entwicklungsphase und ca. 50% aus Akquisitionen.
Bayer	FuE-Projekte	1.186 Mio. EUR	913 Mio. EUR	5% (7%)	Der überwiegende Teil stammt aus Akquisitionen.
Evotec	Capitalized development expense	-	0,25 Mio. EUR	0% (1%)	
	Developed technology	46 Mio. EUR	20 Mio. EUR	32% (84%)	
Hikma	In-process R&D	3 Mio. EUR	2 Mio. EUR	2% (4%)	Stammt aus Akquisitionen.
Novartis	Acquired R&D	1.810 Mio. EUR	1.523 Mio. EUR	10% (20%)	Stammt zum großen Teil aus Akquisitionen.
	Core developed technology	392 Mio. EUR	421 Mio. EUR	3% (6%)	
Prostrakan	IP R&D	0 Mio. EUR	1 Mio. EUR	2% (3%)	Stammt aus Akquisitionen.
Roche	Produktbezogen und nicht betriebsbereit	1.681 Mio. EUR	1.026 Mio. EUR	12% (26%)	Stammt aus Akquisitionen sowie Erwerben und Lizenzierungen.
Sanochemia Pharmazeutika	Entwicklungskosten	16 Mio. EUR	13 Mio. EUR	60% (70%)	Interne Entwicklungskosten.
Sanofi-Aventis	Acquired Aventis R&D	969 Mio. EUR	2.336 Mio. EUR	5% (11%)	Stammt aus Aventis-Akquisition.
Solvay	Development costs	42 Mio. EUR	35 Mio. EUR	2% (5%)	-
Stallergenes	R&D Costs	-	-	-	-

[1] Mangels verfügbarer Informationen handelt es sich um Bruttobuchwerte.

Tab. C25: Aktivierte FuE-Projekte im Durchschnitt der Jahre 2005-2008 für Unternehmen mit Angaben zu aktivierten FuE-Projekten

Unternehmen	Zugangsform	2008	2007	2006	2005
		in Mio. EUR			
Almirall	intern	139	122	87	66
	UZ	0	17	0	18
	Summe (Anteil intern)	139 (100%)	139 (88%)	87 (100%)	84 (79%)
Bayer	intern	1.540	1.518	1.257	680
	UZ	67	0	1.218	0
	Sep. Erwerb	52	61	105	0
	Summe (Anteil intern)	1.659 (93%)	1.579 (96%)	2.580 (49%)	680 (100%)
Evotec	intern	43	37	30	9
	Erwerb	0	0	0	1
	UZ	16	0	0	0
	Summe (Anteil intern)	59 (73%)	37 (100%)	30 (100%)	10 (90%)
Hikma	intern	16	13	12	11
	UZ	0	3	0	0
	Summe (Anteil intern)	16 (100%)	16 (81%)	12 (100%)	11 (100%)
Novartis	intern	4.932	4.699	4.263	3.881
	UZ	171	0	1.080	743
	Sep. Erwerb	76	190	324	170
	Summe (Anteil intern)	5.179 (95%)	4.559 (96%)	5.667 (75%)	4.794 (81%)
Prostrakan	intern	14	15	16	13
Roche	intern	4.985	4.625	3.745	3.210
	UZ	519	63	343	k.A.
	Sep. Erwerb	229	452		k.A.
	Summe (Anteil intern)	5.733 (87%)	5.140 (90%)	4.088 (92%)	k.A.
Sanochemia Pharmazeutika	intern (aktiviert)	1	3	4	3
	intern (Aufwand)	k.A.	k.A.	k.A.	k.A.
Sanofi-Aventis	intern	4.575	4.537	4.430	4.044
Solvay	intern	428	415	425	351
	Erwerb	14	14	11	5
	Summe (Anteil intern)	442 (97%)	429 (97%)	436 (97%)	356 (99%)
Stallergenes	intern	37	29	20	16

UZ = Unternehmenszusammenschluss
Sep. Erwerb = separater Erwerb und Einlizenzierung
Erwerb = Unternehmenszusammenschluss, separater Erwerb und Einlizenzierung

Tab. C26: Zusammensetzung der FuE-Investitionen für alle Unternehmen mit Angaben zu aktivierten FuE-Projekten[24]

---

[24] Als Investitionen werden die im Anlagespiegel gezeigten Zu- und Abgänge der in Tab. C25 gezeigten Kategorien von IVW interpretiert. Die Angaben zu den Erwerbsfällen beziehen sich bei

Land	Forschungsaufwendungen	Entwicklungsaufwendungen
Australien	Verbot für Grundlagenforschung; Wahlrecht für angewandte Forschung unter bestimmten Bedingungen[1]	Wahlrecht unter bestimmten Bedingungen bis 2005[1], seitdem Aktivierungsregeln analog zu IAS 38.57
Belgien	Verbot	Wahlrecht
Dänemark	Verbot	Wahlrecht unter bestimmten Bedingungen
Deutschland	Bis Ende 2009: Verbot; Ab 2010: Aktivierungswahlrecht für Entwicklungskosten	
Finnland	Wahlrecht	
Frankreich	Verbot für Grundlagenforschung; Wahlrecht für angewandte Forschung (zu Bedingungen siehe Entwicklungskosten)	Wahlrecht, wenn: Projekt identifizierbar, Kosten separierbar, ernsthafte Chance auf technischen und kommerziellen Erfolg
Italien	Wahlrecht bzw. Pflicht, wenn künftige Ereignisse wahrscheinlich oder sicher sind	
Kanada	Verbot	Pflicht bei Erfüllung bestimmter Kriterien (ähnlich IAS 38)
Korea	Wahlrecht bei Erfüllung bestimmter Kriterien (bis 1999: Kosten können auf Produkte/Technologien geschlüsselt werden und es wird ein künftiger Nutzen erwartet, der die angefallenen Kosten deckt; nach 1999: nur noch Aktivierung von Entwicklungskosten möglich)[25]	
Niederlande	Verbot für Grundlagenforschung; Wahlrecht für angewandte Forschung	Wahlrecht
Norwegen	Wahlrecht	
Österreich	Verbot	
Schweden	Verbot für Grundlagenforschung; Wahlrecht für angewandte Forschung unter bestimmten Bedingungen	Wahlrecht unter bestimmten Bedingungen
Schweiz	Wahlrecht	
Spanien	Wahlrecht unter bestimmten Bedingungen	
UK	Verbot	Wahlrecht unter bestimmten Bedingungen[2]
USA	Verbot	

1. Es dürfen keine begründeten Zweifel am Erfolg bestehen und die Kosten müssen als einbringbar erwartet werden. Vgl. *Wagenhofer/Moitzi* (2006), S. 165-166.
2. 1. klar definiertes Projekt, 2. identifizierbare Ausgaben, 3. technische Realisierbarkeit untersucht, 4. Überschuss der künftigen Umsätze über die angefallenen Kosten erwartet, 5. ausreichend Ressourcen für eine Fertigstellung verfügbar. Vgl. dazu *Oswald* (2008), S. 2.

Tab. C27: Bilanzierung von FuE-Aufwendungen in ausgewählten Ländern[26]

Solvay und Bayer nicht ausschließlich auf den Pharmabereich. Die Beträge wurden mit den Durchschnittskursen der Jahre umgerechnet.

[25] Vgl. *Han/Manry* (2004), S. 157.

[26] Zu den in der Tabelle zusammengefassten Ergebnissen vgl. *Peller/Schwitter* (1991), S. 3; *Wagenhofer/Moitzi* (2006), S. 165-166; *Jackstein* (2009), S. 272-273.

Anhang D: Alternativen für eine konsistentere Abbildung von FuE-Projekten – Bilanzierungsbeispiel (Kapitel 5)

Das folgende Beispiel dient der Verdeutlichung der in den Abschnitten 5.2.3 und 5.2.4 dargestellten Möglichkeiten zur bilanziellen Abbildung pharmazeutischer FuE-Projekte. In Abhängigkeit vom Durchführungsweg gelten unabhängig vom Bilanzierungsmodell die folgenden Annahmen für das betrachtete Entwicklungsprojekt, dessen bilanzielle Abbildung ab dem Beginn des ersten Jahres betrachtet wird:

Durchführungsweg	Annahmen
Interne Durchführung[27]	Buchwert Ende $Jahr_0$ = 100 WE
Einlizenzierung	Upfront Payment $Jahr_1$ = 100 WE; Milestone Payment $Jahr_3$ = 70 WE; Milestone Payment $Jahr_4$ = 80 Royalties sind nicht zu leisten.
Separater Erwerb	Anschaffungskosten $Jahr_1$ = 250 WE
Unternehmenszusammenschluss	Fair Value Ende $Jahr_0$ = 250 WE

Tab. D1: Annahmen pro Durchführungsweg

Darüber hinaus gelten unabhängig vom Durchführungsweg sowie vom Bilanzierungsmodell die folgenden Annahmen:

1. Es fallen interne Entwicklungskosten von 10 WE pro Jahr an.
2. Der Fair Value entspricht durchweg dem Nutzungswert und entwickelt sich wie in der folgenden Tabelle dargestellt. Alle Verschlechterungen der Erfolgsaussichten sind als nachhaltig anzusehen. Veräußerungskosten fallen nicht an.

Jahresende	1	2	3	4	5-7	8	9
Fair Value	270	320	350	400	290	230	200

Tab. D2: Entwicklung des Fair Value

3. Die Zulassung erfolgt am Ende des sechsten Jahres. Die Nutzungsdauer des Projekts beträgt ab dem Zeitpunkt der Nutzungsbereitschaft (Zulassung) 10 Jahre. Es erfolgt eine lineare Abschreibung.
4. (Latente) Steuern werden aus Vereinfachungsgründen vernachlässigt.
5. Umsatzerlöse, Herstellungskosten und Royalties werden nicht betrachtet.
6. Die Finanzierung von Erwerben und deren Auswirkungen sowie sonstige Auswirkungen auf die Bilanz werden vernachlässigt.

---

[27] Zu beachten ist, dass das Projekt bei interner Durchführung im Gegensatz zu den übrigen Durchführungswegen auch schon vor dem hier gewählten ersten Jahr im Jahresabschluss erfasst wurde.

In den folgenden Tabellen D3 bis D11 ist die bilanzielle Abbildung gemäß der in Abschnitt 5.2.3 dargestellten Aktivierung zu historischen Kosten (Anschaffungskostenmodell) für die Jahre 1-9 zusammengefasst. Im Fall der Einlizenzierung wird neben dem in Abschnitt 5.2.3 für den weiteren Verlauf der Arbeit festgelegten Vorgehen auch die ebenfalls in Abschnitt 5.2.3 beschriebene Variante einer Rückstellungsbildung für künftige bedingte Anschaffungskosten gezeigt (Einlizenzierung alternativ). Für diesen Fall wird angenommen, dass die Eintrittswahrscheinlichkeit für die beiden Meilensteinzahlungen im ersten Jahr 50%, im zweiten Jahr 70% beträgt.

Unternehmensinterne Durchführung			
Entwicklungsaufwand	an	diverse Aktiva	10
Entwicklungsprojekt	an	Entwicklungsaufwand	10
➔ Buchwert = 110 WE			
Einlizenzierung			
Entwicklungsprojekt	an	Bank	100
Entwicklungsaufwand	an	diverse Aktiva	10
Entwicklungsprojekt	an	Entwicklungsaufwand	10
➔ Buchwert = 110 WE			
Einlizenzierung (alternativ)			
Entwicklungsprojekt	an	Bank	100
Entwicklungsprojekt	an	Rückstellung	75
Entwicklungsaufwand	an	diverse Aktiva	10
Entwicklungsprojekt	an	Entwicklungsaufwand	10
➔ Buchwert = 185 WE; Rückstellung = 75 WE			
Separater Erwerb/Unternehmenszusammenschluss[28]			
Entwicklungsprojekt	an	Bank/Eigenkapital	250
Entwicklungsaufwand	an	diverse Aktiva	10
Entwicklungsprojekt	an	Entwicklungsaufwand	10
➔ Buchwert = 260 WE			

Tab. D3: Buchungssätze Jahr$_1$ (Anschaffungskostenmodell)

---

[28] Die beiden Durchführungswege werden nicht differenziert betrachtet, da sie sich hinsichtlich der bilanziellen Abbildung nur im Zugangsjahr unterscheiden.

Unternehmensinterne Durchführung			
Entwicklungsaufwand	an	diverse Aktiva	10
Entwicklungsprojekt	an	Entwicklungsaufwand	10
➔ Buchwert = 120 WE			
Einlizenzierung			
Entwicklungsaufwand	an	diverse Aktiva	10
Entwicklungsprojekt	an	Entwicklungsaufwand	10
➔ Buchwert = 120 WE			
Einlizenzierung (alternativ)			
Entwicklungsaufwand	an	diverse Aktiva	10
Entwicklungsprojekt	an	Entwicklungsaufwand	10
Entwicklungsprojekt	an	Rückstellung	30
➔ Buchwert = 225 WE; Rückstellung = 105 WE			
Separater Erwerb/Unternehmenszusammenschluss			
Entwicklungsaufwand	an	diverse Aktiva	10
Entwicklungsprojekt	an	Entwicklungsaufwand	10
➔ Buchwert = 270 WE			

Tab. D4: Buchungssätze Jahr$_2$ (Anschaffungskostenmodell)

Unternehmensinterne Durchführung			
Entwicklungsaufwand	an	diverse Aktiva	10
Entwicklungsprojekt	an	Entwicklungsaufwand	10
➔ Buchwert = 130 WE			
Einlizenzierung			
Entwicklungsprojekt	an	Bank	70
Entwicklungsaufwand	an	diverse Aktiva	10
Entwicklungsprojekt	an	Entwicklungsaufwand	10
➔ Buchwert = 200 WE			
Einlizenzierung (alternativ)			
Rückstellung	an	Bank	70
Entwicklungsprojekt	an	Rückstellung	21
Entwicklungsaufwand	an	diverse Aktiva	10
Entwicklungsprojekt	an	Entwicklungsaufwand	10
➔ Buchwert = 256 WE; Rückstellung = 56 WE			

Separater Erwerb/Unternehmenszusammenschluss

Entwicklungsaufwand	an	diverse Aktiva	10
Entwicklungsprojekt	an	Entwicklungsaufwand	10

→ Buchwert = 280 WE

Tab. D5: Buchungssätze Jahr$_3$ (Anschaffungskostenmodell)

Unternehmensinterne Durchführung

Entwicklungsaufwand	an	diverse Aktiva	10
Entwicklungsprojekt	an	Entwicklungsaufwand	10

→ Buchwert = 140 WE

Einlizenzierung

Entwicklungsprojekt	an	Bank	80
Entwicklungsaufwand	an	diverse Aktiva	10
Entwicklungsprojekt	an	Entwicklungsaufwand	10

→ Buchwert = 290 WE

Einlizenzierung (alternativ)

Rückstellung	56	an Bank	80
Entwicklungsprojekt	24		
Entwicklungsaufwand	an	diverse Aktiva	10
Entwicklungsprojekt	an	Entwicklungsaufwand	10

→ Buchwert = 290 WE; Rückstellung = 0 WE

Separater Erwerb/Unternehmenszusammenschluss

Entwicklungsaufwand	an	diverse Aktiva	10
Entwicklungsprojekt	an	Entwicklungsaufwand	10

→ Buchwert = 290 WE

Tab. D6: Buchungssätze Jahr$_4$ (Anschaffungskostenmodell)

Unternehmensinterne Durchführung

Entwicklungsaufwand	an	diverse Aktiva	10
Entwicklungsprojekt	an	Entwicklungsaufwand	10

→ Buchwert = 150 WE

Einlizenzierung

Entwicklungsaufwand	an	diverse Aktiva	10
Entwicklungsprojekt	an	Entwicklungsaufwand	10

→ Buchwert = 300 WE; Erzielbarer Betrag = 290 WE

Abschreibungsaufwand	an	Entwicklungsprojekt	10

→ Buchwert = 290 WE

Einlizenzierung (alternativ)			
Entwicklungsaufwand	an	diverse Aktiva	10
Entwicklungsprojekt	an	Entwicklungsaufwand	10
➔ Buchwert = 300 WE; Erzielbarer Betrag = 290 WE			
Abschreibungsaufwand	an	Entwicklungsprojekt	10
➔ Buchwert = 290 WE			
Separater Erwerb/Unternehmenszusammenschluss			
Siehe Einlizenzierung			

Tab. D7: Buchungssätze Jahr$_5$ (Anschaffungskostenmodell)

Unternehmensinterne Durchführung			
Entwicklungsaufwand	an	diverse Aktiva	10
Entwicklungsprojekt	an	Entwicklungsaufwand	10
➔ Buchwert = 160 WE			
Einlizenzierung			
Entwicklungsaufwand	an	diverse Aktiva	10
Entwicklungsprojekt	an	Entwicklungsaufwand	10
➔ Buchwert = 300 WE; Erzielbarer Betrag = 290 WE			
Abschreibungsaufwand	an	Entwicklungsprojekt	10
➔ Buchwert = 290 WE			
Einlizenzierung (alternativ)			
Siehe Einlizenzierung			
Separater Erwerb/Unternehmenszusammenschluss			
Siehe Einlizenzierung			

Tab. D8: Buchungssätze Jahr$_6$ (Anschaffungskostenmodell)

Unternehmensinterne Durchführung			
Abschreibungsaufwand	an	Entwicklungsprojekt	16
➔ Buchwert = 144 WE			
Einlizenzierung			
Abschreibungsaufwand	an	Entwicklungsprojekt	29
➔ Buchwert = 261 WE			
Einlizenzierung (alternativ)			
Siehe Einlizenzierung			

Separater Erwerb/Unternehmenszusammenschluss
Siehe Einlizenzierung

Tab. D9: Buchungssätze Jahr$_7$ (Anschaffungskostenmodell)

Unternehmensinterne Durchführung			
Abschreibungsaufwand	an	Entwicklungsprojekt	16
→ Buchwert = 128 WE			
Einlizenzierung			
Abschreibungsaufwand	an	Entwicklungsprojekt	29
→ Buchwert = 232 WE; Erzielbarer Betrag = 230			
Abschreibungsaufwand	an	Entwicklungsprojekt	2
→ Buchwert = 230 WE; angepasste planmäßige Abschreibung = 28,75			
Einlizenzierung (alternativ)			
Siehe Einlizenzierung			
Separater Erwerb/Unternehmenszusammenschluss			
Siehe Einlizenzierung			

Tab. D10: Buchungssätze Jahr$_8$ (Anschaffungskostenmodell)

Unternehmensinterne Durchführung			
Abschreibungsaufwand	an	Entwicklungsprojekt	16
→ Buchwert = 112 WE			
Einlizenzierung			
Abschreibungsaufwand	an	Entwicklungsprojekt	28,75
→ Buchwert = 201,25 WE; Nutzungswert = 200			
Abschreibungsaufwand	an	Entwicklungsprojekt	1,25
→ Buchwert = 200 WE; angepasste planmäßige Abschreibung = 28,57			
Einlizenzierung (alternativ)			
Siehe Einlizenzierung			
Separater Erwerb/Unternehmenszusammenschluss			
Siehe Einlizenzierung			

Tab. D11: Buchungssätze Jahr$_9$ (Anschaffungskostenmodell)[29]

---

[29] Der Vermögenswert ist in den Folgejahren über die verbleibende Nutzungsdauer planmäßig, bzw. sofern der erzielbare Betrag den Buchwert unterschreitet, außerplanmäßig abzuschreiben.

In den folgenden Tabellen D12 bis D20 ist die bilanzielle Abbildung gemäß der in Abschnitt 5.2.4 erläuterten Aktivierung zum beizulegenden Zeitwert (Fair Value-Modell) dargestellt.

Unternehmensinterne Durchführung			
Entwicklungsaufwand	an	diverse Aktiva	10
Entwicklungsprojekt	an	Entwicklungsaufwand	10
➔ Buchwert = 110 WE; Fair Value = 270			
Entwicklungsprojekt	an	Eigenkapitalrücklage	160
➔ Buchwert = 270 WE; historische Kosten = 110 WE; Eigenkapitalrücklage = 160 WE			
Einlizenzierung			
Entwicklungsprojekt	an	Bank	100
Entwicklungsaufwand	an	diverse Aktiva	10
Entwicklungsprojekt	an	Entwicklungsaufwand	10
➔ Buchwert = 110 WE; Fair Value = 270			
Entwicklungsprojekt	an	Eigenkapitalrücklage	160
➔ Buchwert = 270 WE; historische Kosten = 110 WE; Eigenkapitalrücklage = 160 WE			
Einlizenzierung (alternativ)			
Entwicklungsprojekt	an	Bank	100
Entwicklungsprojekt	an	Rückstellung	75
Entwicklungsaufwand	an	diverse Aktiva	10
Entwicklungsprojekt	an	Entwicklungsaufwand	10
➔ Buchwert = 185 WE; Fair Value = 270 WE; Rückstellung = 75 WE			
Entwicklungsprojekt	an	Eigenkapitalrücklage	85
➔ Buchwert = 270 WE; historische Kosten = 185 WE; Eigenkapitalrücklage = 85 WE			
Separater Erwerb/Unternehmenszusammenschluss			
Entwicklungsprojekt	an	Bank/Eigenkapital	250
Entwicklungsaufwand	an	diverse Aktiva	10
Entwicklungsprojekt	an	Entwicklungsaufwand	10
➔ Buchwert = 260 WE; Fair Value = 270 WE			
Entwicklungsprojekt	an	Eigenkapitalrücklage	10
➔ Buchwert = 270 WE; historische Kosten = 260; Eigenkapitalrücklage = 10 WE			

Tab. D12: Buchungssätze Jahr$_1$ (Fair Value-Modell)

Unternehmensinterne Durchführung			
Entwicklungsaufwand	an	diverse Aktiva	10
Entwicklungsprojekt	an	Entwicklungsaufwand	10
➔ Buchwert = 280 WE; Fair Value = 320; Eigenkapitalrücklage = 160 WE			
Entwicklungsprojekt	an	Eigenkapitalrücklage	40
➔ Buchwert = 320 WE; historische Kosten = 120 WE; Eigenkapitalrücklage = 200 WE			
Einlizenzierung			
Entwicklungsaufwand	an	diverse Aktiva	10
Entwicklungsprojekt	an	Entwicklungsaufwand	10
➔ Buchwert = 280 WE; Fair Value = 320 WE; Eigenkapitalrücklage = 160 WE			
Entwicklungsprojekt	an	Eigenkapitalrücklage	40
➔ Buchwert = 320 WE; historische Kosten = 120 WE; Eigenkapitalrücklage = 200 WE			
Einlizenzierung (alternativ)			
Entwicklungsprojekt	an	Rückstellung	30
Entwicklungsaufwand	an	diverse Aktiva	10
Entwicklungsprojekt	an	Entwicklungsaufwand	10
➔ Buchwert = 310 WE; Fair Value = 320 WE; Rückstellung = 105 WE			
Entwicklungsprojekt	an	Eigenkapitalrücklage	10
➔ Buchwert = 320 WE; historische Kosten = 225 WE; Eigenkapitalrücklage = 95 WE			
Separater Erwerb/Unternehmenszusammenschluss			
Entwicklungsaufwand	an	diverse Aktiva	10
Entwicklungsprojekt	an	Entwicklungsaufwand	10
➔ Buchwert = 280 WE; Fair Value = 320 WE; Eigenkapitalrücklage = 10 WE			
Entwicklungsprojekt	an	Eigenkapitalrücklage	40
➔ Buchwert = 320 WE; historische Kosten = 270; Eigenkapitalrücklage = 50 WE			

Tab. D13: Buchungssätze Jahr$_2$ (Fair Value-Modell)

Unternehmensinterne Durchführung			
Entwicklungsaufwand	an	diverse Aktiva	10
Entwicklungsprojekt	an	Entwicklungsaufwand	10
➔ Buchwert = 330 WE; Fair Value = 350; Eigenkapitalrücklage = 200 WE			
Entwicklungsprojekt	an	Eigenkapitalrücklage	20
➔ Buchwert = 350 WE; historische Kosten = 130 WE; Eigenkapitalrücklage = 220 WE			

Einlizenzierung			
Entwicklungsprojekt	an	Bank	70
Entwicklungsaufwand	an	diverse Aktiva	10
Entwicklungsprojekt	an	Entwicklungsaufwand	10
➔ Buchwert = 400 WE; Fair Value = 350 WE; Eigenkapitalrücklage = 200 WE			
Eigenkapitalrücklage	an	Entwicklungsprojekt	50
➔ Buchwert = 350 WE; historische Kosten = 200 WE; Eigenkapitalrücklage = 150 WE			
Einlizenzierung (alternativ)			
Rückstellung	an	Bank	70
Entwicklungsprojekt	an	Rückstellung	21
Entwicklungsaufwand	an	diverse Aktiva	10
Entwicklungsprojekt	an	Entwicklungsaufwand	10
➔ Buchwert = 351 WE; Fair Value = 350 WE; Rückstellung = 56 WE			
Eigenkapitalrücklage	an	Entwicklungsprojekt	1
➔ Buchwert = 350 WE; historische Kosten = 256 WE; Eigenkapitalrücklage = 94 WE			
Separater Erwerb/Unternehmenszusammenschluss			
Entwicklungsaufwand	an	diverse Aktiva	10
Entwicklungsprojekt	an	Entwicklungsaufwand	10
➔ Buchwert = 330 WE; Fair Value = 350 WE; Eigenkapitalrücklage = 50 WE			
Entwicklungsprojekt	an	Eigenkapitalrücklage	20
➔ Buchwert = 350 WE; historische Kosten = 280; Eigenkapitalrücklage = 70 WE			

Tab. D14: Buchungssätze Jahr$_3$ (Fair Value-Modell)

Unternehmensinterne Durchführung			
Entwicklungsaufwand	an	diverse Aktiva	10
Entwicklungsprojekt	an	Entwicklungsaufwand	10
➔ Buchwert = 360 WE; Fair Value = 400; Eigenkapitalrücklage = 220 WE			
Entwicklungsprojekt	an	Eigenkapitalrücklage	40
➔ Buchwert = 400 WE; historische Kosten = 140 WE; Eigenkapitalrücklage = 260 WE			
Einlizenzierung			
Entwicklungsprojekt	an	Bank	80
Entwicklungsaufwand	an	diverse Aktiva	10
Entwicklungsprojekt	an	Entwicklungsaufwand	10
➔ Buchwert = 440 WE; Fair Value = 400 WE; Eigenkapitalrücklage = 150 WE			
Eigenkapitalrücklage	an	Entwicklungsprojekt	40
➔ Buchwert = 400 WE; historische Kosten = 290 WE; Eigenkapitalrücklage = 110 WE			

Einlizenzierung (alternativ)

Rückstellung	56	an	Bank		80
Entwicklungsprojekt	24				
Entwicklungsaufwand		an	diverse Aktiva		10
Entwicklungsprojekt		an	Entwicklungsaufwand		10

➔ Buchwert = 384 WE; Fair Value = 400 WE; Rückstellung = 0 WE

Entwicklungsprojekt	an	Eigenkapitalrücklage	16

➔ Buchwert = 400 WE; historische Kosten = 290 WE; Eigenkapitalrücklage = 110 WE

Separater Erwerb/Unternehmenszusammenschluss

Entwicklungsaufwand	an	diverse Aktiva	10
Entwicklungsprojekt	an	Entwicklungsaufwand	10

➔ Buchwert = 360 WE; Fair Value = 400 WE; Eigenkapitalrücklage = 70 WE

Entwicklungsprojekt	an	Eigenkapitalrücklage	40

➔ Buchwert = 400 WE; historische Kosten = 290; Eigenkapitalrücklage = 110 WE

Tab. D15: Buchungssätze Jahr$_4$ (Fair Value-Modell)

Unternehmensinterne Durchführung

Entwicklungsaufwand	an	diverse Aktiva	10
Entwicklungsprojekt	an	Entwicklungsaufwand	10

➔ Buchwert = 410 WE; Fair Value = 290; Eigenkapitalrücklage = 260 WE

Eigenkapitalrücklage	an	Entwicklungsprojekt	120

➔ Buchwert = 290 WE; historische Kosten = 150 WE; Eigenkapitalrücklage = 140 WE

Einlizenzierung

Entwicklungsaufwand	an	diverse Aktiva	10
Entwicklungsprojekt	an	Entwicklungsaufwand	10

➔ Buchwert = 410 WE; Fair Value = 290 WE; Eigenkapitalrücklage = 110 WE

Eigenkapitalrücklage	110	an	Entwicklungsprojekt	120
Abschreibungsaufwand	10			

➔ Buchwert = 290 WE; historische Kosten = 290 WE*; Eigenkapitalrücklage = 0 WE

* Fortgeführte historische Kosten reduziert um außerplanmäßige Abschreibung

Einlizenzierung (alternativ)

Siehe Einlizenzierung

Separater Erwerb/Unternehmenszusammenschluss

Siehe Einlizenzierung

Tab. D16: Buchungssätze Jahr$_5$ (Fair Value-Modell)

Unternehmensinterne Durchführung			
Entwicklungsaufwand	an	diverse Aktiva	10
Entwicklungsprojekt	an	Entwicklungsaufwand	10
➔ Buchwert = 300 WE; Fair Value = 290; Eigenkapitalrücklage = 140 WE			
Eigenkapitalrücklage	an	Entwicklungsprojekt	10
➔ Buchwert = 290 WE; historische Kosten = 160 WE; Eigenkapitalrücklage = 130 WE			
Einlizenzierung			
Entwicklungsaufwand	an	diverse Aktiva	10
Entwicklungsprojekt	an	Entwicklungsaufwand	10
➔ Buchwert = 300 WE; Fair Value = 290 WE; Eigenkapitalrücklage = 0			
Abschreibungsaufwand	an	Entwicklungsprojekt	10
➔ Buchwert = 290 WE; historische Kosten = 290 WE; Eigenkapitalrücklage = 0 WE			
Einlizenzierung (alternativ)			
Siehe Einlizenzierung			
Separater Erwerb/Unternehmenszusammenschluss			
Siehe Einlizenzierung			

Tab. D17: **Buchungssätze Jahr$_6$ (Fair Value-Modell)**

Unternehmensinterne Durchführung			
Abschreibungsaufwand	an	Entwicklungsprojekt	16
➔ Buchwert = 274 WE; Fair Value = 290; Eigenkapitalrücklage = 130 WE			
Entwicklungsprojekt	an	Eigenkapitalrücklage	16
➔ Buchwert = 290 WE; historische Kosten = 144 WE; Eigenkapitalrücklage = 146 WE			
Einlizenzierung			
Abschreibungsaufwand	an	Entwicklungsprojekt	29
➔ Buchwert = 261 WE; Fair Value = 290 WE; Eigenkapitalrücklage = 0			
Entwicklungsprojekt	an	Eigenkapitalrücklage	29
➔ Buchwert = 290 WE; historische Kosten = 261 WE; Eigenkapitalrücklage = 29 WE			
Einlizenzierung (alternativ)			
Siehe Einlizenzierung			
Separater Erwerb/Unternehmenszusammenschluss			
Siehe Einlizenzierung			

Tab. D18: **Buchungssätze Jahr$_7$ (Fair Value-Modell)**

Unternehmensinterne Durchführung			
Abschreibungsaufwand	an	Entwicklungsprojekt	16
➔ Buchwert = 274 WE; Fair Value = 230; Eigenkapitalrücklage = 146 WE			
Eigenkapitalrücklage	an	Entwicklungsprojekt	44
➔ Buchwert = 230 WE; historische Kosten = 128 WE; Eigenkapitalrücklage = 102 WE			
Einlizenzierung			
Abschreibungsaufwand	an	Entwicklungsprojekt	29
➔ Buchwert = 261 WE; Fair Value = 230 WE; Eigenkapitalrücklage = 29			
Eigenkapitalrücklage	29 an	Entwicklungsprojekt	31
Abschreibungsaufwand	2		
➔ Buchwert = 230 WE; historische Kosten = 230 WE; Eigenkapitalrücklage = 0 WE; angepasste planmäßige Abschreibung = 28,75			
Einlizenzierung (alternativ)			
Siehe Einlizenzierung			
Separater Erwerb/Unternehmenszusammenschluss			
Siehe Einlizenzierung			

Tab. D19: Buchungssätze Jahr$_8$ (Fair Value-Modell)

Unternehmensinterne Durchführung			
Abschreibungsaufwand	an	Entwicklungsprojekt	16
➔ Buchwert = 214 WE; Fair Value = 200; Eigenkapitalrücklage = 102 WE			
Eigenkapitalrücklage	an	Entwicklungsprojekt	14
➔ Buchwert = 200 WE; historische Kosten = 112 WE; Eigenkapitalrücklage = 88 WE			
Einlizenzierung			
Abschreibungsaufwand	an	Entwicklungsprojekt	28,75
➔ Buchwert = 201,25 WE; Fair Value = 200 WE; Eigenkapitalrücklage = 0			
Abschreibungsaufwand	an	Entwicklungsprojekt	1,25
➔ Buchwert = 200 WE; historische Kosten = 200 WE; angepasste planmäßige Abschreibung = 28,57			
Einlizenzierung (alternativ)			
Siehe Einlizenzierung			
Separater Erwerb/Unternehmenszusammenschluss			
Siehe Einlizenzierung			

Tab. D20: Buchungssätze Jahr$_9$ (Fair Value-Modell)

Das Beispiel hat gezeigt, dass sich die beiden Modelle im Wesentlichen durch den Vermögensausweis unterscheiden. Während das Entwicklungsprojekt im Fair Value-Modell unabhängig vom Durchführungsweg mit dem identischen Betrag in der Bilanz steht[30], erfolgt im Anschaffungskostenmodell ein vom Durchführungsweg abhängiger Ansatz. Der Jahresüberschuss ändert sich hingegen in beiden Fällen in identischer Höhe durch planmäßige Abschreibungen sowie außerplanmäßige Abschreibungen sofern der Fair Value die fortgeführten Anschaffungs- bzw. Herstellungskosten unterschreitet, da Wertsteigerungen oberhalb der fortgeführten historischen Kosten GuV-neutral im OCI erfasst werden.

---

[30] Dies gilt allerdings nur, da keine Royalties vereinbart wurden.

Anhang E: Kapitalmarktstudien (Kapitel 5)

Autor (Jahr); Untersuchungs- zeitraum	Land	Fragestellung und wesentliche Ergebnisse[31]
Marktreaktionen auf FuE-Ausgaben		
Chan/Martin/Kensinger (1990)[32]; 1979-1985	USA	Besteht ein positiver Zusammenhang zwischen der Bekanntgabe einer Erhöhung der FuE-Investitionen und einem Anstieg des Aktienkurses bei den betrachteten 79 Ankündigungen von 51 Hochtechnologieunternehmen? Ja. Für die untersuchten technologieintensiven Unternehmen lassen sich positive abnormale Renditen bzw. positive Ankündigungseffekte nachweisen. Folglich erwarten die Investoren einen künftigen Nutzenzufluss aus den Investitionen.
Eberhart/Maxwell/Siddique (2004)[33]; 1951-2001	USA	Führt eine unerwartete, nicht unwesentliche Erhöhung von FuE-Investitionen zu positiven abnormalen Renditen sowie einer positiven abnormalen operativen Performance, die darauf schließen lässt, dass es sich dabei aus Sicht der Aktionäre um nützliche Investitionen handelt? Ja. Für die auf die Erhöhung folgenden fünf Jahre werden positive abnormale Renditen sowie eine positive abnormale operative Performance beobachtet.
Zusammenhang zwischen FuE-Vermögen/FuE-Ausgaben und Marktwert oder Aktienrendite		
Lev/Sougiannis (1996)[34]; 1959-1993	USA	Besteht für die 2.600 untersuchten Unternehmen des produzierenden Gewerbes ein positiver Zusammenhang zwischen um eine fiktive Aktivierung angepassten Gewinnen, Buchwerten und dem FuE-Vermögen und ihrem Aktienkurs bzw. ihrer Aktienrendite? Ja. Die Differenz zwischen dem berichteten und dem um die fiktive Aktivierung angepassten Gewinn ist sowohl im Preis- als auch im Renditemodell positiv und statistisch hoch signifikant. Auch die Schätzwerte für das FuE-Vermögens sind statistisch hoch signifikant und damit wertrelevant. Die Wertrelevanz ist besonders hoch für Unternehmen mit einem hohen FuE-Vermögen.

---

[31] Es werden jeweils die für die Arbeit relevanten Fragestellungen und Ergebnisse dargestellt.
[32] Vgl. zu dieser Studie auch *Bentele* (2004), S. 111-113.
[33] Vgl. dazu *Eberhart/Maxwell/Siddique* (2004).
[34] Vgl. zu dieser Studie auch *Mölls/Strauß* (2007), S. 973-975 sowie ausführlich *Bentele* (2004), S. 97-101; *Bonse* (2004), S. 208.

Autor (Jahr); Untersuchungszeitraum	Land	Fragestellung und wesentliche Ergebnisse[31]
Abrahams/Sidhu (1998); 1994-1995	Australien	Sind aktivierte FuE-Kosten bei den 200 betrachteten Unternehmen wertrelevant, d.h. besteht eine positive Korrelation zwischen aktivierten FuE-Kosten und dem Marktwert der Unternehmen? Inwieweit verbessert die Aktivierung die Korrelation zwischen Gewinngrößen und Aktienrenditen? Ja. Insbesondere für die teilweise aktivierenden Unternehmen ist die Korrelation zwischen aktivierten FuE-Kosten und dem Marktwert statistisch signifikant. Zudem erhöht insbesondere die erstmalige Aktivierung die Korrelation zwischen Gewinngrößen und Aktienrenditen.
Lev/Zarowin (1999); 1978-1996	USA	Ist der empirisch durch den im Zeitablauf abnehmenden Zusammenhang zwischen Aktienkursen bzw. Aktienrenditen und Gewinnen, Eigenkapitalbuchwerten und Cashflows für das Sample von 1.300 Unternehmen beobachtete Rückgang der Entscheidungsnützlichkeit von Jahresabschlussdaten in den vergangenen 20 Jahren durch die zunehmenden Investitionen in Forschung und Entwicklung bei gleichzeitiger Nicht-Aktivierung (Verletzung des Matching Principles) zu erklären? Ja. Der Zusammenhang zwischen Kapitalmarktinformationen und Jahresabschlussgrößen hat in den letzten 20 Jahren abgenommen. Als ein wesentlicher Grund wurde die zunehmende Bedeutung von Forschung und Entwicklung bei gleichzeitiger inadäquater Berücksichtigung in der Rechnungslegung, insbesondere durch die Verletzung des Matching Principle identifiziert.
Chan/Lakonishok/Sougiannis (2001)[35]; 1975-1995	USA	Inwieweit reflektiert der Kapitalmarkt und damit der Aktienkurs den Wert von FuE-Aktivitäten technologieorientierter Unternehmen zutreffend, obwohl diese nicht aktiviert werden (dürfen) und Investoren deshalb nur über unzureichende Informationen verfügen? Gemessen wird insbesondere der Einfluss des FuE-Reportings auf die Volatilität der Aktienrendite vor dem Hintergrund der Hypothese, dass entscheidungsnützliche Informationen zu Forschung und Entwicklung Unsicherheit abbauen und damit zu geringeren Kapitalkosten und konstanteren Aktienrenditen führen. Die unzureichenden Informationen über Forschung und Entwicklung führen zu einer höheren Volatilität der Renditen FuE-intensiver Unternehmen und verursachen deshalb höhere Kapitalkosten.

---

[35] Vgl. zu dieser Studie ausführlich *Bentele* (2004), S. 101-104; *Velte* (2008), S. 240.

Autor (Jahr); Untersuchungszeitraum	Land	Fragestellung und wesentliche Ergebnisse[31]
Kothari/ Laguerre/Leone (2002); 1972-1992	USA	Ist der künftige Nutzenzufluss aus Investitionen in Forschung und Entwicklung unsicherer als der aus Investitionen in Sachanlagevermögen? Betrachtet wird jeweils der Zusammenhang zwischen den Ausgaben für Forschung und Entwicklung bzw. Sachanlagevermögen und der künftigen Streuung der Gewinne. Ja. Der künftige Nutzenzufluss ist unsicherer als im Fall des Sachanlagevermögens.
Zhao (2002); 1990-1999	Frankreich, UK, USA, Deutschland	Erhöht die Aktivierung von Forschung und Entwicklung in Deutschland und den USA, wo dies verboten ist, die Korrelation zwischen Aktienkurs und Gewinn bzw. Buchwert des Eigenkapitals? Ja. Die internen FuE-Investitionen sind wertrelevant.
Eli/Simko/ Thomas (2003); 1988-1998	USA	Sind pharmazeutische FuE-Kosten wertrelevant und wovon hängt die Wertrelevanz ab? Ab welchem Zeitpunkt sehen Investoren pharmazeutische FuE-Projekte als Vermögenswerte an, aus denen künftige Erträge erwartet werden? Pharmazeutische FuE-Kosten sind signifikant positiv korreliert mit dem Unternehmenswert und somit wertrelevant. Die Wertrelevanz ist umso höher, je mehr zugelassene Arzneimittel ein Unternehmen hat und je Erfolg versprechender seine FuE-Pipeline ist. Der Beginn der klinischen Phase II wurde als der Zeitpunkt identifiziert, ab dem Investoren FuE-Projekte als Vermögenswerte, die künftig Cashflows generieren, ansehen.
Callimaci/Landry (2004); 1997-1999	Kanada	Liefern aktivierte sowie nicht aktivierte FuE-Kosten von 109 kanadischen Unternehmen der Pharma-, Biotechnologie-, Software- und Elektronikbranche, die nach dem IAS 38.57 ähnlichen Regeln bilanziert wurden, entscheidungsnützliche Informationen für Investoren? Ja. Das Preismodell zeigt, dass sowohl aktivierte als auch nicht aktivierte FuE-Kosten wertrelevant sind. Allerdings tragen nur die während des Jahres aktivierten Kosten zur Erklärung der Aktienrendite bei.
Han/Manry (2004); 1988-1998	Korea	Sind FuE-Aufwendungen positiv korreliert mit Aktienkursen? Besteht ein Unterschied zwischen durch Ausübung des bis 1999 geltenden Aktivierungswahlrechts[36] aktivierten und nicht aktivierten FuE-Aufwendungen? Ja. Eine positive Korrelation kann gezeigt werden. Sie ist zudem bei den aktivierten FuE-Kosten stärker. Folglich schreiben die Investoren insbesondere den vom Management aktivierten FuE-Investitionen einen positiven NPV zu.

---

[36] Zu den Bedingungen für die Ausübung des Aktivierungswahlrechts vgl. Tab. C29.

Autor (Jahr); Untersuchungszeitraum	Land	Fragestellung und wesentliche Ergebnisse[31]
Lev/Nissim/ Thomas (2005); 1983-2000	USA	Führt eine fiktive Aktivierung und planmäßige Abschreibung von FuE-Kosten dazu, dass die angepassten Gewinne und Eigenkapitalbuchwerte den Aktienkurs bzw. den künftigen Gewinn besser erklären? Führen die geltenden Regeln zu einer Unterbewertung der Vermögenswerte der untersuchten Unternehmen? Ja. Die FuE-Kosten sind wertrelevant. Die Korrelation ist zudem bei Unternehmen der Pharmabranche besonders hoch. Die Vermögenswerte dieser Unternehmen sind um bis zu 20% unterbewertet.
Cazavan-Jeny/Jeanjean (2006); 1993-2002	Frankreich	Besteht für die 197 betrachteten Unternehmen, für die ein Aktivierungswahlrecht für bestimmte FuE-Kosten gilt[37], ein positiver Zusammenhang zwischen aktivierten FuE-Kosten und Aktienkursen bzw. Aktienrenditen? Nein. Es besteht ein negativer Zusammenhang zwischen aktivierten FuE-Kosten und Aktienkursen bzw. Aktienrenditen. Eine Aktivierung wird zudem zumeist nur von kleinen Unternehmen mit geringen Gewinnen und geringen Wachstumschancen vorgenommen.
Ahmed/Falk (2006); 1992-1999	Australien	Ist eine Aktivierung von FuE-Aufwendungen mit einer größeren Wertrelevanz und einer stärkeren Korrelation mit Aktienkursen verbunden als eine Aufwandsverrechnung? Ja. Eine Aktivierung führt zu einer höheren Wertrelevanz und damit zu einer höheren Erklärungskraft des Unternehmenswertes durch Jahresabschlussdaten. Zudem sind vom Management aktivierte FuE-Kosten stärker mit Aktienkursen korreliert als aufwandswirksam erfasste FuE-Kosten.
Goodwin/Ahmed (2006); 1975-1999	Australien	Ist die im Zeitablauf abnehmende Wertrelevanz von Gewinnen auf die fehlende Aktivierung von FuE-Kosten zurückzuführen? Die Hypothese kann nicht verworfen werden. Bei den Unternehmen, die eine Aktivierung vornehmen, nimmt die Wertrelevanz der Gewinne im Zeitablauf nicht ab.
Xu/Magnan/ Andre (2007); 1998-2004	USA	Sind interne FuE-Aufwendungen bei Biotechnologieunternehmen wertrelevant? Kann die Wertrelevanz durch Berücksichtigung zusätzlicher Informationen zur Unsicherheit (Status der Pipeline, Intensität strategischer Allianzen, Wettbewerbsvorteile, Patentschutz, Marktpotenzial des Projekts, finanzielle Mittel für FuE) erhöht werden? Ja. FuE-Ausgaben besitzen eine Wertrelevanz, die durch die Einführung von Informationen zur Unsicherheit noch erhöht wird.

---

[37] Vgl. zu den genauen Vorschriften Tab. C29.

Autor (Jahr); Untersuchungszeitraum	Land	Fragestellung und wesentliche Ergebnisse[31]
Oswald/Zarowin (2007)[38]; 1990-1999	UK	Sind FuE-Kosten bei Unternehmen der Elektronik-, Engineering- und Softwarebranche in UK wertrelevant, d.h. besteht eine signifikant positive Korrelation zwischen dem FuE-Vermögen und dem Marktwert des Eigenkapitals? Ja. Die Aktienkurse werden durch eine Aktivierung besser erklärt, auch wenn eher junge Unternehmen FuE-Kosten aktivieren, reifere hingegen verstärkt eine Aufwandsverrechnung vornehmen.
Ang/Church/ Feng (2008); 2002-2006	Australien	Haben die Abschaffung des nach AASB 1101 geltenden Aktivierungswahlrechts für FuE-Kosten, für die gezeigt werden kann, dass die Aufwendungen ohne begründete Zweifel durch künftige Erträge gedeckt werden können, und die Einführung des AASB 138, dessen Vorschriften den restriktiveren Regeln des IAS 38 entsprechen, zu einer Verringerung der Wertrelevanz der Jahresabschlüsse australischer Unternehmen geführt? Die Einführung des AASB 138 hat zu einer Verringerung der Wertrelevanz geführt, die dadurch begründet wird, dass nach der Abschaffung des Aktivierungswahlrechts weniger FuE-Kosten aktiviert werden können.

Tab. E1: Ergebnisse kapitalmarktorientierter Studien zum Informationsgehalt interner FuE-Kosten

---

[38] Vgl. zu dieser Studie auch *Velte* (2008), S. 240.

Autor (Jahr); Untersuchungszeitraum	Land	Fragestellung und wesentliche Ergebnisse
Barth/Clinch (1998)[39]; 1991-1995	Australien	Sind Bewertungen immaterieller Vermögenswerte zum Fair Value wertrelevant? Betrachtet wird der Zusammenhang zwischen Gewinn bzw. dem um die neubewerteten Vermögenswerte angepassten Buchwert des Eigenkapitals und Aktienkursen bzw. einer nicht marktbasierten Schätzung des Unternehmenswertes auf Basis von Gewinnprognosen von Analysten für 350 Unternehmen in Australien, wo ein Neubewertungswahlrecht gilt, wenn der erzielbare Betrag den Buchwert übersteigt, bzw. eine Abschreibungspflicht, wenn der Buchwert unterschritten wird. Zum Fair Value bewertete immaterielle Vermögenswerte sind signifikant positiv korreliert mit Aktienkursen und geschätzten Unternehmenswerten, unabhängig davon, ob der Neubewertungsbetrag durch das Management oder einen unabhängigen Dritten ermittelt wurde. Zu beachten ist allerdings, dass die positive Korrelation einer Neubewertung über die historischen Kosten hinaus mit der Aktienrendite nicht statistisch signifikant ist, eine außerplanmäßige Abschreibung hingegen schon.
Aboody/Barth/Kasznik (1999); 1983-1995	UK	Sind über die fortgeführten historischen Kosten hinaus gehende Zuschreibungen bei Sachanlagen positiv korreliert mit der künftigen Performance, gemessen am operativen Ergebnis, am operativen Cashflow sowie an Aktienkurs und Aktienrendite? Ja. Die Neubewertungsbeträge sind somit wertrelevant, wobei die Stärke der Korrelation von der Stabilität des ökonomischen Umfelds abhängt.
Kallapur/Kwan (2004); 1985	UK	Sind Marken, die durch Ausübung des Aktivierungswahlrechtes im Rahmen von Unternehmenszusammenschlüssen erworben und zum beizulegenden Zeitwert aktiviert wurden, bei den 33 betrachteten Unternehmen wertrelevant? Wie reagiert der Aktienkurs auf die Ankündigung einer Aktivierung? Marken sind wertrelevant, auch wenn das Management Anreize für eine Überbewertung hat. In 21 Tagen um die angekündigte Aktivierung ist eine signifikant positive Korrelation zwischen der Aktienkursreaktion und den aktivierten Marken zu beobachten.

---

[39] Vgl. zu dieser Studie auch *Bieker* (2006), S. 206. Zu einer Diskussion der Studie vgl. *Easton* (1998).

Autor (Jahr); Untersuchungszeitraum	Land	Fragestellung und wesentliche Ergebnisse
Deng/Lev (2006)[40]; 1986-2000	USA	Besteht ein positiver Zusammenhang zwischen den Fair Values von im Rahmen eines Unternehmenszusammenschlusses erworbenem und aufwandswirksam erfasstem IP R&D und künftigen Cashflows des Erwerbers? Es besteht ein positiver Zusammenhang für mindestens 3 Jahre nach der Akquisition, was dafür spricht, dass die Investoren die Fair Values als wertrelevant ansehen. Zudem führt die sofortige Abschreibung dazu, dass der Gewinn nicht statistisch signifikant positiv korreliert mit dem Aktienkurs ist und sich die Abschreibung somit negativ auf den Gewinn als Indikator für künftiges Wachstum auswirkt.
Danboldt/Rees (2008); 1993-2002	UK	Sind die Bilanzansätze und Periodenergebnisse von britischen Immobilienunternehmen und Investmentfonds, die beide einen Großteil ihrer Vermögenswerte zum Fair Value bilanziert haben, wertrelevant? Die Fair Value-Bilanzierung der Immobilienunternehmen, bei denen wenig verlässliche Werte vorliegen, ist deutlich weniger wertrelevant als diejenige der Investmentfonds, für die aktive Marktpreise vorliegen.

Tab. E2: **Ergebnisse kapitalmarktorientierter Studien zur Entscheidungsnützlichkeit von Fair Values**

---

[40] Vgl. zu dieser Studie auch *Bieker* (2006), S. 206.

Anhang F: Auswirkungen einer Umsetzung der Weiterentwicklungsempfehlungen auf den Vermögens- und Erfolgsausweis eines Pharmaunternehmens (Kapitel 5)

Aktuelle Phase	Zulassungs- bzw. Erfolgswahrscheinlichkeit
Wirkstofffindung	15%
Präklinische Phase	26%
Klinische Phase I	29%
Klinische Phase II	38%
Klinische Phase III	77%
Zulassungsphase	90%

Tab. F1: Zulassungswahrscheinlichkeiten in den einzelnen FuE-Phasen

Durchführungsweg	IAS 38	Therapiegebiet 1	Therapiegebiet 2	Aktivierung zu AHK	Therapiegebiet 1	Therapiegebiet 2	Aktivierung zum FV	Therapiegebiet 1	Therapiegebiet 2
Intern		217	119		217	119		217	119
Einlizenzierung		65	4		65	4		65	4
Erwerb		217	119		217	119		217	119

Tab. F2: Erzielbarer Betrag zu Beginn von Jahr$_9$

Durchführungsweg	IAS 38	Therapiegebiet 1	Therapiegebiet 2	Aktivierung zu AHK	Therapiegebiet 1	Therapiegebiet 2	Aktivierung zum FV	Therapiegebiet 1	Therapiegebiet 2
Intern		0	0		240	240		240	240
Einlizenzierung		103	55		247	199		247	199
Erwerb		413	271		557	415		557	415

Tab. F3: Buchwert zu Beginn von Jahr$_9$

		Therapiegebiet			Therapiegebiet			Therapiegebiet	
Durch-führungs-weg	IAS 38	1	2	Aktivierung zu AHK	1	2	Aktivierung zum FV	1	2
Intern		0	0		23	121		23*	121*
Einlizen-zierung		38	51		182	195		182*	195*
Erwerb		196	152		340	296		340*	296*

* Lediglich die auf Basis der fortgeführten historischen Kosten bestimmte außerplanmäßige Abschreibung wird GuV-wirksam erfasst. Die verbleibende Differenz zwischen Fair Value und erzielbarem Betrag wird in der Eigenkapitalrücklage erfasst.

Tab. F4: Außerplanmäßige Abschreibung zu Beginn von Jahr$_9$

Ratingkennzahlen von Standard & Poor's		
1	total debt/(total debt + equity)	Fremdkapitalquote
2	total debt/EBITDA	Entschuldungsdauer
3	funds from operation/total debt*	Entschuldungsquoten
4	free operating cash flow/total debt**	
5	discretionary cash flow/total debt***	
6	operating income before D&A/revenues	Umsatzrendite
7	return on capital	Gesamtkapitalrendite
8	EBIT interest coverage	Zinsdeckungsgrade
9	EBITDA interest coverage	
10	funds from operation interest coverage	
11	net cash flow/capital expenditures****	Innenfinanzierungsgrad

* Die *funds from operation* werden ermittelt als operatives Periodenergebnis aus fortzuführendem Geschäft zzgl. Abschreibungen auf immaterielle und materielle Vermögenswerte inklusive der Goodwillabschreibung, inklusive der Veränderung passiver latenter Steuern sowie anderer nicht zahlungswirksamer Aufwendungen und Erträge.
** Der *free operating cash flow* wird ermittelt als Differenz aus den funds from operation und den Investitionen.
*** Der *discretionary cash flow* wird ermittelt als operativer cash flow abzgl. von Ausgaben für Kauf oder Entwicklung materieller sowie bestimmter immaterieller Vermögenswerte (capital expenditures) und abzgl. gezahlter Dividenden.
**** Der net cash flow ergibt sich als *funds from operation* abzgl. Dividenden.

Tab. F5: Ratingkennzahlen von Standard & Poor's[41]

---

[41] Vgl. zu Definition und detaillierter Beschreibung der Berechnung der Kennzahlen ausführlich Standard & Poor's (2008), S. 53-54.

Ratingkennzahlen von Moody's zur Bonitätsbeurteilung von Pharmaunternehmen		
1	adjusted debt/adjusted capital	Fremdkapitalquote
2	adjusted cash & investments/adjusted debt	Netto-Fremdkapitalquote
3	cash flow from operating activities/total debt	Entschuldungsquoten
4	free cash flow/ adjusted debt**	
6	EBITDA/revenues	Umsatzrendite
7	return on investment	Gesamtkapitalrendite

* Der *cash flow from operating activities* wird direkt der Kapitalflussrechnung entnommen.
** Der *free cash flow* wird ermittelt als cash flow from operating activities abzgl. von Investitionsauszahlungen (capital expenditures) und Dividenden.

Tab. F6: Ratingkennzahlen von Moody's zur Bonitätsbeurteilung von Pharmaunternehmen[42]

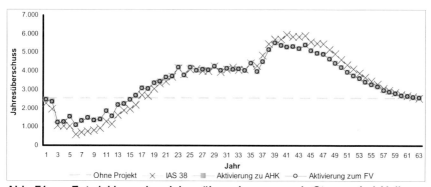

Abb. F1: Entwicklung des Jahresüberschusses nach Steuern bei Vollausschüttung des nach IAS 38 bestimmten Jahresüberschusses

---

[42] Vgl. *Moody's Investors Service* (2004), S. 8-12.

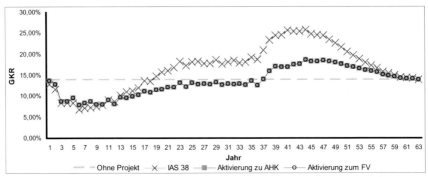

Abb. F2: Entwicklung der GKR bei Vollausschüttung des nach IAS 38 bestimmten Jahresüberschusses

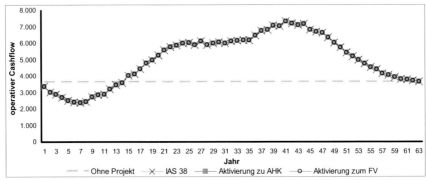

Abb. F3: Entwicklung des operativen Cashflow bei Vollausschüttung des nach IAS 38 bestimmten Jahresüberschusses

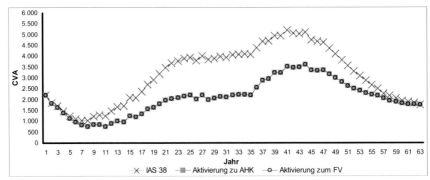

Abb. F4: Entwicklung des CVA bei Vollausschüttung des nach IAS 38 bestimmten Jahresüberschusses

Literaturverzeichnis

AASB (2007a), Intangible Assets, Agenda Proposal (Agenda paper 5A), abrufbar unter: http://www.iasb.org/Current+Projects/IASB+Projects/Intangible+Assets/Meeting+Summaries+and+Observer+Notes/IASB+December+2007.htm (Stand: 15.12.2009).

AASB (2007b), Draft Preliminary Technical Paper – Intangible Assets (Agenda Paper 3C), abrufbar unter: http://www.iasb.org/Current+Projects/IASB+Projects/Intangible+Assets/Meeting+Summaries+and+Observer+Notes/IASB+January+2007.htm (Stand: 15.12.2009).

AASB (2007c), Intangible Assets, Project Update, abrufbar unter: http://www.iasb.org/Current+Projects/IASB+Projects/Intangible+Assets/Intangible+Assets.htm (Stand: 15.12.2009).

AASB (2008), Discussion Paper – Initial accounting for internally generated intangible assets, abrufbar unter: http://www.aasb.com.au/Work-In-Progress/Old/Open-for-comment/Discussion-Papers.aspx (Stand: 15.12.2009).

Aboody, David/Barth, Mary E./Kasznik, Ron (1999), Revaluations of fixed assets and future firm performance: Evidence from the UK, in: Journal of Accounting and Economics (JAE), Vol. 26, S. 149-178.

Abrahams, Tony/Sidhu, Baljit K. (1998), The role of R&D capitalisations in firm valuation and performance measurement, in: Australian Journal of Management, Vol. 23, S. 169-183.

Abrantes-Metz, Rosa M./Adams, Christopher P./Metz, Albert (2004), Pharmaceutical development phases: A duration analysis, Working Paper No. 274, Bureau of Economics, Federal Trade Commission, Washington, abrufbar unter: http://www.ftc.gov/be/workpapers/wp274.pdf (Stand: 15.12.2009).

Accenture (2007), The pursuit of high performance through research and development – Understanding pharmaceutical research and development cost drivers, abrufbar unter: http://www.phrma.org/files/Accenture%20R&D%20Report-2007.pdf (Stand: 15.12.2009).

Adams, Christopher P./Brantner, Van V. (2003), New drug development: Estimating entry from human clinical trials, Working Paper, abrufbar unter: http://www.ftc.gov/be/workpapers/wp262.pdf (Stand: 15.12.2009).

Adler, Hans/Düring, Walther/Schmaltz, Kurt (2002), Rechnungslegung nach Internationalen Standards – Kommentar, bearbeitet von Hans-Friedrich Gelhausen, Jochen Pape, Joachim Schindler, Wienand Schruff, Stuttgart (Stand: Dezember 2006).

Ahmed, Kamran/Falk, Haim (2006), The value relevance of management's research and development reporting choice: Evidence from Australia, in: Journal of Accounting and Public Policy, Vol. 25, S. 231-264.

AICPA (2001), Assets acquired in a business combination to be used in research and development activities: A focus on software, electronic devices and pharmaceutical industries, New York.

Aigner, Achim/Czubayko, Frank/Klebe, Gerhard/Stubbs, Milton (2007), Das Nadelöhr – Von der Forschung zur Entwicklung, in: Fischer, Dagmar/Breitenbach, Jörg (Hrsg.), Die Pharmaindustrie: Einblick-Durchblick-Perspektiven, 2. Auflage, München, S. 39-96 [zitiert als Aigner et al.].

American Accounting Association (1966), A statement of basic accounting theory, Evanston.

Anderson, Ray H./Epstein, Marc J. (1996), The usefulness of corporate annual reports to shareholders in Australia, New Zeeland and the United States: an international comparison, Greenwhich/London.

Andrejewski, Kai C./Böckem, Hanne (2005), Praktische Fragestellungen der Implementierung des Komponentenansatzes nach IAS 16, Sachlagen (Property, Plant and Equipment), in: Zeitschrift für internationale und kapitalmarktorientierte Rechnungslegung (KoR), 5. Jg., S. 75-81.

Ang, Hong Nee/Church, Kimberly/Feng, MingMing (2008), Accounting convergence of intangibles: Value relevance of R&D accounting treatment, SSRN-Working Paper, abrufbar unter: http://papers.ssrn.com/sol3/papers.cfm?abstract_id=1276395 (Stand: 15.12.2009).

Arbeitskreis Hax (1968), Arbeitskreis Immaterielle Werte im Rechnungswesen der Schmalenbach-Gesellschaft für Betriebswirtschaft e.V., Forschung und Entwicklung als Gegenstand unternehmerischer Entscheidungen, in: Zeitschrift für betriebswirtschaftliche Forschung (ZfbF), 20. Jg., S. 549-580.

Arbeitskreis Immaterielle Werte im Rechnungswesen der Schmalenbach-Gesellschaft für Betriebswirtschaft e.V. (2001), Kategorisierung und bilanzielle Erfassung immaterieller Werte, in: Der Betrieb (DB), 54. Jg., S. 989-995 [zitiert als Arbeitskreis Immaterielle Werte im Rechnungswesen (2001)].

Arbeitskreis Immaterielle Werte im Rechnungswesen der Schmalenbach-Gesellschaft für Betriebswirtschaft e.V. (2005), Erfassung immaterieller Werte in der Unternehmensberichterstattung vor dem Hintergrund handelsrechtlicher Rechnungslegungsnormen, in: Horvath, Peter/Möller, Klaus (Hrsg.), Intangibles in der Unternehmenssteuerung: Strategien und Instrumente zur Wertsteigerung des immateriellen Kapitals, München, S. 221-250 [zitiert als Arbeitskreis Immaterielle Werte im Rechnungswesen (2005)].

Arbeitskreis Immaterielle Werte im Rechnungswesen der Schmalenbach-Gesellschaft für Betriebswirtschaft e.V. (2008), Leitlinien zur Bilanzierung selbstgeschaffener immaterieller Vermögensgegenstände des Anlagevermögens nach dem Regierungsentwurf des BilMoG, in: Der Betrieb (DB), 61. Jg., S. 1813-1821 [zitiert als Arbeitskreis Immaterielle Werte im Rechnungswesen (2008)].

Arbeitskreis Immaterielle Werte im Rechnungswesen der Schmalenbach-Gesellschaft für Betriebswirtschaft e.V. (2009), Immaterielle Werte im Rahmen der Purchase Price Allocation bei Unternehmenszusammenschlüssen nach IFRS – Ein Beitrag zur Best Practice, in: Zeitschrift für betriebswirtschaftliche Forschung (ZfbF), Sonderheft 60, 61. Jg. [zitiert als Arbeitskreis Immaterielle Werte im Rechnungswesen (2009)].

Arnold, John/Moizer, Peter/Noreen, Eric (1984), Investment appraisal methods of financial analysts: a comparative study of U.S. and U.K. practices, in: International Journal of Accounting, Vol. 19, S. 1-18.

Arnst, Catherine (2009), IMS Health cuts Pharma growth forecast, in: Business Week vom 22.04.2009, abrufbar unter: http://www.businessweek.com/technology/content/apr2009/tc20090422_423051.htm (Stand: 15.12.2009).

Arrow, Kenneth J. (1985), The Economics of Agency, in: Pratt, John W./Zeckhauser, Richard J. (Hrsg.), Principals and Agents: The Structure of Business, Boston, S. 37-51.

Arvidsson, Susanne (2003), The Value Relevance of R&D Collaboration Agreements – The case of pharmaceutical, biotechnology and health care companies, Working Paper, School of Economics and Management, Lund University, abrufbar unter: www.snee.org/filer/papers/218.pdf (Stand: 15.12.2009).

Assmann, Heinz-Dieter/Kirchner, Christian/Schanze, Erich (1993), Ökonomische Analyse des Rechts, Tübingen.

Atuahene-Gima, Kwaku/Patterson, Paul (1993), Managerial perceptions of technology licensing as an alternative to internal R&D in new product development: an empirical investigation, in: R&D Management, Vol. 23, S. 327-336.

Austin (2006), R&D in the pharmaceutical industry, in: Military Medical Technology, Vol. 10, abrufbar unter: http://www.military-medical-technology.com/mmt-home/152-mmt-2006-volume-10-issue-7/1355-rad-in-the-pharmaceutical-industry.html (Stand: 15.12.2009).

Backhaus, Jürgen G. (1980), Ökonomische Analyse des Rechts: alternative Dogmatik oder Analyse im Dienste der theoretischen Wirtschaftspolitik?, in: Diskussionsbeiträge der Fakultät für Wirtschaftswissenschaften und Statistik der Universität Konstanz, Serie A , Nr. 153.

Baetge, Jörg/Hayn, Sven/Ströher, Thomas (2006): IFRS 3 – Unternehmenszusammenschlüsse (Business Combinations) und IAS 27, Konzern- und separate Einzelabschlüsse (consolidated and separate financial statements), in: Baetge, Jörg/Dörner, Dietrich/Wollmert, Peter/Kirsch, Hans-Jürgen/Oser, Peter/Bischof, Stefan (Hrsg.), Rechnungslegung nach IFRS – Kommentar auf Grundlage des deutschen Bilanzrechts, 2. Auflage von 2002, Neubearbeitung von 2006, Stuttgart.

Baetge, Jörg/Keitz, Isabell von (2006), IAS 38 Intangible Assets, in: Baetge, Jörg/ Dörner, Dietrich/Wollmert, Peter/Kirsch, Hans-Jürgen/Oser, Peter/Bischof, Stefan (Hrsg.), Rechnungslegung nach IFRS – Kommentar auf Grundlage des deutschen Bilanzrechts, 2. Auflage von 2002, Neubearbeitung von 2006, Stuttgart.

Baetge, Jörg/Kirsch, Hans-Jürgen/Thiele, Stefan (2004), Bilanzanalyse, 2. Auflage, Düsseldorf.

Baetge, Jörg/Kirsch, Hans-Jürgen/Thiele, Stefan (2009a), Bilanzen, 10. Auflage, Düsseldorf.

Baetge, Jörg/Kirsch, Hans-Jürgen/Thiele, Stefan (2009b), Konzernbilanzen, 8. Auflage, Düsseldorf.

Ballwieser, Wolfgang (1991), Unternehmensbewertung mit Hilfe von Multiplikatoren; in: Rückle, Dieter (Hrsg.), Aktuelle Fragen der Finanzwirtschaft und der Unternehmensbesteuerung, Festschrift für Erich Loitsberger zum 70. Geburtstag, Wien, S. 47-66.

Ballwieser, Wolfgang (2002), Rechnungslegung im Umbruch – Entwicklungen, Ziele, Missverständnisse, in: Der Schweizer Treuhänder, 76. Jg., S. 295-304.

Ballwieser, Wolfgang (2005), Die Konzeptlosigkeit des International Accounting Standards Board, in: Crezelius, Georg/Hirte, Heribert/Vieweg, Klaus (Hrsg.), Gesellschaftsrecht, Rechnungslegung, Sportrecht, Festschrift für Volker Röhricht zum 65. Geburtstag, Köln, S. 727-745.

Bamfield, Peter (2006), Research and development in the chemical and pharmaceutical industry, 3. Auflage, Weinheim.

Bannier, Christina E. (2005), Vertragstheorie – Eine Einführung mit finanzökonomischen Beispielen und Anwendungen, Heidelberg.

Barth, Mary E./Beaver, William H./Landsman, Wayne R. (2001), The relevance of the value relevance literature for financial accounting standard setting: another view, in: Journal of Accounting and Economics (JAE), Vol. 31, S. 77-104.

Barth, Mary E./Clinch, Greg (1998), Revalued financial, tangible and intangible assets: Associations with share prices and non-market-based value estimates, in: Journal of Accounting Research (JoAR), Vol. 36, S. 199-233.

Bauer, Hans H./Fischer, Marc/Pfahlert, Volker (2001), Lohnt sich für Pharmaunternehmen der Markteintritt als Late Mover? – Ergebnisse einer Rentabilitätsanalyse, in: Zeitschrift für betriebswirtschaftliche Forschung (ZfbF), 53. Jg., S. 632-648.

Becker, Robert (2007), Dem Arzneistoff eine Chance – Die Arzneiform, in: Fischer, Dagmar/Breitenbach, Jörg (Hrsg.), Die Pharmaindustrie: Einblick-Durchblick-Perspektiven, 2. Auflage, München, S. 97-120.

Bednarczyk, Thomasz B. (2006), Wertschaffung durch M&A in der europäischen Pharmaindustrie, in: Mergers & Acquisitions Review, 8. Jg., S. 421-427.

Belhocine, Nazim (2008), Treating intangible inputs as investment goods: The impact on Canadian GDP, SSRN-Working Paper, abrufbar unter: http://papers.ssrn.com/sol3/papers.cfm?abstract_id=1483918 (Stand: 15.12.2009).

Bengs, Holger (2008), Spiel mit mir – Partnerschaften sind ein Muss für Biotech und „Big Pharma", in: Going Public, 10. Jg., S. 68-69.

Bentele, Martina (2004), Immaterielle Vermögenswerte in der Unternehmensberichterstattung – Eine kritische Analyse, Frankfurt am Main.

Berens, Jeff/McCoy, Jason (2005), Offshoring in the global pharmaceutical industry: Drivers and trends, abrufbar unter: next.eller.arizona.edu/courses/student_papers/ENTR%20573%20Master%20V5.doc (Stand: 15.12.2009).

Berndt, Thomas/Jenny, Gerhard (2006), Gewinn oder nicht Gewinn? – Bedeutung des Other Comprehensive Income bei der Bestimmung der Eigenkapitalrentabilität, in: Betriebs-Berater, 61. Jg., S. 2179-2185.

Bertl, Romuald/Fröhlich, Christoph (2006), Forschung und Entwicklung – Anforderungen an die Wirtschaftsprüfung, in: Bertl, Romuald/Leitner, Karl-Heinz/Riegler, Christian (Hrsg.), Forschung und Entwicklung – Steuerung, Berichterstattung und Prüfung, Wien, S. 275-288.

Beyer, Sven (2005), Fair Value-Bewertung von Vermögenswerten und Schulden, in: Ballwieser, Wolfgang/Beyer, Sven/Zelger, Hansjörg, Unternehmenskauf nach IFRS und US-GAAP, Purchase Price Allocation, Goodwill und Impairment-Test, Stuttgart, S. 141-189.

Beyer, Sven/Mackenstedt, Andreas (2008), Grundsätze zur Bewertung immaterieller Vermögenswerte (IDW S 5), in: Die Wirtschaftsprüfung (WPg), 61. Jg., S. 338-349.

Beyer, Sven/Menninger, Jutta (2009), Bewertung immaterieller Werte – Das Konzept der Wirtschaftsprüfer, in: Möller, Klaus/Piwinger, Manfred/Zerfaß, Ansgar (Hrsg.), Immaterielle Vermögenswerte – Bewertung, Berichterstattung und Kommunikation, Stuttgart, S. 113-123.

Beyhs, Oliver (2002), Impairment of assets nach International Accounting Standards: Anwendungshinweise und Zweckmäßigkeitsanalyse, Frankfurt am Main.

Beyhs, Oliver/Wagner, Bernadette (2008), Die neuen Vorschriften des IASB zur Abbildung von Unternehmenszusammenschlüssen – Darstellung der wichtigsten Änderungen in IFRS 3, in: Der Betrieb (DB), 60. Jg., S. 73-83.

Bialas, Alexander A. (2005), Marken in der internationalen Rechnungslegung: Auswirkungen von Bilanzierung und Bewertung nach IAS/IFRS und US-GAAP, Berlin.

Bieg, Hartmut/Hossfeld, Christopher/Kussmaul, Heinz/Waschbusch, Gerd (2006), Bilanzierung und Bewertung von immateriellen Vermögenswerten und Sachanlagen nach IFRS, in: Der Steuerberater (StB), 57. Jg., S. 130-136 [zitiert als Bieg et al. (2006)].

Bieker, Marcus (2006), Ökonomische Analyse des Fair Value Accounting, Frankfurt am Main.

Bieker, Marcus (2008), Der fair value im Karriere-Knick? – Auswirkungen der Finanzmarktkrise auf die fair value-Bewertung von Finanzinstrumenten nach IFRS, in: Praxis der internationalen Rechnungslegung (PiR), 4. Jg., S. 394-399.

Bierbaum, Martin/Schöffski, Oliver (2008), Unternehmenszusammenschlüsse und Konzentration, in: Schöffski, Oliver/Fricke, Frank-Ulrich/Guminski, Werner (Hrsg.), Pharmabetriebslehre, 2. Auflage, Berlin u.a., S. 457-470.

Bittelmeyer, Claudia (2007), Patente und Finanzierung am Kapitalmarkt – Eine theoretische und empirische Analyse, Wiesbaden.

Bode-Greuel, Kerstin M./Nicklisch, Klaus (2008), Value-driven project and portfolio management in the pharmaceutical industry: Drug discovery versus drug development – Commonalities and differences in portfolio management practice, in: Journal of Commercial Biotechnology, Vol. 14, S. 307-325.

Böning, Dieter-Jobst (1969), Bestimmungsfaktoren der Intensität industrieller Forschung und Entwicklung, Göttingen.

Bogajewskaja, Janina (2007), Reporting Financial Performance – Konzeption und Darstellung der Erfolgsrechnung nach den Vorschriften des ASB, IASB und FASB, Wiesbaden.

Bogdan, Boris/Villiger, Ralph (2007), Valuation in life sciences – A practical guidance, Berlin.

Bonse, Andreas (2004), Informationsgehalt von Konzernabschlüssen nach HGB, IAS und US-GAAP – Eine empirische Analyse aus Sicht der Eigenkapitalgeber, Franktfurt am Main.

Born, Karl (2008), Bilanzanalyse international – Deutsche und ausländische Jahresabschlüsse lesen und beurteilen, 3. Auflage, Stuttgart.

BPI (2004), Pharma innovativ – Vom Wirkstoff zum Arzneimittel, abrufbar unter: http://www.bpi.de/UserFiles/File/bpi/publikationen/pharma_innovativ_04.pdf (Stand: 15.12.2009).

BPI (2005), Studie zur aktuellen Situation der pharmazeutischen Industrie in Deutschland, abrufbar unter: http://www.bpi.de/UserFiles/File/bpi/publikationen/Studie_zur_aktuellen_Situation_der_Pharmazeutischen_Industrie_2005.pdf (Stand: 15.12.2009).

BPI (2006), Pharma-Daten 2006, abrufbar unter: http://www.bpi.de/Default.aspx?tabindex=2&tabid=304 (Stand: 15.12.2009).

BPI (2009), Pharma-Daten 2009, abrufbar unter: http://www.bpi.de/Default.aspx?tabindex=2&tabid=304 (Stand: 15.12.2009).

Bradfield, Ron/El-Sayed, Hany (2009), Four scenarios for the future of the pharmaceutical industry, in: Technology Analysis & Strategic Management, Vol. 21, S. 195-212.

Bramann, Annehild (2009), Controllingwirkungen aus der Bilanzierung von Forschungs- und Entwicklungsausgaben (FuE-Ausgaben) nach IAS 38, in: Controlling – Zeitschrift für erfolgsorientierte Unternehmenssteuerung, 21. Jg., S. 97-105.

Brand Finance (2006), Global Intangible Tracker 2006 – An annual review of the world's intangible value, abrufbar unter: http://www.brandfinance.com/Uploads/pdfs/Global%20Intangible%20Tracker%202006.pdf (Stand: 15.12.2009).

Brandt, Eva/Schmidt, Andre (2008), Fair Value, in: Bilanzen im Mittelstand, 1. Jg, S. 22.

Brandt, Stephan M. (2002), Die Berücksichtigung der Unsicherheit in der Planung bei der Bewertung von Pharma-Unternehmen, Berlin.

Braun, Marcus (1987), Projektkostenermittlung in der pharmazeutischen Forschung und Entwicklung, Bern.

Brebeck, Frank/Herrmann, Michel (2007), Überlegungen zur handelsbilanziellen Behandlung von Lizenzen für die Nutzung immaterieller Vermögensgegenstände, in: Kirsch, Hans-Jürgen/Thiele, Stefan (Hrsg.), Rechnungslegung und Wirtschaftsprüfung – Festschrift zum 70. Geburtstag von Prof. Dr. Dr. h.c. Jörg Baetge, Düsseldorf, S. 63-88.

Breitenbach, Jörg/Lewis, Jon B. (2007), Business Development – Geschäftsentwicklung und Lizenzgeschäft, in: Fischer, Dagmar/Breitenbach, Jörg (Hrsg.), Die Pharmaindustrie: Einblick-Durchblick-Perspektiven, 2. Auflage, München, S. 195-208.

Breitenstein, Urs/Hänni, Cyrill (2005), Impairment-Test und der Pre-Tax-Diskontsatz nach IAS 36, in: Der Schweizer Treuhänder, 79. Jg., S. 650-657.

Brinkmann, Jürgen (2007), Die Informationsfunktion der Rechnungslegung nach IFRS – Anspruch und Wirklichkeit, Anforderungen an informationsvermittelnde Rechenwerke, Teil I, in: Zeitschrift für Corporate Governance, 2. Jg., S. 228-232.

Brockhoff, Klaus (1999), Forschung und Entwicklung: Planung und Kontrolle, 5. Auflage, München u.a.

Brockhoff, Klaus (2001), Neue Herausforderungen an die Berichterstattung über Forschung und Entwicklung, in: Boysen, Kurt von/Dyckerhoff, Christian/Otte, Holger (Hrsg.), Der Wirtschaftsprüfer und sein Umfeld zwischen Tradition und Wandel zu Beginn des 21. Jahrhunderts, Festschrift zum 75. Geburtstag von Hans-Heinrich Otte, Düsseldorf, S. 49-65.

Brose, Peter (1982), Planung, Bewertung und Kontrolle technologischer Innovationen, Berlin.

Brücks, Michael/Kerkhoff, Guido/Richter, Michael (2005), Impairmenttest für den Goodwill nach IFRS, in: Zeitschrift für internationale und kapitalmarktorientierte Rechnungslegung (KoR), 5. Jg., S. 2-7.

Bublik, Michael (2004), Erfolgskriterien für Unternehmenszusammenschlüsse – Eine theoretische und exemplarische Analyse, Frankfurt am Main u.a.

Buchholtz, Rainer (2003), Internationale Rechnungslegung, 3. Auflage, Berlin.

Budde, Wolfgang D./Steuber, Elgin (1996), Rechnungslegung im Spannungsfeld zwischen Gläubigerschutz und Information der Gesellschafter, in: Die Aktiengesellschaft, 41. Jg., S. 542-550.

Bürger, Hans Dietmar/Haller, Christine/Binder Markus (1996), F&E-Management, München.

Bundesverband Deutscher Banken (2007), Positionspapier des Bankenverbandes zur Neukonzeption der Abschlussberichterstattung nach IFRS vom 14.06.2007, abrufbar unter: http://www.bankenverband.de/pic/artikelpic/072007/sp0706_bi_ias_ifrs_dt.pdf (Stand: 15.12.2009).

Burger, Anton/Ulbrich, Philipp/Knoblauch, Jens (2006), Zur Reform der Bilanzierung von Forschungs- und Entwicklungsaufwendungen nach IAS 38, in: Zeitschrift für internationale und kapitalmarktorientierte Rechnungslegung (KoR), 6.Jg., S. 729-737.

Burr, Wolfgang/Stephan, Michael/ Zechbauer, Tobias (2006), Wie signalisieren Unternehmen die Qualität ihrer Patente gegenüber verschiedenen interessierten Stakeholdern?, in: Matzler, Kurt/Hinterhuber, Hans H./Renzl, Birgit/Rothenberger, Sandra (Hrsg.), Immaterielle Vermögenswerte – Handbuch der Intangible Assets, Berlin, S. 331-362.

Busse von Colbe, Walther (1968), Prognosepublizität von Aktiengesellschaften, in: Angehrn, Otto/Künzi, Hans-Paul (Hrsg.), Beiträge zur Lehre von der Unternehmung, Festschrift für Karl Käfer, Stuttgart, S. 91-118.

Busse von Colbe, Walther (1993), Die Entwicklung des Jahresabschlusses als Informationsinstrument, in: Wagner, Franz W. (Hrsg.), Ökonomische Analyse des Bilanzrechts, Zeitschrift für betriebswirtschaftliche Forschung (ZfbF), Sonderheft 32, 45. Jg., S. 11-29.

Busse von Colbe, Walther (2001), Das Prinzip des Doppelten Minimums und der Ansatz des Fair Value im Rechnungswesen, in: Laßman, Gerd (Hrsg.), Neuere Ansätze der Betriebswirtschaftslehre – in memorium Karl Hax, Zeitschrift für betriebswirtschaftliche Forschung (ZfbF), Sonderheft 47, 53. Jg., S. 25-36.

Busse von Colbe, Walther/Ordelheide, Dieter/Gebhardt, Günther/Pellens, Bernhard (2010), Konzernabschlüsse – Rechnungslegung nach betriebswirtschaftlichen Grundsätzen sowie nach Vorschriften des HGB und der IAS/IFRS, 9. Auflage, Wiesbaden [zitiert als Busse von Colbe et al. (2010)].

Cairns, David (1999), Applying International Accounting Standards, 2. Auflage, London.

Calfee, John E. (2008), White paper on pharmaceutical market competition issues, abrufbar unter: http://www.efpia.org/content/default.asp?PageID=559& DocID=4894 (Stand: 15.12.2009).

Callimaci, Antonello/Landry, Suzanne (2004), Market valuation of research and development spending under Canadian GAAP, in: Canadian Accounting Perspectives, Vol. 3, S. 33-54.

Campart, Sandy/Pfister, Etienne (2007), Technology, cooperation and stock market value: an event study of new partnership announcements in the biotechnology and pharmaceutical industries, in: Economics of Innovation & New Technology, Vol. 16, S. 31-49.

Capgemini (2004), Unlocking the value of pharmaceutical products: A new perspective for product life cycle management, abrufbar unter: http://www.pl.capgemini.com/resources/thought_leadership/unlocking_the_value_of_pharmaceuticals/ (Stand: 15.12.2009).

Castedello, Marc (2009), Fair Value Measurement – Der neue Exposure Draft 2009/5, in: Die Wirtschaftsprüfung (WPg), 62. Jg., S. 914-917.

Castedello, Marc/Klingbeil, Christian/Schröder, Jakob (2006), IDW RS HFA 16: Bewertungen bei der Abbildung von Unternehmenserwerben und bei Werthaltigkeitsprüfungen nach IFRS, in: Die Wirtschaftsprüfung (WPg), 59. Jg., S. 1028-1036.

Cazavan-Jeny, Anne/Jeanjean, Thomas (2006), The negative impact of R&D capitalization: A value relevance approach, in: European Accounting Review (EAR), Vol. 15, S. 37-61.

CBO (2006), Research and development in the pharmaceutical industry – A CBO study, abrufbar unter: http://www.cbo.gov/ftpdocs/76xx/doc7615/10-02-DrugR-D.pdf (Stand: 15.12.2009).

CFA Institute (2007), A comprehensive business reporting model – Financial reporting for investors, abrufbar unter: http://www.cfapubs.org/doi/abs/10.2469/ccb.v2007.n6.4818, (Stand: 15.12.2009).

Chambers, Raymond J. (1966), Accounting, Evaluation and Economic Behaviour, Englewood Cliffs.

Chan, Louis K. C./Lakonishok, Josef/Sougiannis, Theodore (2001), The stock market valuation of research and development expenditures, in: Journal of Finance (JoF), Vol. 56, S. 2431-2456.

Chan, Su Han/Martin, John D./Kensinger, John D. (1990), Corporate research and development expenditures and share value, in: Journal of Financial Economics (JoFE), Vol. 26, S. 255-276.

Cheng, Meng-Yuh/Hsiao, Tzy-Yih/Lin, Jer-Yan (2008), Categorising intangible assets: are the new accounting standards consistent with practice?, in: International Journal of Services and Standards, Vol. 4, S. 194-216.

Chiaroni, Davide/Chiesa, Vittorio/Frattini, Frederico (2008), Patterns of collaboration along the bio-pharmaceutical innovation process, in: Journal of Business Chemistry, Vol. 5, S. 7-22.

Cockburn, Iain M. (2004), The changing structure of the pharmaceutical industry, in: Health Affairs, Vol. 23, S. 10-22.

Coenenberg, Adolf G. (1971), Beurteilungskriterien unternehmensexterner Informationssysteme, in: Grochla, Erwin/Szyperski, Norbert (Hrsg.), Management-Informationssysteme, Eine Herausforderung an Forschung und Entwicklung, Wiesbaden, S. 735-759.

Coenenberg, Aldolf G. (1974), Jahresabschlussinformation und Kapitalmarkt – Zur Diskussion empirischer Forschungsansätze und -ergebnisse zum Informationsgehalt von Jahresabschlüssen für Aktionäre, in: Zeitschrift für betriebswirtschaftliche Forschung (ZfbF), 26. Jg., S. 647-657.

Coenenberg, Adolf G. (2003), Jahresabschluss und Jahresabschlussanalyse – Betriebswirtschaftliche, handelsrechtliche, steuerrechtliche und internationale Grundsätze – HGB, IAS/IFRS, US-GAAP, DRS, 19. Auflage, Stuttgart.

Coenenberg, Adolf G. (2005), Jahresabschluss und Jahresabschlussanalyse – Betriebswirtschaftliche, handelsrechtliche, steuerrechtliche und internationale Grundsätze – HGB, IAS/IFRS, US-GAAP, 20. Auflage, Stuttgart.

Coenenberg, Adolf/Deffner, Manuel/Schultze, Wolfgang (2005), Erfolgsspaltung im Rahmen der erfolgswirtschaftlichen Analyse von IFRS-Abschlüssen, in: Zeitschrift für internationale und kapitalmarktorientierte Rechnungslegung (KoR), 5. Jg., S. 435-443.

Coenenberg, Adolf G./Haller, Axel (1993a), Empirische Forschung, in: Chmielewicz, Klaus/Schweitzer, Marcell (Hrsg.), Handwörterbuch des Rechnungswesens, 3. Auflage, Stuttgart, S. 506-517.

Coenenberg, Adolf G./Haller, Axel (1993b), Externe Rechnungslegung, in: Hauschildt, Jürgen/Grün, Oskar (Hrsg.), Ergebnisse empirischer betriebswirtschaftlicher Forschung, Stuttgart, S. 557-599.

Coenenberg, Adolf G./Schultze, Wolfgang (2002), Das Multiplikator-Verfahren in der Unternehmensbewertung: Konzeption und Kritik, in: Finanz-Betrieb (FB), 4. Jg., S. 697-703.

Coenenberg, Adolf G./Straub, Barbara (2008), Rechenschaft versus Entscheidungsunterstützung: Harmonie oder Disharmonie der Rechnungszwecke, in: Zeitschrift für internationale und kapitalmarktorientierte Rechnungslegung (KoR), 8. Jg., S. 17-26.

Comanor, William S. (2007), The economics of research and development in the pharmaceutical industry, in: Sloan Frank A./Hsieh, Chee-Ruey (Hrsg.), Pharmaceutical innovation – incentives, competition, and cost-benefit analysis in international perspective, Camebridge, S. 54-72.

Comino, Stefano/Mariel, Petr/Sandonis, Joel (2006), Joint Ventures versus contractual agreements: an empirical investigation, in: Spanish Economic Review, Vol. 9, S. 159-175.

Conen, Ralf (1986), Zum Problem der Effizienzermittlung industrieller Forschungs- und Entwicklungsbereiche, Bernkastel-Kues.

Contractpharma (2008), Top 20 pharmaceutical companies, abrufbar unter: http://www.contractpharma.com/articles/2008/07/2008-top-20-pharmaceutical-companies-report (Stand: 15.12.2009).

Cornwall, J. (1978), Entwicklungs- und Forschungskosten im Rechnungswesen, in: Institut der Wirtschaftsprüfer e.V. (Hrsg.), Rechnungslegung und Prüfung in internationaler Sicht, Bericht über den 11. Internationalen Accountants-Kongreß München 1977, Düsseldorf, S. 298-324.

Crasselt, Nils/Schremper, Ralf (2000), Economic Value Added, in: Die Betriebswirtschaft (DBW), 60. Jg., S. 813-816.

Crasselt, Nils/Schremper, Ralf (2001), Cash Flow Return on Investment und Cash Value Added, in: Die Betriebswirtschaft (DBW), 61. Jg., S. 271-274.

Creutzmann, Andreas (2006), Bewertung von intangible assets, in: Finanz-Betrieb (FB), BewertungsPraktiker, 8. Jg., S. 16-19.

Danbolt, Jo/Rees, William (2008), An experiment in fair value accounting: UK investment vehicles, in: European Accounting Review (EAR), Vol. 17, S. 1-33.

Danner, Stephan/Ruzicic, Aleksandar/Biecheler, Patrick (2008), Pharma at the crossroads - Choosing directions in a transforming healthcare world, Studie von Roland Berger Strategy Consultants, abrufbar unter: http://www.rolandberger.com/expertise/industries/pharmaceuticals/2008-07-08-rbsc-pub-Global_pharmaceutical_industry_at_a_crossroads.html (Stand: 15.12.2009).

Danzon, Patricia M./Nicholson, Sean/Pereira, Nuno Sousa (2005), Productivity in pharmaceutical-biotechnology R&D: The role of experience and alliances, in: Journal of Health Economics, Vol. 24, S. 317-339.

Datamonitor (2008), Global Pharmaceuticals – Industry Profile.

Datamonitor (2009), Datamonitor Pharmaceutical Companies Report – Global Top 10 Pharmaceutical Companies.

Dawo, Sascha (2003), Immaterielle Güter in der Rechnungslegung nach HGB, IAS/IFRS und US GAAP – Aktuelle Rechtslage und neue Wege der Bilanzierung und Berichterstattung, Herne/Berlin.

Deloitte (2009a), 2009 IFRS survey results, abrufbar unter: http://www.iasplus.com/usa/0904ifrssurvey.pdf (Stand: 15.12.2009).

Deloitte (2009b), Use of IFRS by jurisdiction, abrufbar unter: http://www.iasplus.de/country/useias.php (Stand: 27.10.2009).

Deneux, Francois/Kane, Robert L./Lundh, Rolf/Schaper, Albert/Thomas, Frederic (2004), Pharma's mid-life crisis, in: Script Magazine, Vol. 137, S. 18-23 [zitiert als Deneux et al. (2004)].

Deng, Zhen/Lev, Baruch (2006), In-Process R&D: To capitalize or to expense?, in: Journal of Engineering and Technology Management, Vol. 23, S. 18-32.

Detert, Karsten (2008), Bilanzpolitisches Verhalten bei der Umstellung der Rechnungslegung von HGB auf IFRS – Eine empirische Untersuchung deutscher Unternehmen, Frankfurt am Main.

Detert, Karsten/Sellhorn, Thorsten (2007), Bilanzpolitik, in: Die Betriebswirtschaft (DBW), 67. Jg., S. 247-252.

Deutsche Börse (2008), Zusammensetzung der DAXsector All Subsektoren Pharmaceuticals und Biotechnology, abrufbar unter: http://deutsche-boerse.com/dbag/dispatch/de/kir/gdb_navigation/listing/10_Market_Structure/320_sector_indices/200_DAXsubsector_All (Stand: 15.12.2009).

Dhaliwal, Dan/Subramanyam, K.R./Trezevant, Robert (1999), Is comprehensive income superior to net income as a measure of firm performance?, in: Journal of Accounting & Economics, Vol. 26, S. 43-67.

Dilling, Achim Arno (2002), Anwendung und Anwendbarkeit der Realoptionstheorie zur Bewertung von Forschungs- und Entwicklungsprojekten unter besonderer Berücksichtigung projektendogener Risiken, Göttingen.

Di Masi, Joseph A. (2001), Risks in new drug development: Approval success rates for investigational drugs, in: Clinical Pharmacology & Therapeutics, Vol. 69, S. 297-307.

Di Masi, Joseph A./Grabowski, Henry G./Vernon, John (2004), R&D costs and returns by therapeutic category, in: Drug Information Journal, Vol. 38, S. 211-223.

Di Masi, Joseph A./Hansen, Ronald W./Grabowski, Henry G. (2003), The price of innovation: New estimates of drug development costs, in: Journal of Health Economics, Vol. 22, S. 141-185.

Di Masi, Joseph A./Hansen, Ronald W./Grabowski, Henry G./Lasagna, Louis (1995), Research and development costs for new drugs by therapeutic category – A study of the U.S. pharmaceutical industry, in: PharmacoEconomics, Vol. 7, S. 152-169 [zitiert als Di Masi et al. (1995)].

Dreger, Christian (2000), Strategisches Pharma-Management: Konsequente Wertoptimierung des Total-Life-Cycle, Wiesbaden.

Drews, Jürgen (1998), Die verspielte Zukunft – Wohin geht die Arzneimittelforschung?, Basel u.a.

Drozdowski, Marc (2008), How the IFRS conversion could affect U.S. Biopharma, abrufbar unter: http://www.pharmaceuticalcommerce.com/frontEnd/main.php?idSeccion=1039 (Stand: 15.12.2009).

DRSC (2007), Ergebnisse der Befragung deutscher mittelständischer Unternehmen zum Entwurf eines internationalen Standards zur Bilanzierung von Small und Medium-sized Entities (ED-IFRS for SMEs), abrufbar unter: http://www.standardsetter.de/drsc/docs/press_releases/sme_befragung_final_280907_.pdf (Stand: 15.12.2009).

Dubbers, Susanne (2007), Die strategische Bedeutung von F&E-Joint-Ventures aus realoptionstheoretischer Sicht, Hohenheim.

Duhme, Torsten (2008), Europäische Patente und der PCT, Teil 4: Kosten, abrufbar unter: http://www.patente-stuttgart.de/index.php?page=literatur&page2=aufsatzeuropat4 (Stand: 15.12.2009).

DVFA (2005), Life Science am Kapitalmarkt – Biotechnologie im Fokus, abrufbar unter: http://www.dib.org/default2~rub~0~tma~0~cmd~shd~docnr~116127~nd~~ond~~snd~p~shmode~.htm (Stand: 15.12.2009).

Easton, Peter D. (1998), Discussion of revalued financial, tangible, and intangible assets: Association with share prices and non-market-based value estimates, in: Journal of Accounting Research (JoAR), Vol. 36, Supplement, S. 235-247.

Eberhardt, Ines (2006), Entwurf einer Controllingkonzeption für FuE-Kooperationen kleiner und mittlerer Unternehmen (KMU) der biopharmazeutischen Industrie, Hannover.

Eberhardt, Ines (2008), International Financial Reporting Standards im FuE-Bereich, in: Die pharmazeutische Industrie, 70. Jg., S. 605-610.

Eberhart, Allan C./Maxwell, William F./Siddique, Akhtar R. (2004), An examination of long-term abnormal stock returns and operating performance following R&D increases, in: Journal of Finance (JoF), Vol. 59, S. 623-650.

Edwards, Marc (2008), Valuation in Licensing and M&A – BioLatina 2008, Deloitte Recap. LLC, abrufbar unter: www.recap.com (Stand: 08.05.2009).

EFPIA (2006), The pharmaceutical industry in figures, abrufbar unter: http://212.3.246.100/Objects/2/Files/infigures2006.pdf (Stand: 15.12.2009).

EFPIA (2007), The pharmaceutical industry in figures, abrufbar unter: http://www.efpia.eu/Content/Default.asp?PageID=559&DocID=7024 (Stand: 15.12.2009).

EFPIA (2008a), The pharmaceutical industry in figures, abrufbar unter: http://extranet.efpia.eu/Common/GetFile.asp?PortalSource=666&DocID=7026&mfd=off&pdoc=1 (Stand: 15.12.2009).

EFPIA (2008b), Intellectual property and pharmaceuticals, abrufbar unter: http://www.efpia.org/Content/Default.asp?PageID=563 (Stand: 15.12.2009).

EFPIA (2009), The pharmaceutical industry in figures, 2009 update, abrufbar unter: http://www.efpia.eu/Content/Default.asp?PageID=559&DocID=4883 (Stand: 15.12.2009).

Eiselt, Andreas/Bindick, Friederike (2009), Empirische Analyse von Forschungs- und Entwicklungsaktivitäten am Beispiel der europäischen Automobilindustrie, in: Praxis der internationalen Rechnungslegung (PiR), 5. Jg., S. 72-77.

Eisenhardt, Kathleen M. (1989), Agency theory – An assessment and review, in: Academy of Management Review, Vol. 14, S. 57–74.

Eli, Kirsten/Simko, Paul J./Thomas, L.G. (2003), The Usefulness of Biotechnology Firms' Drug Development Status in the Evaluation of Research and Development Costs, in: Journal of Accounting, Auditing and Finance, Vol. 18, S. 163-196.

Epstein, Barry Jay/Jermakowicz, Eva K. (2008), IFRS: policies and procedures, Somerset.

Epstein, Marc J./Pava, Moses L. (1993), The shareholder's use of corporate annual reports, Greenwich/London.

Ermisch, Ralf (2007), Management strategischer Kooperationen im Bereich Forschung und Entwicklung – Eine empirische Untersuchung von Technologieunternehmen in Deutschland und den USA, Wiesbaden.

Ernst, Edgar/Gassen, Joachim/Pellens, Bernhard (2009), Verhalten und Präferenzen deutscher Aktionäre: Eine Befragung von privaten und institutionellen Anlegern zum Informationsverhalten, zur Dividendenpräferenz und zur Wahrnehmung von Stimmrechten, in: Rosen, Rüdiger von (Hrsg.), Studien des Deutschen Aktieninstituts, Heft 42, Frankfurt am Main.

Ernst & Young (2006), International GAAP 2007 – Generally Accepted Accounting Practice under International Financial Reporting Standards, London.

Ernstberger, Jürgen (2004), Planmäßige Abschreibungen nach IFRS im Lichte der Informationsfunktion, in: Göbel, Stefan/Heni, Bernhard (Hrsg.), Unternehmensrechnung – Konzeptionen und praktische Umsetzung, Festschrift zum 68. Geburtstag von Gerhard Scherrer, München, S. 88-110.

Ernstberger, Jürgen (2008), The value relevance of comprehensive income und IFRS and US-GAAP: empirical evidence from Germany, in: International Journal of Accounting, Auditing and Performance Evaluation, Vol. 5, S. 1-29.

Esser, Maik (2005), Goodwillbilanzierung nach SFAS 141/142, Eine ökonomische Analyse, Frankfurt am Main u.a.

Esser, Maik/Hackenberger, Jens (2004), Bilanzierung immaterieller Vermögenswerte des Anlagevermögens nach IFRS und US-GAAP, in: Zeitschrift für internationale und kapitalmarktorientierte Rechnungslegung (KoR), 4. Jg., S. 402-414.

Esser, Maik/Hackenberger, Jens (2005), Immaterielle Vermögenswerte des Anlagevermögens und Goodwill in der IFRS-Rechnungslegung – Ein Überblick über die Auswirkungen des Business Combinations-Projekts, in: Deutsches Steuerrecht (DStR), 43. Jg., S. 708-713.

Euler, Roland (1997), Bilanzrechtstheorie und internationale Rechnungslegung, in: Budde, Wolfgang Dieter/Moxter, Adolf/Offerhaus, Klaus (Hrsg.), Handelsbilanzen und Steuerbilanzen, Festschrift zum 70. Geburtstag von Prof. Dr. h.c. Heinrich Beisse, Düsseldorf, S. 171-188.

European Commission (2008), The 2008 EU Industrial R&D Investment Scoreboard, abrufbar unter: http://iri.jrc.ec.europa.eu/research/scoreboard_2008.htm (Stand: 15.12.2009).

Eurostat (2008), Europe in figures – Eurostat yearbook 2008, Luxemburg.

Everling, Oliver/Trieu, My Linh (2007), Ratingagenturen weltweit, in: Büschgen, Hans E./Everling, Oliver (Hrsg.), Handbuch Rating, 2. Auflage, Wiesbaden, S. 95-116.

Ewert, Ralf (2006), Fair Value-Bewertung und Performancemessung, in: Börsig, Clemens/Wagenhofer, Alfred (Hrsg.), IFRS in Rechnungswesen und Controlling, Stuttgart, S. 179-207.

FASB (2003), Business Combinations – Acquired in process research and development discussion with Eli Lilly Company, Meetings Minute, abrufbar unter: http://www.fasb.org/board_meeting_minutes/08-20-03_bcpm.pdf (Stand: 15.12.2009).

FDA (2002), The FDA's drug review process: Ensuring drugs are safe and effective, in: FDA Consumer magazine, abrufbar unter: http://www.fda.gov/dac/features/002/402_drug.html (Stand: 15.12.2009).

Feldmann, Christoph (2007), Strategisches Technologiemanagement – Eine empirische Untersuchung am Beispiel des deutschen Pharma-Marktes 1990-2010, Wiesbaden.

Festel, Gunter/Hofmeier, Urs (2005), Outsourcing in der Pharma-Forschung und Entwicklung, in: Wullenkord, Axel (Hrsg.), Praxishandbuch Outsourcing, München, S. 173-185.

Fields, Thomas D./Lys, Thomas Z./Vincent, Linda (2001), Empirical research on accounting choice, in: Journal of Accounting and Economics (JAE), Vol. 31, S. 255-307.

Fink, Christian (2006), Management Commentary: Eine Diskussionsgrundlage zur internationalen Lageberichterstattung, in: Zeitschrift für internationale und kapitalmarktorientierte Rechnungslegung (KoR), 6. Jg., S. 141-152.

Fink, Christian (2008a), Bilanzierung von Unternehmenszusammenschlüssen nach der Überarbeitung von IFRS 3, in: Praxis der internationalen Rechnungslegung (PiR), 4. Jg., S. 114-119.

Fink, Christian (2008b), ED 9 „Joint Arrangements", in: Praxis der internationalen Rechnungslegung, 4. Jg., S. 53-58.

Fischer, Dagmar/Breitenbach, Jörg (2007a), Wandel und Herausforderung – Die pharmazeutische Industrie, in: Fischer, Dagmar/Breitenbach, Jörg (Hrsg.), Die Pharmaindustrie: Einblick-Durchblick-Perspektiven, 2. Auflage, München, S. 1-38.

Fischer, Dagmar/Breitenbach, Jörg (2007b), Quo vadis? Versuch eines Ausblicks, in: Fischer, Dagmar/Breitenbach, Jörg (Hrsg.), Die Pharmaindustrie: Einblick-Durchblick-Perspektiven, 2. Auflage, München, S. 209-238.

Fitzgerald, J.D. (1992), Technology transfer issues in licensing pharmaceutical products, in: R&D Management, Vol. 22, S. 199-208.

Flamholtz, Eric G. (1999), Human resource accounting: Advances in concepts, methods and applications, 3. Auflage, Boston u.a.

Fontanari, Martin (1996), Kooperationsgestaltungsprozesse in Theorie und Praxis, Berlin.

Forker, Herbert (1995), Alternative Strukturierungsmöglichkeiten des F&E-Bereichs in der mittelständischen pharmazeutischen Entwicklung, in: Herzog, Richard (Hrsg.), F&E-Management in der Pharma-Industrie, Aulendorf, S. 31-50.

Frank, Ralf (2007), Performance Reporting aus Nutzersicht – und was wird aus den earnings?, in: Going Public, 7. Jg., S. 56-57.

Freiberg, Jens (2006), Nutzungsdauern von immateriellen Vermögenswerten nach IFRS, in: Praxis der internationalen Rechnungslegung (PiR), 2. Jg., S. 119-121.

Freiberg, Jens (2008), Earn out Klauseln beim Unternehmenserwerb, in: Praxis der internationalen Rechnungslegung (PiR), 4. Jg., S. 31-33.

Freiberg, Jens/Lüdenbach, Norbert (2005), Ermittlung des Diskontierungszinssatzes nach IAS 36, in: Zeitschrift für internationale und kapitalmarktorientierte Rechnungslegung (KoR), 5. Jg., S. 479-487.

Frey, Hannes/Oehler, Andreas (2009), Bilanzierung und Bewertung immaterieller Vermögenswerte im Deutschen Aktienindex DAX der Jahre 2005 bis 2007, in: Finanz-Betrieb (FB), 11. Jg., S. 316-323.

Fricke, Frank-Ulrich/Schöffski, Oliver (2008), Die pharmazeutische Industrie und der Arzneimittelmarkt, in: Schöffski, Oliver/Fricke, Frank-Ulrich/Guminski, Werner (Hrsg.), Pharmabetriebslehre, 2. Auflage, Berlin u.a., S. 23-45.

Friedman, Milton (1953), The methodology of positive economics, in: Essays in Positive Economics, Chicago, S. 3-43.

Fülbier, Rolf-Uwe/Hitz, Joerg-Markus/Sellhorn, Thorsten (2009), Relevance of academic research and researchers' role in the IASB's financial reporting standard setting, in: A Journal of Accounting, Finance and Business Studies (Abacus), Vol. 45, S. 455-492.

Fülbier, Rolf-Uwe/Honold, Dirk/Klar, Alexander (2000), Bilanzierung immaterieller Vermögenswerte – Möglichkeiten und Grenzen der Bilanzierung nach US-GAAP und IAS bei Biotechnologieunternehmen, in: Recht der Internationalen Wirtschaft (RIW), 46. Jg., S. 833-844.

Fülbier, Rolf-Uwe/Lirio Silva, Jorge/Pferdehirt, Henrik Marc (2008), Impact of lease capitalization on the financial ratios of listed German companies, in: Schmalenbach Business Review (sbr), 60. Jg., S. 122-144.

Fülbier, Rolf-Uwe/Niggemann, Taro/Weller, Manuel (2008), Verwendung von Rechnungslegungsdaten durch Aktienanalysten: Eine fallstudienartige Auswertung von Analystenberichten zur Automobilindustrie, in: Finanz-Betrieb (FB), 10. Jg., S. 806-813.

Gassen, Joachim (2008), Are stewardship and valuation usefulness compatible or alternative objectives of financial accounting?, SSRN-Working Paper, abrufbar unter: http://papers.ssrn.com/sol3/papers.cfm?abstract_id= 1095215 (Stand: 15.12.2009).

Gassen, Joachim/Schwedler, Kristina (2008), Attitudes towards fair value and other measurement concepts: An evaluation of their decision-usefulness, abrufbar unter: http://www.ieaf.es/_img_admin/1210001223Survey_April08.pdf (Stand: 15.12.2009).

Gassmann, Oliver/Reepmeyer, Gerrit (2006), Organisation von F&E im internationalen Kontext, in: Bertl, Romuald/Leitner, Karl-Heinz/Riegler, Christian (Hrsg.), Forschung und Entwicklung, Steuerung, Berichterstattung und Prüfung, Wien, S. 43-61.

Gassmann, Oliver/Reepmeyer, Gerrit/Zedtwitz Maximilian von (2004), Innovating pharma innovation, in: Pacl, Harald/Festel, Gunter/Wess, Günther (Hrsg.), The future of pharma R&D: Challenges and trends, Huenenberg, S. 27-38.

Gassmann, Oliver/Reepmeyer, Gerrit/ Zedtwitz, Maximilian von (2008), Leading pharmaceutical innovation, Trends and drivers for growth in the pharmaceutical industry, 2. Auflage, Berlin u.a.

Gathen, Andreas von der (2001), Marken in Jahresabschluß und Lagebericht, Frankfurt am Main u.a.

Gerick, Thomas (2007), Wissen teilen: Strategische Pharma-Allianzen, in: Wissensmanagement, 9. Jg., S. 26-27.

Gerpott, Thorsten J./Thomas, Sandra E. (2004), Bilanzierung von Marken nach HGB, DRS, IFRS und US-GAAP, in: Der Betrieb (DB), 57. Jg., S. 2485-2494.

Geschka, Horst (1970), Forschung und Entwicklung als Gegenstand betrieblicher Entscheidungen, Meisenheim am Glan.

Goebel, Markus (2004), Mergers and acquisitions in the pharma industry, in: Pacl, Harald/Festel, Gunter/Wess, Günther (Hrsg.), The future of pharma R&D: Challenges and Trends, Huenenberg, S. 99-106.

Gohdes, Alfred E./Meier, Karin (2003), Pensionsverpflichtungen im Unternehmensrating: Fremdkapital besonderer Art, in: Betriebs-Berater, 58. Jg., S. 1375-1380.

Gonzales, Clara I./Gimeno, Ricardo (2008), Financial analysts impact on stock volatility – A study on the pharmaceutical sector, FEDEA Working Paper No. 2008-19, abrufbar unter: http://www.fedea.es/pub/Papers/2008/dt2008-19.pdf (Stand: 15.12.2009).

Goodwin, John/Ahmed, Kamran (2006), Longitudinal earnings value relevance and intangible assets: Evidence from Australian firms, in: Journal of International Accounting, Auditing and Taxation, Vol. 15, S. 71-91.

Gorbauch, Thorsten/Haye, Rainer de la (2002), Die Entwicklung eines Arzneimittels, in: Schöffski, Oliver/Fricke, Frank-Ullrich/Guminski, Werner/Hartmann, Wolfgang (Hrsg,), Pharmabetriebslehre, Berlin u.a., S. 165-176.

Grabowski, Henry (2006), Patents and new drug development in the pharmaceutical and biotechnology industries, in: Smith, Charles G./O'Donnell, James T. (Hrsg.), The process of new drug discovery and development, 2. Auflage, New York/London, S. 533-546.

Grabowski, Henry/Vernon, John (2000), Effective patent life in pharmaceuticals, in: International Journal of Technology Management, Vol. 19, S. 98-120.

Gräfer, Horst (2008), Bilanzanalyse, 10. Auflage, Herne.

Gräsel, Florian (2007), Immaterielle Werte in einer kapitalmarktorientierten Berichterstattung am Beispiel der Biotechnologiebranche, Bamberg, abrufbar unter: http://www.unisg.ch/www/edis.nsf/wwwDisplayIdentifier/3266/$FILE/dis3266.pdf (Stand: 15.12.2009).

Grefermann, Klaus/ Sprenger, Rolf-Ullrich (1977), Probleme der Innovationspraxis in der Industrie – Ansatzpunkte für eine Kooperation zwischen Staat und Wirtschaft, Berlin.

Grimpe, Christoph (2005), Post Merger Integration der Forschung und Entwicklung, Wiesbaden.

Grottke, Markus/Strobl, Sascha (2009), Eine kritische Analyse des Exposure Draft Management Commentary mit Blick auf seine zentralen Zielsetzungen, in: Zeitschrift für Internationale Rechnungslegung (IRZ), 4. Jg., S. 483-488.

Grüner, Tanja (2006), Behandlung der immateriellen Vermögenswerte im Rahmen der Erstkonsolidierung nach IAS/IFRS, München.

Gstraunthaler, Thomas (2006), Die Bewertung und Bilanzierung von intangible assets nach IAS 38 in der Neufassung vom 31.03.2004 und ihre Auswirkungen, in: Matzler, Kurt/Hinterhuber, Hans H./Renzl, Birgit/Rothenberger, Sandra (Hrsg.), Immaterielle Vermögenswerte – Handbuch der Intangible Assets, Berlin, S. 89-102.

Gu, Z. (2007), Across-sample incomparability of R^2s and additional evidence on value relevance changes over time, in: Journal of Business, Finance & Accounting, Vol. 34, S. 1073-1098.

Guedj, Ilan (2005), Ownership vs. Contract: How vertical integration affects investment decisions in pharmaceutical R&D, SSRN-Working Paper, abrufbar unter: http://papers.ssrn.com/sol3/papers.cfm?abstract_id=677371 (Stand: 15.12.2009).

Günther, Thomas (1997), Unternehmenswertorientiertes Controlling, München.

Günther, Thomas/Kirchner-Khairy, Sandra/Zurwehme, Annikka (2004), Measuring intangible resources for managerial accounting purposes, in: Horvath, Peter/Möller, Klaus (Hrsg.), Intangibles in der Unternehmenssteuerung – Strategien und Instrumente zur Wertsteigerung des immateriellen Kapitals, München, S. 159-185.

Günther, Thomas/Ott, Christian (2008), Behandlung immaterieller Ressourcen bei Purchase Price Allocations – Ergebnisse einer explorativen empirischen Studie, in: Die Wirtschaftsprüfung (WPg), 61. Jg., S. 917-926.

Guminski, Werner/Rauland, Marco (2002), Produktlebenszyklus und die Möglichkeiten seiner Gestaltung, in: Schöffski, Oliver/Fricke, Frank-Ullrich/Guminski, Werner/Hartmann, Wolfgang (Hrsg.), Pharmabetriebslehre, Berlin u.a., S. 229-242.

Haaker, Andreas (2005), Änderungen der Wahrscheinlichkeitsberücksichtigung bei der Rückstellungsbilanzierung nach ED IAS 37 – Eine Verbesserung in Bezug auf den Informationszweck?, in: Praxis der internationalen Rechnungslegung (PiR), 1. Jg., S. 51-56.

Haaker, Andreas (2006), Einheitstheorie und Fair Value-Orientierung: Informationsnutzen der full goodwill method nach ED IFRS 3 und mögliche Auswirkungen auf die investororientierte Bilanzanalyse, in: Zeitschrift für internationale und kapitalmarktorientierte Rechnungslegung (KoR), 6. Jg., S. 451-458.

Haaker, Andreas (2007), Grundgedanken zu einer Reform der Bilanzierung immaterieller Vermögenswerte nach IAS 38 und zur zweckadäquaten Ausgestaltung einer „IFRS-Informationsbilanz" (Teil I), in: Zeitschrift für internationale und kapitalmarktorientierte Rechnungslegung (KoR), 7. Jg., S. 254-262.

Hachmeister, Dirk (2005), Impairment-Test nach IFRS und US-GAAP, in: Ballwieser, Wolfgang/Beyer, Sven/Zelger, Hansjörg (Hrsg.), Unternehmenskauf nach IFRS und US-GAAP: Purchase Price Allocation, Goodwill und Impairment-Test, Stuttgart, S. 191-223.

Hachmeister, Dirk (2008), Neuregelung der Bilanzierung von Unternehmenszusammenschlüssen nach IFRS 3 (2008), in: Zeitschrift für Internationale Rechnungslegung (IRZ), 3. Jg., S. 115-122.

Hachmeister, Dirk (2009), Methoden der Unternehmensbewertung im Überblick, in: Zeitschrift für Controlling & Management (ZfCM), Sonderheft 1/2009, 53. Jg., S. 64-73.

Hackenberger, Jens (2007), Der Werthaltigkeitstest für Finanzinstrumente im IFRS-Abschluss, in: Praxis der internationalen Rechnungslegung (PiR), 3. Jg., S. 38-45.

Hackenberger, Jens (2008), Professionelle Fußballspieler in der internationalen Rechnungslegung – Eine ökonomische Analyse, Frankfurt am Main u.a.

Hagedoorn, John (2002), Inter-firm R&D partnerships: An overview of major trends and patterns since 1960, in: Research Policy, Vol. 31, S. 477-492.

Hager, Simon/Hitz, Joerg-Markus (2007), Immaterielle Vermögenswerte in der Bilanzierung und Berichterstattung – eine empirische Bestandsaufnahme für die Geschäftsberichte deutscher IFRS-Bilanzierer 2005, in: Zeitschrift für internationale und kapitalmarktorientierte Rechnungslegung (KoR), 7. Jg., S. 205-218.

Hall, Linda A. (2003), Accounting for in-process research and development costs, in: Journal of Accounting and Finance Research, Vol. 11, S. 14-26.

Haller, Axel (1998), Immaterielle Vermögenswerte – Wesentliche Herausforderung für die Zukunft der Unternehmensrechung, in: Möller, Hans Peter/ Schmidt, Franz (Hrsg.), Rechnungswesen als Instrument von Führungsentscheidungen: Festschrift für Prof. Dr. Dr. h.c. Adolf G. Coenenberg zum 60. Geburtstag, Stuttgart, S. 561-596.

Haller, Axel/Froschhammer, Matthias/Groß, Tobias (2010), Die Bilanzierung von Entwicklungskosten nach IFRS bei deutschen börsennotierten Unternehmen – Eine empirische Analyse, in: Der Betrieb (DB), 63. Jg., S. 681-695.

Halliday, Richard G./Drasdo, Alison L./Lumley, Cyndy E./Walker, Stuart R. (1997), The allocation of resources for R&D in the world's leading pharmaceutical companies, in: R&D Management, Vol. 27, S. 63-77 [zitiert als Halliday et al. (1997)].

Han, Bong H./Manry, David (2004), The value-relevance of R&D and advertising expenditures: Evidence from Korea, in: The International Journal of Accounting, Vol. 39, S. 155-173.

Handen, Jeffrey S. (2005), Drug discovery in the modern age: How we got here and what does it mean?, in: Handen, Jeffrey S. (Hrsg.), Industrialization of drug discovery, Boca Raton, S. 1-12.

Haring, Nikolai (2004), Zur Abbildung von Kapitalkosten und Steuern beim Impairment of Assets gemäß IAS 36, Wien.

Hartmann, Marcus (2006), Realoptionen als Bewertungsinstrument für frühe Phasen der Forschung und Entwicklung in der pharmazeutischen Industrie, Berlin, abrufbar unter: http://opus.kobv.de/tuberlin/volltexte/2006/1385/ (Stand: 15.12.2009).

Hatzichronoglou, Thomas (1997), Revision of the high-technology sector and product classification, OECD Science, Technology and Industry Working Paper No. 1997/2, S. 1-10.

Hax, Herbert (1988), Rechnungslegungsvorschriften – notwendige Rahmenbedingungen für den Kapitalmarkt?, in: Domsch, Michel/Eisenführ, Franz/ Ordelheide, Dieter/Perlitz, Manfred (Hrsg.), Unternehmenserfolg – Planung, Ermittlung, Kontrolle, Festschrift für Walther Busse von Colbe zum 60. Geburtstag, Wiesbaden, S. 187-201.

Haye, Rainer de la/Gebauer, Alexander (2008), Die Entwicklung eines Arzneimittels, in: Schöffski, Oliver/Fricke, Frank-Ulrich/Guminski, Werner (Hrsg.), Pharmabetriebslehre, 2. Auflage, Berlin u.a., S. 105-116.

Hayn, Sven/Hold-Paetsch, Christiane (2008), Bilanzpolitik und Bilanzanalyse, in: Freidank, Carl-Christian/Peemöller, Volker H. (Hrsg.), Corporate Governance und Interne Revision, Handbuch für die Neuausrichtung des Internal Auditings, Berlin, S. 267-281.

Healy, Paul M./Myers, Stewart C./Howe, Christopher D. (2002), R&D accounting and the tradeoff between relevance and objectivity, in: Journal of Accounting Research (JoAR), Vol. 40, S. 677-710.

Healy, Paul M./Wahlen, James M. (1999), A review of the earnings management literature and its implications for standard setting, in: Accounting Horizons, Vol. 13, S. 365-383.

Hegenloh, Gerd Uwe (1985), Die steuerbilanzielle Behandlung von Forschung und Entwicklung, Berlin.

Heidemann, Christian (2005), Die Kaufpreisallokation bei einem Unternehmenszusammenschluss nach IFRS 3, Düsseldorf.

Heilig, Claudia (2008), Pharmaunternehmen im Spannungsfeld von Shareholdern und Stakeholdern, in: Böckmann, Roman (Hrsg.), Gesundheitsversorgung zwischen Solidarität und Wettbewerb, Wiesbaden, S. 159-173.

Held, Sebastian/Bolte, Claus/Bierbaum, Martin/Schöffski, Oliver (2009), Impact of Big Pharma organizational structure on R&D productivity, Burgdorf [zitiert als Held et al. (2009)].

Hendler, Matthias/Zülch, Henning (2008), Unternehmenszusammenschlüsse und Änderung von Beteiligungsverhältnissen bei Tochterunternehmen – die neuen Regelungen des IFRS 3 und IAS 27, in: Die Wirtschaftsprüfung (WPg), 61. Jg., S. 484-493.

Hentschel, Mark (2007), Patentmanagement, Technologieverwertung und Akquise externer Technologie – Eine empirische Analyse, Wiesbaden.

Hepers, Lars (2005), Entscheidungsnützlichkeit der Bilanzierung von intangible assets in den IFRS – Analyse der Regelungen des IAS 38 unter besonderer Berücksichtigung der ergänzenden Regelungen des IAS 36 sowie des IFRS 3, Köln.

Herzog, Richard (1995), F&E-Management in der Pharmaindustrie, Aulendorf.

Heuser, Paul J./Theile, Carsten (2005), IAS/IFRS-Handbuch – Einzel- und Konzernabschluss, 2. Auflage, Köln.

Heyd, Reinhard/Lutz-Ingold, Martin (2005a), Intangible assets im Jahresabschluss nach IFRS – Ansatz- und Bewertungsvorschriften sowie bilanzpolitische Implikationen, in: Controlling & Management, 49. Jg., Sonderheft 3, S. 95-106.

Heyd, Reinhard/Lutz-Ingold, Martin (2005b), Immaterielle Vermögenswerte und Goodwill nach IFRS – Bewertung, Bilanzierung und Berichterstattung, München.

Higgins, Matthew J. (2007), The allocation of control rights in pharmaceutical alliances, in: Journal of Corporate Finance, Vol. 13, S. 58-75.

Higgins, Matthew J./Rodriguez, Daniel (2006), The outsourcing of R&D through acquisitions in the pharmaceutical industry, in: Journal of Financial Economics (JoFE), Vol. 80, S. 351-383.

Hillebrandt, Franca (2001), Multiplikatorverfahren, in: Die Betriebswirtschaft (DBW), 61. Jg., S. 618-621.

Hirsch, Bernhard (2008), Der Cash Value Added, in: Wirtschaftswissenschaftliches Studium (WiSt), 37. Jg., S. 462-467.

Hitz, Joerg-Markus (2005), Rechnungslegung zum fair value – Konzeption und Entscheidungsnützlichkeit, Frankfurt am Main u.a.

Hitz, Joerg-Markus (2007a), Capitalize or expense? Recent evidence on the accounting for intangible assets under IAS 38 by STOXX 200 firms, in: Zeitschrift für Internationale Rechnungslegung (IRZ), 2. Jg., S. 319-324.

Hitz, Joerg-Markus (2007b), The decision usefulness of fair value accounting – a theoretical perspective, in: European Accounting Review (EAR), Vol. 16, S. 323-362.

Hochwimmer, Georg (2007), Was wird aus Big Pharma? Der Patentablauf wichtiger Blockbuster verändert die Strukturen, in: Going Public, Sonderausgabe „Biotechnologie 2007", 9. Jg., S. 24-27.

Hofelich, Markus (2006), Anschluss an die Weltspitze? Der Bayer/Schering-Deal und der Pharmastandort Deutschland, in: Going Public, Sonderausgabe „Biotechnologie 2006", 8. Jg., S. 10-11.

Hoffmann, Wolf-Dieter (2009a), § 11 Außerplanmäßige Abschreibungen, Wertaufholung, in: Lüdenbach, Norbert/Hoffmann, Wolf-Dieter (Hrsg.), IFRS Kommentar – Das Standardwerk, 7. Auflage, Freiburg im Breisgau.

Hoffmann, Wolf-Dieter (2009b), § 13 Immaterielle Vermögenswerte des Anlagevermögens, in: Lüdenbach, Norbert/Hoffmann, Wolf-Dieter (Hrsg.), IFRS Kommentar – Das Standardwerk, 7. Auflage, Freiburg im Breisgau.

Hoffmann, Wolf-Dieter/Lüdenbach, Norbert (2003), Praxisprobleme der Neubewertungskonzeption nach IAS, in: Deutsches Steuerrecht (DStR), 41. Jg., S. 565-569.

Hoffmann, Wolf-Dieter/Lüdenbach, Norbert (2004), Die Abbildung des Tauschs von Anlagevermögen nach den neugefassten IFRS-Standards, in: Steuern und Bilanzen (StuB), 6. Jg., S. 337-341.

Hofmann, Siegfried (2007), Pharma-Riesen specken ab, in: Handelsblatt Nr. 236 vom 06.12.2007, abrufbar unter: http://www.handelsblatt.com/unternehmen/industrie/pharma-riesen-specken-ab;1362675 (Stand: 15.12.2009).

Hofmann, Siegfied (2008), Pharmabranche drängt in das Onkologiegeschäft, in: Wirtschaftswoche vom 02.06.2008, abrufbar unter: http://www.wiwo.de/unternehmer-maerkte/pharmabranche-draengt-in-das-onkologie-geschaeft-294956/ (Stand: 15.12.2009).

Holthausen, Robert W./Watts, Ross L. (2001), The relevance of the value-relevance literature for financial accounting standard setting, in: Journal of Accounting and Economics (JAE), Vol. 31, S. 3-75.

Hommel, Michael (1997), Internationale Bilanzrechtskonzeptionen und immaterielle Vermögensgegenstände, in: Zeitschrift für betriebswirtschaftliche Forschung (ZfbF), 49. Jg., S. 345-369.

Hommel, Michael (2006), Die Neubewertungsmethode als allowed alternative treatment für Sachanlagen und immaterielle Anlagewerte, in: Bieg, Hartmut/Heyd, Reinhard (Hrsg.), Fair Value – Bewertung in Rechnungswesen, Controlling und Finanzwirtschaft, München, S. 287-308.

Hommel, Michael/Benkel, Muriel/Wich, Stefan (2004), IFRS 3 Business Combinations: Neue Unwägbarkeiten im Jahresabschluss, in: Betriebs-Berater, 59. Jg., S. 1267-1273.

Hommel, Michael/Schmitz, Stefanie/Wüstemann, Sonja (2009), Discussion Paper „Revenue Recognition" – Misstrauensvotum gegen den Fair Value?, in: Betriebs-Berater, 74. Jg., S. 374-378.

Howe, Christopher D. (1995), Financial model of the drug development process, unveröffentlichte M.S. thesis, Cambridge.

Hullmann, Angela (2000), Generation, transfer and exploitation of new know-ledge, in: Jungmittag, Andre/Reger, Guido/Reiss, Thomas (Hrsg.), Changing innovation in the pharmaceutical industry: Globalization and new ways of drug development, Berlin, S. 71-96.

Hutt, Peter Barton (2006), The regulation of drug products by the United States Food and Drug Administration, in: Griffin, John P./O'Grady, John (Hrsg.), The textbook of pharmaceutical medicine, 5. Auflage, Massachusetts, S. 565-601.

IASB (2006), A roadmap for convergence between IFRSs and US GAAP 2006-2008, Memorandum of Understanding between the FASB and the IASB, abrufbar unter: http://www.iasb.org/Current+Projects/Memorandum+of+Understanding+with+the+FASB.htm (Stand: 15.12.2009).

IASB (2008a), Snapshot: Revenue Recognition, abrufbar unter: http://www.iasb.org/NR/rdonlyres/6B2C9F8A-EB70-481A-BDBA-15DC5F90011B/0/SnapshotRevenueRecognition.pdf (Stand: 15.12.2009).

IASB (2008b), Business Combinations Phase II – Project summary, feedback and effect analysis, abrufbar unter: http://www.iasb.org/Current+Projects/IASB+Projects/Business+Combinations/Business+Combinations+II.htm (Stand: 15.12.2009).

IASB (2009a), Snapshot: Fair Value Measurement, abrufbar unter: http://www.iasb.org/NR/rdonlyres/4298C2F3-3B56-433A-B312-D67CB0E61B30/0/FairValueSnapshot.pdf (Stand: 15.12.2009).

IASC (1998), Basis for Conclusions, IAS 38 – Intangible Assets, IAS 22 (revised 1998) – Business Combinations and summary of changes to E60 and IAS 22, London.

IMS (2008), Top 15 global corporations, abrufbar unter: http://www.imshealth.com/deployedfiles/imshealth/Global/Content/StaticFile/Top_Line_Data/Global-Top_15_Companies.pdf (Stand: 15.12.2009).

IMS (2009), China, India pharma industries to grow while global pharma markets dip further: IMS Health, abrufbar unter: http://www.dancewithshadows.com/pillscribe/china-india-pharma-industries-to-grow-while-global-pharma-markets-dip-further-ims-health/ (Stand: 15.12.2009).

Institute of Chartered Accountants in England and Wales (1989), Statement of Standard Accounting Practice No. 13: Accounting for research and development, England, abrufbar unter: www.frc.org.uk/images/uploaded/documents/SSAP%20131.pdf (Stand: 15.12.2009).

Interpharma (2007), Weltweiter Medikamentenumsatz 2007, abrufbar unter: http://www.interpharma.ch/de/2688_2776.asp (Stand: 15.12.2009).

IVSC (2007), Determination of fair value of intangible assets for IFRS reporting purposes, Discussion Paper, London, abrufbar unter: http://www.ivsc.org/pubs/index.html (Stand: 15.12.2009).

Iwasaki, Koji (2009), Pharmaceutical development as a case study with high-risk, high-return project management, in: Ohara, Shigenobu/Asada, Takayuki (Hrsg.), Japanese project management: KPM – Innovation, development and improvement, New Jersey u.a., S. 281-293.

Jackstein, Michael (2009), Entwicklungslinien der Rechnungslegung nach HGB und IFRS – Unter besonderer Berücksichtigung der Aktivierung von Forschungs- und Entwicklungskosten, Hamburg.

Jäckle, Joachim/Ackermann, Ulrich (2007), Ratingverfahren aus Emittentensicht, in: Büschgen, Hans E./Everling, Oliver (Hrsg.), Handbuch Rating, 2. Auflage, Wiesbaden, S. 385-404.

Jäger, Rainer/Himmel, Holger (2003), Die Fair Value-Bewertung immaterieller Vermögenswerte vor dem Hintergrund der Umsetzung internationaler Rechnungslegungsstandards, in: Betriebswirtschaftliche Forschung und Praxis (BFuP), 55. Jg., S. 417-440.

Jansen, Stephan A. (2008), Mergers & Acquisitions, Unternehmensakquisitionen und -kooperationen, Eine strategische, organisatorische und kapitalmarkttheoretische Einführung, 5. Auflage, Wiesbaden.

Jensen, Michael C./Meckling, William H. (1976), Theory of the Firm – Managerial Behaviour, Agency Costs and Ownership Structure, in: Journal of Financial Economics (JoFE), Vol. 3, S. 305-360.

Jessen, Ulf/Haaker, Andreas (2009), Zur Fair Value-Bewertung im „modernisierten" Handelsbilanzrecht – Ein Plädoyer für einen hinreichenden Gläubigerschutz, in: Deutsches Steuerrecht (DStR), 47. Jg., S. 499-505.

Jödicke, Dirk (2009), Einfluss kultureller Unterschiede auf die Anwendung internationaler Rechnungslegungsregeln – Eine theoretische und empirische Untersuchung zur Anwendung der IFRS in Deutschland, Frankreich und UK, Hamburg.

Jordan, Harald (2002), Regulatory Affairs, in: Schöffski, Oliver/Fricke, Frank-Ullrich/Guminski, Werner/Hartmann, Wolfgang (Hrsg.), Pharmabetriebslehre, Berlin u.a., S. 177-193.

Käfer, Karl (1976), Die Bilanz als Zukunftsrechnung, Eine Vorlesung über den Inhalt der Unternehmungsbilanz, 3. Auflage, Zürich.

Kählert, Jens-Peter/Lange, Sabine (1993), Zur Abgrenzung immaterieller von materiellen Vermögensgegenständen, in: Betriebs-Berater, 48. Jg., S. 613-617.

Kaiser, Thomas (2009), Fair Value Accounting für den Kapitalmarkt, in: Weber, Claus-Peter/Lorson, Peter/Pfitzer, Norbert (Hrsg.), Berichterstattung für den Kapitalmarkt – Festschrift für Karlheinz Küting zum 65. Geburtstag, Stuttgart, S. 73-101.

Kajüter, Peter/Guttmeier, Matthias (2009), Der Exposure Draft des IASB zum Management Commentary – Kritische Analyse und Vergleich mit DRS 15, in: Der Betrieb (DB), 62. Jg., S. 2333-2339.

Kallapur, Sanjay/Kwan, Sabrina Y.S. (2004), The value relevance and reliability of brand assets recognized by U.K. firms, in: The Accounting Review, Vol. 79, S. 151-172.

Karberg, Sascha (2006), Das Pharma-Dilemma – Tausend Mal würfeln für einen Treffer, in: Brand eins, 8. Jg., S. 118-123.

Kasperzak, Rainer/Nestler, Anke (2007), Zur Berücksichtigung des Tax Amortisation Benefit bei der Fair Value Ermittlung immaterieller Vermögenswerte nach IFRS 3, in: Der Betrieb (DB), 60. Jg., S. 473-478.

Kaufmann, Lutz/Schmidt, Daniel (2004), Einflüsse der Biotechnologie auf die strategische Planung in der pharmazeutischen Industrie, in: Betriebswirtschaftliche Forschung und Praxis (BFuP), 56. Jg., S. 292-305.

Keitz, Isabel von (1997), Immaterielle Güter in der internationalen Rechnungslegung – Grundsätze für den Ansatz von immateriellen Gütern in Deutschland im Vergleich zu den Grundsätzen in den USA und nach IASC, Düsseldorf.

Kermani, Faiz/Bonacossa, Pietro (2003), Pharma R&D in the U.S. and Europe – A comparative analysis, abrufbar unter: http://www.contractpharma.com/articles/2003/09/rd-in-the-us-europe (Stand: 15.12.2009).

Keyani, Salomeh/Diener-West, Marie/Powe, Neil (2006), Are development times for pharmaceuticals increasing or decreasing?, in: Health Affairs, Vol. 25, S. 461-468.

Kirchhoff, Marc (2009), Erfolgsfaktoren von Unternehmensfusionen und -akquisitionen im Pharma- und Biotechnologiebereich, Hamburg.

Kirsch, Hans-Jürgen (2009), Fair Value – quo vadis?, in: Die Wirtschaftsprüfung (WPg), 19. Jg., S. I.

Kloyer, Martin (2004), Methoden der Patentbewertung, in: Horvath, Peter/Möller, Klaus (Hrsg.), Intangibles in der Unternehmenssteuerung – Strategien und Instrumente zur Wertsteigerung des immateriellen Kapitals, München, S. 419-431.

Knüppel, Marc (2007), Bilanzierung von Verschmelzungen nach Handelsrecht, Steuerrecht und IFRS – Gemeinsamkeiten, Unterschiede und Grenzen der Konvergenz, Berlin.

Knyphausen-Aufseß, Dado zu/Schweizer, Lars (2005), Kooperationen in der Biotechnologie, in: Zentes, Joachim/Swoboda, Bernhard/Morschett, Dirk (Hrsg.), Kooperationen, Allianzen und Netzwerke: Grundlagen, Ansätze, Perspektiven, 2. Auflage, Wiesbaden, S. 1231-1253.

Koenig, Christian/Müller, Eva-Maria (2000), 5 Jahre EMEA – Ein Zwischenruf auf die gemeinschaftlichen Zulassungsverfahren für Arzneimittel, in: Pharma-Recht, 22. Jg., S. 148-159.

Koller, Hans/Hentschel, Mark (2006), Die Bewertung von Intellectual Property Rights – Verfahren, Anwendung, Eignung und ihre Konsequenzen für die Bewertung von intangible assets, in: Matzler, Kurt/Hinterhuber, Hans H./Renzl, Birgit/Rothenberger, Sandra (Hrsg.), Immaterielle Vermögenswerte – Handbuch der Intangible Assets, Berlin, S. 299-329.

Kothari, S.P. (2001), Capital markets research in accounting, in: Journal of Accounting and Economics (JAE), Vol. 31, S. 105-231.

Kothari, S.P./Laguerre, Ted E./Leone, Andrew J. (2002), Capitalization versus expensing: Evidence on the uncertainty of future earnings from capital expenditures versus R&D outlays, in: Review of Accounting Studies, Vol. 7, S. 355-382.

KPMG (2008), Kapitalkosten- und Impairment Test-Studie 2008 – Empirische Befragung von Unternehmen aus Deutschland, Großbritannien, den Niederlanden, Österreich und der Schweiz, abrufbar unter: http://www.kpmg.de/docs/Kapitalkosten_Gesamt_web.pdf (Stand: 15.12.2009).

KPMG (2009), Issues monitor: Pharmaceuticals – April 2009, abrufbar unter: http://www.kpmg.com/Global/IssuesAndInsights/ArticlesAndPublications/Pages/Issues-monitor-Pharmaceuticals-April-2009.aspx (Stand: 15.12.2009).

Kreifels, Rainer/Baum, Florian von (2008), Allianzen zwischen Biotech und Big Pharma – Ausweg aus dem Finanzierungsdilemma?, in: Going Public „Biotechnologie 2008", 10. Jg., S. 132-133.

Kühnen, Thomas (2005), § 1, in: Schulte, Rainer (Hrsg.), Patentgesetz mit Europäischem Patentübereinkommen, 7. Auflage, Köln.

Kümpel, Thomas (2003), Immaterielle Vermögenswerte nach International Financial Reporting Standards, in: bilanz&buchhaltung (b&b), 49. Jg., S. 215-225.

Küting, Karlheinz (2006), Der Stellenwert der Bilanzanalyse und Bilanzpolitik im HGB- und IFRS-Bilanzrecht, in: Der Betrieb (DB), 59. Jg., S. 2753-2762.

Küting, Karlheinz (2008), Die Bedeutung immaterieller Vermögenswerte in der deutschen Bilanzierungspraxis, in: Praxis der internationalen Rechnungslegung (PiR), 4. Jg., S. 315-323.

Küting, Karlheinz/Dawo, Sascha (2003), Die Bilanzierung immaterieller Vermögenswerte nach IAS 38 – Gegenwärtige Regelungen und geplante Änderungen: Ein Beispiel für die Polarität von Vollständigkeitsprinzip und Objektivierungsprinzip, in: Betriebswirtschaftliche Forschung und Praxis (BFuP), 55. Jg., S. 397-416.

Küting, Karlheinz/Dawo, Sascha/Wirth, Johannes (2003), Konzeption der außerplanmäßigen Abschreibung im Reformprojekt des IASB, in: Zeitschrift für internationale und kapitalmarktorientierte Rechnungslegung (KoR), 3. Jg., S. 177-190.

Küting, Karlheinz/Dürr, Ulrike (2003), „Intangibles" in der deutschen Bilanzierungspraxis, in: Steuern und Bilanzen (StuB), 5. Jg., S. 1-5.

Küting, Karlheinz/Lauer, Peter (2009), Der Fair Value in der Krise, in: Betriebswirtschaftliche Forschung und Praxis (BfuP), 61. Jg., S. 547-567.

Küting, Karlheinz/Reuter, Michael (2007), Unterschiedliche Erfolgs- und Gewinngrößen in der internationalen Rechnungslegung: Was sollen diese Kennzahlen aussagen?, in: Der Betrieb (DB), 60. Jg., S. 2549-2557.

Küting, Karlheinz/Weber, Claus-Peter (2009), Die Bilanzanalyse, 9. Auflage, Stuttgart.

Kuhn, Wolfgang (1992), Forschung und Entwicklung im Lagebericht: Eine empirische und theoretische Untersuchung, Hamburg.

Kuhnle, Helmut/Banzhaf, Jürgen (2006), Finanzkommunikation unter IFRS – Grundlagen, Ziele und Gestaltung, München.

Kunath, Oliver (2005), Kaufpreisallokation: Bilanzierung erworbener immaterieller Vermögenswerte nach IFRS 3 (2004) / IAS 38 (rev. 2004) und ED IFRS 3 (amended 2005), in: Controlling & Management, 49. Jg., Sonderheft 3, S. 107-120.

Kussmaul, Heinz/Weiler, Dennis (2009), Fair Value-Bewertung im Lichte aktueller Entwicklungen (Teil 2), in: Zeitschrift für internationale und kapitalmarktorientierte Rechnungslegung (KoR), 9. Jg., S. 209-216.

Kwizda, Richard (1998), Zulassungsverfahren für Humanarzneimittel in der Europäischen Union, Wien.

Langecker, Alexander/Mühlberger, Melanie (2003), Berichterstattung über immaterielle Vermögenswerte im Konzernabschluss: Vergleichende Gegenüberstellung von DRS 12, IAS 38 und IAS 38 rev., in: Zeitschrift für internationale und kapitalmarktorientierte Rechnungslegung (KoR), 3. Jg., S. 109-123.

Lauer, Reinhold M./Bremer, Markus (2005), Ertragsrealisierung bei Kooperationen in der Biotechnologiebranche, in: Zeitschrift für internationale und kapitalmarktorientierte Rechnungslegung (KoR), 5. Jg., S. 449-454.

Leffson, Ulrich (1987), Die Grundsätze ordnungsmäßiger Buchführung, 7. Auflage, Düsseldorf.

Lehman, Bruce (2003), The pharmaceutical industry and the patent system, abrufbar unter: http://www.earth.columbia.edu/cgsd/documents/lehman.pdf (Stand: 15.12.2009).

Leibfried, Peter/Pfanzelt, Stefan (2004), Praxis der Bilanzierung von Forschungs- und Entwicklungskosten gemäß IAS/IFRS, in: Zeitschrift für internationale und kapitalmarktorientierte Rechnungslegung (KoR), 4. Jg., S. 491-497.

Lev, Baruch (2001), Intangibles – Management, Measurement and Reporting, Washington.

Lev, Baruch/Nissim, Doron/Thomas, Jacob K. (2005), On the informational usefulness of R&D capitalization and amortization, SSRN-Working Paper, abrufbar unter: http://pages.stern.nyu.edu/~blev/docs/On%20the%20informational%20usefuless%20of%20R&D%20capitalization%20and%20amortization%202005.04.17.pdf (Stand: 15.12.2009).

Lev, Baruch/Sougiannis, Theodore (1996), The capitalization, amortization and value-relevance of R&D, in: Journal of Accounting and Economics (JAE), Vol. 26, S. 107-138.

Lev, Baruch/Zarowin, Paul (1999), The boundaries of financial reporting and how to extend them, in: Journal of Accounting Research (JoAR), Vol. 37, S. 353-385.

Lienau, Achim/Zülch, Henning (2006), Die Ermittlung des value in use nach IFRS, in: Zeitschrift für internationale und kapitalmarktorientierte Rechnungslegung (KoR), 6. Jg., S. 319-329.

Lindemann, Jens (2004), Rechnungslegung und Kapitalmarkt – Eine theoretische und empirische Analyse, Lohmar-Köln.

Lücke, Wolfgang/Hautz, Uwe (1973), Bilanzen aus Zukunftswerten, Ein theoretischer Beitrag zum Inhalt und Aufbau von Planbilanzen, Wiesbaden.

Lüdenbach, Norbert (2009), § 31 Unternehmenszusammenschlüsse, in: Lüdenbach, Norbert/Hoffmann, Wolf-Dieter (Hrsg.), IFRS Kommentar – Das Standardwerk, 7. Auflage, Freiburg im Breisgau, S. 1625-1782.

Lüdenbach, Norbert/Freiberg, Jens (2008), Wie die Finanzkrise den fair value vom Helden zum Schurken macht, in: Praxis der internationalen Rechnungslegung (PiR), 4. Jg., S. 370-375.

Lüdenbach, Norbert/Freiberg, Jens (2009), Zweifelsfragen der abstrakten und konkreten Bilanzierungsfähigkeit immaterieller Anlagen, in: Betriebswirtschaftliche Forschung und Praxis (BFuP), 61. Jg., S. 131-151.

Lüdenbach, Norbert/Prusaczyk, Peter (2004), Bilanzierung von „In-Process Research and Development" beim Unternehmenserwerb nach IFRS und US-GAAP, in: Zeitschrift für internationale und kapitalmarktorientierte Rechnungslegung (KoR), 4. Jg., S. 415-422.

Löhr, Katrin (2005), Erfolgsfaktoren bei Unternehmensübernahmen der Pharma- und Biotechnologiebranche – Eine empirische Analyse, Wuppertal.

Lorenz, Martin (2006), Das gemeinschaftliche Arzneimittelzulassungsrecht – Unter besonderer Berücksichtigung der Reform 2004/2005, Baden Baden.

Lutz-Ingold, Martin (2005), Immaterielle Güter in der externen Rechnungslegung – Grundsätze und Vorschriften zur Bilanzierung nach HGB, DRS und IAS/IFRS, Wiesbaden.

Mackenstedt, Andreas/Fladung, Hans-Dieter/Himmel, Holger (2006), Ausgewählte Aspekte bei der Bestimmung beizulegender Zeitwerte nach IFRS 3 - Anmerkungen zu IDW RS HFA 16, in: Die Wirtschaftsprüfung (WPg), 59. Jg., S. 1037-1047.

Mahlich, Jörg (2005), Erfolgsfaktoren von forschungsintensiven Firmen am Beispiel der Pharmaindustrie, in: Die Betriebswirtschaft (DBW), 65. Jg., S. 396-410.

Mallik, Ameet/Zbar, Brett/Zemmel, Rodney, W. (2004), Making pharma alliances work, in: McKinsey Quarterly, abrufbar unter: http://www.mckinseyquarterly.com/Making_pharma_alliances_work_1389 (Stand: 15.12.2009).

Manns, Markus (2003), Bewertung der Erfolgswahrscheinlichkeit von Medikamenten in der klinischen Entwicklung, in: Going Public, 7. Jg., S. 14-17.

Marmann, Jochen (2009), Ansätze zur Erklärung des Unternehmenswerts durch immaterielle Werte, Hamburg.

McCaslin, Thomas E./Stanga, Keith G. (1986), Similarities in measurement needs of equity investors and creditors, in: Accounting and Business Research, Vol. 16, S. 151-156.

McCosh, Andrew (1976), Accounting consistency – Key to stockholder information, in: Accounting Review, Vol. 42, S. 693-700.

McCutchen, William W. Jr./Swamidass, Paul M. (2004), Motivations for strategic alliances in the pharmaceutical/biotech industry: Some new findings, in: Journal of High Technology Management Research, Vol. 15, S. 197-214.

McDaniel, Francis E. (2003), The life science industry – Surviving the toughest of times through venture funding and strategic alliances, in: Gosfield, Alice G. (Hrsg.), Health Law Handbook, New York, S. 1-39.

Meinert, Curtis L. (2007), Clinical Trials, Overview, in: Wiley, John & Sons (Hrsg.), Wiley Handbook of Current and Emerging Drug Therapies, Hoboken, S. 24-46.

Meissner, Sabine (2003), Markenbewertung bei Mergers & Acquisitions – Analyse und Konzeption am Beispiel der Pharmaindustrie, Wiesbaden.

Menn, Bernd-Joachim (1997), IAS 9 – Forschungs- und Entwicklungskosten (Research and development costs), in: Baetge, Jörg/Dörner, Dietrich, Kleekämper, Heinz/Wollmert, Peter (Hrsg.), Rechnungslegung nach International Accounting Standards (IAS), Stuttgart.

Mennenöh, Henning (2006), Life-Science-Deals: Kooperation oder Akquisition?, in: Going Public "Biotechnologie 2006", S. 116-117.

Menninger, Jutta/Kunowski, Stefan (2003), Wertermittlung von Patenten, Technologien und Lizenzen vor dem Hintergrund von Optimierungsstrategien, in: Deutsches Steuerrecht (DStR), 41. Jg., S. 1180-1184.

Mittra, James (2007), Life science innovation and the restructuring of the pharmaceutical industry: Merger, acquisition and strategic alliance behaviour of large firms, in: Technology Analyses & Strategic Management, Vol. 19, S. 279-301.

Mölls, Sascha H./Strauß, Michael (2007), Bewertungsrelevanz der Rechnungslegung – Stand und Implikationen der empirischen Forschung für Aktionäre und Regulierer, in: Zeitschrift für Betriebswirtschaft (ZfB), 77. Jg., S. 955-995.

Mölls, Sascha H./Willershausen, Timo/Krag, Joachim (2005), Bewertung von Forschung und Entwicklung mit Hilfe eines Compound-Option-Phasenmodells, in: Zeitschrift für Betriebswirtschaft (ZfB), 75. Jg., S. 765-798.

Mondini, Andrea/Bürge, Stefan (2008), Zuordnung der Ergebnisse gemeinsamer Forschung und Entwicklung in der Praxis, in: Zeitschrift für Immaterialgüter-, Informations- und Wettbewerbsrecht (ZfIR), 12. Jg., S. 3-20.

Moody's Investors Service (2004), Global Pharmaceutical Industry, Rating Methodology.

Moody's Investors Service (2006): Moody's approach to global standard adjustments in the analysis of financial statements for non-financial corporations – Part II.

Moser, Ulrich (2008), Bilanzierung von FuE-Aktivitäten nach IFRS, in: Schmeisser, Wilhelm/Mohnkopf, Hermann/Hartmann, Matthias/Metze, Gerhard (Hrsg.), Innovationserfolgsrechnung: Innovationsmanagement und Schutzrechtsbewertung, Technologieportfolio, Target-Costing, Investitionskalküle und Bilanzierung von FuE-Aktivitäten, Berlin/Heidelberg, S. 181-219.

Moser, Ulrich/Goddar, Heinz (2007), Grundlagen der Bewertung immaterieller Vermögenswerte am Beispiel patentgeschützter Technologien, in: Finanz-Betrieb (FB), 9. Jg., S. 594-609.

Moser, Ulrich/Goddar, Heinz (2008), Grundlagen der Bewertung immaterieller Vermögenswerte am Beispiel der Bewertung patentgeschützter Technologien, in: Schmeisser, Wilhelm/Mohnkopf, Hermann/Hartmann, Matthias/Metze, Gerhard (Hrsg.), Innovationserfolgsrechnung: Innovationsmanagement und Schutzrechtsbewertung, Technologieportfolio, Target-Costing, Investitionskalküle und Bilanzierung von FuE-Aktivitäten, Berlin/Heidelberg, S. 121-179.

Mossialos, Elias/Walley, Tom/Mrazek, Monique (2004), Regulating pharmaceuticals in Europe: An overview, in: Mossialos, Elias/Walley, Tom/Mrazek, Monique (Hrsg.), Regulating Pharmaceuticals in Europe: Striving for efficiency, equity and quality, Berkshire, S. 1-37.

Moxter, Adolf (1966), Die Grundsätze ordnungsmäßiger Bilanzierung und der Stand der Bilanztheorie, in: Zeitschrift für betriebswirtschaftliche Forschung (ZfbF), 18. Jg., S. 28-59.

Moxter, Adolf (1979), Immaterielle Anlagewerte im neuen Bilanzrecht, in: Betriebs-Berater, 34. Jg., S. 1102-1109.

Moxter, Adolf (1983), Grundsätze ordnungsmäßiger Unternehmensbewertung, 2. Auflage, Wiesbaden.

Moxter, Adolf (2003), Grundsätze ordnungsmäßiger Rechnungslegung, Düsseldorf.

Müller-Dahl, Frank P. (1979), Betriebswirtschaftliche Probleme handels- und steuerrechtlicher Bilanzierungsfähigkeit, Berlin.

Münstermann, Hans (1966), Die Bedeutung des ökonomischen Gewinns für den externen Jahresabschluß der Aktiengesellschaft, in: Die Wirtschaftsprüfung (WPg), 19. Jg., S. 579-586.

Mujkanovic, Robin (2002), Fair Value im Financial Statement nach International Accounting Standards, Stuttgart.

Muller, Jean-Claude/Levy, Jean Michel (2007), Sanofi-Aventis and Regeneron collaboration in therapeutic antibodies, abrufbar unter: http://en.sanofiaventis.com/binaries/071129_PDF_Slides_media_tcm28-15758.pdf (Stand: 15.12.2009).

Munser, Rene Kai (1998), Die Koordination kooperativer Forschung und Entwicklung – Kooperationsdruck verlangt Entscheidung über die optimale Form der Zusammenarbeit, in: IO-Management, S. 18-24.

Myers, Steward C./Howe, Christopher D. (1997), A life-cycle financial model of pharmaceutical R&D, Working Paper, Sloan School of Management.

Naumann, Klaus-Peter (2006), Das Spannungsverhältnis zwischen Relevanz und Verlässlichkeit in der Rechnungslegung – Ein Beitrag zur Fortentwicklung von HGB und IFRS, in: Zeitschrift für Betriebswirtschaft (ZfB), Special Issue 6/2006, 76. Jg., S. 43-76.

Neuhaus, Stefan (2009), Auslagerung betrieblicher Pensionszusagen – Eine ökonomische Analyse der Motive und Durchführungsformen, Frankfurt am Main u.a.

Nichol, Richard F. (2006), Contract Research Organizations: Role and function in new drug development, in: Smith, Charles G./O'Donnell, James T. (Hrsg.), The process of new drug discovery and development, 2. Auflage, New York/London, S. 407-418.

Nicklisch, Fritz (2004), Kooperation und Risikoverteilung bei FuE-Verträgen, in: Nicklisch, Fritz (Hrsg.), Forschungs- und Entwicklungsverträge in Wissenschaft und Technik, München, S. 5-14.

Nonnenmacher, Rolf (2006), Forschungs- und Entwicklungsausgaben (Rechnungslegung), in: Handelsblatt (Hrsg), Wirtschafts-Lexikon, Das Wissen der Betriebswirtschaftslehre, Band 4: Finanzielle Lage der Unternehmung, Darstellung und Prüfung – Grundstücke, Stuttgart, S. 1869-1877.

Nusser, Michael/Gaisser, Sibylle (2005), Innovation, Innovationssystem und Innovationsprozesse in der pharmazeutischen Industrie, in: Gaisser, Sibylle/Nusser, Michael/Reiß, Thomas (Hrsg.), Stärkung des Innovationsstandortes Deutschland – Abschlussbericht im Rahmen des Forschungsvorhabens "Stärkung des Innovationsstandortes Deutschland" der Hans-Böckler-Stiftung Projekt Nr. 2003-502-1, Stuttgart, S. 7-28.

Obermaier, Robert (2009), Fair Value-Bilanzierung nach IFRS auf der Basis von Barwertkalkülen, in: Zeitschrift für internationale und kapitalmarktorientierte Rechnungslegung (KoR), 9. Jg., S. 545-554.

OECD (2002), Frascati Manual – Proposed standard practice for surveys on research and development: the measurement of scientific and technological activities, Paris.

Ordelheide, Dieter (1998), Rechnungslegung und internationale Aktienanalyse, in: Möller, Hans Peter/Schmidt, Franz (Hrsg.), Rechnungswesen als Instrument für Führungsentscheidungen, Festschrift für Prof. Dr. Dr. h.c. Adolf G. Coenenberg zum 60. Geburtstag, Stuttgart, S. 505-524.

Ornaghi, Carmine (2009), Mergers and innovation in big pharma, in: International Journal of Industrial Organization, Vol. 27, S. 70-79.

Oswald, Dennis R./Zarowin, Paul (2007), Capitalization of R&D and the informativeness of stock prices, in: European Accounting Review (EAR), Vol. 16, S. 703-726.

o.V. (2004), Merck muss Blockbuster vom Markt nehmen, in: Handelsbaltt online vom 30.09.2004, abrufbar unter: http://www.handelsblatt.com/unternehmen/industrie/merck-muss-blockbuster-vom-markt-nehmen;798336 (Stand: 15.12.2009).

o.V. (2006a), Aktionäre spalten Altana, in: Handelsblatt online vom 20.12.2006, abrufbar unter: http://www.handelsblatt.com/unternehmen/industrie/aktionaere-spalten-altana;1189807 (Stand: 15.12.2009).

o.V. (2006b), Pfizer verliert Millionen an der Börse, in: Handelsblatt Nr. 235 vom 05.12.06, S. 14.

o.V. (2007a), Pharmakonzerne spüren Gegenwind, in: Handelsblatt Nr. 137 vom 19.07.2007, S. 16.

o.V. (2007b), Risse im Patent-Bollwerk – Pharmakonzern Sanofi-Aventis verteidigt Plavix in Kanda, das US-Verfahren läuft erst an, in: Handelsblatt Nr. 2 vom 03.01.2007, S. 12.

o.V. (2007c), Cytos und Novartis kooperieren bei Impfstoff gegen Nikotinsucht, in: Die Aktiengesellschaft 13-14, 53. Jg., S. R303.

o.V. (2007d), Dahanca legt Kopf- und Halskrebsstudie mit Genmabs HuMax-EGFr auf, in: na-presseportal, Börsenbericht Nr. 38/2007 vom 13.09.2007, abrufbar unter: http://www.presseportal.ch/de/pm/100000560/100544755/genmab_a_s (Stand: 15.12.2009).

o.V. (2008a), Novartis und Morphosys bilden strategische Allianz, in: Die Aktiengesellschaft, 53. Jg., S. R44.

o.V. (2008b), Zulassung für Darm-Medikament beflügelt Pharmakonzern UCB, in: Handelsblatt Nr. 080 vom 24.04.2008, S. 15.

o.V. (2008c), Merck hofft auf Erbitux, in: Handelsblatt Nr. 035 vom 19.02.2008, S. 14, abrufbar unter: http://www.handelsblatt.com/unternehmen/industrie/merck-hofft-und-hofft-auf-erbitux;1393124 (Stand: 15.12.2009).

o.V. (2008d), Neuer Pillengigant, in: Managermagazin vom 10. April 2008, abrufbar unter http://www.manager-magazin.de/unternehmen/artikel/0,2828,546495,00.html (Stand: 15.12.2009).

o.V. (2008e), Bittere Pille – EU erhöht Druck auf die Pharmaindustrie, in: Süddeutsche Zeitung online vom 28.11.2008, abrufbar unter: http://www.sueddeutsche.de/wirtschaft/857/449585/text/ (Stand: 15.12.2009).

o.V. (2008f), Milliarden-Kur, in: Handelsblatt Nr. 158 vom 15.08.2008, S. 12.

o.V. (2008g), Kampf um Jasmin – Bayer verliert Patentstreit um Anti-Baby-Pille, in: Spiegel-Online Wirtschaft vom 08.März 2008, abrufbar unter: http://www.spiegel.de/wirtschaft/0,1518,539306,00.html (Stand: 15.12.2009).

o.V. (2008h), GlaxoSmithKline signs collaboration agreement with Valeant Pharmaceuticals, in: PharmaWatch: CNS; Vol. 7, S. 7-8.

o.V. (2008i), Pillendreher brauchen eine Frischzellenkur, in: Börse online vom 31.07.2008, S. 28-29.

o.V. (2008j), Big Pharma sucht Biotech, in: Handelsblatt Nr. 194 vom 07.10.2008, S. 14.

o.V. (2009a), Big Pharma – Pfizer kauft Wyeth für 68 Milliarden Dollar, in: Managermagazin vom 26.01.2009, abrufbar unter: http://www.managermagazin.de/unternehmen/artikel/0,2828,603522,00.html (Stand: 15.12.2009).

o.V. (2009b), Der große Umbau, Mit seiner Milliardenübernahme wählt Pfizer den radikalsten Weg aus der Branchenkrise, in: FOCUS-MONEY Nr. 7, abrufbar unter: http://www.focus.de/finanzen/boerse/pfizer-pharma-der-grosse-umbau_aid_367575.html (Stand: 15.12.2009).

o.V. (2009c), Aggressive Patentpolitik nützt Bayer-Rivalen Teva, in: Financial Times Deutschland vom 29. Juli 2009, S. 4.

o.V. (2009d), Bayer stürzt aus Sorge um Blockbuster, in: Handelsblatt Nr. 54 vom 18.03.2009, S. 11.

o.V. (2009e), FDA Votum beschert Bayer einen Kurssprung, in: Handelsblatt Nr. 57 vom 23.03.2009, S. 11.

o.V. (2009f), Pharmakonzerne suchen neue Märkte, in: Handelsblatt Nr. 119 vom 25.06.2009, S. 10.

Owusu-Ansah, Stephen/Yeoh, Joanna (2006), Relative value relevance of alternative accounting treatments for unrealized gains: Implications for the IASB, in: Journal of International Financial Management and Accounting, Vol. 17, S. 228-255.

PAAinE (2009), The needs of users of financial information – A user survey, abrufbar unter: http://www.efrag.org/news/detail.asp?id=371 (Stand: 15.12.2009).

Padberg, Thomas (2007), Branchen-Bilanzanalyse, Stuttgart.

Paich, Mark/Peck, Corey/Valant, Jason/Solo, Kirk (2006), Managing R&D uncertainty and maximizing the commercial potential of pharmaceutical compounds using the dynamic modeling framework, in: Smith, Charles G./O'Donnell, James T. (Hrsg.), The process of new drug discovery and development, 2. Auflage, New York/London, S. 617-657 [zitiert als Paich et al. (2006)].

Parexel (2005), Parexel's Pharmaceutical R&D Statistical Sourcebook 2005/2006, Waltham, MA.

Patientenbund (2001), Der Bayer-Skandal in den Medien, abrufbar unter: http://www.patientenbund.org/rubriken/bayer.htm (Stand: 15.12.2009).

Peemöller, Volker H./Meister, Jan M./Beckmann, Christoph (2002), Der Multiplikatoransatz als eigenständiges Verfahren in der Unternehmensbewertung, in: Finanz-Betrieb (FB), 4. Jg., S. 197-209.

Pelger, Christoph (2009), Entscheidungsnützlichkeit in neuem Gewand: Der Exposure Draft zur Phase A des Conceptual Framework-Projekts, in: Zeitschrift für internationale und kapitalmarktorientierte Rechnungslegung (KoR), 9. Jg., S. 156-163.

Pellens, Bernhard (1989), Der Informationswert von Konzernabschlüssen – Eine empirische Untersuchung deutscher Börsengesellschaften, Wiesbaden.

Pellens, Bernhard (2001), Internationale Rechnungslegung, 4. Auflage, Stuttgart.

Pellens, Bernhard (2008), Müssen wir den Umgang mit Fair Values erst noch lernen?, in: Die Betriebwirtschaft (DBW), 68. Jg., S. 495-497.

Pellens, Bernhard/Amshoff, Holger/Schmidt, Andre (2009), Bilanzielle Abbildung von M&A-Transaktionen im Konzernabschluss – Auswirkungen von Finanzierungsstruktur und Bilanzierungsmethodik auf zentrale Konzernabschlusskennzahlen, in: Weber, Claus-Peter/Lorson, Peter/Pfitzer, Norbert (Hrsg.), Berichterstattung für den Kapitalmarkt – Festschrift für Karlheinz Küting zum 65. Geburtstag, Stuttgart, S. 491-521.

Pellens, Bernhard/Amshoff, Holger/Sellhorn, Thorsten (2008), IFRS 3 (rev. 2008) Einheitstheorie in der M&A-Bilanzierung, in: Betriebs-Berater, 63. Jg., S. 602-606.

Pellens, Bernhard/Brandt, Eva/Neuhaus, Stefan, (2007), Ergebnisneutrale Erfolgsbestandteile in der IFRS-Rechnungslegung, in: Kirsch, Hans-Jürgen/Thiele, Stefan (Hrsg.), Rechnungslegung und Wirtschaftsprüfung – Festschrift zum 70. Geburtstag von Prof. Dr. Dr. h.c. Jörg Baetge, Düsseldorf, S. 447-478.

Pellens, Bernhard/Crasselt, Nils/Rockholtz, Carsten (1998), Wertorientierte Entlohnungssysteme für Führungskräfte – Anforderungen und empirische Evidenz, in: Pellens, Bernhard (Hrsg.), Unternehmenswertorientierte Entlohnungssysteme, Stuttgart, S. 1-28.

Pellens, Bernhard/Crasselt, Nils/Schmidt, Andre/Sellhorn, Thorsten (2008), Fair Value-Bilanzierung und Ergebnisspaltung, in: Wagner, Franz W./Schildbach, Thomas/Schneider, Dieter (Hrsg.), Private und öffentliche Rechnungslegung – Festschrift für Hannes Streim zum 65. Geburtstag, Wiesbaden, S. 279-295 [zitiert als Pellens et al. (2008b)].

Pellens, Bernhard/Crasselt, Nils/Sellhorn, Thorsten (2009), Corporate Governance und Rechnungslegung, in: Zeitschrift für betriebswirtschaftliche Forschung (ZfbF), 61. Jg., S. 102-113.

Pellens, Bernhard/Fülbier, Rolf-Uwe (2000a), Ansätze zur Erfassung immaterieller Werte in der kapitalmarktorientierten Rechnungslegung, in: Baetge, Jörg (Hrsg.), Zur Rechnungslegung nach International Accounting Standards (IAS), Düsseldorf, S. 35-77.

Pellens, Bernhard/Fülbier, Rolf-Uwe (2000b), Immaterielle Vermögensgegenstände in der internen und externen Unternehmensrechnung, in: Küting, Karlheinz/Weber, Claus-Peter (Hrsg.), Wertorientierte Konzernführung, Kapitalmarktorientierte Rechnungslegung und integrierte Unternehmenssteuerung, Stuttgart, S. 119-155.

Pellens, Bernhard/Fülbier, Rolf-Uwe, Gassen, Joachim/Sellhorn, Thorsten (2008), Internationale Rechungslegung, 6. Auflage, Stuttgart [zitiert als Pellens et al. (2008a)].

Pellens, Bernhard/Fülbier, Rolf Uwe/Sellhorn, Thorsten (2001), Immaterielle Werte in der kapitalmarktorientierten Rechnungslegung, in: Coenenberg, Adolf G./Pohle, Klaus (Hrsg.), Internationale Rechnungslegung – Konsequenzen für Unternehmensführung, Rechnungswesen, Standardsetting, Prüfung und Kapitalmarkt, Stuttgart, S. 81-114.

Pellens, Bernhard/Neuhaus, Stefan/Sawazki, Wolfgang/Zimmermann, Ralf (2008), IFRS-Bilanzierung verstärkt Gewinnentwicklung, in: Der Betrieb (DB), 61. Jg., S. 137-145 [zitiert als Pellens et al. (2008c)].

Pellens, Bernhard/Neuhaus Stefan/Schmidt, Andre (2008), Relevanz unterschiedlicher Wertmaßstäbe für die Ausgestaltung der Unternehmensberichterstattung, in: Die Wirtschaftsprüfung (WPg), Sonderheft 2008, 61. Jg., S. 82-88.

Peller, Philip R./Schwitter, Frank J. (1991), A summary of accounting principle differences around the world, in: Choi, Frederick D.S. (Hrsg.), Handbook of International Accounting, Chapter 4, New York u.a., S. 1-23.

Penman, Stephen H. (2007), Financial reporting quality: Is fair value a plus or a minus?, in: Accounting and Business Research, Special Issue: International Accounting Policy Forum, Vol. 37, S. 33-44.

Petersen, Karl/Zwirner, Christian (2009), Rechnungslegung im Health Care-Sektor – Eine branchenfokussierte Analyse von Unternehmen im Gesundheitswesen, in: Zeitschrift für internationale und kapitalmarktorientierte Rechnungslegung (KoR), 9. Jg., S. 362-371.

Pfaff, Dieter/Kukule, Wilfried (2006), Wie fair ist der fair value?, in: Zeitschrift für internationale und kapitalmarktorientierte Rechnungslegung (KoR), 6. Jg., S. 542-549.

Pfeiffer, Peter (2000), Sicherung von F&E-Kompetenz in multinationalen Unternehmen – Marktdruck und Technologiesprünge als Treiber neuer Organisationsformen, St. Gallen.

Pferdehirt, Henrik (2007), Die Leasingbilanzierung nach IFRS – Eine theoretische und empirische Analyse der Reformbestrebungen, Wiesbaden.

Pfingsten, Florian (1998), Shareholder-Value im Lebenszyklus – Methoden einer marktwertorientierten Unternehmensführung, Wiesbaden.

Pharma-Marketing (2009), Mit Kooperationen Umsätze sichern, in: Pharma Marketing Journal Online, Pharma-Marketing.de, News vom 22.06.2009, abrufbar unter: http://www.pharma-marketing.de/Content/Pharma-Marketingde/ News/_pv/_p/1004155/_t/ft/_b/68042/default.aspx/mit-kooperationen-umsaetze-sichern.html (Stand: 15.12.2009).

Phlippen, Sandra/Vermeersch, An (2008), Pharmaceutical research strategies – An empirical study into the determinants of successful research projects for large pharmaceutical firms, SSRN-Working Paper, abrufbar unter: http://papers.ssrn.com/sol3/papers.cfm?abstract_id=1102054 (Stand: 15.12.2009).

Phrma (2007a), Drug discovery and development – Understanding the R&D process, abrufbar unter: http://www.phrma.org/files/RD%20Brochure%20022307.pdf (Stand: 15.12.2009).

Phrma (2007b), Pharmaceutical industry profile 2007, abrufbar unter: http://www.phrma.org/files/Profile%202007.pdf (Stand: 15.12.2009).

Phrma (2009), Pharmaceutical industry profile 2009, abrufbar unter: http://www.phrma.org/profiles_%26_reports/ (Stand: 15.12.2009).

Piachaud, Bianca (2004), Outsourcing R&D in the pharmaceutical industry: from conceptualization to implementation of the strategic sourcing process, New York.

Pötsch, Hans Dieter/Lotz, Friedhelm/Alvarez, Manuel (2005), Umstellung der Rechnungslegung auf IAS/IFRS – Ein Erfahrungsbericht der Volkswagen AG, in: Ballwieser, Wolfgang/Beine, Frank/Hayn, Sven/Peemöller, Volker H./Schruff, Lothar/Weber, Claus-Peter (Hrsg.), Wiley-Kommentar zur internationalen Rechnungslegung nach IAS/IFRS, 3. Auflage, London, S. 1235-1271.

Powell, Stephen (2003), Accounting for intangible assets: Current requirements, key players and future directions, in: European Accounting Review (EAR), Vol. 12, S. 797-811.

Prätsch, Joachim (1986), Langfristige Finanzplanung und Simulationsmodelle – Methodologische Grundlegung sowie Beurteilung der Eignung der Simulation für die langfristige Finanzplanungspraxis, Frankfurt am Main.

Praxmarer, Sandra (2005), Unternehmensbewertung in der Praxis – Probleme bei der Anwendung von Multiples, in: Wirtschaftswissenschaftliches Studium (WiSt), 34. Jg., S. 229-232.

Pritsch, Gunnar (2000), Realoptionen als Controlling-Instrument: Das Beispiel pharmazeutische Forschung und Entwicklung, Wiesbaden.

Pudipeddi, Madhu/Serajuddin, Abu T.M./Mufson, Daniel (2006), Integrated drug product development – From lead candidate selection to Life-Cycle-Management, in: Smith, Charles G./O'Donnell, James T. (Hrsg.), The process of new drug discovery and development, 2. Auflage, New York/London, S. 15-51.

Puran, Sangeeta (2005), The valuation of part-developed projects in the pharmaceutical sector, abrufbar unter: http://www.chandb.com/articles/050616ISP.pdf (Stand: 15.12.2009).

PwC (2004), IFRS: Issues and solutions for the pharmaceutical industry, Part 1, abrufbar unter: http://www.pwc.de/portal/pub/!ut/p/kcxml/04_Sj9SPykssy0xPLMnMz0vM0Y_QjzKLd4p3tggDSZnFG8Q76kfCRHw98nNT9YP0vfUD9AtyI8odHRUVAdWI3wg!/delta/base64xml/L3dJdyEvd0ZNQUFzQUMvNEIVRS82X0JfQzhW?siteArea=49c0d270e57346f1&content=e5eb8e0c45d465b&topNavNode=49c411a4006ba50c (Stand: 15.12.2009).

PwC (2005a), Personalized medicine: The emerging pharmacogenomics revolution, abrufbar unter: http://www.pwc.com/us/en/healthcare/publications/personalized-medicine-the-emerging-pharmacogenomics-revolution.jhtml (Stand: 15.12.2009).

PwC (2005b), Pharmaceutical market survey – A better shape for the future: Building value through integration and partnerships, abrufbar unter: http://www.pwc.fr/pharmaceutical_market_survey_a_better_shape_for_the_future.html (Stand: 15.12.2009).

PwC (2005c), IFRS: Issues and solutions for the pharmaceutical industry, Part 2, abrufbar unter: http://www.pwc.de/portal/pub/!ut/p/kcxml/04_Sj9SPykssy0xPLMnMz0vM0Y_QjzKLd4p3tggDSZnFG8Q76kfCRHw98nNT9YP0vfUD9AtyI8odHRUVAdWI3wg!/delta/base64xml/L3dJdyEvd0ZNQUFzQUMvNEIVRS82X0JfQzhWvNEIVRS82X0JfQzhW?siteArea=49c0d270e57346f1&content=e5eb8e0c45d465b&topNavNode=49c411a4006ba50c (Stand: 15.12.2009).

PwC (2007a), M&A Insights – Analysis & opinions on global M&A activity from our network of local advisers 2006/2007, abrufbar unter: http://www.pwc.fr/ma_insights_-_2006-2007.html (Stand: 15.12.2009).

PwC (2007b), A review of the implementation of IFRS in the pharmaceutical industry, abrufbar unter: http://www.pwc.com/extweb/pwcpublications.nsf/docid/8F4402EBD7BA6828802573AE005B1907 (Stand: 15.12.2009).

PwC (2007c), Benchmark study of the application in Europe of IFRS in the life science sector, abrufbar unter: http://www.pwc.com/extweb/pwcpublications.nsf/docid/37875BDCC7C7649E8525732C0064CE6C (Stand: 15.12.2009).

PwC (2007d), Measuring assets and liabilities – Investment professionals' views, 2007, abrufbar unter: http://www.pwc.com/extweb/ncsurvres.nsf/docid/A99E16448233D41880257293006F21BF (Stand: 15.12.2009).

PwC (2007e), Making acquisitions transparent - An evaluation of M&A-related IFRS disclosures by european companies in 2005, abrufbar unter: http://www.pwc.de/portal/pub/cxml/04_Sj9SPykssy0xPLMnMz0vM0Y_Qjz KLd4p3dgrVL8h2VAQAPWV4ng!!?topNavNode=49c4e38420924a4b&site Area=49c4e38420924a4b&content=e590a90b27ee7ba (Stand: 15.12.2009).

PwC (2008a), Bilanzierung von Ausgaben für Forschung und Entwicklung in der Pharma-Branche unter IAS/IFRS, abrufbar unter: http://www.pwc.de/portal/pub/!ut/p/kcxml/04_Sj9SPykssy0xPLMnMz0vM0Y_QjzKLd4p3tnQFSZn FG8QbeXvrR0IY_jAxR4RIkL63vq9Hfm6qfoB-QW5oRLmjoyIAJ-C1CA!!?siteArea=e5844c43e858a57&content=e5844c43e858a57&topNavNode=4 9c411a4006ba50c (Stand: 15.12.2009).

PwC (2008b), IFRS: Issues and solutions for the pharmaceuticals and life science industries – Vol III, abrufbar unter: http://www.pwc.com/extweb/pwcpublications.nsf/docid/4c8d5c849f2026d5802573e20033bd78 (Stand: 15.12.2009).

PwC (2008c), Bewertung immaterieller Vermögenswerte bei Transaktionen, abrufbar unter: http://www.pwc.de/portal/pub/!ut/p/kcxml/04_Sj9SPykssy0xPLMnMz 0vM0Y_QjzKLd4p3tnQFSYGYLm4W-pEQhgtEzCDeESICUuXrkZ-bqh-k760foF-QGxpR7uioCABpDhzR/delta/base64xml/L3dJdyEvd0ZNQUF zQUMvNElVRS82X0JfQzlF?siteArea=e5221f45c9498b9&topNavNode=49 c411a4006ba50c (Stand: 15.12.2009).

PwC (2008d), Abgrenzung von Forschungs-, Entwicklungs- und Vertriebskosten bei Pharmaunternehmen, abrufbar unter: http://www.pwc.de/portal/pub/!ut/p/kcxml/04_Sj9SPykssy0xPLMnMz0vM0Y_QjzKLd4p3tggDSYGYLm4W-pEQhgtEzCDeESICUuXrkZ-bqh-k760foFQGxpR7uioCABoCws4/delta/base64xml/L3dJdyEvd0ZNQUFzQUMvNElVRS82X0JfQzlF?siteArea=e50 b664c67f28c6&topNavNode=49c411a4006ba50c (Stand: 15.12.2009).

PwC (2008e), Issues and solutions for the pharmaceutical and life science industries – Vol. I&II Updates, abrufbar unter: http://www.pwc.com.vn/extweb/pwcpublications.nsf/docid/9b160fcaebfb22438525709f0055218e (Stand: 15.12.2009).

PwC (2008f), IFRS manual of accounting 2009 – Global guide to International Financial Reporting Standards, London.

Raasch, Antje-Christina (2006), Der Patentauslauf von Pharmazeutika als Herausforderung beim Management des Produktlebenszyklus, Wiesbaden.

Raasch, Antje-Christina/Schöffski, Oliver (2008), Management des Patentauslaufs, in: Schöffski, Oliver/Fricke, Frank-Ulrich/Guminski, Werner (Hrsg.), Pharmabetriebslehre, 2. Auflage, Berlin u.a., S. 215-231.

Rasmussen, Bruce (2002), The role of pharmaceutical alliances, Pharmaceutical Industry Project, Pharmaceutical Industry Project Working Paper No. 2, June, CSES, Victoria University, Melbourne, abrufbar unter: http://www.cfses.com/documents/pharma/02-Role_of_Alliances.pdf (Stand: 15.12.2009).

Reepmeyer, Gerrit (2006), Risk-sharing in the pharmaceutical industry – The case of Out-licensing, Heidelberg.

Reepmeyer, Gerrit/Kickuth, Michael (2006), Challenges in the pharmaceutical industry, in: Friedli, Thomas/Kickuth, Michael/Stieneker, Frank/Thaler, Peter/Werani, Jürgen (Hrsg.), Operational excellence in the pharmaceutical industry, Aulendorf, S. 17-29.

Rehkugler, Heinz/Poddig, Thorsten (1998), Bilanzanalyse, 4. Auflage, München/Wien.

Reichelt, Thibault (2008), Should international accounting standards prescribe the capitalization of intangibles assets?, SSRN-Working Paper, abrufbar unter:http://papers.ssrn.com/sol3/papers.cfm?abstract_id=1339394 (Stand: 15.12.2009).

Reilly, Robert F./Schweihs, Robert P. (1999), Valuing intangible assets, New York.

Riegler, Christian (2006), Immaterielle Werte in Management Commentary und Intellectual Capital Statement – Eine Gegenüberstellung von Berichtskonzepten, in: Zeitschrift für Internationale Rechnungslegung (IRZ), 1. Jg., S. 113-121.

Rockel, Werner/Sauer, Roman (2007), Bilanzierung von Versicherungsverträgen – IASB Discussion Paper „Preliminary Views on Insurance Contracts", in: Die Wirtschaftsprüfung (WPg), 60. Jg., S. 741-749.

Rosen, Michael S. (2008), New data on blockbuster drugs: A clear measure of global pharma success, abrufbar unter: http://www.midwestbusiness.com/news/viewnews.asp?newsletterID=19369 (Stand: 15.12.2009).

Rosenberger, Hans-Peter (2006), Verträge über Forschung und Entwicklung – F&E-Kooperationen in rechtlicher und wirtschaftlicher Sicht, Köln/München.

Rossmanith, Jonas/Gerlach, Diana (2008), Bilanzierung und Bewertung von Entwicklungskosten nach IAS 38, in: Funk, Wilfried/Rossmanith, Jonas (Hrsg.), Internationale Rechnungslegung und Internationales Controlling: Herausforderungen, Handlungsfelder, Erfolgspotenziale, Wiesbaden, S. 153-186.

Rowlands, Charles/Morgan, Amy/Hawksworth, Gary (2006), Winning strategies for effective collaboration in the pharmaceutical industry, in: Journal of Medical Marketing, Vol. 6, S.83-93.

RP Richter & Partner (2008), BilMoG Wegweiser, Herne.

Rüdiger, Mathias (2000), Forschung und Entwicklung als Dienstleistung – Grundlagen und Erfolgsbedingungen der Vertragsforschung, Wiesbaden.

Ruhnke, Klaus (2008), Rechnungslegung nach IFRS und HGB : Lehrbuch zur Theorie und Praxis der Unternehmenspublizität mit Beispielen und Übungen, 2. Auflage, Stuttgart.

Ruhnke, Klaus/Schmidt, Martin/Seidel, Thorsten (2005), Ergebnisneutrale oder ergebniswirksame Auflösung zuvor ergebnisneutral gebildeter latenter Steuern nach IFRS?, in: Zeitschrift für internationale und kapitalmarktorientierte Rechnungslegung (KoR), 5. Jg., S. 82-88.

Ruhnke, Klaus/Schmiele, Catharina/Sanyang, Madany (2009), Bedeutung selbst erstellter immaterieller Vermögensgegenstände des Anlagevermögens für Kreditvergabeentscheidungen, in: Der Betrieb (DB), 62. Jg., S. 2725-2729.

Rygl, David (2003), Konfiguration der Forschung und Entwicklung in der pharmazeutischen Industrie – Das Beispiel Novartis, University of Erlangen-Nuremberg, Working Papers, No. 4/2003, abrufbar unter: http://www.im.wiso.uni-erlangen.de/download/Working_Papers/working-paper-04-03-novartis.pdf (Stand: 15.12.2009).

Salz, Jürgen (2009), Pharmabranche: Weitere Großfusionen programmiert, in: Wirtschaftswoche vom 20.03.2009, abrufbar unter: http://www.wiwo.de/unternehmer-maerkte/pharmabranche-weitere-grossfusionen-programmiert-390743/ (Stand: 15.12.2009).

Schäfer, Erik (2004), Inhaber- und Verwertungsrechte an den Ergebnissen von Entwicklungs-/Forschungskooperationen und Aufträgen, in: Nicklisch, Fritz (Hrsg.), Forschungs- und Entwicklungsverträge in Wissenschaft und Technik, München, S. 59-67.

Schäfer, Hans-Bernd/Ott, Claus (2005), Lehrbuch der ökonomischen Analyse des Zivilrechts, 4. Auflage, Berlin u.a.

Schamp, Karen/Regenold, Jürgen/Jordan, Harald (2008), Regulatory affairs, in: Schöffski, Oliver/Fricke, Frank-Ulrich/Guminski, Werner (Hrsg.), Pharmabetriebslehre, 2. Auflage, Berlin u.a., S. 129-153.

Schanz, Günther (1976), Ein Modell zur Planung des Forschungs- und Entwicklungsaufwands in industriellen Unternehmungen, in: Betriebswirtschaftliche Forschung und Praxis (BFuP), 28. Jg., S. 270-282.

Schellhorn, Mathias/Weichert, Sven (2001), Ansatz und Bewertung von Forschungs- und Entwicklungskosten nach IAS 38 im Vergleich zu IAS 9, in: Deutsches Steuerrecht (DStR), 39. Jg., S. 865-868.

Scherer, Norbert (1995), Kooperationsentscheidungen in Forschung und Entwicklung, Frankfurt am Main u.a.

Schildbach, Thomas (1975), Analyse des betrieblichen Rechnungswesens aus der Sicht der Unternehmungsbeteiligten – dargestellt am Beispiel der Aktiengesellschaft, Wiesbaden.

Schildbach, Thomas (1998), Zeitwertbilanzierung in USA und nach IAS, in: Betriebswirtschaftliche Forschung und Praxis (BFuP), 50. Jg., S. 580-592.

Schildbach, Thomas (2002), US-GAAP – Amerikanische Rechnungslegung und ihre Grundlagen, 2. Auflage, München.

Schildbach, Thomas (2004), Der handelsrechtliche Jahresabschluss, 7. Auflage, Herne/Berlin.

Schildbach, Thomas (2006), Der Erfolg im Rahmen der internationalen Rechnungslegung – Konzeptionelle Vielfalt bei der Information des Kapitalmarkts, in: Kürsten, Wolfgang/Nietert, Bernhard (Hrsg), Kapitalmarkt, Unternehmensfinanzierung und rationale Entscheidungen, Festschrift für Jochen Wilhelm, Berlin/Heidelberg, S. 311-328.

Schildbach, Thomas (2007), IFRS – Irre Führendes Rechnungslegungs-System, in: Zeitschrift für Internationale Rechnungslegung (IRZ), 2. Jg., S. 9-16 und S. 91-97.

Schildbach, Thomas (2009), Internationale Rechnungslegung – cui bono?, in: Weber, Claus-Peter/Lorson, Peter/Pfitzer, Norbert (Hrsg.), Berichterstattung für den Kapitalmarkt - Festschrift für Karlheinz Küting zum 65. Geburtstag, Stuttgart, S. 103-119.

Schlemminger, Manfred (2007), The proof of pudding – Die Zulassung, in: Fischer, Dagmar/Breitenbach, Jörg (Hrsg.), Die Pharmaindustrie: Einblick-Durchblick-Perspektiven, 2. Auflage, München, S. 121-132.

Schmalenbach, Eugen (1920), Grundlagen dynamischer Bilanzlehre, Sonderabdruck aus der Zeitschrift für Handelswissenschaftliche Forschung, 14. Jg., 2. Auflage, Leipzig.

Schmalenbach, Eugen (1925), Grundlagen dynamischer Bilanzlehre, 3. Auflage, Leipzig.

Schmalenbach, Eugen (1962), Dynamische Bilanz, 13. Auflage, bearbeitet von Richard Bauer, Köln und Opladen.

Schmeisser, Wilhelm (2008), Innovationserfolgsrechnungen bei der Bewertung pharmazeutischer FuE-Projekte, in: Schmeisser, Wilhelm/Mohnkopf, Hermann/Hartmann, Matthias/Metze, Gerhard (Hrsg.), Innovationserfolgsrechnung: Innovationsmanagement und Schutzrechtsbewertung, Technologieportfolio, Target-Costing, Investitionskalküle und Bilanzierung von FuE-Aktivitäten, Berlin/Heidelberg, S. 69-111.

Schmidli, Marc/Vasalli, Philipp (2006), Immaterielle Vermögenswerte – Bedeutung und kritische Faktoren der Bewertung, in: Der Schweizer Treuhänder, 80. Jg., S. 144-148.

Schmidt, Daniel F.P. (2006), Präventives Konfliktmanagement: Am Beispiel von F&E Kooperationen zwischen Pharma- und Biotechnologieunternehmen, Frankfurt am Main.

Schmidt, Fritz (1929), Die organische Tageswertbilanz, 3. Auflage, Wiesbaden.

Schmidt, Martin (2005), Rechnungslegung von Finanzinstrumenten – Abbildungskonzeptionen aus Sicht der Bilanztheorie, der empirischen Kapitalmarktforschung und der Abschlussprüfung, Wiesbaden.

Schmied, Ingo (2004), Die Leistungs-Abschreibung, in: bilanz & buchhaltung (b&b), 50. Jg., S. 37-39.

Schmundt, Wilhelm (2008), Die Prognose von Ertragsteuern im Discounted Cash Flow-Verfahren: Eine Analyse der decision usefulness der IAS 12 und SFAS 109, Wiesbaden.

Schmusch, Matthias/Laas, Tim (2006), Werthaltigkeitsprüfungen nach IAS 36 in der Interpretation von IDW RS HFA 16, in: Die Wirtschaftsprüfung (WPg), 59. Jg., S. 1048-1060.

Schneider, Dieter (1989), Erste Schritte zu einer Theorie der Bilanzanalyse, in: Die Wirtschaftsprüfung (WPg), 42. Jg., S. 633-642.

Schneider, Dieter (1997), Betriebswirtschaftslehre, Band 2: Rechnungswesen, 2. Auflage, Oldenbourg.

Schneider, Dietram/Zieringer, Carmen (1991), Make-or-buy-Strategien für F&E: transaktionskostenorientierte Überlegungen, Wiesbaden.

Schütte, Jens (2006), Aktivierungskonzepte immaterieller Vermögenswerte, Hamburg.

Schultheiß, Rainer (2001), Anwendungsorientierte Grundlagenforschung und produktorientierte Anwendungsforschung als Spekulationsgeschäft: Ein Anwendungsfall für die Optionspreistheorie, Stuttgart.

Schreyer-Bestmann, Sybille (2006), Bio Top-Forum, Verträge in der Biotechnologie, abrufbar unter: http://www.biotop.de/data/files/downloads/0602_cms.pdf (Stand: 15.12.2009).

Schultze, Wolfgang/Dinh Thi, Tami/Steeger, Leif (2009), Immaterielle Werte aus Sicht des Kapitalmarkts, in: Möller, Klaus/Piwinger, Manfred/Zerfaß, Ansgar (Hrsg.), Immaterielle Vermögenswerte – Bewertung, Berichterstattung und Kommunikation, Stuttgart, S. 317-331.

Schultze, Wolfgang/Kafadar, Kalina/Thiericke, Sandra (2008), Die Kaufpreisallokation bei Unternehmenszusammenschlüssen nach IFRS 3 (a.F.) und IFRS 3 (rev. 2008), in: Deutsches Steuerrecht (DStR), 46. Jg., S. 1348-1354.

Schulz, Michael (1999), Aktienmarketing – Eine empirische Erhebung zu den Informationsbedürfnissen deutscher institutioneller Investoren und Analysten, Berlin.

Schumann, Jörg (2008), Unternehmenswertorientierung in Konzernrechnungslegung und Controlling – Impairment of Assets (IAS 36) im Kontext bereichsbezogener Unternehmensbewertung und Performancemessung, Wiesbaden.

Schreiber, Susanne (2002), Der Ansatz von Intangible Assets nach US-GAAP – Zentrale Aktivierungskriterien, relevante Verlautbarungen, Systembildung, Wiesbaden.

Schremper, Ralf/Pälchen, Oliver (2001), Wertrelevanz rechnungswesenbasierter Erfolgskennzahlen – Eine empirische Untersuchung anhand des S&P 400 Industrial, in: Die Betriebswirtschaft (DBW), 61. Jg., S. 542-559.

Schruff, Lothar (2004), Immaterielle Vermögenswerte, in: Ballwieser, Wolfgang/Beine, Frank/Hayn, Sven/Peemöller, Volker H./Schruff, Lothar/Weber, Claus-Peter (Hrsg.), Wiley-Kommentar zur internationalen Rechnungslegung nach IAS/IFRS, Abschnitt 9, Braunschweig.

Schruff, Lothar/Haaker, Andreas (2009), Immaterielle Vermögenswerte, in: Ballwieser, Wolfgang/Beine, Frank/Hayn, Sven/Peemöller, Volker H./Schruff, Lothar/Weber, Claus-Peter (Hrsg.), Wiley-Kommentar zur internationalen Rechnungslegung nach IAS/IFRS, 3. Auflage, Weinheim, Abschnitt 9, S. 441-487.

Schwedler, Christina (2008), Business Combinations Phase II: Die neuen Vorschriften zur Bilanzierung von Unternehmenszusammenschlüssen, in: Zeitschrift für internationale und kapitalmarktorientierte Rechnungslegung (KoR), 8. Jg., S. 125-138.

Schween, Carsten (2005), ED IAS 37 – Non-financial liabilities – An amendment to IAS 37 Provisions, Contingent Liabilities and Contingent Assets, Öffentliche Sitzung des DRSC e.V. vom 15.07.05, abrufbar unter: http://www.standardsetter.de/drsc/docs/presentations/2005-07-15_OES_EDIAS37.pdf (Stand: 15.12.2009).

SEC (2008), Roadmap for the potential use of financial statements prepared in accordance with International Financial Reporting Standards by U.S. issuers, abrufbar unter: http://www.sec.gov/rules/proposed/2008/33-8982.pdf (Stand: 15.12.2009).

Seidel, Björn/Grieger, Stephanie/Muske, Roland (2009), Bilanzierung von Entwicklungskosten nach dem BilMoG, in: Betriebs-Berater, 64. Jg., S. 1286-1290.

Seidlitz, Frank (2009), Novartis-Chef schließt große Übernahmen aus, in: Welt online vom 05.02.2009, abrufbar unter: http://www.welt.de/wirtschaft/article3154999/Novartis-Chef-schliesst-grosse-Uebernahmen-aus.html (Stand: 15.12.2009).

Shah, Rashimi R./Griffin, John P. (2006), Regulation of human medical products in the European Union, in: Griffin, John P./O'Grady, John (Hrsg.), The textbook of pharmaceutical medicine, Massachusetts u.a., 5. Auflage, S. 489-534.

Siegel, Stanley (1997), The coming revolution in accounting: The emergence of fair value as the fundamental principle of GAAP, in: WPK-Mitteilungen, Sonderheft Juni 1997, 36. Jg., S. 81-90.

Siegel, Theodor (1998), Zeitwertbilanzierung für das deutsche Bilanzrecht?, in: Betriebswirtschaftliche Forschung und Praxis (BFuP), 50. Jg., S. 593-603.

Siegrist, Louis/Stucker, Jürg (2006), Kaufpreisallokation: Erste Erfahrungen mit IFRS 3, in: Der Schweizer Treuhänder, 80. Jg., S. 248-252.

Siegrist, Louis/Stucker, Jürg (2007): Die Bewertung von immateriellen Vermögenswerten in der Praxis – ein Erfahrungsbericht, in: Zeitschrift für Internationale Rechnungslegung (IRZ), 2. Jg., S. 243-249.

Siegwart, Hans (1974), Produktentwicklung in der industriellen Unternehmung, Bern/Stuttgart.

Simon, Hermann V. (1910), Die Bilanzen der Aktiengesellschaften und der Kommanditgesellschaften auf Aktien, 4. Auflage, Berlin.

Simonet, Daniel (2002), Licensing agreements in the pharmaceutical industry, in: International Journal of Medical Marketing, Vol. 2, S. 329-341.

Smith, Gordon V./Parr, Russell L. (2000), Valuation of intellectual property and intangible assets, 3. Auflage, New York.

Smith, Gordon V./Parr, Russell L. (2005), Intellectual property – Valuation, exploitation, and infringement damages, New York.

Snavely, Howard J. (1967), Accounting information criteria, in: The Accounting Review, Vol. 42, S. 223-232.

So, Stella/Smith, Malcolm (2009), Value-relevance of presenting changes in fair value of investment properties in the income statement: Evidence from HongKong, in: Accounting and Business Research, Vol. 39, S. 103-118.

Song, Chang Joon/Thomas, Wayne/Yi, Han (2008), Value Relevance of FAS 157 Fair Value Hierarchy Information and the Impact of Corporate Governance Mechanisms, SSRN-Working Paper, abrufbar unter: http://papers.ssrn.com/sol3/papers.cfm?abstract_id=1198142 (Stand: 15.12.2009).

Spalcke, Joachim (2004), Arzneimittelzulassungsverfahren in der Europäischen Union und den Vereinigten Staaten von Amerika, Frankfurt am Main.

Specht, Günter/Beckmann, Christoph/Amelingmeyer, Jenny (2002), F&E-Management: Kompetenz im Innovationsmanagement, 2. Auflage, Stuttgart.

Spranger, Hans Christoph (2006), Die Bewertung von Patenten, Würzburg, abrufbar unter:http://www.opus-bayern.de/uni-wuerzburg/volltexte/2006/1902/ (Stand: 15.12.2009).

Stada AG (2009), Glossar, abrufbar unter: www.stada.de/unternehmen/investoren_service/glossar/ (Stand: 15.12.2009).

Standard & Poor's (2008), Corporate ratings criteria 2008, New York, abrufbar unter: http://www.nafoa.org/pdf/CorprateCriteriaBook-2008.pdf (Stand: 15.12.2009).

Staubus, George J. (2000), The decision-usefulness theory of accounting – a limited history, New York.

Stein, Andreas/Gackstatter, Steffen/Hassan, Ali/Rieman, Achim (2001), Wenn F+E-Projekte wie strategische Optionen bewertet werden, in: Harvard Business Manager, 23. Jg., S. 49-58 [zitiert als Stein et al. (2001)].

Sterling, Robert R. (1979), A theory of the measurement of enterprise income, Houston.

Stonebraker, Jeffrey S. (2002), How Bayer makes decisions to develop new drugs, in: Interfaces, Vol. 32, S. 77-90.

Streim, Hannes (1977), Der Informationsgehalt des Human Resource Accounting – Zur Problematik der Erfassung und des Ausweises menschlicher Ressourcen im betriebswirtschaftlichen Rechnungswesen, unveröffentlichte Habilitatitionsschrift, Gießen.

Streim, Hannes (1986), Grundsätzliche Anmerkungen zu den Zwecken des Rechnungswesens, in: Lüder, Klaus (Hrsg.), Entwicklungsperspektiven des öffentlichen Rechnungswesens, Speyerer Forschungsberichte Nr. 48, Speyer, S. 1-21.

Streim, Hannes (1993), Wahlrechte, in: Chmielewicz, Klaus/Schweitzer, Marcell (Hrsg.), Handwörterbuch des Rechnungswesens, 3. Auflage, Stuttgart, Sp. 2151-2160.

Streim, Hannes (1994a), Agency Problems in the Legal Political System and Supreme Auditing Institutions, in: European Journal of Law and Economics, Vol. 1, S. 177-191.

Streim, Hannes (1994b), Die Generalnorm des § 264 Abs. 2 HGB – Eine kritische Analyse, in: Ballwieser, Wolfgang/Böcking, Hans-Joachim/Drucarzyk, Jochen/Schmidt, Reinhard H. (Hrsg.), Bilanzrecht und Kapitalmarkt, Festschrift für Adolf Moxter zum 65. Geburtstag, Düsseldorf, S. 391-406.

Streim, Hannes (1995), Zum Stellenwert des Lageberichts im System der handelsrechtlichen Rechnungslegung, in: Elschen, Rainer/Siegel, Theodor/Wagner, Franz W. (Hrsg.), Unternehmenstheorie und Besteuerung, Festschrift für Dieter Schneider zum 60. Geburtstag, Wiesbaden, S. 703-721.

Streim, Hannes (2000), Die Vermittlung von entscheidungsnützlichen Informationen durch Bilanz und GuV – Ein nicht einlösbares Versprechen der internationalen Standardsetter, in: Betriebswirtschaftliche Forschung und Praxis (BFuP), 52. Jg., S. 111-131.

Streim, Hannes/Bieker, Markus/Esser, Maik (2003), Vermittlung entscheidungsnützlicher Informationen durch Fair Values? – Sackgasse oder Licht am Horizont?, in: Betriebswirtschaftliche Forschung und Praxis (BFuP), 55. Jg., S. 457-479.

Streim, Hannes/Bieker, Marcus/Esser, Maik (2004), Der schleichende Abschied von der Ausschüttungsbilanz – Grundsätzliche Überlegungen zum Inhalt einer Informationsbilanz, in: Dirrigl, Hans/Wellisch, Dietmar/Wenger, Ekkehard (Hrsg.), Steuern, Rechnungslegung und Kapitalmarkt, Festschrift für Franz W. Wagner zum 60. Geburtstag, Wiesbaden, S. 229-244.

Streim, Hannes/Bieker, Markus/Esser, Maik (2005), Fair Value Accounting in der IFRS-Rechnungslegung – eine Zweckmäßigkeitsanalyse, in: Schneider, Dieter/Rückle, Dieter/Küpper, Hans-Ulrich/Wagner, Franz W. (Hrsg.), Kritisches zu Rechnungslegung und Unternehmensbesteuerung, Festschrift zur Vollendung des 65. Lebensjahres von Theodor Siegel, Berlin, S. 87-109.

Streim, Hannes/Bieker, Markus/Leippe, Britta (2001), Anmerkungen zur theoretischen Fundierung der Rechnungslegung nach International Accounting Standards, in: Schmidt, Hartmut/Ketzel, Eberhart/Prigge, Stefan (Hrsg.), Wolfgang Stützel – Moderne Konzepte für Finanzmärkte, Beschäftigung und Wirtschaftsverfassung, Tübingen, S. 177-206.

Streim, Hannes/Bieker, Marcus/Leippe, Britta/Schmidt, Lars (2005), International Accounting Standards, in: Hofbauer, Max A./Grewe, Wolfgang/Albrecht, Werner/Kupsch, Peter/Scherrer/Gerhard (Hrsg.): Bonner Handbuch Rechnungslegung, 2. Auflage, Band 4 (Fach 5), Bonn u.a. (Stand: 2002) [zitiert als Streim et al. (2005)].

Streim, Hannes/Leippe, Britta (2001), Neubewertung nach International Accounting Standards – Darstellung, Anwendungsprobleme und kritische Analyse, in: Seicht, Gerhard (Hrsg.), Jahrbuch für Controlling und Rechnungswesen 2001, Wien, S. 373-411.

Stützel, Wolfgang (1967), Bemerkungen zur Bilanztheorie, in: Zeitschrift für Betriebswirtschaft (ZfB), 37. Jg., S. 314-340.

Sturm, Andreas (2007), Auswirkungen von Medikamentengenehmigungen auf die Bewertung von Biotech- und Pharmaunternehmen: Eine Ereignisstudie, Regensburg, abrufbar unter: http://www.opus-bayern.de/uni-regensburg/volltexte/2007/780/pdf/sturm_diss2.pdf (Stand: 15.12.2009).

Tanski, Joachim S. (2005), Sachanlagen nach IFRS – Bewertung, Bilanzierung und Berichterstattung, München.

Tapon, Francis/Thong, Mona (1999), Research collaborations by multi-national research orientated pharmaceutical firms: 1988-1997, in: R&D Management, Vol. 29, S. 219-231.

Taylor, Phil (2008), Pharma must adapt to emerging markets, abrufbar unter: http://www.in-pharmatechnologist.com/Industry-Drivers/Pharma-must-adapt-to-emerging-markets (Stand: 15.12.2009).

Telgheder, Maike (2009), Big Pharma im Fusionsfieber, in: Handelsblatt online vom 09.03.2009, abrufbar unter: http://www.handelsblatt.com/unternehmen/industrie/big-pharma-im-fusionsfieber;2196453 (Stand: 15.12.2009).

Telgheder, Maike/Hofmann, Siegfried (2008), Jäger der verborgenen Schätze, in: Handelsblatt Nr. 158 vom 15.08.2008, abrufbar unter: http://www.handelsblatt.com/unternehmen/industrie/pharmakonzerne-jaeger-verborgenerschaetze;2023241 (Stand: 15.12.2009), S. 11.

Thierolf, Christoph (2002), Kosten und Finanzierung pharmazeutischer Forschung und Entwicklung, in : Schöffski, Oliver/Fricke, Frank-Ullrich/Guminski, Werner/Hartmann, Wolfgang (Hrsg.), Pharmabetriebslehre, Berlin u.a., S. 349-363.

Thierolf, Christoph (2008), Kosten und Finanzierung pharmazeutischer Forschung und Entwicklung, in: Schöffski, Oliver/Fricke, Frank-Ullrich/Guminski, Werner (Hrsg.), Pharmabetriebslehre, 2. Auflage, Berlin u.a., S. 117-128.

Toppe Shortridge, Repecca (2004), Market valuation of successful versus nonsuccessfull R&D efforts in the pharmaceutical industry, in: Journal of Business, Finance & Accounting, Vol. 31, S. 1301-1325.

Torklus, Alexander von (2007), Rückstellungen nach internationalen Normen – Eine theoretische und empirische Analyse, Düsseldorf.

Trautwein, Andreas (2008), Wertrelevanz von Patentinformationen im Kontext der Rechnungslegung – Eine empirische Betrachtung für börsennotierte Kapitalgesellschaften in Deutschland, Wiesbaden.

Tyebjee, Tyzoon/Hardin, Jill (2004), Biotech-pharma alliances: Strategies, structures and financing, in: Journal of Commercial Biotechnology, Vol. 10, S. 329-339.

UBS Investment Research (2007), Financial Reporting for Investors, 2007, abrufbar unter: http://pwc.blogs.com/corporatereporting/files/Performance_measurement_equity.pdf (Stand: 15.12.2009).

Ulsenheimer, Stefan (2002), Die zwischenbetriebliche Forschungs- und Entwicklungskooperation: Zivilrechtliche Probleme bei der Vertragsgestaltung und -durchführung, Frankfurt am Main u.a.

Unrein, Daniel (2009), Der Exposure Draft zum Management Commentary Projekt des IASB – Die zukünftige Lageberichterstattung nach IFRS, in: Praxis der internationalen Rechnungslegung (PiR), 5. Jg., S. 259-266.

Vagelos, Roy (2006), Podcast: The future of the pharmaceutical industry according to former Merck CEO Roy Vagelos, abrufbar unter: http://knowledge.wharton.upenn.edu/article.cfm?articleid=1443 (Stand: 15.12.2009).

Velte, Patrick (2008), F&E-Berichterstattung nach HGB und IFRS – Auswirkungen auf die Corporate Governance vor dem Hintergrund des BilMoG, in: Zeitschrift für Corporate Governance (ZCG), 3. Jg., S. 239-244.

Villeneuve, Thomas F./ Gunderson, Robert V. Jr./Chapman, Colin D./Riley, David P. Jr./Sharrow, David P. (2006), Corporate partnering: Structuring & negotiating domestic & international strategic alliances, 4. Auflage, New York [zitiert als Villeneuve et al.].

Völker, Rainer (2000), Wertmanagement in Forschung und Entwicklung – Allokation der F&E-Ressourcen auf Projekte, Bereiche und Standorte, München.

Völker, Rainer (2006), Management von Entwicklungsprojekten in der Pharmabranche, in: Gassmann, Oliver/Kobe, Carmen (Hrsg.), Management von Innovation und Risiko, 2. Auflage, Berlin, S. 267-283.

Voet, Martin A. (2008), The generic challenge – Understanding patents, FDA and pharmaceutical life-cycle-management, 2. Auflage, Boca Raton.

Vollmer, Robert (2008), Rechnungslegung auf informationseffizienten Kapitalmärkten, Wiesbaden.

Vorstius, Sven (2004), Wertrelevanz von Jahresabschlussdaten – Eine theoretische und empirische Betrachtung von Wertrelevanz im Zeitablauf in Deutschland, Wiesbaden.

Voß, Ulrike (2004), Forschungs- und Entwicklungsverträge in der Pharma-, Biotech- und Genetikindustrie – Rechtliche Probleme und Regelungsinhalte, in: Nicklisch, Fritz (Hrsg.), Forschungs- und Entwicklungsverträge in Wissenschaft und Technik, München, S. 109-127.

Wagenhofer, Alfred (2001), Rechnungslegung, in: Jost, Peter-J. (Hrsg.), Die Prinzipal-Agenten-Theorie in der Betriebswirtschaftslehre, Stuttgart, S. 439-486.

Wagenhofer, Alfred (2005), Internationale Rechnungslegungsstandards – IAS/IFRS, Grundkonzepte, Bilanzierung, Bewertung, Angaben, Umstellung und Analyse, 5. Auflage, Frankfurt am Main.

Wagenhofer, Alfred (2006), Welche Anreize hat das IASB als privater Standardsetter, in: Zeitschrift für Internationale Rechnungslegung (IRZ), 1. Jg., S. 137-138.

Wagenhofer, Alfred/Ewert, Ralf (2003), Externe Unternehmensrechnung, 1. Auflage, Berlin u.a.

Wagenhofer, Alfred/Ewert, Ralf (2007), Externe Unternehmensrechnung, 2. Auflage, Berlin u.a.

Wagenhofer, Alfred/Moitzi, Bernhard (2006), Forschungs- und Entwicklungskosten im Jahresabschluss, in: Bertl, Romuald/Leitner, Karl-Heinz/Riegler, Christian (Hrsg.), Forschung und Entwicklung – Steuerung, Berichterstattung und Prüfung, Wien, S. 163-184.

Wagner, Franz W. (1982), Zur Informations- und Ausschüttungsbemessungsfunktion des Jahresabschlusses auf einem organisierten Kapitalmarkt, in: Zeitschrift für betriebswirtschaftliche Forschung (ZfbF), 34. Jg., S. 749-771.

Walton, Fintan (2004), In- and out-licensing, in: Pacl, Harald/Festel, Gunter/Wess, Günther (Hrsg.), The future of pharma R&D: Challenges and trends, Huenenberg, S. 107-122.

Warschat, Joachim/Ganz, Walter (2000), Gestaltung und Management von F&E-Kooperationen: Wie Wissen in Forschung und Entwicklung zielgerichtet genutzt wird, in: IO-Management, Vol. 69, S. 53-58.

Weder, Rolf (1989), Joint Venture: Theoretische und empirische Analyse unter besonderer Berücksichtigung der chemischen Industrie der Schweiz, Basel.

Wehrheim, Michael (2000), Die Bilanzierung immaterieller Vermögensgegenstände („Intangible Assets") nach IAS 38, in: Deutsches Steuerrecht (DStR), 38. Jg., S. 86-88.

Weinreis, Marcus (2009), Einfluss von empirischer Forschung und Rechnungslegungspraxis auf die internationalen Standardsetter – Eine Untersuchung am Beispiel Performance Reporting, Hamburg.

Wengel, Torsten/Schnell, Mathias (2008), Die Bewertungsregeln nach IAS/IFRS, in: Der Betrieb (DB), 61. Jg., S. 2263-2266.

Wenger, Ekkehard (1981), Unternehmenserhaltung und Gewinnbegriff, Die Problematik des Nominalwertprinzips in handels- und steuerrechtlicher Sicht, Wiesbaden.

Wenger, Ekkehard/Terberger, Eva (1988), Die Beziehung zwischen Agent und Prinzipal als Baustein einer ökonomischen Theorie der Organisation, in: Wirtschaftswissenschaftliches Studium (WiSt), 17. Jg., S. 506-513.

Wess, Günter (2004), Kooperationen und Partnerschaften als zentrale Elemente der Unternehmensstrategie, in: Nicklisch, Fritz (Hrsg.), Forschungs- und Entwicklungsverträge in Wissenschaft und Technik, München, S. 97-108.

Whitehead, Brian/Jackson, Stuart/Kempner, Richard (2008), Managing generic competition and patent strategies in the pharmaceutical industry, in: Journal of Intellectual Property Law & Practice, Vol. 3, S. 226-235.

Whittaker, Erica/Bower D. Jane (1994), A shift to external alliances for product development in the pharmaceutical industry, in: R&D Management, Vol. 24, S. 249-260.

Wiley, John (2007), Therapeutic area trends in R&D of the top 20 pharmaceutical companies, in: Wiley, John & Sons (Hrsg.), Wiley handbook of current and emerging drug therapies, Hobeuken, S. 48-66.

Williams, Michael (2007), Editorial overview: Pharma in-licensing 2007 – Cost versus paucity, in: Current Opinion in Investigational Drugs, Vol. 8, S. 17-24.

Wilson, Allister (2007), The relevance and reliability of fair value measurement, in: Walton, Peter (Hrsg.), The routledge companion to fair value and financial reporting, New York, S. 196-209.

Winzer, Wolfgang (2006), Forschungs- und Entwicklungsverträge: ein Vertragshandbuch, München.

Wohlgemuth, Frank (2006), IFRS: Bilanzpolitik und Bilanzanalyse: Gestaltung und Vergleichbarkeit von Jahresabschlüssen, Berlin.

Wolf, Peter de (1997), European harmonization in the pharmaceutical industry: Mission in completion?, Management No. 25 (13) des Erasmus Institute for Advanced Studies in Management der Rotterdam School of Management, Rotterdam.

Wollmert, Peter/Achleitner, Ann-Kristin (1997), Konzeptionelle Grundlagen der IAS-Rechnungslegung (Teil I), in: Die Wirtschaftsprüfung (WPg), 50. Jg., S. 209-222.

Wong, Gigi (2008), License or buy? – Current trends in the biotech sector and recommended strategic options: The UK perspective, abrufbar unter: http://www.chandb.com/index2.htm (Stand: 15.12.2009).

Wüstemann, Jens/Bischof, Jannis (2006), Der Grundsatz der Fair Value-Bewertung von Schulden nach IFRS: Zweck, Inhalte und Grenzen, in: Zeitschrift für Betriebswirtschaftt (ZfB), Special Issue 6/2006, 76. Jg., S. 77-110.

Wulf, Inge (2008), Immaterielle Vermögenswerte nach IFRS – Ansatz, Bewertung, Goodwill-Bilanzierung, Berlin.

Wulf, Inge (2009), Bilanzierung immaterieller Vermögenswerte nach IFRS – Finanz- und erfolgswirtschaftliche Auswirkungen von IAS 38 und IFRS 3 am Beispiel der DAX 30-Unternehmen, in: Zeitschrift für Internationale Rechnungslegung (IRZ), 4. Jg., S. 109-121.

Wurche, Sven (1994), Strategische Kooperation – Theoretische Grundlagen und praktische Erfahrungen am Beispiel mittelständischer Pharmaunternehmen, Wiesbaden.

Wurm, Felix (1993), Umlageverträge für Forschung und Entwicklung zwischen verbundenen Unternehmen – Anforderungen nach deutschem Steuerrecht, in: Hefte zur Internationalen Besteuerung, Heft 90, Hamburg.

Wyatt, Anne (2008), What financial and non-financial information on intangibles is value-relevant? A review of the evidence, in: Accounting and Business Research, Vol. 38, International Accounting Policy Forum, S. 217-256.

Xu, Bixia/Magnan, Michel L./Andre, Paul E. (2007), The stock market valuation of R&D information in Biotech firms, in: Contemporary Accounting Research (CAR), Vol. 24, S. 1291-1318.

Yang, Ju Mei (1927), The valuation of intangibles, in: The Accounting Review, Vol. 2, S. 223-231.

Yang, Ju Mei (1978), Goodwill and other intangibles, Nachdruck der Ausgabe von 1927, New York [ursprünglich Dissertation, Michigan University, 1879].

Zelger, Jörg (2005), Purchase Price Allocation nach IFRS und US-GAAP, in: Ballwieser, Wolfgang/Beyer, Sven/Zelger, Hansjörg (Hrsg.), Unternehmenskauf nach IFRS und US-GAAP, Purchase Price Allocation, Goodwill und Impairment-Test, Stuttgart, S. 91-140.

Zhao, Ronald (2002), The relative value relevance of R&D-Accounting: An international comparison, in: Journal of International Financial Management and Accounting, Vol. 13, S. 153-174.

Zloch, Sabine (2007), Wertorientiertes Management in der pharmazeutischen Produktentwicklung, Wiesbaden.

Zülch, Henning/Gebhardt, Ronny (2006), Anmerkungen zum Entwurf eines überarbeiteten Conceptual Framework für die Finanzberichterstattung, in: Praxis der internationalen Rechnungslegung (PiR), 2. Jg., S. 203-204.

Zülch, Henning/Hoffmann, Sebastian (2009), Plädoyer für einen deutschen Weg der Zeitwertbewertung – Ergebnisse aus der Anhörung zum BilMoG vom 17.12.2008, in: Der Betrieb (DB), 62. Jg., S. 189-190.

Zülch, Henning/Pronobis, Paul/Fischer, Daniel T. (2009), Das Diskussionspapier „Revenue Recognition in Contracts with Customers" – Befund der möglichen Änderungen bei der Ertragsrealisierung nach IFRS, in: Der Betrieb (DB), 62. Jg., S. 1941-1947.

Zumbroich, Thomas J./Gadicke, Ansbert S./Steiner, Michael (1995), Strategische Neuorientierung der pharmazeutischen Forschung und Lizenzierung, in: Herzog, Richard (Hrsg.), F&E-Management in der Pharmaindustrie, Aulendorf, S. 328-338.

Zwirner, Christian (2009), Finanzkrise – Auswirkungen auf die Rechnungslegung, in: Der Betrieb (DB), 62. Jg., S. 353-356.

EU-Verordnungen und Richtlinien

Verordnung (EG) Nr. 1606/2002 des Europäischen Parlaments und des Rates vom 19. Juli 2002 betreffend die Anwendung internationaler Rechnungslegungsstandards (IAS-Verordnung), ABl EG L 243 vom 11.09.2002, S. 1-4.

Verordnung (EG) Nr. 726/2004 des Europäischen Parlaments und des Rates vom 31. März 2004 zur Festlegung von Gemeinschaftsverfahren für die Genehmigung und Überwachung von Human- und Tierarzneimitteln und zur Errichtung einer Europäischen Arzneimittelagentur, ABl. L 136 vom 30.4.2004.

Verordnung (EWG) Nr. 2309/93 des Rates vom 22. Juli 1993 zur Festlegung von Gemeinschaftsverfahren für die Genehmigung und Überwachung von Human- und Tierarzneimitteln und zur Schaffung einer Europäischen Agentur für die Beurteilung von Arzneimitteln, Amtsblatt Nr. L 214 vom 24.8.1993, S. 1-21.

Richtlinie 2001/83/EG des Europäischen Parlaments und des Rates vom 6. November 2001 zur Schaffung eines Gemeinschaftskodexes für Humanarzneimittel, Amtsblatt Nr. L 311 vom 28.11.2001, S. 67-128.

Gesetze

HGB Handelsgesetzbuch vom 10. Mai 1897, RGBl 1897, S. 219, zuletzt geändert durch Art. 6a des Gesetzes vom 31.07.2009, BGBl. I S. 2512 m.W.v. 05.08.2009.

PatG/EPÜ Patentgesetz mit Europäischem Patentabkommen, Kommentar auf der Grundlage der deutschen und europäischen Rechtsprechung, hrsg. von Schulte, Rainer, 7. Auflage, 2005.

Verzeichnis der Rechnungslegungsnormen

IDW-Standards

IDW RS HFA 16, IDW Stellungnahme zur Rechnungslegung: Bewertungen bei der Abbildung von Unternehmenszusammenserwerben und bei Werthaltigkeitsprüfungen nach IFRS, verabschiedet am 18.10.2005, in: Die Wirtschaftsprüfung (WPg), 58. Jg., S. 1415-1427.

IDW S 5, Fachausschuss für Unternehmensbewertung und Betriebswirtschaft, IDW Verlautbarung: Grundsätze zur Bewertung immaterieller Vermögenswerte, verabschiedet am 12.07.2007, in: Die Wirtschaftsprüfung (WPg), 60. Jg., S. 631-641.

IDW Concept Paper, Additional Issues in Relation to a Conceptual Framework for Financial Reporting, September 2007, abrufbar unter: http://www.idw.de/idw/download/IDW_Concept_Paper_Financial_Reporting.pdf?id=427456&property=Datei (Stand: 15.12.2009).

IFRS mit Rahmenkonzept

Framework for the Preparation and Presentation of Financial Statements approved by the IASC Board in April 1989 for Publication in July 1989 and adopted by the IASB in April 2001.

IFRS 3,	Business Combinations, revised 2004.
IFRS 3,	Business Combinations, revised 2008.
IFRS 5,	Non-current Assets Held for Sale and Discontinued Operations, revised 2004.
IAS 1,	Presentation of Financial Statements, revised 2007.
IAS 2,	Inventories, revised 2004.
IAS 7,	Statement of Cash Flows, issued 1992.
IAS 8,	Accounting Policies, Changes in Accounting Estimates and Errors, revised December 2004.
IAS 9,	Accounting for Research and Development Activities – Superseded by IAS 38 effective 01 July 1999.
IAS 16,	Property, Plant and Equipment, revised 2004.
IAS 18,	Revenue, revised 2004.
IAS 22	Business Combinations – Superseded by IFRS 3 effective 31 March 2004.
IAS 23,	Borrowing Costs, revised 2007.
IAS 31,	Interests in Joint Ventures, revised 2004.
IAS 36,	Impairment of Assets, revised 2004.
IAS 37,	Provisions, Contingent Liabilities and Contingent Assets, revised 2005.
IAS 38,	Intangible Assets, revised 2004.
IAS 39,	Financial Instruments: Recognition and Measurement, revised 2005.
IAS 40,	Investment Property, revised 2004.
IAS 41,	Agriculture, revised 2005.

Exposure Drafts and Discussion Papers to IAS/IFRS

Intangible Assets, Exposure Draft 50, issued 1995.

Intangible Assets, Exposure Draft E 60, issued 1997.

Business Combinations, Exposure Draft, issued 1997.

Proposed Amendments to IAS 37 Provisions Contingent Liabilities and Contingent Assets and IAS 19 Employee Benefits, Exposure Draft, issued 2005.

Joint Arrangements, Exposure Draft, issued 2007.

An improved Conceptual Framework for Financial Reporting, Exposure Draft, issued 2008.

Fair Value Measurement, Exposure Draft, issued 2009.

Management Commentary, Discussion Paper, issued 2005.

Preliminary Views on Revenue Recognition in Contracts with Customers, Discussion Paper, issued 2008.

Preliminary Views on Insurance Contracts, Discussion Paper, issued 2008.

SFAC / SFAS

SFAC 2, Qualitative Characteristics of Accounting Information, issued 1980.

SFAS 2, Accounting for Research and Development Costs, issued 1974.

SFAS 19, Financial Accounting and Reporting by Oil and Gas Producing Companies, issued 1977.

SFAS 141, Business Combinations, revised 2007.

SFAS 157, Fair Value Measurement, issued 2006.